中国基础设施投融资创新发展

INNOVATIVE DEVELOPMENT OF INFRASTRUCTURE INVESTMENT AND FINANCING IN CHINA

刘志东 等编著

中国财经出版传媒集团
经济科学出版社
Economic Science Press
·北 京·

图书在版编目（CIP）数据

中国基础设施投融资创新发展/刘志东等编著 . --
北京：经济科学出版社，2023. 11
ISBN 978 - 7 - 5218 - 4708 - 6

Ⅰ.①中… Ⅱ.①刘… Ⅲ.①基础设施建设 - 基本建
设投资 - 研究报告 - 中国②基础设施建设 - 融资 - 研究报
告 - 中国 Ⅳ.①F299.24

中国国家版本馆 CIP 数据核字（2023）第 069789 号

责任编辑：王 娟 徐汇宽 李艳红
责任校对：隗立娜
责任印制：张佳裕

中国基础设施投融资创新发展
ZHONGGUO JICHU SHESHI TOURONGZI CHUANGXIN FAZHAN
刘志东 等编著
经济科学出版社出版、发行 新华书店经销
社址：北京市海淀区阜成路甲 28 号 邮编：100142
总编部电话：010 - 88191217 发行部电话：010 - 88191522
网址：www. esp. com. cn
电子邮箱：esp@ esp. com. cn
天猫网店：经济科学出版社旗舰店
网址：http://jjkxcbs. tmall. com
北京季蜂印刷有限公司印装
710×1000 16 开 54.75 印张 840000 字
2023 年 11 月第 1 版 2023 年 11 月第 1 次印刷
ISBN 978 - 7 - 5218 - 4708 - 6 定价：198.00 元
（图书出现印装问题，本社负责调换。电话：010 - 88191545）
（版权所有 侵权必究 打击盗版 举报热线：010 - 88191661
QQ：2242791300 营销中心电话：010 - 88191537
电子邮箱：dbts@ esp. com. cn）

作者名单

刘志东　周　君　荆中博　谢　娜　郭　健
高　婷　欧变玲　林则夫　宋砚秋

序

　　基础设施是促进经济发展、提高生活水平的重要支撑，也是实施宏观调控的重要手段。改革开放以来，我国在基础设施建设方面取得了举世瞩目的成就，为全面建设社会主义现代化国家打下了坚实基础。

　　我国基础设施建设的巨大需求对投融资提出了更高要求，也为基础设施投融资模式创新提供了广阔空间。创新是社会发展和经济增长的原动力，只有通过投融资模式创新，逐步建立基础设施领域的多元化、多层次投融资体制，才能保证我国基础设施投融资的可持续发展。由于基础设施项目具有投融资决策的复杂性、投融资规模的巨大性、投资效益的特殊性等特点，在投融资过程中涉及政府直接投资、社会资本投资等不同形式，以及涉及投资主体类型、融资渠道、经营方式、管理模式、投资回报方式、产权安排等各种影响因素，决定了基础设施投融资模式的多元性。因此，系统回顾和总结我国基础设施投融资创新发展理论和实践很有意义，本书的编写和出版非常及时。

　　全书分为基础设施与社会发展篇、基础设施投资决策与管理篇、基础设施融资篇、案例分析篇四大篇章。论著整体结构严谨合理、逻辑清晰严密、数据准确详实、理论分析深入到位、案例研究切合实际。本书突出特点是对基础设施各种投融资模式进行全面阐释和细分设计，并结合实证研究和实践案例进行了深入探讨，有利于提出具有普适性的我国基础设施投融资经验规律和创新范式。

　　本书作者团队通过系统性地梳理、分析和提升，扩充和完善了基础设施投融资相关理论，总结和提炼了具有中国智慧的基础设施投融资实践经验，不仅对我国，对"一带一路"沿线国家特别是发展中国家基础设施投融资的创新发展也大有裨益，特别有利于基础设施投融资相关领域的政企银咨等实务工作者、高校与科研机构的研究人员学习和参考。

王守清博士

清华大学 PPP 研究中心首席专家、清华大学建设管理系教授

2023 年 5 月 4 日

前　言

　　基础设施是指为社会生产和居民生活提供公共服务的物质工程设施，是用于保证国家或地区社会经济活动正常进行的公共服务系统，是社会赖以生存发展的一般物质条件。基础设施包括交通、邮电、供水供电、商业服务、科研与技术服务、园林绿化、环境保护、文化教育、卫生事业等市政公用工程设施和公共生活服务设施等，是国民经济各项事业发展的基础。在现代社会中，经济越发展，对基础设施的要求越高。完善的基础设施对加速社会经济活动，促进高质量发展起着巨大的推动作用。基础设施建设是国民经济基础性、先导性、战略性、引领性产业，是推动落实国家和区域重大战略的关键抓手，是拓展投资空间、扩大有效投资和调整优化投资结构的重要载体，也是推动实现规划目标任务的重要举措，对加强补短板强弱项、提高发展协调性平衡性具有重要意义。

　　经过新中国成立以来的持续发展，我国基础设施建设成就举世瞩目，我国已成为全球基础设施大国。交通运输综合基础设施加速成网，运输保障能力显著提升；能源生产实现大发展，基础保障作用显著增强；市政基础设施明显改善，人民群众生活更加便利。特别是党的十八大以来，我国在重大科技设施、水利工程、交通枢纽、信息基础设施、国家战略储备等方面取得了一批世界领先的成果，基础设施整体水平实现跨越式提升。

　　与此同时，我国基础设施发展不平衡不充分问题仍然较突出。随着区域经济布局、国土开发保护格局、人口结构分布、消费需求特征、要素供给模式等发生深刻变化，基础设施同国家发展和安全保障需要相比还不适应。虽然中国基础设施建设取得巨大成就，但仍面临投融资体制不完善、资金保障压力加大、土地要素约束增强等挑战，基础设施供给质量和服务效能有待提高。基础设施投资结构不尽合理，过剩与短缺并存、重硬件轻软件、重干轻支、重客轻货；空间不平衡较明显，中西部地区、农村地区和边远地区基础设施的可获得性和服务公平性有待加强。作为全球最大的发展中国家，中国基础设施建设任重道远，各类基础设施之间亟待形成统一规划、分工衔接与功能互补的互动关系。

特别是，中国正在推进人类历史上最大规模的工业化、城市化进程，构建全球人类命运共同体，推动东西方互动、陆海统筹的全球化，推动全球基础设施的互联互通。以数字化、网络化、智能化等为主要特征的新产业革命势不可当，万物互联化、数据泛在化、线上线下大融合。围绕产业互联网、人工智能、5G、大数据中心、云存储、区块链、超级高铁等新型基础设施的竞争已经成为各国战略竞争的焦点，对基础设施发展提出了更高要求。

基础设施具有典型的公共物品和公共服务属性，其建设具有投资规模大、建设周期长等特点。基础设施投资既可在短期内促进有效投资、带动经济增长，又可形成中长期供给能力，为经济高质量发展和人民生活水平提升创造条件。长期以来，我国基础设施投资保持了较大规模和较快速度的增长，在稳增长、促改革、调结构、惠民生、防风险中发挥十分关键的作用。但是，近年来基础设施投资逐步进入下行通道，增速由两位数持续回落。基础设施投资增速下降一方面与我国经济发展阶段有关，当前我国经济已经由高速增长阶段进入高质量发展阶段，经济增长速度下降，包括基础设施在内的投资增长速度整体放缓；另一方面，防范化解地方政府债务风险管理致使地方政府基础设施投资资金来源更加有限。

随着我国经济社会需求不断变化，基础设施投资结构也发生深刻变化。受益于城镇化的快速发展和资源节约型、环境友好型社会建设，水利、环境和公共设施管理业投资从"十二五"时期开始快速增长，目前在基础设施投资中的占比超过交通运输业成为投资占比最大的基础设施行业。受新一代信息通信技术大发展推动，信息传输、软件和信息技术服务业投资快速增长，在基础设施投资中的占比增加。"十三五"时期以来，以信息基础设施、融合基础设施和创新基础设施为代表的新型基础设施受到广泛关注，成为政府支持和社会投资的热点。据中国信息通信研究院测算，"十四五"期间，我国新基建投资将达到10.6万亿元，在基础设施投资中的占比提升至10%左右。[①]

受多重因素影响，我国经济面临相当大的下行压力，为稳住经济保持适度增长规模，中共中央、国务院出台了一系列政策措施。其中，加大财政和金融对基础设施建设和重大项目的支持力度成为重要选项。运作规范、良性循环的投融资机制是有效支撑基础设施建设规模持续扩大的关键。为了发挥基础设施建设短期稳增长和长期调结构作用，需要把基础设施建设摆在国民经济发展大局中整体谋划，并强化资金、土地等各类资源要素的支撑保障。当前，导致我国基础设施投资建设速度减慢的主要原因是资金不足。基础设施建设投融资领域仍存在规模、效率、质量匹配不足等问题。基础设施建设中仍存在投资决策机制粗放、投资方向把握不准、投资低效等问题。基础设施项目融资的市场化程度不高。一些地方基础设施建设还存在部门协调不足、政府大包大揽、政企不分等问题，难以激发市场主体活力和创造力，民间资本难以有效引入基础设施领域，发挥不出市场化运作优势。投融资模式单一，金融创新工具应用偏少，社会资本进入、退出的渠道不畅通。一些基础设施项目不同程度存在"重工程、轻运营"，"重支出、轻绩效"，缺乏前期论证和事中事后评估，以致项目效益不及预期，难以保证项目资金回收及再投资。另外，部分地方政府倾向于投资经济收益较高的项目，而没有综合考虑将商业、产业等营利性项目与配套公益性项目打包开发，以同步提高经济效益和社会效益。基础设施投融资机制缺陷极大限制了基建规模的有效扩张。

党的十八大以来，尤其是2016年《中共中央 国务院关于深化投融资体制改革的意见》出台以来，我国投融资体制改革取得了较大突破。在基础设施投融资领域，专项债券对重点项目的支持逐步增强，政府和社会资本合作日趋规范，投融资平台的市场化转型继续加快，资产证券化等多种创新模式不断涌现。但在实践过程中，各类模式仍存在不规范、不完善、市场化程度不高等问题。地方政府的发债机制亟待完善。投融资平台公司的转型尚未到

---

① 张宁，李勇坚. 更好发挥新基建在稳经济中的作用 [J]. 中国发展观察，2022（9）：44 - 47.

位。政府和社会资本合作效率有待提升。我国基础设施 REITs 仍处于起步和探索阶段，尽管未来有巨大投资潜力，但运营机制尚未成熟，运作中仍存在诸多问题。

2020 年 2 月，中央全面深化改革委员会第十二次会议指出，基础设施是经济社会发展的重要支撑，要以整体优化、协同融合为导向，统筹存量和增量、传统和新型基础设施发展，打造集约高效、经济适用、智能绿色、安全可靠的现代化基础设施体系。2021 年，《中华人民共和国国民经济和社会发展第十四个五年规划和 2035 年远景目标纲要》提出了建设现代化基础设施体系的目标，要求统筹推进传统基础设施和新型基础设施建设，打造系统完备、高效实用、智能绿色、安全可靠的现代化基础设施体系。对保障国家安全，畅通国内大循环、促进国内国际双循环，扩大内需，推动高质量发展，具有重大意义。2022 年 4 月 26 日，习近平总书记主持召开中央财经委员会第十一次会议，全面部署构建现代化基础设施体系。会议提出，基础设施是经济社会发展的重要支撑，要统筹发展和安全，优化基础设施布局、结构、功能和发展模式，构建现代化基础设施体系，为全面建设社会主义现代化国家打下坚实基础。①

"十四五"及未来一个很长时期，交通强国、制造强国、科技强国、数字中国等国家战略，将在城市群、都市圈、交通网、新基建、新能源等领域形成新的增长极和增长点，一些国家和地区层面的重大基础设施项目被提出。基础设施行业和投融资领域将迎来提质增效、转型升级的宝贵窗口期。与此同时，投资项目监管日趋规范、风险防范得到越加重视，对政府、社会资本等各方参与实施基础设施投融资项目，提出了更好的行业标准和更好的合规要求。如何依法依规、务实高效参与基础设施投融资项目，逐渐成为社会热点、行业焦点和企业难点。基础设施投资建设作为一项多领域、跨行业、长周期的工作，不仅需要统筹多方力量，科学、有序地稳步推进，更需要兼顾绿色低碳、成本效益、可持续发展。需要通过在项目策划、项目载体、项目融资等方面的创新，提升基础设施投融资规划水平，为政府与社会资本打造

---

① 本书编写组．习近平的小康情怀［M］．人民出版社，新华出版社，2022：183.

互利共赢的合作机制，从而降低交易成本、开拓资金来源、打通融资渠道，实现基础设施建设的快速推进。需要坚持系统思维，推进重大项目投融资机制创新，进一步明确政府与市场主体的投资分工，分类确定项目投融资模式，着力完善项目建设方案，提高项目可经营性，完善项目投资回报机制，健全项目投融资体系，从而加快重大项目投融资落地。

中央财经大学管理科学与工程学院前身是中央财经大学于 1984 年成立的基建经济系。学院办学积淀深厚，历经近 40 年建设与发展，在投融资决策与风险管理、工程与项目管理、投资价值分析等领域具有深厚的研究基础和丰富的实践经验。学院组织课题组对中国基础设施投融资问题进行专题研究，从投资机制、融资机制、项目管理机制等维度，对基础设施与经济社会发展、融资工具、投融资体制、投融资实践等进行全面系统研究，探讨可持续的基础设施投融资机制，旨在形成基础设施投融资领域全流程、成体系、标准化的研究成果。

本书的酝酿，始于 2021 年仲夏。以翔实的资料和统计数据呈现新中国成立以来中国基础设施投资建设发展成就，总结新中国成立以来基础设施投融资创新发展的演化逻辑、发展轨迹，展望未来投融资创新发展趋势。历经两年的深入研究，希望呈献给读者的，是一本既有宏观视角的高屋建瓴和中观视角的开阔视野，又有微观层面的条分缕析；既有严肃认真的专业论述，又有浅显易懂的解释说明，紧贴时代、内容鲜活的诚意之作。

本书分为四部分。第一篇是基础设施与社会发展篇。本篇立足当前、着眼长远，把扩大基础设施投资与推进结构调整、补短板、强弱项有机结合起来，聚焦民生改善、环境保护和增强发展后劲领域，形成基础设施高质量发展的战略思维。重点阐述了基础设施行业及城镇化对社会的影响，新中国成立以来中国基础设施建设成就，基础设施投资规模、结构与效益分析，新时代基础设施补短板与新基建崛起，高质量基础设施与可持续发展等。

第二篇是基础设施投资决策与管理篇。基础设施投资决策与管理是实现基础设施预期收益的关键。本篇立足对长期的基础设施投资建设实践中逐步建立起的颇具中国特色的投资决策体系、投融资领域法律法规框架进行梳理和总结，旨在为政府及企业筛选、建设、运营基础设施项目提供强有力的法律保障和科学有效的行为指南。重点阐述了我国基础设施项目投资决策总体框架，不同类型项目如何依法投资决策，不同基础设施项目建设模式运作关键点，以及不同建设模式的全生命周期管理等。

第三篇是基础设施融资篇。基础设施投资决策之后，需要融入大量资金来支持其建设、运营期间的各项支出。由于基础设施的特殊性，在选择融资渠道时应遵循规模适宜、时机适宜、经济效益和结构合理的原则。在进行融资渠道的选择时，应当从基础设施的类型、阶段出发选择合适的渠道。本篇重点阐述了基础设施融资原则、基础设施项目融资渠道以及如何进行融资渠道的选择。在此基础上，对基础设施建设项目资本金制度、基础设施产业投资基金、基础设施项目融资、基础设施投融资平台、基础设施资产证券化、地方政府专项债、政策性开发性金融工具、中国基础设施PPP模式实务要点与市场特征、中国基础设施公募REITs实务要点与市场发展等进行了阐述。

第四篇是案例分析篇。本篇通过选取交通、能源、水利、信息等领域基础设施项目投融资具有典型性和代表性的案例，从项目背景、运作模式、融资方案设计、风险分担、经验总结等角度进行分析，旨在反映中国基础设施投融资的现状和存在的问题。

本书是集体智慧的结晶，是共同创作的成果。由刘志东、周君、荆中博、谢娜、郭健、高婷、欧变玲、林则夫、宋砚秋担任主编。老师们克服繁重的日常工作，花费大量时间和精力，收集资料、撰写文稿、精心修改、字斟句酌。本书分工如下：第一篇由周君、荆中博编著；第二篇由刘志东、高婷、欧变玲编著；第三篇由谢娜、郭健编著；第四篇由林则夫、宋砚秋编著。本书初稿完成后由刘志东、荆中博、谢娜负责全书稿的总纂和校对。

在本书写作过程中，得到了许多老师和学生的帮助。鲁施雨、刘颖华、王笃行、张培涵、何颖琪、王源、王银、阿迪拉、张威、吴元博、周政安、赵英琪、王婷、谭晰月、王欣洋、杨亘翔、昝姝书、张诗泓、雷蕾、刘雅君、宋双琪、宋双琳、尚瑞欣、周博雅、晏普凡等研究生承担了数据查找、资料收集和整理工作，以及参与了相关章节的编写。周政安、赵英琪、路畅、刘颖华、刘紫琦、孙牧北、雷蕾、刘雅君等研究生在书稿的通读排版、图文编辑、图表制作、文字校对上付出了艰辛的劳动。谨向上述同学表达最衷心的感谢。

最后我要对经济科学出版社的王娟女士表示诚挚的感谢，她参与了本书策划并提出了很好的修改建议，在本书书稿交付出版社之后，王娟女士从体例的确定到编辑出版给予全过程的指导，并付出大量的心血。

由于作者水平有限，本书内容涉及面较广，内容和文字如有不妥，敬请批评指正。

刘志东

2023 年 10 月 1 日

目　　录

第一篇　基础设施与社会发展

第二篇 基础设施投资决策与管理篇

第三篇　基础设施融资篇

第四篇 案 例 分 析

第一篇
基础设施与社会发展

基础设施，或称社会间接资本，是指那些进行第一、第二和第三产业活动所不可缺少的基本服务（Albert Hirschman，1991）。在自由竞争的市场经济时期，"君主或国家的第三义务，就是建立并维持某些公共机关和公共工程"（Adam Smith，1776）。大量实证结果表明，经济绩效和生活质量可能来自增长的基础设施投资，大量的基础设施投资带来了生活质量改善：健康、安全和经济发展等（Aschauer David Alan，1989）。在基础设施方面的更多投入趋向更多产出、更多私人投资和更多就业增加（Munnell，Alicia H，1992）。世界银行在分析了基础设施的成就、挑战和机会后指出：发展中国家需要大力发展基础设施（WDR，1994）。刘生龙（2011）认为，中国的经济、全要素生产率、区域经济一体化和农村居民收入的增长都得益于国内三大基础设施（交通、信息和能源），揭示了中国"经济奇迹"与"基础设施奇迹"之间的关系。基础设施具有"乘数效应"，即能带来几倍于投资额的社会总需求和国民收入，一个国家或地区的基础设施供给水平是其经济长期持续稳定发展的重要基础。

改革开放以来，中国基础设施一直对经济社会发展发挥着支撑作用，经过多年的建设，我国在基础设施领域的总缺口和瓶颈得到一定程度的缓解，很多方面取得了巨大的成就，但仍然存在许多短板、弱项和漏洞，部分领域存在过度投资和粗放发展。当前，中国经济下行压力陡然增大，启动基础设施投资具有一定的必要性，但不宜采取大水漫灌的行为，更不宜在一般基础设施领域实行强刺激。随着可持续发展理念的兴起，关于基础设施的空间经济效应分析、战略环境评价及其对可持续发展的作用等成为研究的热点（金凤君，2012）。可持续发展的概念被用来理解基础设施，包括社会、经济、生物物理和技术四个方面（Richard C. Hill & Paul A. Bowen，1997）。同时，基础设施领域市场竞争正在持续加剧，新技术解决方案深刻融入基础设施开发与运营，社会需求和环境制约加大，基础设施将不仅仅被定位为"硬资产"，更将成为向消费者提供的一种持续可靠的服务（国际商业观察 BMI，2018）。当前全球基础设施领域正在经历转型期，基础设施可持续开发正成为各个国家和企业保持增长的一个重要推动力和发展战略。

本篇立足当前、着眼长远，把扩大投资与推进结构调整、补短板、强弱项有机结合起来，聚焦民生改善、环境保护和增强发展后劲领域，形成基础设施高质量发展的战略思维。

第 1 章

基础设施行业及城镇化
对社会的影响

2022 年 4 月 26 日，中央财经委员会第十一次会议指出，党的十八大以来，我国在重大科技设施、水利工程、交通枢纽、信息基础设施、国家战略储备等方面取得了一批世界领先的成果，基础设施整体水平实现跨越式提升。同时，必须认识到，我国基础设施同国家发展和安全保障需要相比还不适应，全面加强基础设施建设，对保障国家安全，畅通国内大循环、促进国内国际双循环，扩大内需，推动高质量发展，都具有重大意义。当前，国际形势仍存在很多不稳定性、不确定性因素，俄乌冲突持续，中国经济下行压力加大，基础设施投资只有高质量转型发展，才能既作为宏观调控的手段拉动经济增长，又提高效率普惠千家万户。根据测算，基建增速每提高 1 个百分点，拉动 GDP 增速 0.11 个百分点（刘元春，2020），我国要实现 5.5% 左右经济发展目标，基建投资增速至少要达到 10%，新增基建投资至少超过 2 万亿元。所以，积极落实党中央、国务院的战略部署，抓住"新基建"和"传统基建"补短板的发展机遇，创新投融资模式，对新时代经济持续健康发展具有重要意义。

1.1 基础设施的定义

基础设施的含义和范围极其丰富，本书将首先对基础设施的定义、分类及特点进行介绍。

基础设施（infrastructure），源自拉丁文"infra"和"structure"，意为"下面、底下"和"建筑、结构"。原词译为"基础"或建筑物、构筑物的底层结构、下部结构，或军事工程中的"永久性基地"等。该词最早于1927年出现在词典中，当时是作为工程术语而被收录的，主要指建筑物的基础部分。然而"基础设施"作为正式文献用词提出是在20世纪40年代，出现于西方有关战争的研究文献中。伴随社会经济发展，经济学家将"基础设施"一词引入经济结构和社会再生产理论研究之中，使其成为发展经济学的研究内容，并以"基础设施"来概括在社会、经济中起着基础作用的部分，或代表那些为社会生产提供一般性条件的行业。虽然航海、港口、仓储等设施对经济发展的重要作用很早就得到了经济学家的关注，但是对于基础设施的具体概念，直到20世纪40年代中后期才由经济学家提出了一些富有价值的理论观点。时至今日，对于基础设施的具体概念还没有一个完全统一的定义。

1.1.1 基础设施概念的发展

发展经济学的先驱罗森斯坦·罗丹（Rosenstein Rodan，1943）是最早对基础设施给予足够重视并提出系统阐述的经济学家，其将基础设施视为社会的先行资本，认为一国或一地区的社会总投资应划分为"社会先行资本"和"私人资本"两种类型。前者即为基础设施，这些先行资本包括运输、电力、通信等所有基础工业，它们是社会经济发展的基础，其发展必须先于直接生产性投资。一个使用最广的"基础设施"定义是由约基姆森（Jochimsen）在1966年提出来的，重点关注基础设施在发展市场经济中的作用。不仅考虑其经济与技术方面，还考虑其社会与文化方面。他给出的基础设施定义是：基础设施指基于劳动分工及各机构主体地位，在有效配置资源的基础上，那些有助于实现按要素分配的激励相容机制的实物、制度与人力资本的总和。实物基础设施指所有实物资产、设备及设施的总和；制度基础设施指一个社会长期以来发展或建立的规范及规则；人力基础设施指市场经济中人力资本的数量及质量。之后，钱纳里、赛尔奎因和埃尔金顿（Chenery, Syrquin & Elkington，1975）明确地将社会产业部门分为可交易部门和非可交易部门两大部门，后者包括社会基础设施和服务业，其中社会基础设施包括建筑业，水、电和煤企业，运输业以及通信业等。赫希曼（Hirschman，1991）称基础设施为社会间接资本，是指那些进行第一、第二和第三产业活动所不可缺少的基本服务。

进入 21 世纪后，关于基础设施的定义相较以往更加具体明确。布尔（Bull，2007）虽然重点关注实物基础设施，但他按照人类生活的实物及社会需要进行分类，推导出必要的基础设施产品（例如，水、能源、供热、照明）及相关的实物资产（实物基础设施）。波义耳等（Boyle et al.，2010）认为基础设施包括道路、原水和废水处理厂、暴雨管理系统、电厂、铁路、桥梁，甚至可以是河道和港口等自然系统，基础设施体系为社会提供了基本的物理构筑物，以及获得商品和服务的渠道。芭芭拉·韦伯（Barbara Weber，2016）的定义只考虑实物资产及其结构、组织、商业模式、规则及规制，包括相互关联系统中的全部实物资产、设备和设施，以及向单个经济主体或社会公众提供相关产品与服务的必要的服务提供者，旨在实现、维持或提升社会生活条件。

国内对基础设施概念的认识也存在着较大差异。于光远（1992）认为，基础设施是指为生产和流通等部门提供服务的各种部门和设施，包括运输、通信、动力、供水、仓库、文化、教育、科研以及公共服务设施。这实际上是广义基础设施的概念，外延非常广，也包括公共生产设施。王延中（2002）将基础设施的范围界定为水利、能源、运输和电信等部门。而魏礼群（2002）认为，基础设施是为社会生产和人民生活提供基础产品和服务的，是经济活动和社会活动的载体，是国民经济的重要组成部分，主要包括交通运输、通信、水利和城市供排水、供气、供电等公共设施以及能源。王保乾、李含琳（2002）认为，基础设施概念，即制度基础设施、社会基础设施、经济基础设施（可再分为国家基础设施和地区基础设施），它们从不同的方面反映了社会的基础结构，包括无形的制度范畴和有形的物质设施，着重强调制度基础设施和经济基础设施对经济发展的重要性。

1.1.2 金融领域关于基础设施的定义

基础设施最狭义的定义是在金融行业。单个投资者并不关注特定基础设施行业或实物基础设施的供应特点，却关注由相关投资机会的各项特征所决定的风险收益特点，金融行业基于特定经济与社会特征来定义基础设施。然而，金融行业使用的特征，只适用于现实中众多基础设施资产的一小部分，属于最严格的结构化的那个部分。这些特征体现在以下几个方面。

（1）基础性。基础设施资产满足日常生活中的基础性公共需求，例如供水、能源、交通、通信、教育、安全、文化或医疗，这些是经济增长、社会繁荣以及生活质量提高的基础性条件。

（2）需求弹性低。由于是基本公共服务，即使价格上涨（例如因通货膨胀调整规则而调价），这些基础设施所提供的服务的需求独立于经济周期及经济状况，需求是稳定的（即低波动率）、可预测的（基于长期合同）。

（3）较高市场进入门槛的准垄断性。因为初始投资成本很高，基础设施资产难以重复建设，例如供水、供电以及通信网络的建设。项目建成运行后，新增一个服务单元，例如新增一家供水户或用电户，其边际成本却较低。如此，市场进入门槛很高，这类基础设施几乎没有竞争。

（4）存在政府规制。在几乎没有竞争的情况下，规制机构承担对市场失灵的纠偏作用，例如，设定价格或提供最低收入保障。然而，一个受规制的市场对其供应商来说，并不必然没有市场风险。最好的例子是长途电话行业。

（5）使用寿命长。基础设施资产的服务寿命往往超过 100 年。历史上有很多如罗马引水渠这类使用很长时间的例子。除了考虑资产的实物和技术寿命外，核心要素是其经济寿命，如实验室或医疗设施的经济寿命甚至低于 5 年。在资产的经济寿命内进行摊销，对投资者而言十分重要。

（6）通货膨胀保护。基础设施资产可以对冲通货膨胀风险，因为通常会通过受规制的收入条款、保证收益率或其他形式的合同保障措施建立盯住通货膨胀的收入调节机制。与财政可用性支付相比，采用使用者付费方式的项目收入往往与 GDP 关联或盯住消费者价格指数（CPI），诸如收费道路、公用设施等。

（7）定期稳定的现金流。具备以上特点的基础设施资产一般会有稳定、可预测及大多数情况下随通货膨胀调整的长期收入，可以抵御经济下行的冲击，承担较高的财务杠杆。

尽管这些共同特征是基础设施资产在整体上具有潜在吸引力的指标，然而实际上，只有部分基础设施资产完全满足以上特征。金融行业往往认为基础设施资产具有与债券类似的特征，也就是认为基础设施资产可能风险相对较低。但这一定义不仅短视，实际上还有可能误导那些对基础设施资产不太熟悉的投资者。因此，金融界需要有一个现实的、实际的、可用的基础设施定义，将相关因素都考虑进去，而不是否认有关因素的存在性。

1.1.3　基础设施概念的共同之处

富尔摩（2009）发现，虽然如此多的定义存在不一致，还是有一些共同的特征：相互关联的系统、实物组成与社会需求。随后学界提出如下的定义：支持人类活动的基础设施包括复杂的、相互关联的实物、社会、经济和技术系统，诸如交通、电力生产与输配、水资源管理、固体废弃物管理、支撑城乡社区的公共设施、通信、可持续的资源开发以及环境保护（美国土木工程师学会，2009）。整合系统、实物资产、社会需要等关键词之后，富尔摩提出一个更加简单实用的定义：由相互关联的实物组件所构成的系统，用于提供那些实现、维持或提升社会生活条件所必需的产品与服务。

对各种流行的基础设施定义进行简单综述，并借鉴富尔摩的定义后，本书给出基础设施的定义：基础设施以人为中心，由相互关联、依赖和共生的实物与非实物系统构成，用于提供实现、维持或提升社会生活条件和经济高效率发展所必需的有效资源配置及服务。包括建筑、交通、能源、水、通信、环保、医疗、科技、教育、文化等多个子部门，其所交付的资产类型、资源、功能、所有权和服务类型均具有不同的特征。

1.2 基础设施的分类

基础设施概念不统一的主要原因是基础设施范围的边界不好划定，导致基础设施的分类结果也多种多样。本书基于不同的分类标准对基础设施进行划分，最主流的分类方法是基于部门/行业进行分类，这也是本书之后采用的分类方法。本书还将介绍基于规模等其他分类方法，通过对不同分类方法进行比较，可以加深对基础设施概念的理解。

1.2.1 基础设施的涵盖范围分类

从概念出发，按照基础设施涵盖的范围不同，基础设施大致分为广义的基础设施（冯云廷，2003；中国大百科全书，1988；世界银行，1994）和狭义的基础设施（世界银行，1994）。其中，狭义基础设施，即永久性工程建筑、设备、设施和它们提供的为居民所用和用于生产的服务，包括公共事业电力、管道煤气、电信、供水、环境卫生设施和排污系统、固体废弃物的收集和处理系统、公共工程（大坝、渠道和道路）以及交通设施（铁路、城市交通、海港、水运和机场）。广义的基础设施包括狭义基础设施及与文教、医疗、社会保障、人力开发等有关的设施与服务。

1.2.2 基础设施的部门/行业分类

按照部门和行业可以将基础设施分为经济类基础设施和社会类基础设施。经济基础设施是用于提供经济性公共服务的基础设施，主要包括能源、交通运输、通信、水务和生态环保等领域的基础设施。社会基础设施是用于提供社会性公共服务的基础设施，包括基础教育、基本医疗、社会保障等服务。具体分类如下。

1.2.2.1 交通基础设施

陆地运输：公路、铁路网络、本地公共交通（包括道路、桥梁、隧道、地铁、轻轨高架、公交汽车、出租汽车、停车场等）。

水路运输：内陆水运、远洋运输、运河、港口。

航空运输：机场服务、航线服务、空中交通管制。

多式联运：内陆目的地（公铁联运）、海上目的地。

1.2.2.2　通信基础设施

固定网络：移动网络、互联网、塔（移动通信或广播）、邮政、电报、广播电视。

空中通信：卫星网络、观测站。

1.2.2.3　能源基础设施

传统能源：煤、油/气、核。

可再生能源：太阳能、风能、水能、生物质能、地热能。

传输/配送：电力、气、油/燃料。

存储：电力、气、油/燃料。

区域供暖。

1.2.2.4　水务基础设施

供水：家庭用水、工业用水、自来水厂、供水管网。

排水：雨水、市政污水、工业污水、污水处理。

水资源保护。

1.2.2.5　环保基础设施

垃圾处理：生活垃圾、工业垃圾、垃圾收集、垃圾处理。

环保环卫：园林绿化、污染治理、环境监测。

1.2.2.6　社会类基础设施

医疗：诊断、治疗/手术、护理、康复、养老院。

教育/文化：学校、学生公寓（校园）、图书馆、剧院、博物馆。

体育：大众体育、专业运动。

行政：办公室、电子政务。

安全：监狱、警察、国防、防卫防灾（消防、防汛、防震、防台风、防风沙、防地面沉降、防空）。

基础设施行业及子行业如表1-1所示。

表1-1　　　　　　　　　　　　基础设施行业及子行业

经济基础设施				社会基础设施
交通	能源	水务	通信	
陆地运输 ——公路 ——铁路网络 ——本地公共交通	传统能源 ——煤 ——油/气 ——核	供水 ——家庭用水 ——工业用水	长途通信 ——固定网络 ——移动网络 ——高速互联网 塔（移动通信 或广播）	医疗 ——诊断 ——治疗/手术 ——护理 ——康复 ——养老院
水路运输 ——内陆水运 ——远洋运输 ——运河（如苏伊士运河） ——港口	可再生能源 ——太阳能 ——风能 ——水能 ——生物质能 ——地热能	排水 ——雨水 ——市政污水 ——工业污水		教育/文化 ——学校 ——学生公寓（校园） ——图书馆 ——剧院 ——博物馆
	传输/配送 ——电力 ——气 ——油/燃料	污水处理 ——市政污水 ——工业污水		体育 ——大众体育 ——专业运动
航空运输 ——机场服务 ——航线服务 ——空中交通管制	存储 ——电力 ——气 ——油/燃料	环保 ——生活垃圾 ——工业垃圾	空中 ——卫星网络 ——观测站	行政 ——办公室 ——电子政务
多式联运 ——内陆目的地 （公铁联运） ——海上目的地	区域供暖			安全 ——监狱 ——警察 ——国防

1.2.3　基础设施的地域分类

基础设施可以按其所在地域和使用性质划分如下。

1.2.3.1　农村基础设施

参照中国新农村建设的相关法规文件，农村基础设施包括：农业生产性基础设施、农村生活基础设施、生态环境建设、农村社会发展基础设施四个大类。

1.2.3.2　城市基础设施

城市基础设施是指为城市直接生产部门和居民生活提供共同条件和公共服务的工程设施，是城市生存和发展、顺利进行各种经济活动和其他社会活动所必须具备的工程性基础设施和社会性基础设施的总称。1985 年 7 月，在北京召开的"城市基础设施学术讨论会"将"城市基础设施"定义为："城市基础设施是既为物质生产又为人民生活提供一般条件的公共设施，是城市赖以生存和发展的基础。"

农村基础设施与城市基础设施如图 1 - 1 所示。

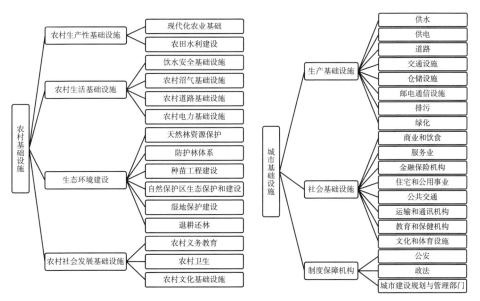

图 1 - 1　农村基础设施与城市基础设施

1.2.4 基础设施的发展阶段分类

基础设施按照发展阶段可以分为传统基础设施和新型基础设施。新型基础设施是以新发展理念为引领，以技术创新为驱动，以信息网络为基础，面向高质量发展需要，提供数字转型、智能升级、融合创新等服务的基础设施体系。包括三个方面内容。

（1）信息基础设施。主要是指基于新一代信息技术演化生成的基础设施。比如，以5G、物联网、工业互联网、卫星互联网为代表的通信网络基础设施，以人工智能、云计算、区块链等为代表的新技术基础设施。以数据中心、智能计算中心为代表的算力基础设施等。

（2）融合基础设施。主要是指深度应用互联网、大数据、人工智能等技术，支撑传统基础设施转型升级，进而形成的融合基础设施。比如，智能交通基础设施、智慧能源基础设施等。

（3）创新基础设施。主要是指支撑科学研究、技术开发、产品研制的具有公益属性的基础设施。比如，重大科技基础设施、科教基础设施、产业技术创新基础设施等。

1.2.5 基础设施的其他分类

上述几种对基础设施的分类，其所包含的范围略有一些差异。但其包含的基本内容是一致的。既包括了交通运输、邮电通信、电力、供水、供气等经济类设施，也包括了教育、科学研究、环境卫生、社会福利等社会类设施。在实际中，基础设施的实物形态很庞杂，也很具体。除了以上对基础设施的分类以外，还可以根据许多不同的标准将其进行分类。

（1）根据公共品性质，可将基础设施分为非经营性基础设施、准经营性基础设施、纯经营性基础设施。

（2）根据服务对象和性质可分为生产者服务（或生产性）的基础设施和为消费者服务（或消费性）的基础设施。

（3）根据其所依附的社会生产部门的不同，可以分为工业基础设施、农业基础设施、商业基础设施、服务业基础设施等。

（4）根据劳动、资本、技术含量大小可以分为劳动密集型的基础设施、资本密集型和技术密集型的基础设施。

（5）根据资金来源渠道和性质可以分为公共投资型、私人资本型和混合资本型的基础设施。

本书为了便于分析，也对基础设施作统一分类，从部门和行业的角度进行划分。共分为六类基础设施，即交通基础设施、通信基础设施、能源基础设施、水务基础设施、环保基础设施和社会类基础设施。①

1.3 基础设施的特点

从基础设施的本质分析，基础设施的特点一是其"基础"属性，具体表现就是其一定是国民经济与社会发展的重要根基，具有一定的公共属性；二是其"设施"属性，具体表现就是具有支撑国民经济与社会发展的属性，具有组织、系统、机构、网络等体系属性。本书在下文将对基础设施的几个重要特点进行介绍。

1.3.1 基础设施的基础性

基础设施是国民经济和社会发展必不可少的支撑，满足日常生活中的基础性公共需求，是经济增长、社会繁荣及生活质量改善的基础性条件。基础设施的"基础性"包含三个方面的含义：一是说明基础设施产业提供的产品和服务是其他生产部门赖以进行生产的基础性条件。二是强调基础设施产业所提供的产品和服务，是其他生产部门（也包括本部门）生产和再生产时所必须的投入品，如电力，水的供应等。三是就价格构成来看，基础设施产业

---

① 王珂. 中国基础设施投资及其经济影响研究［D］. 重庆：重庆大学，2005.

所提供的产品和服务的价格，构成了其他部门产品和服务的成本（王辰，1998）。基础设施产业的基础性特征是其最基本的特征，由此确立了其在国民经济中"中流砥柱"的地位。①

1.3.2　基础设施的不可分性

基础设施供给上的不可分性是其一个典型的特征，也是发展过程中外在经济的最重要的源泉。这种不可分性主要表现在几个方面。一是基础设施配置上的大规模的初始集聚性。由于基础设施项目规模大、配套性强，必须同时建成才能发挥作用，因而一开始就需要有最低限度的大量投资作为其创始资本。二是基础设施的长周期性。基础设施项目一般建设工期长、运营时间更长，一次投入多、回收成本和产生效益比较慢。三是基础设施在时间上的先行性。由于基础设施建设周期长，因此必须在建设时间上先行一步。基础设施所提供的公共服务是所有的商品与服务的生产所必不可少的。

1.3.3　基础设施的自然垄断性

现代基础设施最一般的经济特征是，通过为各类使用者服务的网络传输系统，特别是通过管道供水、电网、煤气、电信、排水和铁路等公共设施提供服务。一般情况下，这种传输系统是专用的，因而，这些基础设施产业有着巨大的规模经济性。基础设施项目建成投入使用后，在一定的产出范围内，单位产品成本会随着量的增加而下降，即具有显著的成本弱增性。对于具有这种自然垄断性的基础设施产业而言，由一家或极少数几家企业垄断性经营能使成本效率最大化。②

1.3.4　基础设施的消费多元性

由于基础设施涵盖的内容十分广泛，不同部门间、部门内部和各种技术

①　刘伦武．基础设施投资对经济增长推动作用研究［D］．南昌：江西财经大学，2003．
②　李文星．地方政府间跨区域经济合作研究［D］．成都：四川大学，2004．

类型之间，基础设施产业的经济特征大不相同。既有纯公共物品和准公共物品，也有公共资源和纯私人物品。部分学者对基础设施的公共品特性、外部性及其产业属性进行了研究。高培勇等（2002）分别界定了具有纯公共品特性、准公共品特性、外部性以及垄断性的基础设施。张馨（2000）通过分析城市基础设施服务于社会公众的共同消费及服务于个人的直接消费的两重性，确定了城市基础设施具有公益性、垄断性、收费性和竞争性的特点。刘玉明（2003）通过可经营系数定量地界定了城市基础设施的产业属性。王俊豪（2001）通过有效竞争的规模和成本收益界定城市基础设施的有限竞争状态。

1.4 基础设施的作用

基础设施是政府更好地提供公共服务、保证经济社会持续稳定运行的主要载体，其供给水平直接影响政府提供公共服务的质量和政府支出政策的作用效果，对经济和社会的发展具有重要作用。在过去的几十年间，基础设施投资已经成为政府宏观调控的重要手段。基础设施政策作用方式直接，政策效果显著，在促进经济增长、保障居民生活水平的提高、有效刺激内需等方面发挥了重要作用。尤其是在1997年亚洲金融危机和2008年世界金融危机之际，基础设施投资作为"最主动、最直接"的措施，在保增长、促就业、扩内需、惠民生等方面发挥了举足轻重的作用。

随着时代的发展，基础设施在可持续发展领域的重要性也逐渐提高。可持续发展是指既满足当代人的需要，又不损害后代人满足自身需要的能力的发展模式（Brundtland Commission，1987），可持续性的实现需要环境、经济和社会三个领域的良性互动。在环境方面，可持续发展要求保护自然资源；在经济上，可持续发展需要维持健康的市场，通过市场调控手段维持社会生产的可持续；从社会角度出发，可持续发展主要包括发展和维持人类的生活质量。联合国《2030年可持续发展议程》中提出，经济增长、社会发展和气候行动很大程度上取决于基础设施投资，因此本书接下来从经济、社会和环境三个角度论述基础设施的重要作用。

1.4.1 基础设施的经济效应

基础设施作为社会先行资本，在我国经济社会发展中的战略性、引领性、基础性、服务性作用越来越强，尤其是党的十八大以来，中国基础设施建设取得了历史性成就，进入了规模化发展、服务水平提高和改革转型的黄金时期。基础设施在中国经济转型过程中发挥着重要的基础性和保障性作用，是经济发展名副其实的"加速器"。

1.4.1.1 基础设施与经济增长

经济增长是社会普遍关注的问题，一般认为，经济增长是指一个国家或者地区在一定时间内为其人民提供物质产品和服务的能力的持续增加，可以反映出一个国家和地区的经济实力的增长。一般用来衡量经济增长的指标包括国内生产总值、人均产出、实际产出等。基础设施投资对经济增长起着重要的作用，基础设施的建设可以有效推动一个国家经济的发展。根据世界银行发布的《1994 年世界发展报告》，发达国家在不包括电力、邮电、道路等系统投资的情况下，基础设施（主要是市政公用设施）投资占 GDP 的比例为 2% ~4%，占固定资产投资的比例为 6% ~10%。而对于发展中国家，基础设施投资占 GDP 的比例为 2% ~8%，占总固定资产投资的比例一般为 20%。该报告指出：基础设施可以为经济增长、减轻贫困和环境可持续性创造重大收益。一般来说，基础设施存量每增加 1%，GDP 就会增加 1%。①

基础设施促进经济增长的理论历史悠久，最早可以追溯到亚当·斯密时期。斯密在《国富论》中认为建设和维护公共基础设施是政府的重要职能，道路、桥梁等公共基础设施对市场活动和商业进程具有重要作用。斯密之后的学者继承并进一步发展了他的观点。萨伊认为政府公共工程等支出属于公共支出消费，属于政府非生产性消费的一部分。20 世纪 30 年代经济危机爆

---

① World Bank. World development 1994：Infrastructure for development［M］. The World Bank，1994.

发，各国工业、农业生产急剧下降，企业大量破产，失业率激增，市场问题变得异常严峻。在此背景下，为了应对危机，凯恩斯提出了有效需求、乘数效应等概念，并推行扩张型财政政策。凯恩斯的有效需求理论认为，公共工程等基础设施投资可以刺激经济增长，产生短期和长期的作用，在短期中以乘数效应刺激经济，长期中可以形成资本存量，对社会生产能力同样有促进作用。凯恩斯在其著作《就业、利息和货币通论》中认为，投资可以引起国民收入变化，并促进居民消费和收入的同方向变化，最终影响国民收入总量的同方向变化，其变化值是初始投资量的若干倍，这个倍数就是投资乘数，这就是投资对国民收入、经济增长影响的"乘数原理"。乘数效应认为，公共投资支出能够带来相比于自身投资额数倍的总产出增加而推动经济增长，经济危机中各国政府可以加大基础设施等投资支出而刺激内需。凯恩斯扩张型财政政策的主张在应对经济危机时起到了至关重要的作用。

从学术研究角度来看，现有文献多数认为基础设施投资可以有效促进经济增长。格纳德和格雷林（Gnade & Greyling，2016）运用南非 1996～2012年的数据，利用平衡面板数据实证得出基础设施对经济增长以及社会发展的指标具有明显的促进作用。基础设施投资本身可以通过其短期效应影响经济增长，还会通过提升居民的社会生产能力并保证其他基础设施更好的运行（ESCAP，2006）。马丁和袁（Martin & Yuan，2004）构建内生增长模型证明基础设施对投资增长率和人均产出具有正向效应。巴罗（Barro，1990）认为，基础设施等公共资本存量的增加可以提高人均产出的稳态增长率，具有长期的增长效应。佩德罗尼（Pedroni，2004）选取美国 1950～1992 年数据进行研究，发现基础设施投资对促进经济增长具有明显的长期效应。卡马利（Kamaly，2007）分析了埃及 1973～2002 年的数据，认为基础设施资本存量是增长的重要来源，并证明自 20 世纪 80 年代以来埃及的实际产出增长的下滑趋势可以归因于包括基础设施在内的资本增长的下降。卡尔德隆和塞尔文（Calderon & Serven，2008）在对非洲国家 1960～2005 年数据进行实证分析认为，基础设施投资对人均 GDP 有非常显著的正向作用。莫尔和阿伊亚（More & Ayea，2017）通过构建结构方程，发现基础设施对经济增长具有正效应。国内众多学者根据中国实验数据也得出了相同的结论，如范九利

（2004）、刘秉镰（2010）、陈亮（2011）、郑士林（2014）等。

与以上观点不同，部分学者研究发现基础设施投资与经济增长关系不显著（Boarnet，1998）。有的学者认为，在一定的特殊条件下，基础设施投资会对经济增长会产生负向作用。埃文斯和卡拉斯（Evans & Karras，1994）对美国1970～1986年48个州的面板数据分析后发现，教育类公共资本支出具有一定的生产力，这在一定程度上刺激了美国经济的发展，但是没有证据证明其他公共资本支出具有生产力。此外，公共资本有可能挤出私人资本支出，并对经济增长产生负向效应（Singh，2012）。

除以上观点外，部分学者认为基础设施投资与经济增长之间的存在一定的非线性关系。关于基础设施投资与经济增长非线性关系最早可追溯到20世纪末期，巴罗在政府支出增长模型中得出生产性公共支出与经济增长之间存在着一种类似于倒"U"的非线性关系。布厄亚斯和马穆尼亚斯（Bougheas & Mamuneas，2000）对罗默的内生增长框架进行了扩展，证明基础设施的积累虽然可以促进经济增长，但是受限于资源成本等原因，其对增长的作用受到阻碍，结果导致二者之间呈现非单调关系。国内学者从实证角度切入，同样证明基础设施投资与经济增长间存在一定的非线性关系（黄守峰和王艺鸣，2012；孙早等，2015）。

综上所述，基础设施推动经济增长的原因主要包括以下四点。

（1）基础设施对生产效率的影响。生产效率包括全要素生产率和劳动生产效率等方面。基础设施的投资主要通过影响技术进步、创新要素等方面对全要素生产率产生影响，从而推动经济的长期增长。区域基础设施建设对创新至关重要，运输、IT、金融等基础设施对于知识转移、企业家精神等产生潜在的影响。康拉德和塞茨（Conrad & Seitz，2006）通过构建理论模型，证明公共基础设施政策的实施可以节省私人生产成本，从而提高全要素生产率。佩雷拉和萨加莱斯（Pereira & Sagales，2001）对西班牙数据分析表明，基础设施投资对提高私营部门生产力具有重要的作用，公共资本每增加1%，私人产出增0.055%。麦卓等（Mitra et al.，2002）研究发现基础设施投资可以明显促进产业效率的提高。劳动生产率方面，多德索等（Dodso et al.，2006）认为不同类型的基础设施对劳动生产率的促进效果不同。高翔等

（2015）发现交通基础设施与企业劳动生产率具有明显的正向关系。

（2）基础设施对交易效率的影响。古典经济学家认为，通过分工带来的专业化经济是经济增长的源泉，而分工必然产生交易行为。沟通、交流、运输等方面的改善能够在保障私人收益创造的同时，产生超出直接私人收益的额外收益，交易效率的改善不仅可以降低交易成本，也会间接促进专业化水平的提升并带来经济的专业化发展（Chandan Sharma et al.，2006）。基础设施投资对交易行为的影响主要集中在交易信息的作用上，交通基础设施有利于加快生产要素在区域间的转移速度，并带动相应的知识、技术信息的传递，从而影响交易效率变化（Anselin，2003）。

（3）基础设施对生产成本的影响。基础设施好坏会影响生产成本高低。莫雷诺和巴佐（Moreno & Bazo，2003）从成本函数入手，将基础设施视为由政府免费提供的公共品，改善了企业的决策环境进而影响其成本函数或利润函数。稳定可靠的基础设施服务在一定程度上有利于保障企业有形资本的质量及耐用性，降低故障发生频率、减少私人维护成本、提高使用效率和延长使用寿命，从而降低企业运营成本；低劣、不稳定的基础设施服务会影响直接生产部门的正常运营，使现有生产能力得不到充分利用，限制了生产效率的提高和产出的增长。阿尔比（Alby，2011）研究发现基础设施的不完备导致的供水、供电能力不足严重制约了企业的成本管理能力。世界银行报告（1999）指出越南公路平整度上升使得运输成本降低了近三成。塞洛德和苏玛霍罗（Selod & Soumahoro，2018）研究认为基础设施运营能够直接降低企业的生产成本和减少企业的库存投资，使得企业可以有更多资金向研发创新领域进行投入，同时也能促进有较强时效性且附加值较高的产品能够更快投入市场，从而推动产业发展。

（4）基础设施对投资环境的影响。基础设施状况影响投资环境竞争力和市场的发展。基础设施改善了投资环境，如润滑剂一样减少要素流动时的摩擦力。统计数据显示，世界资本市场中绝大部分的投资直接流向发达国家，仅有少部分的直接投资流向发展中国家。其中的缘由在于，在决定投资场所的时候，投资者不单纯关注投资所在国的劳动力廉价程度和税收制度的优惠，而更看重投资场所的整体竞争力，其中包括金融服务体系是否完善，通信是否畅通等（Kinoshita & Campos，2003）。罗麦尔（Romer，1986）和卢卡斯（Lucas，1988）的研究表明，基础设施建设较好，尤其是生产性基础设施好的地区，能使投资者节省资金、缩短工期、获得较好的投资收益。

1.4.1.2 基础设施与产业结构优化

产业结构优化是指推动产业结构合理化和产业结构高级化发展的过程，是实现产业结构与资源供给结构、技术结构、需求结构相适应的状态。基础设施投资作为公共投资的一部分，为产业部门的发展和产业结构的优化提供物质保障，为生产生活提供便利条件。通过基础设施建设对我国产业结构进行调整与优化，是我国实现经济稳定持续发展的一个重要基础。

基础设施对产业结构转型升级的影响，其早先始于经济区位理论。胡佛（Hoover，1948）研究表明对基础设施进行合理布局能够促进企业和地区形成有效经济集聚。塔弗等（Taaffe et al.，1963）从区域角度构建了交通—区域发展模型以表明交通基础设施与区域产业发展的作用关系。克鲁格曼（Krug-man，1990）又提出了著名的"中心外围"模型，用于考察交通成本是否存在对产业集聚的显著影响。蒋华雄等（2017）通过研究发现在具有制造业和服务业特征的城市开通高铁有利于产业结构升级，尤其是会显著促进处于区位中心的城市产生溢出效应，进而对周边城市产业结构升级也会形成促进。李建民等（2020）研究表明随着我国高铁网络得到不断建设和完善，城际开通高铁有力推动了产业结构进行转型升级，特别是在中心城市开通高铁产生的产业结构转型升级作用要比在外围城市开通高铁的促进作用更加显著。冯白和葛扬（2016）研究发现基础设施在建设阶段会促进当地固定资产投资的大幅增加，而固定资产投资能够对第二产业产生明显拉动作用，使得第二产业占比显著提升从而促进产业结构的转型，而相关产业得到更多资本也会有效改善邻近地区的产业布局。任晓红（2010）研究提出，根据传统区位理论及新经济地理模型理论，完善的交通基础设施能够有效降低产业的运输成本，不仅有利于规模经济的形成，而且能够刺激生产竞争，进而对经济格局形成影响，有力促进了产业结构升级。

基础设施还可以通过影响供需推动产业结构优化。郭凯明和王藤桥

（2019）从需求侧和供给侧角度研究基础设施投资对产业结构转型升级产生的影响，认为基础设施投资可以依靠投资、价格和收入的影响手段推动产业结构实现转型。来逢波等（2018）研究发现，交通基础设施对三次产业发展产生的影响虽然显著但却具有时间滞后性，对各类交通运输方式的基础设施进行投资所产生的产业发展促进效应会存在差异。潘珊（2020）发现，对新型基础设施进行投资会在需求侧对服务业相对制造业的需求形成拉动，在供给侧对产业内劳动和资本的替代与产业之间制造品和服务形成替代，因此将从供需两侧同时形成对产业结构转型升级的促进。泰布特（Tybout，2000）认为，基础设施供给不足是制成品市场收入较低的重要原因，从而对产业结构的整体优化产生直接和间接的影响。格雷厄姆（Graham，2010）研究提出基础设施建设能够带动就业增加和收入提高，从而对地区工业品和服务消费形成刺激，进而促进了工业和服务业的发展。

部分学者从不同类型的基础设施与产业结构优化的方向进行研究，重点研究了交通与信息通信两类基础设施。交通基础设施对产业结构转型升级产生的影响可以从直接和间接两个方面来看。交通基础设施对产业结构转型升级产生的直接效应，体现为交通基础设施在建设阶段能够通过增加地区的资本流入、就业和收入等直接对产业结构转型升级产生影响，而交通基础设施在运营阶段能够通过有效降低运输成本、促进要素流动以及降低库存水平等直接对产业结构转型升级产生影响。基础设施差和运输成本高通常被认为是工业发展滞后的主要限制因素。科利尔（Collier，2000）指出，制造类企业是交通基础设施服务的忠实客户，因此，如果交通运输服务存在质量差或成本高等问题，制造类企业将处于相对劣势的情形。张景波（2018）研究提出交通基础设施有助于加快要素流动，尤其是当劳动力要素从第一产业向第二、第三产业进行转移时，具有良好的交通基础设施能够加快促进农村剩余劳动力向城市的工业和服务业产生供给。孙辉和黄亮雄（2018）通过研究发现交通基础设施发展能够有效破除贸易在地区间的地理壁垒，积极扩大优势企业的市场范围及规模经济，以实现产业的优化组合。

交通基础设施对产业结构转型升级产生的间接效应，体现为交通基础设施在运营阶段能够通过促进国际贸易、外商直接投资和技术创新等间接对产业结构转型升级产生影响。康继军等（2014）研究发现，基于交通基础设施发展能够有效降低运输成本，使得偏远地区的商品价格水平下降，从间接层面提升了该地居民的收入水平及实际购买力，工业品和服务的收入弹性随之变大，居民对工业品及服务的消费增多，进而对第二、第三产业发展形成促进。刘晓光等（2015）通过研究认为，对于贫困地区而言，交通基础设施发展具有较强的减贫效应，有助于通过增加贫困地区的非农就业机会促进劳动力向第二、第三产业进行转移，同时交通基础设施通过疏通产品外销渠道能够有利于增加贫困地区收入。弗朗索瓦（Francois，2015）通过研究发现，无论是在沿海还是内陆地区，交通基础设施的发展都能够显著增加贸易流量。陈海波和陈赤平（2018）发现，基础设施的改善能通过技术溢出、知识溢出、产业迁移效应和示范效应对东道国的制造业结构产生提升，但不同交通设施的影响机制及影响程度有所不同。马明（2018）、林春艳和孔凡超（2016）研究认为，基础设施的发展有助于减少区域内部知识人员、资本等创新要素的流动障碍，促进了隐性知识的溢出水平以及技术创新。根据区域创新对各个产业的影响来看，技术创新不仅能够催生创新产业，而且能够通过新技术和新设备对传统产业进行改造，有助于提升产业的附加值，从而加快了产业结构高级化发展速度。

在信息通信类基础设施方面，学者一般将研究重点放在其对知识技术的传播、区域创新能力的提升以及对全要素生产率的提高方面。信息通信类基础设施指在采集、处理传播信息的活动中，所运用的现代化的、具有高科技手段的软件和硬件技术类的基础设施。该类基础设施既涉及通信的基本方式，如移动电话、固定电话、宽带网络，同时也涵盖诸如人工智能、应用软件开放、大数据处理、云计算等高技术通信模式（王迪，2019）。通信类基础设施能够促进地区间信息和技术的传播与共享。莫雷诺等（Moreno et al.，2005）通过对欧洲17个国家138个地区数据进行分析，认为通信类基础设施能够有效提高区域间知识和技术要素的传播速度，且通信网络基础设施的搭建加速了信息元的交互，提高了信息的共享效率（张永林，2016）。新型基础设施需要大规模的投资，能够促进现代制造业各部门的协同效应，在这种情况下，石油化工、纳米技术、电子、制药、信息、电信等行业都会通过乘

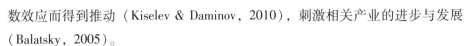

数效应而得到推动（Kiselev & Daminov，2010），刺激相关产业的进步与发展（Balatsky，2005）。

1.4.2　基础设施的社会效应

基础设施普遍具有社会性和公益性这两大特征。本部分针对基础设施的社会效应，从消除贫困、缩小区域差距和提升生活质量这三个方向进行介绍。

1.4.2.1　基础设施与消除贫困

2020 年底，中国全面消除了绝对贫困和区域性整体贫困，成为首个实现联合国千年减贫发展目标的发展中国家。中国消除绝对贫困的成功是中央和地方精准施策，政府主导与社会参与有机结合，全行业与全部门共同努力的结果。基础设施作为社会先行资本，为减贫的实现提供了基础和保障，同时也是减贫措施推进的重要手段和工具。

早在罗森斯坦·罗丹（Rosenstein Rodan，1943）的"大推进论"中，发展经济学家就提倡政府通过大规模的公共基础设施来摆脱贫困。纳克斯（Nurkse，1953）在其贫困恶性循环理论中也提出，解决贫困恶性循环的方法是全面、大规模地在国民经济的各个部门进行投资实行平衡增长。同时，基础设施建设是政府的责任，强调基础设施建设要有计划性，有长远的目光。格莱维（Glewwe，2000）等对越南的研究表明，没有通路的村庄住户的贫困发生率比通路村庄住户的贫困发生率高 67%。世界银行以越南为样本分析得出，农村公路的修复项目对贫困家庭产生积极的影响（Vande Walle & Cratty，2002）。雅各比（Jacoby，1998）对尼泊尔的研究发现，广阔的乡村道路对处于最贫困的 40% 人群而言意义重大。此外，农田水利基础设施也对贫困减缓具有重要作用。根据世界银行对印度、菲律宾、泰国和越南进行的调查报告，发现相比于农业未灌溉地区，农业灌溉地区的贫困发生率大大降低。巴塔拉伊（Bhattarai，2002）等对西南威尔士研究发现，灌溉农业产生 1 美元价值能够创造超过价值 5 美元的区域经济增值，与此同时，灌溉地区的农业收入增加了 77%，直接表现为区域经济的快速发展以及当地贫困发生率的持续降低。

根据致贫原因，可以将贫困划分为能力约束型贫困和资源制约型贫困。能力约束型贫困的本质是生产能力不足，提升能力对于居民贫困减缓和收入水平提高有重要作用（Amartya Sen，1981）。基础设施在完成投资和投入运营后能够有效减少贫困。无论是发达国家还是发展中国家，完备的基础设施建设以及较高的服务质量，对贫困人口的教育、医疗、文化等各个方面都会产生积极影响，潜在地影响了人们的收入和福利水平（Leipziger，2003）。良好的基础设施普及率不仅可以为居民享受基本公共服务提供物质保障，也能有效推动居民提高生产生活能力，掌握市场竞争力而摆脱贫困，具有良好的消除贫困的作用。各种类别的基础设施从不同层面促进人力资本的质量提高，帮助贫困人口提高获得生产性机会，助力贫困地区教育和健康状况的改善，并为贫困人口提高就业能力素质提供条件。现代工业体系采用高技术、现代化设备进行工业生产，对掌握先进技术、适应现代化生产能力的人力资本具有天然的需求，而基础设施对于人力资本的质量提高具有重要的作用。基础设施投资可以有效提高人力资本的整体质量和水平，提高居民整体的生活生产能力，从而为消除贫困提供最基本的物质保障。

孙钰等（2015）发现，基础设施的建设和完善不仅直接带来相关行业就业机会的增加，而且也通过促进经济发展间接创造了较多就业岗位。完善的基础设施有利于改善贫困，高颖和李善同（2006）分析发现交通基础设施有助于降低劳动力转移及运输成本、增加非农就业机会和提高农业劳动生产率从而产生减贫效应。

1.4.2.2　基础设施与缩小区域差距

基础设施建设具有网络联动性，对缩小区域间和区域内的差距具有重要作用。基础设施是区域内生产生活的物质基础，与生产生活的各个要素之间的关系密不可分，如生产要素的流动、企业选址、生产效率等。基础设施投资通过作用于区域发展，影响区域的收入分配以及人口分布格局，因此区域内基础设施的建设成为促进区域间经济发展、减少区域差距的重要政策性工具。中国长期存在的城乡二元结构，是限制社会整体福利效应提升的主要障碍，而基础设施被视为联动城乡发展、实现城乡融合的核心纽带，因此基础设施建设对社会公平具有重要促进作用。一方面，基础设施投资作为拉动经济增长和联动城乡发展的工具，通过对城镇和农村居民收入的差异性作用，对城乡收入分配格局产生重要影响；另一方面，基础设施投资也是城乡人口迁移的重要影响要素，通过基础设施的"拉力"和"推力"作用，对农村居民的迁移决策产生影响。

学者研究发现基础设施整体覆盖率的扩大可以有效提升人口福利和收入水平，减少收入差距。增强经济欠发达地区基础设施建设，可以增强经济欠发达地区的教育和医疗水平，有效减轻低收入群体生活负担，增加其发展机会（Estache，2000；Lopez，2003；Calderon & Serven，2008）。德缪杰（Demurger，2001）对中国基础设施与区域间的经济发展分析认为，基础设施有利于中国内陆与沿海的经济联动，从而缩小区域间差距。科恩和保罗（Cohen & Paul，2004）从基础设施有助于降低相邻地区运输成本和交易费用的视角，证实了基础设施投资对于相邻地区的正向促进作用。金祥荣、陶永亮、朱希伟（2012）在对不同地区进行分析后，得出区域间要素投入的回报率能够决定要素流动方向的结论。加大对农村和欠发达地区基础设施的投入，完善基础设施条件，可以改变经济社会环境、吸引投资，促进区域范围内的产业结构优化，增加就业机会、提高区域劳动生产率，缓解城乡和区域间收入差距。

基础设施的不断完善为劳动力转移提供了必要的前提条件，基础设施不仅促进地区之间专业化分工，而且直接影响着劳动力流动性和技能匹配水平。在我国一些发达地区，城市交通条件改善显著提高了大城市职工通勤距离。2017年GDP排名前十的城市职工平均通勤里程都在8公里以上，其中排名前三的城市的平均通勤距离更是突破了12公里。全国其他地区城市交通条件的改善同样有助于提高劳动力流动性、扩大劳动力市场规模、缓解技能错配、提高劳动生产率。邓明（2014）通过分析我国各地区交通基础设施与就业密度存在的内生关系及空间溢出效应，证明了两者之间存在显著的正相关关系。蒋海兵等（2013）通过研究发现交通基础设施网络的日趋完善和运输服务水平的不断提高，不仅为旅客及货物提供了多种运输方式的选择，而且有效提

高了区域间的运输可达性和便利程度。交通基础设施建设对城镇化发展具有
积极促进作用。樊怿霖（2018）认为，交通基础设施投资能够有效改善流通
条件以促进生产要素的自由流动，而向城镇转移的农村劳动力形成集聚之后
便能够有力推动城镇化的快速形成。

1.4.2.3　基础设施与提升生活质量

基础设施对于提升居民生活质量至关重要，生活质量以及居民福祉的概
念涉及获得服务、安全感、生活成本、健康、流动性、交通和社会参与等因
素，而通过基础设施建设可以使环境适应不同居民的需求，并积极促进社会
的整体联系，从而进一步改善社会福祉。

近年来，随着基础设施服务对国家和社会的重要性不断提高，其建设水
平以及提供的服务与人口需求的一致性也变得越来越重要，其需求的满足情
况在很大程度上决定了人口的福祉。在第 22 届欧洲社会服务会议上，研究人
员表示，基础设施以及附着其上的各种服务能够帮助实现更高的生活福利，
基础设施为不同年龄阶段的人们更好地融入社会创造了条件，对于相对弱势
的风险群体尤其重要（Williams & Pocock，2010）。研究表明，随着基础设施
建设，人口特征明显得到改善，为了更为有效地发挥基础设施对健康生活方
式的作用效果，对于基础设施建设的决策管理是有必要的（Elena Stein，
2017）。

对于发展中国家，基础设施建设对于居民福利的提升主要集中于三个方
面。其一，基础设施数量和质量的提升有利于改善居民的健康状况，如卫生
保健基础设施的普及有助于提高居民尤其是儿童的健康水平（Leipziger &
Fayands Wodon，2003），电力的普及保证了健康服务及医疗设备的正常运行
（Saghir，2005）。其二，基础设施数量和质量的提升有助于受教育状况的改
善，如良好的交通基础设施有助于提高学校入学率（Levy，2004），电力及通
信设备的普及有助于改善学习环境，有助于学习相关设备的正常使用，提高
学习质量（Saghir，2005）。其三，基础设施可以完善区域社交网络的建立，
促进信息的交流与分享，这对于解决和防止当代的一些社会问题，如消除社
会隔离、协商差异等具有重要作用（Blommaerts，2014；Klinenberg，2018）。

基础设施的建设还有助于社区的建立、信任的发展、合作的实现以及友谊的建立（Willson，2017）。阿敏（Amin，2012）认为，不同形式的基础设施是城镇化过程中必不可少的一部分，不同类型的基础设施依赖公共空间和集体空间的运作，增强区域空间的社会信任感的产生和维护。

提供满足居民需求的基础设施，可以促进社会整体生活质量的提高，促进区域可持续发展。居民在享受基础设施所提供的福利时，往往都有"获得公平"的机会（Odpm，2003），区域内基础设施的完善可以有效提高居民生活质量和社会福利，是人力资本和社会资本增值的基础（Parr，2008）。综上所述，基础设施的配备对于建设一个健康的地区、维持区域内可持续的生活环境至关重要。

1.4.3 基础设施的环境效应

随着 2015 年 12 月 12 日《巴黎协定》的通过和 2016 年 1 月 1 日《2030年可持续发展议程》的正式启动，全球已进入向低碳、绿色和清洁能源化转型的关键时期。建设经济可行、环境友好、社会和谐、治理高效的"可持续的基础设施"越来越成为全球共识。我国将进一步推进风能、太阳能等新能源基础设施互联互通，也将在基础设施的规划、投资、建设和运营过程中更加重视环境和生态保护，促进项目与社区的共同发展。

基础设施在环境管理领域的作用很早就得到承认。莱特（Wright，1996）认为基础设施的设计目标应该与自然环境保护的总体目标相契合，通过管理工程等手段配合基础设施的建设和运营，提供更为安全和环保的设施，从而影响自然环境的可持续性发展。进入 21 世纪，人们逐渐认识到，舒适的环境是高质量生活的基础，是国家的战略资源。舒适的环境包括许多因素，其中基础设施是非常重要的方面。

1.4.3.1 基础设施对环境影响的两面性

基础设施本身是一个具有完整结构和功能的系统，不仅对经济社会发展具有重要的支撑和保障作用，对环境也会产生重要影响。基础设施在建设及运营阶段都会对环境产生影响，当前关于基础设施对环境产生的影响研究具有正反两个方面的结论。

在基础设施建设过程中，由于耕地占用可能会导致动植物栖息地和生态环境的破坏，此外施工产生的建筑垃圾和噪声可能会造成固体废弃物的污染和噪声污染。李等（Lee et al.，2003）通过研究证明能源消耗、噪声污染、废弃物和温室气体排放等因素是影响基础设施环境可持续发展的重要指标。其中关于基础设施造成负面环境影响的原因，罗贝尔等（Wrobel et al.，2000）认为主要是道路交通的车辆增速长期高于道路面积增速，极易出现车辆行驶缓慢甚至是交通堵塞的情况，由此导致的汽车燃料未能充分燃烧会使得汽车尾气中的污染物浓度要比车辆在正常速度下行驶时高出 2～3 倍。罗等（Luo et al.，2017）认为更多的道路建设导致道路密度的增加将加剧能源消耗，从而使空气污染严重。此外，部分研究发现基础设施有益于环境污染问题的解决。谭（Tan，2018）研究发现增加道路面积或道路宽度可以有效缓解交通拥堵并提高车辆燃油效率以减少车辆尾气排放。梁若冰等（2016）认为轨道交通能够通过对出租车等路面交通的替代有效缓解大规模城市的交通拥堵，而且节能减排效果显著。达尔基奇等（Dalkic et al.，2017）发现高铁由于客货运输过程中消耗较少的化石燃料同样有利于节能减排。

基础设施是能耗和碳排放的一个重要来源，现有宏观政策从多个角度提出了具体的可持续发展目标，但在基础设施行业层面，实现低碳发展的减排路径仍处于探索阶段。因此，基础设施对碳排放的影响及减排路径的识别，是区域低碳发展政策优化的重要参考和迫切需求。建筑和交通基础设施的大规模建设在促进社会经济发展的同时，造成了很多环境问题，因为这样的建设需求和活动消耗了大量的建筑材料，并伴随二氧化碳的排放（Shi，2012）。其中建筑行业排放量占社会总排放量的 40% 左右，这已被国内外众多研究机构和学者证实（林宪德，2007；蔡向荣，2010；尚春静，2011；Metz，2007）。基础设施作为碳排放大户，对节能减排有着义不容辞的责任。此外，作为建筑材料主要载体的建筑和交通基础设施的生命周期少则十几年，多则几十年甚至上百年，由于这一特殊性，在其使用阶段还需要消耗资源加以维护和翻新以保证能够提供正常功能服务。格林等（Grimm et al.，2008）的研究证明城镇化是二氧化碳排放浓度增加和全球气候变化的主要原因。

1.4.3.2 绿色基础设施的发展

绿色基础设施的保护和规划是建设美丽中国的基础，对于提升人居环境质量，维持城市绿色、健康、可持续发展具有重要意义。绿色基础设施侧重于对自然系统所提供的生态、社会和经济综合效益的积极探究和转化，可以提供多样化的生态系统服务供给，包括提供清洁的水源、可再生能源，缓解城市热岛效应。绿色基础设施是城市重要的生命支持系统，是保证人类福祉和城市绿色、健康发展的根基。20 世纪 90 年代初，美国学者查尔斯·利特尔（Charles Little）在其《美国的绿道》一书中把绿色基础设施界定为"绿道系统的扩展"和"全新的基础设施类别"，绿色基础设施概念正式出现在公众视野中。

生态系统服务是人类可以从自然中获得的各种惠益的总和，而绿色基础设施的理论方法本质上是通过优化结构来提升研究区域内的生态系统服务。随着生态系统服务理论研究的逐步深入和成熟，绿色基础设施与生态系统服务研究的结合也越来越紧密。安超和沈清基（2013）从空间利用生态绩效的角度研究绿色基础设施构建方法，提出绿色基础设施构建要以充分发挥生态系统服务为宗旨。李锋、欧阳志云、傅伯杰等学者研究了土地利用结构和生态系统服务之间的关系，对生态系统服务功能的定量研究多是依托价值量表加以改进完善。这些学者将生态系统服务与城市生态空间的结构特征相结合，开启了国内绿色基础设施功能定量化的研究先河。在绿色基础设施的功能评估方面，刘梦媛、范金梅和宇振荣等（2014）从多功能视角分析绿色基础设施，利用生态系统服务评价体系评估了北京市海淀区绿色基础设施的各项生态系统服务功能及其重要性。应君等（2011）进行城乡绿色基础设施体系、实施的相关研究，并在《城市绿色基础设施及其体系构建》中强调绿色基础设施与城市市政基础设施一样具有基础服务功能，是系统化解决人地关系的实现方式。

虽然不同学科背景的学者对绿色基础设施的内涵和研究范畴的界定存在一定争议，但"生态网络"（ecological networks）、"连通性"（connectivity）

和"多功能性"（multifunctionality）往往是不同绿色基础设施定义的共同关注点。随着不同学科领域对于这一概念的持续关注，当前对绿色基础设施的研究呈现出交叉合作的态势，研究成果主要集中于以下三个方面：绿色基础设施与气候变化应对、绿色基础设施与雨洪调控、绿色基础设施与空气质量。

　　未来中国的城镇化之路必须是符合中国国情的、可持续的，是迈向生态文明时代的必然选择。科学合理规划和建设绿色基础设施是中国可持续城镇化的重要组成部分。

1.5　基础设施与城镇化

1.5.1　城镇化

　　"城镇化"和"城市化"，是指国内对"Urbanization"的不同译法，最早是由西班牙学者在《城镇化的基本理论》一书中提出的，目前已经被国内外理论界广泛接受。国内之所以对 Urbanization 一词两译，原因在于国内学者对广义的城市和狭义的城镇的含义认识不一致。中国城市与区域规划学界和地理学界明确指出：由于农村人口只有转移到城市，才算完成城市化。因此建议统一使用"城市化"概念，以避免误解。从词义上看，城镇化既包含了"城市"又包含了"镇"，含义比城市化更广，充分体现了我国特色。因此在一般意义上，城市化与城镇化的内涵是一致的。而在我国正式的官方文件中通常使用"城镇化"一词。

　　在我国，城市化是"人类生产与生活方式由农村型向城市型转化的历史过程，主要表现为农村人口转化为城市人口及城市不断发展完善的过程。"[①]这种转化的深刻内涵在于，它不是简单的城乡人口结构的转化，更重要的是，

---

　　① 中华人民共和国国家标准《城市规划基本术语标准》。

它是一种产业结构及其空间分布的转化，是传统劳动方式、生活方式向现代化劳动与生活方式的转化。国内学者王放（2000）研究认为，城市化即指城镇地区在经济发展、社会活动和人口数量方面比重都在不断上升而乡村地区比重不断下降的过程。沈立人（2001）则认为城市化是一个经济发展的过程，不仅是城市人口的增加，更表现为诸多城市要素的集聚，特别是城市规模的形式，有赖于城市产业的支撑，并落实为城市居民生活质量的提高和科教文事业的发展。

城镇化就是城镇形成和发展的过程和结果，其核心是产业结构以及就业结构变动的结果，表现是人口的空间转移。城镇化的结果是通过城镇化实现产业、人口等的合理布局，最终消灭城乡差别。

1.5.2　基础设施对城镇化的作用

改革开放以来，我国经济社会发展水平实现大幅提升，城镇化发展将从以速度为主转向速度、质量并重的发展阶段，并逐渐由高速发展向高质量发展阶段变迁。党中央和国务院历来高度重视推进城市基础设施发展，并将基础设施发展作为实施区域协调发展以及新型城镇化战略的重要实现路径。《国家新型城镇化规划（2014—2020 年）》明确提出，促进区域基础设施发展以及公共服务设施的共建共享，增强基础设施发展对城镇化格局的支撑和引导作用。2017 年，由中华人民共和国住房和城乡建设部、国家发展和改革委员会组织编制的《全国城市市政基础设施规划建设"十三五"规划》发布实施，该规划指出，城市的基础设施是新型城镇化的物质基础，是城市经济社会发展、公共服务提升和安全运转的基本保障，完善城市基础设施体系对推进新型城镇化具有重要意义。2022 年全国两会指出，围绕国家重大战略部署和"十四五"规划，适度超前开展基础设施投资；有序推进城市更新；加强县城基础设施建设；稳步推进城市群、都市圈建设，促进大中小城市和小城镇协调发展。

基础设施是城市得以形成和发展的基础，在早期的区位选择理论中就已经阐述交通的重要性，在之后的城乡迁移理论中也将城市公共服务置于重要位置。但是直到 20 世纪 90 年代，以格莱泽（Glaeser）、亨德森（Henderson）为代表的城市经济学家才将基础设施投资引入城市增长和城镇化的理论模型，相关学者也开始检验基础设施对城镇化的贡献作用。

1.5.2.1　国内外研究

（1）提供物质保障。基础设施是城市发挥集聚效应的物质保障。一个地区完善基础设施环境，为该地区的生产生活提供了物质保障，进而发挥城市的集聚效应和中心作用，使人口和生产企业向城市转移。但是基础设施投资要有"超前性"，即在时间和空间上要合理分布，这样才能推动一个地区的生产发展和居民生活水平的提高（赖愉盼，2018）。城市基础设施的存在，既促进了城市经济高度的专业化分工，又以基础设施为纽带促进了城市地域空间各要素的高度集聚，从而形成城市的整体效益，加速推进城市经济的快速发展（林森木《城市基础设施管理》）。现代城市尤其是大城市的发展历史一般较长，具有发育相对成熟的市场、完善的经济结构和雄厚的技术力量，如果各种生产要素和经济资源能够有效组合与配置，将会产生巨大的集聚效益，这一点可以从上海、北京、深圳等城市得到充分印证。如北京中关村，通过整合周边高等院校的教育资源，完善通信、IT 等行业所需的配套设施，形成中国的硅谷。

（2）推动经济增长。基础设施对城市经济增长具有重大的影响。从短期看，城市基础设施的效应在于提高生产效率、促进城市竞争力的提高；从长期看，城市基础设施的发展将增强城市的吸引力和比较优势，吸引更多的劳动力和企业流入城市，扩大城市经济规模，促进城市的产业置换和结构调整，从而实现城市经济的增长（蔡孝篇《城市经济学》）。

（3）加速城市扩张。区位选择理论阐述了交通基础设施对城市形成、扩张起到的积极作用（Wilansky A，1960；Losch A，1954；Timiofeev A A，2009）。随后，城乡迁移理论也突出城市公共服务的重要程度。这将体现出基础设施是城镇得以形成和发展的基础。国外对交通基础设施的研究结果表明，地区交通的发达程度与城镇化速度之间有着正向的相关关系（Rudel T K ＆ Richards S，1990）。而国内研究发现基础设施持续投资有利于城镇化速度和质量提高、消除城镇化地区差异（中国经济增长前沿课题组、张平、刘霞辉，2011）。

（4）影响空间布局。基础设施还影响城市的结构体系与空间布局。影响城市发展的基础设施在空间上被划分为两部分：一是区域基础设施，其左右着城市对外联系和辐射范围的大小；二是城市内部基础设施，用以支撑城市范围内经济社会活动的正常进行（马海龙和杨建莉，2016）。前者影响城镇化过程中城市之间的关系，形成不同的结构体系；后者影响城市内部空间，形成不同的城市形态。在基础设施对城镇化结构体系与空间布局的研究中，主要集中在交通基础设施、绿色基础设施、信息基础设施、城市群空间形态等研究领域。其中，交通基础设施对城市空间布局影响的研究起步较早、成果较多，如对机动车交通取代步行、铁路的批判（Mumford L.，1961）等。基于交通设施与城市空间增长和城市结构、等级研究也在不同城市、城市群之间开展（熊贤良，2000；段进，2009；洪世键和张京，2010；王法辉、刘瑜和王姣娥，2014）。绿色基础设施则主要为解决城镇化过程中产生的负面影响，这些研究从地理科学、城市规划、政治学、社会学、建筑设计等视角对基础设施与新型城镇化的关系进行分析，为经济学探讨城市基础设施对新型城镇化作用机理研究引入新的变量，提供新视角和新理论。

1.5.2.2 异质性分析

（1）行业异质性。一些传统的和生产性的基础设施产业对城市化的影响随时间减弱，如水煤电热供应业对城市化的贡献率变得非常小而交通运输及邮电通信类的贡献率也在不断地下降。说明以前这些基础设施投资的主体部分随着投资规模的扩大对城市化的贡献具有边际效用递减的趋势。

文化教育类和社会服务类基础设施投资与城市化进程的相关程度最大。这反映了城市化进程对文化教育类设施的需求拉动效果十分显著，也验证了我国在科教兴国战略的指导下对教育基础设施投入的重视。而社会服务业对农村劳动力的吸引力较强对我国城市化进程中农村劳动力转移和就业等问题的解决具有重要的作用和意义（蒋时节，2009）。

（2）区域异质性。基础设施投资在国内不同地区的额度不尽相同，同时由于地区自身交通水平、人口规模等先天因素，基建投资对地区的边际影响也存在差异。

鲁德尔和理查兹（Rudel & Richards，1990）对 20 世纪六七十年代厄瓜多尔安第斯山脉地区的城镇化研究表明，尽管国家大力推动城镇化进程，但交通不发达地区的城镇化速度会很快出现下降趋势，而交通状况较好地区的城镇化则能保持一定的速度。

相关研究已经发现，较高的城镇化水平意味着更高的交易效率和更低的交易成本，公共品供给能力提升更容易实现规模效应。有关于中国样本的越来越多的研究表明，公共品供给与城镇化的不匹配现象越发明显（陶然和曹广忠，2008；尹宏玲和徐腾，2013）。另外，基础设施投资的区域、城乡失衡所引致资本边际收益偏低，投资过度或不足的矛盾凸显，投资与区域经济发展不匹配得到证实（侯新烁和周靖祥，2013）。白暴力（2004）应用生产函数法和我国 1996～2000 年的混合数据，实证研究发现在基础设施日益完善的东部地区基建投资对经济增长的作用在逐渐降低，而西部地区基建投资的边际效益仍然很高，指出应该继续加强西部地区基建投资。

1.5.3 城镇化对社会的影响

1.5.3.1 区域经济增长

世界主要国家的发展经验表明，城镇化是一个国家经济增长的重要引擎。但是在理论研究中，城镇化与经济增长的关系还存在差异性的结论。大多数研究认为，随着城镇化进程的深入，城市数量增多、城市规模扩大，其对经济增长表现出正向推动作用。兰帕德（Lampard，1955）的研究发现，美国城镇化发展与经济增长之间存在显著正向相关的关系，经济增长与城镇化发展保持较高的一致性。盖洛普（Gallup，1999）等的研究表明，城镇化发展的首要目标就是实现经济增长，人均 GDP 增长会因城镇化率的"S"型变化趋势呈现同样的发展规律。科洛马克（Kolomak，2012）在对俄罗斯城镇化问题的研究中，利用 2000～2008 年面板数据测算了城镇化对经济增长的影响

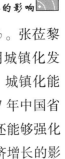

程度，结果发现城镇化率每增加1%，区域生产力便会随之提高8%。张莅黎（2019）实证检验了城镇化的区域增长与收敛效应，研究结果表明城镇化发展水平对于我国县域人均GDP增长和收敛性具有经济的正向作用，城镇化能够提高人均GDP1.94%的收敛速度。程莉（2020）利用2000~2017年中国省级面板数据，发现城镇化能够显著促进农村经济增长，并且城镇化还能够强化乡村旅游对农村经济的促进作用。部分研究结论显示，城镇化对经济增长的影响不显著甚至起负面作用。阿卜杜勒·拉赫曼等（Abdel Rahman et al.，2006）以35个发展中国家为样本，利用截面数据和时间序列数据研究了城镇化与经济增长之间的关系，结果发现二者之间呈现负相关关系。波尔赫克和福克斯（Poelhekke & Fox，2012）的研究结果显示，在20世纪80年代，一些拉美国家和非洲国家的城镇化得到了较快发展，但是快速发展的城镇化并没有带来经济的持续增长，而是进入了经济增长缓慢甚至是负增长的怪圈。程莉等（2017）的研究表明，从长期看城镇化与经济增长表现为一种正向的线性关系，而在短期内由于体制缺陷和传导机制的滞后性与复杂性等问题的存在，使得城镇化发展会阻碍经济增长。此外，还有一些研究认为城镇化对经济增长的影响呈现倒"U"型关系。任晓聪和苏塱（2016）认为，城镇化与经济增长是具有相互影响的内生化过程，其研究表明，我国部分区域城镇化与经济增长之间呈现出倒"U"型非线性关系。孔艳芳和平萍（2016）的研究表明，城镇化对经济增长存在着门槛效应，即当人均收入超过某个门槛值时，城镇化对经济增长的影响系数会随着人均收入水平的提高呈现出倒"U"型的特点。

1.5.3.2　产业结构升级

关于城镇化对产业结构升级影响的研究。怀特海（Whiteheada，2006）认为，城镇化通过创造合适的环境条件，能带动产业结构发展。亨德森（Henderson，2000）的研究表明，与国家规模相匹配的城镇化进程有助于产业发展，带动产业结构转型。科尔科（Kolko，2010）和迈克尔（Michaels，2012）等通过实证研究表明，城镇化能促进不同产业之间的协调发展，促进产业分工及重组，同时带来产业或要素的集聚，从而推动产业结构升级。刘志彪（2010）则指出，产业转型升级，尤其是战略性新兴产业升级能够解决我国经济发展中的不良问题，产业升级关键在于选择进一步城镇化。沈正平（2013）分析了城镇化与产业结构升级的互动机制，认为提升城镇化质量有利于拉动产业结构调整升级并促进产业合理布局，而优化产业结构有利于推动城镇转型发展和城镇化质量提高。吴福象和沈浩平（2013）、孙叶飞等（2016）通过构建各自的新型城镇化指标，认为新型城镇化对产业结构升级具有显著的促进作用。杨钧和罗能生（2017）从农村城镇化的角度出发，认为城镇化对产业结构升级的影响是非线性的，城镇化对农村第三产业占比和农村产业结构偏离的影响路径是"U"型的，而且不同区域的影响不同。

1.5.3.3 居民就业问题

"国土面积大，但耕地面积小"是我国国情之一，人多地少的矛盾尤为突出。城市化进程中，一部分农业用地被工业部门征用。同时，随着农业新技术的推广，农业生产率不断提高，对农村劳动力的需求量不断减少，城镇化无疑是解决农村剩余劳动力就业问题的一大手段。黄声宗（2005）研究发现，加快城市化进程，促进第三产业发展，对于扩大就业，缓解就业问题有着重要意义。对此，学术界展开了城市化对居民就业影响的探讨。

首先，城市化影响了我国就业结构和就业弹性。国内学者杨宜勇、顾严和魏恒（2005）通过我国城市化发展和就业的相关分析，认为城市化对于扩大社会就业总量和城市就业是有利的；城市化力度与就业弹性高度密切相关，城市化力度高，就业弹性高。潘筱川（2002）通过研究城市化、第三产业发展与就业，得到城市化的发展能够推动第三产业的发展，而第三产业有很高的就业弹性，能够极大地吸纳就业，从而城市化可以促进就业。

其次，学者从人口迁移的视角分析城镇化对城乡就业的影响。刘易斯（Lewis，1954）主张经济发展依赖现代工业部门的扩张，而现代工业部门的扩张则有赖于农业提供大量廉价的劳动力，人口向城市迁移是一种劳动力平衡机制，它能使劳动力由过剩部门向不足部门转移，最终实现两部门工资或收入的均等。拉尼斯和费景汉（Rains & Fei，1961）则强调经济发展过程中工农业平衡发展的重要性以及经济发展取决于农村剩余劳动力向现代工业部门转移，并指出农村劳动力的转移取决于农业技术进步、人口增长和工业资本存量的增长等。然而，有学者并不认为人口迁移对居民就业的作用是正向的。托达罗（Todaro，1969）从发展中国家农村人口流入城市和城市失业同步增长这一矛盾的现象出发，研究了发展中国家的城市失业和就业不足的问题，根据城乡收入差别及城镇工作的可得性解释了发展中国家城市失业及劳动力城乡流动同时失业率增长的现象。农村劳动力不断向城市迁移，会造成许多经济社会问题，既会增加城市就业的压力，不利于社会稳定，还会造成农村劳动力的不足。

1.5.3.4 土地集约利用

而城镇化的最直观体现是土地扩张，即农业用地和生态用地不断向城镇建设用地转化，导致城镇的土地空间的规模不断向农村腹地延伸。尽管国家对城镇化进程中耕地占用提出了"占补平衡"的要求，即城镇建设占用的耕地能够通过土地复垦开放新增耕地来弥补，以保证耕地红线，但"占优补劣""占地不补"的现象依然突出（徐李璐邑，2020），耕地质量也可能因此而下降，耕地在数量和质量上的变化也必将导致粮食产量的波动。

城镇化进程在供给端对粮食生产存在一定程度的"挤出效应"，其直接表现为建设用地占用耕地，从而耕地数量和质量的变化引发农村劳动力流动、要素投入结构调整、粮食产销区分化等资源向非农部门转移。城镇化导致的耕地资源稀缺性是构成要素、供需、产销等生产结构变迁的动力基础，也是促进耕地集约利用的基础。城镇化导致的耕地减少已经成为影响中国粮食生产的关键要素之一（Deng J.，2011），人口集聚与经济增长提高了城镇对土地空间的需求，城镇土地空间的扩张会导致大尺度、转换性的地表覆被变化，并使得耕地大面积退出，粮食生产的土地资源投入将会减少。耕地作为农业生产最基本的物质条件，其在数量和质量上的变化必将影响到粮食生产要素投入的波动，从而影响到粮食的产出能力（傅泽强和蔡运龙等，2001）。

土地利用结构的变化也是城镇化的直观体现，而城镇化的核心体现是人口集聚。耕地的减少降低了农村家庭的人均土地经营规模，促使农村劳动力不断由农村向城市转移（魏后凯，2020），但在当前城镇化进程中，人口的市民化明显滞后于城镇土地的扩张。二元经济结构理论为农村劳动力的城镇流动提供了有力的解释依据，一方面耕地减少释放了剩余的农村劳动力；另一方面农民收入的过低、生产成本的升高及非农部门的吸引力，使得青壮年农村劳动力持续转移（洪传春等，2014），导致种粮的劳动力总体规模下降，且劳动力结构开始凸显妇女化与老龄化。在农业现代化过程中，缺乏掌握现代农业新知识和新技术的新生代劳动力，对长期保障粮食产出安全产生一定威胁。

不过，农村劳动力转移也是粮食生产实现规模经营的契机，虽然当前中国粮食生产的主体仍然是传统小农户，大多数转移的农村劳动力并未真正扎根于城镇，归属感较低，土地情结的存在难以突破小农户生产的局限，但随着家庭农场、专业大户等新型农业经营主体的发展，为粮食生产的规模化经营创造了条件，促进了对社会化服务的需求，农业机械化服务的使用逐渐推广普及，提高了劳动生产率与粮食单产。

1.6 基础设施投资的大视角

中国对基础设施的认识，从"修路架桥"中得到实惠和正向验证。我们把所有与基础设施相关的建设都纳入"大基建"的范围，无论"传统基建"还是"新基建"，"大基建"对于我国国民经济和人民群众福祉都将发挥着重要作用。特别是当前面对国内国际极其复杂的经济形势，从更大的视角来发挥基建投资的拉动作用，会使经济走出低谷，迈向复苏和增长，踏上新周期之路。"大基建"不仅在于范围宽广，投资规模大，投资周期长，而且"大基建"投资的整合力度和拉动经济能力更有效。比如，"传统"的高铁建设，能拉动上下游几十个行业的增长；"新基建"的人工智能，也能拉动包括软硬件设计、高端制造、能源存储、新型材料等数十个领域的发展。与此同时，这二者实际上已经可以综合起来考虑，伴随"传统"和"新"基建的融合发展，将创造更多新兴领域的投资，促进产业调整和升级，创造更多的劳动就业，培养更多新兴人才和专业化人才。概括地说，5G、特高压、城际高速铁路和城际轨道交通、新能源汽车充电桩、大数据中心、人工智能和工业互联网七大领域新型基础设施建设，主要是发力于科技端的基础设施建设。对科技创新的支撑正是"大基建"要重点涵盖的内容，也是投资的新方向。

从金融视角看，基础设施投融资是传统商业银行优先支持的中长期产品，因为有银行传统授信所需要的抵质押担保等优势，融资模式成熟，风险相对较小。新形势下，"大基建"的要求有所不同，如工业互联网、人工智能、大数据中心等基础设施，需要服务器等硬件或技术人才等软件提供融资保证，也就要求有新的融资模式创新。"大基建"涉及面广、资金需求量大，仅靠商业银行的资金是远远不够的，需要加强资本市场"大基建"金融产品发行效率，通过产业基金、专项债等形式更快速地提供资金。此外，我国民间资本对固定资产投资的潜力在30万亿元以上，充分调动社会资本，采取有效的PPP（Public Private Partnership）模式具有重要意义。

2022年4月26日，习近平主持召开中央财经委员会第十一次会议，研究全面加强基础设施建设问题。会议强调，基础设施是经济社会发展的重要支撑，当前和今后一个时期，要坚持以人民为中心的发展思想，坚持问题导向、目标导向，统筹发展和安全，系统谋划、整体协同，精准补短板、强弱项，优化基础设施布局、结构、功能和发展模式，调动全社会力量，构建现代化基础设施体系，实现经济效益、社会效益、生态效益、安全效益相统一，服务国家重大战略，支持经济社会发展，为全面建设社会主义现代化国家打下坚实基础。要立足长远，强化基础设施发展对国土空间开发保护、生产力布局和国家重大战略的支撑，加快新型基础设施建设，提升传统基础设施水平。要适度超前，布局有利于引领产业发展和维护国家安全的基础设施，同时把握好超前建设的度。要科学规划，贯彻新发展理念，立足全生命周期，统筹各类基础设施布局，实现互联互通、共建共享、协调联动。要多轮驱动，发挥政府和市场、中央和地方、国有资本和社会资本多方面作用，分层分类加强基础设施建设。要注重效益，既要算经济账，又要算综合账，提高基础设施全生命周期综合效益。①

---

① 习近平主持召开中央财经委员会第十一次会议强调 全面加强基础设施建设构建现代化基础设施体系 为全面建设社会主义现代化国家打下坚实基础［N］. 人民日报，2022－04－27.

中央财经委员会第十一次会议对基础设施战略的站位高，内涵丰富。既包括传统的基础设施，也包括"新基建"；既包括城市基础设施，也包括农村基础设施；既包括经济基础设施，也包括社会基础设施。会议指出，要加强交通、能源、水利等网络型基础设施建设，把联网、补网、强链作为建设的重点，着力提升网络效益。加快建设国家综合立体交通网主骨架，加强沿海和内河港口航道规划建设，优化提升全国水运设施网络。发展分布式智能电网，建设一批新型绿色低碳能源基地，加快完善油气管网。加快构建国家水网主骨架和大动脉，推进重点水源、灌区、蓄滞洪区建设和现代化改造。要加强信息、科技、物流等产业升级基础设施建设，布局建设新一代超算、云计算、人工智能平台、宽带基础网络等设施，推进重大科技基础设施布局建设，加强综合交通枢纽及集疏运体系建设，布局建设一批支线机场、通用机场和货运机场。要加强城市基础设施建设，打造高品质生活空间，推进城市群交通一体化，建设便捷高效的城际铁路网，发展市域（郊）铁路和城市轨道交通，推动建设城市综合道路交通体系，有序推进地下综合管廊建设，加强城市防洪排涝、污水和垃圾收集处理体系建设，加强防灾减灾基础设施建设，加强公共卫生应急设施建设，加强智能道路、智能电源、智能公交等智慧基础设施建设。要加强农业农村基础设施建设，完善农田水利设施，加强高标准农田建设，稳步推进建设"四好农村路"，完善农村交通运输体系，加快城乡冷链物流设施建设，实施规模化供水工程，加强农村污水和垃圾收集处理设施建设，以基础设施现代化促进农业农村现代化。要加强国家安全基础设施建设，加快提升应对极端情况的能力。这种超级大视角，明确规定了我国"大基建"的目标、范围、标准和实施路径，是未来很长一段时间内基础设施建设发展与转型升级的指南。大视角的基础设施投资范围，应当全面覆盖对经济社会高质量发展有长期支撑作用的领域，主要包括：综合交通物流体系（公路、铁路、水路、航空、管道、智慧交通管理系统等）、多元化的能源体系（煤、油、气、核、太阳能、风能、水能、生物质能、地热、能源传输和配送、智慧能源管理系统等）、水务系统（水源地、供水厂、污水处理厂、原水供水排水管网、水利、智慧水务管理等）、先进通信系统（移动网络、5G等高速互联网、铁塔、卫星、观测站等）、医疗体系、教育体系、文化体系、体育体系、行政体系和安全体系等。目前除了小部分领域已经出现局部或区域过剩外，其他大部分领域还普遍存在不完善、不协调、不均衡、效率低下的问题，需要有序补短板强基础促发展，合理有效扩大投资的潜力巨大。而"新基建"要结合最新科技发展趋势和国家战略，新旧结合，既包括现有基础设施的升级换代，也包括新型基础设施的创新发展。"新基建"除了促进科学技术的条件改善，还应该赋能已有的基础设施系统，绝不能脱离现状孤立地投资而形成新的短板，更不能浪费宝贵的资金资源。

与此同时，随着低碳经济和低碳社会的发展，"双碳"目标的推进，基础设施投资必须转型。根据国际比较分析，随着我国小康社会建成，并逐步迈向高收入国家行列，固定资产投资占 GDP 的比重会从目前的超过 40% 向 20% 方向收敛，包括基础设施在内的各类投资是持续减速的（不排除个别时期会由政府主导加大基础设施投资）。基础设施投资要想发挥重要作用只有转型才能可持续。从全球看，基础设施投资转型的方向是低碳绿色发展。从目前的态势看，预计我国将在 2028 年实现碳达峰（110 亿～115 亿吨左右），进而进入碳中和过程。特别需要指出的是，相对于高新技术，以低碳为中心，加大对减碳，尤其清洁能源基础设施的投资，低碳发展更为现实。不仅可以发挥对冲经济下行的宏观调控作用，更为重要的是可以借此实现政府主导的投资转型，塑造新的增长路径，成为新的生产方式和生活方式。

第 2 章

新中国成立以来中国基础设施建设成就

  1949 年 10 月，中华人民共和国宣告成立，中国的社会主义革命和建设进入了新的历史时期。从新中国成立到改革开放这段时期，中国基础设施建设经历了诸多曲折与坎坷，但其获取的初步成就也为改革开放后的高速发展奠定了坚实的基础。

  20 世纪 50 年代，我国经济经历了"国民经济恢复""第一个五年计划"和"大跃进"三个阶段。在各个阶段上有成功的经验，也有失误的教训。但总的来看，50 年代的投资，特别是"一五"时期的投资，建立了我国社会主义工业化的初步基础。而 20 世纪 60 年代随着中苏交恶，在苏联和美国的共同压力下，国家"三五"计划制定了三线建设投资方案。投资的重点转向战备，新建项目都设在内地，沿海能搬的项目要搬迁。在基础设施投资方面，我国大力发展原材料、能源、机械工业部门，使国民经济比例关系趋于协调、投资规模与国力基本适应、内地工业基础薄弱的状况有所改善，促进了整个国民经济的恢复和发展。[①] 改革开放以来，我国基础产业和基础设施得到明显加强，对经济、社会发展的支撑能力大大提高。能源、原材料等供给能力迈上新台阶，交通运输、邮电通信形成了纵横交错覆盖全国的网络体系，水利环境、教育文化、卫生体育设施显著加强，西气东输、南水北调、退耕还林等一大批重大项目建设顺利完成或向前推进。

---

  ① 夏泰生，李震. 中国投资简史 ［M］. 北京：中国财政经济出版社，1993.

本章将改革开放以来的中国基础设施发展分为三个阶段，根据《中国统计年鉴》数据，分行业、分地区介绍中国基础设施建设成就，最后重点介绍重大项目建设成就。行业层面，由于2003年之前与之后的统计口径不同，为统一口径，本章结合第1章的行业分类，将基础设施投资分为能源与水务、交通运输与通信、社会三大类。具体分类依据如表2-1所示。

表2-1　　　　　　　　　　　　基础设施行业分类依据

项目	2003年前	2003年及以后
能源与水务类基础设施	采掘业，电力、煤气及水的生产和供应业，地质勘查业、水利管理业	采矿业，电力、热力、燃气及水生产和供应业，水利、环境和公共设施管理业
交通运输与通信类基础设施	交通运输仓储和邮电通信业	交通运输、仓储和邮政业，信息传输、软件和信息技术服务业
社会类基础设施	卫生体育、社会福利业，教育、文化、艺术和广播电影电视业，国家机关政党机关和社会团体	教育，卫生和社会工作，文化、体育和娱乐业，公共管理、社会保障和社会组织

　　以地区为口径分析我国改革开放以来的基础设施投资建设情况，可以从有别于行业的另一角度窥见这40余年来我国基础设施建设的重点与方向，根据《中国统计年鉴》的数据划分方式将地区分为华北、东北、华东、华南、西南、西北六大区域。此外，部分大规模的基础设施投资具有跨地域特征，无法单独划分到某一地区的，归为"不分地区类"。本章将以《中国统计年鉴》1985~2020年的数据为依据分析我国基础设施投资建设在不同地区取得的成果。

　　本章选择在"十五"计划期间，中国重点进行开发建设的青藏铁路、西气东输、西电东送、南水北调"中国新世纪四大工程"；可持续发展的退耕还林工程；改变中国命脉的中国高铁；指引明路的北斗卫星导航系统；推动构建人类命运共同体的"一带一路"建设来展现中国如何一步一个脚印，以社稷为根、以人民为本，一砖一瓦、一石一钢，筑起蓬勃发展的基石。

2.1 1978～1989年：开天辟地，集中力量办大事

2.1.1 总体概述

改革开放初期，我国经济、社会百废待兴，全社会投资规模较小，虽大部分投资都用于基础产业和基础设施建设，但基础产业和基础设施仍十分薄弱。1977年3月在北京召开的全国计划会议认为，这一时期国民经济过程中要着手解决的突出问题包括三个方面：一是农业与轻工业不适应生产建设和改善人民生活的需要，这是当前国民经济中的主要问题；二是燃料动力工业和原材料工业的发展赶不上整个国民经济发展的需要；三是已经铺开的基本建设规模，超过了当前财力、物力的可能。可以说，这些问题反映了当时中国经济发展的薄弱环节。

为改变这一状况，填补基础产业和基础设施缺口，重点缓解能源、原材料、交通运输等瓶颈制约，在1979～1989年的11年间，国家将有限的资金投入到亟须发展的重点行业中去，基础产业和基础设施基本建设累计完成投资5479亿元，年均增长10.7%。1982～1989年，国家共安排重点建设项目319个，累计完成投资2486亿元，占同期全国基本建设投资的29%。①

分行业来看，能源和交通运输是这一时期的重点投资方向。能源、基础原材料工业和交通运输等基础设施项目261个，计划总投资2927亿元，占全部重点建设项目的94.2%。② 这一时期也是教育、文化、卫生、体育等社会类基础设施投资快速发展阶段。1979～1989年，教育、文化、卫生、体育基本建设累计完成投资839亿元，年均增长25.8%，比同期基础产业和基础设施投资增幅提高15.1个百分点。③

---

①②③ 新中国60年：基础产业和基础设施建设取得辉煌成就［EB/OL］.（2009－09－15）. http：//www.gov.cn/gzdt/2009－09/15/content_1417876.htm.

这一时期建成了一系列重大基础设施项目。首先，交通运输和邮电通信方面，我国建成了大秦电气化铁路一期工程、秦皇岛煤码头三期工程、北京—武汉—广州同轴电缆载波工程等 125 个重点项目；1981 年襄樊至重庆的襄渝线建成投入使用，新增营业里程 895 公里。其次，能源和水务方面，我国建成了葛洲坝水电站、平朔露天煤矿等 153 个重点能源项目；1984 年吉林白山水电站一期工程建成投产，新增发电机组 90 万千瓦。此外，还有"三北"防护林一期工程、一大批商品粮生产基地、冀东水泥厂等 88 个重点原材料项目。[①] 这些项目的建成投产，缓解了能源、原材料、交通、通信等行业供应紧张状况，改善了改革开放初期我国偏重工业、轻轻工业和社会基础产业的投资结构，为下一步国民经济发展打下了良好的基础。

2.1.2 分行业论述

这一时期数据完整性较差，《中国统计年鉴》仅存有 1985～1989 年的分行业基础设施投资额数据。表 2-2 展示了本时期的能源与水务类、交通运输与通信类、社会类三大行业的新增和累计投资额数据。可以看出，这一阶段能源与水务类基础设施投资额增长幅度最大，1985～1989 年能源与水务类基础设施完成投资额为 1906.24 亿元，占投资总额比重为 50.83%。葛洲坝水电站、平朔露天煤矿等 153 个重点能源水利项目相继建成，其中成就最大的项目当属葛洲坝水电站。1988 年 12 月，葛洲坝水利枢纽工程全部竣工，成为世界上最大的低水头大流量、径流式水电站。大坝全长 2595 米，最大坝高 47 米，水库库容 15.8 亿立方米，设计蓄水位高程 66 米，校核洪水位高程 67 米，设计洪水流量 8.6 万立方米/秒，校核洪水流量 11 万立方米/秒。电站装机容量 271.5 万千瓦，单独运行时保证出力 76.8 万千瓦，年发电量 157 亿千瓦时。

① 新中国 60 年：基础产业和基础设施建设取得辉煌成就［EB/OL］.（2009-09-15）. http：//www. gov. cn/gzdt/2009-09/15/content_1417876. htm.

表 2-2　　　　　　1985～1989 年分行业基础设施当年新增及累计投资额　　　单位：亿元

年份	当年新增投资				累计投资（以 1985 年为期初）			
	能源与水务类	交通运输与通信类	社会类	基础设施投资总额	能源与水务类	交通运输与通信类	社会类	基础设施投资总额
1985	249.61	178.10	150.85	578.56	249.61	178.10	150.85	578.56
1986	314.10	188.11	166.76	668.97	563.71	366.21	317.61	1247.53
1987	389.81	195.39	185.54	770.74	953.52	561.60	503.15	2018.27
1988	456.02	216.29	206.18	878.49	1409.54	777.89	709.33	2896.76
1989	496.70	170.03	186.96	853.69	1906.24	947.92	896.29	3750.45

资料来源：根据历年《中国统计年鉴》整理。

　　1985～1989 年交通运输与通信类基础设施完成投资额为 947.92 亿元，占投资总额比重为 25.27%。1988 年，我国第一条高速公路——长度为 18.5 公里的上海—嘉定高速公路建成通车。沪嘉高速南起上海市区的中环沪嘉枢纽，北至嘉定南门枢纽。全路段按全立交、全封闭的高速公路标准设计，为双向 4 车道 + 硬路肩，时速 100 公里/小时。

　　1985～1989 年社会类基础设施完成投资额为 896.29 亿元，占投资总额比重为 23.90%。代表性项目为"三北"防护林一期工程。"三北"防护林于 1985 年 12 月宣告完成，西起新疆的乌孜别里山口，东到黑龙江的宾县，全长 7000 多公里，包括 13 个省、自治区、直辖市的 512 个县、市、旗，占国土总面积的 41.6%，被誉为世界生态工程之最。

　　1985～1988 年基础设施的新增投资额呈现逐年增加的趋势，从 1985 年的 579 亿元增加至 878 亿元，增幅为 51.64%。同时，各个行业分项的投资额也逐年增加，显示出各行业基础设施较为均衡地稳步发展。然而基础设施新增投资额在 1989 年有所回调，为 854 亿元，主要由于交通运输与通信类和社会类基础设施投资额略有下降所致，如图 2-1 所示。总体而言，这一时期各行业基础设施稳步发展，由于当时燃料动力工业的发展赶不上整个国民经济发展的需要的问题成为党中央需要认真着手解决的突出问题之一，能源与水务类基础设施成为国家投资的重点方向。

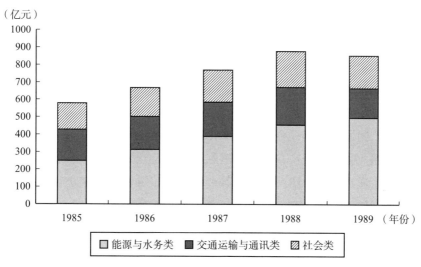

图 2 - 1　1985～1989 年分行业新增投资额

资料来源：根据历年《中国统计年鉴》整理。

2.2　1990～2002 年：如火如荼，政府融资促发展

2.2.1　总体概述

经过改革开放以来十余年的发展，全国各族人民在中国共产党的领导下，全面开创了社会主义现代化事业的新局面，取得了举世瞩目的巨大成就。国家经济实力显著增强，人民生活明显改善，现代化建设的第一步战略目标已经实现。

在改革开放的推动下，国民经济和社会发展取得了新的成就。1990 年，国民生产总值、工农业总产值都超过原定五年计划的要求，绝大多数工农业产品产量都有较多增加。五年内，建成投产基本建设大中型项目 532 个，限额以上更新改造项目 354 个。能源、重要原材料的生产能力和运输、通

信能力都有不同程度增长，企业生产技术水平多数有所提高。科技攻关、科技成果推广和基础性科学研究取得显著成果。各级各类教育事业，各项文化、卫生、体育和其他各项社会事业，也都取得了较大发展。在生产发展的基础上，城乡人民的收入水平和消费水平明显提高，消费内容日趋多样化。上述成就为 20 世纪 90 年代我国国民经济和社会的发展奠定了比较坚实的基础。

然而，国民经济和社会发展在取得巨大成就的同时，也面临着一些新的矛盾和问题。主要包括：在经济发展和改革中都出现过急于求成，一度造成经济过热、通货膨胀；国民经济的某些方面过于分散，国家宏观调控能力减弱。另外，经济循环不畅、结构不合理、经济效益差、体制关系不顺等问题，还没有得到根本解决。因此，在已经取得巨大成就的基础上，进一步促进经济振兴和社会进步，解决新出现的矛盾和问题，直接关系到我国社会主义制度的巩固与发展，关系到中华民族的前途和命运。

因此，为了实现现代化建设的第二步战略目标，1991 年七届全国人大四次会议通过《中华人民共和国国民经济和社会发展十年规划和第八个五年计划纲要》，对水利、能源、交通、邮电通信、原材料等行业的发展作出了明确的部署，基础产业和基础设施投资迅速增长。1990～2002 年，基础产业和基础设施基本建设累计完成投资 80249 亿元，年均增长 26%，比 1979～1989 年年均增幅高 15.3 个百分点，比同期全社会投资年均增幅高 4.5 个百分点。

这一时期，政府发行债券融资对基础产业和基础设施投资的拉动作用非常突出。1998 年起，在不利的国际国内环境下，国家为启动内需实施积极的财政政策，1998～2002 年 5 年内共发行 6600 亿元特别国债，用于基础产业和基础设施投资。这些资金主要用于水利、交通、通信、城市基础设施、城乡电网改造、中央储备粮库等基础设施项目，另外有部分技改贴息资金用于一些基础产业的技术改造项目。这些资金的投入，带动了大量社会资本的进入，使基础产业和基础设施投资快速增长，从而进一步带动全社会投资和整个经济的稳定增长。1998～2002 年 5 年基础产业和基础设施投资共计 73380 亿元，年均增长 13.1%，比同期全社会投资年均增幅高

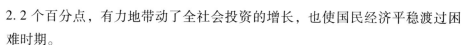

2.2 个百分点，有力地带动了全社会投资的增长，也使国民经济平稳渡过困难时期。

1990 年至 2002 年，是我国基础产业和基础设施建设取得重大成就的时期，一大批重大基础产业和基础设施建设项目建成投产，并开始发挥效益。全国退耕还林还草工程、野生动植物保护及自然保护区建设工程、黑龙江和内蒙古 100 亿斤商品粮基地等项目使我国农林牧渔业基础设施水平得到改善。神府东胜矿区、新疆塔里木油田、大亚湾核电站、岭澳核电站一期工程、黄河小浪底水利枢纽工程、二滩水电站等工程缓解了能源紧张状况。京九铁路、北京西客站、上海浦东和广州白云新机场、上海地铁二号线等项目投产，沈大高速建成通车。水利方面进行了长江、黄河等主要干流、湖泊的防洪堤建设，三峡水利枢纽工程建设开始启动。①

2.2.2 分行业论述

分行业来看，这一阶段交通运输与通信类基础设施投资额涨幅最大，1990～2002 年交通运输与通信类基础设施完成投资总额为 27746.37 亿元，占比 37.84%，年均增长 29.99%。高速公路建设进入如火如荼阶段，现代化交通网络开始形成。

1990～2002 年能源与水务类基础设施完成投资总额为 29444.22 亿元，占比 40.16%，年均增长 24.03%。这一时期启动的最为重要的项目是三峡水利枢纽工程，它于 1994 年在中国长江中上游段建设开工。三峡工程分布在重庆市到湖北省宜昌市的长江干流上，大坝位于三峡西陵峡内的宜昌市夷陵区三斗坪，并和其下游不远的葛洲坝水电站形成梯级调度电站。它是世界上规模最大的水电站，也是中国有史以来建设的最大型的工程项目。

1990～2002 年社会类基础设施完成投资总额为 16134.79 亿元，占比 22.00%，年均增长 25.42%。这一时期，全国退耕还林还草工程于 2000 年开始实施；我国面积最大、海拔最高的自然保护区——三江源自然保护区于

---

① 新中国 60 年：基础产业和基础设施建设取得辉煌成就 [EB/OL]. (2009－09－15). https://www.gov.cn/gzdt/2009－09/15/content_1417876.htm.

2002年8月建立；黑龙江和内蒙古100亿斤商品粮基地等项目使我国农林牧渔业基础设施水平得到改善，如表2-3所示。

表2-3　　　　1990～2002年分行业基础设施当年新增及累计投资额　　单位：亿元

年份	当年新增投资				累计投资（以1985年为期初）			
	能源与水务类	交通运输与通信类	社会类	基础设施投资额总计	能源与水务类	交通运输与通信类	社会类	基础设施投资额
1990	615.98	211.01	199.90	1026.89	2522.22	1158.93	1096.19	4777.34
1991	728.28	340.18	239.97	1308.43	3250.50	1499.11	1336.16	6085.77
1992	938.54	457.58	338.55	1734.67	4189.04	1956.69	1674.71	7820.44
1993	1218.31	901.24	572.12	2691.67	5407.35	2857.93	2246.83	10512.11
1994	1665.95	1372.94	731.77	3770.66	7073.30	4230.87	2978.60	14282.77
1995	1862.09	1587.53	931.82	4381.44	8935.39	5818.40	3910.42	18664.21
1996	2272.43	1844.62	1121.70	5238.75	11207.82	7663.02	5032.12	23902.96
1997	2864.88	2197.45	1393.71	6456.04	14072.70	9860.47	6425.83	30359.00
1998	3118.23	3252.19	1688.10	8058.52	17190.93	13112.66	8113.93	38417.52
1999	3223.93	3429.28	1916.54	8569.75	20414.86	16541.94	10030.47	46987.27
2000	3665.80	3641.94	1919.91	9227.65	24080.66	20183.88	11950.38	56214.92
2001	3410.85	4116.43	2223.29	9750.57	27491.51	24300.31	14173.67	65965.49
2002	3858.95	4393.98	2857.41	11110.34	31350.46	28694.29	17031.08	77075.83

资料来源：根据历年《中国统计年鉴》整理。

1990～2002年基础设施的新增投资额呈现逐年增加的趋势，从1990年的1027亿元增加至2002年的11110亿元，增幅高达981.79%。同时，各个行业分项的投资额也逐年增加，显示出各行业基础设施较为均衡地稳步发展。1998年前，基础设施当年新增投资额最高的行业依然为能源与水务类；1998年及以后，交通运输与通信类超过能源水务类，成为当年新增投资额最高的行业。

　　总体而言，这一时期各行业基础设施稳步发展，在上一阶段解决的我国经济建设中存在的能源缺口问题之后，交通运输和通信行业成了我国在政策上大力发展的方向。另外，社会类基础设施受重视程度越来越大，1990 年其新增投资额仅为 200 亿元，占比 19.47%；而到了 2002 年，其新增投资额为 2857 亿元，占比增加至 25.72%，如图 2 - 2 所示。

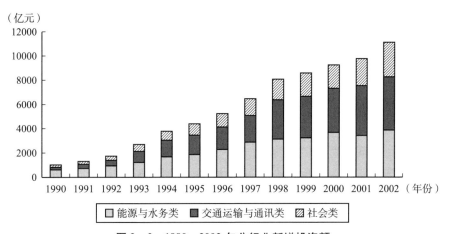

图 2 - 2　1990 ～ 2002 年分行业新增投资额

资料来源：根据历年《中国统计年鉴》整理。

2.2.3　分区域论述

　　《中国统计年鉴》自 1998 年开始出现地区划分，表 2 - 4 为 1998 年至 2002 年我国华北、东北、华东、华南、西南、西北六大区域的基础设施年度新增投资额。此外，有一些跨度较大、难以按地区归类的基础设施投资被划分到了不分地区类。华北地区 1998 年至 2002 年年均基础设施新增投资额为 1184.31 亿元，同样的数据在东北地区为 753.82 亿元，华东地区为 2539.72 亿元，华南地区为 2103.59 亿元，而西南地区和西北地区分别为 1044.46 亿元和 817.52 亿元。

表 2 - 4 　　　　　1998~2002 年分地区基础设施当年新增投资额 　　　单位：亿元

年份	华北	东北	华东	华南	西南	西北	不分地区	总投资额
1998	1108.28	640.75	2141.29	1836.20	866.21	638.63	827.20	8058.56
1999	1167.81	667.19	2410.31	1970.14	875.30	677.84	801.16	8569.75
2000	1176.48	736.74	2561.58	2111.41	1011.59	813.64	816.22	9227.65
2001	1174.74	863.11	2619.18	2199.17	1127.15	892.84	874.38	9750.57
2002	1294.23	861.33	2966.22	2401.05	1342.07	1064.66	1180.75	11110.31

资料来源：根据历年《中国统计年鉴》整理。

　　我国的主要基础设施投资集中在华东地区和华南地区。相比之下，身为老牌工业基地的东北地区和经济发展较为缓慢的西部地区的基础设施投资则略显不足。尤其是西部地区 12 个省份，685 万平方公里的面积达到了全国的71.4%，自然资源丰富，发展潜力巨大，战略地位重要。然而，在我国过去的自然、历史、社会问题的基础上一直没能得到很好的发展，经济相对不发达、人均生产总值略低。相应的，基础设施投资建设的水平也不充分，难以满足人民日常工作、生活和文娱活动的需要，没有跟上我国改革开放的步伐，因此，西部地区的开发建设迫在眉睫。

　　针对这样的发展不平衡的问题，1999 年党的十五届四中全会通过了《中共中央关于国有企业改革和发展若干重大问题的决定》，我国正式提出了"西部大开发"战略。

　　1998~2002 年，华北地区的年度投资额度最为稳定，而西南地区和西北地区的年度投资额度变动最为明显。改革开放后东南沿海作为经济发展窗口，对应的华东地区和华南地区基础设施投资额是其他地区的两倍；而老牌工业基地东北也服务经济发展，基础设施建设向交通运输行业倾斜，东北地区的基础设施投资额成了各地区最后一位。1998~2002 年，华北地区年均投资增长率为4.03%，东北地区年均投资增长率为7.87%，华东地区年均投资增长率为8.58%，华南地区年均投资增长率为6.95%，西南地区年均投资增长率为11.78%，西北地区年均投资增长率为13.79%，随着西部大开发战略的实施，西南地区与西北地区的年均基础设施投资增长率要高于其他地区，如图 2 - 3 所示。

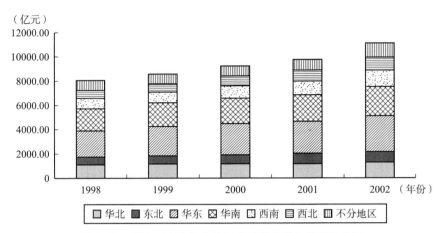

图 2-3　1998~2002 年分地区基础设施当年新增投资额

资料来源：根据历年《中国统计年鉴》整理。

西部大开发对我国的影响是深远而重大的，其根本目的是解决我国的现代化问题，是全面建成小康社会的关键一步。而西部大开发战略中最为重要的几项标志性工程：青藏铁路二期线路，"西气东输"和"西电东送"工程，也将在本章的第四部分进行详细分析。这三大工程与"南水北调"工程一起被誉为"中国新世纪四大工程"，是我国战略发展、扩大内需、增长经济的重要规划，事关民族团结、社会稳定和国家安定，决定了我国区域发展最终能否摆脱不平衡不充分的状况，能否实现全体人民共同富裕的伟大理想。

1998 年至 2002 年，我国全线铺开了青藏铁路的冻土试验，为青藏铁路二期工程的顺利开展奠定了坚实的理论和试验基础；长江三峡大坝从开始浇筑混凝土到左岸坝体竣工，工程进度完成了一半以上；上海启动建设国际航运中心，上海港洋山深水港港区正式开工建设；北斗卫星导航系统蹒跚起步，北斗一号前两颗卫星在西昌卫星发射中心成功发射，迈开了中国卫星导航发展的坚实一步。我国各地区的基础设施建设继往开来，在党中央的指示下按部就班、稳中向好。跨过 21 世纪的大门，中国继续深化改革开放，各项交通运输类基础设施建设相继提上日程，北京首都机场、上海港的扩建坚定了我国深化改革的步伐；更多铁路与桥梁的规划建设承担着共同富裕的使命，中国基础设施投资建设迈向新世纪的征程。

2.3 2003年至今：稳中向好，多元发展共繁荣

2.3.1 总体概述

步入21世纪，我国经济所面临的国际国内环境可以说是机遇与挑战并存。国际上，随着中国加入世界贸易组织，经济全球化为中国进一步融入世界经济体系、深化改革开放创造了难得的机遇；WTO所推行的市场经济运行体制有利于我国加快市场化改革进程，全球性的资源配置有利于国内经济结构的调整和优化，促进产业升级。然而，随着中国经济与国际逐步接轨，中国经济也面临许多严峻的挑战，例如，如何控制扩大开放所可能带来的经济风险，尤其是1997年亚洲金融危机所引发的对金融安全的关注，怎样改革政府的管理体制和进一步转变其职能使其与世界接轨成为需要解决的新问题。

2002年党的十六大以来，国家一方面采取积极措施加大政府对基础产业和基础设施建设的投入；另一方面，鼓励外资和民营资本对基础产业和基础设施项目投资，使得我国基础产业和基础设施水平又有了大幅提高，人民生活环境和城乡面貌得到明显改善。2003年到2020年的18年间，基础产业和基础设施建设投资总额为2236039亿元，是1978年到2002年基础产业和基础设施基本建设投资的30.5倍，年均增长20.8%。[1] 这一时期的投资呈现以下特点。

一是国家在政策、资金上注重加强对中西部的扶持，中西部地区基础产业和基础设施投资快速增长。2000~2018年，中部地区固定资产投资年均增长21.5%，西部地区增长22%，东北地区增长16%，区域发展的协调性不断增强。党的十八大以来，新的区域增长极蓬勃发展。2014年12月，中央经济工作会议确定重点实施"一带一路""京津冀协同发展""长江经济带"三

---

[1] 新中国60年：基础产业和基础设施建设取得辉煌成就 [EB/OL]. (2009-09-15). http://www.gov.cn/gzdt/2009-09/15/content_1417876.htm.

大战略，催生出区域投资发展的新空间。2018年，"一带一路"建设涉及的18个地区投资合计增长4.5%；长江经济带覆盖的11个省市投资合计增长9.3%；"京津冀协同发展"有序推进，北京市副中心、雄安新区投资建设工作扎实开展。在完善"三大战略"总体发展的同时，海南自由贸易区（港）、粤港澳大湾区、中心城市群、国家级新区的建设蓬勃发展，区域投资发展呈现新格局。

二是基础产业和基础设施的投资主体和资金来源渠道开始多样化。改革开放前，全民所有制单位投资居绝对主导地位，其他主体投资比重较低。改革开放后，随着社会主义市场经济体制不断完善，各种市场主体的投资热情被激发，国有、集体、股份制、私营、外资等多种所有制投资"百花齐放"的格局逐步形成。2018年，我国国有经济和集体经济投资占28.6%，股份制经济投资占30.1%，私营个体经济投资占34.6%，外商及港澳台投资占4.5%。2003~2018年，随着非公有制经济的发展壮大，民间投资快速增长，年均增速达22.4%，比全社会投资高2.8个百分点，民间投资占比由2003年的38.1%升至2018年的62.6%，成为拉动投资增长的重要力量。①

三是先后建成了一批关系国计民生的项目。在适度超前的建设原则下，我国交通基础设施建设取得举世瞩目的成就，建成全球最大的高速铁路网、高速公路网、世界级港口群。北京大兴机场、港珠澳大桥、上海洋山港自动化码头等标志性工程。2018年以来，党中央部署农村人居环境整治行动，推进农村"厕所革命"，完善农村生活设施。截至2021年底，全国农村卫生厕所普及率超过70%，其中，东部地区、中西部城市近郊区等有基础、有条件的地区农村卫生厕所普及率超过90%。伴随着网络强国、宽带中国、"互联网＋"行动，我国信息通信业实现迭代跨越，已建成全球规模最大、技术领先的网络基础设施。2012年全国移动电话基站数刚刚突破200万个，到2021年末，这一数字达到了996万个。②

---

① 新中国成立70周年经济社会发展成就系列报告之九［EB/OL］.（2019－07－29）. https：//www.gov.cn/xinwen/2019－07/29/content_5416197.htm.

② 半月谈.这十年，看中国基建［EB/OL］.（2022－08－02）. https：//www.chinanews.com.cn/gn/2022/08－02/9818252.shtml.

2.3.2 分行业论述

分行业看，这一阶段能源与水务类基础设施投资额涨幅最大。2003～2020 年能源与水务类基础设施完成投资额为 1186152.84 亿元，年均增长 22.54%。西气东输管道基建项目和西电东送工程缓解了我国东西部地区能源分配不均的状况；石油能源和电力能源方面新建了一系列代表性项目；水利方面，2008 年底三峡工程全部机组交付使用。

交通运输与通信类基础设施完成投资额为 691750.55 亿元，年均增长 19.61%。这一期间，完成了一系列铁路、高速公路、地铁、港口、机场的新建或迁建项目工程，建成了纵横交错的海陆空全方位交通网络，为我国经济高效增长贡献了基础性力量。

社会类基础设施完成投资额为 358135.27 亿元，年均增长 18.74%。这一时期最具有代表性的社会类基础设施当属国家体育场（鸟巢）和国家游泳中心（水立方）。鸟巢为 2008 年北京奥运会的主体育场，奥运会后成为北京市民参与体育活动及享受体育娱乐的大型专业场所，并成为地标性的体育建筑和奥运遗产。它于 2003 年 12 月开工建设，2008 年 3 月完工，总造价 22.67 亿元。水立方是北京为 2008 年夏季奥运会修建的主游泳馆，也是 2008 年北京奥运会标志性建筑物之一。2008 年奥运会期间，水立方承担游泳、跳水、花样游泳、水球等比赛，可容纳观众坐席 17000 座，赛后成为具有国际先进水平的，集游泳、运动、健身、休闲于一体的中心。

2003～2020 年分行业基础设施当年新增及累计投资额如表 2-5 所示。

表 2-5　　　　2003～2020 年分行业基础设施当年新增及累计投资额　　单位：亿元

年份	当年新增投资				累计投资（以 1985 年为期初）			
	能源与水务类	交通运输与通信类	社会类	基础设施投资额总计	能源与水务类	交通运输与通信类	社会类	基础设施投资额
2003	7722.12	5399.64	3699.29	16821.05	39072.58	34093.93	20730.37	93896.88
2004	13262.70	9303.90	5752.30	28318.90	52335.28	43397.83	26482.67	122215.78

续表

年份	当年新增投资				累计投资（以 1985 年为期初）			
	能源与水务类	交通运输与通信类	社会类	基础设施投资额总计	能源与水务类	交通运输与通信类	社会类	基础设施投资额
2005	17416.10	11195.80	6654.80	35266.70	69751.38	54593.63	33137.47	157482.48
2006	21416.80	14014.00	6985.10	42415.90	91168.18	68607.63	40122.57	199898.38
2007	25500.70	16002.10	7670.10	49172.90	116668.88	84609.73	47792.67	249071.28
2008	32237.30	19187.00	9017.80	60442.10	148906.18	103796.73	56810.47	309513.38
2009	43519.80	27563.70	12499.10	83582.60	192425.98	131360.43	69309.57	393095.98
2010	51508.20	32529.00	14788.60	98825.80	243934.18	163889.43	84098.17	491921.78
2011	50929.80	30466.10	15034.70	96430.60	294863.98	194355.53	99132.87	588352.38
2012	59595.10	34136.90	17548.80	111280.80	354459.08	228492.43	116681.67	699633.18
2013	71949.40	39875.00	19677.50	131501.90	426408.48	268367.43	136359.17	831135.08
2014	83593.60	47325.70	24079.10	154998.40	510002.08	315693.13	160438.27	986133.48
2015	95373.20	54721.90	27481.80	177576.90	605375.28	370415.03	187920.07	1163710.38
2016	108715.60	60215.90	31630.70	200562.20	714090.88	430630.93	219550.77	1364272.58
2017	121121.80	68447.30	35098.50	224667.60	835212.68	499078.23	254649.27	1588940.18
2018	122211.94	71123.74	36937.66	230273.34	957424.62	570201.97	291586.93	1819213.52
2019	128233.62	73920.37	39922.57	242076.56	1085658.24	644122.34	331509.50	2061290.08
2020	131845.06	76322.50	43656.84	251824.41	1217503.30	720444.84	375166.35	2313114.49

资料来源：根据历年《中国统计年鉴》整理。

2003~2020 年，基础设施的新增投资额逐年增加，2011 年经历一波小的回调之后（主要系交通运输与通信类分项新增投资有所减少），又继续呈现出逐年增加的态势。2020 年，基础设施的新增投资额高达 25.18 亿元，与 2003 年相比增幅高达 1397.08%，攀登上了新的高峰。同时，各个行业分项的基础设施投资均衡、稳步地向前发展。分行业看，能源与水务类又重新成为当年新增投资额最高的行业，体现出能源在我国经济增长中起到的基石作用，如图 2-4 所示。

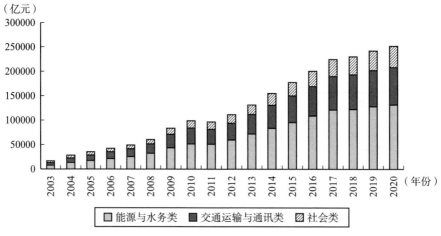

图 2 - 4　2003～2020 年分行业累计投资额

资料来源：根据历年《中国统计年鉴》整理。

2.3.3　分区域论述

在 2003～2020 年的 18 年间，我国各地区年度基础设施投资新增额增速较 2002 年前有了大幅提升，而 2008～2009 年则更是突飞猛进，2009 年我国基础设施投资新增额的统计口径改变是造成数据大幅变动的原因之一，更深层次的原因还是我国迈入 21 世纪后，全面小康的构想逐渐开始落实。2002 年党的十六大提出了"全面建设小康社会，加快推进社会主义现代化，为开创中国特色社会主义事业新局面而奋斗"的指导方针，总结了过去 5 年的工作，为了全面建设小康社会的奋斗目标而提出了走新型工业化道路，大力实施科教兴国战略和可持续发展战略；全面繁荣农村经济，加快城镇化进程；积极推进西部大开发，促进区域经济协调发展等一系列与基础设施投资建设关系紧密的经济建设和经济体制改革措施。

2003 年至 2020 年华北地区年均基础设施新增投资为 17020.18 亿元，同样的数据在东北地区为 7966.45 亿元，华东地区这 18 年的年均基础设施新增投资额为 33947.81 亿元，华南地区为 29222.20 亿元，而西南地区和西北地区分别为 19897.99 亿元和 12252.68 亿元。年均投资增长率方面，华北地区年均投资增长率为 17.79% ，东北地区年均投资增长率为 15.10% ，华东地区年均投资增长率为 17.11% ，华南地区年均投资增长率为 20.31% ，西南地区年均投资增长率为 21.08% ，西北地区年均投资增长率为 19.14% ，如表 2 - 6 所示。

表 2 - 6　　　　　2003 ～ 2020 年分地区基础设施当年新增投资额　　　　　单位：亿元

年份	华北地区	东北地区	华东地区	华南地区	西南地区	西北地区	不分地区	总投资额
2003	2216.86	1197.50	5488.34	3513.12	2057.23	1413.86	934.15	16821.05
2004	4071.77	2036.49	9456.49	6067.21	3328.13	2178.53	1180.34	28318.96
2005	5565.24	2708.67	11181.11	7217.10	4242.20	2679.70	1672.68	35266.71
2006	6748.08	3831.17	12541.12	8922.62	5267.60	3171.52	1933.83	42415.92
2007	8425.24	4771.04	13562.78	9949.11	6010.68	3925.83	2528.11	49172.78
2008	9962.36	6194.44	16272.58	12040.75	7299.66	4939.32	3733.01	60442.11
2009	13860.11	7767.25	21332.22	17485.43	10625.43	6740.58	5771.49	83582.51
2010	16434.20	10157.29	23492.58	20946.76	12899.66	8144.79	6750.52	98825.80
2011	16138.75	8899.29	23555.25	20274.19	12948.17	8993.99	5620.99	96430.63
2012	18402.50	11013.30	27806.40	22347.00	15514.50	10136.70	6059.60	111280.00
2013	21756.30	12316.60	32949.40	26867.20	18634.20	13345.30	5633.10	131502.10
2014	24763.70	13182.50	40320.50	31558.20	22258.10	16650.30	6264.90	154998.20
2015	25856.00	12270.50	48645.60	38597.30	26734.90	19920.30	5552.40	177577.00
2016	27994.90	9659.40	56609.50	46377.90	32739.80	21802.50	5378.00	200562.00
2017	25570.80	10137.40	64387.80	54709.80	39679.60	24961.30	5220.30	224667.00
2018	23739.46	9019.27	65921.43	59867.57	45026.35	23225.37	—	226799.46
2019	26424.46	8723.15	67270.55	68345.97	45433.51	23491.82	—	239689.45
2020	28432.55	9510.78	70266.95	70912.39	47464.17	24826.53	—	251413.37

　　注：2003 年至 2017 年数据均为原始数据，2018 年至 2020 年公布数据为年度基础设施投资增长率，故本书使用计算后的数据进行披露。2018 年至 2020 年未公布"不分地区"类的年度基础设施投资增长率，因此相关年度投资额数据在表中缺失。

　　资料来源：根据历年《中国统计年鉴》整理。

　　在西部大开发的背景下，西北地区与西南地区的基础设施年均投资增长率依然是较为领先的。相较本章第二部分所列数据而言，西北地区、西南地区与华东地区、华南地区的基础设施投资新增额差距缩小了。可以认为西部大开发战略的实施起到了很好的效果，在没有拖慢其他地方经济发展的情况下缩小了我国东西部的经济发展、基础设施建设和城市化进程的差距。

近十年，我国许多重大交通信息类基础设施建设都集中在东南地区，如全球规模最大的跨海工程，连接香港、珠海、澳门，开辟我国经济发展新格局的港珠澳大桥；世界第一高桥的北盘江第一桥；我国自主研发，世界最大单口径、最灵敏的 500 米口径球面射电望远镜；世界上吞吐量最大、自动化装卸的上海洋山深水港；世界最长的连岛高速公路、世界规模最大的跨海桥梁群宁波舟山港主通道。因此，华东地区、华南地区和西南地区的基础设施投资新增额在 2013 年开始有了大幅飞跃，显著超越了我国其他地区。

华东地区、华南地区和西南地区的年度基础设施新增投资额在全国范围内占比最大，2003 年至 2020 年的年度平均值占比分别达到了 27.95%、28.21% 和 18.88%。西北地区在西部大开发的支持下年均投资增长率为 19.14%，属于较高水平，但是因为西北地区基数较小，导致 2003 年至 2020 年该地区年均基础设施新增投资额占全国比重仅有 4.87%，略高于东北地区的 3.17%，如图 2-5 所示。

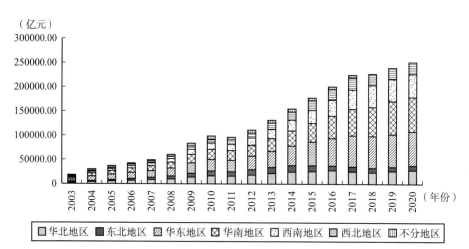

图 2-5 2003~2020 年分地区基础设施当年新增投资额

资料来源：根据历年《中国统计年鉴》整理。

改革开放 40 余年，我国各地区基础设施投资建设都取得了长足的进步，2021 年 7 月 1 日，习近平总书记在庆祝中国共产党成立 100 周年大会上庄严宣告，我们实现了第一个百年奋斗目标，在中华大地上全面建成了小康社会，正在意气风发向着全面建成社会主义现代化强国的第二个百年奋斗目标迈进。

2.4 重大基础设施建设项目成就

中国基础设施建设取得的伟大成就并不止步于地区和行业，部分跨行业、跨区域的重大基础设施项目里充满了难以克服的艰辛挑战，取得了无比惊人的建设成果。连通珠江三角洲、横跨尼珠河大峡谷，并不是中国基建的极限，南水北调、西气东输、"一带一路"、北斗卫星，中国工人的汗水洒在神州大地，中国基建的智慧环绕整个地球。

本章第四部分通过中华人民共和国中央人民政府网上具有重要评价的基础设施建设案例介绍我国基础设施投资建设取得的重大成就：被誉为"中国新世纪四大工程"的青藏铁路、西气东输、西电东送、南水北调；代表可持续发展、以保护和改善生态环境为目的的退耕还林工程；加速中国经济发展、人口流动，改变交通格局的中国高铁；打破垄断、睁开双眼、为军为民保驾护航的北斗卫星导航系统；带动区域经济，打造人类命运共同体的"一带一路"建设。

2.4.1 青藏铁路：穿越冻土，连接生命

2.4.1.1 青藏铁路简介

青藏铁路是中国新世纪四大工程之一，也是我国修建的第一条通往西藏的铁路。这项工程历时 48 年，由两期工程、两段路线构成。由西宁出发前往拉萨，全长 1956 公里，是世界上海拔最高、线路最长的高原铁路。

青藏高原是世界上海拔最高的高原，拥有"世界屋脊"之称，平均海拔

高达 4000 米，是我国母亲河长江、黄河的发源地，是中华文明的重要象征之一。但是自古以来，青藏高原都因其险恶的地形、严峻的气候而与外界隔绝，交通运输不畅，物资往来受阻。因此，青藏高原地区的人们一直过着自给自足的庄园经济生活，其社会、科技、文化的进步与交融都与外界有明显的差距。全长 814 公里的西宁到格尔木的青藏铁路一期工程路段在 1979 年开通，1984 年交付运营。2001 年 2 月 8 日，全长 1142 公里，从格尔木到拉萨的青藏铁路二期工程获得批准，总投资 262.1 亿元，工期 6 年。2002 年 6 月 29 日，青藏铁路二期工程正式开工。10 万余建设者，5 年奋斗，战胜了千年冻土，保护了脆弱生态，克服了极寒和缺氧的环境，创造了世界最高的奇迹。

2.4.1.2　青藏铁路的重大意义

青藏铁路是一条希望的路，是一条创新的路，也是一条环保的路。它凝聚了几代研究人员和工人半个世纪的辛勤汗水，成为世界上海拔最高、线路最长的高原铁路。这条长达 1956 公里的生命线，一举实现了整个西藏交通立体化，贯通青海、西藏两地，将这片孤立千年的高原与外界连通起来，实现公路、铁路、航空并进的交通格局，彻底解决了进出西藏的问题。

（1）完善我国铁路网络。一个国家的铁路网络是生产运输的主要物质基础，铁路的建设和发展往往与国民经济的发展和一国生产力水平相适应，与之相对应的还有产业结构和人口流动需求。因此，我国的铁路建设一直都集中在东部地区，青藏铁路的建成无疑拼上了我国铁路网络的最后一块拼图。不但标志着我国经济发展开始着力解决不平衡不充分问题，也标志着我国铁路建设水平达到了新的高度，解决了高原冻土地区铁路的修建问题，是中国基础设施建设水平领先世界的又一强有力的佐证。

可以预见的是，未来我国的西藏地区还会修建更多的铁路，连通更多的区域，将我国的铁路网络延伸至更大范围，为全国各地人民创造更加方便、实惠的出行与运输条件。铁路所能承载的运输量要远大于飞机和车辆，青藏铁路的建成极大加深了青藏地区和全国其余地区的人口流动和经济往来，为我国社会主义现代化进程增添动力。

（2）促进青藏地区经济文化发展。青藏铁路的建成对改变青藏高原地区原本贫困落后的经济面貌起到了重要的作用，同时还将促进各族人民友好交流、增进各民族团结互助、相互进步、共同繁荣，加快西藏和青海地区经济社会稳定向好发展，开发新的经济生产模式，从而对整个青藏高原地区的人民物质和文化生活产生深远的影响。

青藏铁路首先将极大促进青海和西藏两地的工业、旅游业等产业的发展，大大优化青藏地区的产业结构，促进我国东西部地区经济平衡、协调发展。铁路的运输能够高效地加速原材料、中间产品和产成品的运输效率，有利于促进青藏地区矿产资源的开发利用，发挥资源优势，降低货物进出青藏地区的运输成本，提高经济运行效率。此外，开发青海、西藏两省区丰富的旅游资源，促进两省区的旅游事业飞速发展，使之成长为两省区国民经济的支柱产业之一，改变青藏地区不合理的能源结构，从根本上保护青藏高原生态环境的长远需要。其次，青藏铁路还能加深青藏地区对外开放程度，加强青海、西藏与我国其他地区，我国与青藏高原周边国家的经济往来和友好交流。同时，青藏铁路的建成也有利于加深青藏地区人民对经济环境和市场形式的理解，从根本上解决自古以来青藏高原地区交流闭塞、庄园经济为主的问题，为日后青藏地区经济蓬勃发展奠定了坚实的基础，有利于青藏地区人民生活水平的提高和全国人民的共同富裕，有利于促进中国各民族的共同繁荣，进一步巩固平等团结互助的新型民族关系。①

青藏铁路的建成，其重大意义不仅在于勤劳智慧的中国人民攻克了千里冻土的地质构造、高寒缺氧的环境和脆弱的生态；更在于这条生命线改变了西藏贫困落后的面貌，促进了民族团结和共同富裕，加快了青海与西藏经济社会的发展；更是促进了与西藏接壤的印度、巴基斯坦、尼泊尔等国家的经济发展，为整个青藏高原及周边注入活力。

---

① 青藏铁路：青藏两省区经济社会发展的"倍增器"［EB/OL］.（2012-08-17）. https://www.gov.cn/jrzg/2012-08/17/content_2205777.htm.

2.4.2 西气东输：大国气脉，三线如虹

2.4.2.1 西气东输简介

西气东输工程是我国西部大开发的重点工程之一，其主要目的是加快中西部地区天然气的利用，缓解东部经济发达地区的能源供应。2000 年 8 月 23 日，经国务院第 76 次总理办公会批准，西气东输工程项目正式立项。自此，西气东输工程从蓝图上正式落地，拉开了"西部大开发"的序幕。

西气东输工程以塔里木气田为主气源，以长江三角洲为主市场，以干线管道和重要支线及储气库为主体，连接沿线用户，形成我国横贯西东的天然气系统。作为世界上距离最长的管道工程，西气东输工程从新疆迈出，如一根纽带，将清洁能源丰富的西部地区与能源资源贫乏的东部、南部地区连接起来，实现资源优势向经济优势的转化。

自 2002 年开建至今，整个工程规模不断扩大，先后建成一线、二线、三线 3 条主干线，中贵、陕京等联络线，以及闽粤支干线和深圳 LNG 外输管道等。其中，一线工程西起新疆塔里木油田轮南油气田，东至上海市白鹤镇；二线工程西起新疆霍尔果斯口岸，东至广州；三线工程分为西段（新疆霍尔果斯—宁夏中卫）、中段（宁夏中卫—江西吉安）和东段（江西吉安—福建福州）3 个部分。整个工程覆盖 30 个省（区、市）和香港特别行政区，管道总长度超 20000 公里。2021 年，西气东输管道系统年输气量首次突破千亿立方米，标志着我国能源结构优化升级进一步提速。①

西气东输工程的实施，不仅加快改善了东部、西部地区的能源结构，而且强有力地拉动了东部、西部地区相关产业的发展，激活了东部、西部地区及沿途省（区、市）钢铁、水泥、土建安装和机械电子等企业的发展潜力，从而形成了一条新的经济增长带。同时，西气东输工程对保护生态环境、改善人民生活起到了重大作用。据测算，西气东输管道自投产以来，累计输送

---

① 王雅婧. 西气东输助推绿色发展［N］. 中国纪检监察报，2022 - 01 - 10（5）.

天然气超 7000 亿立方米，惠及我国西部、长三角、珠三角、华中等地区的 400 多个城市和 3000 余家大中型企业及近 5 亿人口。据测算，7000 亿立方米天然气折合替代标煤 9.32 亿吨，减少二氧化碳排放 10.24 亿吨、粉尘 5.08 亿吨。① 这项伟大的大国工程，不仅是一项为国争气的能源工程，更是一项为民送福的民生工程。

2.4.2.2　西气东输工程的重大意义

实行西气东输工程，有利于促进我国能源构造和产业构造升级，带动东部、中部、西部地区经济共同发展，改善管道沿线地区人民生活质量，有效治理大气污染。启动西气东输工程，是把新疆天然气资源变成造福各族人民经济优势的大好事，也是增进沿线 10 省（区、市）产业构造和能源构造调剂、经济效益进步的主要举动。

（1）蓝天白云，绿水青山。西气东输工程带来的生态效益不可估量，对沿线地区的环境保护具有重要意义。在农村地区，天然气的推广使用可以缓解因植被破坏带来的环境压力。以西气东输工程首站轮台镇为例，过去，一入冬，家家户户都要砍胡杨木来烧，对戈壁脆弱的生态环境是一种破坏。而如今，轮台镇的居民做饭、取暖都用上了天然气。西气东输工程的建设，不仅让当地的胡杨林得以保存完好，环境也得到极大改善，空气质量一级、二级天数有了大幅提升。

在城市地区，西气东输工程推动天然气部分替代煤炭，有利于改善大气质量。作为一种洁净环保的优质能源，天然气燃烧后的产物只有二氧化碳和水，几乎不含硫、粉尘和其他有害物质，这对于环境意义重大。西气东输工程每输送 100 亿立方米天然气，可替代 1300 万吨标准煤，减少 61 万吨有害物质、4400 万吨二氧化碳排放。② 以西气东输供气量最大的省份之一江苏省为例，如今，全省已建起 2300 多公里天然气管道，2 座地下储气库。2004 年，来自塔里木油田的先锋气经过西气东输管道抵达江苏。此后，全省天然

---

① 惠及我国近 5 亿人口　西气东输管道系统年输气量首次突破 4 亿立方米 ［EB/OL］.（2021 – 12 – 28）. https：//baijiahao. baidu. com/s？ id = 1720381711537327443&wfr = spider&for = pc.
② 王雅婧. 西气东输助推绿色发展 ［N］. 中国纪检监察报，2022 – 01 – 10 （5）.

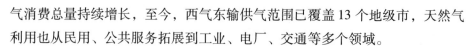

气消费总量持续增长，至今，西气东输供气范围已覆盖13个地级市，天然气利用也从民用、公共服务拓展到工业、电厂、交通等多个领域。

（2）产业升级，金山银山。西气东输工程是"双利"的工程，将把祖国最偏远的新疆南部地区与经济最发达的长江三角洲连接在一起，不仅对西部地区有利，对东部及沿线各省（区、市）也有利。一方面，为新疆的天然气资源打开广阔的市场空间，使资源优势变为经济优势成为现实，将极大地带动新疆经济的发展；另一方面，东部地区人口稠密，经济发达，是全国天然气需求量最大的地区，对于饱受能源匮乏之苦的长江三角洲地区的人民来说，西气东输管道工程的兴建是最好的福音。

（3）全自动化，智慧之路。西气东输工程已实现全线自动化控制，站场一键启停，形成全国数字化互联互通网络。作为全国最大最复杂的天然气管网系统，从二线管道工程开始，西气东输工程的设计理念便由线变网，管网覆盖长三角和珠三角经济圈，实现了与西气东输一线等多条已建管道的联网，进而形成我国主干天然气管道网络。三线中段天然气管道工程建成后，与前期建成投产的三线西段及东段连通，推动形成"十四五"天然气"四大战略通道+五纵五横"的干线管网新格局。

西气东输是国家管网集团运营管理的"全国一张网"骨干天然气管道。既然是"一张网"，那么网上便会有多线汇聚的联结点。在西气东输管网中，则是枢纽站。所谓"枢纽站"，顾名思义，就像公交枢纽一样，是西气东输一线、二线、三线以及部分联络线等多条输气支干线的交汇联络处，各管线间可相互分输转供。截至2021年底，国家管网集团调控中心已实现19项枢纽站的远控功能，可以远程控制压缩机组的启机、停机和运行参数，调度员从过去分散控制数十台套单体设备升级为一键控制整个站场的工艺流程，提升工作效率近60%。

除了枢纽站，储气库也是管网系统中的关键设施。储气库是储存天然气的"仓库"，在夏季消费淡季向内注入天然气，在冬季和春季消费旺季将资源开采出来，起到季节调峰和应急储备的作用。压气站的自动化生产、数字化办公、智能化管理也让整个库区安全高效运行，主控岗位的员工通过控制系统即可对所有站场的生产数据、阀门运行、站场环境进行远程监控。

西气东输工程通过这些年技术上的不断精进，实现了全线上包括枢纽站、储气库等关键节点在内的自动化，它不仅是一条能源之路，更是一条智慧之路。

2.4.3　西电东送：翻山越岭，万家灯火

2.4.3.1　西电东送简介

"西电东送"就是把煤炭、水能资源丰富的西部省（区、市）的能源转化成电力资源，输送到电力紧缺的东部沿海地区。我国煤炭资源主要分布在西部地区和北部地区，水能资源主要集中在西南地区，东部地区的一次能源资源匮乏、用电负荷相对集中。能源资源与电力负荷分布的不均衡性决定了西电东送的必要性。

西电东送在西部大开发的重点工程中工程量最大、投资额最多，从 2001 年到 2010 年的 10 年间，总投资超过 5200 亿元。西电东送在中国版图上可谓"遍地开花"，同时开工的工程之多是史无前例的，单个工程的规模之大也是罕见的。在我国电力建设史上，如此大规模的电源、电网建设也从未有过。西电东送从南到北，从西到东，将形成北、中、南三路送电格局。北线由内蒙古、陕西等省（区）向华北电网输电；中线由四川等省向华中、华东电网输电；南线由云南、贵州、广西等省（区）向华南输电。

西电东送这一伟大工程，为西部省（区）把电力资源优势转化为经济优势提供了新的历史机遇，将改变东西部地区能源与经济不平衡的状况，对加快我国能源结构调整和东部地区经济发展，将发挥重要作用。与其他西部开发战略的标志性工程相比，西电东送工程最大的特点是，它不仅是西部的工程，也是东部的工程，充分地体现了党中央提出的"东西部协调发展，共同富裕，共同进退"的战略构思。① 流淌在我国西南部的河水，翻涌的朵朵浪花激起温暖的电能，越过崇山峻岭，最终变成璀璨城市里的一度度电，点亮

---

① 曾培炎．西电东送：开创中国电力新格局［J］．中共党史研究，2010（3）：5－13＋131.

了东部地区夜空的万家灯火。

2.4.3.2　西电东送的重大意义

截至 2010 年，我国西电东送的大格局已初步形成，覆盖了从西到东的辽阔地区，除海南、新疆、西藏和台湾外，我国六大区域电网实现了异步联网。经过长期不懈的努力，全国电网建设及输变电设备国产化水平不断提高，我国电力技术装备水平登上新台阶。其中，500 千伏、330 千伏电网已成为我国各区域电网和省级电网的骨干网架，我国在建的交、直流最高电压已分别达到 1000 千伏和 ±800 千伏等级；我国西部地区电源供电能力和区域电网之间的线路输电能力也有了翻天覆地的变化。西电东送南、中、北三大通道，如同粗壮有力的电力大动脉，向国家经济发达地区源源不断地输送着强大动力。[①]

（1）改善能源结构，推动"双碳"目标稳步向前。东部地区是我国经济发达的地区，但是缺乏能源，电力以火电为主，由于大量的煤炭用来发电，造成部分地区大气和环境污染，再建设大量的火电站是环境所不允许的。开发西南水电实施西电东送，不仅可以解决东部地区发展的电力需求，而且有利于改善东部地区的生态环境。

西电东送工程推动西部地区建成了一批大型水电站和高效火电基地，特别是水能资源的开发利用，有利于我国能源结构优化调整和生态环境改善。截至 2009 年底，西电东送的配套电源中，水电规模 2537 万千瓦，占全国水电装机规模的 12.9%；火电规模为 4652 万千瓦，其中绝大部分为单机 60 万千瓦高效发电机组，优化和改善了电力结构。随着时代的发展，西电东送工程中风力、光伏等清洁能源的使用比例也在不断提高。

西电东送工程的实施，为满足"十四五"电力需求、优化能源供应结构、实现"双碳"目标提供了坚强支撑。

（2）优化资源配置，促进东西经济均衡发展。一方面，西电东送工程向东部地区输送了大量经济、高效、清洁的能源，不仅满足了日益增长的电力

---

①　曾培炎．西电东送：开创中国电力新格局［J］．中共党史研究，2010（3）：5–13+131.

需求，又平抑了部分省份过高的电价，而且减轻了日益严重的环保压力，从而为东部地区的经济社会发展带来巨大效益。举例来看，"十五"规划至今，贵州是西电中送电量最多的省份。"黔电送粤"落地电价低于广东当地电厂上网价，减少了广东用电成本。贵州省输出电量大部分集中在用电高峰期和急需用电的季节，对缓解广东用电紧张的矛盾起到了重要作用。另一方面，通过西电东送工程建设，不仅为西部地区经济发展提供了大量资金支持，同时将西部地区的资源优势转化成了经济优势，带动了西部地区的经济发展。[①]西电东送带动了西部多个省份全社会固定资产投资的快速增长，电力在地区生产总值、就业及收入等方面的贡献率提高，带动了相关产业的发展，吸引了部分行业前来投资，给其发展提供了一个契机。以新疆为例，2010 年 5 月17 日，第一次中央新疆工作座谈会召开，随后国家电网召开援疆工作座谈会，明确提出加大援疆力度。截至 2020 年末，国家电网公司在疆投资 1368亿元，4 条外送通道累计 842 亿元，带动经济效益超过 1100 亿元，惠及 2.5亿人口，直接和间接增加就业岗位 2.8 万个。新疆通过实施"疆电外送"，累计外送电量 3430 亿千瓦时，年均外送电量从 30 亿千瓦时提升至 1000 亿千瓦时，规模增长了 32 倍。[②]

东部地区和西部地区同频共振，实现共赢。未来，随着送电规模继续扩大、清洁能源比重不断提升，西电东送必将取得更大成就。

2.4.4　南水北调：贯通南北，泽福千秋

2.4.4.1　南水北调工程简介

南水北调工程是实现我国水资源优化配置，解决北方地区水资源短缺，促进经济社会可持续发展，保障和改善民生的国家重大战略性工程，规划区涉及人口 4.38 亿人，调水规模 448 亿立方米，分东线、中线和西线三条调水

① 曾培炎．西电东送：开创中国电力新格局 [J]．中共党史研究，2010（3）：5 - 13 + 131.
② 疆电外送十年累计外送电量超 3400 亿千瓦时 [EB/OL]．（2020 - 11 - 03）．https：//baijiahao. baidu. com/s？id = 1682322182185626254&wfr = spider&for = pc.

线路，规划总长度达 4350 公里。

我国地域辽阔，南北地区水资源分布不均，北方地区水资源严重短缺，南方地区时常发生洪涝灾害，为保证供水安全，改善生态环境，促进经济社会的可持续发展与资源的可持续利用，南水北调工程应运而生。通过三条调水线路与长江、黄河、淮河和海河四大江河的联系，构成以"四横三纵"为主体的总体布局，以利于实现中国水资源南北调配、东西互济的合理配置格局。目前南水北调中线工程、南水北调东线工程（一期）已经完工并向北方地区调水。西线工程尚处于规划阶段，没有开工建设。

2.4.4.2　南水北调工程的重大意义

（1）强化供水安全保障，满足人民群众用水需求。保障群众饮水安全事关人民群众的生活质量和生命安全，事关人民群众的根本利益，是"国之大事"。2000 年以来，北京、天津、石家庄、济南等多个城市发生供水危机，特别是天津市不得不多次引黄应急，烟台、威海被迫限时限量供水，人民群众饮水安全受到严重威胁。河北省东南部的衡水、沧州一带，由于长期饮用含氟量较高的深层地下水，氟骨病和甲状腺病蔓延，严重危害当地群众身体健康。南水北调东、中线一期工程的建成通水和稳定运行，从根本上改变了北方地区长期缺水的局面，有效保障了受水区供水安全，更好地满足了人民群众的饮水安全需求。

（2）复苏河湖生态环境，提升人民群众生活质量。良好生态环境是最公平的公共产品，是最普惠的民生福祉。20 世纪末至 21 世纪初，由于生产、生活用水大量挤占生态用水，黄淮海流域生态环境严重恶化，黄河下游河道断流，海河流域"有河皆干、有水皆污"，淮河流域水污染严重。华北地区地下水超采区面积占平原区面积的 77%，年均超采量占全国超采量的 60%，已成为全世界最大的漏斗区，引发湿地干涸、局部地区水资源衰减并伴随地下水污染等一系列水生态问题。[①] 东线、中线一期工程的建成通水，有效地增加了华北地区可利用的水资源，通过置换超采地下水实施生态补水、限采

---

① 水利部发展研究中心课题组. 深刻认识南水北调工程重大意义 筑牢"四条生命线"[J]. 中国水利, 2022（11）：4-9.

地下水等措施，使河湖、湿地的面积显著扩大，有效遏制了地下水水位下降和水生态环境恶化的趋势，促进了沿线生态文明建设。

南水北调工程的建成通水为维护流域河湖生态系统功能，提升水生态系统质量和稳定性发挥了重要支撑和保障作用，有效改善了人民群众的生活环境。

（3）扩大就业促进发展，保障人民群众安居乐业。一方面，南水北调工程对于经济增长具有显著的拉动作用。南水北调工程是世界上规模最大的水利工程，东线、中线一期工程核定的总投资为 3082 亿元。经过多年建设，形成了庞大的资产规模，创造了最终需求，推动了经济增长，带动了相关行业的发展，增加了数以万计的就业岗位。另一方面，在移民区不断完善基础设施、补齐公共服务短板、发展绿色产业，走出了一条具有水源区特色的生态优先、绿色发展之路，实现了移民群众搬得出、稳得住、能致富。

在南水北调东线、中线一期工程建设期间，工程投资平均每年拉动我国国内生产总值增长率提高约 0.12 个百分点，工程投资对经济增长的影响通过乘数效应进一步扩大。建设期间，东线、中线一期工程参建单位超过 1000 家，建设高峰期每天有近 10 万建设者在现场进行施工，加上上下游相关行业的带动作用，每年增加了数十万个就业岗位。以 2016～2018 年全国万元 GDP 平均需水量 73.6 立方米来估算，南水北调为北方增加近 300 亿立方米水资源，可以为受水区约 4 万亿元 GDP 的增长提供优质水资源的支撑。[①] 南水北调工程切实促进了沿线人民群众安居乐业，切实提升了人民群众的获得感、幸福感和安全感，成为群众普遍点赞的民生工程和名副其实的幸福之源。

2.4.5　退耕还林：生态惠民，绿色乡村

2.4.5.1　退耕还林简介

长期以来，由于盲目毁林开垦和进行陡坡地、沙化地耕种，造成了我国

---

① 陈晨. 南水北调工程：5 年调出 2100 个西湖，超 1.2 亿人受益 [N]. 光明日报，2019 - 12 - 13（10）.

严重的水土流失和风沙危害，洪涝、干旱、沙尘暴等自然灾害频频发生，人民群众的生产、生活受到严重影响，国家的生态安全受到严重威胁。

截至 2019 年底，全国退耕还林面积达到 3193.84 万公顷，其中，退耕地还林面积 1312.97 万公顷，宜林荒山荒地造林面积 1575.30 万公顷，封山育林面积 305.57 万公顷。[①]

2.4.5.2　退耕还林的重大意义

退耕还林工程成为中国乃至世界上投资最大、政策性最强、涉及面最广、群众参与程度最高的一项重大生态工程，为我国在世界生态建设史上写下绚烂的一笔。退耕还林的实施意义重大，对全国范围内的生态环境和社会经济都带来了相当大的效益。根据中国林业出版社出版的《退耕还林综合效益监测国家报告（2020）》，2019 年全国退耕还林还草综合效益总价值量为 24050.46 亿元，其中生态效益 14168.64 亿元，占综合效益的 58.91%。退耕还林还草生态效益、社会效益、经济效益占比如图 2-6 所示。

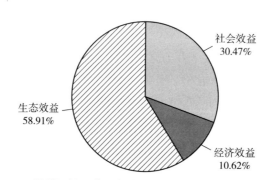

图 2-6　退耕还林还草生态效益、社会效益、经济效益占比

资料来源：国家林业和草原局. 退耕还林综合效益监测国家报告（2020）[M]. 北京：中国林业出版社，2022.

（1）生态效益。通过实施退耕还林工程，森林面积大幅增加，生态环境有所改善。同时，退耕还林还与环城、集镇、村庄以及通道绿化相结合，提

---

① 国家林业和草原局. 退耕还林综合效益监测国家报告（2020）[M]. 北京：中国林业出版社，2022.

高了城乡绿化率，极大地改善了城乡环境，为当地经济社会可持续发展提供了有力的生态保障。另外，有效地减少了水土流失。实施退耕还林后，陡坡耕地水土流失得到了控制，有效维护了土壤生态系统的稳定，涵养水源能力逐步增强，生态效益日渐显现。①

按照 2019 年现价评估，全国退耕还林工程每年产生的生态效益总价值量为 14168.64 亿元。其中，涵养水源的生态效益价值量所占比例最大，为32.68%；其次为净化大气环境、固碳释氧和生物多样性保护，生态效益价值量所占比例分别为 21.89%、15.74%、14.59%。全国退耕还林工程各项生态效益价值量比例如图 2 - 7 所示。

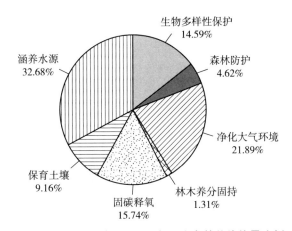

图 2 - 7　全国退耕还林工程各项生态效益价值量比例

资料来源：国家林业和草原局. 退耕还林综合效益监测国家报告（2020）［M］. 北京：中国林业出版社，2022.

总结来看，退耕还林可以加快国土绿化步伐，维护国家生态安全，促进生态文明建设。退耕还林工程实施以来，我国累计完成退耕还林任务 4.47 亿亩，工程区森林覆盖率平均提高了 3 个百分点，昔日荒山秃岭、满目疮痍、水土流失、风沙肆虐的面貌得到了明显改观。但是我国还有大面积的陡坡耕

---

① 赵翠丽. 晋城市退耕还林工程建设成效及存在问题分析［J］. 山西林业，2022（2）：10 - 11.

地、沙化耕地和严重污染耕地在继续耕种，造成地力衰退、江河淤积、库容萎缩，制约了我国经济社会的可持续发展。做好新一轮退耕还林工作，可以更好地从源头上治理水土流失和风沙危害，遏制我国生态恶化的趋势，为构建国土生态安全体系、推进生态文明建设和建设美丽中国提供有力支撑。

（2）经济社会效益。首先，退耕还林大大加快了农村产业结构调整的步伐。过去，山区、沙区干部群众明知坡耕地和沙化耕地种粮产量低，有调整结构的愿望，但调整后短期内没有生计来源，结构调整缓慢。退耕还林给农村调整产业结构提供了一个较长的过渡期，为农业产业结构调整提供了良好机遇。各地把退耕还林作为解决"三农"问题的重要措施，合理调整土地利用和种植结构，因地制宜推行生态林草、林果药、林竹纸、林草畜以及林经间作、种养结合、产业配套等多种开发治理模式，大力发展生态产业和循环经济，促进了农业产业结构调整。

其次，退耕还林保障和提高了粮食综合生产能力。过去，粗放的农业发展方式使耕地长期高强度、超负荷利用，造成局部地区耕地质量堪忧、基础地力下降，付出了很大的资源和环境代价。退耕还林后，由于生态状况的改善、生产要素的转移和集中，农业生产方式由粗放经营向集约经营转变，工程区及中下游地区农业综合生产能力得到保障和提高。同时，退耕还林调整了土地利用结构，把不适宜种植粮食的耕地还林，有利于促进农林牧协调发展；退耕还林中还发展了大量的水果、木本粮油等林木资源，培育了丰富的牧草资源，不但能增加食物的有效供给，还能调整和优化食物结构。[①]

最后，退耕还林较大幅度地增加了农民收入。一是国家粮款补助直接增加了农民收入。到2004年底，退耕还林工程已使3000多万农户、1.2亿农民从国家补助粮款中直接受益，农民人均获得补助600多元。二是退耕还林收益成为农民增收的重要来源。在一些自然条件较好的地方，结合工程建设，因地制宜发展林竹、林果、林茶、畜牧等生态经济产业，增加了农民经济收入。三是促进农村剩余劳动力向非农产业和多种经营转移，减轻了农民对坡耕地和沙化耕地的依赖。四是退耕还林使贫困农户稳定脱贫，大大缓解了因

---

① 贾卫国，周辉. 我国退耕还林政策实施效果与可持续性研究［J］. 林业建设，2004（6）：3-7.

灾返贫的问题，在新时期扶贫开发中发挥了重要作用。

2.4.6　中国高铁：中华血脉，钢铁之路

2.4.6.1　中国高铁简介

中国高铁是中国交通基础设施建设的一项奇迹，是一个漫长的试验和发展历程，也是交通运输建设与中国实际相结合的成果。

1978 年，邓小平访问日本，乘坐新干线铁路，第一次认识到了高速铁路。直到 1998 年 8 月 28 日，广深铁路首次达到 200 公里/小时的运行速度，正式拉开了中国高铁的帷幕。截至 2021 年 12 月 30 日，中国高铁运营里程突破 4 万公里，全国高铁网已覆盖 94.7% 的 100 万以上人口城市。这些钢铁铸成的道路，已然如江河一般成为中国的血脉。

2.4.6.2　中国高铁的重大意义

中国高铁是中国交通运输基础设施建设的一大成就，是一条适合人口分布集中，大城市带动小城市经济的路线，真正意义上方便、实惠地解决了中国人的出行和交流问题，大大促进了各地经济往来和人口流动。人民网这样评价中国高铁："中国高铁营业里程超过世界其他国家高铁营业里程总和，票价最低，建设成本约为其他国家建设成本的 2/3。中国高铁跑出中国速度，更创造了中国奇迹。"[①]

我国自始至终都将国计民生放在第一位，高铁的普及为全国人民都提供了极大的便利，但中国高铁更深层次的重大意义还不止于此。本部分将从以下 7 个方面简要叙述中国高铁建设为国家经济社会发展提供的强大动力。

（1）提高生产力。高铁的大规模运营大幅度提升了原有铁路的运输效率，300 公里每小时的成倍速度提升换来的是就业市场的无缝对接，在北京上班的人甚至可以在河北和天津生活，这在数年前是完全无法想象的。高铁

---

① 领跑智能高铁 2.0　中国高铁标准已成全球标准［EB/OL］.（2019 - 10 - 23）. https：// www.sohu.com/a/348961049_114731.

75

的建设大幅提高了经济生产力和我国长期国际竞争力，为我国开启全面建设社会主义现代化国家新征程提供了强大动力。此外，高铁的开通为一些既有铁路线路释放了运载能力，缓解了我国货运能力长期紧绷的紧张局面，全社会的人口流动和货物运输周转速度显著加快，成本大幅降低，运载能力明显提高，促进我国经济长远可持续发展。

（2）创造就业机会。截至2020年年底，全国铁路营业里程14.6万公里，其中高铁营业里程3.8万公里。高铁在全国范围的建设为各地人民提供了数以万计的就业岗位。这些就业岗位不但不因经济周期的波动而波动，即使在经济衰退时期，高铁建设创造的稳定就业机会不但能一定程度上减缓经济衰退，还能推动建筑、钢铁和水泥行业的需求，短期内刺激经济增长。

（3）促进跨城市经济一体化及二线城市的增长。高铁的引入，使得二线城市的市场潜力增加59%，楼价也比预期平均实际增长4.5%。高铁的开通也产生"同城效应"，实现区域资源共享，加快产业梯度转移，有效推动区域内产业优化分工，围绕构建高铁沿线产业链条，形成比较优势，促进沿线地区的产业协调互补发展。例如随着长三角地区高速铁路的不断开通，带动了长三角地区协同分工、错位发展、产业体系逐步完善，有效支撑并在很大程度上引导了各城市不同的产业体系等的发展。此外，高铁也使中国人的生活半径和活动范围明显扩大和拓宽，生活方式和节奏逐渐发生变化，催生出"星期天工程师""假日专家"等新职业，形成了"高铁社会"。同时使老年人异地养老变成现实，如廊坊、昆山、德州等地的养老院开始吸引北京、上海的老年人，以更低的成本享受更舒适的养老生活。

（4）促支持环境可持续发展。电力动车组能源使用量比其他交通工具要少，并且可以从更多种能源（包括可再生能源）获取电力。而汽车和飞机没有这些特点，因为这些能源更依赖于进口石油。

（5）发展高铁设备产业。高铁的建设，也将中国发展成为高速铁路建设技术的主要来源国。中国的轨道装备制造商引进进口技术后，直接进入本地化生产过程，之后进行了技术转化，甚至开始准备出口海外，与外国供应商竞争。在中车四方取得川崎重工业新干线E2型授权生产权的六年后，中车四方可以自行生产CRH2A列车，而川崎重工业也在高铁上结束与中车四方的合作。如今，中国拥有世界上系统技术最全的高速铁路技术，可以承担从通信信号、工务工程、牵引供电、机车客车制造乃至运营管理等领域的"一揽子"出口。

（6）拉动产业的发展。高铁的建成，带动了冶金、机械、建筑、橡胶、电力、信息、计算机、精密仪器等第二产业的快速发展，也拉动了沿线城市旅游、餐饮、商贸等第三产业的发展。例如京津城际铁路开通后，使两个直辖市及周边地区的经济交流日益增多；京沪高铁开通运营后，沿线城市成为承接长三角和环渤海两大经济区产业转移的新平台。

（7）带动新型城镇化发展。随着一些高铁线路客流量的增长，充分说明了高速铁路对人口流动具有显著的诱增效应，使原先鲜为人知或知名度高但交通不便的中小城镇成为吸纳人口的热点。

中国高铁的发展历史，同样是我国工业发展的一个缩影。从受制于人到打破垄断、从建立健全到引领时代，无不彰显我国伟大劳动人民的智慧和决心，他们的汗水共同铸造了我们方便、快捷、实惠的交通运输条件，为我国经济腾飞的引擎注足了燃料。

2.4.7　北斗卫星：苍茫大地，谁主沉浮

2.4.7.1　北斗卫星导航系统简介

北斗卫星导航系统是我国保卫国家安全，助力经济社会发展而自主研发、自主建造的全球卫星导航系统，是 GPS 和 GLONASS 之后第三个功能完备的卫星导航系统。北斗卫星导航系统（BDS）和美国 GPS、俄罗斯 GLONASS、欧盟 GALILEO，是联合国卫星导航委员会已认定的供应商。

北斗卫星导航系统包括空间段、地面段和用户段三个部分，其中空间段由数个地球静止轨道卫星、倾斜地球同步轨道卫星和中圆地球轨道卫星等组成；地面段由主控站、数个地面站和各管理设施组成；用户段则主要是北斗和兼容其他卫星的芯片、基站等，以及人们使用的各种 App、服务等。北斗卫星导航系统能够为用户在全球的任何地方、任何时间提供精确

性、可靠性非常高的定位、导航、授时服务,测速精度0.2米/秒,授时精度10纳秒。

主流的卫星定位系统GPS是由美国研制的主要用于军用的卫星定位系统,虽然在20世纪70年代之后逐步开放民用,但是给民用提供的精度有限,尤其是在面对外国用户的情况,可以随意暂停地区的服务,无论是从战略、安全还是日常使用来说对我国而言都是极度受制于人的被动情况。因此,我国对北斗卫星导航系统的建设极为重视,先后尝试了合作开发和自主研发两条道路,最终制定了一条适合我国发展的"三步走"发展:在2000年底,建成北斗一号系统,为中国用户提供服务;2012年底,建成北斗二号系统,向亚太地区提供服务;2020年,建成北斗三号系统,向全球提供服务。

2020年6月23日9时43分,长征三号乙运载火箭携带着北斗三号最后一颗全球组网卫星在西昌卫星发射中心点火升空,至此,30万人接力奋战26年,北斗卫星导航系统的建设全面完成。

2.4.7.2 北斗卫星导航系统的重大意义

北斗卫星导航系统解决的问题是国家的命脉问题,唯有擦亮双眼,才能坚定前行道路。北斗的建成,不但为我国交通、农林渔牧、公安、防灾减灾、大众应用、特殊关爱、金融、电力等领域提供了现代化、信息化的高效、畅通、安全、绿色的支持,为我国人民生产和发展活动、经济建设提供了保障,更为我国的国防事业和国家安全注入了一剂强心针,为我国发展亚太地区经济,维护世界和平提供了强有力的支持。

2021年前三季度,中国境内申请入网支持北斗定位的智能手机款型占比达到72.3%,出货量占比达到93.5%。北斗地基增强功能已进入智能手机,可实现1米级高精度定位,正在中国多个城市开展车道级导航试点应用。而基于北斗系统的土地确权、精准农业、智慧港口等解决方案已服务于亚洲、东欧、非洲等国家和地区的经济社会发展,北斗产品已在全球一半以上国家和地区得到应用。

秉承着"中国的北斗、世界的北斗、一流的北斗"的发展理念,发展多系统兼容,服务于全球的卫星导航系统,为世界各国人民提供了更多更稳的选择，积极推进并服务"一带一路"建设发展，加强北斗系统与世界各国的合作，弘扬"自主创新、开放融合、万众一心、追求卓越"的新时代北斗精神，服务全球，造福人类。[①]

2.4.8　"一带一路"：包容交汇，命运与共

2.4.8.1　"一带一路"简介

"一带一路"是"丝绸之路经济带"和"21 世纪海上丝绸之路"的简称，2013 年 9 月和 10 月由中国国家主席习近平分别提出建设"新丝绸之路经济带"和"21 世纪海上丝绸之路"的合作倡议。旨在以和平发展为旗帜，积极促进中国境内省份及中国与"一带一路"沿线国家打造政策沟通、设施联通、贸易畅通、资金融通、民心相通的发展环境；以建设人类命运共同体为目标，为全球经济发展贡献中国智慧。

截至 2022 年 5 月 27 日，中国已与 150 个国家、32 个国际组织签署 200 多份合作文件，"一带一路"参与国家遍布亚洲、非洲、欧洲、大洋洲和拉丁美洲。2022 年 1 ~ 5 月，我国企业在"一带一路"共建国家非金融类直接投资达到了 527.1 亿元人民币，同比增长 9.4%，占同期总额的 18.4%；对外新签承包工程项目合同 1840 份，额度 2445.8 亿元人民币，占同期总额的 48.2%。"一带一路"发展稳中向好，从其倡议开始的 5 年里，中国与"一带一路"共建国家进出口总额达 64691.9 亿美元，为当地创造 24.4 万个就业岗位，新签对外承包合同工程总额超过 5000 亿美元，建设境外经贸合作区 82 个，对外直接投资超过 800 亿美元，建立了强大的工业、基建和金融联系，为我国经济腾飞和世界工业、经济进程开辟了新的通道。

2.4.8.2　"一带一路"大数据指数

（1）海上丝路贸易指数。海上丝路贸易指数（maritime silk road trade in-

---

① 杨长风. 进入全球服务新时代的北斗系统［J］. 卫星系统，2022（4）：8 - 9.

dex）由宁波航运交易所开发编制，数据来源于海关月度进出口贸易数据，由出口贸易指数、进口贸易指数、进出口贸易指数构成，并从总体贸易指数、区域贸易指数、特类贸易指数等不同方面衡量中国对外经贸发展水平、反映中国对外贸易发展变化趋势。该指数以 2015 年 3 月为基期，基点为 100，每月发布。

随着"一带一路"的不断建设和发展，我国的进出口贸易水平呈周期性波动式上升的趋势。每年的 1 月为淡季，随后的贸易额度在该年内逐渐上升，在 11 月至 12 月达到顶峰。这样的贸易走势和西方国家销售季度趋势有很大的关联，西方国家以 11 月的"黑色星期五"和 12 月圣诞季为一年的销售旺季。尽管我国每年的贸易指数都随着周期波动，但 2015 年至 2020 年，我国进出口贸易水平整体呈上升趋势，"一带一路"建设通过拉动进出口对经济增长的贡献是显著的。海上丝路贸易指数如图 2 - 8 所示。

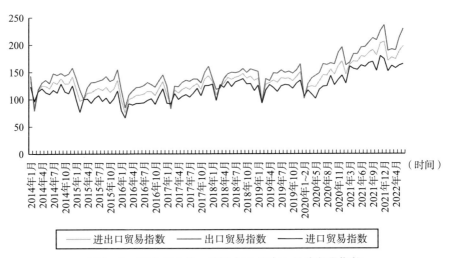

图 2 - 8　2014 年 1 月 ~ 2022 年 4 月海上丝路贸易指数

资料来源：根据中国一带一路网相关资料整理。

（2）"一带一路"航贸指数。"一带一路"航贸指数由上海航交所开发编制。该指数由"一带一路"贸易额指数、"一带一路"集装箱海运量指数、"海上丝绸之路"运价指数 3 大类组成。指数基期为 2015 年 1 月，基期指数为 100 点，在每月最后一个周三（工作日）对外发布。该指数涉及的货种不仅限于集装箱，还包括煤炭、铁矿石、原油等大宗物资，直接反映贸易额、货运量、运输价格三者之间的变化和相互关系。

2017 年 7 月至 2022 年 7 月，"一带一路"航贸指数 5 年来贸易额、货运量呈波动式上升的趋势，而货运价格在 2020 年之前较为平稳。2020 年末开始，由于全球新冠肺炎疫情肆虐，航贸运输价格突飞猛进，而社会生产受到疫情影响而导致全球地区性物资短缺也使得贸易额和货运量出现了不同程度的增长。"一带一路"航贸指数如图 2 – 9 所示。

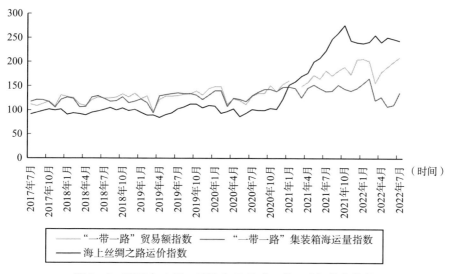

图 2 – 9　2017 年 4 月 ~ 2022 年 7 月"一带一路"航贸指数

资料来源：根据中国一带一路网相关资料整理。

（3）中国外贸出口先导指数。"中国外贸出口先导指数"由海关总署发布。该指数包含加工贸易进口、外商直接投资、主要经济体的投资消费等 7 个宏观指标，将企业订单、信心、成本 3 个通过网络问卷调查获取的微观指标信息，进行统计处理合成月度综合指标，可用来预测预警我国未来两三个月的出口走势。按国际惯例，该指数以数值表示，其数值大小与出口形势兴衰呈正相关关系。其数值扩大，表明我国未来 2 ~ 3 个月的出口形势趋于乐观；反之表明出口将面临一定的下行压力。

2014 年 7 月至 2018 年 3 月我国外贸出口企业综合成本指数与其他三项指数呈现出倒数型关系，因为企业出口成本越高，出口形式越不乐观。而出口经理人指数和新增出口订单指数与外贸出口先导指数呈强正相关关系。自2015 年"一带一路"建设开始实施以来，我国出口形式呈稳步上升趋势。中国外贸出口先导指数如图 2 - 10 所示。

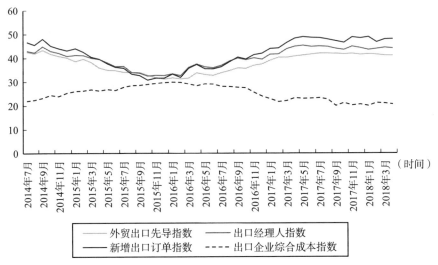

图 2 - 10　2014 年 7 月～2018 年 3 月中国外贸出口先导指数

资料来源：根据中国一带一路网相关资料整理。

2.4.8.3　"一带一路"的重点项目成果

（1）中欧班列。中欧班列是由中国铁路总公司组织，按照固定车次、线路、班期和全程运行时刻开行，运行于中国与欧洲及"一带一路"共建国家间的集装箱等铁路国际联运列车。截至 2020 年 9 月底，中欧班列累计开行超过 3 万列，仅 2020 年就有 12406 班，呈稳定的增长趋势。截至 2020 年中欧班列开行情况统计如图 2 - 11 所示。

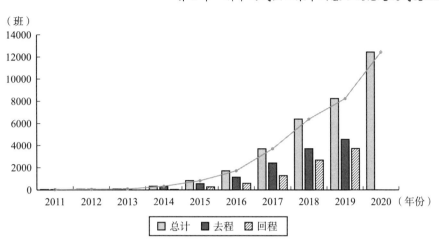

图 2 - 11　截至 2020 年中欧班列开行情况统计

资料来源：根据中国一带一路网相关资料整理。

2022 年 7 月 29 日，搭载了 100 个标准集装箱的合肥至匈牙利布达佩斯中欧班列从合肥北站物流基地驶出，标志着中欧班列新的路线正式开通。国家发展改革委下达中央预算 2 亿元，支持郑州、重庆、成都、西安、乌鲁木齐 5 个中欧班列枢纽节点城市开展中欧班列集结中心示范工程建设。加快中欧班列由"点对点"向"枢纽对枢纽"转变，提高效率，为"一带一路"建设提供更高效的保障。

（2）中巴经济走廊。中巴经济走廊是 2015 年以加强中国和巴基斯坦交通、能源、基建、产业合作、人文交流为目的而启动的合作项目，有助于加强中国和巴基斯坦全天候战略合作伙伴关系，是"一带一路"的核心项目。不仅为巴基斯坦的建设和经济发展提供了动力，也为我国对外开放提供了新的支点。

中巴经济走廊建设以来，各项目建设顺利。在第一阶段中，交通、能源问题得到了很好的改善，创造了 3.8 万个就业岗位，其中 75% 以上为当地就业。交通基础设施建设创造了约 1.3 万个工作岗位。其中，中巴经济走廊项目下最大的基础设施项目白沙瓦—卡拉奇高速公路（苏库尔至木尔坦段）为 9800 名巴基斯坦工人提供了就业岗位，喀喇昆仑公路升级改造二期项目创造了 2071 个当地就业岗位。

中巴经济走廊成功推动了中巴两国的经济社会发展，更促进了地区互联互通建设和共同繁荣，为"一带一路"共建国家设立了良好范式，为人类文明共同体的建设推进了重要一步。

2.4.8.4 "一带一路"的重大意义

"一带一路"是中国提出的倡议，惠及的是整个世界。尤其是在全球通胀高涨、逆全球化盛行的潮流下，"一带一路"更凸显了一种难能可贵的精神，为发展中国家开辟机遇、破解瓶颈，以相互尊重、平等互惠为前提，推进各方形成"发展共同体、利益共同体、责任共同体。"

除此之外，"一带一路"建设对我国更是意义重大。人民群众是物质生产活动中最活跃的部分，而物质资料的生产则决定了历史的发展，即人民群众创造历史。人的自我、人与人之间的关系共同构成了社会，社会存在和社会意识在人民群众的身上交汇，一切社会财富都是人民群众创造的，一切政府、一切生产、一切投资活动都是服务于人民群众的。"一带一路"建设的根本目标，则是为人民群众创造更健全开放的市场环境，创造更统一融洽的世界体系。转移中国过剩的生产力，创造更多的就业岗位，扩大西部省份和城市的对外开放程度，吸引外资和促进贸易往来，充分发挥各区位比较优势，最终为人民群众创造更加全面而自由的发展环境。

2.5 改革开放以来中国基础设施建设成就总结

2.5.1 白手起家

新中国成立以来，前有农业国向工业国的全面转变，后有改革开放的长足动力，现有全面建设社会主义现代化国家的新征程。在中国共产党的领导下，全国人民集中力量办大事，用智慧与劳动助力巨龙腾飞。

改革开放四十余年，我国基础设施建设蓬勃发展，取得了一个个辉煌瞩目的成就，达成了一项项世界之最的历史纪录。世界最高桥梁、世界最长跨海大桥、世界最大吞吐量深水港都只是中国基建的冰山一角，遍布整个华夏大陆的南水北调、西气东输、西电东送工程为中国经济发展调度资源，庞大的高铁网络服务全国人民，地球上空的北斗卫星为军为民保驾护航，"一带一路"建设为人类命运共同体贡献力量。这些基础设施成就展现的是我国科研人员夜以继日攻破的技术难题，是我国工人阶级万众一心的智慧与汗水结晶，是党和国家以人为本、为人民服务的最真实写照。

2.5.2　以人为本

基础设施作为社会生产和居民生活提供公共服务的物质工程设施，作为用于保证国家或地区社会经济活动正常进行的公共服务系统，作为社会赖以生存发展的一般物质条件，其根本目的是为民生、为社稷。这样的基础设施建设不同于以利润为目标的建设，不存在建设过度的问题，而应当进一步为满足人民的美好生活需要而继续普及与拓展。

一切经济发展都是为了最终实现共同富裕，一切能源、交通和社会性质的基础设施建设都是为了最终实现人的全面而自由的发展。在这一点上，我国是始终不渝的，是高瞻远瞩、运筹帷幄的。以两个一百年奋斗目标为主线，以中国最广大人民的根本利益为目标，以实现共产主义为最高理想，一步一个脚印，在百年未有之大变局的历史节点，承前启后、继往开来，用钢筋和混凝土为建设富强民主文明和谐美丽的社会主义现代化强国浇筑出最坚实的根基。

2.5.3　继往开来

虽然我国基础设施建设取得了巨大成就，但仍不能盲目自信，未来我国重大基础设施的合理布局以及新型基础设施建设大有可为。在百年未有之大变局的今天，审视我国过去基础设施建设走过的道路，合理分析我国当前基础设施投资的规模、效益，并在此基础上进行改进、完善，方为正确之举。

伴随着数字经济时代的来临，以人工智能、区块链、云计算和大数据为代表的核心技术要素快速发展。在此背景下，以新发展理念为引领，以技术创新为驱动，以信息网络为基础，面向高质量发展需要，提供数字转型、智能升级、融合创新等服务的新型基础设施体系尚未形成规模、满足我国经济发展和人民生活需求。在此背景下，继续加大传统基础设施建设与新型基础设施建设以及两者的融合发展，才能够继续承前启后，继往开来，继续取得我国基础设施建设的伟大成就。

第 3 章

基础设施投资规模、结构
与效益分析

为有效、高质量地推动基础设施发展，本章从基础设施投资领域的治理目标出发，针对其投资规模、投资结构和投资效益三个角度的表现进行全面深入的研究，以对我国基础设施投资水平有更加立体和透彻的认识，并发掘其中的不足之处，为未来的高质量、可持续投资决策提供具有前瞻性和现实意义的建议，切实有效地控制其投资规模、优化其投资结构、提升其投资效益。

作为基础设施投资治理的核心，提高基础设施的投资效益是控制投资规模、优化投资结构等治理手段期望达到的目标。因此，控制基础设施的投资规模、优化基础设施的投资结构和提高基础设施投资效益之间存在着相互制约的关系，只有同时具备合理的投资规模与投资结构，基础设施才能取得理想的投资效益，实现社会经济的发展与人民生活的改善。

接下来，本章节将从投资规模、投资结构和投资效益三个方面详细介绍基础设施的投资情况。在投资规模部分，本章将会介绍基础设施投资规模的概念与度量指标，并结合这些指标分析我国基础设施投资规模的现状。此外，还将介绍基础设施投资规模的最优化理论，并运用该理论中的经典方法来测算我国基础设施投资的最优规模。在投资结构部分，本章将会介绍基础设施投资结构的概念与研究意义，并结合数据深入分析我国基础设施投资的地区结构与行业结构。在投资效益部分，本章将会介绍基础设施投资效益的概念与度量指标，并结合这些指标分析我国基础设施投资效率的现状。

3.1 基础设施投资规模分析

3.1.1 基础设施投资规模的概念与度量

基础设施投资规模是指以货币形式表现的，一定时期内，一个国家或地区投入建设和购置基础设施活动的工作量的总和。一个国家的基础设施投资规模受到经济发展情况、经济体制、宏观经济政策、资本存量、基础设施投资结构与投资效益，以及国家人力、物力、财力承受能力等各方面的影响。基础设施投资规模的大小往往决定了一个国家或地区未来的基础设施供给水平，且在一定程度上能够预示一个国家或地区未来经济发展的潜力。

基础设施的投资规模可以具体分为流量规模和存量规模两种形式。其中，流量规模指的是某一较短时间段内一个国家或地区投入于基础设施建设与购置活动的货币总量，反映了该时间段内投入于基础设施建设与购置的资源总量，应与该时期的国力相匹配。基础设施投资的流量规模是从投资需求的角度来衡量基础设施的投资，对短期内经济预期的影响较大，且更容易调整，可以用来调控经济的发展方向和速度。存量规模是指一个国家或地区实际投入基础设施建设活动中的所有投资额，是对一个国家或地区过往各时期的流量规模的加总，通常具备较长的时间跨度，整体反映了从过去某一时间点至今在基础设施相关活动上投入的所有资源，应与长期以来的国力相匹配并适度超前于当前经济社会的发展。

相比流量规模，基础设施投资的存量规模被认为更能抵消基础设施本身属性导致的时滞性问题，更全面地反映出基础设施投资的整体发展情况。具体来看，由于基础设施的建设周期较长，从完成投资到基础设施开始运作一般需要 3~5 年甚至更长的时间，如果只在基础设施的供给水平与经济社会的发展水平不匹配时才考虑增加基础设施的投资力度，则在基础设施项目建成并发挥作用之前，经济社会的发展就会受到基础设施供给水平的制约。

基础设施投资规模的衡量在宏观经济的核算中是不容忽视的。在对基础设施投资规模的研究和评价中，经济学家们常用基础设施投资额及增长率、基础设施投资额在全社会投资中的占比、基础设施投资率和基础设施投资贡献率作为度量指标。

基础设施投资额反映了基础设施建设和购置活动花费的货币数量，能够直观明了地展示投资规模的大小，是反映基础设施投资规模的绝对度量指标。在实际的研究中，由于基础设施投资额缺乏一致的统计口径，学者们通常用各基础设施行业的投资额进行加和作为衡量指标。然而，由于对基础设施的定义和行业分类存在争议，采用这种方式算得的基础设施投资额同样存在差异。基础设施投资额的流量指标为年度基础设施投资额，又称新增基础设施投资额，可用各基础设施行业的年度投资额加和算得，体现了一个国家历年基础设施建设的投入水平。存量指标则通过对各年度基础设施投资额加和算得，体现了一个国家持续花费在基础设施建设活动中的货币总量，在一定程度上还能反映一个国家的基础设施总供给水平。

基础设施投资额增长率是用于观察基础设施投资规模变动趋势的指标，同时具备了绝对指标和相对指标的功能。该指标的计算只能采用年度基础设施投资额，衡量的是流量规模的变化水平，动态地反映了投资活动相较前一年的变动情况，作为绝对指标能够直观地体现一个国家对于本国基础设施发展的态度和调控政策，当增长率为正数且数值较大时，说明国家正大力推动和促进基础设施的发展。同时，基础设施投资额增长率还能作为相对指标，用来观察和对比各年度或者各类型基础设施投资的增速变化情况。

整体而言，基础设施投资额在全社会投资中的占比是衡量投资规模是否合理的指标之一，属于相对指标。作为社会总投资中的主要构成项目之一，基础设施投资额在全社会投资中的占比体现了基础设施在总体投资规划中的地位，反映国家整体的投资部署。计算该指标时，基础设施投资额和全社会投资采用的都是流量数据。通过对比不同年份和不同行业的基础设施投资额在全社会投资中的占比，该指标同样能体现一个国家对于本国基础设施发展的态度和调控政策，但该指标考虑了总投资额的变化，蕴含的经济含义相比投资额增速更加丰富。

不同于投资额指标，基础设施投资率是指基础设施投资额在国内生产总值中的占比，是衡量投资规模是否合理的相对指标。该指标通过联系投资与产出数据，可以更好地分析基础设施投资与经济的关系，评估在某一经济状态下基础设施投资是否过热、过冷或适中，为宏观决策提供参考依据。此外，该指标被广泛应用于基础设施投资最优规模的研究和基础设施投资规模与经济增长的关系的研究中。在具体的计算中，国内生产总值既可以采用生产法GDP，也可以采用支出法 GDP。由于生产法 GDP 代表的是一个国家或地区的经济实力，采用生产法 GDP 算得的基础设施投资率能更好地体现基础设施投资与经济发展的关系。而支出法 GDP 代表的是国内生产总值的实际使用情况及构成，基础设施投资则是支出法 GDP 中的构成项目之一，因此采用支出法GDP 算得的基础设施投资率反映的是分配给基础设施投资的产出在总产出中的占比，代表了在该产出水平下国家对基础设施发展的支持程度。

基础设施投资贡献率是指基础设施投资实际增量与 GDP 实际增量的比值，反映基础设施投资对经济增长的贡献率，是衡量投资规模是否合理的相对指标。在具体的计算中，该指标的分母应采用支出法 GDP 的实际增量，该指标代表着每 1 单位年度产出的增长中，有多少增长是由基础设施投资贡献的。基础设施投资贡献率的数值越大，说明该时期的基础设施投资规模能对经济产生更大的拉动作用，此时的基础设施投资规模是更有利于国家经济发展的投资规模。

在《1994 年世界发展报告——为发展提供基础设施》中，世界银行发表了如下观点：发展中国家的新增基础设施投资额在当期国民产出和当期全社会投资中的占比约等于4%和20%。这一标准中涉及基础设施投资额在全社会投资中的占比、基础设施投资率两个指标，被广泛应用于对基础设施规模合理性的初步判断中，成为一个简略的衡量标准。但对于基础设施投资规模最优化的深入研究，还需要进一步通过建立模型进行讨论。

3.1.2 我国基础设施投资规模现状

根据本书中对基础设施的定义及行业分类，此处选取 1985~2020 年《中国统计年鉴》中固定资产投资项目中对应行业的投资数据进行加和，作为衡量基础设施投资额的数据，并以此数据为基础进行拓展分析。

3.1.2.1 我国基础设施投资额增速具有周期性特征

1985～2020 年，我国累计基础设施投资额整体呈类似"指数增长"的增长趋势。1993 年之前，我国累计基础设施投资额几乎可以忽略不计，随后呈慢慢增长的趋势。自 2008 年全球金融危机以来，受到"应对国际金融危机的一揽子计划"的推动，我国基础设施投资额度呈现出快速发展的态势，但近几年的增长趋势逐渐放缓。由于累计基础设施投资额在一定程度上能反映国家基础设施的总供给水平，说明自 1985 年以来我国的基础设施供给水平得到了极大的提升并实现飞跃性的进步，同时还说明我国的基础设施投资在经过约三十年的快速增长后已逐渐趋于平衡，如图 3-1 所示。

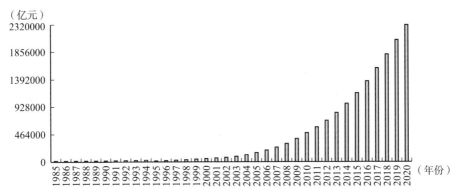

图 3-1 1985～2020 年我国累计基础设施投资额

注：1985～1993 年我国累计基础设施投资额分别为 579 亿元、1248 亿元、2018 亿元、2897 亿元、3750 亿元、4777 亿元、6086 亿元、7820 亿元、10512 亿元，因数值较小在图中不明显。

资料来源：根据历年《中国统计年鉴》相关资料整理。

1985～2020 年期间我国新增基础设施投资额长期保持上涨趋势。在 1993 年、2003 年和 2009 年，新增基础设施投资额都出现了明显的快速增长情况，而后又回落至正常水平；在 1989 年和 2011 年则出现了新增基础设施投资额增长率为负数的情况。从图 3-2 中可以看出，新增基础设施投资额增速的波动性较大，结合年度基础设施投资额易调控的特点，说明我国历年的新增基础设施投资额是随着国家经济发展态势的变动而不断改变的，例如 2009 年颁布的"应对国际金融危机的一揽子计划"是为了应对 2008 年金融危机带来的经济冲击。

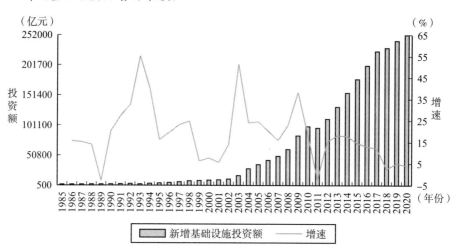

图 3 - 2   1985 ~ 2020 年我国新增基础设施投资额及增速

注：1985 ~ 1993 年我国新增基础设施投资额分别为 579 亿元、669 亿元、771 亿元、878 亿元、854 亿元、1027 亿元、1308 亿元、1735 亿元、2692 亿元，因数值较小在图中不明显。

资料来源：根据历年《中国统计年鉴》相关资料整理。

通过观察图 3 - 2 中新增基础设施投资额增速的变化情况，可以发现新增基础设施投资额增速的表现具有周期性，具体可以分为四个时期。

1989 年至 2001 年属于第一时期。此时，新增基础设施投资额增速由 - 2.8% 增长至 55.2% 后又回落到 5.6%。从规模来看，新增基础设施投资额翻了十倍，由 854 亿元增长至 9751 亿元，累计基础设施投资额达到 65972 亿元。1990 年，党的十三届七中全会通过的《中共中央关于制定国民经济和社会发展十年规划和"八五"计划的建议》中对我国基础设施的发展进行了明确部署，掀起改革开放以来的第二个基建潮，此后基础设施投资额增速不断提升。至 1993 年，全国公路建设会议的召开明确了高速公路建设的政策依据、技术标准、投融资方式等细节，全国高速公路建设战略的确定将这一轮基建潮推向顶峰，当年基础设施投资额增速高达 55.2%，是 1985 年以来增速最高的一次。随着十年规划中的项目逐渐建成投产，基础设施投资额增速又回落至正常水平。至 1997 年，东南亚金融危机的爆发也对我国的经济发展产生一定影响，我国通过实施包括加码基建投资在内的宏观调控政策来稳定经济形势，这一时期基础设施投资额增速再次出现小幅度的回升，随后又回落。

2001 年至 2007 年属于第二时期。此时，新增基础设施投资额增速由 5.6% 增长至 51.4% 后又回落到 15.9%，新增基础设施投资额由 9751 亿元增长至 49173 亿元，累计基础设施投资额达到 199909 亿元，相比 2001 年翻了三倍。2002 年，党的十六大提出全面建设小康社会和加快推进社会主义现代化，为了实现这两个目标，提升人民生活水平与社会建设进度，基础设施投资被列为重点投入对象，掀起改革开放以来的第三个基建潮，基础设施投资额增速再次攀升。在该轮基建潮中，2003 年的"南水北调"工程开工和电力体制改革使得基础设施投资额大幅度增长，所有类型的基础设施投资增速高达 51.4%，而能源与水务类基础设施投资额增速则高达 100%。随着相关项目的推进，能源与水务类基础设施投资额的增速逐渐回落至正常水平，使得所有类型的基础设施投资额也逐渐回归正常的增长速度。

2007 年至 2011 年属于第三时期。此时，新增基础设施投资额增速由 15.9% 增长至 38.3% 后又回落到 −2.4%，历时四年，新增基础设施投资额增长一倍，由 49173 亿元增长至 96430 亿元，累计基础设施投资额达到 588365 亿元，相比 2007 年翻了两倍多。2008 年，次贷危机和汶川大地震等事件都对国家的发展造成负面影响，导致经济增速回落和失业率上升，增加社会的不稳定性。在此背景下，国家出台"应对国际金融危机的一揽子计划"，意图通过加强基础设施建设来扩大内需、促进经济增长和助力平稳度过危机，该措施使得 2009 年的新增基础设施投资额增速高达 38%。实际上，"应对国际金融危机的一揽子计划"指一揽子促进经济平稳较快增长的计划，具体包括十项措施，其中与基础设施投资有关的有：建设保障性安居工程、农村基础设施建设、"铁公机"等重大基础设施建设、医疗卫生和文化教育事业发展、生态环境建设、地震灾区灾后重建。在 2009 年，国家新开工的重点基建项目数不胜数，具体包括：成都至兰州铁路、太中银铁路、西安至宝鸡客运专线、西部支线机场、万家寨引黄工程北干线、四川嘉陵江亭子口水利枢纽，等等。大量基建项目的开工提供了大量的岗位，解决了就业问题，帮助我国应对短期内的金融风险冲击；同时，重点投资领域的"铁公机"类基础设施则使得我国构建出发达完善的交通网络，有益于经济的长期发展。"应对国际金融危机的一揽子计划"在 2010 年第四季度结束，之后的一年里基础设施投资被进一步紧缩。"应对国际金融危机的一揽子计划"的出台和结束导致了我国新增基础设施投资额增速于 2007～2009 年持续上涨，于 2009～2011 年迅速下跌，共同造就了基础设施投资的第三个周期。

2011 年至 2021 年属于第四时期。此时，新增基础设施投资额增速变化较小且未出现新增基础设施投资额急速增长的情况，新增基础设施投资额由 96430 亿元增长至 251824 亿元，累计基础设施投资额达到 2313129 亿元，相比 2011 年翻了四倍。在经历了 2011 年基础设施投资低速增长之后，2012 年的国务院常务会议指出：要推进"十二五"规划重大项目按期实施，启动一批事关全局、带动性强的重大项目，已确定的铁路、节能环保、农村和西部地区基础设施、教育卫生、信息化等领域的项目，要加快前期工作进度。以该会议为节点，此后我国又开启了新的一轮基建潮。然而，由于该时期的基础设施供给水平相比过去有了很大的提升，特大型的传统基建项目已基本完成，加之经济增速的持续放缓限制了基础设施投资的增长，这一次的基建潮比起过往几次要缓和许多，甚至没有出现增速超过 20% 的情况。

除了经济放缓和基础设施供给水平提高，本章认为，造成第四时期新增基础设施投资额增速较低的另一个原因是：目前的传统类型基础设施投资规模已逐渐趋于最优投资规模。由于我国过去的基础设施供给水平较落后，与人民的生活水平及经济社会的发展水平还无法相匹配，为了满足人民的基本需求，不得不开展大量的基础设施建设项目。而这些项目的开工就造成了当时新增基础设施投资额的大幅增加，并达到较快的基础设施投资增速。但由于目前我国基础设施供给水平已经实现了极大的提升，可以满足人民基本的生活需求，与社会经济水平基本相匹配，因此基础设施投资规模不容易再出现短期内的急速增长，在总量方面更加趋近于稳定状态。然而，虽然我国基础设施投资规模的总量已趋于稳定状态，但内部的结构还存在不均衡的表现，仍需进一步调整。但随着相关研究的不断丰富与深入，近几年学者们还提出了基础设施投资应适度超前于经济社会发展的观点，而该观点也为基础设施的投资决策提供了有效的辅助，极大程度地避免了决策缺乏前瞻性造成的基础设施供给水平与经济社会发展不匹配的情况，使得基础设施投资规模更加合理。

此外，新增基础设施投资额增速的周期性表现与现实中的决策行为相符合，可以用行为金融学中的过度反应理论进行解释：受到非理性情绪的影响，决策者在不确定的条件下，会对当前的信息产生心理认知偏差，进而加强其应对当前条件的决策行为，过度的决策行为又会导致结果偏离理性预期。由于人们无法准确地预期到未来的发展状况与需求水平，且基础设施的建设周期长，当期新增的投资需要在多年后才能完成建设并投入使用，因此对基础设施投资的决策也就具有一定的落后性和过渡性。

3.1.2.2　我国基础设施投资额在全社会投资中占比具有两阶段特征

2003 年，《中国统计年鉴》中与基础设施投资额有关的数据统计口径发生改变，导致 2003 年及之后年份的基础设施投资数据与 2002 年的数据产生极大差距，而本部分的观点和分析过程都将该因素的影响考虑在内。

1985 年以来，基础设施投资额在全社会投资中的占比整体呈增长趋势，并且可以大致分为两个阶段：2003 年之前的基础设施投资占比较低时期和 2003 年及之后的基础设施投资占比较高时期，如图 3－3 所示。

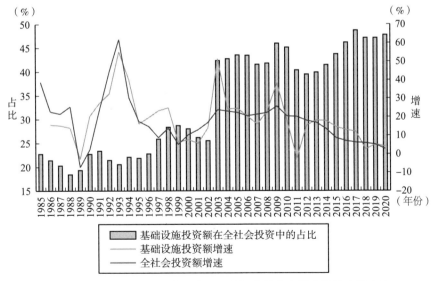

图 3－3　1985~2020 年我国基础设施投资额在全社会投资中的占比

资料来源：根据历年《中国统计年鉴》相关资料整理。

第一阶段为 1985～2003 年，基础设施投资额在全社会投资中的占比低于30%，且基础设施投资额增速与全社会投资额增速的变动趋势保持较高的一致性。由于该阶段我国的基础设施供给能力较落后，经济实力也还不够雄厚，国家发展的首要目标是实现经济的高速增长和人民生活水平的快速改善，因此该时期主要采取粗放式发展策略，通过增加投入和扩大规模来实现经济增长。粗放式发展策略的重点在于投资规模的扩大，但这种模式容易忽视投资的健康结构和合理分配，并且对不同类型的投资缺乏差异化管理，从而产生了基础设施投资增速与全社会投资增速变化趋势高度一致的现象。此外，该阶段我国基础设施投资额在全社会投资中的占比呈现波浪式上升的趋势，说明基础设施投资虽然与全社会投资的变动趋势高度一致，但其重要性仍在不断提高，且始终作为一种宏观调控手段发挥着促进经济发展和为经济健康发展保驾护航的作用。

第二阶段为 2003～2020 年，基础设施投资额在全社会投资中的占比高于30%，且基础设施投资额增速与全社会投资额增速的变动趋势出现差异。该阶段的全社会投资额增速波动性显著减小，整体呈现较平滑的下降趋势，而基础设施投资额增速在 2003 年至 2011 年期间依旧波动性显著，直到 2012 年及之后才与全社会投资增速的变动趋势再次趋于一致。而这一时期，我国正逐渐转变经济的发展模式，从高速增长转变为高质量发展，从粗放型经济转变为集约型经济，因此全社会投资增速逐渐缩小，更加注重投资效率的提升。同时，该阶段的投资决策也更加精准，注重投资结构与投资分配的合理性，对不同类型的投资进行差异化管理，因此出现基础设施投资增速波动性显著大于全社会投资增速的情况。但近几年基础设施投资增速的波动性正逐渐缩小，且在 2012 年之后再次出现变动趋势趋近于全社会投资增速的现象，结合全社会投资的发展趋势及前文的分析，再次印证了传统类基础设施投资规模已趋近于最优规模的观点。

3.1.2.3 我国基础设施投资的经济增长推动作用

1985～2020 年我国基础设施投资率的变动趋势如图 3－4 所示。基础设施投资率是基础设施投资额在 GDP 中的占比，可用来分析基础设施投资与经济的关系。剔除掉 2003 年及之后统计口径改变的影响后可以发现，这一时期基础设施投资额不存在显著的两阶段差距，而是长期呈现波浪式上升趋势。其中，1985 年至 1989 年、1989 年至 1995 年、1995 年至 2001 年、2001 年至 2007 年、2007 年至 2011 年和 2011 年至 2019 年的基础设施投资率分别形成六个先上升后下降的完整的波浪形状。对比前文提及的基础设施投资额增速的周期性，此处的基础设施投资率波浪同样是具有周期性的，二者的周期划分在时间上基本一致，且基础设施投资率的周期更加清晰和精确。

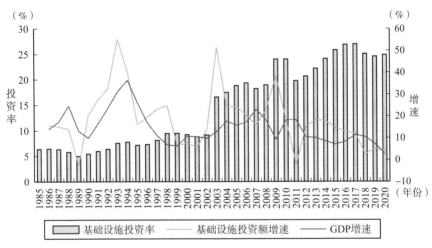

图 3 - 4 1985 ~ 2020 年我国基础设施投资率

资料来源：根据历年《中国统计年鉴》相关资料整理。

两种周期唯一的时间区别在于 1995 年至 2001 年这一阶段，该时期的基础设施投资额增速同样是先上升后下降的，但由于并未出现急速增长的情形，前文并未将其单独划分为一个周期。由于基础设施投资额不仅会影响经济的增长，同时也会受到当时经济实力的限制，在考虑了 GDP 增速的变化情况后可以发现，1995 年至 1999 年期间 GDP 增速快速下行，经济增速的放缓限制了基础设施投资额的增速，造就了这一周期内没有出现极高的基础设施投资额增速。

通过观察图 3-4 中基础设施投资额增速与 GDP 增速的走势，还可以发现基础设施投资额增速与 GDP 增速的波动形状存在一定相似性，且 GDP 增速的波动滞后于基础设施投资额增速，说明基础设施投资额在一定程度上能够促进经济的增长。首先，1989 年至 1995 年期间，GDP 增速与基础设施投资额增速的波动形状相似，都是先大幅度上升而后又快速回落，但 GDP 增速的波动落后于基础设施投资额增速，说明基础设施投资额增速的增长会带动经济增速的增长。且该时期的基础设施项目主要为全国高速公路建设项目，而交通运输作为经济流通的载体，必然会促进经济的进步，这解释了为什么该时期基础设施投资额的增加会促进经济的增长。其次，1997 年至 1999 年期间，虽然爆发了东南亚金融危机，但 GDP 增速并没有出现一落千丈的情况，反而下滑幅度逐年缩小，并于 1999 年之后再次实现上涨，说明 1997 年和 1998 年基础设施投资额增速的增长确实能够帮助国家应对金融危机。虽然这一期间内基础设施投资额增速与 GDP 增速的波动形状不相似，但基础设施投资还是发挥出一定程度的稳定经济的作用。最后，2008 年至 2012 年期间，为应对次贷危机带来的 GDP 增速大幅下跌，我国颁布的"应对国际金融危机的一揽子计划"使得 2009 年的基础设施投资额增速大幅上涨，之后在 2010 年第四季度该计划终止时基础设施投资额增速又大幅下降，而 GDP 增速在 2009 年至 2012 年期间也出现了先上升后下降的变动趋势，同样说明了基础设施投资可以促进经济的增长并帮助国家应对金融危机。

3.1.2.4 我国基础设施投资规模现状总结

总结前文中我国基础设施投资规模的现状，我国基础设施投资规模长期呈现增长趋势，且基础设施投资额增速与基础设施投资率的表现都具有周期性。但在近几年，我国基础设施投资额增势放缓，基础设施投资规模趋于平衡，2020 年基础设施投资额增速仅 4%，基础设施投资额在全社会投资中的占比为 48%，基础设施投资率为 25%。

根据世界银行《1994 年世界发展报告——为发展提供基础设施》中发展中国家的基础设施投资额在全社会投资中的占比和基础设施投资率分别接近 20% 和 4% 的观点，我国基础设施投资规模明显超过发展中国家的正常水平。

　　然而，世界银行制定的标准并不适用于所有国家。首先，世界银行所指的基础设施范围主要包括交通、通信、能源等经济基础设施，但并未考虑社会基础设施中的教育、医疗等项目，明显小于本书定义的基础设施涵盖范围。但即使扣除社会基础设施类的投资，2016~2020年我国基础设施投资额在全社会投资中的占比和基础设施投资率依旧高达39%和20%。其次，发展中国家数量众多，且国情千差万别，不应该使用统一的标准进行判断。

　　鉴于统计口径的不同和各国国情的差异性，这种没有考虑国情差异的粗糙标准和硬性结论显然不适用于评判我国基础设施投资规模。为了能更准确地评价我国基础设施投资规模，本书将会在之后的小节中探讨更加准确的基础设施投资规模评价方法及适合我国国情的最优规模测算方式。

3.1.3　基础设施投资规模的最优化理论

　　作为政府公共支出的主要部分，基础设施投资规模与经济社会的发展紧密相关。一方面，某一时期的基础设施体量由其过去的基础设施投资规模所决定，而基础设施的发展水平是国家经济发展的基石之一，扩大基础设施投资规模将促进未来时期的经济增长；另一方面，投资规模的大小受到国家经济实力与宏观经济政策的限制，经济实力的增长使得社会中有更多的资金可以投入基础设施的建设中，但当经济萎靡不振时，基础设施的投资规模又反而被抑制。此外，基础设施投资规模与居民的幸福感及社会的福利水平息息相关，基础设施的不断完善为群众提供更加优渥的生活条件，进而提高了人民的幸福程度，同时也为社会福利事业的发展打下了坚实的基础。

　　然而，基础设施投资规模并非越大越好，我们需要探寻能同时兼顾经济发展、民生福利和投资效益的最优规模。当基础设施投资规模过低时，未来的基础设施供给能力将会难以满足人民日益增长的物质需求，阻碍经济的前进脚步；但当基础设施投资规模过高时，又会导致资源浪费、降低投资效益，并且还可能会挤出私人投资。因此，确定合理的基础设施投资规模，增强基础设施供给对经济社会发展的适应性，对于国家发展、社会进步和居民生活都具有重大且实际的意义。在此基础上，考虑到基础设施的建设周期较长，基础设施的投资具有时滞性，对于最优规模的预测还需要适度超前于当前的社会水平。

目前，"经济增长最大化"和"社会福利最大化"这两个标准是考察基础设施投资最优化问题的主要依据。由于基础设施投资是政府投资中的一个重要组成部分，属于公共支出的研究范畴，学者们仿照公共支出最优化的研究思路，试图通过搭建理论模型来分析基础设施投资对经济增长与社会福利的影响机制，以此来确定最优的投资规模。

其中，关于"经济增长最大化"的研究最早源自新古典增长理论。最初的新古典增长理论中，增长模型并不包含与基础设施相关的影响因素，直至1970年，学者艾罗（Arrow）与库兹（Kurz）对新古典模型进行创新，首次将公共资本存量作为一种外生变量代入模型中，开启了学术界研究公共投资对经济增长的影响的篇章。在此基础上，巴罗（Barro）于1990年创造了包含公共支出变量的内生增长模型，将公共投资流量加入规模报酬不变的AK生产函数中，并得出最优公共支出规模。自此以后，最优公共支出理论成为了研究政府投资的经济增长效应的主流方法，巴罗的模型也成了后来的学者们研究最优公共支出理论的基础框架，为该领域的深入研究奠定了理论基石。

以"经济最大化"为目标的最优规模研究中，关于基础设施投资规模应该选择存量指标还是流量指标的争论，暂时还没有统一的结论。学者阿根诺（Agenor）和莫雷诺·多德森（Moreno Dodson）在2006年发表的文章中表示，基础设施的建设周期较长，当前时刻的投资并不会立刻产生作用，具有一定的时滞性，实际影响经济增长情况的是基础设施的存量而非某一时刻的流量。然而，一些学者反驳认为，研究基础设施的最优投资规模是为了给政府决策提供指导，并不需要将经济增长与基础设施投资之间的所有内在因果关系都打通，且现存的相关研究大多数聚焦于流量指标并获得了具有权威性的研究结果，因此使用流量指标并不会干扰基础设施投资规模最优化问题的研究。

在对最优公共支出理论的后续研究中，学者阿米（Armey）、阿肖尔（Aschauer）和卡拉斯（Karras）的观点和研究思路得到了广泛的认可与借鉴。具体而言，阿米（1995）提出公共支出曲线呈倒"U"型的观点，认为存在最优公共支出规模，当政府投资规模低于最优规模时经济的增长效率会与政府投资规模同向增长，而当规模超过最优规模时则出现规模增长阻碍经济增长效率的情况，该曲线被命名为阿米曲线。阿肖尔（2000）对巴罗的内生增长模型进行了拓展，加入劳动力要素和资本品折旧，求得了最优公共支出规模的具体数值，且该拓展模型成为最优公共支出规模测算中最常用的研究模型。卡拉斯（1997）的研究则是基于拉姆齐（Ramsey）最优增长模型构造出达到最优公共支出规模的条件，即私人资本的边际产出与公共资本的边际产出相等。

进入 21 世纪后，随着生态经济学的受重视程度逐渐提高，学者们意识到不应只用经济增长作为政府表现的唯一评价标准，还应该注重居民的生活质量与社会福利，由此开拓出了最优公共支出的新研究方向——"福利最大化"。在研究过程中，学者们采用了不同的指标来衡量居民的福利水平，例如居民生活满意度和 HDI 指数（人文发展指数）等，所采用的模型也是五花八门。部分学者在"福利最大化"视角下进行的研究同样得到了类似于阿米曲线的倒"U"型曲线，证实了公共支出具有最优规模的观点。然而，由于该研究方向的出现时间较晚，相关研究较少，目前暂未形成系统的研究方法。

此外，相比最优公共支出的研究而言，针对基础设施投资规模最优化的研究较少。又由于存在多种变量选择、研究方法和衡量依据，且学者们选择的研究地区与研究时期不尽相同，而各国的政策、法律和国情等都存在差异，不具有可比性，关于一个具体的国家是否存在最优基础设施投资规模及最优规模的数额是多少，目前还难以形成统一的结论。

本书将基于该学术领域中"经济增长最大化"框架下的经典且被广泛应用的模型——巴罗内生经济增长模型，简单展示基础设施投资最优规模的其中一种推导方法。

本部分的基础设施投资最优规模模型的推导基于巴罗提出的最优政府支出理论，并结合学者卡拉斯对巴罗内生经济增长模型的改进，在 AK 生产函数中加入公共部门的影响，并将该影响分为两个变量，基础设施投资 I 和其余公共支出 G。这样的做法可以使模型覆盖了全部的公共支出的同时还防止了基础设施投资部分的重复带来的共线性问题。我们给定生产函数的一般形式为：

$$Y = F\left(L,\ K,\ \frac{I}{L},\ \frac{G}{L}\right) \tag{3.1}$$

其中，函数中的变量 Y 衡量的是一国的经济产出，L 衡量国家的劳动力总量，K 衡量国家的资本存量，I 衡量基础设施投资，G 则衡量除基础设施投资以外的其余公共支出，且该模型中的 I 和 G 都是流量数据而非存量数据。

在该函数中，我们添加条件令其是关于变量 L、K、I、G 的二阶可导的一阶齐次函数，且该函数的一阶偏导数大于 0，二阶偏导数小于 0。一阶偏导数为正数保证了所有要素的增加都会为经济带来正效益，二阶偏导数为负数则使得经济的增速存在极值，二者共同构成了"经济增长最大化"成立的条件，即经济增速存在最大值。对该生产函数关于时间进行求导后可得：

$$\frac{\partial Y}{\partial t} = \frac{\partial F}{\partial L} \times \frac{\partial L}{\partial t} + \frac{\partial F}{\partial K} \times \frac{\partial K}{\partial t} + \frac{\partial F}{\partial i} \times \frac{\partial i}{\partial t} + \frac{\partial F}{\partial g} \times \frac{\partial g}{\partial t},\ \left(i = \frac{I}{L},\ g = \frac{G}{L}\right) \tag{3.2}$$

对该函数进一步变形后可得：

$$\frac{\partial Y}{\partial t} \times \frac{1}{Y} = \frac{\partial F}{\partial L} \times \frac{\partial L}{\partial t} \times \frac{L}{Y} \times \frac{1}{L} + \frac{\partial F}{\partial K} \times \frac{\partial K}{\partial t} \times \frac{1}{Y} + \frac{\partial F}{\partial I} \times \frac{\partial i}{\partial t} \times \frac{I}{Y} \times \frac{1}{i} + \frac{\partial F}{\partial G} \times \frac{\partial g}{\partial t} \times \frac{G}{Y} \times \frac{1}{g}$$

$$\tag{3.3}$$

通过简化该函数，即可得到基础设施投资的边际产出模型：

$$\frac{Y'}{Y} = \alpha \times \frac{L'}{L} + MPK \times \frac{K'}{Y} + MPI \times \frac{i'}{I} \times S + MPG \times \frac{g'}{g} \times P \tag{3.4}$$

其中：

$$\alpha = \frac{\partial F}{\partial L} \times \frac{\partial L}{\partial t},\ MPK = \frac{\partial F}{\partial K},\ MPI = \frac{\partial F}{\partial I},\ MPG = \frac{\partial F}{\partial G};$$

$$X' = \frac{\partial X}{\partial t},\ X = Y,\ L,\ K,\ i,\ g;\ S = \frac{I}{Y},\ P = \frac{G}{Y}$$

在基础设施投资的边际产出模型中，系数 MPK、MPI、MPG 分别代表着资本边际产出、基础设施投资边际产出和其余公共支出边际产出。被解释变量为产出增速，解释变量分别为劳动力数量增长率、新增资本存量在产出中的占比、人均基础设施投资增长率与基础设施投资在产出中占比的交乘项、人均其余公共支出增长率与其余公共支出在产出中占比的交乘项。其中，基础设施投资在产出中的占比就是本模型中基础设施投资规模的度量指标，其余公共支出在产出中的占比则是其余公共支出规模的度量指标。

根据巴罗的最优政府支出法则，取得最优规模的条件是边际产出为 1，即当 $MPI = 1$ 时基础设施投资达到最优规模。由于上文中的生产函数的一阶导数代表产出增速，而二阶导数小于 0，随着基础设施投资额的增加产出增速将不断减小。当边际产出大于 1 时，每增加 1 单位的基础设施投资会获得大于 1 单位的产出，投资的增加产生正效益，说明基础设施投资规模小于最优规模，仍有增长空间。反之，当边际产出小于 1 时，产出增速的提升幅度将小于基础设施投资的追加幅度，投资效率下滑，说明基础设施投资供给过剩。因此，当边际产出为 1 时，产出增速达到最大值，基础设施投资达到最优规模。至此，可以整理出最优基础设施投资规模的三个假设：

H_0：$MPI = 1$，原假设成立时基础设施投资达到最优规模。

H_1：$MPI > 1$，备择假设 1 成立时基础设施投资小于最优规模。

H_2：$MPI < 1$，备择假设 2 成立时基础设施投资超过最优规模。

假设参数 β 是基础设施投资增速的产出弹性，参数 γ 是其余公共支出增速的产出弹性，则 $\beta = MPI \times S$，$\gamma = MPG \times P$。同时，可以得到最优基础设施投资规模模型：

$$\frac{Y'}{Y} = \alpha \times \frac{L'}{L} + MPK \times \frac{K'}{Y} + \beta \times \frac{i'}{I} + \gamma \times \frac{g'}{g} \tag{3.5}$$

结合最优规模的条件 $MPI^* = 1$ 可推导出，$S^* = \beta$，基础设施投资规模最优值即为基础设施投资的产出弹性。因此，通过估计边际产出模型中的 MPI，可以判断基础设施投资是否达到最优规模；而通过估计最优基础设施投资规模模型中的 β，则可以测算出基础设施投资的最优规模。

最终，我们可以将两个理论模型进一步简化成便于理解的计量模型，其中模型（3.6）为边际产出模型，用来检验基础设施投资是否达到最优规模；模型（3.7）为最优规模模型，用来测算我国基础设施投资的最优规模。

$$y_{i,t} = c + \alpha \times l_{i,t-1} + MPK \times k_{i,t-i} + MPI \times i_{i,t-1} \times s_{i,t-1} + MPG \times g_{i,t-1} \times s_{i,t-1} + \varepsilon_{i,t} \tag{3.6}$$

$$y_{i,t} = c + \alpha \times l_{i,t-1} + MPK \times k_{i,t-i} + \beta \times i_{i,t-1} + \gamma \times g_{i,t-1} + \varepsilon_{i,t} \tag{3.7}$$

3.1.4 我国最优基础设施投资规模测算

为了测算出与我国当前发展现状相匹配的最优基础设施投资规模，本书将采用上一节中推导出的边际产出模型和最优规模模型进行实证，结合我国近三十年的基础设施投资数据进行研究。基于上一节中的两个计量模型，进行如下的变量设置与数据选择。

变量 $y_{i,t}$：i 地区第 t 年的产出增速。选取国家统计局和各省统计年鉴中 1998 年至 2020 年的全国与各省生产总值数据，并以 1998 年的生产总值作为基准期进行平减折算以抵消通胀影响，用算得的实际生产总值的增长率作为被解释变量 y 的数据。

变量 $l_{i,t}$：i 地区第 t 年的劳动力增长率。选取各省统计年鉴中 1998 年至 2020 年的各地就业人数数据，用其增长率代表变量 l 的数据。

变量 $k_{i,t}$：i 地区第 t 年的资本存量规模。选用永续盘存法计算资本形成总额数据，将各省资本形成总额同样以 1998 年为基期进行平减折算，并用新增实际资本形成额在实际国内生产总值中的占比代表变量 k 的数据。

变量 $i_{i,t}$：i 地区第 t 年的人均基础设施投资额增速。以 1998 年的基础设施投资额数据作为基期，利用固定资产投资价格指数进行平减折算，用算得的实际基础设施投资额除以当年人口总数得到人均值，并以人均值的增长率作为变量 i 的数据。其中，基础设施投资额数据与前文展示的数据相同。

变量 $s_{i,t}$：i 地区第 t 年的实际基础设施投资率，代表基础设施投资规模。利用上文提及的实际基础设施投资额在实际生产总值中的占比作为变量 s 的数据。

变量 $g_{i,t}$：i 地区第 t 年的人均其余公共支出增长率。此处将 1998~2020 年《中国统计年鉴》的一般公共预算主要支出项目作为公共支出数据，选择其中属于非基础设施的项目加和得到其余公共支出数据，同样以 1998 年为基期利用固定资产投资价格指数进行折算，用算得的实际值除以当年人口总数得到人均值，并以人均值的增长率作为变量 g 的数据。

变量 $p_{i,t}$：i 地区第 t 年的其余公共支出规模。用上文提及的实际其余公共支出在实际国内生产总值中的占比作为变量 p 的数据。

本书对我国 31 个省份 1998～2020 年的面板数据进行实证分析，采用 ADF 检验法进行单位根检验验证数据的平稳性，并采用 Westerlund 测试进行协整性检验。除了变量 k 以外，其余变量都在 1% 的显著性水平下通过单位根检验。考虑到本书中存量规模 k 采用的是 1999～2017 年的数据，数据个数少，且目前对于我国资本存量规模的估算和计算方法尚未形成统一定论，变量 k 缺乏平稳性属于合理情况。但总体而言，本书中所涉及的数据可以推断为平稳性序列。同时，两个计量模型都在 1% 的显著性水平下通过协整性检验，说明不存在虚假回归。基于以上的检验结果，可以采用该面板数据和两个计量模型进行实证分析。

依据本书定义的基础设施行业分类算得的基础设施投资额数额较大，基本与公共支出持平，理论上本书所采用的基础设施投资额已经涵盖了公共支出，无须再额外考虑公共支出的影响。在经过实证检验后发现，不考虑变量 g 与变量 p 的模型回归结果更加显著，与无须考虑公共支出的推测相符。基于以上事实，将基础设施的边际产出模型和最优规模模型更改为以下形式：

$$y_{i,t} = c + \alpha \times l_{i,t-1} + MPK \times k_{i,t-i} + MPI \times i_{i,t-1} \times s_{i,t-1} + \varepsilon_{i,t} \tag{3.8}$$

$$y_{i,t} = c + \alpha \times l_{i,t-1} + MPK \times k_{i,t-i} + \beta \times i_{i,t-1} + \varepsilon_{i,t} \tag{3.9}$$

本部分将先展示全国基础设施边际产出模型和最优规模模型的回归结果，而后更加全面地展示和对比不同地区及不同行业的回归结果，并分别展示固定效应模型、随机效应模型和混合 OLS 模型的估计结果。其中，将地区划分为东北地区、华北地区、华东地区、华南地区、西南地区和西北地区六个区域，将行业划分为能源与水务类基础设施、交通与通信类基础设施和社会类基础设施三大类。

表 3 - 1 和表 3 - 2 中的回归结果显示，基础设施投资能促进经济增长，但我国当前的基础设施投资规模无法实现经济增速最大化。从表 3 - 1 和表 3 - 2 中都能看出，所有回归方程的 R^2 较高，模型拟合效果较好。在表 3 - 1 的固定效应模型、随机效应模型和混合 OLS 模型中，基础设施投资的边际产出都大于 0 且在 1% 的置信水平下显著，证明基础设施投资与产出显著正相关，增加基础设施投资额可以促进经济增长。然而，基础设施投资

的边际产出都显著小于1，说明目前的基础设施投资规模已超过使经济增速最大化的最优规模。

表3-1 我国基础设施投资的边际产出实证结果

变量	系数	固定效应	随机效应	混合OLS估计
l	α	0.470 ** （2.51）	0.549 *** （3.05）	0.549 *** （3.05）
k	MPK	-0.0158 （-0.22）	-0.0574 （-0.91）	-0.0574 （-0.91）
$i \times s$	MPI	0.464 *** （2.86）	0.556 *** （3.83）	0.556 *** （3.83）
_cons		0.0933 *** （8.85）	0.0945 *** （8.87）	0.0945 *** （8.87）
N		133	133	133
R^2		0.775	0.769	0.763

注：** 、*** 分别表示估计值在5%、1%的显著性水平下显著。
资料来源：表中数据是将31个省份1998~2020年的数据代入到边际产出模型（3.8）中在软件Stata中进行回归得到的结果。

同样的，在表3-2的固定效应模型、随机效应模型和混合OLS模型中，基础设施投资的产出弹性 β 都大于0且在5%的置信水平下显著，证明基础设施投资额增速与产出增速显著正相关，为前文中基础设施投资额增速与GDP增速波动形状相似的观点提供了数据基础。且由于模型中的解释变量基础设施投资额增速比被解释变量产出增速滞后一期，该回归结果还可以为前文中基础设施投资额滞后发挥经济调控作用的观点提供支持。然而，根据前文推导出的基础设施投资产出弹性 β 即为最优规模的观点，三种模型的实证结果显示，我国基础设施投资的最优规模为8.0%或者9.4%。我国近几年的基础设施投资规模接近25%，超过该最优规模。

表 3 - 2   我国基础设施投资的最优规模实证结果

变量	系数	固定效应	随机效应	混合 OLS 估计
l	α	0.469 ** (2.47)	0.481 ** (2.57)	0.481 ** (2.57)
k	MPK	0.0408 (0.61)	0.0632 (1.24)	0.0632 (1.24)
i	β	0.0800 ** (2.37)	0.0944 *** (2.79)	0.0944 *** (2.79)
$\_cons$		0.0888 *** (8.30)	0.0870 *** (7.91)	0.0870 *** (7.91)
N		133	133	133
R^2		0.770	0.774	0.749

注：**、***分别表示估计值在5%、1%的显著性水平下显著。

资料来源：表格中数据是将31个省份1998~2020年的数据代入到最优规模模型（3.9）在 Stata 软件中进行回归得到的结果。

从表3-3的分地区回归结果中可以看出，各地区的基础设施投资都能在一定程度上拉动经济增长，但西南地区和西北地区的基础设施投资对经济增长的促进作用明显更为缓慢。表3-3和表3-4的分地区回归结果中，只有华南地区与西南地区的回归结果显著，其余地区回归结果都不显著。从表3-3中可以看出，华南地区和西南地区的基础设施投资的边际产出 MPI 的回归结果都是大于0而小于1，说明基础设施投资对这两个地区的经济发展都起到促进作用，但同时目前的基础设施投资规模已经超过了使两地经济增速最快的规模，基础设施投资规模对经济增长的推动作用下降。且华南地区基础设施投资的边际产出 MPI 显著大于西南地区，说明西南地区基础设施投资规模过大而对经济的推动作用更为缓慢。

表3-3　　　　　　　　各地区基础设施投资的边际产出实证结果

地区	变量	系数	固定效应	随机效应	混合 OLS 估计
华北	l	α	0.715 *** (3.57)	0.776 *** (4.22)	0.776 *** (4.22)
	k	MPK	0.110 (1.31)	0.0945 (1.46)	0.0945 (1.46)
	$i \times s$	MPI	0.0785 (0.50)	0.105 (0.71)	0.105 (0.71)
	_cons		0.0994 *** (4.10)	0.100 *** (4.23)	0.100 *** (4.23)
	N		95	95	95
	R^2		0.757	0.757	0.757
东北	l	α	−0.0749 (−0.33)	−0.0661 (−0.30)	−0.0661 (−0.30)
	k	MPK	0.133 (1.31)	0.147 * (1.83)	0.147 * (1.83)
	$i \times s$	MPI	0.545 (1.42)	0.529 (1.44)	0.529 (1.44)
	_cons		0.0918 *** (3.56)	0.0916 *** (3.66)	0.0916 *** (3.66)
	N		57	57	57
	R^2		0.761	0.761	0.767
华东	l	α	0.0208 (0.20)	0.0377 (0.40)	0.0377 (0.40)
	k	MPK	0.296 *** (4.33)	0.254 *** (4.49)	0.254 *** (4.49)
	$i \times s$	MPI	−0.00233 (−0.02)	−0.0114 (−0.11)	−0.0114 (−0.11)
	_cons		0.0677 *** (6.77)	0.0696 *** (7.07)	0.0696 *** (7.07)
	N		133	133	133
	R^2		0.737	0.736	0.730

续表

地区	变量	系数	固定效应	随机效应	混合 OLS 估计
华南	l	α	0.271 (1.60)	0.297 ** (2.08)	0.297 ** (2.08)
	k	MPK	0.0656 (1.13)	0.0248 (0.52)	0.0248 (0.52)
	$i \times s$	MPI	0.543 *** (3.13)	0.461 *** (2.85)	0.461 *** (2.85)
	$\_cons$		0.0827 *** (5.89)	0.0853 *** (6.15)	0.0853 *** (6.15)
	N		114	114	114
	R^2		0.691	0.687	0.677
西南	l	α	− 0.125 (− 0.94)	− 0.193 (− 1.46)	− 0.193 (− 1.46)
	k	MPK	− 0.0243 (− 0.69)	− 0.0272 (− 0.96)	− 0.0272 (− 0.96)
	$i \times s$	MPI	0.203 *** (3.51)	0.214 *** (3.86)	0.214 *** (3.86)
	$\_cons$		0.0706 *** (5.79)	0.0709 *** (5.60)	0.0709 *** (5.60)
	N		95	95	95
	R^2		0.721	0.720	0.694
西北	l	α	− 0.0517 (− 0.58)	− 0.0510 (− 0.59)	− 0.0479 (− 0.53)
	k	MPK	− 0.0129 (− 0.34)	− 0.00555 (− 0.15)	0.0341 (1.20)
	$i \times s$	MPI	0.0832 (1.02)	0.0798 (1.00)	0.0621 (0.72)
	$\_cons$		0.0971 *** (6.73)	0.0967 *** (5.41)	0.0946 *** (6.13)

续表

地区	变量	系数	固定效应	随机效应	混合 OLS 估计
西北	N		95	95	95
	R^2		0.792	0.792	0.758

注：＊、＊＊、＊＊＊分别表示估计值在 10%、5%、1% 的显著性水平下显著。
资料来源：表中数据是将 31 个省份 1998～2020 年的数据分别代入到边际产出模型（3.8）在 Stata 软件中进行回归得到的结果。

从表 3-4 的基础设施投资最优规模模型的回归结果中可以看出，华南地区的基础设施投资产出弹性 β，即最优规模约为 9.7% 或 9.8%，略高于国家的最优规模，而该地区近几年的基础设施投资规模约为 25%，与国家基础设施投资规模相近。西南地区的基础设施投资产出弹性 β，即最优规模约为 7% 或 8%，低于国家最优规模，而该地区近几年的基础设施投资规模超过 40%，西南地区的基础设施投资规模远高于国家基础设施投资规模和当地最优规模。

表 3-4　　　　　　　　　各地区基础设施投资的最优规模实证结果

地区	变量	系数	固定效应	随机效应	混合 OLS 估计
华北	l	α	0.659 *** (3.42)	0.687 *** (3.85)	0.694 *** (3.94)
	k	MPK	0.148 * (1.91)	0.142 ** (2.39)	0.141 ** (2.51)
	i	β	− 0.0586 （− 1.57)	− 0.0580 （− 1.61)	− 0.0578 （− 1.60)
	_cons		0.100 *** (4.21)	0.101 *** (4.29)	0.101 *** (4.31)
	N		95	95	95
	R^2		0.765	0.765	0.764

续表

地区	变量	系数	固定效应	随机效应	混合 OLS 估计
东北	l	α	-0.0676 (-0.29)	-0.0636 (-0.28)	-0.0636 (-0.28)
	k	MPK	0.189 * (1.80)	0.202 ** (2.55)	0.202 ** (2.55)
	i	β	0.0134 (0.22)	0.0114 (0.20)	0.0114 (0.20)
	_cons		0.0927 *** (3.48)	0.0925 *** (3.58)	0.0925 *** (3.58)
	N		57	57	57
	R^2		0.747	0.747	0.754
华东	l	α	0.0208 (0.20)	0.0380 (0.40)	0.0380 (0.40)
	k	MPK	0.294 *** (4.47)	0.251 *** (4.71)	0.251 *** (4.71)
	i	β	0.00363 (0.21)	0.00201 (0.12)	0.00201 (0.12)
	_cons		0.0674 *** (6.65)	0.0695 *** (6.98)	0.0695 *** (6.98)
	N		133	133	133
	R^2		0.737	0.736	0.730
华南	l	α	0.217 (1.28)	0.260 * (1.85)	0.260 * (1.85)
	k	MPK	0.0750 (1.30)	0.0363 (0.78)	0.0363 (0.78)
	i	β	0.0978 *** (2.99)	0.0974 *** (3.11)	0.0974 *** (3.11)
	_cons		0.0798 *** (5.62)	0.0814 *** (5.87)	0.0814 *** (5.87)
	N		114	114	114
	R^2		0.688	0.686	0.682

地区	变量	系数	固定效应	随机效应	混合 OLS 估计
西南	l	α	-0.166 (-1.25)	-0.187 (-1.40)	-0.187 (-1.40)
	k	MPK	-0.0116 (-0.33)	0.0152 (0.58)	0.0152 (0.58)
	i	β	0.0703 *** (3.31)	0.0805 *** (3.65)	0.0805 *** (3.65)
	_cons		0.0689 *** (5.59)	0.0670 *** (5.23)	0.0670 *** (5.23)
	N		95	95	95
	R^2		0.717	0.713	0.689
西北	l	α	-0.0530 (-0.60)	-0.0459 (-0.51)	-0.0459 (-0.51)
	k	MPK	-0.0105 (-0.28)	0.0350 (1.30)	0.0350 (1.30)
	i	β	0.0324 (1.05)	0.0354 (1.12)	0.0354 (1.12)
	_cons		0.0954 *** (6.58)	0.0925 *** (5.97)	0.0925 *** (5.97)
	N		95	95	95
	R^2		0.792	0.787	0.760

注：*、**、*** 分别表示估计值在 10%、5%、1% 的显著性水平下显著。

资料来源：表中数据是将 31 个省份 1998~2021 年的数据分别代入到最优规模模型（3.9）进行回归得到的结果。

然而，经济增长不是评价基础设施投资规模的唯一标准，较高的基础设施投资规模也有其存在的合理性。由于西南地区的总体经济实力和基础设施供给水平相比东部地区较不发达，且其中的贵州和西藏都面临着较严峻的自然环境条件，是国家基建开发工作的重点关注对象，本书认为，在西南地区开展的基础设施项目不仅是为了促进当地的经济增长，更是为了改善当地的生活条件、提升人民福祉。而总体经济实力和基础设施供给水平与西南地区相近的还有西北地区，该地区的回归结果虽然不显著，但其近几年的基础设施投资规模同样超过40%，如此之高的基础设施投资规模说明了我国对于西部地区的重视，以及对于生活在这些地区的人民的关怀。因此，虽然当前的基础设施投资规模无法使经济达到最大的增长速度，但它依旧适合我国的国情，因为建设基础设施的目的不仅是促进经济的高速增长，还有提升国家的福利水平，增强人民的幸福感。

表3-5展示了分行业的回归结果，可以看出，不同类别的基础设施投资对经济发展的影响效果不同，社会类基础设施投资规模仍有提升空间。在表3-5和表3-6的分行业回归结果中，能源与水务类基础设施和社会类基础设施的回归结果显著，而交通与通信类基础设施回归结果不显著。从表3-5中可以看出，能源与水务类基础设施投资的边际产出 MPI 的回归结果为0.53、0.62、0.66，说明该类别基础设施投资能够促进经济的增长，但投资规模已超过最优规模，基础设施投资对经济的推动作用减缓。而社会类基础设施投资边际产出 MPI 的回归结果大于1，说明该类基础设施尚未达到最优规模，还需继续加大投资力度。

表 3-5　　　　　各行业基础设施投资的边际产出实证结果

行业	变量	系数	固定效应	随机效应	混合 OLS 估计
能源与水务类基础设施	l	α	0.486 ** (2.47)	0.525 *** (2.73)	0.547 *** (2.84)
	k	MPK	0.0171 (0.23)	-0.00330 (-0.05)	-0.0141 (-0.23)
	$i \times s$	MPI	0.526 ** (2.47)	0.615 *** (2.98)	0.663 *** (3.21)
	$\_cons$		0.0939 *** (7.92)	0.0946 *** (7.83)	0.0950 *** (7.82)
	N		114	114	114
	R^2		0.785	0.785	0.768

行业	变量	系数	固定效应	随机效应	混合 OLS 估计
交通与通信类基础设施	l	α	0. 506 ** (2. 48)	0. 529 *** (2. 64)	0. 541 *** (2. 68)
	k	MPK	0. 0780 (1. 05)	0. 0703 (1. 12)	0. 0667 (1. 10)
	$i \times s$	MPI	0. 163 (0. 39)	0. 388 (0. 96)	0. 456 (1. 14)
	_cons		0. 0919 *** (7. 51)	0. 0919 *** (7. 31)	0. 0920 *** (7. 26)
	N		114	114	114
	R^2		0. 771	0. 770	0. 745
社会类基础设施	l	α	0. 468 ** (2. 31)	0. 486 ** (2. 47)	0. 514 ** (2. 59)
	k	MPK	0. 0633 (0. 91)	0. 0549 (0. 88)	0. 0427 (0. 74)
	$i \times s$	MPI	1. 016 (1. 61)	1. 175 * (1. 92)	1. 388 ** (2. 27)
	_cons		0. 0894 *** (7. 38)	0. 0893 *** (7. 16)	0. 0891 *** (7. 17)
	N		114	114	114
	R^2		0. 777	0. 777	0. 755

注：＊、＊＊、＊＊＊分别表示估计值在 10%、5%、1% 的显著性水平下显著。

资料来源：表中数据是将 31 个省份 1998～2020 年数据分行业代入到边际产出模型（3.8）进行回归得到的结果。

从表 3-6 中可以看出，能源与水务类基础设施投资的基础设施投资产出弹性 β，即最优规模的回归结果为 3.7%、4.0%、4.3%，而近几年的我国能源与水务类基础设施投资规模约为 13%，超过经济增速最大化目标下的最优规模。且社会类基础设施投资的基础设施投资产出弹性 β，即最优规模的回归结果为 5.1%、5.8%、6.4%，而近几年的我国社会类基础设施投资规模约为 4%，略低于经济增速最大化目标下的最优规模。因此，根据表 3-5 和表 3-6 的回归结果，优先和着重投资社会类基础设施可以实现经济收益的最大化。

表 3-6　　　　　　　　各行业基础设施投资的最优规模实证结果

行业	变量	系数	固定效应	随机效应	混合 OLS 估计
能源与水务类基础设施	*l*	α	0.482 ** (2.41)	0.490 ** (2.48)	0.499 ** (2.50)
	k	MPK	0.0615 (0.89)	0.0767 (1.33)	0.0829 (1.57)
	i	β	0.0369 * (1.82)	0.0403 ** (1.99)	0.0434 ** (2.09)
	_cons		0.0917 *** (7.65)	0.0910 *** (7.37)	0.0906 *** (7.27)
	N		114	114	114
	R^2		0.779	0.778	0.753
交通与通信类基础设施	*l*	α	0.529 ** (2.59)	0.549 *** (2.68)	0.549 *** (2.68)
	k	MPK	0.0993 (1.39)	0.104 * (1.89)	0.104 * (1.89)
	i	β	-0.0160 (-0.62)	-0.0103 (-0.38)	-0.0103 (-0.38)
	_cons		0.0917 *** (7.52)	0.0913 *** (7.16)	0.0913 *** (7.16)
	N		114	114	114
	R^2		0.771	0.771	0.742

续表

行业	变量	系数	固定效应	随机效应	混合 OLS 估计
社会类基础设施	l	α	0.461 ** (2.29)	0.474 ** (2.40)	0.489 ** (2.45)
	k	MPK	0.0679 (0.99)	0.0738 (1.27)	0.0758 (1.43)
	i	β	0.0513 * (1.85)	0.0582 ** (2.10)	0.0643 ** (2.28)
	$\_cons$		0.0857 *** (6.92)	0.0846 *** (6.65)	0.0837 *** (6.52)
	N		114	114	114
	R^2		0.779	0.779	0.755

注：* 、** 、*** 分别表示估计值在 10%、5%、1% 的显著性水平下显著。

资料来源：表中数据是将 31 个省份 1998～2020 年的数据分行业代入到最优规模模型（3.9）在 Stata 中进行回归得到的结果。

基础设施投资不仅能直接促进经济增长，还存在"溢出效应"。回顾本小节的实证结果，除了社会类基础设施投资，其他所有地区和类型的基础设施投资的边际产出都小于 1，说明当前的基础设施投资多数都超过"经济增长最大化"目标下的最优规模。然而，本书中所用模型只估计了基础设施投资对经济增长的直接影响，却没有考虑到基础设施投资的"溢出效应"。大多数的研究都认为基础设施投资具有正向的溢出效应，它既可以在短期内提供较多的就业机会，也有助于技术研发的创新进而提高全要素生产率，还能推动城镇化建设进程和加速劳动力的转移进而缩减区域发展的不平衡等。以交通类基础设施投资为例，交通类基建项目不仅能够增加一个地区的人口流动性与市场繁荣程度，还能促进该地区与周边地区的交流活动，带动周围地区共同发展，存在空间溢出效应。由此可见，基础设施投资对经济、社会和国家的发展存在着一套非常复杂的影响机制，仅依靠本书所采用的模型不能完全地反映出我国基础设施投资对经济社会发展的全部影响。

此外，"经济增长最大化"的判断标准本身存在一定局限性，忽略了社会福利水平与人民生活幸福感。目前我国经济的发展目标已由高速增长转变为高质量发展，这种只在乎经济增速的评判标准无法对我国当前的基础设施投资规模做出准确的评价，并且会低估基础设施投资的最优规模。因此，从这些实证结果中，我们并不能推断出我国当前的基础设施投资规模超过最优规模，相反，在考虑了基础设施投资的"溢出效应"及社会福利水平等因素后，本书认为，我国当前的基础设施投资规模是合理的且符合我国国情。

3.2　基础设施投资结构分析

3.2.1　基础设施投资结构概述

基础设施投资结构是指，一定时期内基础设施投资的要素构成情况及在各要素之间的数量分配关系，反映着基础设施领域的资源配置状况。

在基础设施投资规模基础上，投资结构进一步研究内部的数量关系和分配比例，并与投资规模产生协同效应，共同为经济的有序发展和居民的生活改善起到保驾护航的作用。当基础设施的投资结构不合理时，投资规模的增加只会加剧经济发展的失衡，不利于投资效益的提高。

作为社会总投资中的主要部分及经济社会发展的基石，基础设施的投资结构在很大程度上对总体投资结构起到决定性影响，也是经济结构中的基本影响因素之一。通过研究基础设施的投资结构，可以深入分析在一定生产关系下生产力的发展状况与基础设施投资结构的相互依赖与制约关系，具体包括：生产力的发展对投资结构变化的调节作用，投资结构通过产业结构、布局、技术进步进而影响生产力水平的传导机制。因此，通过对投资结构进行分析可以为经济社会的建设规划与发展方向提供参考依据。而寻求健康的基础设施投资结构，协同投资规模、助力资金效率的提升与投资目的的实现，对基础设施投资策略的进一步优化具有重大且实际的意义。

基础设施投资可以从不同角度进行结构划分，具体包括了地区结构、行业结构、所有制结构、资金来源结构、城市结构等，且每种结构都具有一定的研究价值并对经济发展和居民福利产生不同的具体影响。接下来，本部分将主要从地区和行业两方面对基础设施投资结构进行分析。

3.2.2　基础设施投资的地区结构

依据第二章的地区划分，本部分同样将我国分为华北地区、东北地区、华东地区、华南地区、西南地区、西北地区六个区域，在此基础上根据《中国统计年鉴》中的实际情况加入的其他地区为第七个地区，并结合各地区的基础设施投资数据和发展情况对我国基础设施投资的地区结构进行分析。

3.2.2.1　我国各地区的累计基础设施投资发展均衡

图 3-5 展示了 1998~2020 年我国各地区累计基础设施投资额的变化趋势。整体来看，在该时期内华东地区与华南地区的整体基础设施供给水平长期领跑，西南地区与西北地区后来居上，华北地区与东北地区则后劲不足。截至 2020 年，累计基础设施投资额的排名顺序依次是：华东、华南、西南、华北、西北、东北、其他地区。

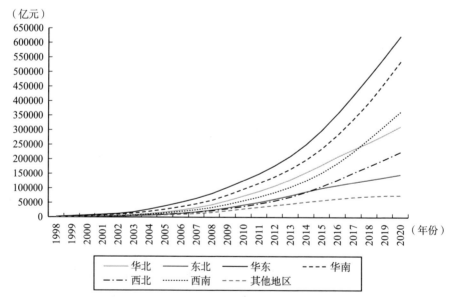

图 3-5　1998~2020 年各地区累计基础设施投资额变化趋势

资料来源：根据历年《中国统计年鉴》相关资料整理。

具体来看，华东地区与华南地区的表现长期位列于所有地区中的第一位和第二位，同时这两个地区也是我国经济最为发达的地区，两地的基础设施供给水平发达。虽然西南地区早年间的基础设施供给水平低于华北地区，但随着西部大开发战略的持续推进，西南地区的累计基础设施投资额在 2018 年实现了反超，此后排名一直保持在第三位，而该地区的基础设施供给水平也实现了巨大的飞跃。反观华北地区，由于当地的经济增速缓慢，基础设施投资的后劲不足，增势明显落后于华东、华南、西南地区。此外，受到西部大开发战略影响的还有西北地区，在 2015 年之前，西北地区和东北地区的表现不相上下，但在西部大开发战略的支持下，西北地区的累计基础设施投资额在 2015 年实现了反超，此后排名一直保持在第五位。反观东北地区的表现，同样是经济增速缓慢，基础设施投资后劲不足，该地区的增势相比华北地区和西北地区更加缓慢，且没有明显的"指数增长"趋势。

图 3 - 6 展示了 1998 ~ 2020 年我国累计基础设施投资额的地区结构，采用各地区累计基础设施投资额在全国累计基础设施投资额中的占比进行分析。整体来看，各区域间的基础设施供给能力存在明显差距。

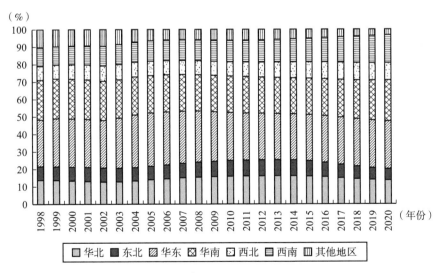

图 3 - 6　1998 ~ 2020 年各地区累计基础设施投资额地区结构

资料来源：根据历年《中国统计年鉴》相关资料整理。

具体来看，经济最发达的华东地区和华南地区的占比最高、表现较稳定，长期在26%～30%和20%～23%的水平之间波动，且两地占比的加和约为50%，说明经济最发达的两个地区长期拥有过半的基础设施资源。西南地区与西北地区的占比持续增长，从11%和8%上涨至16%和10%，再次证明我国在持续推进西部大开发战略，不断提升西南地区和西北地区的基础设施供给能力，并重点关注西南地区的发展。与之不同的是，华北地区与东北地区的占比则呈现明显的先上升后下降的趋势，从13.8%和8%上涨至16.2%和9.3%，而后下跌至13.7%和6.4%，且两地2020年累计基础设施投资额的占比都低于1998年的占比，说明了当前华北地区和东北地区的基础设施投资缺乏活力，需要通过进一步的政策引导和刺激来帮助该地区健康发展。

图3-7展示了1998～2020年我国各地区累计基础设施投资额人均值的变动趋势，代表了各地区每个居民所能享受的基础设施供给水平。从累计基础设施投资额的人均值看，西部地区的表现反而优于华东地区和华南地区。截至2020年，累计基础设施投资额人均值的排名顺序依次是：西北地区216830元、华北地区184424元、西南地区177037元、东北地区149786元、

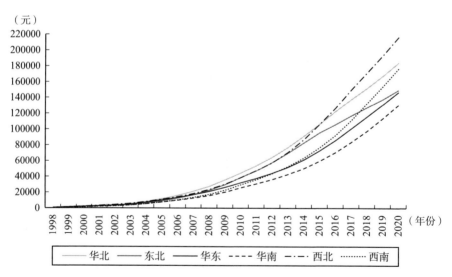

图3-7　1998～2020年各地区累计基础设施投资额人均值变动趋势

资料来源：根据历年《中国统计年鉴》相关资料整理。

华东地区 147172 元和华南地区 130903 元。虽然华东地区与华南地区的累计基础设施投资额占比约为 50%，但由于两个地区人口数量庞大，目前的累计基础设施投资额人均值反而在各地区中排名末尾。

增幅方面，从 1998 年至 2020 年，累计基础设施投资额人均值增长最快的是西南地区和西北地区，复合年均增长率分别为 31% 和 20%，而华北、东北、华东、华南地区的复合年均增长率都在 28% 左右。2015 年至 2020 年期间，累计基础设施投资额人均值增长最快的是西南地区和华南地区，复合年均增长率分别为 18% 和 17%，西北地区和华东地区的复合年均增长率在 15% 左右，华北地区为 12%，东北地区为 9%。从近几年的复合年均增长率的数据中可以看出，华北地区和东北地区的基础设施投资确实存在增速放缓的现象，其中东北地区显著低于其他地区的增速则说明了该地区的基础设施投资确实缺乏活力，与前两段中的观点相一致。而考虑到华北地区原始的基础设施积累情况，及目前的累计基础设施投资额人均值仍旧位居第二，该地区的增速放缓实则有利于消弭华北地区与其他地区的差异，促进各地区基础设施投资的平衡发展。

由于本书只统计了 1998 年至 2020 年的基础设施投资数据，时间较短，数据不够准确，而华东地区与华南地区自改革开放以来经济快速发展，优先积累了较多的基础设施资源，西北地区和西南地区则由于环境险恶和交通不便等因素原始基础设施资源的积累较少，经过综合考虑，本书认为，我国累计基础设施投资的地区结构较合理，西部大开发战略极大地缩小了各地区之间的差异，使得各地区之间实现较为平衡的发展。

3.2.2.2 我国各地区的新增基础设施投资趋于稳定状态

图 3 - 8 展示了 1998 ~ 2020 年我国各地区新增基础设施投资额的变动趋势。整体来看，多数地区近几年的新增基础设施投资增速放缓，投资规模趋近于稳定状态。2020 年新增基础设施投资额的排名顺序依次是：华南、华东、西南、华北、西北、东北、其他地区。

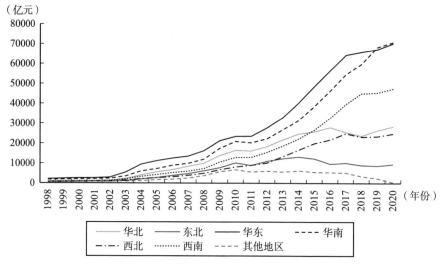

图 3 - 8　1998 ~ 2020 年各地区新增基础设施投资额变动趋势

资料来源：根据历年《中国统计年鉴》相关资料整理。

　　具体来看，华东地区与华南地区持续保持增长趋势，长期位列于所有地区中的前两位，但从 2018 年开始华东地区的新增基础设施投资额增势放缓，并在 2019 年被华南地区超越，而华南地区在 2020 年增势同样放缓。西南地区的新增基础设施投资额长期呈增长趋势，并在 2015 年超过华北地区，但从 2019 年起西南地区的新增基础设施投资额增势同样放缓。华北地区的新增基础设施投资额在 2017 年之前持续增长，但在 2017 年和 2018 年时不增反减，在 2019 年和 2020 年恢复增长，且 2020 年的新增基础设施投资额与 2016 年的水平相近。西北地区的新增基础设施投资额在 2018 年同样出现同比上一年降低的情况，而后又恢复增长趋势，但增势较缓慢，2020 年的新增基础设施投资额甚至低于 2017 年的水平。而东北地区的新增基础设施投资额从 2015 年开始持续呈现缓慢下降趋势。从以上数据中可以推断，我国近几年的基础设施投资政策较温和，与近几年全国新增基础设施投资额增速持续降低的表现相吻合，说明各地区的基础设施投资已趋近稳定状态。

　　图 3 - 9 展示了 1998 ~ 2020 年我国新增基础设施投资额的地区结构，采用各地区新增基础设施投资额在全国新增基础设施投资额中的占比进行分析。

整体来看，近几年各地区的占比波动较小，各地区新增基础设施投资规模趋于稳定水平。

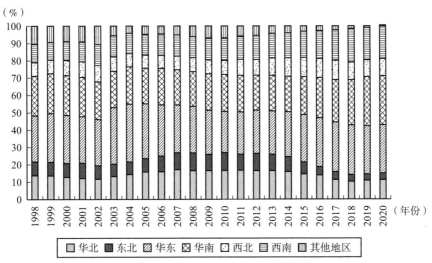

图 3 - 9 1998～2020 年各地区新增基础设施投资额地区结构

资料来源：根据历年《中国统计年鉴》相关资料整理。

具体来看，华东地区在全国新增基础设施投资额中的占比长期在 26%～31% 的水平之间波动，且近五年的占比则保持在 28% 左右的比重。华南地区的占比则从 1998 年的 22.8% 下降至 2012 年的 20.1%，而后持续上升，2019 年和 2020 年的占比相同，达到 28.2%。西南地区的初始占比为 10.7%，而后持续增长，2018 年占比达到 19.6%，但 2019 年和 2020 年的占比又下滑为 18.8%。华北地区的占比总体呈先增后减趋势，在 2007 年达到最大值 17.1%，在 2018 年达到最小值 10.3%。西北地区的占比在 7.9%～11.2% 波动，2013 年之前占比在 10% 以内，2019 年和 2020 年时占比再次下降到 10% 以内。东北地区的占比在 2010 年取得最大值 10.3%，而后持续降低，2020 年占比为 3.8%。从图 3 - 9 中 2018 年、2019 年和 2020 年高度相似的地区结构以及多个地区 2019 年与 2020 年的占比相同可以推断出，目前我国基础设施投资的地区结构较均衡，各地区新增基础设施投资的占比趋于稳定水平。

图 3 - 10 展示了 1998～2020 年我国各地区新增基础设施投资额人均值的

变动趋势。截至2020年，新增基础设施投资额人均值的排名顺序依次是：西北地区（2.4万元）、西南地区（2.3万元）、华南地区（1.7万元）、华北地区（1.7万元）、华东地区（1.7万元）和东北地区（1万元）。从新增基础设施投资额的人均值看，多数地区的基础设施投资较均衡，东北地区人均值较低。

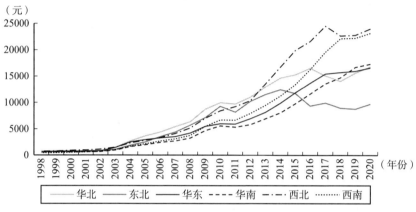

图 3-10　1998～2020年各地区新增基础设施投资额人均值变动趋势

资料来源：根据历年《中国统计年鉴》相关资料整理。

具体而言，西北地区与西南地区目前的新增基础设施投资额人均值最高，且数值相近；华北地区、华东地区与华南地区的新增基础设施投资额人均值同样非常相近。对比各地区新增基础设施投资额人均值的变化过程可以发现，在经过长期不断的政策调整后，才出现了经济较发达地区与西部地区分别形成相似新增基础设施投资额人均值的现状。结合各地区原始基础设施的积累不同，可以推断出，在西部大开发战略的指导下，西南、西北及华北、华南和华东五个地区目前的基础设施投资较均衡，基础设施投资的地区结构较合理。

3.2.2.3　华东地区与华南地区基础设施投资情况分析

图3-11和图3-12分别展示了1998～2020年华东地区和华南地区基础设施投资规模的变动趋势，具体包括了基础设施投资额增速和基础设施投资率。整体来看，华东地区和华南地区的增速变化及周期性方面的表现与我国整体基础设施投资的表现基本一致。

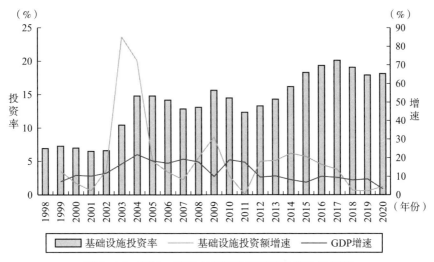

图 3－11 1998～2020 年华东地区基础设施投资规模

资料来源：根据历年《中国统计年鉴》相关资料整理。

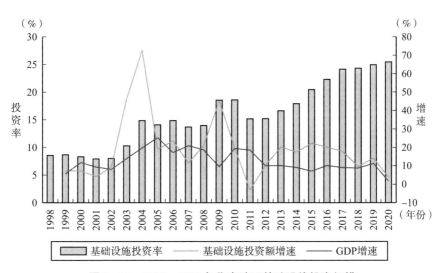

图 3－12 1998～2020 年华南地区基础设施投资规模

资料来源：根据历年《中国统计年鉴》相关资料整理。

具体来看，首先是基础设施投资增速的变化情况，在 2003 年前后和 2009 年增速都出现了顶点表现，而在 2001 年、2007 年和 2011 年都处于底部，且近几年持续呈缓慢降速趋势。其次是基础设施投资率，同样呈现了周期性特征，且周期的划分与全国基础设施投资率基本一致。

然而相比全国基础设施投资情况，华东地区与华南地区的具体表现也存在一些细微的差异。首先是华东地区2003年的基础设施投资增速高达85%，远超过全国水平。造成该差异的原因是华东地区能源与水务类基础设施投资增速高达181%，而2003年南水北调项目启动，华东地区正好是南水北调东线中的主要建设地区和供水地区。其次是2019年华南地区基础设施投资增速大于10%，而此时华东地区及全国的基础设施投资增速都较低。造成该差异的原因是2019年华南地区的能源与水务类基础设施及社会类基础设施的投资增速分别达到了14%和23%。也正是因为2019年华南地区基础设施投资的增长，使得华南地区的新增基础设施投资额从此超过华东地区，排在全国各地区中的首位。

3.2.2.4 华北地区基础设施投资情况分析

图3-13展示了1998~2020年华北地区基础设施投资规模的变动趋势。纵观华北地区的基础设施投资增速和基础设施投资率情况，与全国基础设施投资情况存在四个主要差异。

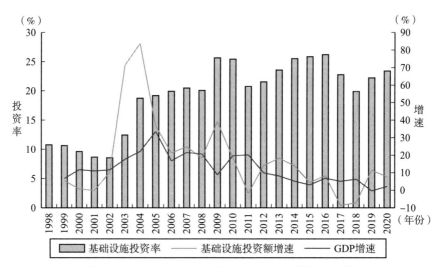

图3-13 1998~2020年华北地区基础设施投资规模

资料来源：根据历年《中国统计年鉴》相关资料整理。

首先是华北地区在 2003 年的基础设施投资增速高达 71%，同样远超过全国水平。造成该差异的原因是华北地区能源与水务类基础设施投资增速高达 106%，而华北地区同样是南水北调工程的主要建设地区，并且是南水北调工程的主要受益地区。

其次是 2007 年，华北地区基础设施投资增速不减反增，而此时全国基础设施投资增速正处于底部。造成该差异的原因是华北地区交通与通信类基础设施投资增速上涨至 30.41%，而该时期北京不仅在修建四通八达的地铁系统，而且在为 2008 年的奥运会积极做准备。

再其次是华北地区 2017 年新增基础设施投资额负增长，同比上一年下跌 9.6%，而此时全国基础设施投资增速还在 10% 以上。造成该差异的原因是 2017 年山西的新增基础设施投资额下跌 52.7%，官方对此异常变动的解释为主要统计方法的改变，由原本的形象进度法改为财务支出法。

最后，2019 年华北地区基础设施投资增速大于 10%，而此时的全国增速较低。造成该差异的原因是 2019 年华北地区社会类基础设施的投资增速高达 26.28%，其中天津和河北的社会类基础设施投资增速更是高达 34.9% 和 33.3%，而 2019 年正是京津冀协同发展的重要一年，一系列重大项目的落地实施促使天津和河北的基础设施投资快速增长。

3.2.2.5　西南地区基础设施投资情况分析

图 3-14 展示了 1998~2020 年西南地区基础设施投规模的变动趋势。纵观西南地区的基础设施投资增速和基础设施投资率情况，与全国基础设施投资情况存在三个主要差异。

首先是 1999 年西南地区基础设施投资增速仅有 1%，而此时全国增速超过 10%。造成该差异的原因是当时西南地区的经济发展程度与全国平均水平还存在较大差异，而经济的发展程度限制了基础设施的投资，单靠西南地区的力量难以承担重大基础设施项目的建设花费，重大基础设施项目的缺失又使得基础设施增速缺乏上升动力。

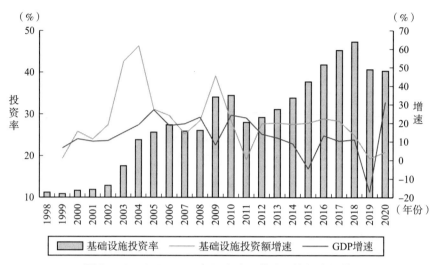

图 3 - 14　1998～2020 年西南地区基础设施投资规模

资料来源：根据历年《中国统计年鉴》相关资料整理。

其次是西南地区 1998 年至 2001 年的基础设施投资率没有构成一个先上升后下降的完整周期。造成该差异的原因是 2000 年我国制定西部大开发战略，随着该战略的开始实行，国家陆续为西部地区的发展投入大量资金以扶持基础设施项目的建设，这使得 1999 年至 2006 年期间西南地区的基础设施投资率始终保持上升趋势。

最后是 2004 年至 2020 年期间西南地区的基础设施投资率在 20%～50% 的区间内变化，远高于全国基础设施投资率 15%～30% 的变动区间。造成该差异的原因同样是西部大开发战略的实施，为了能带动西部地区的经济增长并改善人民的生活条件，大量外部资金注入西部地区的基础设施项目，使得该地区的基础设施投资率远高于全国水平。

3.2.2.6　西北地区基础设施投资情况分析

图 3 - 15 展示了 1998～2020 年西北地区基础设施投资规模的变动趋势。纵观西北地区的基础设施投资增速和基础设施投资率情况，不仅拥有西南地区具备的三个差异点，与全国基础设施投资情况还存在另外两个差异。

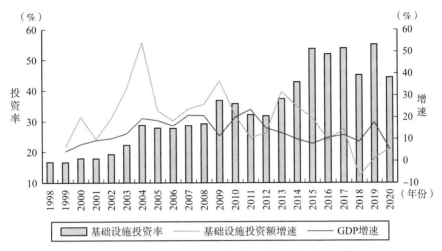

图 3 - 15 1998 ~ 2020 年西北地区基础设施投资规模

资料来源：根据历年《中国统计年鉴》相关资料整理。

首先是 2013 年西北地区基础设施投资增速超过 30%，构成顶点，而此时全国基础设施投资增速不足 20% 且没有形成顶点。造成该差异的原因是 2013 年西北地区能源与水务类基础设施的投资增速高达 39.5%，其中陕西省和新疆维吾尔自治区的能源与水务类基础设施投资增速更是高达 47.1% 和 43.1%。在 2013 年，陕西省严格遵循"十二五"规划的建设进度，全面加速落实城镇供水、供暖、地下管网设施的建设与改造项目，并继续推进石油天然气勘探开发项目，促进了陕西省基础设施投资的急速增长。同年，新疆维吾尔自治区全面推进疆电外送、能源资源开发和装备制造等项目建设，并完成了西气东输新疆段三线、特高压直流外送输电线路和环塔天然气管网等重大工程项目，这些项目同样为该地区基础设施投资的大幅增长作出巨大贡献。

其次是 2018 年西北地区基础设施投资增速下跌至 -7%，显著低于全国平均水平的 2.5%。造成该差异的原因是 2018 年新疆维吾尔自治区基础设施投资增速下滑 34.2%。2018 年新疆部署了一系列防范化解重大风险的措施，并提出"坚决破除唯 GDP 论"。为控制好政府债务中隐含的风险，该省份强化基础设施项目的严格审查，清除存在风险的项目，并停止了 2016 年和

2017年所有政府投资类的续建和未开工项目。基建项目的减少和停工便造成了基础设施投资的减少。

3.2.2.7 东北地区基础设施投资情况分析

图3-16展示了1998年至2020年期间东北地区基础设施投规模的变动趋势。纵观东北地区的基础设施投资增速和基础设施投资率情况，与我国基础设施投资的表现存在三个主要差异。

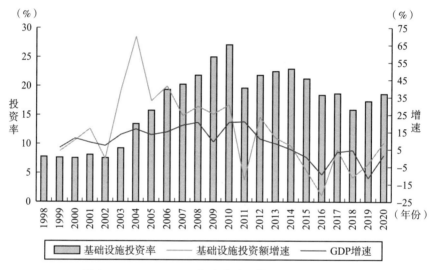

图3-16 1998~2020年东北地区基础设施投资规模

资料来源：根据历年《中国统计年鉴》相关资料整理。

首先，2006年东北地区基础设施投资增速高达41.4%，远超当年20.3%的全国水平。造成该差异的原因是2006年辽宁省基础设施投资高达110.7%的增速，而这一年里辽宁省在油气开发项目，鞍山钢铁厂新区建设与老区改造项目及多项高速公路、铁路和地铁建设项目中都取得了巨大进展与成就。

其次，2009年东北地区基础设施投资增速未形成顶点。造成该差异的原因有两个：一是受到东北老工业基地振兴战略的影响，2006年至2008年期间东北地区的基础设施投资增速都高于全国平均水平，使得2009年增速继续提升的阻力较大，难创新高；二是东北地区的产业以传统工业为主，且该地区的进出口贸易数量远小于沿海地区，受金融危机的影响小于多数地区，抗风险能力较强，因而在"应对国际金融危机的一揽子计划"中东北地区受到的扶持较少，基建项目只有交通类项目，相比其他地区种类丰富全面的基建项目略显单薄。

最后，2015年至2019年东北地区基础设施投资增速低迷，甚至多次出现增速为负数的情形。造成该差异的原因有三点：一是传统基础设施基本完备，缺乏投资空间，作为中国近代基建的"领头羊"，东北地区拥有悠久的基建历史，因此该地区传统基础设施的投资空间较小；二是产业结构失衡，东北地区的产业主要是产能过剩的传统产业，因此该地区的投资环境缺乏吸引力；三是人才流失使得该地区无法创造更多的新需求，其中缺乏的需求既包括消费需求也包括投资需求。

3.2.3　基础设施投资的行业结构

由于历年《中国统计年鉴》中对于基础设施投资的行业划分口径与本书并非完全一致，本部分基于二者的异同点对行业分类进行了合并，扩大范围使其能够同时满足双方的口径以进行数据分析。在此，我们将行业重新分为三大类：能源与水务类、交通运输与通信类、社会服务类。

其中，能源与水务类由本书定义中的能源基础设施、水务基础设施和环保基础设施三者合并而成，对应《中国统计年鉴》中的采矿业，电力、热力、燃气及水生产和供应业，水利、环境和公共设施管理业；交通运输与通信类由本书定义中的交通基础设施和通信基础设施合并而成，对应《中国统计年鉴》中的交通运输、仓储和邮政业，信息传输、软件和信息技术服务业；社会服务类即本书中的社会类基础设施，对应《中国统计年鉴》中的教育、卫生和社会工作，文化、体育和娱乐业，公共管理、社会保障和社会组织。

3.2.3.1 我国累计基础设施投资的行业结构趋于稳定状态

图 3-17 展示了 1985~2020 年我国各行业累计基础设施投资额的变化趋势。从累计基础设施投资的数额看,能源与水务类基础设施的投资长期排在首位,交通运输与通信类基础设施次之,社会类基础设施的投资则长期排在末位。截至 2020 年,能源与水务类、交通运输与通信类、社会类基础设施投资额的累计值分别达到了 121.8 万亿元、72.0 万亿元、37.5 万亿元。且 1985 年至 2020 年,三类行业的累计基础设施投资额都呈现类似"指数增长"的趋势。由于累计基础设施投资额在一定程度上能反映国家基础设施的总供给水平,说明自 1985 年以来我国各类型的基础设施供给水平都得到了极大的提升并实现飞跃性的进步。

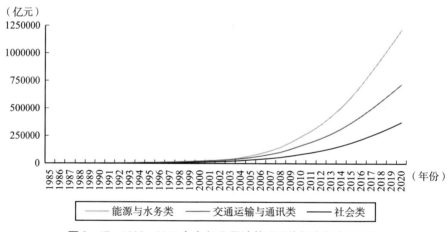

图 3-17 1985~2020 年各行业累计基础设施投资额变化趋势

资料来源:根据历年《中国统计年鉴》相关资料整理。

图 3-18 展示了 1985~2020 年我国累计基础设施投资额的行业结构,采用各行业累计基础设施投资额在全国累计基础设施投资额中的占比进行分析。整体来看,近几年三类基础设施累计投资占比的变化趋势都逐渐放缓。

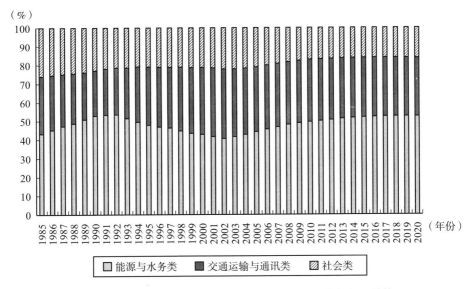

图 3 – 18　1985~2020 年各行业累计基础设施投资额行业结构

资料来源：根据历年《中国统计年鉴》相关资料整理。

具体来看，首先是能源与水务类基础设施累计投资占比呈先上升、后下降、再上升的趋势，占比最低时为 40.7%，最高时为 53.6%，且近几年占比的上升趋势变缓，保持在 52.6% 左右。其次，交通运输与通信类基础设施累计投资占比则呈现完全相反的趋势，先下降、后上升、再下降，占比最低时为 24.3%，最高时为 37.2%，2020 年的占比则为 31.2%。最后，社会类基础设施累计投资占比总体呈现下降趋势，1985 年占比为 26.1%，2020 年的占比为 16.2%，但近几年的下降趋势变缓，占比稳定在 16% 上下。从以上数据中可以发现，1985 年至 2020 年，经济类基础设施累计投资始终占据主要地位，且其重要性不断上升，但近几年三类基础设施累计投资占比的变化趋势放缓也说明了目前基础设施投资的行业结构正趋近于稳定状态。

3.2.3.2　我国新增基础设施投资的行业结构趋于稳定状态

图 3 – 19 展示了 1985~2020 年我国各行业新增基础设施投资额的变动趋

势。从新增基础设施投资的数额看，三类基础设施投资的排名与累计基础设施投资的排名基本一致：能源与水务类基础设施的投资长期排在首位，交通运输与通信类基础设施次之，社会类基础设施的投资则长期排在末位。但在1999年至2002年期间交通运输与通信类基础设施的投资超过能源与水务类基础设施，而1989年社会类基础设施投资超过交通运输与通信类基础设施。

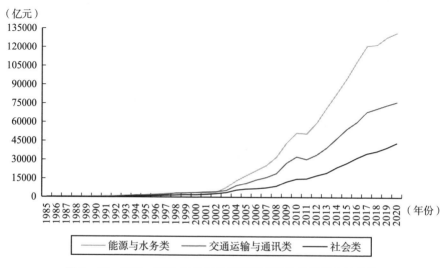

图 3 - 19　1985～2020 年各行业新增基础设施投资额变动趋势

资料来源：根据历年《中国统计年鉴》相关资料整理。

从新增基础设施投资的变化趋势看，三类基础设施投资的变化趋势较为相似。首先，在2003年之前三类基础设施投资都增长缓慢，此后增速提升。而引起加速的原因正是2002年党的十六大之后的基建潮。其次，三类基础设施投资在2009年再次提速增长，但在2011年三类基础设施投资都出现了短暂的下降或几乎没有增长。而引起这种变化的原因正是2009年"应对国际金融危机的一揽子计划"的颁布以及2011年的基础设施投资紧缩，但社会类基础设施在该过程中的变化较不明显。最后，2011年之后，三类基础设施投资继续回归较快速的增长，而快速增长的原因正是"十二五"规划对基建工作的部署和支持。此外，在2018年之后，经济类基础设施投资的增势再次放缓，而这一时期的全国基础设施投资的增速同样放缓，并处于较低水平，整体趋近于最优规模。但2011年后社会类基础设施投资则始终保持较为稳定的增长趋势，并没有在2018年出现增速放缓现象，说明该类基础设施投资仍有增长空间。

图3-20展示了1985~2020年我国新增基础设施投资额的行业结构。从新增基础设施投资的占比看，三类基础设施占比的变化趋势与累计基础设施投资占比的变化趋势相近，且近几年的变化趋势同样放缓。

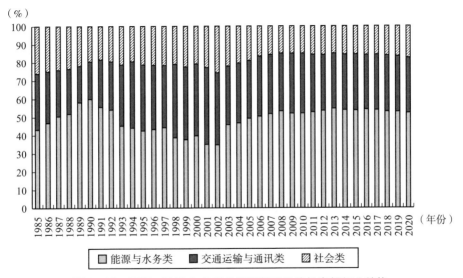

图3-20　1985~2020年各行业新增基础设施投资额行业结构

资料来源：根据历年《中国统计年鉴》相关资料整理。

具体来看，首先是能源与水务类基础设施新增投资占比总体呈现类似M形状的变化，先上升、后下降、再上升、最后略微下降。其次，交通运输与通信类基础设施新增投资占比总体呈现先减后增再减的变化趋势，但近五年的占比趋近稳定，约为30.5%。最后，社会类基础设施新增投资占比总体呈现类似W形状的变化，先下降、后上升、再下降、最后略微上升。结合累计基础设施投资额和新增基础设施投资额的行业结构图，再次说明目前基础设施投资的行业结构较稳定。

3.2.3.3 能源与水务类基础设施投资情况分析

图 3－21 展示了 1985～2020 年能源与水务类基础设施投资规模的变动趋势,具体包括了基础设施投资额增速和基础设施投资率。纵观能源与水务类基础设施投资增速和基础设施投资率情况,与全国基础设施投资的总体情况存在两个主要差异。

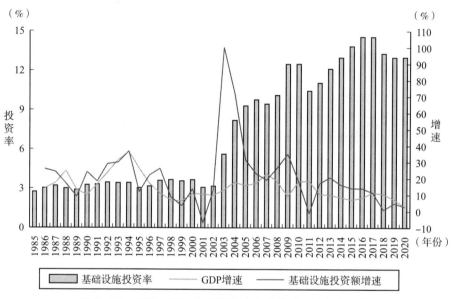

图 3－21　1985～2020 年能源与水务类基础设施投资规模

资料来源:根据历年《中国统计年鉴》相关资料整理。

一是能源与水务类基础设施投资的增速在 1993 年显著低于全国水平,但在 2003 年又显著超过全国水平,未形成显著的三顶点结构。而造成该差异的原因在于我国基础设施投资历次高速增长时侧重的投资行业。其中,1993 年的增速高峰是由全国高速公路建设战略引起的,侧重的投资行业为交通运输行业而非能源行业或水务行业;2003 年的增速高峰则是由“南水北调”工程及电力体制改革引起的,侧重的投资行业正是能源行业与水务行业。二是能源与水务类基础设施投资的周期性不够显著,尤其是 2001 年之前的基础设施投资率波动性过小，上升与下降的趋势都不够明显。造成该差异的原因主要是 2001 年之前能源与水务类基础设施投资的增速与 GDP 增速十分相近，在此期间没有形成重大的能源项目或水利项目，且这一时期我国发展基建的主要目标是通过完善全国交通运输系统来促进各地区的经济发展。

此外，随着 2001 年后能源与水务类基础设施投资率的显著上升，能源与水务类的基础设施供给能力不断增强，人民的生活水平也得到极大提升。其一是能源供应方面的进展。我国可供消费的能源总量由 2000 年的 144234 万吨标准煤增长至 2020 年的 493178 万吨标准煤，实现了 242% 的增长。其二是燃气方面的进展。2000 年我国城市燃气普及率为 84.2%，2020 年达到 97.9%，增长 13.7%；而我国天然气管道的长度也从 2000 年的 33653 公里增长至 2020 年的 850552 公里，足足增长 24 倍。其三是供暖方面的进展。我国城市供暖管道长度由 2000 年的 35819 公里增长至 2020 年的 425982 公里，增长近 11 倍；城市供暖总量由 2000 年的 83321 万吉焦热水增长至 2020 年的 345004 万吉焦热水，增长超过 3 倍。其四是供水方面的进展。我国城市供水管道长度由 2000 年的 254561 公里增长至 2020 年的 1006910 公里，增长近 3 倍；全年城市供水总量由 2000 年的 4689838 万吨增长至 2020 年的 6295420 万吨，增长 34%。其五是电力方面的进展。2000 年我国的发电装机容量为 31932 万千瓦，2020 年达到 220204 万千瓦，增长近 6 倍。[①]

3.2.3.4 交通运输与通信类基础设施投资情况分析

图 3 - 22 展示了 1985 ~ 2020 年交通运输与通信类基础设施投资规模的变动趋势。纵观交通运输与通信类基础设施的发展历程，基础设施投资的增速存在多个明显峰值，这些峰值分别出现在 1991 年、1993 年、1998 年、2004 年和 2009 年。

---

① 根据历年《中国统计年鉴》相关资料整理。

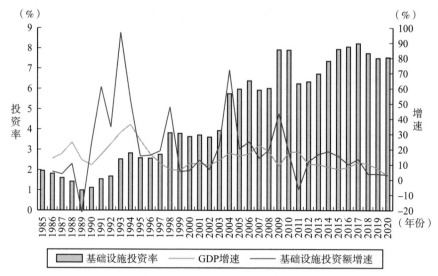

图3-22　1985～2020年交通运输与通信类基础设施投资规模

资料来源：根据历年《中国统计年鉴》相关资料整理。

其中，1991年的峰值是由民航的快速发展引起的，该年民航直属全民所有制企业全面实行承包经营责任制，经营制度的改变加速了民航的发展进程，进一步带动了相关基础设施的投资与建设，且从1990年到1995年，我国民航里程实现翻倍，民航飞机场数量增长48%。1993年的峰值是由全国高速公路建设战略的实施所引起，该战略确定了我国"两纵两横三个重要路段"的国道主干线布局。1998年的峰值对应的是铁路发展新高潮，这一年里新开工的有粤海铁路通道、京九铁路南段复线、长荆铁路和天津港下海铁路等16项大型交通运输项目。2004年的峰值是由统计口径变化引起的，统计口径变化使得统计数据大幅增大。2009年的峰值由"应对国际金融危机的一揽子计划"引起，该计划在启动之时就将目标聚焦在"铁公机电"四大领域，而重中之重的"铁公机"更是直接促进了交通运输类基础设施投资的大幅增长。

此外，交通运输与通信类基础设施投资率长期呈现波浪式上涨的趋势，而我国在交通运输和通信方面也同样屡创佳绩。首先是陆地交通方面的进展。从1985年至2020年，我国铁路营业里程从5.52万公里增长至14.63万公里，公路里程从94.24万公里增长至519.81万公里，分别增长了1.6倍和

4.5 倍。其次是航空运输方面。从 1985 年至 2020 年，机场数由 82 个增长至 240 个，航线条数由 268 条增长至 5581 条，分别增长了近 3 倍和近 20 倍。最后是通信方面。从 1985 年至 2020 年，邮政业营业网点数由 5.3 万个增长至 34.9 万个，邮政投递路线从 141.6 万公里增长至 1187.4 万公里，分别增长了 5.6 倍和 7.4 倍。

3.2.3.5　社会类基础设施投资情况分析

图 3 – 23 展示了 1985 ~ 2020 年社会类基础设施投资规模的变动趋势。纵观社会类基础设施投资增速和基础设施投资率情况，与全国基础设施投资的总体情况存在两个主要差异。首先是社会类基础设施投资的增速在 2003 年显著小于全国水平，并在 2004 年形成峰值。造成差异的原因是 2003 年的重大基建项目为"南水北调"项目和电力体制改革，与社会类项目无关，而 2004 年的峰值则是受到统计口径变更的影响。其次是 2013 年社会类基础设施投资的增速出现下跌。造成该差异的原因是文化和体育业的基础设施投资的增速由 35% 下降为 22%，而 2013 年国家提倡规范各类文化活动的形式与流程，并叫停了所有不合规的文化活动，文化活动的减少影响了相关的投资。

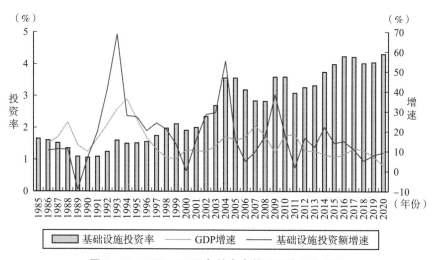

图 3 – 23　1985 ~ 2020 年社会类基础设施投资规模

资料来源：根据历年《中国统计年鉴》相关资料整理。

此外，社会类基础设施投资率长期呈现波浪式上涨的趋势，而我国在各类社会机构的建设方面也同样表现优秀。首先是教育方面的建设进展。1985年至2020年，我国高等教育类学校的数量由1016所增加至2738所。其次是医疗卫生方面的建设进展。1985年至2020年，我国医疗机构由978540个增加至1022922个。最后是文化方面的建设进展。1985年至2020年，我国公共图书馆由2344个增加至3212个，文化站由8576个增加至43687个，博物馆由711个增加至5452个。

3.3　基础设施投资效益分析

3.3.1　投资效益的概念与指标

3.3.1.1　基础设施投资效益的含义

理想状态下，投资效益从经济含义上来讲，是指资源的配置需要达到帕累托最优状态：无论做出何种改变，都无法使得一部分人效率提升的同时保证其他人的效率不受到损失。也就是说，在经济最优的状态下，一部分人如果要进一步地提高效率就必须以另一部分人的损失为代价；反过来说，如果在没有达到经济最优的状态下，提高一部分人的效率不会给任何人带来损失。

从微观的角度来看，对于个体企业或者单个项目来说，衡量投资的效率或者成本的收益比较简单，目前已经形成了一整套的衡量办法，如净现值法、投资回收期法等。但是，对于整个经济体来说全社会的投资效率却没有一定的评价标准。因为对于个体企业来说，投资项目不是仅有一个，而是有许多其他的替代项目，即企业始终存在着所谓的机会成本，这一成本能够很好地成为衡量企业投资效率的标准。当企业的投资收益低于其机会成本时，企业就会选择其他的投资项目而非当前的项目。

从宏观的角度来看，当衡量全社会的投资效率时，往往难以找到一个合适的机会成本来评价整体投资是否有效率，这不仅是因为对于整个社会投资

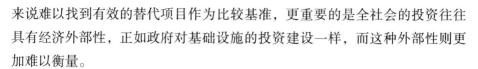

来说难以找到有效的替代项目作为比较基准，更重要的是全社会的投资往往具有经济外部性，正如政府对基础设施的投资建设一样，而这种外部性则更加难以衡量。

3.3.1.2　基础设施投资效益的度量

基础设施投资效益可以分成三个维度，分别是经济效益、社会效益与环境效益。

首先，从经济效益的角度出发，基础设施的投资能够增加直接资本的产出，同时也会利用乘数效应来影响资本的积累，促进社会总需求，从而提高国民的总收入，最终促进经济社会活动的发展。同时，城市公共基础设施建设对企业的发展也有很大的促进作用。例如，蒙英华和裴璟（2013）认为基础设施对进出口服务贸易有很大的影响，研究结果表明，基础设施建设的规模越大、质量越高对于提高国家的服务出口质量越有保障。盛丹等（2011）则认为良好的基础设施建设能够很好地促进国内企业的出口。孙钰等（2016）以北京、天津、上海、重庆四个直辖市为例，从城市基础设施的消费效应、投资效应、政府购买效应和外部需求效应四个角度出发，提出了综合分析城市基础设施经济效益的方法。郝凤霞等在2019年发表的《"一带一路"国内沿线区域基础设施投资效率及其经济效益——基于软、硬基础设施的视角》中使用DEA模型对"一带一路"国内沿线18个省份的基础设施投资效率进行测算，同时通过构建空间杜宾模型分析城市软、硬基础设施投资的经济效益。宋静秋在2019年也通过构建DEA模型，对2012～2016年东北三省34个地级市的基础设施投资效率带来的经济增长效益进行测评。

其次，从社会效益的角度出发，城市公共基础设施质量的提高有助于提高城市居民的福利水平，消除贫困；有助于提供公平的就业机会，维护弱势群体的感受，减少人与人之间存在的不平等。比如城市交通基础设施建设能够促进第二产业和第三产业的就业发展（邓明，2014）。郑振雄（2011）表明，公路基础设施建设能够提供更多的就业机会，提高就业率水平。孙钰等（2015）从运用对抗型DEA交叉效率模型对中国35个大中城市公共基础设施社会效益状况进行了评价和分析，表明部分城市存在公共基础设施社会效益状况与经济发展水平及投入规模不协调的现象。唐子来在 2015 年采用基尼系数方法，形成城市基本公共服务设施的社会绩效评价方法体系。罗舒曼在 2017 年发表的文章中从生存需求、社会需求、发展需求三个角度采用潜能模型、层次分析法、份额指数法等方法对城市公共设施绩效的满意度进行了评估。车志辉和张沛在 2012 年发表的文章中从生态安全系统、社会经济系统、空间形态系统、流通空间系统四个方面，构造社会发展和谐指数以及行政体制效率指数来评估基础设施带来的社会发展绩效。高妮娜等在 2013 年利用单位市政公用设施建设投资、人均道路面积、万人拥有公共汽车、人均绿化面积、建成区绿化覆盖率、万人拥有床位数来构造城市公共设施水平指数，以此衡量公共设施带来的社会绩效。

最后，从环境效益的角度出发，环境保护类型的基础设施能够为城市净化空气，为城市居民提供良好的生活环境、娱乐场所。孙钰等在 2016 年的文章中也表示，大部分的城市基础设施的产品和服务具有显著的外部性，不仅给城市基础设施的使用者带来影响，同时也会给第三者带来额外的经济效益、社会效益和环境效益。王雅斐等在 2014 年的文章中认为，城市绿色基础设施（包括树木、绿色围墙、屋顶）通过影响气候、能源使用、空气质量、噪声污染对城市作出了重要贡献。同时也有学者根据市容环境卫生作为衡量指标以此衡量基础设施的环境效益（陈治国等，2019；康丽丽，2019；周志浩，2017）。李晓园（2015）以建成区排水管道密度衡量社会效益。

另外，城市公共基础设施的经济效益、社会效益和环境效益相互作用并且相互依赖。经济效益为社会效益提供物质材料支持，社会效益为环境效益提供劳动力和政策支持，环境效益为经济效益提供生活环境支持。公共基础设施投资的提高将有益于城市经济的发展，同时，也为城市社会和环境的完善提供各种渠道，对于城市社会和城市环境的形成和发展提供了相应的物质支持。社会效益的提高也为经济的发展和环境的改善提供了大量的人力资源、技术和政策支持。同样的，一个好的城市居住环境能够加速经济的发展，改善城市居民的生活情况。因此，为了提高基础设施的综合效益，这三大效益应该相互协调与合作。

基于以上原因，基础设施效益不仅包括经济效益，而且包括环境效益和社会效益。本部分将采用数据包络分析（DEA）和 Malmquist 全要素生产率

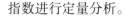

指数进行定量分析。

3.3.2　中国基础设施投资技术效益现状分析

科学合理的基础设施投资效益有助于促进城市综合效益的发展。因此，为了改善城市基础设施投资的综合效益，需要拟定一个合理的计划。公共基础设施投资效益一般通过比较绩效指标来进行衡量，数据包络分析（DEA）能够很好地对其进行分析。

目前，DEA模型在衡量经济增长和技术效率方面在各领域都得到了广泛的应用，例如，颜鹏飞和王兵在2004年利用DEA模型测度了1978~2001年中国30个省份的技术效率，发现20世纪中国经济增长主要原因是技术效率的提高，但在1997年后的技术进步并不能解释中国经济的长期持续增长。李忠富和李玉龙在2009年利用2003~2007年我国31个省份作为决策单元，通过DEA模型，计算发现京津沪和边疆少数民族地区基础设施投资配置效率高；中部省份的基础设施投资相对效率过低。另外，张健华在2003年将DEA模型运用到银行领域的研究，测度了中国三类商业银行的整体资源利用水平，发现股份制商业银行的运营效率明显高于城市商业银行及国有银行。基于DEA的评价方法是客观的，在评价的过程中不需要主观设置权重和专家打分。因此，本部分基于DEA方法对我国基础设施投资技术效率进行分析。

3.3.2.1　方法论述

数据包络分析（DEA）是著名的运筹学家查尔内斯和库珀（Charnes and Cooper）提出来的，用于评价效率的一种方法。设有 n 个决策单元 DMU_j 有 m 个输入，s 个输出，分别表示为 $X = (x_{1j}, x_{2j}, \cdots, x_{mj})^T > 0$，$Y = (y_{1j}, y_{2j}, \cdots, y_{sj})^T > 0$。其中，$m$ 个输入对应的权重表示为 $v = (v_1, v_2, \cdots, v_m)^T$，$s$ 个输出对应的权重表示为 $u = (u_1, u_2, \cdots, u_m)^T$。每个决策单元 DMU_j 的效率评价指数为：

$$h_j = \frac{u^T y_j}{v^T x_j} = \frac{\sum_{r=1}^{s} u_k y_{kj}}{\sum_{i=1}^{m} v_i x_{ij}}, \quad j = 1, 2, \cdots, n \tag{3.10}$$

由此，查尔内斯提出了 DEA 的最基本模型：CCR 模型。对于决策单元 DMU_j，可建立如下 CCR 模型：

$$\max \frac{\sum_{r=1}^{s} u_k y_{kj}}{\sum_{i=1}^{m} v_i x_{ij}}$$

$$s.t. \ \frac{\sum_{r=1}^{s} u_k y_{kj}}{\sum_{i=1}^{m} v_i x_{ij}} \leqslant 1, \ j=1,2,\cdots,n \tag{3.11}$$

该模型的最直观的意义为：对每一个决策单元进行最有利于他的权重下的效率评价。

3.3.2.2　现状分析

CCR 模型是 DEA 模型中面向投入提出最早，也是应用最广泛的一种模型方法，可以在多项投入和多项产出的情况下分析基础设施投资效率，而且不受投入产出数据所选单位的影响。本书将 31 个省份视为决策单元（DMU），运用 CCR 模型对 2009～2020 年间中国东、中、西部地区 31 个省份的基础设施投资技术效率进行测度与分析。具体测算结果见表 3 - 7 和图 3 - 24。该投资技术效率取值为 0～1，该指标越大，说明在保持决策单元投入不变的情况下，实际产出同理想产出的比值越高。

如表 3 - 7 和图 3 - 24 所示，2009～2020 年全国基础设施投资技术效率平均值为 0.730，意味着全国基础设施投资技术效率仍具有 27% 的可提升空间；从效率变化趋势来看，大体呈现"下降—上升—下降—上升"的波动上升态势。就区域基础设施投资技术效率而言，东部地区基础设施投资技术效率均值最高（0.828），远超中、西部地区，代表着全国最高水平，这与其发达的经济水平相适应。中部地区基础设施投资技术效率均值为 0.712，仅次于东部地区。西部地区基础设施投资技术效率均值最低（0.650），而且西部地区基础设施投资技术效率低于全国平均水平。从东部、中部、西部地区基础设施投资技术效率的变化趋势来看，东部、中部地区基础设施投资技术效率变化趋势较为相似，基本呈现出"下降—上升"的动态变化过程；而西部地区基础设施投资技术效率则与全国基础设施投资技术效率走势基本保持一致，呈现出"下降—上升—下降—上升"的波动上升走势。

　　具体到各省份而言，2009～2020 年，天津和上海的基础设施投资技术效率值均为 1.000，处于 CCR 有效状态，说明这两个省份的基础设施投资水平与当地的经济发展相适应，基本满足了当地居民对基础设施的需求。基础设施投资技术效率均值在 0.9 以上的省份有北京（0.994）和内蒙古（0.923），说明这两个省份基础设施投资水平相对较高，位于全国前列。基础设施投资技术效率均值在 0.6 至 0.9 之间的省份有 22 个，说明中国绝大多数省份的基础设施投资技术效率位于中等水平。基础设施投资技术效率均值在 0.6 以下的省份有 5 个，其中，新疆基础设施投资技术效率均值最低，仅为 0.524。西藏位居倒数第二，仅为 0.571。究其原因，主要在于受历史、地域等因素的影响，新疆以及西藏的基础条件比较薄弱，加上经济长期处于欠发达状态，对基础设施建设投入不足，导致其现有基础设施水平与当地的经济发展及社会需求极不协调。①

表 3 - 7　　　　　　　　2009～2020 年中国基础设施投资技术效率

地区	省份	2009年	2010年	2011年	2012年	2013年	2014年	2015年	2016年	2017年	2018年	2019年	2020年	平均值	排名
东部	北京	0.968	0.971	0.986	1.000	1.000	1.000	1.000	1.000	1.000	1.000	1.000	1.000	0.994	3
	天津	1.000	1.000	1.000	1.000	1.000	1.000	1.000	1.000	1.000	1.000	1.000	1.000	1.000	1
	河北	0.692	0.503	0.571	0.548	0.546	0.584	0.593	0.613	0.635	0.642	0.682	0.731	0.612	27
	辽宁	0.836	0.738	0.765	0.793	0.806	0.791	0.829	0.801	0.960	0.860	0.890	0.920	0.832	8
	上海	1.000	1.000	1.000	1.000	1.000	1.000	1.000	1.000	1.000	1.000	1.000	1.000	1.000	1
	江苏	0.650	0.701	0.750	0.785	0.807	0.811	0.822	0.831	0.844	0.852	0.842	0.823	0.793	10
	浙江	0.667	0.697	0.717	0.728	0.735	0.738	0.752	0.763	0.776	0.814	0.810	0.826	0.752	13
	福建	0.890	0.646	0.659	0.677	0.686	0.698	0.725	0.758	0.758	0.718	0.812	0.910	0.745	14
	山东	0.757	0.648	0.658	0.697	0.709	0.686	0.674	0.693	0.779	0.904	0.872	0.861	0.745	17
	广东	0.959	0.875	0.861	0.861	0.904	0.872	0.861	0.857	0.907	0.757	0.734	0.833	0.857	5
	海南	1.000	0.769	0.762	0.727	0.757	0.734	0.833	0.723	0.711	0.736	0.776	0.764	0.774	9
	均值	0.856	0.777	0.794	0.801	0.814	0.810	0.826	0.822	0.852	0.844	0.856	0.879	0.828	—

---

　　① 黄慧霞. 城市公共基础设施投资效益优化模型与评价方法研究 [D]. 天津：天津大学，2017.

地区	省份	2009年	2010年	2011年	2012年	2013年	2014年	2015年	2016年	2017年	2018年	2019年	2020年	平均值	排名
中部	山西	0.922	0.695	0.821	0.786	0.718	0.812	0.910	0.862	0.936	1.000	0.969	0.935	0.864	1
	吉林	0.796	0.698	0.747	0.720	0.717	0.710	0.735	0.788	0.808	0.643	0.669	0.835	0.739	12
	黑龙江	0.785	0.736	0.776	0.764	0.749	0.751	0.775	0.777	0.772	0.604	0.603	0.655	0.729	11
	安徽	0.702	0.550	0.605	0.611	0.604	0.603	0.655	0.654	0.668	0.722	0.784	0.840	0.667	21
	江西	0.673	0.591	0.615	0.633	0.722	0.784	0.840	0.866	0.768	0.811	0.822	0.831	0.746	15
	河南	0.659	0.587	0.615	0.647	0.653	0.619	0.652	0.644	0.649	0.775	0.777	0.772	0.671	20
	湖北	0.619	0.607	0.617	0.633	0.640	0.656	0.687	0.686	0.761	0.655	0.654	0.668	0.657	19
	湖南	0.588	0.561	0.575	0.599	0.600	0.603	0.634	0.646	0.712	0.648	0.658	0.697	0.627	22
	均值	0.718	0.628	0.671	0.674	0.675	0.692	0.736	0.740	0.759	0.732	0.742	0.779	0.712	—
西部	内蒙古	1.000	0.797	1.000	1.000	1.000	0.969	0.935	0.862	0.926	0.838	0.829	0.920	0.923	4
	广西	0.634	0.620	0.618	0.629	0.643	0.669	0.835	0.855	0.905	0.559	0.576	0.597	0.678	16
	重庆	0.943	0.930	0.854	0.919	0.838	0.729	0.780	0.845	0.886	0.615	0.647	0.653	0.803	6
	四川	0.524	0.533	0.537	0.554	0.559	0.576	0.597	0.616	0.635	0.617	0.633	0.640	0.585	29
	贵州	0.519	0.543	0.546	0.571	0.564	0.585	0.571	0.604	0.664	0.764	0.749	0.751	0.619	28
	云南	0.504	0.509	0.555	0.662	0.632	0.611	0.644	0.650	0.701	0.611	0.604	0.603	0.607	25
	西藏	0.309	0.318	0.329	0.878	0.714	0.515	0.432	0.689	0.620	0.652	0.671	0.723	0.571	30
	陕西	0.548	0.567	0.574	0.595	0.611	0.617	0.650	0.665	0.692	0.515	0.531	0.552	0.593	22
	甘肃	0.612	0.544	0.549	0.558	0.558	0.576	0.677	0.705	0.701	0.656	0.687	0.686	0.626	24
	青海	0.517	0.552	0.561	0.573	0.639	0.626	0.668	0.671	0.642	0.603	0.634	0.646	0.611	26
	宁夏	0.693	0.609	0.630	0.712	0.652	0.671	0.723	0.706	0.721	0.630	0.712	0.652	0.676	18
	新疆	0.503	0.503	0.506	0.510	0.515	0.531	0.552	0.562	0.573	0.506	0.510	0.515	0.524	31
	均值	0.609	0.585	0.605	0.680	0.660	0.640	0.672	0.703	0.722	0.631	0.640	0.650	0.650	—
全国均值		0.725	0.664	0.689	0.722	0.719	0.714	0.743	0.755	0.778	0.732	0.743	0.764	0.730	—

资料来源：根据历年《中国社会统计年鉴》相关资料得出。

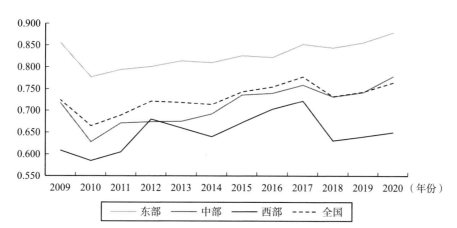

图 3 - 24 2009 ~ 2020 年中国基础设施投资技术效率折线图

资料来源：根据历年《中国社会统计年鉴》相关资料整理。

3.3.3 中国基础设施投资全要素生产率分析

Malmquist 全要素生产率指数最早在 1953 年由马姆奎斯特（Malmquist）提出，法勒等（Fare et al. ）在 1994 年将该指标与 DEA 理论相结合，在效率测算中得到广泛应用。具体来说，付丽娜等在 2013 年以长株潭"3 + 5"城市群为研究对象，运用 Malmquist 模型对循环经济和可持续发展的生态效率进行了测度，通过计算全要素生态效率的增长率，发现城市群整体生态效率水平比较高，城市间差距较大，长沙作为省会城市生态效率明显处于领先地位。桂黄宝在 2014 年发表的《我国高技术产业创新效率及其影响因素空间计量分析》中采用 Malmquist 创新效率指数测度了我国高技术产业创新效率，发现我国高技术产业创新效率总体呈上升趋势，但技术效率和规模效率处于倒退状态，并且企业规模和劳动力对高技术产业创新效率具有显著的正向影响。

同时，由于 Malmquist 指数是基于距离函数对评价单元的效率变化率进行测算，而基础设施投资为一个动态过程，基础设施投资效率也会随着时间演进发生比率变化，与 DEA 模型只能对静态效率进行评价相比，Malmquist 指数可以动态反映各评价单元效率纵向变化趋势，对效率变化的动态特征进行解释。因此本部分将 Malmquist 指数作为 DEA 方法的进一步拓展，研究我国基础设施投资全要素生产率发展趋势。

3.3.3.1 方法论述

本部分将 Malmquist 生产率指数作为一种基础设施投资全要素生产率，表示为：

$$M_0(x^{t+1},\ x^{t+1},\ x^t,\ y^t)$$

$$=\left[\frac{D_0^t(x^{t+1},\ y^{t+1})}{D_0^t(x^t,\ y^t)}\times\frac{D_0^{t+1}(x^{t+1},\ y^{y+1})}{D_0^{t+1}(x^t,\ y^t)}\right]^+$$

$$=\left[\frac{D_0^t(x^{t+1},\ y^{t+1})}{D_0^{t+1}(x^{t+1},\ y^{t+1})}\times\frac{D_0^t(x^t,\ y^t)}{D_0^{t+1}(x^t,\ y^t)}\right]^+\times\frac{D_0^{t+1}(x^{t+1},\ y^{t+1})}{D_0^{t+1}(x^t,\ y^t)}$$

$$=TECH\times EFFCH \tag{3.12}$$

式（3.12）中，M_0 为决策单元的全要素生产率指数，M 取值大于、小于或等于 1，分别表示全要素生产率的增长、下降或维持不变。$D_0^t(x^t,\ y^t)=inf[\theta(x^t,\ y^t)/\theta\in S^t]$ 表示的是在 t 时期生产技术（S^t）参照下的第 t 时期；$D_0^{t+1}(x^t,\ y^t)=inf[\theta(x^{t+1},\ y^{t+1})/\theta\in S^{t+1}]$ 表示的是在 $t+1$ 时期生产技术（S^{t+1}）参照下的第 t 时期的距离函数。M_0 生产率指数可由技术变化（$TECH$）和技术效率（$EFFCH$）两部分构成，若 $TECH$ 和 $EFFCH$ 的取值大于（小于或等于）1，则分别表示技术进步（退步或维持不变）、技术效率改善（恶化或维持不变）。

3.3.3.2 现状分析

本书依照法勒等（1994）的研究将 Malmquist 指数为模型作为基础设施投资效率的评价指标，该模型通常被用于测算与分析全要素生产率相关问题，并且能够将全要素生产率分解为技术变化 $TECH$、技术效率 $EFFCH$，从而能够分离出技术因素对基础设施投资增长的影响程度。全要素生产率是对基础设施投资中所包含的所有要素效率的测量。它反映了技术因素对基础设施产出的影响，同时 Malmquist 生产率指数可以对多个地区的基础设施投资生产率进行多期动态对比分析。表 3 - 8 列出了 2009 ~ 2019 年间中国基础设施投资的全要素生产率的测算结果及其分解情况。图 3 - 25 展示了 2009 ~ 2019 年间中国基础设施投资的全要素生产率的测算结果及其分解指标的趋势。

如表 3 - 8 和图 3 - 25 所示，中国基础设施生产率指数平均值为 1.0191，意味着中国基础设施投资的全要素生产率的年平均增长率为 2.1%。进一步分解可得，技术效率是拉动中国基础设施投资的全要素生产率增长的主要贡献者，年平均增长率为 1.2%，而技术进步的贡献力度相对较小，年平均增长率 0.9%，说明中国基础设施的管理水平是领先于投资决策与建设施工技术的。从时间维度上来看，中国基础设施投资的全要素生产率指数整体呈波动下降态势，这一动态演化过程可大致分为两个阶段：第一阶段为 2009 ~ 2013 年，Malmquist 生产率指数围绕数值 1.03 上下波动，且变化幅度较大。在 Malmquist 生产率指数分解中，技术进步年平均增长率为 2.8%，技术效率年平均增长率为 0.2%，二者共同推动着中国基础设施投资生产率的增长，其中，技术进步占主导地位。第二阶段为 2013 ~ 2019 年，这一阶段 Malmquist 生产率指数的变化趋于平稳，年平均增长率为 1.2%。在 Malmquist 生产率指数双增长率为技术效率年平均增长率 2.1%，技术进步年平均增长率为 0.9%，说明这段时期基础设施生要素生产率的增长主要依靠技术进步，而技术水平生了恶化，甚至在某种程度上限制了基础设施投资的全要素生产率的增长。虽然在 2009 ~ 2013 年间，基础设施投资的全要素生产率的增长主要由技术进步拉动，但是从整个考察期来看，技术进步对全要素生产率增长所发挥的作用有限，技术效率仍然是主要贡献者。

表 3 - 8　　2009 ~ 2019 年中国基础设施投资的全要素生产率指数及分解

年份	Malmquist 生产率指数	EFFCH 指数	TECH 指数
2009 ~ 2010	1.074	0.923	1.164
2010 ~ 2011	0.99	1.038	0.954
2011 ~ 2012	1.058	1.056	1.002

续表

年份	Malmquist 生产率指数	EFFCH 指数	TECH 指数
2012~2013	1.001	0.997	1.003
2013~2014	1.015	0.994	1.022
2014~2015	1.024	1.041	0.984
2015~2016	1.021	1.021	1.000
2016~2017	0.989	1.030	0.960
2017~2018	1.007	1.083	1.075
2018~2019	1.012	1.011	1.001
平均值	1.019	1.019	1.017

资料来源：根据历年《中国统计年鉴》相关资料整理。

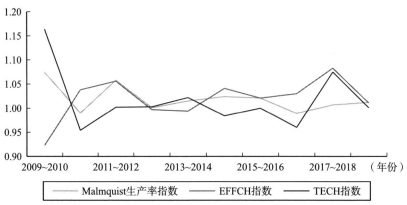

图 3 – 25　2009～2019 年中国基础设施投资的全要素生产率指数及其分解

资料来源：根据历年《中国统计年鉴》相关资料整理。

由表 3–9 可知，东部、中部、西部地区基础设施投资的全要素生产率年平均增长率分别为 2.8%、0.4%、2.7%。对东部、中部、西部地区基础设施投资的全要素生产率指数进一步分解可得，东部地区技术进步年平均增长率为 2.8%，技术效率维持不变；西部地区技术进步年平均增长率为 0.1%，技术效率年平均增长率为 2.6%；中部地区技术进步年平均增长率为 0.4%，技术效率年平均增长率为 0.8%。说明东部地区依靠其发达的经济和先进的技术, 使得技术进步成为基础设施投资的全要素生产率增长的主要驱动力, 而经济相对落后的中部、西部地区, 则主要依靠技术效率来推动当地基础设施投资的全要素生产率的增长。

具体到各省份而言, 北京、天津, 江苏、西藏等 24 个省份的基础设施投资的全要素生产率整体处于增长态势。进一步分解可以发现, 近半数省份的技术进步指数和技术效率指数维持在数值 1 及以上, 其中, 天津和上海由于处于生产前沿, 技术效率指数均为 1, 但技术进步指数分别达到了 1.063 和 1.031, 成为其基础设施投资的全要素生产率增长的主要驱动力。北京、江苏等 10 个省份基础设施投资的全要素生产率的增长则得益于技术进步与技术效率的共同驱动。此外, 有 7 个省份的基础设施投资的全要素生产率整体处于负增长状态, 这些省份可大致分为以下三类: 一是技术效率恶化但技术进步的省份, 如安徽、重庆、福建和海南; 二是技术效率改善但技术退步的省份, 如山西和吉林; 三是技术效率恶化的同时技术发生退步, 如河南, 该省的技术效率和相关的技术水平均有待提升。

表 3 - 9   2009 ~ 2019 年中国基础设施投资的全要素生产率指数及其分解

地区	省份	Malmquist 生产率指数	EFFCH 指数	TECH 指数
东部	北京	1.055	1.004	1.05
	天津	1.063	1.000	1.063
	河北	1.003	0.989	1.013
	辽宁	1.022	1.017	1.004
	上海	1.031	1.000	1.031
	江苏	1.104	1.033	1.069
	浙江	1.052	1.019	1.032
	福建	0.991	0.98	1.012
	山东	1.023	1.004	1.019
	广东	1.006	0.993	1.013
	海南	0.963	0.958	1.005
	均值	1.028	1.000	1.028

续表

地区	省份	Malmquist 生产率指数	EFFCH 指数	TECH 指数
中部	山西	0.989	1.002	0.987
	吉林	0.985	1.002	0.984
	黑龙江	1.004	0.998	1.006
	安徽	0.999	0.994	1.005
	江西	1.013	1.017	0.996
	河南	0.988	0.998	0.989
	湖北	1.026	1.026	1.000
	湖南	1.025	1.024	1.001
	均值	1.004	1.008	0.996
西部	内蒙古	1.004	0.990	1.014
	广西	1.033	1.046	0.988
	重庆	0.999	0.992	1.007
	四川	1.027	1.024	1.002
	贵州	1.026	1.031	0.995
	云南	1.042	1.042	1.000
	西藏	1.100	1.091	1.008
	陕西	1.028	1.030	0.999
	甘肃	1.010	1.017	0.993
	青海	1.026	1.028	0.999
	宁夏	1.014	1.005	1.009
	新疆	1.018	1.016	1.002
	均值	1.027	1.026	1.001

资料来源：根据历年《中国统计年鉴》相关资料整理。

第4章

新时代基础设施补短板
与新基建崛起

在我国，尽管大部分基础设施是近 20 年新建成的，但仍然面临着各种威胁，包括老化和损坏，人口增长和城市化，自然灾害和气候变化带来的影响（Jamie E. Padgett，Jayadipta Ghosh，2015）。随着新时代到来，全国人民持续奋斗，在中华大地上全面建成了小康社会，历史性地解决了绝对贫困问题，正在意气风发向着全面建成社会主义现代化强国的第二个百年奋斗目标迈进。人们生产和生活水平逐步提高，基础设施的一些短板和弱项也暴露出来，亟待补充和完善。与此同时，信息社会和新能源革命的到来，升级型和新型的基础设施应运而生。

本章从基础设施现状、短板及未来发展三个方面详细介绍我国基础设施的具体情况，揭示基础设施优势与缺陷并存的局面，并指明不足及改进方向。

4.1 新时代基础设施发展形势分析

4.1.1 网络规模优势凸显

4.1.1.1 公路基础设施网络规模居世界前列

目前，我国公路基础设施网络规模居世界前列，运输服务保障能力不断提升，人民群众出行更加便捷。以国家高速公路为主体的高速公路网络已经覆盖了98.8%的城区人口20万以上城市及地级行政中心，连接了全国约88%的县级行政区和约95%的人口；普通国道基本覆盖县级及以上行政区和常年开通的边境口岸，有效连接了重要乡镇、产业园区、交通枢纽以及旅游景区等。

党的十八大以来，国家公路网的设施水平得到有效提升。截至2021年底，国家高速公路中双向六车道及以上的路段占比达20.9%，京哈、京沪、京港澳、沈海、沪昆等国家高速公路的大量繁忙路段实施扩容改造，国家公路骨干通道服务保障能力得到进一步提升。全国普通国道二级及以上占比达79.6%，比2013年提高了约10%；98%以上的路面实现了沥青或水泥混凝土铺装，比2013年提高了约13%。交通运输部数据显示，截至2021年底，国家高速公路已建成11.7万公里，普通国道通车里程25.77万公里。①

4.1.1.2　信息基础设施建设规模全球领先

我国已建成全球规模最大、技术领先的网络基础设施。截至2021年底，我国建成142.5万个5G基站，占全球总量的60%以上，行政村、脱贫村通宽带率达100%；IPv6地址资源总量位居世界第一；算力规模全球排名第二。② 在物联网建设方面，我国已建成全球最大的窄带物联网（NB-IoT）网络，移动物联网连接数达到11.5亿，基本实现县城以上连续覆盖，物联网感知终端广泛部署到水电煤气等市政设施领域。在云网方面，云网融合持续推进，大型、超大型数据中心直联骨干网比例近70%。国家互联网基础资源大数据（服务）平台全面汇聚域名和IP等网络基础资源数据，在支持有害域名应用监测处置、互联网发展研究等方面取得了显著成效。

4.1.1.3　城市基础设施综合承载能力不断增强

截至2021年底，我国发电装机容量由15.3亿千瓦增加到23.8亿千瓦；

---

① 交通运输部：2021年底，国家高速公路已建成11.7万公里［EB/OL］.（2022-07-25）. https://baijiahao.baidu.com/s?id=1739293803704635561&wfr=spider&for=pc.
② 唐维红.中国移动互联网发展报告（2022）［M］.北京：社会科学文献出版社，2022.

220 千伏及以上输电线路由 60.9 万公里增加到 84.0 万公里；输油（气）管道里程由 10.9 万公里增加到 15.0 万公里；水库总库容由 8581 亿立方米增加到 9035 亿立方米；农田有效灌溉面积由 6587 万公顷增加到 7016 万公顷，约占全球总灌溉面积的 1/5。城市基础设施综合承载能力不断增强。[①]

4.1.2　服务能力不断提升

4.1.2.1　数字社会服务更加普惠便捷

信息服务涵盖更多领域、惠及更多百姓，移动通信用户数、互联网上网人数分别由 2017 年的 7.72 亿人次增加到 2021 年 10.32 亿人次，互联网普及率提升至 73%，居世界第一。特别是农村地区互联网普及率提升到 57.6%，城乡地区互联网普及率差异缩小 11.9 个百分点。

4.1.2.2　交通运输周转量居世界首位

我国旅客周转量由 2015 年的 3 万亿人公里增加到 2019 年的 3.5 万亿人公里；货物运输量、周转量分别由 2015 年的 417 亿吨、17.8 万亿吨公里增加到 2021 年的 530 亿吨、22.4 万亿吨公里；铁路客运周转量和货运量、公路客货运量及周转量、水路货运量及周转量均居世界第一。

4.1.2.3　资源得到合理开发和高效利用

"西电东送"输电能力由 2015 年底的 1.4 亿千瓦增加到 2021 年底的 2.9 亿千瓦；天然气主干管网里程由 2015 年的 6.4 万公里增长到 2019 年的 9.4 万公里。截至 2022 年 5 月 13 日，南水北调工程东中线累计调水 530 多亿立方米，直接受益人口超过 1.4 亿人。[②]

---

① 国家能源局发布 2021 年全国电力工业统计数据［EB/OL］.［2022－01－26］. www.nea. gov. cn/2022－01/26/c_1316441589. htm.

② "十四五"规划《纲要》解读文章之 8——建设现代化基础设施体系［EB/OL］.［2021－12－25］. www.ndrc. gov. cn/fggz/fzzlgh/gjfzgh/202112/t20211225_1309696. html.

4.1.3 创新水平明显提高

4.1.3.1 数字技术创新能力快速提升

我国 5G 实现技术、产业、应用全面领先，高性能计算保持优势，北斗导航卫星全球覆盖并规模应用；芯片自主研发能力稳步提升，国产操作系统性能大幅提升；人工智能、云计算、大数据、区块链、量子信息等新兴技术跻身全球第一梯队。2021 年，我国信息领域 PCT 国际专利申请数量超过 3 万件，全球占比超过 1/3。

4.1.3.2 形成全链条基础设施产业体系

我国基本形成完备、成套的技术装备体系，拥有一批具有自主知识产权的技术创新成果，高速铁路、大跨度桥梁、特高压输电、特大型水利工程、新一代移动通信、新一代互联网等技术领域实现跨越式发展，建成并积极运营全球第一条量子保密通信骨干线路"京沪干线"，离岸深水港、巨型河口航道整治、大型机场工程等建造技术迈入世界先进或领先行列，形成从规划咨询、工程设计、资金筹措、建设施工、运行维护等全链条基础设施产业体系。

4.1.4 体制机制不断完善

4.1.4.1 不断推进交通与能源的体制改革

铁路股份制改革迈出实质性步伐，原中国铁路总公司成功改组为中国国家铁路集团有限公司；油气管网体制改革走出重要一步，国家石油天然气管网集团有限公司挂牌成立；电力体制改革深入推进，推动电网企业聚焦主业，竞争性业务有序放开；供水体制改革取得重大进展，中国南水北调集团有限公司挂牌成立。

4.1.4.2 深化投融资改革

投融资改革不断深化，政府和社会资本合作模式推广应用加快，中央和地方财政事权和支出责任划分逐步清晰，投资协调机制进一步完善。基础设施建设运营在长江经济带、京津冀、长三角、粤港澳等区域一体化体制机制不断完善，设施联通、服务互保水平明显提升。

4.2 新时代基础设施补短板及政策建议

4.2.1 系统性协同性水平不高

4.2.1.1 中西部地区发展不平衡不充分

（1）交通运输领域。中国中西部地区地域广阔，与俄罗斯、哈萨克斯坦、吉尔吉斯斯坦等 14 个国家相接壤，有 76 个边境口岸，是中国扩大与周边国家经贸合作的窗口和前沿，发展对外贸易具有显著的潜力。经济发展、交通先行。交通运输一直是经济发展的强大引擎，对巩固拓展脱贫攻坚成果、拉动区域经济高质量增长作用重大。

铁路和公路是中西部地区最重要的两种交通运输方式，然而中西部地区和东部地区在铁路网密度上存在较大差距。中西部地区铁路网密度从 2010 年起一直与东部地区保持较大的差距，东部进行得最快，西部稍差，东北最慢。三线、四线城市轨道交通短缺，一般地级市没有轻轨，这种交通运输发展上的不均衡将带来地区发展更大的不均衡。

与此同时，中西部地区各省（区、市）的发展差距较大，存在经济发展不平衡不充分现象。重庆作为首批交通强国建设试点区域，铁路、公路、轨道等交通运输营业里程、网络密度都远超中西部其他相对贫困地区。2020 年中西部地区铁路网密度仅为东部地区的 34.12%，占中国铁路网平均密度的

36.51%。铁路发展的不充分在客运系统的建设中同样明显。2020年中西部地区的铁路客运量只占全国总量的54.42%，中西部地区铁路基础设施建设总体发展不充分。[①]

（2）教育领域。中西部高等教育是我国高等教育的重要组成部分，普通高校的数量和教师的数量、在校生的数量，占比均超全国总量一半，承担着为国家特别是中西部地区经济社会发展提供人才支持和智力支持的重要使命，相当程度上影响着中西部全面振兴和国家高质量发展进程。但由于种种原因，中西部农村地区基础教育发展仍面临诸多问题。

人们对教育认识的相对保守、教师素质的普遍偏低、教育投入的相对不足是目前阻碍西部地区基础教育发展最突出的问题。人们对职业教育的了解程度低，即使在经济文化相对较好地区，人们对农村职业学校的成效仍持怀疑态度。陈旧的教育观必然影响西部地区基础教育的发展。

另外，师资结构性短缺、教书育人本领有待提高、教师发展受限等一直是中西部欠发达地区基础教育教师队伍建设中有待解决的问题。现在中西部地区学校硬件建设大大加强，但师资上确实还存在不小差距，这是一个需要发力的关键点。欠发达地区的师范院校和县级教师发展机构，承担着本地区教师培养培训的主要任务。但实际上他们获得的各方面支持是比较有限的，相对是比较薄弱的。

（3）医疗卫生领域。基层医疗作为我国医疗卫生服务体系的根基，为广大城乡居民提供医疗、预防、保健等服务，是保障人民健康的重要阵地，发挥着医疗卫生服务体系的"网底"作用。相对东部发达地区，中西部地区社会经济发展水平落后，健康生活方式普及率较低，医疗卫生资源相对不足，其中脱贫地区在卫生健康服务总体供给量、各层级医疗卫生机构联动性、服务便捷性与连续性、对基层卫生服务人才的吸引和支持力度等方面薄弱，致使其对于高质量卫生资源的急迫性高，基层卫生服务长期发展滞后带来的影响非常广泛。

我国医疗卫生财政支出呈现为东部地区高，西部地区次之，中部地区塌

---

① 根据《2020年交通运输行业发展统计公报》相关资料整理。

陷的状态。政府在提供医疗卫生财政投入方面存在不足，且资源过度向发达地区倾斜，人民公益性和公平性不能得到保证。随着国家经济日益发达和社会保障日趋健全，我国新医疗的开展切实改变了"看病难，看病贵"问题，给予医疗卫生高度重视，但在现实生活中由于城乡资源分配不均，看病难的问题并未完全消除。农民前往大城市找大医院，首先要挂号收费，其次是一系列的检查费用，最后是治病住院费等，总的来说农民个人医疗支出虽然有部分报销但整体负担仍然很重。此外，我国医疗卫生支出结构仍然是"重治疗、轻预防"，没有有效发挥医疗卫生资源的使用效率，因此政府应转换医疗卫生支出结构，"重预防，更重治疗"加大对预防保健和医用治疗的支出，高效发挥医疗卫生领域的作用。

4.2.1.2　农村基础设施欠账较多

（1）农村建设缺乏规划。现有村落格局形成是一个历史的过程，原来村民住房都是在自有土地上建造，简单地履行一个报批手续，建多大面积、建什么式样房屋没有规划，缺乏专门部门的管理，一旦房子建好以后就更难规范。此外，农村乱搭乱建的现象仍不同程度的存在。这些因素导致村庄建设格局较为混乱，地下管网线等基础设施无法规范铺设，加大了人居环境建设和公共服务供给的难度。

（2）污水集中处理较难。绝大部分农村污水处理还没有提上日程，这是美丽乡村建设和人居环境整治工作中的突出短板和弱项。主要原因是村民居住分散，铺设管网长，投资大，污水处理厂的规模效应和经济可行性都达不到要求。同时，目前农村土地基本分给了农民，集体机动土地相对较少，项目设施在哪里建也是一个问题。

（3）农村交通跟不上发展步伐。随着农村经济的发展，农用车、小轿车已经成为大部分农民生产生活的工具，对道路交通提出了更高要求。安徽合肥某村通村公路已全部硬化，但村内到各村民小组的道路只有主路硬化，不能全部硬化到户，两车不能相错，带来很大不便。①

---

① 朱远洋，欧阳平，张昌彩，等．乡村发展的现状与未来——来自全国17个省区39个行政村的调查报告［J］．中国发展观察，2020（Z8）：114－118＋56.

4.2.1.3 城市群、都市圈互联互通和共建共享水平不高

城市群是新型城镇化主体形态，是支撑全国经济增长、促进区域协调发展、参与国际竞争合作的重要平台。都市圈是城市群内部以超大特大城市或辐射带动功能强的大城市为中心、以1小时通勤圈为基本范围的城镇化空间形态。近年来，都市圈建设呈现较快发展态势，但城市间交通一体化水平不高、分工协作不够、低水平同质化竞争严重、协同发展体制机制不健全等问题依然突出。

（1）交通一体化水平不高。一是枢纽能级亟待提升。随着全国"十纵十横"综合运输大通道相继贯通，新的枢纽格局正在加速形成，对标先进，环视周边，都市圈原有的交通区位优势面临严峻挑战。

二是对外辐射大通道仍不健全。陇海铁路、京广铁路枢纽内部分区段通过能力紧张，京港澳、连霍高速等主通道车流量日趋饱和，存在通行瓶颈路段，急需建设分流通道。

三是跨区域通道规划建设、运输服务对接、重大问题协调缺乏长效机制，顶层设计不完善；市级层面对接不够，部分项目在路线走向、建设时序等方面诉求不一致，影响项目推进；多式联运发展仍处于初级阶段，城市内外交通衔接不畅，信息开放共享水平不高，无法满足一体化发展需要。

（2）分工协作不够。城市群、都市圈内部的产业分工协作不足，关联性不高。城市群产业之间还存在断链缺链问题，尚未形成区域间分工互补，上下游联动配套的产业协同发展格局。

例如，在长三角地区，江苏、浙江、安徽基本上围绕上海开展合作，积极承接上海产业转移，这也是2003～2019年上海与其他三个省份分工专业化指数不断上升的主要原因，而对于三省之间合作的重视程度明显低于与上海合作，同时承接产业转移也使得产业结构有趋同倾向。2019年的相关研究也显示，在长三角地区跨省共建的园区中，由上海牵头结对的最多，共有21个，主要分布于江苏和安徽两省，即以沪苏合作、沪皖合作共建居多，苏浙皖之间通过共建园区开展产业合作较少。

（3）低水平同质化竞争严重。城市群、都市圈在产业发展方面，存在趋

同现象，特别是京津冀三地中北京和天津的产业结构趋同性日益明显。与此同时，城市群支柱产业并未形成产业链、供应链分工协同的基本架构，相反呈现出各自孤立增长的基本态势。

一方面，受区域经济增长压力的影响，各地对经济支撑能力强、发展潜力较好的制造业行业，尤其是高新技术产业，往往都采取鼓励发展的政策，在项目和资金招引以及产业做大做强方面存在明显的竞争。

另一方面，在制造业中，部分技术密集型产业和资本密集型产业本身也还处于集聚发展阶段，追求在区域内制造业水平较高的城市打造产业集群，发挥规模效应，还没有进入分散转移阶段，各城市之间这些产业的竞争往往大于合作。例如，苏州"十四五"发展规划中提出，通过大力培育生物医药和高端医疗器械、新型显示、光通信等十大先进制造业集群，主攻生物医药、半导体和集成电路、高端纺织等十大重点产业链来稳固制造业头部优势。而这些产业同样是长三角地区多个城市发展的重点，对相关生产投资项目的竞争激烈。

4.2.1.4　政策建议

（1）增强北方地区中心城市综合实力。支持沈阳、长春、石家庄、太原、西安等省会城市发展现代化都市圈，支持大连、哈尔滨、乌鲁木齐等城市提升对外开放能级。持续推进区域性生态环境治理，大力改善城市环境，提高北方地区中心城市宜居水平。

（2）大力引导资源型地区差异化转型发展。中央有关部门应编制资源型地区转型发展指导方案，鼓励不同地区结合自身比较优势和发展条件探索差异化转型路径，大力发展文化旅游、现代农业、智能装备、绿色能源、大数据等特色产业，促进资源性产业与非资源性产业动态协调发展。鼓励资源枯竭型城市引入市场化模式治理矿山、矿坑，鼓励企业利用矿山、矿坑发展文化旅游产业。

（3）加强对区域发展不平衡不充分问题的监测分析。中央有关部门应加强对各地区居民收入、基本公共服务、城乡居民居住环境、基础设施通达程度、城乡居民就业机会等指标地区差距的监测分析，及时发现苗头性趋势性问题，更好地为中央决策提供支撑。

（4）把推进"中间村"发展作为乡村振兴的重点。我国乡村大体可分为三类。

第一类是经济较为发达的样板村，包括城郊村、资源型村、产业型村等。这类村庄自身"造血"能力强、发展动力足，基本走上了内生发展的路子，已经成了"富裕村"或相对"富裕村"。

第二类是贫困村。党的十八大以来，国家出台了一系列扶持政策，对这类村脱贫之后还要按照"四不摘"要求继续巩固脱贫成果，并统筹纳入乡村振兴战略，可以说下一步发展仍具有较强的资源和政策保障。

第三类是夹在这两类村庄之间的"中间村"。这类行政村在资源、区位、产业、政策等方面都不占优势，其主要资源就是土地，主要产业就是种植业，农民主要收入来源就是外出务工收入和农业经营收入。可以说，"中间村"是资源的"洼地"，是各类惠农政策的"夹心层"，同时也是我国行政村的"大多数"。建议要分类实施乡村振兴战略，下一步尤其要把"中间村"作为推进重点，精准施策，针对"中间村"的特点制定出台专门扶持政策，进一步加大政策支持力度，加快补齐乡村发展的短板。

（5）全面提升城镇化质量。支持有条件的城市全面取消农业转移人口落户门槛，推动基本公共服务覆盖到未落户常住人口，有序推进"农转非"人员市民化。鼓励各地积极探索以人民为中心、城乡融合发展的新型城市治理体系，通过数字化、法制化、公众参与等途径促进城市治理能力现代化。完善城乡融合发展的配套激励政策，推动国家城乡融合发展试验区改革成果及时总结推广，全面推开农村集体经营性建设用地直接入市，消除影响工商资本入乡发展的体制障碍，支持有条件地区探索建立新时代乡村现代治理制度，充分发挥驻村第一书记、农村致富能手、外出务工经商人员、高校毕业生等群体在乡村治理中的积极作用。

（6）打造轨道上的都市圈。统筹考虑都市圈轨道交通网络布局，构建以轨道交通为骨干的通勤圈。在有条件地区编制都市圈轨道交通规划，推动干线铁路、城际铁路、市域（郊）铁路、城市轨道交通"四网融合"。探索都市圈中心城市轨道交通适当向周边城市（镇）延伸。统筹布局都市圈城际铁路线路和站点，完善城际铁路网络规划，有序推进城际铁路建设，允分利用普速铁路和高速铁路等提供城际列车服务。创新运输服务方式，提升城际铁路运输效率。大力发展都市圈市域（郊）铁路，通过既有铁路补强、局部线路改扩建、站房站台改造等方式，优先利用既有资源开行市域（郊）列车；有序新建市域（郊）铁路，将市域（郊）铁路运营纳入城市公共交通系统。探索都市圈轨道交通运营管理"一张网"，推动中心城市、周边城市（镇）、新城新区等轨道交通有效衔接，加快实现便捷换乘，更好适应通勤需求。

（7）促进城市功能互补。增强中心城市核心竞争力和辐射带动能力，推动超大特大城市非核心功能向周边城市（镇）疏解，推动中小城市依托多层次基础设施网络增强吸纳中心城市产业转移承接能力，构建大中小城市和小城镇特色鲜明、优势互补的发展格局。统筹整合都市圈内新区、园区等各类平台，支持建设一体化发展和承接产业转移示范区，推动创新链和产业链融合发展。鼓励建立联合招商、共同开发、利税共享的产业合作发展机制。

4.2.2　经济基建人均水平和质量落后于发达国家[①]

4.2.2.1　能源领域

中国发电量和能源消耗全球第一，但人均水平低，清洁能源占比低。在发电量方面，根据 2021 年《bp 世界能源统计年鉴》数据，2020 年中国发电量为 7779.1 太瓦时，位居世界第一，高于美国（4286.6 太瓦时）、日本（1004.8 太瓦时），但人均发电量（5556.5 千瓦时）远低于美国（12989.7 千瓦时）、日本（7974.6 千瓦时）。

在能源消耗方面，2020 年中国一次能源消费总量 145.46 艾焦，高于美国的 87.79 艾焦和日本的 17.03 艾焦；人均消费 101.1 吉焦，仅为美国（265.2 吉焦）的 38.1% 和日本（134.7 吉焦）的 75.1%。

---

① 本小节资料参见任泽平，熊柴，孙婉莹，等．中国新基建研究报告［J］．发展研究，2020（4）：4-19.

4.2.2.2 交通运输领域

中国铁路里程仅次于美国，但密度大幅低于美国、日本。截至 2021 年 12 月 30 日，中国铁路运营总里程突破 15 万公里，稳居世界第二，仅次于美国（2021 年，25 万公里）；铁路密度为 156.7 公里/万平方公里，远低于美国（246.0 公里/万平方公里）。高铁方面，2021 年中国高铁运营里程突破 4 万公里，稳居世界第一，全球占比超 2/3。

中国公路里程仅次于美国，密度大幅低于美国、日本。2021 年中国公路里程为 528.07 万公里，公路密度为 55.01 公里/百平方公里；而美国为 672.2 万公里，密度为 7348.6 公里/万平方公里。中国高速公路和一级公路占比分别为 2.9% 和 2.3%，而美国高速公路占比为 1.9%，英国 A 级公路占比为 12%。

中国公共机场仅 357 个，相当于美国的 7.2%。根据中国民用航空局和美国联邦航空局数据，2021 年中国颁证公共机场 357 个，平均每亿人拥有 25.5 个公共机场；美国公众机场 5099 个（其中 380 个承担 99% 航空客运量），私人机场 14528 个，平均每亿人拥有 116.1 个公众营运机场；日本公共机场 175 个（2013 年），平均每亿人拥有 138.3 个机场。中国航空运输量及注册运营商全球出港量为 436 万次，美国为 964 万次。

中国轨道交通里程居世界第一，人均高于美国，但低于日、英、法、德、俄。按照国际较为常用的分类方法，城轨分为地铁、轻轨和有轨电车三类。从总量上看，根据《2018 年世界城市轨道交通运营统计与分析》，我国城轨里程共计 5766.7 公里，位居世界第一，占全球总里程的 22.09%；其中地铁、轻轨和有轨电车里程分别为 5013.3 公里、420.8 公里和 332.6 公里，分别占全球地铁和轻轨里程的 35.3%、32.5% 和 3.1%，地铁、轻轨里程也是世界第一。

4.2.2.3 通信领域

中国互联网覆盖面 61%，明显低于美国的 76%、日本的 85%。互联网覆盖面、网速等可反映出各国通信基础设施情况。在覆盖面方面，根据中国互联网网络信息中心和《2019 全球竞争力报告》数据，2019 年 6 月中国网民达 8.54 亿人，覆盖面达到 61.2%，2018 年英国网民覆盖面达 94.9%、日本 84.6%、德国 89.7%、法国 82.0%、美国 87.3%。

4.2.2.4　水利领域

根据世界经济论坛《2019 全球竞争力报告》，2018 年我国供水稳定性（没有中断和流量波动）评分为 64.9 分，排名世界第 68 位，低于日本（94.6 分，第 12 位）、美国（86.1 分，第 30 位）、德国（84.9 分，第 34 位）等发达国家。

4.2.2.5　政策建议

（1）构建现代能源体系。要加快建设适应光伏发电和风电高比例、大规模接入的新一代电力系统，推动电网基础设施智能化改造和智能微电网建设，提高电网对光伏发电、风电的接纳、配置和调控能力。持续推动既有煤电灵活性改造，加快储能规模化、商业化发展，大力建设抽水蓄能电站，实施电化学、压缩空气、氢能、飞轮等储能示范项目，推动光伏发电、风电和储能一体规划、同步建设、联合运行。

要进一步加大油气矿业权竞争性出让力度，推动石油企业难动用储量公平公开引入社会合作者共同开发。以四川、塔里木、准噶尔、鄂尔多斯、松辽等盆地为重点，加强深层常规油气、海域和页岩油、页岩气、煤层气等非常规油气勘探开发。稳步扩大天然气消费，加快与非化石能源融合发展。

（2）推动交通运输领域基础设施建设。在打造融合高效的智慧交通基础设施方面，要打造智慧公路、智能铁路、智慧航道、智慧港口、智慧民航、智慧邮政、智慧枢纽，推进新能源新材料行业应用。深化高速公路电子不停车收费系统（ETC）门架应用，丰富车路协同应用场景。运用信息化现代控制技术提升铁路全路网列车调度指挥和运输管理智能化水平，研制智能型高速动车组。建设航道地理信息测绘和航行水域气象、水文监测等基础设施，建设适应智能船舶的岸基设施。应用区块链技术，推进电子单证、业务在线办理、危险品全链条监管、全程物流可视化等。推动机场和航空公司、空管、运行保障及监管等单位间核心数据互联共享，实现航空器全球追踪等。建设邮政大数据中心，开展新型寄递地址编码试点应用。引导在城市群等重点高速公路服务区建设超快充、大功率电动汽车充电设施。

（3）夯实通信产业基础能力。加快5G技术创新，推动5G SA独立组网、毫米波、网络切片等关键技术成熟。系统布局6G、量子通信等前沿技术研发，持续巩固我国通信技术领域领先优势。补齐短板，实现关键领域自主可控。全面分析和梳理信息通信产业链、供应链、生态链的薄弱环节，推动集成电路、软件等关键短板领域突破，打造自主产业供应链。培育生态，为科技创新注入持续动力。发挥信息通信龙头企业引领支撑作用，支持创新型中小微企业成长为创新重要发源地，加强共性技术平台建设，推动产业链上中下游、大中小企业融通创新。

（4）实施国家水网工程。全面开展重要河道堤防达标建设，适时推进涉及国家重大战略区、经济区、城市群、防洪城市的重点河段提标建设。加快推进大江大河大湖综合治理，重点加快长江河势控制和崩岸治理及"两湖治理"、黄河河道和滩区综合治理提升等，恢复河道行洪和生态功能，增强应对流域性大洪水的能力。

利用新一代信息技术，以在线实时监控为基础，以网络协同共享为纽带，加快智慧水利建设，加快水利工程智能化、流域水系数字化、国家水网智慧化，建设国家水网大数据中心和调度中心，推进长江、黄河等七大江河流域水工程联合调度和综合监控系统建设。

4.2.3 新冠肺炎疫情暴露安全保障能力不足

4.2.3.1 公共医疗卫生领域

（1）我国医疗资源与国际比仍有差距。经过多年发展，中国医疗卫生体系建设取得了长足的进步。尤其是2003年"非典"过后，我国医疗投入快速增长。根据英国顶级智库列格坦研究所发布的2021年全球繁荣指数中的健康指标数据，中国卫生健康领域的排名从2007年的第26位跃居到2021年的第7位。《柳叶刀》发布的数据显示，中国的医疗保健获取及质量（HAQ）

指数从 2000 年的 53.3 分快速攀升至 2016 年的 77.9 分。[①]

但不可否认，中国的基础医疗资源与发达经济体仍有差距，尤其是医护人员相对匮乏。

医生数量上，根据《2020 年国际统计年鉴》数据，2017 年高收入国家的每千人医生数量为 3.1 人，而彼时我国仅为 2.0 人。即使到 2021 年，我国每千人医生数量增长至 3.0 人，仍未达到当时高收入国家标准。

护士数量上，世界卫生组织《2020 年世界护理状况报告》显示，2018 年全球每千人拥有护士数量为 3.7 人，其中美洲为 8.3 人，欧洲为 7.9 人。反观我国，每千人注册护士数量从 2018 年的 2.9 人增长至 2021 年的 3.5 人，仍未达 2018 年全球平均水平。北京作为医护资源丰富的典型城市，每千人护士数为 6.9 人，尚不及 2018 年欧洲平均水平。另外，我国护医比较低，2021 年仅为 1.2，远低于国际公认合理的护医比（2.8）。

（2）重点城市医疗资源分配不均。我们进一步统计了各直辖市、省会城市和计划单列市共 36 个城市的医疗资源情况。整体上，绝大多数重点城市的医生、护士、床位等医疗资源均优于全国平均水平。

第一，医护资源。北京以外的一线城市并不具备优势，反而是中西部省会城市人均医生、护士数量更为充裕。北京市医护资源最为丰富，每千人医生、护士数量分别位列全国第 1、第 2 位。广州、上海、深圳三座一线城市人均医生、护士拥有量均排在中下游水平，其中深圳更是位于末位水平，每千人医生、护士数量分别为 2.3 人和 2.6 人，不仅和北京相差甚远（医生 5.7 人，护士 6.5 人），也显著低于全国平均水平。中西部昆明、太原、济南、郑州、西宁等城市医护资源充沛，无论医生，还是护士，均排在全国前 10 行列。

此外，"双核模式"的东部省份中，省会城市普遍聚集了更多的医疗资源，如广东广州 - 深圳、浙江杭州 - 宁波、山东济南 - 青岛、福建福州 - 厦门。近年来，长三角、珠三角、山东半岛等经济带的城市群快速崛起，广东、浙江、山东、福建等省份普遍发展出"双中心城市"，存在经济较发达、受中央直管的计划单列市与省会城市"比肩而立"。但医护资源方面，省会城

---

① 疫情之下的医疗资源比较：基于中国 31 省市区和 36 城市的分析 [EB/OL]. (2020 – 04 – 23). https：//www.thepaper.cn/newsDetail_forward_17762844.

市更具优势，如广州每千人医生、护士数量分别为3.5人和4.7人，高于深圳的2.3人和2.6人。

第二，医院、床位。一线城市普遍居于中下游水平，而中西部、东北地区的省会城市表现较突出。上海、北京、广州、深圳每千人医院床位数依次排在第23位、第25位、第28位和第34位；北京的医院数还有些优势，但上海、广州、深圳均居于36个重点城市的末位，深圳垫底。庞大的人口规模，摊薄了一线城市的医疗硬件资源，其收治能力不容乐观，尤其是床位相对比较紧缺。

昆明、西宁、乌鲁木齐、长沙、郑州、济南等中西部省会城市，人均医院、床位水平皆居于前列。例如新一线城市长沙，每千人医院床位数为7.7张，每百万人拥有医院数量32.6家，分别排名第4位和第7位。作为对比，深圳的相应数据为3.3张和8.3家。

此外，东北地区的省会城市作为老牌的工业基地积累了较好的基础医疗资源，尽管面临着经济总量下滑和人口持续流出的问题，但人均硬件水平仍具优势。例如哈尔滨、沈阳每千人床位数约8张，处在全国前列。

第三，城市卫生健康支出。一线城市、人口稠密的省会城市卫生健康支出规模较大，西北地区的省会城市卫生健康支出较低。北上深三市位居前三，广州排名第6位，相应卫生健康支出分别为605.6亿元、544.5亿元、441.1亿元和300.8亿元。重庆、成都、武汉、郑州等人口密集城市排名也相对靠前，支出规模在100亿~300亿元之间。西北地区城市近年来人口流出显著，常住人口较少，卫生健康支出规模也较小，西宁、银川、拉萨排名居末，支出规模在20亿元左右。

人均水平上，一线城市卫生健康支出依然保持前列，拉萨由于人口和转移支付的因素位列第4位，武汉、乌鲁木齐受当年疫情冲击影响，卫生健康支出大幅提高。北京、深圳、上海、广州依次居于第2位、第3位、第5位、第6位。武汉位列第1位，2020年人均卫生健康支出为3061.2元，较2019年增长154.5%，乌鲁木齐的人均卫生健康支出增速也高达143.6%。[①]

---

① 根据各省财政局、统计局网站公开资料整理。

4.2.3.2　城市农贸市场、鲜活菜肉市场

2020 年新冠肺炎疫情期间，农产品批发行业充分发挥了有效保障居民生活必需品供应的功能，各地农产品市场坚持开市营业，全国农批市场特别是大型农批市场，始终坚持在抗疫保供第一线。可以说，之所以人们在疫情期间能安稳在家制作美食，绝对离不开农批市场的付出和支持：保证居民"菜篮子""肉案子""米袋子""果盘子"的充足供给；维护市场运行基本平稳，产品价格有涨有跌；打响助农"战疫"，帮助摆脱产品滞销困境；积极参与全国贫困区农产品产销对接，助力脱贫攻坚。

但是，与日韩农批市场的高度规模化、高度组织化和高度标准化不同，我国农批市场存在的许多问题和不足在后续疫情的暴发和反弹中也逐渐暴露出来。

（1）经营模式单一、发展受限。对农贸市场内商户而言，其经营模式也相对比较单一，基本是市场内销售为主，部分配送上门为辅。在一、二线城市，很多年轻人都喜欢在线上买菜，而商户基本是在市场内做线下卖菜的生意，因此他们受到的冲击最大，加之疫情的影响，商户收入减少，生活压力剧增。对管理方而言，农贸市场空摊率提高，盈利模式单一，大多以收取摊位租金为主，市场管理方很少参与商户的供应链环节，其和商户成为经营共同体的气候还没有形成，因此管理方也没有动力去进行市场改造、为商户赋能。因此，市场管理方的发展空间也非常有限。对政府而言，有很大一部分的农贸市场管理权是在政府手中，受社区团购和疫情的影响，市场的经营状况也不太理想，政府也面临摊位空置、租户经营收入下降的情况。因此，基于年轻人线上消费的习惯和疫情防控等原因，在经营发展方面，农贸市场相关方的发展空间都受到了不同程度的限制和影响。

（2）数字化管理需求迫切。首先，农贸市场商户，由于整体文化水平不高，基本采用手工管理为主，对于进销存账务不清晰，而且没有合适的平台工具，无法承接线上的订单业务，即使有些电商平台和商户对接，但利润单薄、订单量不稳定也让商户望尘莫及。其次，农贸市场的管理方，由于缺乏信息化管理平台和相关科技手段，其在市场内进行数据采集时，无法确保数

据的完整和真实，信息公开度低、市场管理低效。并且，对于物价的管控也基本依靠手工管理，没有物价超出的预警系统，无法通过有效的手段来控制好物价，只能任由市场商户自行管理，尤其在疫情防控严格的情况下，会出现物价上涨、供应不稳定的现象。最后，政府相关部门，由于采集数据的管理的需要，会各自开发平台采集和分析数据，数据的格式和标准也不统一。并且，由于政府没有硬性要求农贸市场使用信息管理平台，加之上述第二点提及的市场管理方很少参与农产品的供应链环节，因此市场内的食品安全追溯流程也不完整，但保供稳价和食品安全溯源是政府最关心的问题，因此对于农贸市场数字化管理的需求非常的迫切。

（3）标准化、品牌化程度低。由于农贸市场数量繁多，中国各地的区域差异比较大，加之农贸市场缺乏统一的管理标准，因此，国内的农贸市场管理的头部企业还是比较缺乏的，标准化、品牌化程度比较低。国内也有电商企业尝试收购农贸市场来进行标准化管理，但由于每一家菜场的原始情况不一样，电商企业要在自己已经成型的体系和标准之外，还要结合每个菜场的情况做单独的产品研发，这本身就不是数字化产品标准化的一个过程，而非标的数字化产品必然带来成本的飙升和盈利的下降，是无法可持续发展的。同时，也有企业在运作"联营菜场"的模式，利用第三方平台对接农贸市场商户，由其在线上接单后，在本市场进行买菜、分拣，再由骑手配送至线上客户。这种模式长远来讲，仅仅只是利于个别商户的利益，所有的流量和资源掌控权并不在农贸市场手中，不利于整个市场的发展。

4.2.3.3 城市污水和垃圾处理

2023年1月8日起，我国开始对新型冠状病毒实施"乙类乙管"政策。工作重心从"防感染"转向"保健康、防重症"。然而在过去的三年，我国本土聚集性疫情呈现出点多、面广、频发的特点，疫情防控形势严峻复杂，疫情防控难度加大。水是传播病毒的重要媒介，感染者排泄物中含有大量的病毒，携带病毒的排泄物通过市政管网排入污水处理厂，在污水中继续保持一定时间的感染能力。与此同时，如何妥善地处理各类垃圾，防止疫情在垃圾处理环节扩散，也成为城市应对疫情的新问题和新挑战。

（1）生活垃圾风险隐蔽性增强。相关研究表明，新冠肺炎疫情期间产生的生活垃圾具有极强的风险隐蔽性，新型冠状病毒在塑料、气溶胶、纸板等多种环境介质表面均有较强的生存能力。这种病毒寄存在垃圾上带有极强的隐蔽性，人们一旦接触到这种带有病毒的垃圾，就会发生病毒传染。所以如果没有做好疫情防控下的垃圾分类工作，将会对周围环境和人员产生较大影响。确诊病例人员产生的生活垃圾由专业人员进行处理，而疑似病例的人员采取的是居家隔离观察的做法，这部分人产生的生活垃圾也是存在风险性的。

（2）管理上联动性及行动力减缓。管理好生活垃圾分类工作需要集中大量的人力、物力、财力，并进行长时间、高效率的统筹安排。在新冠肺炎疫情流行的情况下，会出现以垃圾分类缺乏管理上的联动性问题。例如，在疫情期间，城市的各个小区的管控力度不一样，如何才能达到统一实施管理，是城市生活垃圾分类面临的严峻问题。而且由于疫情期间工作人员不能上门进行垃圾分类的服务，许多垃圾分类的工作转到线下居民独立完成，而居民为了最大限度避免接触人群而对垃圾分类工作积极性不高，最终会增加政府管理上的难度。

4.2.3.4　政策建议

（1）构建强大公共卫生体系。加快推进疾病预防控制体系改革，强化监测预警、风险评估、流行病学调查、检验检测、应急处置等职能。建立稳定的公共卫生事业投入机制，改善疾控基础条件，强化基层公共卫生体系。落实医疗机构公共卫生责任，创新医防协同机制。完善突发公共卫生事件监测预警处置机制，加强实验室检测网络建设，健全医疗救治、科技支撑、物资保障体系，提高应对突发公共卫生事件能力。建立分级分层分流的传染病救治网络，建立健全统一的国家公共卫生应急物资储备体系，大型公共建筑预设平战结合改造接口。筑牢口岸防疫防线。加强人才队伍建设，建设一批高水平公共卫生学院。完善公共卫生服务项目，扩大国家免疫规划，强化慢性病预防、早期筛查和综合干预。完善心理健康和精神卫生服务体系。

（2）搭建智慧农贸信息化集成平台。通过物联网、云计算、人工智能、大数据、区块链等技术对传统的农贸市场进行升级改造，利用信息化手段建立长效的、可持续发展的农贸市场管理机制，重点实现数据真实完整、信息公开、安全可溯、管理高效、数据共享五大功能，同时可以助力疫情管控下的"菜篮子"保供稳价。因此，打造具备中国特色的标准化、品牌化智慧农贸市场是现代化流通领域发展的必然趋势。

（3）强化医疗废物应急处置。医疗废物集中处置设施、可移动式医疗废物处置设施应优先用于处置疫情防治过程中产生的涉疫医废和垃圾。应针对医疗废物划定专门卸料接收区域、清洗消毒区域，增加必要防雨防淋、防泄漏措施。对医疗废物运输车辆优化行车路线，尽量避开敏感目标，并配置专人管理。接收现场应设置警示、警戒限制措施。进料方式宜采用专门输送上料设备，防止医疗废物与其他焚烧物接触造成二次交叉污染。注意做好医疗废物与其他焚烧物的进料配比，保持工艺设备运行平稳可控。各地应急处置设施应加快建立相应的应急处置流程标准和应急预案，加强人员培训和适应性演练。

发现定点医院和集中隔离点污水处理设施不完善的，要及时报请地方政府立即采取移动式处理设施等应急措施，配备必要的监测设备，督促定点医院和集中隔离点开展自行监测，确保涉疫污水规范处理、安全排放。定点医院和集中隔离点采用二氧化氯、次氯酸钠等消毒剂对污水进行消毒时，要确保污水达到《医疗机构水污染物排放标准》后排放。各地卫健部门要加强对定点医院排污前消毒的监管，确诊或者疑似传染病病人产生的具有传染性的排泄物，应严格消毒后方可排入污水处理系统。

（4）推进有机改造，提升城市韧性与活力。通过加强土地开发中心和旧城改造部门的联动，建立健全政府统筹、多部门上下联动、齐抓共管的工作机制，形成老旧城区改造工作合力。政府部门应明确老旧城区改造项目的实施主体，建立健全老旧城区改造项目管理机制，推进改造项目平稳进行，有机结合老旧城区改造同步展开绿色社区建设。

老旧城区改造中，探索对失地村民的多种补偿机制，进一步调整公开出让和自行改造两种模式的收益分配，制定更为严格的土地闲置管理制度，探索采取公开出让模式使企业分享土地增值收益的制度，多方调动企业参与改造的积极性。

老旧城区改造强调城市的韧性与可持续发展，在老旧城区改造过程中应全面落实绿色发展的理念，贯彻以人为本、绿色低碳、永续发展的原则，以海绵城市建设促进城区环境和功能的全面提升，实现城市生产、生活、生态空间有机融合。

（5）做好应急物资配送。做好应急物资配送，需要统一调配、定点输送，确保应急物资能够安全高效地送到每一个医护人员和患者手中，同时可通过网络 GPS 定位实时观测防疫物资运输情况，通过大数据云平台做好供需管理，合理安排配送线路和人员进行应急物资配送。

保持生活必需品价格稳定、供应充足需要协同国家有关部门、生产商、供应商，会同电商平台，结合群众历史购物记录、购物习惯，运用大数据技术对群众生活物资的供应进行精准推算，同时打通供应链上下游，提高物资供应效率，确保生活物资供应充足。

（6）实行科学的交通管制。在做好高速公路、国省干道封路，铁路、公交减少发车频次乃至停运等措施的同时，应当辅以智能交通管控技术，实现交通监管的精细化，同时做好疫情交通管控信息的有效宣传。实现大范围的应急交通管制措施主要包括公共交通运行管控、疫情隔离交通管控、私人交通调节等。根据疫情的发展情况及时启动相应级别的应急预案。对公路客运、铁路、航空和城市公共交通进行相应的管控。同时兼顾市民生活和重要物资生产的需要。

（7）系统部署防范化解各类重大自然灾害风险。将防范化解重特大自然灾害风险作为应急管理工作核心任务，充分认识灾害事故的分布规律和致灾机理，既要警惕"黑天鹅"，也要防范"灰犀牛"。探索建立自然灾害红线约束机制，加强超大特大城市治理中的风险防控，严格控制区域风险等级及风险容量，编制自然灾害风险和防治区划图。优化自然灾害监测站网布局，完善应急卫星观测星座，构建空、天、地、海一体化全域覆盖的灾害事故监测预警网络。提升自然灾害防御工程标准和重点基础设施设防标准，提高重大设施设防水平。

4.2.4 体制机制改革尚未到位

4.2.4.1 经济基础设施领域改革尚需深化落地

以电力市场为例，我国尚未形成竞争性的电力市场体系。一是我国电力市场以中长期交易为主，竞争性不足。虽然发用电计划有序放开，但大用户直购电一般由地方政府确定，具有定向优惠的性质。二是电价"双轨制"不利于形成现货市场价格。在电力现货市场试点过程中，未参与市场的优先发电和优先购电电量仍执行原上网电价和目录电价，其余电量按市场价格进行结算，导致市场化发用电量总量不匹配，出现大量不平衡资金，制约市场化价格形成。三是区域电力市场省间壁垒问题突出。西电东送省份电力进入电力市场没有制度性安排，受电地区严格控制省外购电量，阻碍电力资源在区域间优化配置。四是分布式电源参与电力交易难实现。国家已出台政策开展分布式电源参与电力市场化交易试点，允许"隔墙售电"。但实际操作中，电源企业需提供由电网企业出具的支撑材料，且过网费难以确定，市场交易举步维艰。

4.2.4.2 投融资模式创新不足

缺乏适应新基建特点的融资产品。据调查，目前新基建融资的市场参与程度不高，银行贷款仍然是最主要的资金来源。从贷款品种看，目前银行对新基建领域的融资仍是通过传统表内贷款的形式，组建产业基金、发债等表外融资形式基本没有。针对江苏无锡44家银行的调研显示，从表内贷款品种看，九成新基建贷款采用的是传统项目贷款模式。75%的银行对新基建贷款投放的业务流程与传统贷款一致；93.2%的银行没有针对新基建贷款的专门信贷产品。

4.2.4.3 政策建议

（1）创新政府资金投入模式。按照"资金跟着项目走、项目跟着规划走"的原则，引导各地加快新型基础设施建设的规划与项目储备。建立国家、省市基金联动机制，加大对新型基础设施建设的支持力度。用好中央预算内投资、中央专项建设资金和地方政府专项债券资金，发挥政府资金"四两拨千斤"的引导作用，通过产业引导基金、担保基金、信托基金等方式不断吸引市场资本参与新型基础设施建设。将云计算、大数据、人工智能等新型基础设施产品和服务列入政府采购目录。通过税收优惠、财政补贴等方式支持新型基础设施建设项目。例如天津通过专项债筹措新基建项目资本金，并发挥财政资金撬动作用，吸引社会资本投资新基建。

（2）创新金融信贷投入模式。针对新型基础设施建设投入大、专业性强、风险高等特点，引导金融机构开展金融产品创新。鼓励开发性金融机构发挥"投贷债租证"综合金融优势，提供新型基础设施建设相关的全产业链金融服务。针对新型基础设施相关科技项目前期投入大、研发周期长等特点，支持商业性金融机构开展股权基金投资、投贷联动产品、"软贷款＋期权"等新模式。建立新型基础设施建设优惠利率信贷专项，加大新型基础设施建设中长期贷款投放力度。例如浙江地区金融机构创新差异化金融服务，有效解决新基建企业融资问题。

（3）创新投融资产品与服务。针对新型基础设施建设涉及产业链长的特点，鼓励发挥龙头企业对上下游的辐射带动作用，延伸新型基础设施建设的金融服务链条。例如河北、上海、山西等地通过建立政银企对接长效机制，提高新基建融资服务效率。鼓励符合条件的新型基础设施项目积极参与基础设施领域不动产投资信托基金（REITs）试点，盘活存量资产形成投资良性循环。根据有关机构介绍，REITs诞生以来的60余年间，现已发展至美国、澳大利亚、日本、新加坡、中国香港等40多个国家和地区，基础资产从商业物业逐步拓展到了交通、能源、零售、医疗等领域。如2019年美国REITs市值达1万亿美元左右。

（4）创新企业参与投融资机制。支持新型基础设施建设领域企业登陆资本市场，特别是到科创板、创业板上市，支持到"新三板"、区域性股权市场挂牌融资。放开新型基础设施项目投资的市场准入，为企业和社会资本拓宽投资渠道、放开投资限制。实施市场准入负面清单，给予各类市场主体公平参与的机会，科学合理地确定新型基础设施项目的投资资格，不设置超过新型基础设施项目实际需要的注册资本金、资产规模、银行存款证明或融资意向函等条件，不设置与新型基础设施项目投融资、建设、运营无关的准入条件。

（5）培育可持续的投资收益闭环。探索新型基础设施的应用场景，规划可持续的商业模式，推动新型基础设施与配套产业协同发展，促进产业经济反哺新型基础设施建设，发挥新型基础设施建设的"乘数效应"和"裂变功能"。在5G网络、人工智能、云计算、工业互联网等领域，加强新型基础设施建设与应用场景协同发展，基于场景应用构建产业链分享收入和盈利。

4.3 新基建的崛起

4.3.1 "新基建"的提出

4.3.1.1 新基建的概念

当前，全球第四次工业革命兴起，数字经济与实体经济加速深度融合，数据成为关键生产要素，数字技术演进升级推动新型基础设施的形成和快速发展。2020年4月20日，国家发展改革委首次明确新基建的概念。新型基础设施是以新发展理念为引领，以技术创新为驱动，以信息网络为基础，面向高质量发展需要，提供数字转型、智能升级、融合创新等服务的基础设施体系。新型基础设施的范围主要包括3个方面内容。

（1）信息基础设施。主要是指基于新一代信息技术演化生成的基础设施，比如，以5G、物联网、工业互联网、卫星互联网为代表的通信网络基础设施；以人工智能、云计算、区块链等为代表的新技术基础设施；以数据中心、智能计算中心为代表的算力基础设施等。

（2）融合基础设施。主要是指深度应用互联网、大数据、人工智能等技术，支撑传统基础设施转型升级，进而形成的融合基础设施，比如，智能交通基础设施、智慧能源基础设施等。

（3）创新基础设施。主要是指支撑科学研究、技术开发、产品研制的具有公益属性的基础设施，比如，重大科技基础设施、科教基础设施、产业技术创新基础设施等。

4.3.1.2　新基建的内涵

除具备基础性、公共性和强外部性等基础设施一般特征外，相比于传统基础设施建设，新型基础设施建设具有以下鲜明特征。

（1）核心是数字技术。如果说传统基建的核心是"工程"，那么新基建的重中之重则是"技术"，尤其是数字通信技术。新基建的三个方面建设内容都紧紧围绕新一代数字技术展开："创新基础设施"支持技术人才培养、科学研究、技术开发等，为新一代数字技术的发展起到底层支撑作用；"信息基础设施"如5G基站、数据中心等，则是新一代数字技术直接的应用载体；"融合基础设施"则是将新一代数字技术渗透进交通、能源、医疗等传统领域，为传统行业的发展赋予新动能。

（2）为传统行业赋能。传统基础设施在功能上相对单一，而新基建重点则是在传统行业中大量融入新一代信息技术，运用数字化、智能化和网络化的技术提升供应链、产业链和价值链的水平，特别是在工业、交通、能源、农业等领域赋能。

（3）数字化与绿色化深度融合。新型基础设施不仅是节能减碳的重要领域，更是赋能各行各业实现"双碳"目标的重要动力。新型基础设施一方面能够通过能源优化、成本优化、风险预知及决策控制等多方面帮助降低碳排放；另一方面助力实现碳资产数字化管理和碳排放追踪。

（4）多数新型基础设施尚处于发展的初级阶段。与传统基础设施经过数十年的发展已趋于成熟不同，新型基础设施是近些年才出现的，其技术、产品、市场、商业模式等都处于起步阶段。这意味着新型基础设施的规划建设要着眼于长远，目前应从技术和应用方面培育新型基础设施。

（5）技术演进升级速度快。新型基础设施所依托的数字技术升级迭代速度快，并不断与传统行业相互渗透融合，整体技术体系持续创新优化，基础设施需迭代式地开发和升级。所以建设和运营新型基础设施需要大量高技术公司和高质量人才，并需形成与之相适应的融资和监管环境。

4.3.1.3 新基建的发展

短期来看，大力发展新型基础设施建设，能够稳经济、促增长。消费、投资和出口是拉动经济的"三驾马车"，在我国经济增长方面发挥着关键的作用。为了完成稳定经济增长的目标，投资将成为主要驱动力。基础设施投资是我国固定资产投资的主要来源之一，历年来占全社会固定资产投资的比例均超过了20%，虽然传统的基础设施建设投资在逆周期政策中发挥着重要的作用，但也给经济带来了产能过剩等一系列结构性的问题。此次新型基础设施建设将是推动我国经济高质量发展的重要支撑，为稳经济、稳增长，满足数字经济需求奠定了基础。

长期来看，新型基础设施建设将助力传统企业数字化转型，发挥"乘数效应"，是高质量发展、可持续发展、长远发展的要求。首先，5G基站、人工智能、数据中心等信息基础设施为构建智慧化社会、数字化产业奠定了基础。信息技术渗透到工业、能源、交通等传统行业形成的融合基础设施将带动国民经济各行业的生产基础设施向数字化、网络化、智能化转型，从而有效推动我国各行业技术创新、产业创新和商业模式创新，促进新业态、新模式的发展，成为拉动新一轮经济增长的新动能和带动产业升级的新增长点。工信部数据显示，通过建设具有较高水平的数字化车间或智能工厂，有效提升了生产效率和产品质量。305个项目改造前后对比显示，生产效率平均提升37.6%、能源利用率平均提升16.1%、运营成本平均降低21.2%、产品研制周期平均缩短30.8%、产品不良率平均降低25.6%；而创新基础设施则为整个数字化转型提供了坚实的底层支撑。其次，数字政府的建设，对实现区域经济发展、提高政府城市治理能力、民生服务能力具有重要意义，新一代信息技术的发展促使互联网在政务领域的渗透，能够提高政府的决策、治理、服务能力。具体的，大数据服务能够帮助地方政府运用大数据建立科学决策机制，进而提高政策的精准性、科学性和预见性；通过云服务推动城市信息系统的资源整合，提高信息使用效率和价值等。此外，新基建还带来许多新的应用场景，极大方便了民众教育、医疗、出行等生活各方面。最后，新型基础设施建设能够提高应对各类社会风险能力。随着全球自然条件变化和经济社会运行频率加快，社会风险的突发性、不确定性、规模性、系统性、连锁性、耦合性特征越发凸显。建立和完善以危险预防为目的的风险治理体系，以控制事态为目的的应急管理体系和以沟通互信为目的的危机管理体系，促进社会治理体系和治理能力现代化，已成为当务之急。新基建能够促进信息基础设施建设和信息资源高效利用，助力智慧城市建设和大数据应用发展，构建城市大脑和领导驾驶舱，给现代社会应急管理注入了新的活力。通过建立"用数据监测、用数据分析、用数据预警、用数据管理、用数据决策"的创新机制，能够提高社会和城市的发展韧性，实现危急情况下的运筹帷幄、进退自如，使得基于数据的智慧应急管理成为可能。

4.3.2　中央高度重视，地方积极推进

4.3.2.1　中央高度重视，各部委出台一系列政策举措

党中央、国务院高度重视新型基础设施建设，新基建领域迎来前所未有的发展机遇。2018 年 12 月 19 日，中央经济工作会议首次将人工智能、工业互联网、物联网等定义为新型基础设施，并指出"加快 5G 商用步伐，加强人工智能、工业互联网、物联网等新型基础设施建设"。此后，在 2019 年 7 月 30 日的中央政治局会议上，要求加快推进信息网络等新型基础设施建设。

进入 2020 年以来，中央在多次会议中相继强调新型基础设施建设的重要性。如表 4-1 所示。

表 4-1　　　　　中央强调新型基础设施建设相关信息

时间	事件	内容
2020 年 1 月	国务院常务会议	要大力发展先进制造业，出台信息网络等新型基础设施投资支持政策，推进智能、绿色制造

时间	事件	内容
2020 年 2 月	中央全面深化改革委员会第十二次会议	要以整体优化、协同融合为导向，统筹存量和增量、传统和新型基础设施发展，打造集约高效、经济适用、智能绿色的现代化基础设施体系
2020 年 2 月	中央政治局会议	强调要"推动生物医药、医疗设备、5G 网络、工业互联网等加快发展"
2020 年 3 月	中央政治局常委会	提出要"加大公共卫生服务、应急物资保障领域投入，加快 5G 网络、数据中心等新型基础设施建设进度"
2020 年 4 月	习近平在浙江考察	强调"要抓住产业数字化、数字产业化赋予的机遇，加快 5G 网络、数据中心等新型基础设施建设，抓紧布局数字经济、生命健康、新材料等战略性新兴产业、未来产业，大力推进科技创新，着力壮大新增长点、形成发展新动能"
2020 年 4 月	—	国家发展改革委首次明确新型基础设施的范围：即信息基础设施、融合基础设施及创新基础设施
2020 年 5 月	政府工作报告	提出扩大有效投资，重点支持"两新一重"建设，"两新一重"分别是新型基础设施、新型城镇化，以及交通、水利等重大工程

资料来源：根据各官网公开信息整理。

在中央的指引下，中央网信办、国家发展改革委、工信部等相关部委也高度重视新型基础设施建设，出台了一系列政策举措，如表 4 - 2 所示。

表 4 - 2   相关部委强调新型基础设施建设信息

时间	政策名称	内容
2018 年 12 月	中国网信办、国家发展改革委《国家数字经济创新发展试验区实施方案》	要求各试验区结合各自优势和结构转型特点，开展大胆探索，充分释放新动能。其中，重庆市、四川省重点探索数字产业集聚发展模式，完善新型基础设施，开展超大城市智慧治理，加强数字经济国际合作
2019 年 10 月	工信部办公厅《做好宽带网络建设维护助力企业复工复产有关工作的通知》	积极对接宽带网络需求，主动提升网络服务能力

续表

时间	政策名称	内容
2019 年 10 月	国家发展改革委等 15 部门《关于推进先进制造业和现代服务业深度融合发展的实施意见》	加快工业互联网创新应用。以建设网络基础设施、发展应用平台体系、提升安全保障能力为支撑，推动制造业全要素、全产业链连接，完善协同应用生态，建设数字化、网络化、智能化制造和服务体系
2019 年 11 月	工信部《关于印发"5G＋工业互联网"512 工程推进方案的通知》	明确到 2022 年，将突破一批面向工业互联网特定需求的 5G 关键技术，"5G＋工业互联网"的产业支撑能力显著提升；打造 5 个产业公共服务平台，构建创新载体和公共服务能力；加快垂直领域"5G＋工业互联网"的先导应用，内网建设改造覆盖 10 个重点行业等；培育形成 5G 与工业互联网融合叠加、互促共进、倍增发展的创新态势，促进制造业数字化、网络化、智能化升级，推动经济高质量发展
2019 年 11 月	国家发展改革委等 7 部门《关于促进"互联网＋社会服务"发展的意见》	进一步拓展社会服务便捷化、智能化、个性化、时尚化消费空间，加快新型数字基础设施建设，以技术创新推动产品创新、应用创新，有效培育新业态、激发新动能
2019 年 12 月	工信部《关于加快培育共享制造新模式新业态促进制造业高质量发展的指导意见》	加强 5G、人工智能、工业互联网、物联网等新型基础设施建设，扩大高速率、大容量、低延时网络覆盖范围，鼓励制造企业通过内网改造升级实现人、机、物互联，为共享制造提供信息网络支撑
2020 年 2 月	国家发展改革委《关于统筹做好 2020 年产业转型升级示范区建设重点工作的通知》	进一步发挥中央预算内资金的引导带动作用，支持示范区实施一批新型基础设施、公共服务平台、企业创新能力等领域重大项目
2020 年 3 月	国家发改委、工信部《关于组织实施 2020 年新型基础设施建设工程（宽带网络和 5G 领域）的通知》	组织实施 2020 年新型基础设施建设工程（宽带网络和 5G 领域）
2020 年 3 月	工信部《关于推动工业互联网加快发展的通知》	提出加快新型基础设施建设、加快拓展融合创新应用、加快健全安全保障体系、加快壮大创新发展动能、加快完善产业生态布局以及加大政策支持力度的发展任务

续表

时间	政策名称	内容
2021年7月	教育部等六部门《关于推进教育新型基础设施建设构建高质量教育支撑体系的指导意见》	到2025年，基本形成结构优化、集约高效、安全可靠的教育新型基础设施体系；建设教育专网和"互联网＋教育"大平台，为教育高质量发展提供数字底座；建设物理空间和网络空间相融合的新校园，拓展教育新空间等
2021年11月	工信部《关于推动5G加快发展的通知》	全力推进5G网络建设、应用推广、技术发展和安全保障，充分发挥5G新型基础设施的规模效应和带动作用，支撑经济社会高质量发展
2021年11月	工信部《"十四五"信息通信行业发展规划》	明确提出，到2025年，基本建成高速泛在、集成互联、智能绿色、安全可靠的新型数字基础设施
2021年11月	国家发展改革委等4部门《贯彻落实碳达峰碳中和目标要求推动数据中心和5G等新型基础设施绿色高质量发展实施方案》	到2025年，数据中心和5G基本形成绿色集约的整体化运行格局。全国数据中心整体利用率明显提升，东西部算力供需更为均衡
2022年2月	发改委等4部委联合印发《国家发展改革委等部门关于同意粤港澳大湾区启动建设全国一体化算力网络国家枢纽节点的复函》	同意在京津冀、长三角、粤港澳大湾区、成渝、内蒙古、贵州、甘肃、宁夏等8地启动建设国家算力枢纽节点，并规划了10个国家数据中心集群，标志着"东数西算"工程正式全面启动

资料来源：根据各官网公开信息整理。

4.3.2.2 地方政策目标清晰，投资拉动效应显著

在地方层面，各地也纷纷出台相关政策支持新型基础设施建设，推动地方经济数字化的转型升级，政策目标清晰，投资拉动效应显著。

北京市出台了《北京市加快新型基础设施建设行动方案（2020～2022年)》，聚焦"新型网络基础设施、数据智能基础设施、生态系统基础设施、科创平台基础设施、智慧应用基础设施、可信安全基础设施"6大方向，实施30个重点任务，提出4类保障措施。2021年上半年，北京市新增5G基站7000个。中关村工业互联网产业园启动主体结构施工，高级别自动驾驶示范区建设3.0加快推进，金隅数字供应链产业园示范项目、电投工业互联网数

据安全信息港开工建设。1~6月全市信息传输、软件和信息技术服务业投资同比增长94.3%。2021年全年，北京市5G、车联网、工业互联网等新型基础设施加速建设，新基建投资增长26.4%。2022年6月，北京市发布了《北京市统筹疫情防控和稳定经济增长的实施方案》，提出了45条举措。前瞻布局新型基础设施，推进朝阳、海淀等超级算力中心项目建设，开工建设北京园博数字经济产业园、中关村京西人工智能创新中心等项目，加快一体化皮基站系统建设部署。

上海市出台《上海市推进新型基础设施建设行动方案（2020~2022年)》，提出到2022年，5G、人工智能、物联网、大数据等新技术全面融入社区生活，上海市社区新型基础设施建设不断夯实，运营服务体系日益完善，智慧社区支持体系更加优化，社区治理更加智慧、社区生活更有品质。出台《上海市新型基础设施建设项目贴息管理指导意见》，推动13家合作银行建立总规模超1000亿元的信贷资金。出台《上海市新型基础设施重大示范工程实施方案》，聚焦互联网医疗、智能制造、社会治理、社会民生服务等领域，打造若干个具有影响力的"新基建"应用示范。出台《上海市5G移动通信基站布局规划导则》《上海市5G通信基础设施规划（2020~2022年)》，明确全市5G基站布局总体规划和近期建设路径，逐步建立全市5G建设"1+16+X"规划体系。出台《上海市住宅小区及商务楼宇智能配送设施规划建设导则》，为智能配送设施入园、进区、上楼提供便利和规范指引。出台《社区新型基础设施建设行动计划》，推动5G、人工智能、物联网、大数据等新技术及智能终端融入社区生活。印发《上海市道路交通自动驾驶开放测试场景管理办法（试行)》，编制《自动驾驶开放测试道路环境分级规划》《自动驾驶开放测试风险评估技术规划》，探索建立智能网联汽车法规监管、配套设施建设两方面规范体系。根据上海市统计局数据，2020年、2021年上海"新基建"完成新增投资分别为710亿、913亿元，占全市固定资产投资总额分别为8%和9.6%，投资拉动效应明显。

天津市颁布实施《天津市新型基础设施建设三年行动方案（2021~2023年)》，提出到2023年，市内新型基础设施建设达到全国领先水平，基本建成泛在互联、全域感知、数据融合、创新协同、安全可靠的新型基础设施体系，为经济高质量发展和城市高效能治理提供重要支撑。一是打造全国领先的信息基础设施标杆城市；二是打造普惠共享的融合基础设施应用生态；三是打造具有国际竞争力的创新基础设施集群。截至 2021 年底，全市共建成 5G 基站 4 万个。2022 年，天津市将累计建成 5G 基站 5 万个，实现 5G 网络基本覆盖。

重庆市政府出台《重庆市新型基础设施"十四五"发展规划（2021—2025 年)》，谋划部署信息基础设施、融合基础设施和创新基础设施 3 方面内容，明确全市新型基础设施发展重点、实施路径和重点工程。印发实施《重庆市新型基础设施重大项目建设行动方案（2020—2022 年)》，计划 3 年里将总投资 3983 亿元，滚动实施和储备 375 个新基建重大项目。这批新基建重大项目实施后，到 2022 年，将基本建成全国领先的新一代信息基础支持体系，筑牢超大城市智慧治理底座、高质量发展基石。开展新型基础设施试点示范项目认定，在用地计划指标、用电保障、能耗指标方面给予倾斜，按照项目投资额等比例给予 500 万～1000 万元奖补支持，建立新型基础设施重大项目白名单制度，引导金融机构优先给予低利率、长周期信贷支持。

江苏省印发《江苏省"十四五"新型基础设施建设规划》，提出"十四五"时期，率先建成满足经济社会高质量发展的数字、融合、创新、智能的新型基础设施体系，补齐短板，优化结构，扛起"争当表率、争做示范、走在前列"的使命担当。到 2025 年，主要发展目标有，5G 基站数 25.5 万个、10GPON 端口数 150 万个、大数据中心在用标准机架数 70 万架、工业互联网标识解析二级节点 40 个、省级工业互联网平台 100 个、国家级创新平台 21 个、省级平台 246 个等。2021 年 6 月，江苏数字经济核心产业增加值占 GDP 比重为 10.3%，江苏省发展改革委提出到 2025 年要实现数字经济核心产业增加值占比达到 13.5% 左右的目标。工信厅一组数据显示，江苏目前已建成数据中心 167 个，机架规模达到 35 万架，基本建成开放、易用、可持续发展的大规模通用未来网络试验设施（CENI)，覆盖全国 40 个城市。而江苏移动作为头部运营商，在数据中心建设方面，已建成覆盖全省的"超大规模＋中型规模＋边缘计算"数据中心服务集群，投产机架 4.4 万架，机架利用率 65.1%，网络出口 60T，可承载服务器超 80 万台、提供算力超 2500PFlops

（每秒浮点运算次数），以其丰富的 IDC 资源和专业的 IDC 团队，为 600 余家重要企事业单位提供服务。

浙江省将新基建作为产业转型升级的推进器和经济高质量发展的重要驱动力，制定了《2022 年浙江省新型基础设施建设省级部门重点任务清单》《未来五年浙江省基础设施现代化重大建设项目申报表》《浙江省 2022 年重大项目名单》《千亿数字经济工程 2022 年实施计划项目表》"四张清单"，聚焦电力、算力、动力"三大支撑"，高效统筹安全与发展"两件大事"。在创新基础设施建造方面，加快推进全国首个未来产业研究中心建设，探索新型产学研体制机制改革。支持之江实验室成为国家实验室重要支撑，推动浙江大学、西湖实验室等优势力量纳入国家实验室体系，加快推进工程研究中心建设。积极构建以国家产业创新为重点的产业创新体系，围绕数字经济、生命健康、新材料等重点领域，统筹布局"万亩千亿"新产业平台，打造成为国家级战略性新兴产业集群和重量级未来产业的重要承载地，为高质量发展蓄积新动能、打造强引擎。

广东省政府办公厅印发《广东省推进新型基础设施建设三年实施方案（2020～2022 年）》，对广东推进新型基础设施建设进行部署。到 2022 年，广东新型基础设施发展水平领先全国，初步形成以新发展理念为引领，以科技创新为驱动，以信息网络为基础，支撑数字转型、智能升级、融合创新的新型基础设施体系，省发展改革委已会同各地各部门，对全省在建及正在谋划的新型基础设施项目进行了梳理，初步汇总了 700 多个项目，总投资超 1 万亿元，预计 2020～2022 年至少完成投资约 6600 亿元。截至 2022 年 5 月，广东全省固定宽带接入端口超过 9455 万个、5G 基站 18.3 万座。在工业互联网标识解析体系建设上，目前工业互联网标识解析国家顶级节点（广州）接入二级节点共 34 个，涵盖 25 个重点行业；接入企业数 5448 家，成为华南地区工业互联网重要的网络中枢。

福建省印发实施《福建省新型基础设施建设三年行动计划（2020—2022 年）》，提出到 2022 年，力争新型基础设施建设规模、发展水平、创新能级处于全国先进行列。全省建成 5G 基站 8 万个以上，互联网省际出口带宽达到 40Tbps，打造千万级社会治理神经元感知节点，物联网终端用户数突破

5000万户，新增工业互联网标识注册量1亿以上，在用数据中心机架总规模达10万架以上，算力达到P级以上，形成"1+10"的"政务云"服务体系，建成50个以上物联网创新应用示范平台、10个以上省级工业互联网示范平台、100个以上人工智能深度应用示范项目、100个以上区块链典型创新应用。2021年，福建全省数字经济增加值2.32万亿元，比上年增长15.7%左右，约占全省国内生产总值的47.6%。5G、人工智能、平台经济、区块链等新业态蓬勃发展，数字经济成为福建经济高质量发展的重要引擎。福建省数字经济领域现有国家级和省级重点实验室13个、工程（技术）研究中心（工程实验室）48个、企业技术中心28个。全省50多家数字经济企业在专业细分领域居全国之首乃至全球领先水平。福建所有城市均达到光网城市标准，建成5G基站5.6万个，100%县域全覆盖；在用数据中心36个。2022年4月，福建省发展改革委、省数字办发布《福建省做大做强做优数字经济行动计划（2022~2025年)》，提出到2025年，全省数字经济增加值超过4万亿元，数字经济核心产业增加值占GDP的比重比2020年提高3个百分点，开放、健康、安全的数字生态加快形成，数字营商环境不断优化，数字经济发展质量效益达到国内先进水平。

江西省发布《江西省"十四五"新型基础设施建设规划》，提出到2025年，基本建成高速泛在、智能敏捷、综合集成、安全可信的新型基础设施体系，"感—传—存—算—用"综合数字能力显著增强，经济社会各领域数字化、网络化、智能化发展水平大幅提升，创新基础设施水平稳步增强，有力支撑全省高质量跨越式发展。具体的，5G基站大于7万个、5G虚拟专网标杆数量100个、组建国家重点实验室和国家技术创新中心5个、企业上云上平台数量大于8万家、省级农业物联网示范基地数量大于300个等。2022年1~5月全省规上数字经济核心产业营业收入增长15.6%，数字经济税收同比增长19.6%、税收贡献率达23.6%。开通南昌国家级互联网骨干直联点，5G基站基本实现"乡乡通"。以数字经济引领产业转型升级，2022年上半年技术交易合同成交额增长12.3%，战略性新兴产业、高新技术产业增加值分别增长17.2%、13.6%，占规上工业增加值比重分别比一季度提高1个百分点和1.1个百分点。

云南省出台《云南省"十四五"新型基础设施建设规划》，提出到 2025 年，云南新型基础设施建设水平进入全国领先行列，信息基础设施建设实现跨越发展，在工业互联网、能源互联网、智慧旅游等融合基础设施领域打造一批全国标杆，创新基础设施建设水平显著提升。具体的，5G 基站数量达 16 万个、全省机架数超过 10 万架、建成 100 个数字农业示范基地、建成 60 个智慧医院、新建国家级科技企业孵化器 5 家等。截至 2021 年底，云南全省已经建成 5G 基站达 3.5 万个，先后开通了 5788 个电信普遍服务试点，4G 网络项目、4G 网络 100% 覆盖行政村，建设了 2.4 万个窄带物联网基站及 42 个数据中心，陆续建成 13 条中老、中缅跨境传输光缆，国际传输带宽达到 1.03T。

四川省印发《四川省"十四五"新型基础设施建设规划》，提出到 2025 年，全省信息基础设施达到全国领先水平，融合基础设施对推动行业提质增效、保障和改善社会民生的支撑能力显著提升，创新基础设施满足建设具有全国影响力的科技创新中心需要，初步建成集约高效、经济适用、智能绿色、安全可靠的新型基础设施体系，成为经济社会高质量发展和治理能力现代化的有力支撑。在创新基础设施方面，成功获批国家精准医学产业创新中心、国家川藏铁路技术创新中心和同位素及药物、生物靶向药物国家工程研究中心。6 个国家科教基础设施和 2 个省重大科技基础设施加快建设。中国环流器二号 M 装置、大型低速风洞建成投用，高海拔宇宙线观测站记录发现人类观测到的最高能量光子。3 个"十四五"国家重大科技基础设施落地四川。截至 2022 年上半年，全省累计已建、在建和规划建设的国家重大科技基础设施达 10 个、数量居全国第 3，省级以上工程研究中心（实验室）达 233 个。

湖南省印发《湖南省新型数字基础设施建设"十四五"规划》，提出到 2025 年，全省 5G 基站数将达到 15 万个，移动网络 IPv6 流量占比达 75%，移动物联网终端用户 4000 万户、全省数据中心算力达到 4EFLOPS、全省工业互联网平台应用普及率达 45% 等。截至 2022 年上半年，湖南数字经济增加值已突破 1.3 万亿元。为进一步促进"大智移云"等新一代信息技术发展，湖南省工信厅又发布了《"数字新基建"100 个标志性项目名单》，将在 5G 建设应用、工业互联网、大数据等领域，投资超 207 亿元。到"十四五"

末，湖南将力争工业互联网平台普及率达到45%。

湖北省编制了《湖北省新型基础设施建设"十四五"规划》（以下简称《规划》），明确到2025年，湖北省新型基础设施建设水平进入全国第一方阵，武汉市新型基础设施达到国内领先水平，全省信息基础设施达到全国一流水平、融合基础设施打造成为全国标杆、创新基础设施建设实现全国领先。作为指导"十四五"时期湖北省新型基础设施发展的行动指南，《规划》围绕3大领域25项重点任务，系统提出了推进湖北省新型基础设施发展的工作部署。2021年，湖北省数字经济规模达到2.1万亿元，同比增长20%，GDP占比达到42%，拉动GDP增长7.9个百分点，贡献率为61.25%。

山东省印发《山东省数字基础设施建设指导意见》，明确了推进新基建和传统基建数字化升级的时间表和路线图，提前布局以5G、人工智能、工业互联网、物联网等为代表的新型基础设施，构建泛在连接、高效协同、全域感知、智能融合、安全可信的数字基础设施体系。各地出台的新基建政策为新基建在各地落地提供了完善的政策支撑。

山西省发布《山西省"十四五"新基建规划》，对山西省"十四五"期间新型基础设施建设进行全面谋划部署，并对2035年远景发展目标作出展望。该规划提出打造数字基础新底座、培育转型升级新动能、构建创新发展新高地、打造基础设施新能力、构建基础设施新体系、筑牢基础设施新屏障六大战略任务，提出建设信息网络基础设施、发展新技术基础设施、布局智能算力基础设施等19项重点任务，65条具体举措，囊括5G通信网络、国家级互联网骨干直联点、工业互联网平台、数字政府、互联网医院、数字校园、新型智慧城市等一批重点工程。

河南省颁布《河南省"十四五"新型基础设施建设规划》，提出经过五年努力，基本形成信息基础设施布局完备、融合基础设施赋能广泛、创新基础设施重点突破的新型基础设施体系，成为新一代信息基础设施标杆省份，有力支撑经济社会高质量发展。到2025年，全省5G基站累计达到20万个，数据中心机架数达到15万架，实现城市家庭千兆宽带、农村家庭百兆光纤和乡镇以上5G网络全覆盖，建成全国重要的信息通信枢纽和信息集散中心。产业、交通、社会、生态等领域基础设施感知网络基本建立，传统基础设施

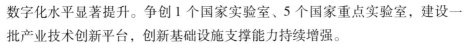

数字化水平显著提升。争创1个国家实验室、5个国家重点实验室，建设一批产业技术创新平台，创新基础设施支撑能力持续增强。

吉林省出台《吉林省新基建"761"工程实施方案》，要求加快推进5G基础设施、特高压、城际高速铁路和城际轨道交通、新能源汽车充电桩、大数据中心、人工智能、工业互联网"7大新型基础设施"建设，全面提升智能信息网、路网、水网、电网、油气网、市政基础设施网"6网"，着力补强社会事业"1短板"。

贵州省出台《贵州省"十四五"新型基础设施建设规划》，系统部署了包括算力枢纽节点创建、创新技术服务平台建设、新型网络基础设施部署、传统基础设施智能化升级、智慧应用基础设施普及、重大创新平台构建、可信安全基础设施构筑七项重大行动。建立推进"新基建"省级厅际联席会议制度，统筹推进"新基建"各项工作。贵州从2018年起就通过"万企融合"大赋能行动，推动全省实体经济数字化、智能化转型，为"贵州制造"增添动能。全省大数据与实体经济深度融合发展水平指数也从2017年的33.8提升至2021年的42.5。

4.3.3 "新基建"三大领域发展态势

4.3.3.1 信息基础设施——在新一代信息技术驱动下加速升级换代

（1）5G网络基础设施。5G（全称第五代移动通信技术）是最新一代蜂窝移动通信技术，也是继4G之后无线网络的又一次演进。5G能够提高数据传输速度，降低延迟（相比4G网络，5G网络数据流量密度提升100倍，设备连接数量提升10~100倍，用户业务速率提升10~100倍，端到端时延降低5倍，可以为无线网络用户提供1Gbps以上的业务带宽、毫秒级的超低时延以及每平方公里百万量级的连接密度），除此之外，5G还能支持更多的用户、设备和服务，这使人与人之间的通信开始转向人与物的通信，机器与机器之间的通信。

我国5G技术发展领先。2022年6月，国家知识产权局知识产权发展研究中心发布的报告显示，目前全球公开的5G标准必要专利共21万余件，布局最多的国家（地区）依次为：美国4.6万件、中国3.9万件、欧洲3.1万件。这些专利涉及4.7万项专利族，其中，中国公开1.8万项专利族，全球占比40%，排名第一位。我国华为和中兴在5G领域表现突出，根据中国信通院《全球5G专利活动报告（2022年）》，华为有效专利族数量全球占比14%，排名全球第一位；中兴占比8.3%，排名第五位。

我国已建成全球规模最大的5G网络。根据工信部数据，截至2022年4月底，中国建成全球规模最大的5G网络，累计开通5G基站161.5万个，占全球5G基站的60%以上；登录5G网络的用户已经达到4.5亿户，占全球5G登网用户的70%以上。其中，中国移动累计开通5G基站超85万个，基本实现城区、县城、乡镇连续覆盖。中国电信与中国联通建成了全球首张规模最大、速度最快的5G共建共享网络，累计开通5G基站76万个，实现城区、县城及重点乡镇5G连续覆盖。中国广电与中国移动一起，已完成县乡及农村地区20万座基站建设，2022年将进一步完成中心城区28万座基站建设，实现乡镇以上区域连续覆盖并广泛延伸至行政村。中国信通院发布的《全国移动网络质量监测报告》显示，中国5G网络覆盖逐步完善，全国5G网络平均下行接入速率和上行接入速率分别为334.98Mbps和70.21Mbps，网络接入速率相比4G网络提升显著。

而我国5G发展也面临着挑战，主要有，建设投入巨大且回收周期长、产业链仍然存在薄弱环节、垂直行业的融合应用创新面临挑战、以美国为首的西方国家压制我国发展等。

（2）数据中心。过去"数据中心"这一概念单指互联网数据中心（IDC），近几年数据中心的概念不断外延，目前数据中心以数据为基本管理对象，融合IDC、云计算、区块链、人工智能等新技术于一体，成为集数据、算力、算法三大要素于一身的数据基础设施，在"新基建"中发挥着数字底座的关键作用。

我国数据中心建设迈进高速发展阶段。2020年以来，中国数据中心市场迈入了高速发展期，据Synergy Research的数据显示，中国已成为全球第二大IDC市场，占全球市场份额的10%。2020年中国IDC市场规模同比上涨

43.3%，增速达到 2012 年以来最高，金额达人民币 2238.7 亿元；2021 年，中国整体 IDC 业务市场总体规模突破 3000 亿元，达到 3012.7 亿元，同比增长 34.6%。根据中国信通院发布的《数据中心白皮书》，按照标准机架 2.5kW 统计，截止到 2021 年底，我国在用数据中心机架规模达到 520 万架，2017～2021 年年均复合增速超过 30%。其中，大型以上数据中心机架规模增长更为迅速，按照标准机架 2.5kW 统计，机架规模 420 万架，占比达到 80%。平均上架率超过 55%，在用数据中心服务器规模 1900 万台，存储容量达到 800EB（1EB=1024PB）。电能使用效率（PUE）持续下降，行业内先进绿色数据中心 PUE 已降低到 1.1 左右，达到世界先进水平。

地区结构性失衡、能耗高、未实现集约化发展为目前我国数据中心产业主要的短板。数据中心的需求和建设大量集聚在北上广深等一线城市，中西部地区数据中心虽建设较快，但由于缺乏有效需求，正步入结构性过剩阶段，整体资源的空置率超过 50%，部分区域上架率甚至不足 10%，与北上广深等地 60%～80% 的上架率相比差距明显。从布局看，华北、华东、华南三大区域仍是数据中心投资集中地，2021 年，全国范围内数据中心规划新增机柜总数约 99.15 万架。华北规划新增机柜数超过 27 万架，排名第一位，华东和华南位列第二位和第三位，新增分别超过 24 万架和 22 万架。

绿色、超大规模数据中心是未来发展方向。从规模建设看，数据中心基础设施向高密度、超大规模化方向演进；从建设模式看，数据中心硬件和系统功能封装在独立模块中，实现动态可调整、弹性可扩展；从运维模式看，AI 解决方案正逐步介入数据中心的设备管理、环境控制、现场运维、安全保障等全生命周期管理；从能效指标看，数据中心低能耗、低 PUE 要求逐步提高。多样性场景应用将牵引数据中心服务化、定制化发展。数字政府、行业数字化、数字孪生城市、智慧社会、数字化生存等应用场景需求持续激发。数据中心可进一步将数据资源包装成标准化产品，为数据产品流通、交易和开发提供平台支持。通过合理的机制设计推动数据的共享和开放，促进数据的社会化应用。第三方数据中心服务商正进入赛道，凭借按需弹性服务、专业化运维、定制化解决方案能力吸引用户。

（3）工业互联网。工业互联网是面向传统制造业需求，构建基于海量数据的采集、汇聚、分析和服务体系，支撑制造资源泛在连接、弹性供给、高效配置的开放式工业云平台。

我国工业互联网产业增加值规模持续提升，促进行业发展、转型升级效果显著。2021年，工业互联网建成二级节点168个，服务5万家企业，促进标识解析体系拓展至31个重点行业，国家顶级节点日解析量突破8000万次，主动标识载体超过400万个。据测算，2020年我国工业互联网产业增加值规模达到3.57万亿元，名义增速达到11.66%，占GDP的比重为3.51%。2021年工业互联网产业增加值规模将突破4万亿元，达到4.13万亿元，成为促进我国经济高质量发展的重要力量。2020年工业互联网带动第一产业、第二产业、第三产业的增加值规模分别为0.056万亿元、1.817万亿元、1.697万亿元，名义增速为19.48%、9.97%、13.28%，工业互联网带动各行业的增加值规模持续提升。

尽管我国工业互联网发展取得了显著成效，但仍然面临以下问题：首先，我国工业互联网基础支撑产业薄弱，有50%左右的工业PaaS平台采用国外开源架构；其次，受新冠肺炎疫情影响，部分企业资金链压力较大，难以支撑平台建设费用，尤其是中小企业；最后，企业缺乏工业互联网高水平人才，这就导致制造业的工业互联网建设难以把控全局性和融合性。

4.3.3.2 融合基础设施——新技术助力传统行业数字化高质量转型

（1）人工智能基础设施。中国信通院发布的《人工智能基础设施发展态势报告》指出，人工智能基础设施是以算力要素能力、数据要素能力、算法要素能力构成的基础能力平台为底座，以应用开放平台等为主要载体，以赋能制造、医疗、交通等重点行业和领域智能化转型为目标，为实现壮大智能经济、构建智能社会的专有服务设施能力体系。

我国人工智能基础设施尚处于初期，发展迅猛。在数据集建设方面，2020年3月，谷歌数据集搜索结果中文数据集达185.1万个，2019年6月至2020年3月期间增速达82%。根据中国信通院的数据，我国政府开放数据集总量从2019年7万余个迅速增长到2021年超30万个，增幅超4倍。此外，我国高科技企业积极构建AI开放数据生态、共享共建数据集，企业开放数据平台逐步增多，如百度飞桨开放数据集已收录近 10000 个；阿里天池已汇聚超 3000 多个数据集，涵盖计算机视觉、自然语言处理、金融、电商、医疗、工业、农业等多领域。在算力建设方面，2020 年，我国算力规模达到 135EFlops，全球占比约为 31%，即使在全球新冠肺炎疫情背景下，我国算力依然同比保持 55% 的增速。此外，我国算力结构不断演化，其中，基础算力占算力的比重由 2016 年的 95% 下降至 2020 年的 57%，智能算力占算力的比重则由 2016 年的 3% 提升至 2020 年的 41%。我国人工智能芯片算力性能也大幅提升，华为、寒武纪、百度等企业相继发布云端训练芯片，打破国外企业长期垄断局面。华为昇腾 910 芯片成为全球单芯片计算密度最大的芯片之一，整数精度（INT8）算力高达 640TOPS。寒武纪发布思元 370，创新性采用芯粒（chiplet）技术，功耗仅为 150 瓦，整数精度（INT8）算力高达 56TOPS。百度昆仑芯 2 芯片采用 7 纳米制程，搭载自研的第二代 XPU 架构，整数精度（INT8）算力达到 256TOPS，而最大功耗仅为 120 瓦。在推理芯片方面，华为昇腾 310 采用华为自研的达芬奇结构，在功耗仅为 8 瓦的条件下，整数精度（INT8）算力高达 22TOPS。在深度学习算法框架方面，在语音、视觉等基础技术、开放计算及垂直领域的 AI 开放平台建设不断推进，以华为盘古 NLP 大模型、百度产业级知识增强大模型"文心"等为代表的国产化超大规模预训练模型飞速发展，开源开放平台生态体系逐步壮大。

目前，各地均抢先开建人工智能开放平台，统筹规划的合理空间布局急需提上日程。此外，人工智能基建建设周期较长，评估难度大，如何形成包含前、中、后期全生命周期的社会效益和经济效益评估体系是人工智能基建成效评价的主要挑战。未来人工智能发挥作用离不开各行业领域海量的应用场景数据基础，所以需要通过不断开放数据，实现数据跨行业跨部门共享共用。

（2）新能源汽车充电桩。信息技术支撑下的智能充电桩，能够提供强大的电力管理能力以及高稳定性的运行能力，降低运营商建设和运营成本，满足用户使用便利性。

随着新能源汽车数量的爆发式增长，我国新能源汽车充电桩规模也保持高速增长。截至 2020 年 2 月，全国充电基础设施累计数量 124.5 万个，其中公共充电桩 53.1 万个,私人充电桩 71.4 万个。截至 2020 年 2 月,公共充电桩保有量均超过 6 万个的包括江苏、广东和北京。

但新能源汽车充电基础设施建设仍处于起步阶段,存在商业模式不够成熟、发展不协调等问题。未来,应以需求和问题为导向,加大充电基础设施建设、运营环节补贴力度,在用地支持上简化审批流程;充分利用融资租赁等融资方式;融合物联网技术,加快推进不同平台之间的信息互联互通,改善用户体验。

(3)数字政府基础设施。数字政府是在现有行政组织框架基础上,充分运用数字技术对政府的治理理念、治理机制、治理模式、治理工具等进行创新,从而实现政府治理的深度变革,数字政府本质是政府治理的数字化转型。

各地数字政府基础设施建设目前正在迅猛发展。根据国家网信办发布的《数字中国发展报告(2021 年)》,我国健康码系统建设持续推进,国家政务服务平台推出"防疫健康码",累计使用人数超 9 亿人,访问量超 600 亿次。"一网通办"建设加速推进,全国一体化政务服务平台功能不断优化,以国家政务服务平台为总枢纽,构建国家、省、市、县多级覆盖的政务服务体系。国家政务服务平台开通的"一件事一次办"服务专区,首批上线服务涵盖从"出生"到"退休养老"等 9 个个人主题和从"开办企业"到"破产注销"等 5 个企业主题。政府数据平台不断开放,截至 2021 年 10 月,我国 193 个省和城市的地方政府上线了数据开放平台,其中省级平台 20 个(含省和自治区,不包括直辖市和港澳台),城市平台 173 个(含直辖市、副省级与地级行政区),与 2020 年同期相比总数增长超过 30%。政务数据共享交换体系建设加速推进。2021 年全国一体化政务服务平台数据共享交换体系接入各级政务部门 5951 个,支撑全国调用超 2 千亿次,向地方回流数据超 6 千万条。政府网站成为政务公开的重要渠道,87% 的省级政府和 81% 的地市级政府通过政府网站发布政府决策草案,公开征求意见,广泛听取社会声音。税务部门推广普及"非接触式"办税缴费,实现 233 项办税缴费事项网上办理,其中 212 项可"全程网办""跨省通办";优化社保缴费系统,实现企业社保缴费"网上办",个人社保缴费"掌上办";推行跨省异地电子缴税,已在 26 个地区试点,办理业务近 5 万笔,税款 83 亿元,有效解决纳税人跨省缴税不便,

"多地跑""折返跑"问题。国家"互联网＋监管"系统建设运行取得积极成效。国家"互联网＋监管"系统（一期）工程竣工，实现与 31 个省（区、市）、新疆生产建设兵团和 42 个国务院部门"互联网＋监管"系统的对接联通，初步建立监管事项动态管理、监管数据汇聚共享、风险线索推送反馈等工作机制。全国人大联合有关部门推动国家法律法规数据库正式开通，开通之时收录了宪法和现行有效法律 275 件，法律解释 25 件，行政法规 609 件，地方性法规、自治条例和单行条例、经济特区法规 16000 余件，司法解释 637 件。

数字政府的建设虽然取得了显著成效，但其建设仍存在一些突出问题，主要是顶层设计不足，制度不够健全，数据库建设不完善，网络安全保障存在短板，干部队伍专业素养有待提升等。

4.3.3.3　创新基础设施——为社会经济的数字化转型提供坚实支撑

创新基础设施主要是指支撑科学研究、技术开发、产品研制的具有公益属性的基础设施，包括重大科技基础设施、科教基础设施、产业技术创新基础设施等，是新型基础设施的重要组成部分。创新基础设施较信息基础设施和融合基础设施处于创新链的前端，高效布局创新基础设施，对于提升新型基础设施的供给质量和效率具有重要意义。

国家高度重视创新基础设施建设。空间环境地基检测网络、大型光学红外望远镜、超重力离心模拟实验装置建设稳步推进，为科技研发创新奠定了扎实的基础。再加上"十三五"期间启动了首批国家实验室建设任务，科研机构、高校的科研水平和人才培养储备能力得到了全面提升。各地建成的创新培育基地孵化了科技创新的源动力。北京、上海、粤港澳大湾区国际科技创新中心建设打造了具有全球影响力的科技创新高地，怀柔等地的综合性国家科学中心也贡献了大量的科研成果。同时，全国遍地开花的高新区生产总值突破 12 万亿元，占经济总量的 1/10 以上。

目前，我国创新基础设施建设还存在着原始创新能力不足、核心技术尚未掌握、科技资源支撑力度不足、重要科技人才流失等问题。

4.3.4 "新基建"需关注的问题与建议

4.3.4.1 需关注的问题

"新基建"主要是发力于科技端的基础设施建设，包括5G基站、特高压、城际高速铁路和城际轨道交通、新能源汽车充电桩、大数据中心、人工智能和工业互联网等七大领域，但不仅限于此，有更多的范围和领域需要关注。

区域布局和行业布局。区域新基建布局应处理好地方建设目标与国家经济社会目标间的关系，立足更好地服务国家战略。此外，5G基建、高铁轨交、新能源设施等应重点将人口流动关系和城镇化潜力纳入空间布局考虑范围。目前，算力设施、区块链基础设施等领域相互竞争，在促进技术和服务持续进步的同时，也存在重复建设、盲目建设的现象。新型基础设施各领域的融合协同也需积极推进。

评价管理体系和法律法规建设。新基建的建设只是生命周期的开始，能否保持高效、持续、稳定的运行，三分靠建设，七分靠运营。标准和评价体系让新型基础设施建设"有规可依"，有效的管理机制则保障项目建设的效率以及责任落实。此外，如何妥善应对受制于人的供应链安全隐患和网络安全新挑战，如何释放数据要素价值，充分发挥新型基础设施的倍增效应等也是亟待解决的问题。

地方资源承载能力。绿色化是新基建的鲜明特色之一，但通信行业也是消耗能源的重点行业，故在建设中需要考虑资源环境的承载能力，贯彻绿色发展的大方向，尤其是数据中心等高耗能的产业。同时也要考虑地方经济发展水平和政府的财政承载能力，注重"有为政府"和"有效市场"有机结合。

"新"的内涵丰富，包括的范围更广。实质上，"新基建"除了从科技端发力，也是对已有基础设施领域中诸多问题的系统性思考，反映了人们对基础设施投资转型的愿望。新与旧不能分开，既包括现有基础设施的升级换代，也包括新型基础设施开拓。应当积极稳妥进行投融资机制创新，包括市场经济条件下新的合作治理机制、风险分担机制、科学决策机制、财政金融支持机制。

4.3.4.2 措施建议

政府层面。一是要加强统筹规划和顶层设计。新型基础设施的发展涉及不同领域、各个地区、多方面建设。政府要统筹规划,重视顶层设计,要制定新基建发展中长期战略规划和短期行动计划,要根据区域特点和行业需求,统筹规划新基建区域和行业布局,要推进信息基础设施、融合基础设施和创新基础设施的协同发展,集约共建,提高投资效率。二是强化需求牵引。警惕盲目投资、资源错配、重复建设等风险。深入分析当地产业发展状况、地方特色和社会转型需求,以需求和问题为导向,稳步推进新型基础设施建设,有效赋能急需数字化转型的传统产业,有效解决当地突出的社会民生问题。三是激发市场活力。为充分激发民间投资活力,一方面,通过适当降低市场准入门槛,吸引更多社会企业参与新型基础设施的建设;另一方面,要丰富资金投入渠道,发挥财政资金引导带动作用,发展多种融资组合方式,引导社会资本参与新型基础设施建设。四是创新配套政策支撑体系。要加快出台新基建建设、运营和管理的标准规范、管理办法、法律法规等;加强对新基建的安全监管,确保网络安全、平台安全和数据安全;健全标准和评价体系,建设长期的运营机制。发挥社会监督作用,拓宽公众参与监管的渠道,推广服务质量社会监督员制度,鼓励第三方服务质量调查。

企业层面。一是以顶层设计合理布局。企业应立足于中央顶层设计和地方安排,在把握和衔接相关领域发展趋势、需求和自身业务模式基础上,科学制定发展规划、行动计划,明确企业战略发展方向和目标定位。二是加大创新投入,夯实技术基础。新型基础设施建设在全球内尚处于起步阶段,各国后期发展潜力很大程度尚取决于前期的技术积累,故企业需培育、吸纳大量大数据、人工智能、新一代通信技术等多领域的人才,加大创新投入,有效发挥科学技术对产业发展的"乘数效应"。三是探索多种合作模式。企业应探索与地方政府共建新模式,通过 PPP、BOT、BT、特许经营权等多种合作方式,发挥各自优势,聚力打造新型基础设施。

第 5 章

迈向高质量基础设施
与可持续发展

全面建成小康社会如期实现，意味着一个"全面"完成，另一个"全面"开启，即"全面建设社会主义现代化国家"新征程开启。全面建成小康社会，充分展现了新时代中国特色社会主义的伟大成就，标志着中国走向全面建设社会主义现代化国家的新起点、新征程。基础设施作为小康社会的重要支撑，在全面建设社会主义现代化国家的征程中不断迈向高标准，可持续发展成为主旋律。基础设施投资也只有转型高质量发展，才能像过往一样，既作为宏观调控的手段，又能驱动经济增长、惠及民生，其中，可持续发展的机制创新和策略优化尤为关键。

5.1 基 本 概 念

5.1.1 高质量发展

高质量发展是 2017 年党的十九大提出的新表述，这表明中国经济由高速增长阶段转向了高质量发展阶段。经过五年的光荣历程，2022 年 10 月 16 日，在中国共产党第二十次代表大会开幕会中，习近平总书记提出，高质量发展是全面建设社会主义现代化国家的首要任务。

高质量发展是发展经济学核心概念。根据党的十九大报告与2018年《政府工作报告》中的表述与总结，经济高质量发展是经济数据精确、营商环境优化、产品质量保证、资源精准对接与优化配置的增长方式，是创新驱动型经济的增长方式，是创新高效节能环保高附加值的增长方式，是智慧经济为主导、高附加值为核心、质量主导数量、GDP无水分、使经济总量成为有效经济总量、推动产业不断升级，推动经济建设、政治建设、文化建设、社会建设、生态文明建设五位一体全面可持续发展的增长方式。经济高质量发展，实现了增长与发展的统一、增长方式与发展模式的统一。经济高质量发展是现代化经济体系的本质特征，也是供给侧结构性改革的根本目标。

随着改革开放的深入推进和中国特色社会主义的深入发展，我国的经济发展进入新常态，社会主要矛盾发生了变化，为高质量发展提供了条件的同时也提出了更高要求，创新性、再生性、生态性、精细性、高效益，是经济高质量发展的本质特征。基于高质量发展的特征表现，我国的专家学者对高质量发展的内涵进行了研究与解读。

高质量发展的深层背景在于，我国劳动力和物质资本积累增速面临双下降；而产业结构、全要素生产率演进陷入瓶颈，服务业竞争能力在国际竞争力对比中较弱等（陆江源等，2018）。马晓河（2018）从狭义与广义两个角度对经济高质量发展进行了解读，狭义上的高质量发展表现为服务与产品的品质提升、资源利用率的提高和供给效益的增加；而从整个社会角度出发的广义层面还需要考虑经济发展的外部性因素，表现为创新体制机制的健全与能力的提升、城乡协调发展、区域协调联动、环境与资源的可持续化利用、对外的开放程度与包容程度以及发展成果由人民共享。师博等（2018）认为，高质量发展是增长速度稳定且可持续、经济结构均衡且紧跟时代、能够保护生态并对社会面友好的发展。任保平（2020）从我国经济发展转型期出发，阐明当下的中高速但重质量的经济增长与以往的高速增长的区别，并在此基础上对高质量发展下了定义：经济总量和规模在达到一定充分高的水平后，经济结构优化、新旧动能转换、经济社会协同发展、人民生活水平显著提高的结果。国务院发展研究中心研究员张立群在接受强国论坛采访时表示，高质量发展解决的问题并非"有没有"而是"好不好"，从效益层面对三次产业与体制机制提出了规范、有序的要求。具体在社会实践方面，经济高质量发展受现代化经济体系依托，微观层面体现为企业活力、产品、服务质量的上升；中观层面体现为技术水平持续攀升、产业重心走向高端、资源利用效率不断提高；宏观层面体现为区域联动与行业联动；综合层面体现为形成实体与科技协同的产业体系，构建各个市场主体之间的友好关系（胡敏，2018）。在"全球大变局"背景下，我国经济发展实践也对中国经济高质量发展的现实、转型背后的核心要素和实现转型的具体机制不断提出新的命题。高质量发展的内涵与实践也将不断延伸。

5.1.2 高质量基础设施

根据党的十九大提出的"高质量发展"思想，基础设施无疑也要瞄准"高质量基础设施"的新目标，这是我国基础设施建设未来的标准，是顺应"高质量发展"大趋势。但目前，学界对"高质量基础设施"并无统一而严谨的定义。与高质量发展的内涵相似，基础设施高质量发展也仍是以人民为中心的发展，其根本出发点和落脚点是能够很好地满足区域经济发展、社会公平建设和人民日益增长的美好生活需要。未来伴随我国经济社会和科学技术不断创新发展、产业消费结构加快转型升级、人们的生活水平日益提升，基础设施建设发展的需求将发生深刻变化，呈现出多元、个性、人文、精致和唯美的新特征。

从其内涵来看，"高质量"并非单纯强调"质优于量"，而是要求"质与量兼而有之"。结合 2018 年 11 月 APEC 第三十届部长会议声明，高质量基础设施应该包括 5 大核心要素。

（1）开放、透明、财政健全，与当地发展战略相协调。（2）具备经济效益，能够发挥市场机制作用，包括考虑项目全生命周期成本及费用效益。（3）有利于促进当地高质量发展，包括创造就业机会、能力建设以及知识、专业技能的转移。（4）社会及环境友好。（5）安全保障、适应气候变化、应对自然灾害韧性。

此外，根据日本在中亚地区实施"高质量基础设施建设"援助计划中的官方解释："高质量"主要包括经济性（低成本和长寿命周期）、安全性、抗击自然灾害的强韧性、考虑对环境和社会的影响力以及对当地社会和经济的贡献（技术转移和人才培养）五个方面。

从基础设施建设推动"高质量发展"的角度进行考虑，高质量基础设施的特征则可以将"高质量发展"的特征嵌套在基础设施领域中得到，主要有以下五点。

5.1.2.1　从"量"到"质"

提质增效是新时期经济社会发展的重要内容，也是深化供给侧结构性改革、推动经济高质量发展的主要途径。高质量基础设施，也应以提质增效为中心，着力提升基础设施整体发展质量、系统效率和效益水平。优化升级是推动基础设施高质量发展的主要手段，其核心要义是"去粗取精"，摒弃过去单纯强调"规模扩张"的粗放式发展路径，转向"精耕细作""精益求精"的内涵式发展模式，通过减量发展、集约发展、协同发展的系统优化方式来推动实现基础设施高质量发展。长期以来，我国基础设施建设已习惯于"做加法"、做增量，不适应"做减法"、优存量，更不善于"加减乘除并举"。新时期推动基础设施高质量发展，既要会做"加乘法"，放大有效供给的叠加效应、乘数效应和共振效应；还要会做"减除法"，节约集约基础设施资源，在"减量"发展和"加减乘除并举"中实现精细化发展。

基础设施精细化发展有三层含义：一是精准供给，抓住基础设施全生命周期各环节的关键问题，精准发力，及时响应和精准匹配经济社会发展的动态需求；二是精细管理，聚焦基础设施短板领域、薄弱环节和细微之处，加强细节管理和规范化、标准化建设；三是精诚服务，强调以人为本，加强基本公共服务设施建设，着力提升基础设施人性化服务水平。基础设施精细化发展的关键在于存量更新，通过闲散资源盘活、老旧设施更新、低效设施改造、传统设施升级，加快推动基础设施由表及里、由量向质、由大而全向精而专转变。

5.1.2.2 从"旧"到"新"

当前，伴随全球新一轮科技革命和产业变革蓬勃发展，在新一代信息技术支撑驱动下的跨界融合和资源共享已成为培育经济发展新动能的重要抓手。新时期推动基础设施高质量发展，应紧紧把握产业变革趋势和融合共享的时代特征，着力转变基础设施发展思路，打造引领经济增长的新优势新动能。一是打破既有产业边界，依托前沿科技与现代技术手段，促进基础设施与关联产业融合发展。依托交通、物流、能源、水利、信息等基础设施网络或平台，大力发展枢纽经济、高铁经济、旅游经济等，推动基础设施与现代制造业、现代农业、现代服务业联动发展。二是充分发挥新一代信息技术的牵引作用，推动新型基础设施与传统基础设施跨界融合发展。加强大数据、云计算、3D打印、人工智能等先进科学技术在交通、能源、水利等传统基础设施领域的广泛应用。三是创新要素投入方式，统筹交通、能源、电信设施建设，统筹基础设施网络空间布局，推进基础设施资源共享、设施共建、空间共用。

创新驱动是加快现代化经济体系建设、推动高质量发展的动力源泉。新时期推动基础设施高质量发展，应向改革创新要动力，着力深化重点领域和关键环节改革，强化科技创新、制度创新和组织管理创新，增强基础设施可持续发展的内生动力和创新活力。始终把科技创新作为推动基础设施高质量发展的第一动力，加强基础设施领域前瞻性、引领性技术研发与创新，加快推动5G、人工智能、工业互联网、物联网等新型基础设施建设，及时响应和主动适应未来智慧社会发展建设的需要。

5.1.2.3 从细分到统筹

在基础设施建设的实践中，通常按照交通、市政、电力等行业对规划进行拆分，由各自的行业主管部门进行管理与统筹。这虽然对于提高各行业基础设施建设的专业性颇有助益，但在一定程度上也妨碍了基建对社会经济发展的整体效能。

中央财经委员会第十一次会议强调，加强基础设施建设"整体性"，新一轮的全面基础设施建设相较于以前的传统基础设施建设更加重视投资的综合效益。因此,基础设施推动高质量发展的必经之路,就是将各细分行业的基础设施投资整合成系统性工程,从统一谋划、分期实施、共同运营的角度上,最大限度地优化投资构成、发挥投资效益。这将使得未来的基建市场随之出现明显的变化,单独的项目越来越少,整体投资项目越来越多。

这将使得未来基础设施投资的思维有很大的变化,政府主导投资的模式也将从直接的出资建设转为整体谋划者、基础设施的布局与管理者。未来的基建项目市场需求,同样将发生巨大的改变。随着市场供给的模式变化,市场份额与格局也将随之天翻地覆。

5.1.2.4 从债务到投资

过去的几十年中,我国的基础设施投资基本上可以与政府负债画等号。也正是由于基建投资需求的大幅增长,才使得政府融资平台这一特殊形式快速壮大。但是,随着高速城镇化的告一段落,以及地方政府广义杠杆能力基本见顶,依靠政府继续举债来投资基建,既可能产生风险,也无法实现基础设施的高质量发展。

因此,当前关于基建发展的思路是,将基建进行市场化的制度性改革,通过市场机制来验证基建投资的有效性与高质量发展。同时,将目前的基建项目的运作模式从负债支出转为投资项目,鼓励市场主体积极参与,帮助地方政府提高项目的运作水平与投资效益。这也意味着,基础设施的高质量发展一定离不开市场机制与市场化模式。不管是存量资产还是增量投资,都有望进一步进行市场化、金融化的改革,使得基础设施投资真正成为一个新的投资大类。充分发挥基础设施长期稳定的特性,将基建项目作为长期资金、保险资金的重要投资标的。

5.1.2.5 从城市到区域

过去的基础设施建设是以"土地增值"驱动投资,因此呈现出与城市建设与城镇化高度重合的特征。虽然这推动了许多省会城市与区域经济的高速发展，但也使得地区内部发展不均衡的问题比较突出。并且，随着房地产市场发展进入平稳、平缓时代，这一投资逻辑不再畅通。未来的基建投资，将更加侧重于推动产业发展、完善公共服务以及促进居民消费。

上述趋势意味着未来的基础设施发展不是单纯地聚焦城市，也不再是各地政府"自扫门前雪"，而是需要统筹考虑区域的整体发展，通过基础设施的联通与高质量服务，来助力实现整个区域的高质量发展、新型经济增长。一是以巩固网络规模优势为发力点，聚焦基础设施网络薄弱环节，精准补齐短板，着力扩大基础设施网络效应，进一步释放规模经济和范围经济红利。二是以增强战略支撑引领能力为发力点，充分发挥基础设施"基石"和"先行官"作用，支撑引领"一带一路"建设和京津冀、长江经济带、粤港澳大湾区等区域发展，进一步强化基础设施网络的辐射带动作用和溢出效应，将网络规模优势转化为竞争优势。同时，也将基础设施建设拉动的需求与地方产业发展进行综合考虑，推动行业的"跨界合作与相互促进"，实现基础设施投资与地方经济发展间的相互循环。

因此，具有上述特征的高质量基础设施将成为未来经济发展的重要推手。首先，高质量基础设施的建设能够有效恢复并解决受新冠肺炎疫情影响的经济增速放缓问题。由于疫情对我国社会经济发展的冲击，我国消费、投资与出口发展都受到一定程度的制约。而基础设施建设本身具有投资成本低、投资回报高的特点，一轮高质量基础设施的建设成为我国经济下行的必要解决路径。其次，高质量基础设施投资建设加深了市场化程度，扩大了流通范围。高质量基础设施通过基建市场化的制度性改革，为新产业与新消费开拓了市场空间，促进了消费升级，有效缓解了我国社会的主要矛盾。最后，高质量基础设施完善了基建规划统筹，逐渐成为实现"十四五"发展目标的重要推进方式。它促进了基础设施信息化升级，使国计民生得到改善，更好地推动我国经济的转型升级，助力我国经济的长期高质量发展。

综上所述，未来的基础设施高质量发展，将与过去粗放发展的传统基础设施发展模式大相径庭，也不再是落后产能的代名词，而是新一轮经济发展的排头兵、引路人。

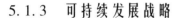

5.1.3　可持续发展战略

援引全国政协委员、天津大学张水波教授在接受《国际工程与劳务》杂志采访中的观点，高质量发展与可持续发展在概念上密切相关，甚至有时在使用时可以相互替代。严格来讲，高质量发展观应属于一种发展的方法论，高质量发展是长远的可持续发展，高质量发展是坚持可持续发展的根本途径。因此，贯彻可持续发展战略是推动经济社会高质量发展的重要抓手。

可持续发展亦称"持续发展"。1987 年，挪威首相布伦特兰在联合国世界环境与发展委员会报告《我们共同的未来》中，把可持续发展定义为"既满足当代人的需要，又不对后代人满足其需要的能力构成危害的发展"，这一定义得到广泛接受，并在 1992 年联合国环境与发展大会上取得共识。我国学者叶文虎、栾胜基于 1996 年在《论可持续发展的衡量与指标体系》一文中对这一定义做了如下补充：可持续发展是"不断提高人群生活质量和环境承载能力的、满足当代人需求又不损害子孙后代满足其需求能力的、满足一个地区或一个国家需求又未损害别的地区或国家人群满足其需求能力的发展"。

可持续发展包含两个基本要素或两个关键组成部分："需要"和对需要的"限制"。满足需要，首先是要满足贫困人民的基本需要。对需要的限制主要是指对未来环境需要的能力构成危害的限制，这种能力一旦被突破，必将危及支持地球生命的自然系统，如大气、水体、土壤和生物。决定两个要素的关键性因素有以下三点。

（1）收入再分配难以保证不会为了短期存在需要而被迫耗尽自然资源。

（2）降低主要是穷人对遭受自然灾害和农产品价格暴跌等损害的脆弱性。

（3）普遍提供可持续生存的基本条件，如卫生、教育、水和新鲜空气，保护和满足社会最脆弱人群的基本需要，为全体人民，特别是为贫困人民提供发展的平等机会和选择自由。

可持续发展战略对我国的基础设施的未来发展具有重要的指导意义。当前和今后一个时期，我国会进一步深入推进可持续发展战略的总体思路，并将其贯彻于基础设施建设当中，主要体现在三方面。第一，在基础设施项目建设包括投资、规划、设计、建设、运营、维护、废止的全生命周期内，做到规避环境风险和保护生态系统，尽可能降低对自然资源的消耗和对环境的负面影响。第二，考虑各利益相关方的利益和诉求，满足项目所在地经济社会中长期发展的需求。第三，充分发挥作用，实现项目与当地经济、社会和环境的长期和谐发展，就是基础设施建设中对可持续发展理念的体现。

而只有将可持续发展理念贯穿项目的全生命周期中，才能真正建成高质量基础设施，有效推动经济社会高质量发展。在项目前期达到高质量的决策，才能平衡好各利益相关方的短期与长期目标；建设过程中实现高质量的精细化管理，才能利用好各方优势互补的宝贵资源，降低对资源的消耗，提高生产效率；在项目建成后能够高效率使用，实现项目与当地的和谐发展，才能树立正面的政府、企业形象，真正融入当地社会，以其统筹全行业、高市场化程度、环境资源友善及地区间和区域间可联动性等优质特征获得长远的高质量发展空间。

5.2 高质量基础设施的可持续性分析

依据联合国环境规划署（UNEP）于2021年发布的《可持续基础设施的国际良好实践原则》报告以及世界银行的数据，具有可持续性的高质量基础设施对于应对气候变化、改善公共服务和推动新冠肺炎疫情后的经济复苏至关重要，主要体现在高质量基础设施所带来的环境回报与经济回报。针对这一份最新发布的报告，联合国环境署执行主任英格·安德森（Inger Andersen）表示："低碳、有利于自然的基础设施项目有助于最大限度地减少该行业的环境足迹，并为缩小基础设施差距提供更可持续、更具成本效益的途径。"①

2022年4月26日，习近平主持召开了中央财经委员会第十一次会议，

---

① 联合国环境总署. 可持续基础设施的国际良好实践原则［R］. 2021.

研究全面加强基础设施建设问题，进一步明确了构建现代化基础设施体系的要求。现代化基础设施体系是全面建设社会主义现代化国家的坚实基础和重要支撑，对于推动新时代经济持续健康发展、助推共同富裕和保障国家安全具有重要的现实意义。为此，在构建现代化基础设施体系过程中，要牢牢把握安全保障、经济引领和服务民生的基本原则，为全面建设社会主义现代化国家夯实基础。因此，发展具有可持续性的高质量基础设施——即发展可持续基础设施，是当下缓解甚至解决经济、社会、环境问题的重要抓手。

高质量基础设施的可持续性主要体现在四个角度。一是其自身具有可持续发展性；二是其能够促进社会的可持续发展；三是其能够推动国家发展战略的实施；四是其促进国际联动达到世界共同可持续发展。下文则是对如何实现自身与社会的可持续发展的解读。

5.2.1 高质量基础设施如何促进自身的可持续发展

根据 APEC 会议对高质量基础设施的定义，主要体现在财政、经济、人才、生态、气候五大方面。我们可以从以上几大要素入手，阐述其如何促进自身的可持续发展。

5.2.1.1 开放、透明、财政健全，与当地发展战略相协调

在改革开放前中期，由于政策法规不甚完善、监管水平相对落后，各类基础设施建设属于"铺摊子""上项目"的粗暴发展模式。项目投融资不公开透明、背后利益输送等现象司空见惯。工程质量低下、项目背离用途、土地规划混乱甚至项目烂尾等现象普遍存在。然而为解决这些现象带来的恶果，也只能加大基建投资力度，"拆而复建"。据联合国环境规划署统计，现有的大部分基础设施到 2050 年将不再使用，一部分基础设施的存续时间甚至不足 30 年。每年耗资万亿级美元的基础设施建设大多发生在发展中国家，这对国家财政产生了相当大的压力，也使得财政在其他领域的投资与支付受到较大挤占。

然而危机往往与机遇并存，随着许多国家在后疫情时代的经济复苏刺激

计划中，将基础设施建设作为创造就业、刺激市场需求、促进经济发展的重点投资方向，人们拥有了通过良性投资建设高质量基础设施的绝佳机遇。通过开放、透明的基础设施建设项目投融资机制，建设符合当地发展战略、顺应国家发展大势的高质量基础设施，是对"拆而复建"问题的优秀解法，是对未来城市蓝图的绘制，也是在财政层面实现基建自身可持续发展的第一步。

5.2.1.2　具备经济效益

传统基建项目的经济性在近年来已现颓势。根据光华管理学院《解决基建企业权益融资难题的 REITs 思路》一文中的统计，基建企业通常在建设完成后的 5~10 年时间才能通过运营收回资本金并实现收益；同时，传统基建项目的整体回报率较低。尽管不同基础设施类型略有差异，但项目建设的毛利率通常在 8%~15% 左右，中国建筑、中国交建、中国铁建基础设施建设业务的毛利率分别仅为 8.5%、11.8%、7.2%。传统基建项目的低收益率、长回款期导致的高举债问题，使得基建企业面临困难。

尽管目前还没有足够证据表明高质量基础设施在经济上的回报能够立竿见影地"卸掉杠杆"，但长期来看，其更长时间的存续及更高效率的使用能够较传统基建项目带来更多收益，从而更能缓解基建企业痛点。另外，高质量基础设施建设包括修建可再生能源工厂、环保公共建筑和低碳交通等，而投资可再生能源和能源效率创造的就业机会是投资化石燃料的 5 倍。根据世界银行的数据，在发展中国家每投资 1 美元高质量基础设施可以创造 4 美元的回报。

5.2.1.3　有利于促进当地人才发展

硬件层面的基础设施固然重要，但从长远来看，软件层面的知识、技术、素养才是真正能够促进经济发展、达成高质量发展的关键。由于传统基础设施建设总是围绕着"土地增值"进行，因此"城镇化"与"城市建设"高度重合，使得城市与乡镇的基础设施发展水平较不均衡，青年人才更倾向于留在城市而非返乡，为城市就业带来压力的同时，也令乡镇的自我发展陷入泥淖。

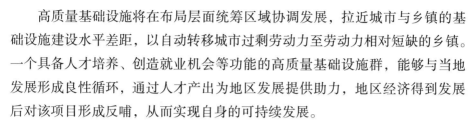

高质量基础设施将在布局层面统筹区域协调发展，拉近城市与乡镇的基础设施建设水平差距，以自动转移城市过剩劳动力至劳动力相对短缺的乡镇。一个具备人才培养、创造就业机会等功能的高质量基础设施群，能够与当地发展形成良性循环，通过人才产出为地区发展提供助力，地区经济得到发展后对该项目形成反哺，从而实现自身的可持续发展。

5.2.1.4　社会及环境友好

由于早年间的技术落后以及各类漏洞，传统基础设施的建设与其存续对自然环境产生的破坏及持续影响已经达到了极高的水平。根据联合国环境署发布的报告，已有的灰色基础设施（即传统意义上的市政基础设施，包括建筑、交通和电力基础设施）建造和运营中产生的温室气体（GHG）排放量约占全球总排放量的 70%，同时还可能对生物多样性和生态系统产生直接和间接的影响。设计不佳的基础设施还可能使当地居民流离失所，危及野生动物，并长期影响公共财政。

对于此类"恶性肿瘤"一般的基建项目，不仅处理起来相当麻烦，其已酿成的恶果更是无法弥补。而高质量基础设施通过现代科技的运用与精密、优良的设计具有了资源节约以及环境友好等特征，积极响应"碳达峰""碳中和"的发展规划，降低温室气体与有害物质的排放。有效规避掉早年基建项目带来的环境问题及社会问题，从而实现自身的可持续发展。

5.2.1.5　安全保障、适应气候变化、应对自然灾害韧性

近年来，气候变化与地质不稳定并行使得自然灾害频发，人祸也是不可避免的。以传统水利设施为例，根据国家统计局公布的数据，近 20 年来我国因雨水、洪水受灾的区域面积有所改善，但是远没能达到预期的效果，无论是水灾受灾面积还是成灾面积，都没有呈现出明显的下降趋势，其分别在 2003 年、2005 年、2007 年、2010 年、2012 年和 2016 年呈现出不同程度的反弹。而以 2016 年的数据为例，全国受洪涝灾害影响的人口近 1 亿人次，造成直接经济损失 3000 多亿元。可见，当天灾、人祸降临时，一些基础设施项目的崩溃很容易成为压垮一个地区以及无数家庭的最大推手。

面对未来的不确定性，质量过硬、能够适应环境不断变化的高质量基础设施是保证人类在面对"黑天鹅"事件时有足够底气与手段的良好工具——如发展能够提供缓解城市洪涝灾害、控制水质污染、恢复城市生态环境、提高空气质量和缓解城市热岛效应等基础性生态服务的绿色基础设施。可以说，诸如此类的高质量基础设施是城市维系社会经济运行和应对自然风险的"骨骼"，能够吸收和应对一定程度的冲击和压力，具有很强的安全韧性，从而实现自身可持续发展。

5.2.2　如何促进社会的可持续发展

联合国《2030 年可持续发展议程》将建设可持续的基础设施确定为 17 项主要发展目标之一。2016 年 9 月，中国政府在《巴黎协定》中作出了全球气候变化和碳减排工作的庄严承诺。全球智慧城市发展的大趋势，要求国际承包商建设绿色化、生态化、可持续发展的基础设施项目。

当今，可持续的发展理念在全球深入人心。建设绿色化、生态化、可持续发展的基础设施在国际基础设施投资与建设领域成为一个前沿话题。2015 年、2016 年两届二十国集团峰会（G20）都将基础设施列为各国重点关注的可持续发展领域，并强调将加强对可持续基础设施的投资。

基础设施是可持续发展的核心，是经济增长的基础，也为人们提供改善生计和福祉所必需的各种服务。因此，能够推动社会可持续发展的高质量基础设施，必定符合高质量发展的五大特征——创新性、再生性、生态性、精细性、高效益。以上述五大特征为出发点，并将 UNEP 发布的《原则》按特征分类，以促进在基础设施的全生命周期中将可持续性要素纳入考量范畴。并特别关注项目的"上游"阶段，使得未来高质量基础设施能从规划端起便促进社会的可持续发展。

5.2.2.1　基于创新性

（1）实施有据可循的决策制定，包括基于关键绩效指标开展关于基础设施性能和影响的定期监测，并推动各利益相关方之间的数据共享。

第一，测量关键绩效指标（KPI）。KPI 的测量是管理基础设施的服务交付、经济效益以及环境、社会和经济可持续性的重要工具。监测基础设施系统的积极或消极绩效和影响，可以促使适应性的管理方法得到应用，以应对基础设施系统生命周期中不断变化的情况。

在数据层面，可持续基础设施指标应当可量化、具有相关性和全面性，如涵盖环境保护、社会可持续性、经济效益/财政治理等方面，但又不宜过于复杂或数量过多。区块链、大数据和其他新兴技术创新能够为全过程、全层面的数据访问提供便利并提高透明度。通过广泛而全面的绩效指标收集与分析，使事后决策者与利益相关者作出符合事实的调整，高质量基础设施在其生命周期全部阶段均能够符合地区战略规划与全球发展目标，从而促进全社会的可持续发展。

第二，建立数据的"数字生态系统"。由于不是所有国家和部门都具备收集、连接和解析数据方面的广泛专业知识，能力建设是可持续基础设施规划和运营期间数据驱动方法得以应用的关键推动因素。建立数据的"数字生态系统"，有助于解决许多现有的数据挑战，开发不同数据倡议之间的协同作用，并可为基础设施发展与可持续发展目标的匹配提供各种机会。这种数字生态系统用算法和分析将个人数据联系起来，创造出关于环境状况以及经济、社会和环境之间关联性的可靠见解。它为基建 KPI 检测与分析提供保障，提升决策和评估政策的能力，从而在政策层面提升社会可持续发展性。

（2）关注财政可持续性和融资方式创新，在公共预算日益紧缩的情况下填补基础设施投资缺口。

第一，保持债务可持续性。基础设施的开发、运维需要大量投资，一些国家在基础设施上的支出甚至高达其国内生产总值（GDP）的 8%。这些投资预计在未来 20 年内还将继续增加，以填补基础设施的投资缺口。因此政府必须提高警惕，确保计划和项目层面的金融与财政可持续性，以及国家层面的债务可持续性。这一点在当下更为重要，尤其是发展中国家，新冠肺炎疫情造成的经济影响使公共预算捉襟见肘并威胁到债务的可持续性。大型基础设施项目往往会超出预算，部分原因是采购流程过于重视成本，导致投标人为赢得合同而做低预估的成本。采购程序应重视基础设施全生命周期的效益，这有助于确保更准确的成本估算，从而促成基础设施投资的财政可持续性。

第二，融资工具创新。为基础设施发展筹措资金有不同的方式，每一种方式都涉及公共和私营部门不同程度的参与。正在建设的基础设施，其类型及计划提供的服务往往决定了它能获得何种拨款和融资；这些反过来又会影响为满足特定需求选择何种基础设施解决方案的决策。基础设施项目的选择，公共经费和私营经费（或两者与其他经费来源的混合）之间的取舍，应当以最符合公共利益的公正评估作为指导原则。这一目标的实现，有赖于对项目进行全生命周期的成本效益分析，包括所有可选的服务交付模式，基础设施供应的完整系统，融资选择和经济效益。在政府预算日益紧张的背景下，包括PPPs、REITs在内的创新融资机制已成为动员私营部门参与并长期投资基础设施项目的重要手段。公私合营模式还可以提升项目的经济效益，并为可持续基础设施成果建立融资的合约框架。根据基础设施项目的建设初衷，选择适宜的现代基础设施融资机制，能够为基础设施投资安全性提供保障，从而在财政层面推动社会可持续发展。

第三，融资透明度。无论基础设施的资金来源如何，融资透明度都是在财政层面推动社会可持续发展的重要组成部分，需要进行制度化协调，以确保金融信息的准确收集、分析和共享。基础设施项目尤其容易受到贿赂和腐败的影响。经济合作与发展组织（OECD）的研究表明，近六成的海外行贿案件发生在与基础设施有关的行业。腐败的滋生会极大影响基础设施项目的进度与质量，从而影响区域规划与民生。因此提高融资透明度、杜绝腐败行为对基建项目的顺利推进有重大意义，如当有私营部门参与时，担保和其他财务激励措施应向公众披露，以便利益相关方了解与基础设施发展相关的真实风险；对基础设施项目的商业行为进行尽职检查，可帮助政府确保参与基础设施交付的私营部门能够遵循国际标准，并优先考虑最严重的环境和社会风险。

5.2.2.2 基于再生性

（1）基础设施发展的决策应当基于与全球可持续发展议程一致的战略规划，并由扶持性政策、规则和制度支持，以促进跨部门、国家和地方各级政

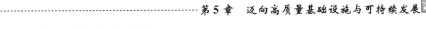

府及公共行政部门之间协作。

第一，基建规划符合长期愿景。高质量基础设施投资的决策，应以长期的、以需求为导向的可持续发展战略和超越国家和地方政治周期的公正转型为依据。这一愿景必须由适当的规划作为支撑，包括与连贯的规划周期相一致的基础设施发展和投资计划。至关重要的是，环境、社会和经济的可持续性要完全纳入这些规划，而且这些规划之间要保持概念上的一致，并受到公共部门预算的支持。规划层面周全的高质量基础设施能够在其全生命周期为区域乃至国家发展大势服务，从而促进社会的可持续发展。

第二，基建规划实现体制性协调。为了实现综合性和可持续的基础设施规划、交付和管理，需要在各级政府进行纵向（国家到地方政府）和横向（如不同部委和行政辖区之间）的机构协调。在整个生命周期中，基础设施涉及政府许多不同部门的管理，基础设施系统及其影响往往跨越地理和行政边界，包括跨越国家边界。物质资本和自然资本的优化以及资源的有效利用，意味着基础设施必须按照其地理影响水平进行规划和管理。实现整体化与体制性协调的高质量基础设施群规划通过其内在联动机制提高社会发展效率，推动可持续发展。

（2）重视资源的效率和循环，减少基础设施系统的自然资源"足迹"、污染排放，提高效率及基础设施服务的经济适用性。

第一，减少资源使用。基础设施建设使用了大量的自然资源，这是新兴经济体消耗资源的主要驱动力。许多基础设施系统还需要在其生命周期中不断投入能源和水等资源。此外，在建设、运营和停用过程中，基础设施资产还会造成空气、地面和水污染，并产生大量固体废弃物。

通过现有设施升级再利用、使用环保材料、提高基建内能源利用效率等方式，加以立法与政策保障，最大限度减少基础设施系统中的资源消耗、温室气体（GHG）排放、污染和废弃物，是高质量基础设施建设的趋势之一。通过减少资源消耗，延长人类社会对资源的使用周期，减轻资源开采压力，自然推动了可持续发展。

第二，循环使用基础设施建设材料。循环性和产业共生对于提高资源效率和减少污染及浪费也非常重要。例如，对现有基础设施资产中被替换下来的材料进行再利用，可以降低成本并提升新资产的资源效率。这一举措节约成本的潜力是巨大的，因为原材料成本可以占到基础设施资产建设总成本的40%~60%。同样，精心设计的互联和多功能基础设施，比如区域能源系统，可以提高能源效率并节约相关成本——区域能源系统的效率通常高达90%。此外，循环性原则，包括资源回收、再利用、再制造和再循环利用的理念，应被规划到基础设施的全生命周期中。循环使用部分建材的方式也是高质量基础设施建设对资源消耗的缓解举措，能够有效推动社会在能源层面的可持续发展。

5.2.2.3　基于生态性

（1）避免基础设施系统对环境的不利影响，探索以自然为基础的、成本有效的、人与自然共赢的基础设施解决方案。

第一，保护和加强生物多样性。为了尽量减少基础设施开发对生物多样性的影响，未来基础设施建设应尽可能优先考虑棕地开发和协同用地，当确需进行绿地开发时，避免选址在生物多样性保护的重点地区或生态系统服务价值高的地区。同时在项目设计阶段，高质量基础设施的建设会明确那些用于避免、减少和修复负面影响的措施，并针对可预计的任何余留的负面影响，尽早确定补偿措施方案、做好规划和预算。

基础设施项目应当以生物多样性零净损失为最低标准，以生物多样性净收益为优。保护与加强生物多样性作为高质量基础设施的建设方向与职能之一，将从经济与生态层面对社会可持续发展起到巨大推动作用。

第二，提升生态系统服务与抗冲击能力。如果大自然丧失了保护基础设施免受洪水、山体滑坡、野火和其他灾害、事故的能力，在这种情况下，自然生态系统退化将对已建成的基础设施系统本身构成威胁。在规划基础设施选址时，还应考虑到事故、灾害以及气候变化带来的影响。这不仅适用于基础设施本身的抗冲击能力，例如，在某一地点遭受山体滑坡或洪水的风险，还适用于发生本地和跨境灾害时，基础设施对自然环境的影响。高质量基础设施生命周期的所有阶段，都能够做好抵御灾害冲击的准备，在减少因人为因素导致气候变化引发的灾害的同时最大限度减少基建本身对环境的二次伤害，从而推动可持续发展。

第三，优先考虑基于自然的解决方案。在基础设施服务供应时采用基于自然的解决方案，对于实现环境、社会和经济可持续性的"三赢"至关重要。基于自然的基础设施解决方案包括使用自然生态功能取代或补偿已建成的基础设施的功能。举例来说，前者包括增强湿地的蓄水能力解决防洪问题，加强对现有森林的保护来防止滑坡和土壤侵蚀问题的出现；后者包括在城市环境中打造绿色空间，以及在环境设计中加入绿色墙壁和屋顶等元素。这种基于自然的解决方案优势不但在于能提供基础设施服务，同时能在自然、社会以及人类健康与福祉方面实现共赢。

（2）进行综合的全生命周期可持续性评估，关注基础设施在全生命周期内对生态系统和社区的影响。

第一，分析财务与非财务影响。在未来基础设施建设规划时不仅应考虑基于市场价格的财务成本和收益，还应考虑社会和环境外部性，针对风险和市场不完善进行调整。在可能和适当的情况下，对项目的正面和负面影响进行量化和货币化，以便可以根据共同的参考框架客观地评估权衡。在有些因素无法或不适合被量化和货币化的情况下，如生物多样性的价值或人权影响，应充分考虑其他物理单位或定性的评估。通过量化分析高质量基础设施项目对地方或区域的财务方面及非财务方面的影响，并基于其影响做出合适的调整，能够有效控制其负外部性，从而实现社会对可持续发展的助力。

第二，考量对生态系统和社区的累计影响。高质量基础设施规划还应考虑多个相互关联的基础设施系统和项目的累积影响，为了充分了解不同基础设施系统的所有成本和收益，应尽可能在基础设施生命周期的早期阶段系统地运用战略环评和累积影响评价（Cumulative Effects Assessment，CEA）等分析工具。未来高质量基础设施通过将其与生态系统的协同效应与设施群整体效能纳入规划，从生态层面推动社会可持续发展性的提升。

5.2.2.4 基于精细性

（1）提供快速响应、有韧性、灵活的服务，满足实际的基础设施建设需求，并随着时间推移变化和各种不确定性而做出调整。

第一，理解和管理使用者需求。基于服务需求制定的基础设施计划，能使资源分配更高效，降低基础设施的成本，更加符合可持续发展的目标。而其建设方法，核心是深刻理解基础设施需求的多样化和不断变化的驱动因素——包括人口统计特征和人口增长、城市化和移民、气候变化、生活方式、健康和经济等，以及已有的基础设施系统在满足当前和预计的需求方面的表现（包括可持续性表现）。高质量基础设施规划基于明确的服务需求进行，并根据未来情况的变化而做出相应改变，能够更好符合其辐射范围的发展战略，从而推动社会可持续发展。

第二，注入灵活性和韧性。在高质量基础设施设计建造过程中应将潜在风险考虑在内，如气候变化、土地退化、灾害、流行病、地区冲突、经济危机等影响基础设施的物理完整性的直接风险、间接风险。

此外，高质量基础设施的规划和设计加入适应主流的技术变化，避免使用过时或成本过高无法负担的技术。例如碳密集型和污染型技术，可能会由于环境外部性增加未来的运营成本。相反的，那些能够增加未来的灵活性的技术（如数字技术或"智能化"技术）则有助于减少基础设施所面对的不确定性风险，并提高其应对各种冲击的韧性。

第三，促进协同作用以改善连通性。一个行业的改变会影响其他行业面临的风险、需求和其表现。例如，所有的基础设施系统都只有在保证能源供应的情况下，才能保证可靠性、适应力和可持续性。在规划阶段如果未能理解这些关联性，会威胁基础设施系统的可行性，也会造成更广泛的社会和环境后果；反之，若是将行业间的关联性纳入考量，则可以利用行业联动提升经济运行效率，推动可持续发展。因此，应将整个生命周期中不同基础设施系统和行业之间的相互作用考虑在规划内，而高质量基础设施正是打破行业间与各系统间壁垒的极佳工具。

（2）推行透明、兼容并蓄和多方参与的决策制定，包括利益相关方分析、公众参与，以及对所有利益相关者开放的申诉机制。

第一，利益相关方共同协商。包容的、有意义的利益相关方公平协商对于可持续基础设施各部分的顺利执行至关重要。它有助于达成对服务需求和偏好的良好理解，并帮助确保基础设施发展的文化适宜性以及与需求的相匹配。它也是准确评估不同基础设施解决方案的环境、社会及经济成本和效益并在它们之间进行权衡取舍的重要工具。尤为重要的是，高质量基础设施的建设规划协商将妇女、残疾人、老年人、少数民族及其他较弱势、边缘化或处境不利的群体包括在内，以确保其能够满足他们的需求，推动全社群共同可持续发展。

第二，信息共享。有效的协商需要公众尽早参与、持续参与，并保证有关信息披露的充分程度。这些信息必须以各利益相关方易于获得的渠道传达、以其能够理解的形式表述。协商过程应留有足够的时间让利益相关方提供反馈，以便利益相关方能够影响关于建设内容和建设地点的关键决策，并监督其执行。信息渠道通畅程度在很大程度上影响了协商的有效性，而高质量基础设施在建设规划之初便能给予这样的保障，从而推动社群可持续发展。

第三，调解纠纷。在制度层面，高质量基础设施提供司法和非司法机制来帮助回应利益相关方的申诉。这包括执行层面的申诉机制。这些机制应使用易于理解、公开透明的程序，及时向相关人员提供反馈，不应有惩罚措施，且不应妨碍其获取根据法律或现行仲裁程序可采用的其他司法或行政补救措施。这些机制的存在应告知所有利益相关方。

5.2.2.5　基于高效益

（1）促进经济发展，创造就业机会，支持地方经济。

第一，创造共同利益。在许多情况下，经济刺激是决定建设新基础设施的驱动因素。例如，能源、水或交通基础设施的发展可能对经济产生深远的影响，如刺激工业、贸易发展和劳动力流动等。然而，如果基础设施规划建立在对需求的不完全理解上，与互相关联的系统隔离，也没有适当的扶持政策来确保预期的结果，那么这些预期的效益可能会无法实现。以整体效益为纲的高质量基础设施则是基于行业关联规划出的，较传统分行业形式的基础设施具有更高的效率，从而在相同甚至更低的资源消耗下能够带来更多的效益。

第二，提供就业岗位。基础设施的建设和运营有创造就业机会的巨大潜力。因此，应尽可能在基础设施的战略规划和采购流程中加入创造就业机会的措施，包括鼓励使用基于劳动力和当地资源的解决方案、技术和做法，以及提升中小微企业的参与度。高质量基础设施的建设与运维能够缩小城乡差距并在相当长的时间跨度内提供充分的就业岗位，在缓解城市就业压力的同时能够吸引劳动者返乡就业，对当地发展形成反哺，推动区域可持续发展。

（2）兼顾平等、包容和赋权，平衡好对社会基础设施和经济基础设施的投资，维护人们的权利，为大众谋求更好的福祉。

第一，平衡社会和经济目标的优先级。基础设施是提升人力与社会资本的基础，对于提升对世界上最贫穷、最弱势群体的社会包容至关重要。经济基础设施往往能够从终端用户那里收回成本并产生收益，而与之不同的是，许多种类的社会基础设施并不能产生收益，只能依赖公共资金的投入。流入经济基础设施的投资是社会基础设施的两倍多，因此在战略层面，高质量基础设施规划需要能够为社会基础设施和经济基础设施发展分配足够的资源，从而照顾到难以获得基础设施正外部性的社会弱势群体，推动全社群共同发展。

第二，使所有人公平地获得服务。所有基础设施的发展都应公平地造福社区、工人和雇主、用户、纳税人和广大人民。无论个人经济承受能力如何，任何人都应当能够平等地取得基础设施所提供的关键服务和福利。高质量基础设施规划能够考虑到不同辖区的社会经济发展条件与服务需求差异，政策和投资也应当考虑地域差异。妇女和女童的需要应受到特别关注——男性和女性在获取基础设施服务方面存在差距，这些差距在不同方面影响着男性和女性。因此，基础设施发展应促进性别平等，为男女提供平等的就业机会和服务，并在确立基础设施设计和运营的优先事项时赋予两性平等的发言权，这为日益激化的性别矛盾提供了一定程度的缓解。

第三，保护社区。各国政府应确保采取措施保护基础设施项目中的工人，包括最低工资、社会保障、休假、职业安全和健康以及公共采购程序等方面的立法和标准。每个国家的立法和标准应符合《国际劳工组织工作中的基本原则和权利宣言》。同时，高质量基础设施发展过程中采取措施维护人权，避免其不利影响不公平地落在贫困群体、边缘群体与弱势群体身上。此外，应竭力避免造成流离失所，丧失住房、土地、财产和生计等问题，并应规避

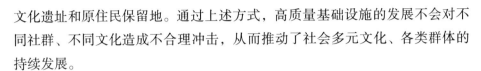

文化遗址和原住民保留地。通过上述方式，高质量基础设施的发展不会对不同社群、不同文化造成不合理冲击，从而推动了社会多元文化、各类群体的持续发展。

5.2.3　高质量基础设施助力高质量发展

在我国实现飞速增长的背后，离不开我国经济社会未来发展的导向与规划。从"十四五"规划，到2035年基本建成社会主义现代化国家、2050年建成社会主义现代化强国的长期愿景，都是基于我国经济发展现状、历史、优势、劣势等多方全面考量，提出的综合行动指南与发展纲要。

而随着我国进入高质量发展阶段，深化供给侧结构性改革是有效解决我国发展中的突出矛盾和问题、推动经济高质量发展的工作主线。从供给视角看，基础设施高质量发展实质上就是基础设施作为经济社会系统的供给侧，不断深化结构性改革的动态过程，其核心含义是通过基础设施供给结构的优化完善，消除无效供给，强化有效供给，优化资源要素配置，提高全要素生产率，不断增强基础设施的创新力、竞争力和支撑经济增长的驱动力，最终实现经济更高质量、更有效率、更加公平、更可持续的发展。在这些规划中，"可持续发展"是一切发展目标的前提与基础，"高质量基础设施"是被常常提起的名词——它是上述规划从愿景变成现实的得力载体与坚实基础。可见，高质量基础设施建设符合国家发展规划，促进国家层面的高质量、可持续发展。高质量基础设施以其创新性、生态性、再生性、精细性和高效益的特点不断服务于国家发展大势，助力国家从一个阶段的胜利走向下一个阶段的胜利。

5.2.3.1　高质量基础设施助力制造强国战略

新中国成立尤其是改革开放以来，我国制造业持续快速发展，建成了门类齐全、独立完整的产业体系，有力推动了工业化和现代化进程，显著增强了综合国力，支撑起世界大国地位。然而，与世界先进水平相比，中国制造业仍然大而不强，在自主创新能力、资源利用效率、产业结构水平、信息化程度、质量效益等方面差距明显，转型升级和跨越发展的任务紧迫而艰巨。在经济高质量发展的大背景下，具有可持续发展性的高质量基础设施将为最终实现制造业强国的战略目标不断添砖加瓦——高质量基础设施完美贴合其创新驱动、质量为先、绿色发展的方针。

从创新角度看，建设现代化强国和跻身创新型国家前列需要夯实自主创新能力的基础。创新引领，设施先行。当前，我国在主要科技领域和方向上实现了邓小平同志提出的"占有一席之地"的战略目标，正处在从追赶转向自主创新发展的关键时期。新的社会变革中，依托高质量基础设施的创新功能以破解全局性、整体性重大科技问题的需求显著增强。

其中，具有创新职能的高质量基础设施的平台作用不容忽视，它为激发全社会的科技创新动能提供了强大支撑。

第一，高质量基础设施能够推进知识共享，共谋可持续发展蓝图。首先，创新基础设施坚持基础设施建设合作共赢，提供知识共享平台和渠道，在基础设施项目中实现建设经营、技术规范等方面的合作，加强信息对接与政策沟通。其次，它对构建知识共享环境、营造非正式的知识共享氛围并建立正式的知识共享制度具有强大的促进作用。最后，创新基础设施的建设是对知识共享行为的鼓励，将一方的知识、经验、技能通过知识共享转变成合作双方的财富，实现技术转移，能够显著提升工程建设水平与基础设施运作效率。

第二，高质量基础设施通过绿色协同创新机制，推动基础设施互联互通。首先，现代化高质量基础设施建设优化了技术方式、工艺流程，加大了产品和工艺研发力度，淘汰了落后、高能耗的设备材料。其次，从新发展理念出发，高质量基础设施顺应深化创新绿色体制改革的潮流，通过创新合作模式形成绿色创新合力，促进基础设施合作方在数据开放、绿色经济模式、可持续规划等领域合作交流，反哺可持续基础设施建设。

第三，跻身创新型国家前列要求以创新作为社会发展核心驱动力、以技术和知识作为国民财富创造的主要源泉，产出对世界科技发展和人类文明进步有重要影响的原创成果。而高质量基础设施的建设，就是为创新行为打下的坚实基础之一。

第四，以高质量基础设施建设项目为蓝本，吸收"提质量""提效率"

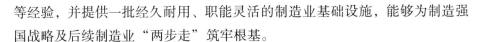

等经验，并提供一批经久耐用、职能灵活的制造业基础设施，能够为制造强国战略及后续制造业"两步走"筑牢根基。

5.2.3.2　高质量基础设施促成新发展格局

"十四五"时期推动高质量发展，必须立足新发展阶段、贯彻新发展理念、构建新发展格局。必须坚持深化供给侧结构性改革，以创新驱动、高质量供给引领和创造新需求，提升供给体系的韧性和对国内需求的适配性。必须建立扩大内需的有效制度，加快培育完整内需体系，加强需求侧管理，建设强大国内市场。必须坚定不移推进改革，破除制约经济循环的制度障碍，推动生产要素循环流转和生产、分配、流通、消费各环节有机衔接。必须坚定不移扩大开放，持续深化要素流动型开放，稳步拓展制度型开放，依托国内经济循环体系形成对全球要素资源的强大引力场。必须强化国内大循环的主导作用，以国际循环提升国内大循环的效率和水平，实现国内国际双循环互促共进。而每一个目标、每一个方面都离不开高质量基础设施建设。

从促进国内经济循环方面看，现阶段基础设施投资依然是推动经济增长的关键因素，摒弃传统基建的粗放发展、转而推动基础设施高质量发展，更是让投资效率提高的关键要素。在实现国内经济的良好发展是首要任务的背景下，政府应继续采取积极的财政政策，加大高质量基础设施投资力度，提升高质量基建对 GDP 的拉动作用。

因地制宜采取不同的基础设施投资策略。如在北京与上海等辐射能力强的地区，信息通信和交通运输等基础设施正在大规模投入建设。该类地区网络型基础设施在区域内部以及区域间形成了良好的互动网络，有效带动了区域内部的经济发展，还能够在设施投入运行后拉动其他区域的经济发展，使该类地区继续扮演好"增长极"的角色。西部的成渝地区所受东部各省市的辐射作用较小，但是成渝地区对其他地区的溢出效应比较高，在一定程度上说明了成渝地区对其他地区中间需求供给的依赖性。因此，各地区政府应该大力推崇投资行为的跨区域合作，减少本地区行政壁垒，积极引导信息传输、软件、信息技术服务和科学研究以及人工智能等高技术产业的发展，建立良好的投资环境并强化区域与区域间的中间需求关联，逐渐强化区域间产业的良性互动、互惠互利和相互支撑，逐渐增强对西部地区经济发展的辐射作用，不断促进国内经济循环的良好发展。

市政建设和生态环保等中心型基础设施的作用也没有被忽视，各地各类市政、环保工程项目正在有序推进。同时，各地始终秉持着"绿水青山就是金山银山"的观念，水利、环境和公共设施管理为主的中心型基础设施的投资建设也逐渐显现出其重要性并逐渐被提上日程，毕竟绿色可持续的发展道路才是长久之计。

从促进国际经济循环方面看，改革开放是中国共产党在社会主义初级阶段基本路线的两个基本点之一。中共十一届三中全会以来进行社会主义现代化建设的总方针、总政策，是强国之路，是党和国家发展进步的活力源泉。高质量基础设施无疑是对标国际标准，促进"对外开放"的有力抓手。

当前，全球新一轮科技革命和产业变革同我国经济结构优化升级交汇融合。实行高水平对外开放、建设更高水平开放型经济新体制，有利于我国进一步融入全球分工体系，更好统筹国内国际两个市场、两种资源，推动经济转型升级、实现新旧动能转换，向全球价值链中高端攀升。高质量基础设施的投资建设能够有效发挥我国巨大市场应用规模优势，推动相关领域技术装备产业化发展，形成构建现代化经济体系的新动能，吸引更多舶来资本、技术，促进"对外开放"。

中国特色社会主义已进入新发展阶段，站在新的历史起点上，人民对美好生活的向往呈现出了新趋势，即生活形式多元化、消费格局层次化、服务格局宽领域。构建现代化基础设施体系是谋民生之利、解民生之忧的重要载体，因此，只有构建结构优化、布局精准、智能绿色、安全可靠的基础设施体系，才能让人民的生活更美好。基础设施发展的目的是使人民群众得到实惠、生活得到改善、权益得到保障，不断满足人民群众日益增长的物质和文化需要，进而促进人的全面发展。

综上所述，高质量基础设施能够有效推进国家治理体系现代化，提升国家治理效能。高质量基础设施能够有效支撑"数字政府"建设，推动政府治理体系效能升级，包含数字法治体系、数字行政体系与现代化应急管理体系。

高质量基础设施能够重塑数字经济新生态，驱动现代化经济体系"新引擎"，如促进数字经济增长、孕育新模式新业态、增强互联互通、驱动"双循环"等。高质量基础设施能够全流程塑造现代产业，推动现代产业体系向智能化转型，如需求侧智能化感知、生产制造智能化、资源配置智能化及创新创造智能化等。高质量基础设施能够增强国家战略科技力量，驱动国家创新体系建设，如筑牢自主创新能力、构建面向全球的科技产业生态系统并培养一批面向科技前沿的创新人才。

5.2.3.3　高质量基础设施助力实现"共同富裕"目标

除去短期目标与规划中谈及的经济增长、创新驱动、绿色发展等角度，高质量基础设施在 2035 年与 2050 年的远景目标中还有一项短期内难以显现却在长期内大放异彩的作用——推动共同富裕。

共同富裕是全体人民通过辛勤劳动和相互帮助最终达到丰衣足食的生活水平，也就是消除两极分化和贫穷基础上的普遍富裕。它是邓小平建设中国特色社会主义理论的重要内容之一，也是我国社会主义的根本原则。近年来，一些学者开始关注基础设施对不平等与收入分配的影响。实证研究显示，基础设施建设能够降低经济的不平等程度，也有助于降低贫困。

第一，高质量基础设施能够显著改善与民生相关的公共服务，直接提高百姓的生活质量。现代社会的很多经济活动具有外部性与网络效应，若完全交由市场，则容易出现供给不足——出现自然垄断现象。与人们生活质量紧密相关的卫生、饮水、电力、道路等基础设施恰恰具有这一性质，如果没有可持续的基础设施建设投入，人民生活的许多基础性需求都将很难得到满足。例如，居民的健康水平与自来水系统紧密相关，家用电器的使用受制于电力的可得性与价格，百姓享受周边服务的便利程度则取决于道路的通达性与质量。通过基础设施建设直接提升居民生活质量也不仅局限于农村地区，现代城市中的许多公共投资也能起到类似作用。例如，城市公园与绿地能够为居民带来更优美的环境，清洁的垃圾处理厂能够带来更清洁的环境，充足的停车场能够便利出行等。通过改善收入、资产水平相对较低的群体的生活体验与服务保障，在一定程度上减轻"两极分化"。

第二，直接创造建筑业等就业机会，特别是为人力资本积累较低的农业人口提供非农业就业机会。低收入群体生活水平的提升离不开收入的提高。中国改革开放早期面临着农业与非农业发展的结构性矛盾。由于农业人口众多，耕地不足，农业的劳动生产率较低，无法支撑农业从业者收入的提高。因而，低收入群体收入提升的一个重要驱动力是为农业人口提供非农业岗位。上述非农业就业岗位还应至少具备以下三个特征。首先，其工资要高于务农回报；其次，考虑到农业人口较低的人力资本积累，相关非农业岗位应有较低的技能与经验要求；最后，相关岗位应具有较低的地理因素依赖性（改革开放早期的来料加工制造业就较为依赖沿海地区的港口与华侨资本，很难在中西部地区大规模复制）。基础设施建设带来的大量建筑业用工需求符合上述要求。由于存在大规模建设需求，建筑业的工资往往高于务农收入；建筑工人主要从事体力劳动，文化素养、技能要求相对较低；基础设施建设在各个地区均可开展，受经济地理的影响较小。而在高质量基础设施不断发展的今天，相对于往年粗放式的、缺乏监管的招工需求，今天的建筑工人能够得到更多的安全保障与收入保障。因而，基础设施投资成为直接提升农村居民收入（特别是男性青壮年群体收入）、促进共同富裕的重要因素。

第三，降低经济活动的成本，促进高附加值农业、工业与服务业发展，进而带来更多高收入就业机会。基础设施的改善与经济运行成本（如物流成本、要素成本、人员跨区流动成本等）的降低将从两个层面促进经济的发展。一方面，基础设施的改善使得经济主体能够更充分地利用全国统一大市场获取生产要素，使得产品与服务的生产更有效率（既可以体现为产品价格的下降，也可以体现为产品质量的上升）；另一方面，基础设施的改善（特别是信息与交通成本的降低）大幅度提高了市场的广度与深度，放大产品需求。上述两个机制为相关的生产活动带来更丰厚的潜在回报，进而促进投资，带来更多高收入的就业机会。从这个意义上讲，高质量基础设施投资具有一定的"信号作用"，能够撬动其他部门的投资，带动就业与收入提高。

5.2.4　高质量基础设施促进全球可持续发展

20 世纪 80 年代"可持续发展"概念的正式提出到今日已有四十多个年头。在这四十多年里，人类社会飞速发展，而发展带来的问题也随之显现，"全球可持续发展"概念已成为全球 193 个国家的共识。

全球可持续发展目标包含以下内容：（1）在全世界消除一切形式的贫困；（2）消除饥饿，实现粮食安全，改善营养状况和促进可持续农业；（3）确保健康的生活方式，促进各年龄段人群的福祉；（4）确保包容和公平的优质教育，让全民终身享有学习机会；（5）实现性别平等，增强所有妇女和女童的权能；（6）为所有人提供水和环境卫生并对其进行可持续管理；（7）确保人人获得负担得起的、可靠和可持续的现代能源；（8）促进持久、包容和可持续经济增长，促进充分的生产性就业和人人获得体面的工作；（9）建造具备抵御灾害能力的基础设施，促进具有包容性的可持续工业化，推动创新；（10）减少国家内部和国家之间的不平等；（11）建设包容、安全、有抵御灾害能力和可持续的城市和人类住区；（12）采用可持续的消费和生产模式；（13）采取紧急行动应对气候变化及其影响；（14）保护和可持续利用海洋和海洋资源以促进可持续发展；（15）保护、恢复和促进可持续利用陆地生态系统，可持续管理森林、防治荒漠化，制止和扭转土地退化，遏制生物多样性的丧失；（16）创建和平、包容的社会以促进可持续发展，让所有人都能诉诸司法，在各级建立有效、负责、包容的机构；（17）加强执行手段，重振可持续发展全球伙伴关系。

新冠肺炎疫情大流行期间，全球可持续发展的一些领域面临停滞或倒退，特别是全球极端贫困人口 20 多年来首次增加、人类发展指数 30 年来首次下降、饥饿人口数大幅增长、疫苗鸿沟阻碍全球平衡复苏、学校停课导致无法远程学习的 5 亿学生失学等。应对全球挑战需要全球解决方案，而基础就是多边主义和多边行动。在当前极具挑战的形势下，我国提出《全球发展倡议》，以将各方力量团结起来，共克时艰。各国必须创新方式方法，不断加强合作团结，在国家、次国家经济体和各组织间共享经济发展的知识和经验，为实现可持续发展目标做出贡献，并共同构建兼容并蓄的透明化平台促进各方形成合力，协作推进可持续发展进程。

在促进国际合作以再次回到全球可持续发展的正轨中，少不了高质量基础设施的影子。面对当前全球出现的问题，进行国际间基础设施投资可以有效整合区域发展优势，加强团结合作；同时高质量基础设施以其优越性及基础设施投资建设对经济的刺激作用在达到全球可持续发展目标途中发挥着举足轻重的作用。

5.2.4.1　高质量基础设施投资建设增强国际合作联动

建设高质量、可持续、抗风险、价格合理、包容可及的基础设施有利于各国更好地融入全球供应链、产业链和价值链，实现联动发展，成为各方的广泛共识。

当前，国际基础设施投资与建设正处于快速发展时期，已经成为国际金融危机与新冠肺炎疫情暴发后拉动世界经济复苏和增长的有效手段。各国陆续推出了大规模的基建计划，新兴国家城市化进程不断推进，发达国家基础设施升级改造、高质量基础设施的建设计划也在加快推进，国际高质量基础设施发展具有较强的市场需求支撑。与此同时，国际基础设施投资与建设领域也出现了一些新的特征。从融资角度看，开放合作、多渠道多方式筹集建设资金成为业界的共识，投融资主体和模式日益多元化。从建设角度看，具有低碳、高效等特征的高质量基础设施成为发展方向，绿色环保、节能减排等技术得到了广泛应用。近年来中国经济克服了内外部环境带来的一系列挑战，实现了平稳较快发展——即使在全国新冠肺炎疫情持续、国内疫情多点散发时，我国依然凭借精确优化疫情防控政策、因时因势调整经济政策实现了高额货物顺差。经济全球化仍是当今世界不可阻挡的趋势，全球经济产业升级，加快了资源、资金、技术和劳动力等生产要素在全球范围内的配置，基础设施领域的国际合作是大势所趋。

当前，对于高质量基础设施投资促进国际合作联动的最佳案例就是"一带一路"建设，在逆全球化趋势逐渐抬头的今天，这样推动全球可持续发展、"团结起来办大事"的倡议更显珍贵。

"一带一路"大量重大基础设施建设不仅改善了当地的营商环境和增加当地的就业机会，还为沿线合作国家更好地融入全球产业链和价值链、进一步释放其发展潜力创造了机会。九年多来，"一带一路"基础设施建设取得实质性进展。据统计，基础设施类投资占中国对"一带一路"投资的比重从2013年之前的23.3%上升至2020年的35%。① 第一，我国对外承包工程新签项目亦主要集中于基础设施领域。2019年，中国"一带一路"承包工程营业额达到1729亿美元，1亿美元以上项目有506个，为项目所在国及第三国创造了近80万个就业岗位，同时也带动我国设备材料出口超140亿美元。第二，实现了互利共赢。2020年，我国企业承揽的境外基础设施类工程项目有5500多个，超过2000亿美元，占当年合同总额的80%，中老铁路、中泰铁路、匈塞铁路、雅万高铁等一批代表性交通基础设施项目已建成或者处于在建高峰期。"一带一路"基础设施建设通过满足居民对水、卫生、电力、交通、通信等生活基本服务的需求，改善其生活质量并对减贫产生直接影响。中国援建的尼日利亚拉伊铁路项目为当地创造工作岗位4000多个，还带动了建材、工程建造等配套产业发展。"中欧陆海快线"已成为中希合作旗舰项目，创造直接就业岗位3000多个、间接就业岗位1万多个，每年直接经济贡献达3亿欧元。第三，新冠肺炎疫情期间，"一带一路"许多基础设施和民生项目都为抗疫发挥了重要作用，在大面积断航停航情况下，中欧班列将防疫物资安全、快速运抵沿线国家和地区，成为欧亚大陆之间的"生命之路"。

在可预见的未来，"一带一路"共建国家高质量基础设施投资建设将继续为构建国际团结合作机制、构建人类命运共同体、推动全球可持续发展发光发热。同时，这样具有"1+1+1>3"特征的国际高质量基础设施建设倡议，也会成为未来推动国际联动的重要方式。

5.2.4.2 高质量基础设施建设应对粮食危机

全球消除饥饿、粮食不安全和营养不良所做的工作正面临不断加剧的挑

---

① 郑雪平."一带一路"高质量建设驱动合作国家减贫研究 [J]. 社会科学，2021（9）：50-61.

战。2022 年 7 月，联合国粮食及农业组织、国际农业发展基金、联合国儿童基金会、世界粮食计划署和世界卫生组织联合发布的《2022 年世界粮食安全和营养状况》指出，2021 年全球受饥饿影响的人数已达 8.28 亿人，较 2020 年增加约 4600 万人，自新冠肺炎疫情暴发以来累计增加 1.5 亿人。报告提出的最新证据表明，即使全球经济实现复苏，预计到 2030 年仍将有近 6.7 亿人（占世界人口的 8%）面临饥饿，与 2015 年的水平相近。照此趋势，2030 年可持续发展议程设定的到 2030 年全球消除饥饿、粮食不安全和一切形式营养不良这一目标或难实现。

如此严峻的现状下，除各国自行稳农业、保产保收外，还需优化跨国粮食供应链，为农业资源禀赋较差且经济欠发达国家的饥饿人口提供帮助，以加强全球人道主义援助力度，向全球可持续发展目标的实现前进。优化跨国粮食供应链需要高质量基础设施建设作为基础，如建立粮食物流基础设施、粮食贸易危机预警机制等。

其一是粮食物流基础设施。粮食物流基础设施主要有两大功能。一是推进粮食进出口多元化。以我国的大豆进口为例，当前我国大豆进口的主要来源国为巴西、美国、加拿大。然而，俄罗斯、乌克兰、埃塞俄比亚等距离我国较近且支持陆运的国家在我国大豆进口中比重较低——显然，这些国家具有较大的出口潜力。通过粮食物流基础设施建设，为粮食进出口开辟新通道，并充分利用中欧班列等跨国陆上运输途径，可以显著降低运输成本，为粮食供应链的安全提供可靠保障。二是与仰赖海洋运输的跨国粮食流动形成互补，规避海洋运输交通拥挤、通道封闭等问题。以"一带一路"建设为例，"一带一路"建设的优先领域是沿线各国基础设施的互联互通。通过基础设施的统一规划，与各国的技术标准体系形成对接；并重点推进骨干通道的建设，抓住口岸和港口以及信息基础设施建设，掌握了水路运输的主动权，为铁路水路多式联运创造了便利条件，逐步形成我国连接亚洲各次区域以及亚非欧之间便捷的公铁水粮食运输基础设施网络。从"点"连"线"，由"线"织"网"，粮食物流基础设施建设带来的粮食运输网络能够有效规避贸易政策变化或地缘政治变化对粮食运输路径的影响，从而保障粮食供应链安全。①

其二是建立粮食贸易危机预警机制—一个包含风险识别、风险分析、风险预报功能的系统。对于风险识别功能，建设基础数据库，搜集国内外农产品生产、储备、加工、价格、贸易、消费、政策等各方面的信息资料，建立粮食贸易与境外投资数据收集和监测平台。这一监测平台应能够覆盖世界范围的粮食贸易、农业境外投资情况及国际粮油市场行情等信息，建立官方权威信息发布制度。对于风险分析功能，一是设计预警指标体系。预警指标体系的设计应从跨国粮食产业链的角度，覆盖粮食生产、运输、储备、进出口贸易等各环节。二是科学设计警情评级方法。在建立预警指标体系的基础上，根据各类风险对粮食安全可能的影响程度，采用定量与定性相结合的方法形成预警方法体系，对各环节、各层次的安全警级进行划分。对于风险预报功能，通过及时发布预警分析系统的结果，为决策部门和企业提供可靠的预测信息，预报贸易安全或不安全的程度。针对预报系统发出的警情，国家有关部门需要根据风险评级，对粮食进出口和境外农业投资政策进行调整。当"重警""巨警"发生的非常时期，就不能再按照常规的贸易程序，需要中央政府直接实施进出口调控，保证决策时效，确保粮食进口安全。

5.2.4.3 高质量基础设施推动弱势群体保护

平等不仅是社会原则，更应具体体现在法规政策的制定和落实的举措及其成效上。各个国家要履行好这个使命，就必须建规立制，以标本兼治的方法保障工作的顺利开展。对弱势群体的保护与照顾，能够在极大程度上体现一国人权发展的程度，这样的观念已成为国际社会的一个基本共识。

第一，应建立相应的机制。促进弱势群体保护的国家机制，相当于一个基础设施；而要为该项人权事业发展打好基础，国家就需要履行自己作为主要责任方的义务。有无该类基础设施，反映了一个国家的履责意愿；基础设

---

① 孙红霞，赵予新. 基于危机应对的我国跨国粮食供应链优化研究［J］. 经济学家，2020（12）：107－115.

施是否健全、是否强有力，运转是否有成效，体现的则是一个国家履职能力的强弱。

现如今，全球至少有180个国家设立了专门的弱势群体保护机构或协调中心等国家机制类基础设施。在不同国家，这些机构形式有所不同，有的国家是部级机构，有的国家则隶属于总统办公室或其他部门。同时，这些机构各司其职，如我国设立的妇女儿童基金会、残疾人联合会等。这些机构有助于对行政系统内各部门执行在国家政策框架内订立的弱势群体保护目标进行问责，同时为社会弱势群体提供有效的帮助。但与此同时，全球很多国家的机制普遍面临短板，如缺乏足够的财政资源，技术能力水平低，决策权力不够并在政府内能见度低，以及缺乏将人权视角与弱势群体保护观点纳入所有政府政策和方案主流的政治意愿。尽管从国家机制类基础设施角度体现弱势群体保护的方式仍有较长的路要走，但随着社会思潮的转变、机制类基础设施的不断优化，人权事业在未来必将得到进一步发展，促进全球可持续发展目标的推进。

第二，弱势保护应体现在建筑类基础设施建设中。在传统的基础设施建设中，时常未能考虑到个体差异带来的设施使用不便。现如今，高质量基础设施不但考虑其环境友好性与经济可行性等，还将人权视角纳入基建规划考虑范畴。如考虑到男性与女性生理差异，在公共基础设施中相对设置更多女性盥洗室，以缓解甚至解决女性如厕排队问题；如在基础设施中设置更多对聋、哑、盲等残疾人友好的交互机制，如盲文、盲道、无障碍电梯、手语识别设备等，并通过一定的监管保证此类设计的实际落地；如在公共事业机构设置更多引导流程或设施，以避免独居老人等陷入难以办理民生手续、解决民生难题的窘境。随着高质量基础设施的不断发展与完善，弱势群体保护必将在基建的更多方面得到体现，向全球可持续发展目标的实现更进一步。

5.3 高质量基础设施投资的国际经验

回顾世界各国发展的历史，基础设施建设是拉动经济增长的重要因素，同时也与工业化发展相辅相成，英、美、日等发达国家在其崛起与工业化发展过程中，铁路、公路等基础设施快速发展。正如前文所述，近年二十国集团峰会（G20）都将基础设施列为各国重点关注的可持续发展领域，并强调将加强对高质量、可持续基础设施的投资。如今无论是美国的"基建重建"计划还是日本的"高质量基础设施"援助计划，对我国基建存量管理、高质量基础设施建设、"一带一路"都有着重要的启示作用。

5.3.1　东亚

5.3.1.1　日本

日本的基础设施建设久负盛名，从 20 世纪 70 年代前后的大规模基础设施建设再到近些年的"高质量基础设施"援助计划，都对我国当前经济发展具有十分重要的研究和借鉴意义。

从港湾、机场、高速公路、工业用水以及通信、电力等更宽泛的基础设施领域发展来看，日本的大规模基础设施建设与 1955~1965 年日本战后工业化进程发展最快的阶段相呼应，也即日本成为"基建狂魔"的时代。标志性事件即 1959 年东京奥运会申办成功，这种通过举办国际运动会的方式来拉动基建投资，是东亚国家的普遍做法。如图 5-1 所示，1972 年日本的公共工程支出增速为 37.6%，这与日本前首相田中角荣提出的《日本列岛改造论》有关，他在 1972 年当选首相，并且在当年三次大幅追加财政支出预算。这一阶段的主要特点是基础设施投资重点集中在大都市圈，以效率第一为主导，地方基础设施建设则以防灾、确保粮食生产、电源建设等基础设施投资为主，之后则是适应工业化、城市化快速发展的城市及地区整治及用水确保等基础设施领域的持续投资。20 世纪 60 年代后，随着地区不平衡的问题日益突出，日本政府在 1962 年的全国综合开发计划内阁会议上，提出了为促进均衡发展，缩小地区差距的公共基础设施投资计划，基础设施建设步入高质量发展阶段。人均基础设施建设投资由全国基本一致，逐步向相对落后地区偏移，如北海道地区的人均基础设施投资额比近畿地区高 80% 以上，这使得日本人均 GDP 的区域差距由 1960 年 300 万日元左右（最大/最小比为 1.83）的高点逐步下降，至 1975 年降至 100 万日元以下，1985 年之后经济发展明显趋缓后又略有上升。基础设施建设投资的导向性政策，对地区经济均衡发展及缩小地区收入差距起到了一定的推动作用。[①]

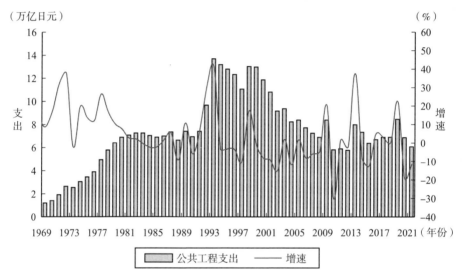

图 5 - 1　日本公共工程支出及增速

资料来源：日本财务省，中泰证券研究所整理。

从 20 世纪 60 年代至今，日本修建了超过 2800 座水坝，年平均投入 2000 亿日元。单是 1995 年至 2007 年的基础设施预算就高达 650 兆日元，超过美国同期的 3 至 5 倍。早在 1998 年，公共建设的产业工人就占据了总劳动力的 10%，达 690 万人。从日本政府在基建投资方面的数据看，1992 年又是一个明显的增速高点，达到 12.8%，这是为了应对房地产泡沫破灭而采取的逆周期政策，旨在稳增长。另一个高点发生在 2009 年，增速达到 7.3%，这显然也是为了应对 2008 年美国次贷危机爆发而引发的全球性金融危机对经济的打击。

---

① 崔成，牛建国. 日本的基础设施建设及启示 [J]. 中国经贸导刊，2012（22）：26 - 28.

2012 年，日本震后复兴需求的影响得到进一步确认，也给基础设施领域带来新一轮高质量发展机遇。2012 年 3 月日本经济短期观察的行业先行指数 DI 显示，水泥、石灰、钢铁等与基础设施建设相关的建筑原材料行业景气状况明显改观，建筑业景气状况指数 DI 也连续 5 个季度得到改善，达到 2008 年 9 月以来的最高水平。作为公共事业投资的先行指标，公共工程订单在 2012 年 2 月同步增加了 20%，保证金支付也出现了大幅增长，3 月同比增加 10%。水利、农业、道路、港口与机场、铁路、电力与燃气等公共工程的订单额均由 2010 年度的明显同比负增长，转变为 2011 年度下半期的全面正增长，其中，道路工程订单额同比增加 7%，铁路增加 1.4%，港口和机场增加 1.1%，交通基础设施的恢复建设投资明显。成为拉动年度 GDP 增长的主要力量。

综上所述，日本基础设施建设不仅重视由铁路、公路、港口、机场、工业用水以及通信、电力等经济和生产活动所必需的服务及中间资产构成的"经济基础设施"，由于其特殊的地理环境与自然条件，"防灾与环境基础设施"也成为日本高质量基础设施的体现。

日本在 2015 年提出了"高质量基础设施合作伙伴关系"（PQI），承诺在未来五年与亚洲开发银行（ADB）合作，向亚洲基础设施建设提供 1100 亿美元投资，资金规模较前五年增加 30%。此外，日本成功将"推动高质量基础设施投资原则"纳入 G7 伊势志摩原则，具体包括"确保有效治理、可靠运营和长期经济效益""确保为当地社区创造就业、开展能力建设并转移专业技术""考虑对社会和环境的影响""确保与国别和区域层面的经济和发展战略（包括气候变化与环境领域）保持一致""通过公私合营伙伴关系（PPP）和其他创新融资方式促进资源有效流动"五项原则。至此，日本 PQI 计划在全球层面全面启动，经过不断丰富和拓展，形成了一套完整的政策框架和实施方案。

日本高质量基础设施的内涵包括经济效益（低成本）、安全性、抗自然灾害能力、环境和社会影响力、对当地社会和经济的贡献力（转移技术和人力资源开发）。与此同时，日本强调其基础设施的"高质量"并非"重质不重量"，而是追求"质量兼得"。为此，PQI 和 EPQI 旨在为私营资金参与海外基础设施建设搭建机制平台，弥补政府资金的局限性，从而达到"质量兼得"的目标。日本PQI计划由外务省、经济产业省、财务省和国土交通省共同制定，具体包括四大支柱。一是通过JICA加速扩大援助规模；二是与ADB协同合作；三是通过JBIC等机构增加对高风险项目的投资；四是在全球范围内推动将高质量基础设施投资纳入国际标准中。

日本政府将"高质量"作为其基础设施产业的比较优势。经过不断地丰富和发展，日本"高质量基础设施"援助已形成了一套完整的政策框架和实施方案。可以认为，"高质量基础设施"援助是日本提出的一项新型对外基础设施出口建设战略。实际上，日本"以质量为中心"的营销策略还有更深一层的意图，就是向国际社会推广以其技术、经验和制度为核心的"日本标准"，从而占据国际基础设施产业竞争的制高点。从国际政治的角度看，任何形式的对外援助，其本质都是政治性的，主要目标就是为了实现和维护国家利益。从2015年开始，日本对中亚国家开展的一系列"高质量基础设施"援助，其实质就是日本为谋求在中亚地区的政治和经济利益，战略性地运用对外援助这一外交工具，与我国"一带一路"倡议构成竞争与合作的关系，根据外部环境变化和自身发展需要所做出的中亚外交战略调整。因此无论从基础设施高质量发展还是基础设施国际援助计划角度都对我国具有重要的启示。

5.3.1.2 韩国

韩国在整体基础设施质量方面居于全球领先地位。从质量和覆盖范围来看，韩国公路基础设施发达。2015～2020年，全国公路网年均增速为1%，2020年底达到112977公里。其中，铺面公路达到98683公里，在通车公路总里程中的占比从2015年的92.1%增至94.1%。高速公路达到18946公里，约占公路总里程的16.8%。韩国铁路网也稳步增长，2015～2020年年均增速为1.7%，2020年底达到4284公里。此外，截至2020年12月，韩国电气化铁路占比达到约74.4%。根据2021～2030年"第四个国家铁路建设规划"，政府计划投资114.7万亿韩元，在政府的支持下，韩国铁路基础设施将继续得到完善。

截至 2020 年底，韩国机场基础设施涉及 74 个机场。其中，59 个为军用和私人机场，其余 15 个机场对民航开放，由国有企业韩国机场公司和仁川机场公司管理。截至 2020 年底，韩国港口数量共计 43 个。其中，28 个是具有处理国际贸易能力的贸易港，15 个是为地区船只服务的沿海港口。韩国吞吐量最大的港口是由釜山港务局运营的釜山港，2020 年底货物吞吐量达到 4.144 亿吨。①

信息基础设施是韩国高质量基础设施的重要体现。韩国被认为是全球信息通信技术基础设施最先进的国家之一。自 2009 年以来，在国际电信联盟信息通信技术发展指数中，韩国一直位居前列，其地理和人口优势一直支持着信息通信技术的快速发展。截至 2020 年 12 月，韩国的互联网和智能手机的普及率位居世界第一。同时，在联合国电子政务发展指数中，韩国也一直位居榜首。韩国的信息通信技术政策是在明确的政府主导战略下实施的，并在基础设施建设方面取得重大成效。领先的信息通信技术环境推动韩国形成了独特的数据治理方式。

韩国是基础设施建设水平最发达的国家之一，在国家基础设施扩建与现代化方面具有创纪录的公共投资水平。另外，私营部门参与国家基础设施开发，仍限于发电和炼油等特定领域项目。未来几年，政府仍是韩国基础设施发展的主要推动力量。韩国近期的一系列投资计划旨在支持向低碳经济转型，使国家交通和能源基础设施适应后疫情环境。

随着公私部门不断加大投资力度，韩国基础设施行业前景乐观。在交通基础设施方面，政府近期公布了两项投资计划——"第四个国家铁路建设规划"和"第三个基础港口重建计划"。前者为 44 个国家铁路改扩建项目拨款 114.7 万亿韩元，后者拨款 60 亿美元，用以在 2030 年之前改善港口基础设施效率、改造老旧港区。韩国国土、基础设施和交通部还启动了若干机场基础设施投资项目，如价值 28.6 万亿韩元的加德岛新机场建设项目。在能源基础设施方面，国营电力公司韩国电力将于 2021～2023 年实施一项 46.8 万亿韩元的投资计划。其中，全国输配电网投资 20.1 万亿韩元，可再生能源新增发

---

① 以上数据均来自 EMIS 数据库。

电能力投资 2.7 万亿韩元。后者与"第九个长期电力供需基本计划"一致。"第九个长期电力供需基本计划"旨在提高可再生能源和天然气在发电组合中的占比，减少煤电和核电占比。该计划还吸引了私人企业的目光。韩国最大的独立发电企业 POSCO Energy 计划到 2025 年在全罗南道新增 300 兆瓦离岸风力发电能力。

可见，基础设施高质量与可持续发展已成为东亚甚至世界各国的共识。

5.3.2 欧美

5.3.2.1 美国

美国一共经历过三次大的基建狂潮。第一次是 1860 年林肯上任后。随着美国西部大开发的开展，美国获得了西部广袤的土地，但却没有一条贯穿东西的铁路。美国用了 10 年的时间，完成了一条从东海岸到西海岸的铁路大动脉，即联合太平洋铁路，实现了林肯在任时的设想。随后又用了 20 年时间，修建了 4 条横跨东西的铁路干线。几条铁路干线的开工，也带动了全美铁路网的快速增长。1916 年，美国铁路总里程曾达到历史最高峰，约 41 万公里。[①]

但近年来美国基础设施衰退严重的问题引起了对基础设施可持续发展的重视。在世界经济论坛（WEF）关于全球基础设施质量评价中，美国仅位居第 10 位。近年来，美国基础设施问题越来越明显，仅 2014 年由于城市交通堵塞就造成了驾驶员约 69 亿小时的浪费，额外消耗了大约 1600 亿美元的工资和燃料；每年约有 24 万个水管处在检修状态；近 1/5 的国内航班被延误或取消；农村道路的交通死亡率是城市道路的 2.6 倍；全国只有 60% 的农村地区拥有公共交通，其中 28% 的服务非常有限。近年来，新油气田（特别是在美国中北部地区）的开发以及更大强度的农业生产加剧了乡村道路上大型卡车的交通量，使这些道路无法承载如此高负荷而不断毁坏。此外，人口减少、老龄化、制造业就业岗位供给下降和低就业率导致农村地区税收不断减少，

---

① 资料来源：中国铁道科学研究院科学技术信息研究所。

以至于无法满足迫切的基础设施建设需求。

为解决以上问题，实现世界级的基础设施系统，美国重建基础设施计划被提出，这对我国基础设施存量管理与新建可持续发展具有重要启示。按照资金情况，整个计划可分为两个层次，第一个层次涉及 2000 亿美元联邦基金的使用，该基金被分配给 5 个子计划使用，分别是基础设施刺激计划（1000 亿美元）、农村基础设施计划（500 亿美元）、转型项目计划（200 亿美元）、基础设施融资计划（200 亿美元）和联邦资本周转基金（100 亿美元），目的在于激励私营资本进入基础设施领域，撬动 2 万亿基础设施投资并分担风险。第二个层次涉及 20000 亿美元私营投资的使用，包括重建道路桥梁，城市街道振兴，恢复供水和下水系统，扩建公共交通、重大项目、下一代能源基础设施等十六大领域。

综上所述，未来十年美国基础设施投资存在以下新趋势。第一，从区域上看，农村地区成为新的基建投资热点。特朗普政府不仅特别出台了"农村基础设施计划"，而且其投资额占到 2000 亿美元联邦基金的 25%，成为第二大投资计划。第二，变革性、创新性基础设施成为投资主力。一直以来，由于启动成本高、风险大、预计回报周期长等原因，变革性、创新性基础设施对私人投资者缺乏吸引力。联邦政府分别在 2000 亿美元联邦基金和 20000 亿美元私营融资中专门设立"转型项目计划"和"重要基础设施项目"，用于资助能够从根本上改变基础设施交付或运营方式的、具有探索性和开创性的项目，以此实现与私营公司的风险共担，并在项目建设和运营时分享价值，促成双赢结果——民众获得了变革性的基础设施，私营部门则能够将概念性基础设施建造技术思想转化为现实。第三，基建计划"杠杆化"。不同于以往基建的直接投资，本次重建计划的关键在于使用 2000 亿美元联邦基金撬动 20000 亿美元其他资本，激励州政府、地方政府与民营企业进入一直以来由联邦政府占主导的基建市场，实现基建项目的效率优先、风险共担。

5.3.2.2　欧洲

在全球范围内，欧洲交通基础设施建设规模仅次于亚洲，排名第二。其中，英国是欧洲交通运输基础设施项目规模最大的国家，项目价值接近 3000

亿美元，领先于俄罗斯、挪威和意大利等国。但是由于欧洲许多国家的交通运输基础设施市场比较成熟，所以该行业进一步增长的空间相对有限。因此，欧洲基础设施建设更加重视高质量与可持续发展。

相对而言，西欧交通基础设施比较成熟，相关建设主要集中在小规模扩张和现代化项目上；中欧和东欧的交通基础设施需求较大，行业增长空间充足。对子行业发展情况而言，道路和桥梁方面，欧洲3710亿美元的路桥基础设施项目中，高速公路占了大部分，有960个大型项目，价值2870亿美元。其中，欧洲道路项目中价值最高的项目是英国140亿美元的 Trans Pennine 公路隧道，该隧道将连接北部城市曼彻斯特和谢菲尔德。由英国公共实体公路公司赞助，于2021年底动工。另外，斯洛伐克19亿美元的 D4 高速公路和 R7 高速公路项目计划于2021年竣工，其中高价值的公路和桥梁项目于2021年竣工，引道坡道和支路仍在建设当中。该项目采用设计、建造、融资、维护和运营框架，由欧洲投资银行（EIB）和欧洲复兴开发银行提供资金。就项目数量而言，波兰拥有欧洲最多的道路基础设施项目，截至2020年底，市场中有319个大型项目。政府计划通过100环路计划，大规模扩展其道路基础设施的范围和全面性，为这一显著活跃的市场提供进一步的利好。该计划于2020年初宣布，计划在小城镇和大城市周围增加840公里的道路长度。较小规模的道路基础设施项目约占欧洲道路基础设施项目管道的21%，其中包括桥梁、隧道和大规模维护工作。①

欧洲铁路基础设施高质量发展旨在提升网络结构性。其项目规模为7330亿美元，涉及960多个项目，其中高速铁路和地铁项目分别占项目数量的20%和14%左右。除了英国价值1420亿美元的高铁2号项目外，瑞典价值240亿美元的斯德哥尔摩—马尔默和斯德哥尔摩—哥德堡高铁项目也是欧洲价值较高的铁路基础设施项目之一。瑞典第一条高速铁路也被称为东线工程，预计2035年完工，将建成近660公里的轨道，目前项目工程正处于规划阶段。法国和意大利耗资125亿美元的都灵—里昂高铁预计将于2030年投入使用，此前该项目因政治争端而陷入僵局。在地铁项目中，法国大巴黎快线工

---

① 国际工程观察. 欧洲交通运输基础设施前景分析［EB/OL］.（2021-03-15）. https：// www. chinca. org/CICA/info/21031513522411.

程是该类中的主要项目，这一 350 亿欧元的项目是法国经济和基础设施发展战略的主要支柱。建成后，它将包括一条环绕法国首都的全自动快速交通地铁线路，在城市外围和中心之间提供更有效的连接，包括到戴高乐机场和奥利国际机场。该项目是对巴黎现有地铁网络的巨大扩展，使现有轨道长度翻了一番，旨在缓解市中心的拥堵，并加强交通连接，为 2024 年巴黎奥运会做准备。该项目建成后，每天将为 200 万名乘客提供服务，以满足城市及周边郊区现有和未来增加公共交通容量的需求。

新冠肺炎疫情增加了运输基础设施项目面临的不确定性，尤其是对航空旅行的影响强烈，未来数年内航空需求的反弹速度都不可确定。此外，对欧洲而言，为实现全球温室气体排放量的永久性减少，对新机场开发项目的公共投资将面临更严格的审查，并将因这些开发项目将促进排放量的增加而面临被视为非法的风险。欧洲的机场基础设施基础总体上成熟，项目涉及的主要领域是维护和扩展现有基础设施资产。目前，欧洲机场基础设施项目有 98个，涉及金额 410 亿美元，其中 80 个项目是机场扩建，其余有 15 个新机场。

能源方面，针对欧洲能源需求一半以上需要进口这一重大战略弱势问题，长期以来，能源基础设施一直是欧洲的重点问题。欧洲能源联盟（Energy Union）的战略已经就绪，根据"清洁能源计划"的部署，到 2030 年欧盟能效目标要达到 32.5%，新能源消耗比重至少要达到 32%。随着欧盟经济的进一步现代化，要为全体欧盟民众打造更加安全、经济和可持续的能源体系，这就要求基础设施必须更新升级，同时研发应用创新技术。英国近年来的弃煤举措不断。2015 年，英国首相表示将在 10 年内关闭国内的煤发电站；2016 年，英国政府发文称已经制定计划将逐渐淡出煤电，并在 2025 年关闭最后一个煤发电站，以实现其气候应对承诺。此前，英国的煤炭发电量从2012 年起出现了急剧下降，2016 年则在 2015 年的基础上下降 66%，不足 30太瓦时。2018 年 1 月，英国商业、能源和工业战略部（Department for Business, Energy & Industrial Strategy，BEIS）发布政策实施文件《2025 年英国实现无煤炭发电》，该文件中提到英国将逐步淘汰燃煤发电，英国可再生能源协会（Renewable Energy Association，REA）也在呼吁政府支持额外的煤炭发电向生物质转化，并提倡英国能源部门开展脱碳行动来进一步限制柴油发电。

2019 年，欧盟委员会宣布通过一项全新资助提案，拟向欧洲能源基础设施项目提供近 8 亿欧元的资助，旨在推进欧盟关键能源基础设施的建设，促进安全、可靠和高效现代化的欧洲一体化能源网络的构建，推动欧洲清洁能源转型。该提案资助经费将由欧盟基础设施基金计划"互联欧洲设施（CEF）"提供，其中 4.12 亿欧元用于电力项目。其中包括欧洲北海海上互联电网走廊，即在北海建立大型的海上电网，把北海周边国家的电网系统与北海的大型风电场连接起来，把多余的可再生能源电力输送到英国以及其他欧洲国家，从而保障上述国家能源的安全供应。欧洲北海连接中东欧的互联电网。一是开展连接奥地利和意大利之间互联电网建设的可行性研究；二是开建一条连接保加利亚和北马其顿的 400 千伏电网。波罗的海能源互联走廊。一是开展波罗的海电力同步项目，消除波罗的海国家电力基础设施和欧盟的差距，使其能够与欧盟一体化电力网络同步，全面融入欧盟电力市场，提高该地区电力系统的供电稳定性；二是研发连接瑞典和芬兰之间的第三代交流电网技术。9200 万欧元用于智能电网项目，开发创新的电网系统集成技术。在克罗地亚和斯洛文尼亚发展智能电网，以提高两个国家电网同步运行的稳定性和安全性。在捷克和捷克斯洛伐克边境建立智能电网，用于改善两国之间的电网现代化。2.86 亿欧元分配给天然气部门。连接中东欧的北海天然气管线项目，开展保加利亚天然气网络现代化改造升级，实现多元化天然气供应，增强能源安全。改造升级拉脱维亚 Incukalns 天然气储气库，增加储气容量。开展连接丹麦和波兰之间的天然气管线建设。930 万欧元用于支持 CO_2 输运基础设施建设。鹿特丹港 CO_2 输运基础设施建设工程和碳捕集、利用与封存（CCUS）项目，目标是在西北欧建立一个核心位于鹿特丹港的开放跨境 CO_2 输运网络和碳封存基地。

可以发现，欧洲地区在基础设施建设高质量发展中格外注重可持续发展理念，也体现出欧洲国家在环保、气候变化、可持续发展方面的引领地位。

5.3.3 经验启示

作为东亚模式的典型，日本的基础设施建设对我国基础设施高质量发展具有重要的借鉴作用。日本的经验表明，只注重"经济基础设施"的建设是远远不够的，除要考虑"经济基础设施"的结构与效率外，"防灾与环境基础设施""社会基础设施"以及"生活相关基础设施"的建设将使社会更加稳定与和谐。而美国、日本也将步入老旧基础设施维护及更新的高峰阶段，以及欧洲对于可持续发展理念的重视，同样需要引起我国对基础设施存量管理与可持续发展问题的高度关注。

改革开放以来，我国基础设施建设网络结构日趋优化，但目前我国交通基础设施与欧美国家相比，仍存在网络密度相对偏低、投入产出效率较低、标准化水平总体偏低以及对交通基础设施的节能环保和绿色可持续发展重视不够等问题（向爱兵，2022）。针对以上问题，对我国基础设施高质量发展有三点启示：

5.3.3.1　强化基础设施建设领域的网络结构

我国应充分借鉴以上各国在经济高速成长期基础设施建设中的成功经验，针对基础设施领域存在的不平衡不充分发展问题，以巩固网络规模优势为发力点，聚焦基础设施网络薄弱环节和瓶颈制约，精准补齐基础设施网络短板，着力扩大基础设施网络效应，进一步释放各领域基础设施潜在的规模经济和范围经济红利。

首先，强化交通、能源电力、通信信息、市政管廊基础设施网末端服务能力，保持高速铁路的发展速度，进一步加大城市轨道交通及公交专用线的规划与建设力度，调整和优化交通基础设施结构。其次，加快推进贫困地区、革命老区、少数民族地区、边疆地区等欠发达后发展地区基础设施建设，全面提升贫困落后地区基础设施现代化水平，改善农村基础设施条件和承载力，强化区域联系，强化农村地区的交通设施、宽带网络、水污染及土地防治、能源电力及水资源，提高农村经济增长和竞争力。加大对农村地区交通、物流、宽带建设和饮水安全工程投入，解决城市和农村地区油、气、煤、电、水、运"最后一公里"问题。最后，注重互联网、新一代通信系统以及"社会基础设施""生活相关基础设施""制度基础设施"和"知识基础设施"的建设，提高基础设施建设及服务的层次和质量。

此外，还应做好基础设施建设领域的战略研究与规划工作，更加注重需求唤起型基础设施建设，从基础设施建设与服务的角度促进产业和经济发展方式的转型。

5.3.3.2 重视基础设施可持续发展

日本和美国在"基建狂魔"时期的基建投资是非常有效的，对经济高增长起到了积极的作用。如今，城际高铁在中国被归为新基建，可见日本的"新基建"要比中国早40多年。但基建投资普遍存在"边际效用递减"的现象，即效益高的项目先建，后建的项目一般投入产出比下降。例如，城投平台投入资本回报率（ROIC）的中位数已经从2011年的3.1%降至2020年的1.3%。因此，传统的基建投资规模不宜增长过快，一定要从长计议，重视基础设施自身的可持续发展。基础设施高质量发展的关键在于存量的优化升级和更新换代。如果既有大规模基础设施发展长期停滞在较低技术水平，那么既有基础设施体系将难以适应产业、消费转型升级和现代化经济体系建设的需要，基础设施高质量发展也将无从谈起。推动基础设施高质量发展，应着力推动既有基础设施优化升级和更新换代，通过盘活闲散资源、更新改造老旧低效设施、强化人性化服务配套，推动传统基础设施向精细化、绿色化和智慧化方向升级迭代。

同时重视人口流动的规律。我国高铁运营时间虽然不长，但人口流向也出现了类似日本新干线的情况。中泰证券研究所团队曾统计过高铁沿线城市的人口变化情况。剔除京沪高铁和沿江通道沿线大城市和省会城市，选择了36个三四线城市，计算常住人口占全省常住人口的比重，并比较高铁开通前后该比重的变化程度，以反映高铁对城市人口集聚或离散的效果。最终36个城市中有21个城市的常住人口的占比出现下降，其中京沪高铁沿线下降的城市为5个，而沿江通道高达70%的城市的比重变化为负值，反映出高铁建成之后，这些城市并没有呈现出集聚人口的态势，反而出现了向外扩散的迹象。随着2015年前后我国劳动人口比例拐点的到来，国家税收收入增长将逐步趋缓，社会保险压力也会进一步加大，政府公共投资必然受到明显的限制，这就要求我们在需要政府资金与政策支持的基础设施建设领域，加强战略性与

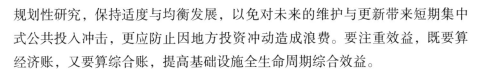

规划性研究，保持适度与均衡发展，以免对未来的维护与更新带来短期集中式公共投入冲击，更应防止因地方投资冲动造成浪费。要注重效益，既要算经济账，又要算综合账，提高基础设施全生命周期综合效益。

5.3.3.3　加大基础设施对气候变化问题的应对

在国际上，气候变化对基础设施的影响已经引起了国际各界的高度重视。城市化和全球气候变暖导致的极端天气事件频次增加、强度增强，已经对交通基础设施造成了严重危害。例如一旦局部的交通基础设施受到气候变化的影响，将使整个交通网络的协调成本增多，引发一系列的问题，造成严重的经济损失，甚至引发社会稳定问题。

2013 年 11 月，国家发展改革委联合财政部、住房城乡建设部、交通运输部、水利部、农业部、林业局、海洋局、气象局共同制定并印发了《国家适应气候变化战略》，指出我国"采矿、建筑、交通、旅游等行业部门防范极端天气气候事件能力不足"。但当前我国科学研究更多从宏观尺度研究气候变化对交通基础设施的潜在影响，缺乏长期数据观测的定量研究，且更多关注交通基础设施产生破坏后对城市基础网络系统以及经济、社会的影响。在政策和管理上，由于具体政策落实缓慢，交通部门和其他部门之间存在潜在的数据和行动壁垒，且科研界和实务界的深层次沟通和协作不足，导致在认识上存在欠缺和不重视，甚至出现科学研究成果无法落地和指导实践，而一线实务具体需求无人问津的困局。因此，未来亟待加强上述问题在科研界和实务界的深入沟通与合作。

具体而言，一是将生态环境保护作为基础设施发展的前提条件，将绿色发展理念贯穿基础设施规划、设计、建设、运营和养护全过程。强化生态保护和污染防治，推进资源集约节约利用。严格落实生态保护和水土保持措施，鼓励开展生态修复，集约节约利用土地、岸线、桥位、线位、地下空间等资源。二是强化红线意识、坚持底线思维，全面提升基础设施安全保障和应急防御能力。加强基础设施安全生产、运行监管和应急保障体系建设，强化基础设施日常性健康监测和预防性维护，加快实施公路危桥改造、能源应急储备等重大基础设施安全防护工程，切实提升基础设施保障国家战略安全、人民群众生命财产安全以及应对自然灾害、公共突发事件等的能力。①

5.4 我国高质量基础设施建设与发展

5.4.1 发展综述

从新中国成立至今，我国各领域基础设施实现了从整体滞后、瓶颈制约、基本缓解到总体适应的根本转变，形成了较为完善的网络体系，技术创新能力不断增强，服务能力明显提升，日益成为经济社会发展的重要引擎。

随着中国特色社会主义建设进入新时代，我国经济社会发展主要矛盾发生深刻变化，对基础设施发展提出了更高要求。国家发展改革委高度总结新中国成立70多年以来基础设施建设的成果②，本节在此基础上总结基础设施在"量"的增长基础上逐步向"质"的提升转变。

5.4.1.1 网络结构日趋优化

我国综合交通体系建设是"十四五"规划中落实交通强国战略、引领迈向第二个一百年战略目标继续先行先试、创新引领的重要抓手，也是推进经济社会全面发展的重要支撑。"十三五"期间我国交通基础设施发展成绩斐然。全国交通线路总里程、高速铁路和高速公路里程、沿海港口总吞吐能力等位居世界第一。从表5-1中交通基础设施发展指标增速可看出，体现高质量发展的方面诸如"高速铁路里程（万公里）""高速公路总里程（万公里）"等指标增速排名最高且差距明显。表明交通基础设施建设进入"提质增效"阶段。

---

① 向爱兵. 推动我国基础设施高质量发展 [J]. 宏观经济管理，2020（8）：13-20.
② 国家发展改革委. 扎实推动基础设施高质量发展 [EB/OL]. （2019-08-07）. http：//www.cfgw.net.cn/2019-08/07/content_24880540.html.

表 5 - 1　　　　　　　"十三五"时期我国交通基础设施发展水平

指标	2015 年	2020 年	"十三五"年均增速（%）
铁路营业里程（万公里）	12.1	14.6	3.83
高速铁路里程（万公里）	1.9	3.8	14.87
铁路电气化率（%）	60.8	72.8	3.67
铁路复线率（%）	52.9	59.5	2.38
公路总里程（万公里）	457.73	519.81	2.58
公路密度（公里/百平方公里）	47.68	54.15	2.58
高速公路总里程（万公里）	12.35	16.1	5.45
内河航道通航里程（万公里）	12.7	12.77	0.11
三级及以上航道里程占比（%）	9.1	11.3	4.43
万吨级及以上港口泊位（个）	2221	2592	3.14
颁证民用航空机场（个）	210	241	2.79

资料来源：交通运输部. 2021 年交通运输行业发展统计公报［R］. 2022.

网络结构方面，现已基本形成以"五纵五横"综合运输大通道为主骨架的综合交通网。我国交通网络在规模持续扩大的基础上网络结构日趋优化。

高铁建设方面，根据交通运输部公布的数据，截至 2021 年末，全国高铁营业里程达到 4 万公里，占铁路营业里程比重超过 1/4，高铁动车组比重持续提升。高速公路里程 16.9 万公里，比上年末增加 8090 公里，占公路总里程比重为 3.2%，呈现稳步提高态势。

港口建设方面，截至 2021 年末，全国港口万吨级及以上泊位 2659 个，比上年末增加 67 个，占全国港口泊位比重为 12.7%，提高 1 个百分点。定期航班通航机场、通航城市（或地区）分别提高至 248 个和 244 个。

农村交通网络建设方面，截至 2021 年末，农村公路里程 446.6 万公里，比上年末增加 8.4 万公里，其中乡镇通三级及以上公路比例达 82.2%，提高 1.4 个百分点。农村快递服务营业网点数量占比提高至 30% 以上，快递服务乡镇网点覆盖率达到 98%，服务满意度进一步提高。

西部地区路网规模不断提升、结构持续优化。截至 2021 年末，西部地区公路总里程占全国公路总里程比重达 42.9%，比上年末提高 0.5 个百分点。高速公路里程占全国比重达 41.3%、提高 1.7 个百分点。路网规模和质量与东部、中部地区差距进一步缩小，为实现共同富裕战略目标提供了重要保障。

5.4.1.2 服务质量不断提升

基础设施的服务水平是其质量的重要体现，交通基础设施发展质量的高低，最终以交通供给是否满足客货运输需求和人们对美好交通出行的需要为判断标准。我国各领域基础设施服务质量的不断提升体现在以下三个方面。

一是服务能力大幅提高。经过多年发展，我国铁路旅客周转量、货运量居世界第一，货运周转量居世界第二，公路客货运输量及周转量、水路货运量及周转量均居世界第一，民航运输总周转量、旅客周转量、货邮周转量均居世界第二。北京首都机场高居世界机场旅客吞吐量第 2 名。全国港口完成货物吞吐量和集装箱吞吐量均居世界第一。邮政业年服务用户超过 700 亿人次，快递年业务量近 400 亿件，居世界第一，大型网络购物促销"双 11"活动单日处理峰值超过 1.6 亿件。水利设施防汛减灾作用日益凸显，供水保障能力显著提升。以三峡水利枢纽为例，截至 2018 年底，已连续 15 年实现"安全、高效、畅通"的通航目标，年平均发电量 882 亿千瓦时。能源供给能力稳步提升，西北、东北、西南、海上四大原油进口战略通道已全面建成，资源运输安全保障作用进一步强化。

二是服务效率显著提升。多式联运、甩挂运输等先进运输组织模式及冷链等专业物流快速发展，集装箱、厢式货车等标准化运载单元加快推广，城乡物流配送信息化、集约化程度明显提升，提高了社会物流运行效率，2017 年全社会物流总费用占 GDP 比例已由"十一五"末的 18% 下降至 14.6%。客运基本公共服务均等化水平大力提升，"公交优先"战略扎实推进，定制公交、夜间公交等特色公共交通服务产品的新模式不断丰富。2018 年，我国固定互联网宽带接入用户 40738 万户，移动宽带用户 130565 万户，信息服务涵盖更多领域、惠及更多百姓。重点水利枢纽工程综合效益显著发挥，南水

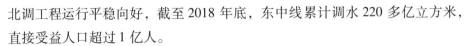

北调工程运行平稳向好，截至 2018 年底，东中线累计调水 220 多亿立方米，直接受益人口超过 1 亿人。

三是服务品质持续提升。基础设施可持续性、安全性不断增强。综合交通运输网络布局的完善，优化了各种运输方式的合理分工。自助售取票、站车 Wi‑Fi 等一批创新服务产品相继推出，进一步提高了服务质量和水平。2018 年，全国客运航空公司平均航班正常率达 80.13%，全年"无纸化"乘机的旅客达 2.25 亿人次。信息通信产品质量、服务水平不断提高，资费水平不断下降，宽带下载速率进入全球前列，普惠民生成效显著。

5.4.1.3　技术水平明显提高

一是重大创新成果不断涌现。目前，我国已具有完备、成套的铁路技术，形成了一大批具有自主知识产权的技术创新成果，成功实现了不同等级列车的混合运行、高速铁路与普速铁路的互联互通。信息通信业在程控交换等一批关键通信技术上取得重大突破，"宽带中国"建设加快实施。油气管道工业在管道设计、建设、运行、管理等领域取得了多项具有自主知识产权的核心成果。海洋石油作业能力实现从浅海向深海的跨越，从渔船出海捞油、浮筒打油起步，到建成和拥有大型深水装备，具备在全球海域提供 3000 米以内水深全方位勘探、开发能力。

二是创新应用能力大幅提高，部分领域发展水平跃居世界先进行列。我国高速铁路、既有线提速、高原铁路、高寒铁路、重载铁路等技术均达到世界先进水平，产学研结合不断深化，创新产出不断扩大。特大桥隧、离岸深水港、巨型河口航道整治及大型机场工程等建造技术迈入世界先进或领先行列。2004 年投产的西气东输管道是国内自主设计、建设的第一条世界级天然气输送工程，标志着我国油气管道工程建设水平跨入世界先进行列。信息通信行业 5G 标准制定、测试验证和商用进程目前都走在世界前列。

5.4.1.4　支撑能力持续增强

一是新领域新业态加快涌现。我国综合运输大通道的基本贯通，串起了新型城镇带、产业聚集带、经济繁荣带，缩短了时空距离。大数据、云计算在交通运输领域的运用，推动人工智能等新业态与交通运输的融合，扩大了多元化有效供给，成为经济增长新引擎。邮政逐步向信息流、资金流和物流"三流合一"的现代邮政业方向发展，园区枢纽和通道建设不断加强。信息消费结构持续优化，网络化协同、服务型制造、个性化定制等新模式新业态蓬勃兴起。

二是与经济社会发展深度融合。交通基础设施的快速发展扩大了核心区域辐射范围。以高铁为例，其成网运营带动了都市圈的快速发展和城市间的互相融合，北京、天津、上海等大城市间实现1000公里内5小时到达，2000公里内8小时到达，缩短了时空距离，降低全社会物流成本，带动了上下游产业协同发展，提升了城市产业和空间的组织效率，加快产业结构升级和优化调整。信息通信技术与实体经济融合程度不断深化、范围不断拓展，移动电话、宽带网络的蓬勃发展，切实改变了人们的生产方式和生活方式，为经济发展注入新的动力。

三是支撑重大战略能力显著提升。交通基础设施优化升级、提质改造持续推进，互联互通水平进一步提升，已成为服务京津冀协同发展、长江经济带发展、粤港澳大湾区发展、长三角一体化等一系列重大区域发展战略的先行官，在促进区域经济协调发展、构建全方位对外开放新格局等方面发挥了强有力的支撑作用。

四是国际影响日益彰显。雅万高铁、中老铁路、匈塞铁路等一批国际合作项目顺利推进。中欧班列通达15个国家50余个城市，已成为具有国际竞争力、信誉良好的世界著名物流品牌，被视为"一带一路"共建国家经贸合作的标志性成果。信息通信生态构建多层次推进，与美欧日等国家和地区的产业组织在技术、标准对接等方面开展深度合作。能源战略通道建设进一步提高了我国油气管道工业的国际影响力。

5.4.2　基础设施绿色可持续发展

随着全球基础设施建设的加速推进，传统基础设施对环境气候变化的影响愈加明显。为紧跟"碳达峰""碳中和"步伐，把握"双碳"时代的巨大发展机遇，大型基础设施项目生命周期较长，可持续和绿色环保的理念需融会贯穿于基础设施项目全生命周期中，降低碳排量，进行脱碳转型。基础设施的绿色发展是一项需要国际社会共同推进的综合性系统工程，绿色发展的推广和普及亟待建立综合保障体系。

基础设施在为生活带来便利的同时，也不可避免地增加了碳排放。"双碳"目标是人类命运共同体综合性解决方案，其全球演进是一个不可逆、加速化、全面化的过程。这个宏大的目标势不可挡，没有人、没有行业能置身事外。本节对涉及"双碳"目标的基础设施重点领域进行深入分析，旨在阐明基础设施自身，以及对社会可持续发展在实现"双碳"目标中所起到的中流砥柱作用。

5.4.2.1　绿色能源

当前我国仍保持以煤炭为主，石油、天然气和非化石能源为辅的能源供应体系，应对气候变化、减少碳排放已成为国际社会的共同课题。而我国近 90% 的碳排放来自能源领域，推动能源基础设施高质量可持续发展刻不容缓。

为实现能源碳中和，中国需要在能源供给端推动以非化石能源为主的电能成为能源主体，加快提升电气化率，在非电能源领域加速推动氢能、碳捕捉等新技术的应用。根据中金公司研究部各行业组对于未来用能形势的推演，预计到 2060 年 70% 的能源将由清洁电力供应，约 8% 将由绿氢支撑，剩余约 22% 的能源消费将通过碳捕捉的方式实现碳中和。

2020 年，在中央统筹推进疫情防控和各项政策措施的大力推动下，我国经济运行稳步复苏，全社会用电情况持续好转。全年全社会用电量 7.51 万亿千瓦时，同比增长 3.1%。全国电源基本建设完成投资同比增长 29.2%，其中水电、风电、太阳能发电投资分别增长 19.0%、70.6%、66.4%，火电、核电投资分别下降 27.3%、22.6%。① 具体建设情况如下：

（1）水电。"十三五"时期以来，我国积极稳妥发展水电，科学有序开发大型水电，严格控制中小水电，加快建设抽水蓄能电站。但受生态红线和

----

① 中国电力企业联合会. 2020～2021 年度全国电力供需形势分析预测报告［R］. 2021.

弃水等因素影响，国内常规水电开发大幅降速。"十四五"时期，国家将加快清洁能源开发利用，因地制宜开发水电。常规水电发展思路是以川、滇、藏等开发区域为重点，深入推进大型水电基地建设，稳步推动藏东南水电开发，加快调节性能好的控制性水库电站建设。将启动雅砻江、黄河上游、乌江及红水河等水电规划调整，加快龙头水库建设。目前在建水电项目有金沙江乌东德、白鹤滩、雅砻江两河口、大渡河双江口等水电站。金沙江旭龙等水电站正在开展前期工作。

（2）核电。截至2020年12月底，我国在运核电机组49台，装机容量为5102.72万千瓦，占全国全口径装机容量的2.27%；2020年累计发电量为3662.43亿千瓦时，占全国全口径累计发电量的4.94%。在建核电机组14台，在建装机容量1553万千瓦，在建规模继续保持全球领先。[①] 随着碳中和目标的提出，我国及全球的能源转型进程都变得更加紧迫，而我国核电的发展前景尚不明朗。关于中国2050年核电装机规模，各主流研究单位的预期有很大差别，约在1.5亿千瓦~5.5亿千瓦，主要取决于国家未来能源革命低碳化的战略目标、技术路线的选择以及各种路线的创新和竞争。考虑到各国能源转型技术路线的选择及基础设施存在"锁定"效应，未来核能较快发展大概只有二三十年的机遇期和时间窗口期。

2021年，两会《政府工作报告》提出，在确保安全的前提下积极有序发展核电。核电需要进一步提升安全发展水平，提高社会接受度，并在继续提高供电效率的同时，着力解决核废料的处理难题。随着近两年核电项目的重启，中国具有完全自主知识产权的三代核电技术迎来批量化建设的新时期，市场前景广阔。

（3）风光电。在"碳中和"及2030年"风光"总装机12亿千瓦以上双重目标下，我国风电、光伏发电产业将迎来更加广阔的发展空间。中国可再生能源开发利用规模快速扩大，目前累计和新增光伏/风电装机容量均居世界首位。2010年，全球新增光伏装机容量最大的三个国家分别为德国、意大利和捷克，全球新增风电装机容量最大的三个国家分别为中国、美国和印度

---

① 中国核能行业协会.2020年1~12月全国核电运行情况［EB/OL］.（2021－01－27）. https：//www.China－nea.cn/site/content/38577.html.

（见图5-2）。而目前中国新增光伏和风电装机容量稳居世界首位。2020年，中国占全球新增光伏装机容量的38%和风电装机容量的65%，其次是美国（占全球新增光伏装机容量的15%和风电装机容量的13%）。

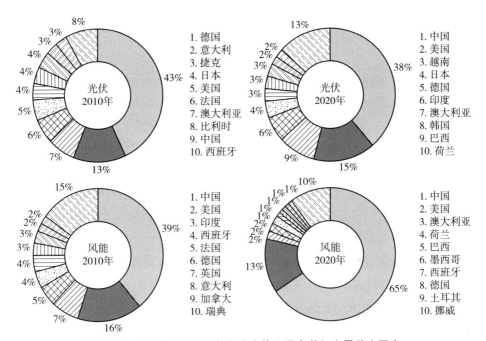

图5-2 2010年和2020年新增光伏和风电装机容量前十国家

资料来源：《全球能源基础设施排发数据库》工作组．全球能源基础设施碳排放及锁定效应［R］. 2021.

未来十年，风电产业年均新增装机规模预计5000万千瓦～6000万千瓦，光伏产业年均新增装机预计7000万千瓦～9000万千瓦，2030年新能源装机规模将达到17亿千瓦以上。根据国家能源局《关于2021年风电、光伏发电开发建设有关事项的通知（征求意见稿）》，2021年，风电、光伏发电量占全社会用电量的比重达到11%左右，比2020年提升1.5个百分点左右。

2021年将继续积极推进分布式光伏发电和分散式风电建设；加快山西晋北、新疆准东、青海海南州、东北扎鲁特等存量新能源基地项目建设；加快推进青海海西州、云贵川水风光一体化基地、黄河几字弯等新增新能源基地规划论证，启动一批条件成熟的项目建设；有序推动海上风电发展，启动深海海上风电示范，各地积极出台海上风电投资补贴、度电补贴等激励政策；启动老旧风电项目技改升级，重点开展单机容量小于 1.5 兆瓦的风电机组技改升级；创新推动示范项目建设，建设一批离网型新能源发电项目，推进光伏＋光热、光伏治沙、新能源实验室平台、新能源＋储能、新能源与氢能融合利用等示范工程。

5.4.2.2　绿色交通

交通运输是社会发展的血脉，2018 年中国交通运输碳排放占社会总碳排放的比重达 9.7%，较 1990 年提升了 5 个百分点。随着人均 GDP 的增长，未来交通运输碳排放压力较大，脱碳成本高、难度大。交通基础设施在中国实现交通运输行业碳中和的路径中起到至关重要的作用。建立完善的充电桩、港口岸电、机场桥电、道路和水上加气站等清新能源供给网络，是支撑交通能源优化的重要基础设施。

根据国际能源署的数据，2018 年中国交通运输碳排放量占中国总碳排放量的 9.7%，仍明显低于世界交通运输碳排放量占世界总碳排放量的比重（24.6%），但是中国交通运输碳排放量在 1990～2018 年的复合年均增长率达到 8.3%，明显高于世界交通运输碳排放量的增速（2.1%）及中国总碳排放量的增速（5.6%），交通运输占中国总碳排放量的比重提升了 5 个百分点。随着人均 GDP 的增长，交通运输的需求仍会持续增长，中国交通运输系统的碳排放上行压力较大。

从结构上看，2018 年中国交通运输碳排放中，公路、航空、航运、铁路分别占 83.4%、9.8%、5.4%、1.3%。公路和航空是两个最值得关注的子行业。根据中金研究院的分析，公路客运未来碳排放重点看乘用车保有量上行和新能源车逐步渗透的叠加影响。中国未来乘用车保有量增长空间仍然很大（根据万得资讯的数据，中国千人汽车保有量分别约是美国和欧盟的 1/6 和 1/5），同时中国新能源车的发展领先于世界，新能源车的渗透和汽车保有量的增长将会共同影响公路客运的碳排放量。公路货运未来碳排放重点看新能源商用车规模化时点及货运结构调整。首先，新能源商用车未来会沿着轻卡到中卡再到重卡逐步渗透，逐级减少碳排放。其次，中国货运会通过"公转铁"和"公转水"调整货运结构。最后，新能源化以前的节能减排（包括燃油效率提升、数字化应用）同样重要。航空脱碳有难度，虽然航运碳排放占比不大（2018 年仅 5.4%）、增速不高（过去 10 年复合年增长率为 1.4%）[①]，但因吨位大、位距远，反而其脱碳有所挑战，未来航空运量会持续增长（根据万得资讯的数据，2018 年中国人均飞行次数是美国的 1/7，是欧盟的 1/5），由于运距长、能耗高，目前并无成熟的零碳技术，用新能源替代航空燃油是一种可能的发展方向；铁路是比较确定可以通过电气化实现碳中和的行业，过去 10 年铁路电气化率提升了 36%，达到目前的 72%，未来铁路会通过全里程电气化来实现零碳排放。

根据中金研究院的估算，2019 年交通运输行业碳排放量为 11.6 亿吨，理想情况下预计该行业 2030 年碳达峰，峰值 13.3 亿吨；到 2060 年交通运输碳排放量为 2.6 亿吨，较 2019 年下降 77%。从图 5－3 可以发现，公路货运与公路客运碳排放占比最高，是交通领域实现"碳中和"目标的核心抓手。

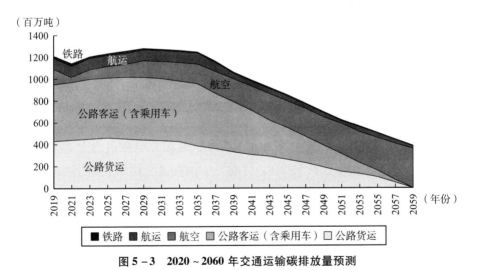

图 5－3 2020～2060 年交通运输碳排放量预测

资料来源：中金公司研究部. 碳中和经济学［M］. 北京：中信出版社，2021.

---

① 中金公司研究部. 碳中和经济学［M］. 北京：中信出版社，2021.

汽车行业作为国民经济的战略性支柱型产业，对国民经济的发展起着不可替代的作用。而充电桩作为电动汽车的基础能源补充设施，是汽车产业新型基础设施建设中最基础、最重要的抓手。2020 年 3 月中共中央政治局常务委员会提出要加快"新基建"的建设进度，充电桩也包括在其中。同年颁布了《国务院办公厅关于加快新能源汽车推广应用的指导意见》，科学地引导电动汽车充电基础设施建设，促进电动汽车产业健康快速发展。如今，充电桩基础设施建设已成为"新基建"的重要内容，也是助力实现碳达峰、碳中和目标的重要载体。

根据 IEA（国际能源署）数据可知，截至 2020 年底，全球已有超过 1100 万辆电动汽车上路。虽然在新冠肺炎疫情影响下全球汽车产业出现大幅衰退，但 2020 年全球电动汽车注册量仍增长了 41%。根据 IEA（国际能源署）数据，预计 2025 年全球电动车销量将有望达到 1500 万 ~ 2000 万辆。

在此背景下，各国政府纷纷加快了充电基础设施的规划和建设步伐。根据 IEA 数据，2020 年全球电动汽车充电设施的数量为 950 万个，其中 250 万个为公共充电设施。保守预计，到 2025 年，全球电动汽车充电设施将增加至 5000 万个左右，其中包括约 1000 万个公共充电设施。

当前我国充电桩保有量居全球第一。截至 2020 年底，我国新能源汽车保有量达 492 万辆，充电桩总量约为 168.1 万个，其中私人充电桩 87.47 万个，商用充电桩（含公共和专用）80.6 万个，总体桩车比 0.34：1。[①]

预计到 2025 年，我国新能源汽车保有量将达 1782 万辆，充电桩总量约为 939.1 万个，其中私人充电桩 618.3 万个，商用充电桩（含公共和专用）320.8 万个，总体桩车比 0.53：1。目前，中国高速公路快充网络基本成型，居世界首位。截止到 2020 年，累计在 42 条高速公路建成 2251 座充电站，9065 个充电桩，服务里程 5.4 万公里，占全国高速公路总里程的 35%。[②] 从国网高速充电设备历年的招标信息汇总来看，高速以 80 千瓦 ~ 160 千瓦充电桩为主，并已开展 240/480 千瓦超大功率超充桩铺设。

在新能源汽车保有量增长的推动下，充电桩保有量迅速增长，充电服务

---

①② 根据《2021 年电动汽车充电站及充电桩市场研究报告》相关资料整理。

水平持续改善，行业整体发展持续向好，具有高成长性。但面临回报期长，运营盈利困难、分布不均，单桩利用率低、运维较弱，充电桩数量少等行业痛点。但未来经历了资本驱动后，充电桩行业目前进入了良性需求驱动阶段，叠加政策的转向，短期内充电桩行业具有乐观的发展空间。新能源充电桩作为新基建中最基础的项目，是刺激消费、加快经济结构转型和实现高质量发展的关键所在。未来中国的新能源行业会成为中国低碳化经济以及可持续发展战略的主力军。

5.4.2.3 绿色城市

"绿色城市"是目前国际社会普遍倡导的发展理念，尤其是针对大都市。从广义视角来看，"绿色"指代城市整体宜居性，其着眼范围包括但不限于环境健康度（包括污染防治，碳排放、空气质量等）、城市开放空间体系设计（同时关注环境美学和城市活力）、社会资源公平性（包括住房供给、贫富差异等）、交通效率（绿色出行）、能源可持续性（利用是否高效、是否可再生）等多个方面。

当前中国在迈向绿色城市的过程中，存在着一系列问题。从空间规划的角度来看，土地低效利用和住宅供需失衡导致的重复性建设，与职住资源分布失衡导致的长距离通勤是产生高碳排放的重要原因。从城市交通、建造和维护技术手段的角度来看，公共交通设施新能源普及率不足，而城市轨道交通经营入不敷出的现状又亟待突破；建材生产、施工建设、后期运营的各个环节急需新工艺、新技法来降耗减排；水热供应设施老化、损耗率高，而资源回收尚处于起步阶段，行业末端较为依赖人力，营运效率有待提升。

城市是碳排放的主体，形成高碳排放的原因有三点。第一，由于居住地与工作地以及生活服务资源分布失衡，居民依赖私家车实现远距离通勤；第二，合理住房制度的缺失形成了多层次的供需失衡，进一步导致住房资源闲置与无效供给；第三，土地资源利用的不集约助长建成区的低密度扩张。

粗放式、低质量的土地利用导致了城市的不可持续发展。在传统资源驱动型发展模式下，提升城市经济总量依赖生产要素的支持。城镇化进程中，多数城市为了吸纳更多农村迁移人口选择低密度、"摊饼"式土地开发，建设了大量利用效率低下的配套基础设施。截至 2019 年末，地级市建成区平均经济密度约为 1200 元/平方米，除东部重点城市群外，其他区域仍有显著的提升空间。针对快速崛起型和收缩型城市，促进产城融合、构建发展轴线，以及主动收缩规模、增强城市韧性是提升土地利用效率和可持续发展的重要举措。

2010～2019 年，近 80 个中西部和东北地区城市的人口密度呈现了不同程度的下降，人口迁移与产业流失是规模收缩的主要原因。同样的，由于缺少产业与人口的支撑，收缩型城市对土地资源的低效率利用，会导致更加严重的后果。为应对严峻形势，收缩型城市应从以下三方面提升土地利用效率。

第一，坚守老城区，推动产业转型。面对原有的单一传统产业衰败，应立足于经济密度相对较高的中心城区，积极发展因地制宜的特色产业，调整城市的发展方向。以甘肃省玉门市为例，随着油田资源的枯竭，该市挖掘地方民俗、培育本土文化，积极融入敦煌文化圈，向西部旅游小城转型，同时完善农村仓储配套建设，大力推动以枸杞、蜜瓜等为代表的绿色有机农业发展。

第二，加强城市修复，增强城市性。随着人口流失、规模收缩，低密度建成区功能逐步荒废，亟待城市管理者加强生态修补与功能修复。具体来说，可以积极利用闲置土地搭建城市内绿色生态网络，适当收缩主城区、商业街区的规模，将多余用地转为公共服务设施，保持紧凑而有活力的中心区。这些举措均有助于提升城市应对外部影响的韧性，防止收缩加剧。

第三，采取主动收缩策略。目前多数中国城市尚未出现严重的规模萎缩现象，但是城市规划设计依旧要具备足够的前瞻性。一些地理条件差、传统产业占比高、资源压力大的城市，应减少对传统产业的用地供应，合理有度地收储土地并及时实现价值转化，严格控制土地总规模，并注重建成区内低效土地的再次利用，积极推动主城区"工改工""工改住""商改住"项目的开展。

城市建设方面，建筑全过程碳排放占全国的 36%，建筑全过程能耗和碳排放主要来源于建材生产、建筑施工和建筑运行三个阶段。考虑到建筑部门较高的能耗和碳排放占比，不论是对于全球还是中国而言，建筑部门节能减排对于经济体整体实现碳达峰、碳中和目标都具有重要作用。从全球情况看，国际能源署预计，若要使建筑部门 2050 年实现碳中和，则 2020～2030 年建筑碳排放年均降幅需达 6%。从中国的实际情况看，通过对建筑全生命周期的节能减排，预计到 2030 年、2060 年建筑全过程碳排放有望降至 31.1 亿吨、10.5 亿吨，分别较 2019 年减少 32%、77%。

建材生产阶段的节能减排措施。一方面通过技术路线改造替换、技改等方式减少建材生产的碳排放；另一方面可通过推广轻质隔墙材料等绿色建材来进行碳减排。建筑施工阶段的节能减排措施。一是减量，基于城市实际的需要和承载能力进行合理、科学的城市规划，减少不必要的新开工，同时提高建筑质量，延长建筑使用寿命，从而降低建筑新建和拆除规模；二是增效既可以通过建筑工业化、数字化来提高施工效率，减少建筑垃圾产生量，也可以通过提升工程机械的电气化率来进行碳减排。

建筑运行阶段的节能减排措施。一方面推广先进的节能产品，如被动房、超低能耗建筑；另一方面需采取全过程综合节能方案，包括建筑设计、建材采用、建筑运营、能源系统和设备以及可再生能源系统等。这三个阶段的减排措施，都依赖城市建设的高质量发展。

5.4.3　基础设施高质量发展远景规划

2021 年 3 月 12 日，《中华人民共和国国民经济和社会发展第十四个五年规划和 2035 年远景目标纲要》正式对外公布。"十四五"时期是我国全面建成小康社会、实现第一个百年奋斗目标之后，乘势而上开启全面建设社会主义现代化国家新征程、向第二个百年奋斗目标进军的第一个五年。"十四五"期间，在交通供给规模总体满足运输需求的情景下，交通基础设施发展将进入规模持续增长、结构优化调整、供需精准匹配、服务高效人文的高质量发展新阶段。本节通过分析有关基础设施建设领域的规划发现新发展阶段基础设施体现着创新、高质量、可持续的时代要求。

5.4.3.1　建设现代化基础设施体系

2022 年 4 月 26 日，中央财经委员会第十一次会议强调，全面加强基础设施建设构建现代化基础设施体系。再次将基础设施建设放在经济议题的重要位置，统筹推进传统基础设施和新型基础设施建设，打造系统完备、高效实用、智能绿色、安全可靠的现代化基础设施体系，对我国高质量发展具有举足轻重的作用。要加强交通、能源、水利等网络型基础设施建设，把联网、补网、强链作为建设的重点。具体来看，主要包括以下方面。

（1）加快建设交通强国。建设现代化综合交通运输体系是交通基础设施高质量发展的具体目标。交通基础设施发展在已经形成的超大规模优势基础上，将更加注重网络结构优化、质量水平改进和效率效益提升，交通基础设施发展进入"提质增效、量质齐升"的新阶段。这个阶段的特征主要表现在：交通基础设施建设投资强度开始趋缓，建设重点逐步从"规模扩张"向"结构优化"转变，推进各种运输方式一体化融合发展，进一步提高网络效应和运营效率（傅志寰等，2019）。

具体来说，要完善综合运输大通道，加强出疆入藏、中西部地区、沿江沿海沿边战略骨干通道建设，有序推进能力紧张通道升级扩容，加强与周边国家互联互通。构建快速网，基本贯通"八纵八横"高速铁路，提升国家高速公路网络质量，加快建设世界级港口群和机场群。完善干线网，加快普速铁路建设和既有铁路电气化改造，优化铁路客货布局，推进普通国省道瓶颈路段贯通升级，推动内河高等级航道扩能升级，稳步建设支线机场、通用机场和货运机场，积极发展通用航空。加强邮政设施建设，实施快递"进村进厂出海"工程。推进城市群都市圈交通一体化，加快城际铁路、市域（郊）铁路建设，构建高速公路环线系统，有序推进城市轨道交通发展。提高交通通达深度，推动区域性铁路建设，加快沿边抵边公路建设，继续推进"四好农村路"建设，完善道路安全设施。构建多层级、一体化综合交通枢纽体系，优化枢纽场站布局、促进集约综合开发，完善集疏运系统，发展旅客联程运输和货物多式联运，推广全程"一站式""一单制"服务。推进中欧班列集结中心建设。深入推进铁路企业改革，全面深化空管体制改革，推动公路收费制度和养护体制改革。交通强国建设工程如表5-2所示。

表 5-2　　　　　　　　　　交通强国建设工程

战略骨干通道	川藏铁路雅安至林芝段和伊宁至阿克苏、酒泉至额济纳、若羌至罗布泊等铁路，推进日喀则至吉隆、和田至日喀则铁路前期工作，打通沿边公路 G219 和 G331 线，提质改造川藏公路 G318 线
高速铁路	成都重庆至上海沿江高铁、上海经宁波至合浦沿海高铁、京沪高铁辅助通道天津至新沂段和北京经雄安新区至商丘、西安至重庆、长沙至赣州、包头至银川等高铁
普速铁路	西部陆海新通道黄桶至百色、黔桂增建二线铁路和瑞金至梅州、中卫经平凉至庆阳、柳州至广州铁路，推进玉溪至磨憨、大理至瑞丽等与周边互联互通铁路建设；提升铁路集装箱运输能力，推进中欧班列运输通道和口岸扩能改造，建设大型工矿企业、物流园区和重点港口铁路专用线，全面实现长江干线主要港口铁路进港
城市群和都市圈轨道交通	新增城际铁路和市域（郊）铁路运营里程 3000 公里，基本建成京津冀、长三角、粤港澳大湾区轨道交通网；新增城市轨道交通运营里程 3000 公里
高速公路	实施京沪、京港澳、长深、沪昆、连霍等国家高速公路主线拥挤路段扩容改造，加快建设国家高速公路主线并行线、联络线，推进京雄等雄安新区高速公路建设。规划布局建设充换电设施。新改建高速公路里程 2.5 万公里
港航设施	建设京津冀、长三角、粤港澳大湾区世界级港口群，建设洋山港区小洋山北侧、天津北疆港区 C 段、广州南沙港五期、深圳盐田港东区等集装箱码头。推进曹妃甸港煤炭运能扩容、舟山江海联运服务中心和北部湾国际门户港、洋浦枢纽港建设。深化三峡水运新通道前期论证，研究平陆运河等跨水系运河连通工程
现代化机场	建设京津冀、长三角、粤港澳大湾区、成渝世界级机场群，实施广州、深圳、昆明、西安、重庆、乌鲁木齐、哈尔滨等国际枢纽机场和杭州、合肥、济南、长沙、南宁等区域枢纽机场改扩建工程，建设厦门、大连、三亚新机场。建成鄂州专业性货运机场，建设朔州、嘉兴、瑞金、黔北、阿拉尔等支线机场，新增民用运输机场 30 个以上
综合交通和物流枢纽	推进既有客运枢纽一体化智能化升级改造和站城融合，实施枢纽机场引入轨道交通工程。推进 120 个左右国家物流枢纽建设。加快邮政国际寄递中心建设

资料来源：根据《中华人民共和国国民经济和社会发展第十四个五年规划和 2035 年远景目标纲要》相关内容整理。

"十三五"时期，我国交通基础设施发展强调"以提高发展质量和效益为中心"，实施了包括加快推进高速铁路成网、推进普通国道提质改造、提升枢纽站场一体化水平等在内的一系列政策举措，有效提升了交通基础设施网络的发展质量和效率效益。但是总体上看，"十三五"时期我国交通基础设施发展只是完成了从"网络规模扩张"向"网络提质增效"的转型过渡，属于"局部性"提质增效（向爱兵，2020）。而"十四五"时期，为进一步优化交通基础设施网络结构，要加强运输服务系统、交通技术装备系统等支撑体系"软基建"建设，要求规划设计、施工建设、运营管护等各环节、各领域提质增效。"十四五"交通基础设施"提质增效"是整体性、系统性的，是全领域、全过程、全生命周期的高质量、高效率发展。

（2）构建现代能源体系。上一节的分析也有提到，能源基础设施是推动社会可持续发展的重要支柱。近年来，在"四个革命、一个合作"（推动能源消费革命，抑制不合理能源消费；推动能源供给革命，建立多元供应体系；推动能源技术革命，带动产业升级；推动能源体制革命，打通能源发展快车道。全方位加强国际合作，实现开放条件下能源安全）能源安全新战略指引下，我国坚定不移推进能源革命，全面推进能源消费方式变革，建设多元清洁的能源供应体系，能源高质量发展迈出了新步伐。进一步推进能源革命，要建设清洁低碳、安全高效的能源体系，提高能源供给保障能力。

具体而言，要加快发展非化石能源，坚持集中式和分布式并举，大力提升风电、光伏发电规模。加快发展东中部分布式能源。有序发展海上风电。加快西南水电基地建设。安全稳妥推动沿海核电建设。建设一批多能互补的清洁能源基地，非化石能源占能源消费总量比重提高到20%左右。推动煤炭生产向资源富集地区集中，合理控制煤电建设规模和发展节奏，推进以电代煤。有序放开油气勘探开发市场准入，加快深海、深层和非常规油气资源利用，推动油气增储上产。因地制宜开发利用地热能。提高特高压输电通道利用率。加快电网基础设施智能化改造和智能微电网建设，加强源网荷储衔接，提升清洁能源消纳和存储能力，推进煤电灵活性改造，加快抽水蓄能电站建设和新型储能技术规模化应用。完善煤炭跨区域运输通道和集疏运体系，加快建设天然气主干管道，完善油气互联互通网络。现代能源体系建设工程如表5-3所示。

表 5-3　　　　　　　　　　　　现代能源体系建设工程

大型清洁能源基地	建设雅鲁藏布江下游水电基地；建设金沙江上下游、雅砻江流域、黄河上游和几字湾、河西走廊、新疆、冀北、松辽等清洁能源基地；建设广东、福建、浙江、江苏、山东等海上风电基地
沿海核电	建成华龙一号、国和一号、高温气冷堆示范工程，积极有序推进沿海三代核电建设；推动模块式小型堆、60 万千瓦级商用高温气冷堆、海上浮动式核动力平台等先进堆型示范；建设核电站中低放废物处置场，建设乏燃料后处理厂；开展山东海阳等核能综合利用示范；核电运行装机容量达到 7000 万千瓦
电力外送通道	建设白鹤滩至华东、金沙江上游外送等特高压输电通道，实施闽粤联网、川渝特高压交流工程；研究论证陇东至山东、哈密至重庆等特高压输电通道
电力系统调节	建设桐城、磐安、泰安二期、浑源、庄河、安化、贵阳、南宁等抽水蓄能电站，实施电化学、压缩空气、飞轮等储能示范项目；开展黄河梯级电站大型储能项目研究
油气储运能力	新建中俄东线境内段、川气东送二线等油气管道；建设石油储备重大工程；加快中原文 23、辽河储气库群等地下储气库建设

资料来源：根据《中华人民共和国国民经济和社会发展第十四个五年规划和 2035 年远景目标纲要》相关内容整理。

　　长期以来，我国形成了"西电东送、北煤南运、西气东输"的能源流向格局。从构建现代能源体系规划中可以发现，进入新发展阶段，能源行业深入实施区域协调发展战略，统筹生态保护和高质量发展，加强区域能源供需衔接，优化能源开发利用布局，提高资源配置效率。一是加快西部清洁能源基地建设。西部地区化石能源和可再生能源资源较为丰富，要坚持走绿色低碳发展道路，把发展重心转移到清洁能源产业，重点建设"风光水（储）""风光火（储）"等多能互补的清洁能源基地。二是提升中东部地区能源清洁低碳发展水平。以京津冀及周边地区、长三角、粤港澳大湾区等为重点，加快发展分布式新能源、沿海核电、海上风电等，推动能源"从身边来"与"从远方来"并重，提升本地能源自给能力。三是强化区域间资源优化配置。我国能源生产消费逆向分布的特征决定了未来一段时期大规模跨区输送的格局仍将持续，预计 2025 年西电东送规模将达到 3.6 亿千瓦以上。要充分挖掘存量通道的输送潜力，新建输电通道应是"绿色通道"，可再生能源电量比例原则上不低于50%。①

除此之外，创新引领能源发展作用更加凸显。在能源革命和数字革命双重驱动下，新能源、非常规油气、先进核能、智慧能源、新型储能、氢能等新兴能源技术正以前所未有的速度加快迭代，成为全球能源转型变革的核心驱动力。"俄乌冲突"下欧洲爆发的能源危机也再次凸显推动能源科技实现高水平自立自强的重要性，是把握新一轮科技革命和产业变革机遇、赢得创新发展主动权、保障国家能源安全的大趋势。"十四五"时期，急需推动能源技术装备"补短板、锻长板"，加速突破一批战略性前沿性技术，激发能源创新发展新动能，提升能源产业基础高级化、产业链现代化水平（章建华，2022）。需要强调的是，"十四五"时期，能源发展必须落实总体国家安全观，立足以煤为主的基本国情，坚持先立后破、通盘谋划，以保障安全为前提构建现代能源体系，协同推进低碳转型与供给保障，着力筑牢国家能源安全屏障。

（3）加强水利基础设施建设。党的十八大以来，我国加强新老水问题的综合治理、系统治理、源头治理，长江三峡、南水北调东中线一期工程、淮河出山店水库、江西峡江水利枢纽等一大批重大水利工程建成并发挥效益，形成了世界上规模最大、范围最广、受益人口最多的水利基础设施体系。

水利基础设施建设的高质量发展体现对生态系统的重视与保护，具体而言，要立足流域整体和水资源空间均衡配置，加强跨行政区河流水系治理保护和骨干工程建设，强化大中小微水利设施协调配套，提升水资源优化配置和水旱灾害防御能力。坚持节水优先，完善水资源配置体系，建设水资源配置骨干项目，加强重点水源和城市应急备用水源工程建设。实施防洪提升工程，解决防汛薄弱环节，加快防洪控制性枢纽工程建设和中小河流治理、病险水库除险加固，全面推进堤防和蓄滞洪区建设。加强水源涵养区保护修复，加大重点河湖保护和综合治理力度，恢复水清岸绿的水生态体系。国家水网骨干工程如表5-4所示。

---

① 章建华．全面构建现代能源体系　推动新时代能源高质量发展［J］．企业观察家，2022（8）：76-81.

表 5 - 4　　　　　　　　　　　　国家水网骨干工程

重大引调水	推动南水北调东中线后续工程建设，深化南水北调西线工程方案比选论证；建设珠三角水资源配置、渝西水资源配置、引江济淮、滇中引水、引汉济渭、新疆奎屯河引水、河北雄安干渠供水、海南琼西北水资源配置等工程；加快引黄济宁、黑龙江三江连通、环北部湾水资源配置工程前期论证
供水灌溉	推进新疆库尔干、黑龙江关门嘴子、贵州观音、湖南犬木塘、浙江开化、广西长塘等大型水库建设；实施黄河河套、四川都江堰、安徽淠史杭等大型灌区续建配套和现代化改造，推进四川向家坝、云南耿马、安徽怀洪新河、海南牛路岭、江西大坳等大型灌区建设
防洪减灾	建设雄安新区防洪工程、长江中下游崩岸治理和重要蓄滞洪区、黄河干流河道和滩区综合治理、淮河入海水道二期、海河河道治理、西江干流堤防、太湖吴淞江、海南迈湾水利枢纽等工程；加强黄河古贤水利枢纽、福建上白石水库等工程前期论证

资料来源：根据《中华人民共和国国民经济和社会发展第十四个五年规划和2035年远景目标纲要》相关内容整理。

总体而言，"十四五"时期水利工程建设要求加强水利基础设施建设，提升水资源优化配置和水旱灾害防御能力；实施国家水网工程，推进重大引调水、防洪减灾等一批重大项目建设；加快江河控制性工程建设，加快病险水库除险加固，全面推进堤防和蓄滞洪区建设等；建设高标准市场体系，坚持平等准入、公正监管、开放有序、诚信守法；加快转变政府职能，深化"放管服"改革，加强事中事后监管。推进水利更高质量、更可持续、更为安全的发展。

（4）完善新型城镇化战略。新型城镇化的高质量发展要求加快转变城市发展方式，统筹城市规划建设管理，实施城市更新行动，推动城市空间结构优化和品质提升。

转变城市发展方式方面。要按照资源环境承载能力合理确定城市规模和空间结构，统筹安排城市建设、产业发展、生态涵养、基础设施和公共服务。推行功能复合、立体开发、公交导向的集约紧凑型发展模式，统筹地上地下空间利用，增加绿化节点和公共开敞空间，新建住宅推广街区制。推行城市设计和风貌管控，落实适用、经济、绿色、美观的新时期建筑方针，加强新建高层建筑管控。加快推进城市更新，改造提升老旧小区、老旧厂区、老旧街区和城中村等存量片区功能，推进老旧楼宇改造，积极扩建新建停车场、充电桩。

推进新型城市建设方面。要顺应城市发展新理念新趋势，开展城市现代化试点示范，建设宜居、创新、智慧、绿色、人文、韧性城市。提升城市智慧化水平，推行城市楼宇、公共空间、地下管网等"一张图"数字化管理和城市运行一网统管。科学规划布局城市绿环绿廊绿楔绿道，推进生态修复和功能完善工程。优先发展城市公共交通，建设自行车道、步行道等慢行网络。发展智能建造，推广绿色建材、装配式建筑和钢结构住宅，建设低碳城市。建设源头减排、蓄排结合、排涝除险、超标应急的城市防洪排涝体系，推动城市内涝治理取得明显成效。增强公共设施应对风暴、干旱和地质灾害的能力，完善公共设施和建筑应急避难功能。加强无障碍环境建设。拓展城市建设资金来源渠道，建立期限匹配、渠道多元、财务可持续的融资机制。

完善住房市场体系和住房保障体系方面。要坚持因地制宜、多策并举，夯实城市政府主体责任，稳定地价、房价和预期。建立住房和土地联动机制，加强房地产金融调控，发挥住房税收调节作用，支持合理自住需求，遏制投资投机性需求。单列租赁住房用地计划，探索利用集体建设用地和企事业单位自有闲置土地建设租赁住房，支持将非住宅房屋改建为保障性租赁住房。完善土地出让收入分配机制，加大财税、金融支持力度。因地制宜发展共有产权住房。处理好基本保障和非基本保障的关系，完善住房保障方式，健全保障对象、准入门槛、退出管理等政策。新型城镇化建设工程如表 5-5 所示。

表 5-5　　　　　　　　　　新型城镇化建设工程

都市圈建设	在中心城市辐射带动作用强、与周边城市同城化程度高的地区，培育发展一批现代化都市圈，推进基础设施互联互通、公共服务互认共享
城市更新	完成 2000 年底前建成的 21.9 万个城镇老旧小区改造，基本完成大城市老旧厂区改造，改造一批大型老旧街区，因地制宜改造一批城中村
城市防洪排涝	以 31 个重点防洪城市和大江大河沿岸沿线城市为重点，提升改造城市蓄滞洪空间、堤防、护岸、河道、防洪工程、排水管网等防洪排涝设施，因地制宜建设海绵城市，全部消除城市严重易涝积水区段

县城补短板	推进县城、县级市城区及特大镇补短板，完善综合医院、疾控中心、养老中心、幼儿园、市政管网、市政交通、停车场、充电桩、污水垃圾处理设施和产业平台配套设施；高质量完成 120 个县城补短板示范任务
现代社区培育	完善社区养老托育、医疗卫生、文化体育、物流配送、便民商超、家政物业等服务网络和线上平台，城市社区综合服务设施实现全覆盖实施大学生社工计划，每万城镇常住人口拥有社区工作者 18 人
城乡融合发展	建设嘉兴湖州、福州东部、广州清远、南京无锡常州、济南青岛、成都西部、重庆西部、西安咸阳、长春吉林、许昌、鹰潭等国家城乡融合发展试验区，加强改革授权和政策集成

资料来源：根据《中华人民共和国国民经济和社会发展第十四个五年规划和 2035 年远景目标纲要》相关内容整理。

总体而言，新型城镇化建设聚焦于疏解超大、特大城市非核心功能，发挥都市圈的引领作用，破除城乡二元体制以及发挥中小城市在城镇化格局中的作用等方面。以推动城镇化高质量发展为主题，以转变城市发展方式为主线，以体制机制改革创新为根本动力，以满足人民日益增长的美好生活需要为根本目的，统筹发展和安全，深入推进以人为核心的新型城镇化战略。在此指引下，明确了持续促进农业转移人口市民化，完善以城市群为主体形态、大中小城市和小城镇协调发展的城镇化格局，推动城市健康宜居安全发展，推进城市治理体系和治理能力现代化，促进城乡融合发展这五个路径，以及到 2025 年的主要目标。

综上所述，构建现代化基础设施体系就是为现代化经济体系插上一双翅膀，依靠财富积累来推动社会整体进步。通过推动基础设施高质量发展，不断完善现代化综合交通运输体系，深入展开能源领域、水利设施、生活性服务业方面的布局，补齐民生短板、筑牢安全屏障，就会不断提升人民幸福感。脱胎于传统基建，服务于未来发展，高质量基础设施建设为国家"十四五"规划的成功实施与 2035 年远景目标的胜利实现提供了坚实基础。

5.4.3.2 基础设施高质量发展试点

2021 年 12 月 13 日，国家发展改革委网站发布关于同意深圳市开展基础设施高质量发展试点的复函，同意深圳市组织开展基础设施高质量发展试点。复函要求深圳按照基础设施高质量发展方向，统筹存量和增量、传统和新型基础设施，推动跨界引领发展、跨区域一体发展、跨领域协调发展、跨前沿技术融合发展，全面提高基础设施供给能力、质量和效率，打造系统完备、高效实用、智能绿色、安全可靠的现代化基础设施体系，尽快形成可复制可推广经验，发挥先行示范作用。

基础设施强调高质量发展是大势所趋。国家发展改革委不到 500 字的复函，信息量和含金量都很大。从复函中我们也可洞悉我国现阶段基础设施高质量发展示范区具体情况，城市高质量基础设施"看得见的未来"是何面貌。

（1）深圳基础设施建设成就。开展基础设施高质量发展试点为何选择深圳？深圳市政府副秘书长黄强介绍，深圳开展基础设施高质量发展试点，具备三大有利条件。

一是深圳的交通基础设施较为完善。2021 年深圳机场旅客吞吐量 3635.8 万人次，货邮吞吐量 156.8 万吨，客、货运吞吐量均位居全国第三位；深圳港国际班轮航班航线达到 302 条，年吞吐量 2877 万标箱，居全球第四位；铁路旅客发送量达到 5094 万人次，城市轨道交通总通车里程达 419 公里，高、快速路网里程达 616 公里，高峰期公共交通机动化分担率达 57.7%。目前深圳与粤港澳大湾区各城市间已基本建成高铁、城际、高快速路、边界道路全覆盖的立体化交通体系，与周边城市人员往来密切，城际日均出行人数约百万人，要素高效流动格局基本形成。

二是深圳的城市资源保障能力稳步提升。截至 2021 年，深圳水资源保障体系已基本建成，城市供水能力达 735 万立方米/日，水质综合合格率达到 99.9% 以上；室内电源装机容量达 1700 万千瓦，拓展贵州、云南等外电输电能力达 800 万千瓦；拥有垃圾焚烧发电厂 9 座，总设计能力约 1.74 万吨每天，年上网电量约 25.8 亿千瓦时，市政污水管网达 7969 公里，雨水管渠达到 10945 公里。

三是深圳的新型基础设施布局优势明显。黄强表示，截至 2021 年，深圳已建成 5G 基站 5.1 万个，已建成多功能智能杆近 1.5 万根，5G 网络实现全市覆盖,光纤接入用户占比达 94.2%;① 深圳超算中心运算速度达 1270 万亿次每秒,是世界最早布局云计算、大数据、人工智能的操作中心之一,在人工智能、工业互联网、智能网联汽车等领域保持国内领先;深圳已推进首批 95 个新型基础设施项目的建设,总投资 4119 亿元,电子信息产业总产值约占全国的 1/6。

深圳基础设施建设虽取得了一定成效,但与现代化基础设施体系建设要求仍然存在差距。必须承认,深圳仍需在基础设施高质量发展方面取得新的突破。

(2) 深圳基础设施高质量发展方向。深圳基础设施高质量发展试点有哪些具体举措?又有哪些蓝图和目标?按照试点方案,深圳将着力打造"四型城市":基础设施高质量发展的枢纽经济示范城市;区域一体化通道型城市;可持续应对变化的韧性城市;数字化、网络化、智能化的创新型城市。

在推动跨界引领发展方面,深圳将围绕提升枢纽国际国内资源配置能力,建设交通物流设施,健全枢纽发展新机制,打造枢纽站城一体发展的新模式,培育枢纽经济发展新业态的 5 项重点任务,推动西丽综合交通枢纽工程等 18 个重大项目建设,实现交通引领城市发展。

到 2025 年,国际性综合交通枢纽城市基本建成,形成可复制可推广的枢纽加区域加产业的协同开发模式。在推动跨区域一体发展方面,深圳将围绕探索推进区域规划共绘,探索推进区域设施共建,探索区域交通设施运营共管,探索区域水资源共享 4 项重点任务;推动机荷、惠盐高速改扩建等 24 个重大项目建设。到 2025 年,力争实现重要干线路网多层次轨道网,高铁出行圈畅通高效,城市供水安全和保障能力显著增强。

在推动跨领域协调发展方面,深圳围绕探索集约利用城市地下空间资源,建立健全应急救援保障体系,构建安全韧性的资源保障体系,打造美丽宜居的生态环境,加快基础设施绿色升级 5 项重点任务,打造城市水务、智慧管理平台两个重大平台,推动天然气储备与调峰库二期扩建等 12 个重大建设项目。到 2025 年,力争实现"水电油气等资源保障有利,城市景观优美,生态

---

① 南方观察. 再迎国家重大使命! 一文详解深圳基础设施高质量发展试点 [EB/OL]. (2022 – 01 – 21). https://www.thepaper.cn/newsDetail_forward_16406711.

环境宜居、现代化应急体系完备，应急能力显著增强"的目标。

在推动跨前沿技术融合发展方面，深圳将围绕推进新型城市基础设施建设，布局智慧能源基础设施，布局智慧交通基础设施，建设智能制造基础设施，建设智能化城市安全体系，集中布局科技基础设施6项重点任务，打造城市信息模型 cim 基础平台等三个重大平台，推动深圳湾实验室等20个重大项目引领。到2025年建成万物互联、数字融合、技术引领的信息基础设施体系，建成数字化、网络化、智能化的融合基础设施体系，建成源头创新突破，产学研深度融合的创新基础设施体系。

（3）深圳基础设施高质量发展内涵。具体来看，深圳基础设施高质量发展试点何以体现"高质量"？又有哪些创新之举？与传统基础设施相比，深圳基础设施高质量发展有四个方面的显著变化。

一是从条块到系统。目前深圳的交通、生态、能源、市政等基础设施缺乏整体基建投资的概念，难以形成网络规模的效应。基础设施的高质量发展，就是以系统枢纽工程为抓手，通过规划一张蓝图，建设一个主体，运营一个中心，开发一个平台，来有效地解决项目之间"统得无力、分得无序"的问题。例如目前正在建设的西丽综合枢纽工程项目，就是采用系统化设计建设的4条国铁，2条城际，4条地铁换乘的超级枢纽。西丽综合枢纽构建了地下两层地上三层的立体慢行网络，在轨道交通、城市道路、公共配套、商业服务等各类设施之间建立起紧密的联系，将割裂的城市空间重新进行融合，实现了枢纽和城市的高度融合。

二是从政府到市场。以往基础设施投资是以政府投入为主，社会资本的积极性尚未得到充分发挥。基础设施高质量发展则是以市场化改革为导向，加快推进基础设施竞争性领域，向各类市场主体公平开放。深圳可充分用好、用足自身市场化高度发达的优势，围绕枢纽经济、通道网络、韧性城市、新基建等领域，多谋划多储备有现金流的项目。

三是从传统到新型。传统意义上基础设施指的是交通、能源和市政领域设备、建筑和设施的投入，数字技术投入的规模不大，占比也不高。然而伴随着全球技术经济格局的数字化重大变革的加速到来，传统基础设施难以支撑生产生活方式的数字化转型，急需构建政府社会协同投资，科技产业协同创新，社会经济融合发展的现代化新型基础设施体系，为未来的数字时代提供底层支撑。

四是从单一的环节向全生命周期的过渡。深圳是全球 200 米以上高楼最多的超大城市，迫切需要解决以往基础设施投资"重建设轻管理"的问题。作为 5G 网络率先实现全覆盖，陆海空国际性综合交通枢纽城市，深圳有基础率先探索基础设施全生命周期管理的新路径。深圳将以此试点为契机，加强项目全生命周期的管理，统筹规划设计、施工建设、运营维护等各个环节，提升基础设施可持续发展的能力。

综上所述，正如中央全面深化改革委员会第十二次会议所强调的，基础设施是经济社会发展的重要支撑，基础设施高质量发展，要以整体优化、协同融合为导向，统筹存量和增量、传统和新型基础设施发展，打造集约高效、经济适用、智能绿色、安全可靠的现代化基础设施体系。

第二篇
基础设施投资决策与管理篇

第 6 章

我国基础设施投资决策体系

尽管受到新冠肺炎疫情影响，我国基础设施领域仍保持着较为可观的增量建设规模，这也成为我国经济维持稳定的主要支撑。长期的投资建设经验为我国基础设施投资制度建设提供了牢固的实践基础，在不断摸索过程中，我国逐步建立起了颇具中国特色的投资决策体系，形成了以《企业投资项目核准和备案管理条例》和《政府投资条例》为总依据的投融资领域法律法规框架，为政府及企业筛选、建设、运营基础设施项目提供了强有力的法律保障和科学有效的行为指南。不可否认的是，在此发展过程中，我国基础设施投融资体制仍然存在不可忽视的问题。在国际价值链重塑、全球经济疲软、社会生产结构亟待转型的宏观背景下，如何调动社会资本积极性、如何提高政府投资效率依旧是当前的重要议题。

6.1 基础设施项目投资决策总体框架

6.1.1 基础设施项目投资决策法律依据

6.1.1.1 我国法律位阶体系

在我国基础设施投资决策过程中，首先应当遵守宪法和法律的规定，依据我国现行的法律位阶体系，以宪法为根本法，按照下位法服从上位法的原则依法进行投资决策。

在我国，法律位阶是指各种法律规范依据其所体现的国家意志所处的法律地位，法律位阶高的法律称为上位法，法律位阶低的法律称为下位法。

第一位阶是宪法。宪法是国家的根本法，因而处于最高的法律位阶，具有最高的法律效力。一切法律、行政法规、地方性法规、自治条例和单行条例、规章都不得同宪法相抵触。

第二位阶是法律。此处法律特指由全国人民代表大会及其常务委员会制定并由国家主席签署主席令公布的规范性文件，例如《中华人民共和国招标投标法》。它们的法律位阶和效力等级在宪法之下，在行政法规之上。

第三位阶是行政法规。行政法规是由国务院制定并由总理签署国务院令公布的规范性文件，例如《政府投资条例》。它的法律位阶和效力等级处于法律之下，但在地方性法规和规章之上。

第四位阶是地方性法规。地方性法规是指省、自治区、直辖市、设区的市及得到授权的有关市人大及其常委会所制定的规范性文件，例如《北京市城市基础设施特许经营条例》。地方性法规的效力等级处于行政法规之下、本级和下级地方政府规章之上。

第五位阶是规章。规章也称政府规章或行政规章，是有关国家行政机关依据法律法规，在本职权范围内制定的具有普遍约束力的规范性文件，例如《市政公用事业特许经营管理办法》。规章在我国的法律体系中处于最低位阶。

除了上述法律体系规定的文件之外，还有其他规范性文件，一般指属于法律范畴的立法性文件和除此以外的由国家机关和其他团体、组织制定的具有约束力的非立法性文件的总和，例如《国务院关于固定资产投资项目试行资本金制度的通知》。规范性文件的制定和执行应当服从于各类法律法规，其内容较为具体，且可参照性强，可以作为基础设施投资决策的直接指导文件。

6.1.1.2　基础设施投资决策的直接法律依据

目前,《企业投资项目核准和备案管理条例》[①]与《政府投资条例》[②]是我国基础设施投资决策的直接法律依据。在法律性质上,《政府投资条例》和《企业投资项目核准和备案管理条例》既属于经济法,也属于行政法;既是程序法,也是实体法。在法律效力上,这两个条例是我国包括 PPP 在内的所有投资项目管理部门规章的上位法。

2004 年,《国务院关于投资体制改革的决定》的发布对转变政府职能、确立企业投资主体地位具有重要意义。其明确了企业投资项目取消审批制度,并根据实际情况实行核准制和备案制。党的十八大以来,党中央和国务院大力推进简政放权、放管结合、优化服务改革,投融资制度改革取得新突破,企业投资自主权进一步落实,这一系列改革措施极大调动了社会资本积极性。但我国企业投资项目仍然存在核准范围广、审查周期长、中介服务不规范等问题,事中事后监管和过程服务仍需加强。对此,国务院于 2016 年 11 月 30日公布《企业投资项目核准和备案管理条例》,对企业投资项目进行规范和管理。

2019 年 7 月 1 日起,《政府投资条例》正式施行。这是我国政府投资领域第一部行政法规(基础性法规),也是继《企业投资项目核准和备案管理条例》之后我国投资项目管理领域的又一重大立法成果。其弥补了我国政府投资管理上位法缺位,解决了现有规章及规范性文件权威性不足、指导性不够、约束性不强的问题,有助于落实新形势下党中央、国务院关于投资工作的新要求,解决实践过程的突出问题,做出针对性制度安排。《政府投资条例》的出台,有助于正确把握政府投资的功能定位、充分发挥市场在资源配置中的决定性作用,更好地发挥政府投资在优化基础设施供给结构、提升基础设施供给能力中的作用,同时规范政府投资资金和项目管理,确保政府投资有法可依,依法推进资金统筹使用和项目科学决策、严格监管,切实提高政府投资效益。

---

①　详见附录一。
②　详见附录二。

6.1.1.3 《企业投资项目核准和备案管理条例》

为规范政府对企业投资项目的核准和备案行为，加快转变政府的投资管理职能，落实企业投资自主权，国务院制定了《企业投资项目核准和备案管理条例》（以下简称《条例》）。进一步规范了政府对企业投资项目的核准和备案行为，加强事中事后监管力度，优化企业投资项目核准和备案服务，严格责任追究。

《企业投资项目核准和备案管理条例》的主要内容有以下四点。

（1）明确核准制和备案制的投资项目范围。对关系国家安全、涉及全国重大生产力布局、战略性资源开发和重大公共利益等项目，实行核准管理。具体项目范围以及核准机关、核准权限依照政府核准的投资项目目录执行。政府核准的投资项目目录由国务院投资主管部门会同国务院有关部门提出，报国务院批准后实施，并适时调整。国务院另有规定的，依照其规定。

（2）规范项目核准、备案手续和具体要求。除涉及国家秘密的项目外，项目核准、备案通过国家建立的项目在线监管平台办理。核准机关、备案机关以及其他有关部门统一使用在线平台生成的项目代码办理相关手续。

企业办理项目核准手续，应当向核准机关提交项目申请书；由国务院核准的项目，向国务院投资主管部门提交项目申请书。项目申请书由企业自主组织编制，任何单位和个人不得强制企业委托中介服务机构编制项目申请书。核准机关应当从是否危害经济安全、社会安全、生态安全等国家安全，是否符合相关发展建设规划、技术标准和产业政策，是否合理开发并有效利用资源，是否对重大公共利益产生不利影响这几方面对项目进行审查。

实行备案管理的项目，企业应当在开工建设前通过在线平台将企业基本情况、项目名称、建设地点、建设规模、建设内容，项目总投资额、项目符合产业政策的声明等信息告知备案机关。备案机关收到本条第一款规定的全部信息即为备案；企业告知的信息不齐全的，备案机关应当指导企业补正。

（3）强调项目的事中事后监督管理。《条例》的出台落实了企业的投资自主权，同时也确立了"谁审批谁监管、谁主管谁监管"的原则，落实监管责任，采取在线监测、现场核查等方式，加强核准机关、备案机关以及其他有关部门的事中事后监管。《条例》还提出了国家将建立全国投资项目在线审批监管平台，用于办理项目核准和备案工作。除涉及国家秘密的项目外，项目核准、备案均通过该在线平台实行网上受理、办理、监管和服务，实现核准、备案过程和结果的可查询、可监督。

（4）完善处罚方式和法律责任。《条例》对于下列违法违规行为的处罚方式和法律责任做出了说明。

实行核准管理的项目，企业未依照本条例规定办理核准手续开工建设或者未按照核准的建设地点、建设规模、建设内容等进行建设的，由核准机关责令停止建设或者责令停产，对企业处项目总投资额1‰以上5‰以下的罚款；对直接负责的主管人员和其他直接责任人员处2万元以上5万元以下的罚款，属于国家工作人员的，依法给予处分。以欺骗、贿赂等不正当手段取得项目核准文件，尚未开工建设的，由核准机关撤销核准文件，处项目总投资额1‰以上5‰以下的罚款；已经开工建设的，依照前款规定予以处罚；构成犯罪的，依法追究刑事责任。

实行备案管理的项目，企业未依照本条例规定将项目信息或者已备案项目的信息变更情况告知备案机关，或者向备案机关提供虚假信息的，由备案机关责令限期改正；逾期不改正的，处2万元以上5万元以下的罚款。

企业投资建设产业政策禁止投资建设项目的，由县级以上人民政府投资主管部门责令停止建设或者责令停产并恢复原状，对企业处项目总投资额5‰以上10‰以下的罚款；对直接负责的主管人员和其他直接责任人员处5万元以上10万元以下的罚款，属于国家工作人员的，依法给予处分。

核准机关、备案机关及其工作人员在项目核准、备案工作中玩忽职守、滥用职权、徇私舞弊的，对负有责任的领导人员和直接责任人员依法给予处分；构成犯罪的，依法追究刑事责任。

6.1.1.4　《政府投资条例》

为了充分发挥政府投资作用，提高政府投资效益，规范政府投资行为，保障政府投资资金和项目的管理，激发社会投资活力，我国制定《政府投资条例》，明确了"政府投资"的概念范畴，并针对政府投资项目和政府其他投资两种类别进行差异化管理。

《政府投资条例》的主要内容如下：

（1）明确政府投资的概念。《政府投资条例》明确了"政府投资"的概念，即"条例所称政府投资，是指在中国境内使用预算安排的资金进行固定资产投资建设活动，包括新建、扩建、改建、技术改造等"。促使形成固定资产的财政性资金，无论是以资本金注入还是政府付费等支付形式存在，无论是即期还是远期，都将纳入政府投资范围进行监管。由财政资金支付的PPP项目、地方债项目、特许经营项目，均在《政府投资条例》规范范围之内。国家完善有关政策措施，发挥政府投资资金的引导和带动作用，鼓励社会资金投向前款规定的领域。国家建立政府投资范围定期评估调整机制，不断优化政府投资方向和结构。

（2）规范政府投资决策流程及审批要点。《政府投资条例》规定，政府采取直接投资方式、资本金注入方式投资的项目，项目单位应当编制项目建议书、可行性研究报告、初步设计，按照政府投资管理权限和规定的程序，报投资主管部门或者其他有关部门审批。保证前期工作的深度达到要求，才有可能做出科学的审批决策，并对项目建议书、可行性研究报告、初步设计以及依法应当附具的其他文件的真实性负责。

除涉及国家秘密的项目外，投资主管部门和其他有关部门应当通过投资项目在线审批监管平台，使用在线平台生成的项目代码办理政府投资项目审批手续。投资主管部门应根据企业先前提交的项目建议书、可行性研究报告和初步设计进行审查，从建设必要性、项目可行性、投资概算的角度作出是否批准的决定。对于经济社会发展、社会公众利益有重大影响或者投资规模较大的政府投资项目，投资主管部门或者其他有关部门应当基于中介服务机构评估、公众参与、专家评议、风险评估的基础作出是否批准的决定，增加决策的科学性。

在投资概算控制方面，经投资主管部门或者其他有关部门核定的投资概算是控制政府投资项目总投资的依据。初步设计环节中提出的投资概算超过经批准的可行性研究报告提出的投资估算10%的，项目单位应当向投资主管部门或者其他有关部门报告，投资主管部门或者其他有关部门可以要求项目单位重新报送可行性研究报告。对于相关规划中已经明确的项目，部分扩改建项目，建设内容单一、投资规模较小、技术方案简单的项目，为应对自然灾害、事故灾难、公共卫生事件、社会安全事件等突发事件需要紧急建设的项目，可以按照国家有关规定简化需要报批的文件和审批程序。

（3）完善政府投资规划。国务院投资主管部门对其负责安排的政府投资编制政府投资年度计划，国务院其他有关部门对其负责安排的本行业、本领域的政府投资编制政府投资年度计划。其中，投资年度计划要明确项目名称、内容、规模、工期、总投资、年度投资额、资金来源等事项。列入投资年度计划的项目，需要满足以下要求：采取直接投资方式、资本金注入方式的，可行性研究报告已经批准或者投资概算已经核定；采取投资补助、贷款贴息等方式的，已经按照国家有关规定办理手续；县级以上人民政府有关部门规定的其他条件。政府投资年度计划还应当与本级预算相衔接，财政部门根据经批准的预算及时拨付政府投资资金，这也意味着政府投资项目被同时编入政府投资年度计划和政府本级的财政预算安排。

（4）确定项目实施要点。首先，《政府投资条例》对项目能否开工做出严格规定。政府投资项目开工建设，应当符合本条例和有关法律、行政法规规定的建设条件；不符合规定的建设条件的，不得开工建设。政府投资项目应当按照投资主管部门或者其他有关部门批准的建设地点、建设规模和建设内容实施；拟变更建设地点或者拟对建设规模、建设内容等作较大变更的，应当按照规定的程序报原审批部门审批。政府投资项目所需资金应当按照国家有关规定确保落实到位，且政府投资项目不得由施工单位垫资建设。政府投资项目建设投资原则上不得超过经核定的投资概算，但因国家政策调整、价格上涨、地质条件发生重大变化等原因确需增加投资概算的，项目单位应当提出调整方案及资金来源，按照规定的程序报原初步设计审批部门或者投资概算核定部门核定；涉及预算调整或者调剂的，依照有关预算的法律、行政法规和国家有关规定办理。政府投资项目应当按照国家有关规定合理确定并严格执行建设工期，任何单位和个人不得非法干预。政府投资项目建成后，应当按照国家有关规定进行竣工验收，并在竣工验收合格后及时办理竣工财务决算。若政府投资项目有结余的财政资金，应当按照国家有关规定缴回国库。投资主管部门或者其他有关部门应当按照国家有关规定选择有代表性的已建成政府投资项目，委托中介服务机构对所选项目进行后评价。后评价应当根据项目建成后的实际效果，对项目审批和实施进行全面评价并提出明确意见。

（5）明确政府投资监管程序。《政府投资条例》对于政府投资监管程序也作出指示。所有使用政府投资资金的项目，都需要履行相关审批程序。以PPP为例，可行性研究报告应由具有相应项目审批职能的投资主管部门等审批。可行性研究报告审批后，实施机构根据经批准的可行性研究报告有关要求，完善并确定PPP项目实施方案。实行核准制或备案制的企业投资项目，应根据《政府核准的投资项目目录》及相关规定，由相应的核准或备案机关履行核准、备案手续。项目核准或备案后，实施机构依据相关要求完善和确定PPP项目实施方案。

《政府投资条例》对我国基础设施项目投资影响深远，具体意义有以下几个方面。

（1）体现市场化改革方向。

第一，坚持市场对配置资源的决定性作用。根据第三条第一款，政府投资资金应当投向市场不能有效配置资源的领域，以非经营性项目为主。

第二，激发社会投资活力。根据第三条第二款，国家完善有关政策措施，发挥政府投资资金的引导和带动作用，鼓励社会资金。

第三，使资金投向公共领域项目，促进市场公平。根据第六条第二款，安排政府投资资金应当平等对待各类投资主体，不得设置歧视性条件。

（2）贯彻新发展理念。

第一，促进高质量发展。根据第四条，政府投资应当遵循科学决策、规范管理、注重绩效、公开透明的原则。

第二，补短板和促进供给侧结构性改革。根据第三条第一款，政府投资资金应当投向社会公益服务、公共基础设施、农业农村、生态环境保护、重大科技进步、社会管理、国家安全等公共领域的项目。根据第三条第三款，国家建立政府投资范围定期评估调整机制，不断优化政府投资方向和结构。

第三，坚持防范风险。根据第五条第一款，政府投资应当与经济社会发展水平和财政收支状况相适应。根据第五条第二款，国家加强对政府投资资金的预算约束。政府及其有关部门不得违法违规举借债务筹措政府投资资金。根据第二十二条第二款，政府投资项目不得根据施工单位垫资建设。

（3）深化依法治国实践。

第一，政府投资实现有法可依。能够解决各类规章、规范性文件权威性不足、指导性不够、约束性不强的问题。

第二，形成投资法制完整框架。《企业投资项目核准和备案管理条例》自2017年2月1日起实施，《政府投资条例》自2019年7月1日起实施，完善了投资法律体系。

第三，促进依法行政。实现了政府投资体制、职能、程序、责任法定化，是建设法治政府的具体体现，也是制定有关政府投资规章文件的重要依据。

（4）加强全方位全过程管理。

第一，将全过程管理划分为宏观和微观两个层面。根据第八条，宏观上强调对政府投资规模和结构的决策。（县级以上人民政府应当根据国民经济和社会发展规划、中期财政规划和国家宏观调控政策，结合财政收支状况，统筹安排使用政府投资资金的项目，规范使用各类政府投资资金。）微观上加强对具体项目和资金的管理。

第二，能够形成项目和资金两条主线。加强政府投资项目的决策和管理，明确政府投资资金的安排方式和投资计划管理手段等。

第三，加强全周期管理。覆盖了项目谋划、储备、决策、实施、监管、竣工、后评价的全生命周期，向前衔接规划，向后衔接项目建成后的财务处理。

6.1.2 我国投资规划体系

6.1.2.1 投资规划的指导原则

我国的投资规划坚持"下位规划服从上位规划、下级规划服务上级规划、等位规划相互协调，建立以国家发展规划为统领，以空间规划为基础，以专项规划、区域规划为支撑，由国家、省、市各级规划共同组成，定位准确、边界清晰、功能互补、统一衔接"的国家规划体系。

6.1.2.2 投资规划的主要内容

在进行投资项目决策时，拟投资的项目需要符合我国投资规划的各项要求。若项目与我国投资规划的各项部署相违背，则难以通过审批，进而影响项目进度。我国投资规划主要包括城乡规划、土地利用总体规划、国民经济和社会发展规划、主体功能区规划及环境保护规划。

（1）城乡规划。城乡规划是城镇体系规划、城市规划、镇规划、乡规划和村庄规划的统称，是由人民政府编制的对一定时期内（一般为20年）城乡社会和经济发展、土地利用、空间布局以及各项建设的综合部署、具体安排和实施管理。城乡规划基于《城乡规划法》《城市规划编制办法》《城市用地分类与规划建设用地标准》等法律法规，以设立"自上而下与自下而上相结合的城乡规划、加强城乡战略引领与刚性控制作用"为出发点，落实上级及相关专业规划的管制要求，引导地方发展，明确城乡空间功能布局，是以空间为主的综合性规划。城乡规划须经本级人民代表大会常务委员会审议后，报上级人民政府审批。

（2）土地利用总体规划。土地利用总体规划是在一定区域内部，人民政府根据国家社会经济可持续发展的要求和当地自然、经济、社会条件，对土地的开发、利用、治理、保护在空间上、时间上所作的总体安排和布局，是国家实行土地用途管制的基础。土地利用总体规划层级控制相对严谨，根据土地资源特点和社会经济发展要求，对今后一段时期内（通常为15年）土地利用作出总体安排。土地利用总体规划基于《土地管理法》《土地管理法实施条例》《土地利用总体规划编制审查办法》等法律法规，采取下级规划服从上级规划的原则，实施用地规模控制、土地用途管制、"三界四区"的空间管制。土地利用总体规划需要自上而下审查报批，省级规划由国务院审批。

（3）国民经济和社会发展规划。国民经济和社会发展规划是全国或者某一地区经济、社会发展的总体纲要，是由人民政府编制的具有战略意义的指导性文件。国民经济和社会发展规划统筹安排和指导全国或某一地区的社会、经济、文化建设工作。国民经济和社会发展规划以《国务院关于加强国民经济和社会发展规划编制工作的若干意见》为法律法规基础，设置三级三类规划体系，三级为国家级规划、省（区、市）级规划、市县级规划，三类为区域规划、总体规划、专项规划。国民经济和社会发展规划旨在加强宏观调控，以地方事权为主，对总体发展目标、策略与项目作出安排，由同级人民代表大会负责审批。

（4）全国主体功能区规划。全国主体功能区规划是根据不同区域的资源环境承载能力、现有开发密度和发展潜力，统筹谋划未来人口分布、经济布局、国土利用和城镇化格局，将国土空间划分为优化开发、重点开发、限制开发和禁止开发四类，确定主体功能定位，明确开发方向，控制开发强度，规范开发秩序，完善开发政策，逐步形成人口、经济、资源环境相协调的空间开发格局的规划。全国主体功能区规划的法律依据主要为《国务院关于编制全国主体功能区规划的意见》，有国家级和省级两个层次，自上而下进行规划编制，旨在明确区域主体功能、规范开发秩序，以不同主体功能区的定位、开发方向、管制原则和区域政策为重点内容，并以县为单元进行规划。全国主体功能区规划需要由同级人民政府审批。

（5）环境保护规划。环境保护规划是由环境保护主管部门编制的加强生态保护的一系列规划，用以确定生态保护和污染防治的目标、任务、保障措施等，整体偏重于环境安全。我国环境保护规划的主要依据为《环境保护法》《全国生态环境保护纲要》，目前尚未形成完善的规划体系。

6.1.3　投资项目周期管理制度

6.1.3.1　投资项目周期不同阶段的管理工作重点

工程项目周期是指从提出项目设想到前期论证、投资决策、建设准备、竣工验收直至投产运营所经历的全过程。

在前期阶段，需要根据规划进行投资机会研究，初步筛选备选项目，提出建设初步方案（项目建议书），并编制可行性研究报告，编制过程中必须遵循严肃性、科学性、真实性、客观性、完整性和全面性的原则。

在准备阶段，应当在充分进行可行性研究的基础上，准备和安排项目所需建设条件，落实项目的可行性考察以及项目所需的资金，为开工建设打下基础。

在实施阶段，工程建设和设备安装调试完成，项目建设正式开展，形成工程实物状态，需要做好资金、进度和质量的管控工作，同时做好项目安全管理。

在投产运营阶段，需要对项目投资建设进行总结评价和实施绩效评价，重点关注财务指标、风险预警、合规性手续办理等方面，并全面深入地开展项目实施效果自评，对项目运营质量提出改进建议。

6.1.3.2 投资项目前期阶段的决策管理

投资项目前期研究论证和评审工作，为项目建设的必要性、可行性提供切实验证，以及为项目建设实施、竣工验收和运营管理等后续各阶段提供行动指南。投资项目前期需要作出三个重要决策，即确定建设项目、确定建设方案、确定建设时序。在决策过程中，需要重点关注项目建议书、可行性研究及初步设计这三项内容。

项目建议书需要在全面掌握宏观信息，即国家经济和社会发展规划、行业或地区规划、线路周边自然资源等信息的基础上，重点论述项目的必要性，根据项目预测结果，结合规划情况和同类项目类比的情况，论证提出合理的建设规模和投资规模。

可行性研究是确定建设项目前具有决定性意义的工作，是在投资决策之前，对拟建项目进行全面技术经济分析的科学论证。在投资管理中，可行性研究是指对拟建项目有关的自然、社会、经济、技术等进行调研、分析比较以及预测建成后的社会经济效益进行评估。在此基础上，综合论证项目建设的必要性，财务的盈利性，经济上的合理性，技术上的先进性和适应性以及建设条件的可能性和可行性，从而为投资决策提供科学依据。可行性研究报告有承上启下的作用，重点论述项目的可行性，标志着项目决策完成。

初步设计是实施准备的开始。在方案设计通过投资人及相关部门的审批以后，就可以开始初步设计工作。初步设计文件应当满足现行的《建筑工程

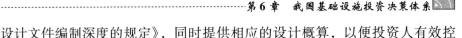

设计文件编制深度的规定》，同时提供相应的设计概算，以便投资人有效控制投资。

6.1.3.3 投资项目投融资管理

（1）工程项目投资总额及构成。工程项目总投资一般是指工程项目从建设前期的准备工作到工程项目全部建成竣工投产为止所发生的全部投资费用。其中，生产性工程项目总投资包括项目的固定资金投资（建设投资）和流动资金投资（运营投资）两部分；非生产性建设项目总投资只包括建设投资。建设投资包括设备及工器具购置费、建筑安装工程费、工程建设其他费用、预备费（包括基本预备费和涨价预备费）和建设期利息。

（2）投资项目"四算"管理制度。项目四算即对项目工作进行估算、概算、预算、决算。

估算即投资估算，是在决策阶段就建设项目建设总投资进行的科学估计。决策阶段又分为机会研究、项目建议书、初步可行性研究、详细可行性研究四个阶段，随着项目逐步地细化具体化，按照投资估算规程，可以得到不同精细程度的估算。投资估算也是进行项目决策、筹集资金和合理控制造价的主要依据。

概算包含设计概算、修正概算，指在设计阶段，以初步设计或施工图设计图纸为基础，以概算指标、概算定额以及现行的计费标准市场信息等为依据，按照建设项目设计概算规程，逐级计算建设项目建设总投资。

预算是从施工图设计出来至交易阶段确定招标控制价、投标报价的时段，以建筑安装施工图设计图纸为对象，依据现行的计价规范、消耗量定额、人材机市场价格、费用标准，按照建设项目施工图预算编审规程，逐级计算的建筑安装工程造价。

决算是项目的竣工决算。指整个项目竣工，建设单位对完成的整个项目从筹建到竣工投产使用的实际花费，所做的财务汇总。需要完成相应的报表，进行工程造价分析，指标数据的决算与概算对比等。

（3）工程项目投资主体。工程项目投资主体在工程建设项目中对投资方向、投资数额有决策权，有足够的投资资金来源，对其投资所形成的资产享有所有权和支配权，并能自主地或委托他人进行经营。在我国主要的投资主体有中央政府、地方政府、企业、个人、外国投资主体。不同的投资主体有各自的特点，既可以独立投资，也可以互相合作共同参与投资。

（4）工程项目融资方式和模式。根据国家统计局《固定资产投资统计报表制度（2021）》的定义，固定资产投资（包括基建投资）的资金来源包括：国家预算资金、国内贷款、自筹资金、利用外资和其他资金。具体工程项目融资方式和模式详见本报告第三篇。

（5）工程项目资本金制度。在项目总投资中，除项目法人（依托现有企业的扩建及技术改造项目，现有企业法人即为项目法人）从银行或资金市场筹措的债务性资金外，还必须拥有一定比例的资本金。

根据国务院《关于固定资产投资项目试行资本金制度的通知》，固定资产投资项目资本金是指，在投资项目总投资中，由投资者认缴的出资额，对投资项目来说是非债务性资金，项目法人不承担这部分资金的任何利息和债务；投资者可按其出资的比例依法享有所有者权益，也可转让其出资，但不得以任何方式抽回。党中央、国务院另有规定的除外。

资本金制度适用于我国境内的企业投资项目和政府投资的经营性项目，不包括政府直接投资的公益性项目。

在出资形式上，投资项目的资本金实行认缴制，即一次认缴，并根据批准的建设进度按比例逐年到位；可以用货币出资，也可以用实物、工业产权、非专利技术、土地使用权作价出资；非货币资产作为项目资本金，需要进行资产作价评估；投资者如以货币方式认缴的资本金，可行的资金来源有：财政资金、企业自有资金以及投资者按照国家规定从资金市场上筹措的资金、社会个人合法所有的资金、国家规定的其他可以用作投资项目资本金的资金。

6.1.3.4　现行投资审批管理制度

（1）实行审批、核准、备案制的项目范围。

第一，审批制。审批制适用于政府投资项目。根据《政府投资条例》有关规定，政府采取直接投资或资本金注入方式投资的项目为政府投资项目，实行审批制，项目单位应当编制项目建议书、可行性研究报告、初步设计及

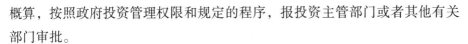

概算，按照政府投资管理权限和规定的程序，报投资主管部门或者其他有关部门审批。

第二，核准制。根据《企业投资项目核准和备案管理条例》有关规定，企业投资关系国家安全、涉及全国重大生产力布局、战略性资源开发和重大公共利益等项目，实行核准管理。具体项目范围以及核准机关、核准权限依照《政府核准的投资项目目录》执行。

第三，备案制。企业投资项目除实行核准制的以外，均实行备案制管理。除国务院另有规定的，实行备案管理的项目按照属地原则备案，备案机关及其权限由省、自治区、直辖市和计划单列市人民政府规定。

审批、核准、备案的本质区别是，审批制的项目中政府是所有者和社会管理者，核准制、备案制的项目中政府仅是社会管理者。

（2）PPP项目审批管理制度。根据国家发展改革委关于印发《传统基础设施领域实施政府和社会资本合作项目工作导则》的通知第十条规定："政府投资项目的可行性研究报告应由具有相应项目审批职能的投资主管部门等审批。可行性研究报告审批后，实施机构根据经批准的可行性研究报告有关要求，完善并确定PPP项目实施方案。重大基础设施政府投资项目，应重视项目初步设计方案的深化研究，细化工程技术方案和投资概算等内容，作为确定PPP项目实施方案的重要依据。实行核准制或备案制的企业投资项目，应根据《政府核准的投资项目目录》及相关规定，由相应的核准或备案机关履行核准、备案手续。项目核准或备案后，实施机构依据相关要求完善和确定PPP项目实施方案。"

2016年8月10日国家发展改革委办公厅发布《国家发展改革委办公厅关于国家高速公路网新建政府和社会资本合作项目批复方式的通知》对高速公路PPP项目的立项做了专门规定，"政府采用投资补助方式参与的国家高速公路网新建PPP项目按照核准制管理。政府采用资本金注入方式参与的国家高速公路网新建PPP项目仍按照审批制管理，直接报批可行性研究报告"。

2019年7月1日，国家发展改革委发布《关于依法依规加强PPP项目投资和建设管理的通知》。文件一方面加强了前端管理，所有拟采用PPP模式的项目都要开展可行性论证和审查；另一方面加强过程监测与管理，要求全部 PPP 项目必须使用全国投资项目在线审批监管平台，同时建立全国 PPP 项目信息监测服务平台，加强 PPP 项目管理和信息监测。

在 PPP 项目审批时，需要重点关注 PPP 项目政府支出是否满足现行法律法规要求。《政府和社会资本合作项目财政承受能力论证指引》第二十五条要求，每一年度全部 PPP 项目需要从预算中安排的支出责任占一般公共预算支出比例应当不超过 10%。省级财政部门可根据本地实际情况，因地制宜确定具体比例，并报财政部备案，同时对外公布。

6.1.3.5　投资项目开工前的关联审批事项

固定资产投资项目关乎社会资源的有效配置以及国家经济的科学发展，因此需要取得备案、环评、能评、用地预审、规划许可、开工许可等一系列的审批手续后方可开工。

（1）投资项目开工前审批手续。投资项目开工前审批手续主要包括以下内容。

第一，投资项目符合行业准入、产业政策；第二，已取得国家发展改革委备案，按照项目性质依法采用审批制、核准制或备案制进行报备，取得项目备案证；第三，规划区内的项目已取得规划许可手续，若为划拨用地项目则需取得项目选址意见书；第四，需要使用土地的项目取得用地手续（土地预审）并已经签订国有土地有偿使用合同或取得国有土地划拨决定书；第五，取得环境影响评价报告书批复；第六，完成水影响评价，包括水资源论证报告书审查、取水申请批准文件、水土保持方案审核和洪水影响评价；第七，取得安全评价回执；第八，完成职业病危害预评价；第九，取得项目节能报告审查意见；第十，核发（地规证）《建设用地规划许可证》；第十一，核发《建设工程规划许可证》；第十二，开工前需取得施工许可证或者开工报告；第十三，其他规定的手续。

（2）投资项目行政审批效率问题。行政审批时长对项目周期有重要影响，为此，国家积极开展投资项目审批制度改革，发布《国家发展改革委关于进一步推进投资项目审批制度改革的若干意见》，主要内容有如下几个方面。

第一，简化特定政府投资项目审批管理。落实《政府投资条例》有关规

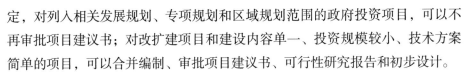

定，对列入相关发展规划、专项规划和区域规划范围的政府投资项目，可以不再审批项目建议书；对改扩建项目和建设内容单一、投资规模较小、技术方案简单的项目，可以合并编制、审批项目建议书、可行性研究报告和初步设计。

第二，规范投资项目前期工作。修订印发投资项目可行性研究制度规范，落实遏制高耗能、高排放项目（以下简称"两高"项目）盲目发展、推进实现碳达峰碳中和目标要求，将用地用海和规划选址、节能、节水、环保等要求落实到项目可行性研究中。

第三，加强投资项目决策管理。对投资项目是否符合发展建设规划、区域规划、产业政策，以及政府投资项目资金筹措等建设条件落实情况等，要重点加以审查，切实防范"两高"项目盲目发展和违规政府投资项目盲目上马。涉及举债融资的项目，要将融资方案作为可行性研究论证重点，结合融资结构和项目收益来源，科学规划项目资金平衡方案。

第四，做好基础设施领域不动产投资信托基金（REITs）项目协调服务。对拟申报基础设施 REITs 试点的项目，与中国证监会当地派出机构等有关方面加强沟通，深入了解前期工作进展，及时掌握项目进度和存在问题，做好政策解读、解决重点问题。

第五，健全投资执法监督和廉政风险防控机制。所有依法必须招标的投资项目，其招标采购活动全部纳入公共资源交易平台，实行透明化管理、阳光交易。按照"谁审批谁监管、谁主管谁监管"的原则，项目审批、核准主体负责项目招标内容核准，并按照规定的职责分工，做好招标内容执行情况的事中事后监管。

6.1.3.6　投资项目开工前基本流程

（1）审批制。国家发改委、有关部门、地方政府投资主管部门分别审批各自权限内的政府投资项目。

采取审批制的项目审批流程主要包括以下几个环节。

第一，项目单位按照隶属关系分别通过有关部门、省级发改委、中央管理企业向国家发改委报送项目建议书；第二，国家发改委对项目建议书作出批复，项目单位开展可行性研究，申请办理规划选址、用地预审等前置审批手续；第三，项目单位向国家发改委报送可行性研究报告，并附有关部门的前置审批文件；第四，国家发改委对项目可行性研究报告作出批复，项目单位申请办理规划许可手续和正式用地手续等；第五，国家发改委根据规定对项目初步设计及概算作出批复。

（2）核准制。按照国务院发布的《政府核准的投资项目目录》规定的权限，分别由国务院、国家发展改革委、有关行业管理部门、地方（省级）政府投资主管部门核准。

采用核准制的投资项目申请报告的评审流程如下：第一，项目单位组织编制项目申请报告，分别申请办理规划选址；第二，项目单位向发改委报送项目申请报告，并附有关部门的前置审批文件；第三，发改委对符合条件的项目予以核准，项目单位依据核准文件申请办理规划许可手续和正式用地手续等。

（3）备案制。采取备案制的投资项目备案流程如下：第一，项目单位在开工前通过投资项目在线审批监管平台填报相关信息，向市或区（县）项目备案机关申请备案；第二，项目备案机关收到相关项目信息即为备案，项目信息不齐全的，备案机关应当指导企业补齐，企业需要备案证明的可以要求备案机关出具；第三，项目单位分别向城乡规划、国土资源、环保部门等申请办理规划许可、用地许可、环评审批等手续。

各地方应结合本地实际制定各自管理办法。

6.1.3.7　投资项目建设实施与竣工验收制度

（1）项目法人责任制。项目法人责任制是指经营性建设项目由项目法人对项目的策划、资金筹措、建设实施、生产经营、偿还债务和资产的保值增值实行全过程负责的一种项目管理制度。国有单位经营性大中型建设工程必须在建设阶段组建项目法人。项目法人可设立有限责任公司（包括国有独资公司）和股份有限公司等。

（2）项目资本金制。项目资本金制度是在项目总投资中，除项目法人的债务性资金外，必须有一定比例的资本金方可得到批准的项目管理体制。这是国务院规定并从 1996 年开始实行的一项制度。资本金必须是非债务性资金，投资者可按其出资比例享有所有者权益，也可转让其出资，但不得抽回。

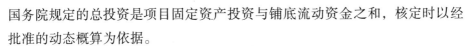

国务院规定的总投资是项目固定资产投资与铺底流动资金之和，核定时以经批准的动态概算为依据。

（3）招标投标制。招标投标制亦称"招标承包制"，是在商品生产条件下，依据价值规律和竞争规律来管理社会化生产的一种经济管理制度。它要求建筑企业通过市场与别的企业进行竞争来检验企业素质的好坏，来接受用户对建筑产品质量、工期、造价等的评价。如果得标，就表明它的生产得到社会承认。一般由建设单位（业主）对拟建的某项建筑安装工程实行公开招标，若干个施工（或设计）企业自愿参加投标。此后，由建设单位（业主）择优选择能保证工程质量、工期及标价最佳的施工企业来承担该项建筑工程的施工（设计）任务。

（4）工程建设监理制。工程建设监理制是指受项目法人委托所进行的工程项目建设管理制度。具体是指具有法人资格的监理单位受建设单位的委托，依据有关工程建设的法律、法规、项目批准文件、监理合同及其他工程建设合同，对工程建设实施的投资、工程质量和建设工期进行控制的监督管理。

除了前述制度之外，还应关注政府投资项目代理建设制度、概算调整、工程建设标准化管理、工程项目工期管理制度、竣工验收、项目后评价和档案管理。

6.1.3.8 投资管理的部门职责分工

（1）投资主管部门。我国的投资主管部门主要为各级发展和改革委员会，其主要职能有批准规划、投资调控、项目审批核准备案、综合管理职能，主要职责为从宏观角度对于我国投资项目进行整体把控和管理。

（2）行业管理部门。行业管理部门是政府职能部门中负责某一行业某个方面的行政管理的管理机构。该部门负责本行业的社会发展规划、行政许可审批等，还负责本系统本级国有企业的行政管理，如负责人的任免、考核等。

（3）行政主管部门。政府行政主管部门为主管某个方面的政府部门，是指某单位的上级（政府）管理机构。行政主管部门基于国家方针、政策、法律法规和规章，进行投资项目的行政审批和管理。

（4）监管部门。依据我国相关法律的规定，投资主管部门和相关监管部门依法对政府投资项目负有监督管理职责的其他部门应当采取在线监测、现场核查等方式，以对政府投资项目实施情况加强监督检查。

6.1.4　投融资体制改革对决策的新要求

6.1.4.1　我国投融资体制三次重大变革

改革开放以来，我国投融资体制经历了三次重大变革。第一次变革是1988 年国务院印发《关于投资管理体制近期改革方案的通知》，第一次系统地提出了中国投融资改革的基本任务和措施。第二次重大变革是2004 年《国务院关于投资体制改革的决定》出台，主要内容包括深化投资体制改革的指导思想及目标以转变政府管理职能，确立企业的投资主体地位，完善政府投资体制，规范政府投资行为，以加强和改善投资的宏观调控与投资的监督管理。2016 年，《中共中央　国务院关于深化投融资体制改革的意见》印发。该意见致力于深化投融资体制改革，充分发挥投资对稳增长、调结构、惠民生的关键作用，标志着我国投融资体制又一重大变革。

6.1.4.2　投融资体制改革的总体要求

根据《中共中央　国务院关于深化投融资体制改革的意见》，投融资体制改革应当按照"五位一体"总体布局和"四个全面"战略布局，牢固树立和贯彻落实创新、协调、绿色、开放、共享的新发展理念，着力推进结构性改革尤其是供给侧结构性改革，充分发挥市场在资源配置中的决定性作用和更好发挥政府作用。进一步转变政府职能，深入推进简政放权、放管结合、优化服务改革，建立完善企业自主决策、融资渠道畅通，职能转变到位、政府行为规范，宏观调控有效、法治保障健全的新型投融资体制。

6.1.4.3　投融资体制改革的主要目标

根据《中共中央　国务院关于深化投融资体制改革的意见》，我国投融资体制改革主要有以下目标：

（1）企业为主，政府引导。科学界定并严格控制政府投资范围，平等对待各类投资主体，确立企业投资主体地位，放宽放活社会投资，激发民间投资潜力和创新活力。充分发挥政府投资的引导作用和放大效应，完善政府和社会资本合作模式。

（2）放管结合，优化服务。将投资管理工作的立足点放到为企业投资活动做好服务上，在服务中实施管理，在管理中实现服务。更加注重事前政策引导、事中事后监管约束和过程服务，创新服务方式，简化服务流程，提高综合服务能力。

（3）创新机制，畅通渠道。打通投融资渠道，拓宽投资项目资金来源，充分挖掘社会资金潜力，让更多储蓄转化为有效投资，有效缓解投资项目融资难、融资贵问题。

（4）统筹兼顾，协同推进。投融资体制改革要与供给侧结构性改革以及财税、金融、国有企业等领域改革有机衔接、整体推进，建立上下联动、横向协调工作机制，形成改革合力。

6.1.4.4　深化投融资体制改革的十大变革

随着《中共中央　国务院关于深化投融资体制改革的意见》的深入贯彻实施，我国投融资体制在改革理念、审批制度、政府职能、管理责权、中介服务等十个方面发生了显著变化。

（1）改革理念。目前，我国经济发展已总体进入优化、调整、转型、升级的新常态，为适应和引领经济新常态，我国提出了"创新、协调、绿色、开放、共享"五大发展理念，并积极推进供给侧结构性改革，促进我国经济增长从要素驱动、投资驱动转向创新驱动。

（2）审批制度。我国投资项目的审批制度一方面沿袭了审批制、核准制和备案制的总体框架，坚持改进和规范政府投资项目审批制，最大限度缩减核准事项，核准目录范围之外的企业投资项目一律实行备案制；另一方面，首次提出试点项目承诺制，即在一定领域、区域内先行试点企业投资项目承诺制，探索创新以政策性条件引导、企业信用承诺、监管有效约束为核心的管理模式。

（3）政府职能。过去的投资项目决策管理中，我国重视项目的前期审批，其复杂的审批程序饱受诟病。随着政府不断简政放权、放管结合、优化服务，我国对于投资项目的监管重心逐渐后移，开始采取更加合理的事中事后监管。

（4）管理权责。过去，我国对于政府宏观干预的边界没有明确的界定。2016年《中共中央 国务院关于深化投融资体制改革的意见》对企业投资项目明确开出"三个清单"管理制度，即负面清单、权力清单、责任清单，明确了企业不该做什么、政府该做什么、政府怎么做。同时推行审批首问负责制，投资主管部门或审批协调机构作为首家受理单位，提供"一站式"受理、"全流程"服务。

（5）管理手段。随着信息技术的迅速发展，我国投资管理手段也进行了革新，运用网络信息技术，提高办事效率，实现信息共享与公开，也促进行政管理主动接受公众参与和社会监督。

（6）融资模式。《中共中央 国务院关于深化投融资体制改革的意见》出台，明确了"鼓励政府和社会资本合作"，将特许经营、政府购买服务作为与PPP模式两种并列的两种方式，一并纳入"完善政府投资体制，发挥好政府投资的引导和带动作用"框架下，要求PPP项目也要遵守政府投资项目管理的相关要求，纳入三年滚动政府投资计划。同时，规定了政府投资范围和安排方式，指出政府资金主要投向非经营性项目，原则上不支持经营性项目。对确需支持的经营性项目，主要采取资本金注入方式投入，也可适当采取投资补助、贷款贴息等方式进行引导。这些规定对当前各地热衷的准经营性PPP项目运营补贴或可行性缺口补助做法发出了明确的限制信号。

（7）融资渠道。与发达资本市场体系相比，我国资本市场体系还存在一些深层次的结构性矛盾，如"重间接融资，轻直接融资""重银行融资，轻证券市场融资""重股市，轻债市""重国债，轻企债"等。为此，我国积极拓宽融资渠道，依托多层次资本市场，大力发展直接融资，提高融资效率，分散市场风险。

（8）中介服务。中介服务是现代经济社会的重要组成部分，其基本功能是促进政府与社会、政府与企业之间形成一种规范的契约关系。行政审批中介服务事项的绝大多数都具有前置性和强制性，并成为行政审批的前置条件，因此中介服务也成为重点改革对象之一。针对中介服务存在的环节多、耗时长、收费乱、垄断性强等问题，国务院连续发文整治，并探索性地提出了"多评合一，统一评审"的模式，进行集中技术审查。

（9）立法保障。我国明确要求完善与投融资相关的法律法规，制定实施政府投资条例、企业投资项目核准和备案管理条例，加快推进社会信用、股权投资等方面的立法工作。近年来，我国投融资立法工作明显加快。2016年底国务院发布了投资建设领域的第一个行政法规——《企业投资项目核准和备案管理条例》；2017年7月国务院法制办公室牵头制定的《基础设施和公共服务领域政府和社会资本合作条例》开始征求意见。投融资体制相关法律法规日趋完善，致力于维护公平有序的市场环境。

（10）配套改革。投融资体制改革过程中，会涉及多领域的综合变革。《中共中央 国务院关于深化投融资体制改革的意见》表示要"加快推进铁路、石油、天然气、电力、电信、医疗、教育、城市公用事业等领域改革"，"加快推进基础设施和公用事业等领域价格改革""研究推动土地制度配套改革""加快推进金融体制改革和创新"。因此，投融资体制改革要与供给侧结构性改革以及财税、金融、价格、土地、国有企业等领域改革互相衔接，形成改革发展的合力。

6.2 不同类型项目依法投资决策

6.2.1 政府投资项目决策思路

6.2.1.1 准确识别政府投资行为与企业投资行为

PPP项目若涉及政府资本金注入，应按照政府投资项目进行规范管理，按照《政府投资条例》的规定在立项环节严格实行审批制。PPP项目若在建设和运营环节涉及财政资金投入，则要严格执行财政监管和绩效考核。若为PPP项目，则是通过特许经营模式实施，并在全生命周期都不使用国家预算资金，这种情况下应遵循《企业投资项目核准和备案管理条例》的相关规定。

6.2.1.2 合理确定非经营性与经营性项目出资方式

《政府投资条例》提出，政府投资资金应当以直接投资为主要方式，投向市场资源配置效率较低的社会公益服务、公共基础设施、农业农村、生态环境保护、重大科技进步、社会管理、国家安全等公共领域的项目，以非经营性项目为主。对于确需支持的经营性项目，主要采用资本金注入方式，也可以适当采用投资补助、贷款贴息等方式。

其中，非经营性项目是指不以盈利为目的、以提供公共产品为目标的项目。经营性项目具有竞争性和排他性，因而产生一定的营业收入，主要通过市场机制组织实施。

非经营性和经营性是相对的，在一定条件下可以相互转化。从非经营项目的投资管理机制看，基于政府付费机制的PFI项目是政府直接投资方式的时间错配，其收入回报源于国家预算内资金。这类项目若没有政府的资本金注入，即便不纳入政府投资审批制管理的范畴，也应该从项目全生命周期的角度对预算内资金的投入进行全面绩效管理。

6.2.1.3 不断强化政府投资决策咨询的可行性研究核心地位

《政府投资条例》还原了可行性研究的本色，将其作为连接项目建议书和指导初步设计的中枢，并要求政府投资项目可行性研究报告分析项目的技术经济可行性、社会效益及项目资金等主要建设条件的落实情况。

PPP项目不得用"两评一案"专题审查规避项目可行性、研究论证以及审批、核准或备案等法定程序。对于政府资本金注入的大型复杂PPP项目，在可行性研究报告批复之后，可以深化论证项目实施方案；对于相对简单的PPP项目（如污水处理项目），鼓励将实施方案纳入可行性研究报告一并联审。

6.2.1.4 依法完善在线平台项目信息统一管理制度

发挥投资项目在线审批监管平台（以下简称"在线平台"）的"放管服"统领作用，是《政府投资条例》的突出亮点。在线平台是指依托互联网和国家电子政务外网建设的全国固定资产投资项目综合管理服务平台。

《企业投资项目核准和备案管理条例》和《政府投资条例》先后确认了在线平台的法律地位，连接了分散于各级政府部门的"项目信息孤岛"，从根本上打破了投资项目管理的"条块分割藩篱"，有利于依法从微观上统一审批和监管各类投资项目，从宏观上及时跟踪投资动态、科学调控政府和市场主体的投资行为。

6.2.2 企业投资项目决策思路与方法

6.2.2.1 企业投资项目概念

企业投资项目，是指企业在中国境内投资建设的固定资产投资项目，包括企业使用自己筹措资金的项目，以及使用自己筹措的资金并申请使用政府投资补助或贷款贴息等的项目。项目申请使用政府投资补助、贷款贴息的，应在履行核准或备案手续后，提出资金申请报告。

6.2.2.2 企业投资项目决策依据

企业投资项目决策依据主要有：企业发展战略规划；项目建议书（或可研报告）等前期论证及审核文件；拟建场址的自然、经济、社会概况等基础资料；合资、合作项目各方签订的协议书或意向书；与拟建项目有关的各种市场信息资料。

法律、行政法规和国家制定的发展规划、产业政策、总量控制目标、技术政策、准入标准、用地政策、环保政策、用海用岛政策、信贷政策等是企业开展项目前期工作的重要依据，是项目核准机关和国土资源、环境保护、城乡规划、海洋管理、行业管理等部门以及金融机构对项目进行审查的依据。

6.2.2.3　企业投资项目可行性论证新要求

（1）企业投资项目可行性研究的作用。

第一，投资决策的依据。可行性研究对项目产品的市场需求、市场竞争力，项目建设的最佳方案，项目需要投入的资金、可能获得的利润以及项目可能面临的风险等都要做出结论。可行性研究的结论是建设项目投资人投资决策的依据。

第二，编制项目申请报告的依据。需要政府核准的项目，可行性研究报告也是编制项目申请报告的依据。

第三，筹措资金和申请贷款的依据。银行等金融机构一般都要求项目业主提交可行性研究报告，通过对可行性研究报告的评估，分析项目产品的市场竞争力、采用技术的可靠性、项目的财务效益和还款能力，然后决定是否对项目提供贷款。

第四，编制初步设计文件的依据。按照项目建设程序，只有在可行性研究报告被审定批准后，才能进行初步设计。初步设计文件必须在可行性研究的基础上，根据审定批准的可行性研究报告进行编制。

第五，与项目承包商、供应商签订合同、协议的依据。可行性研究的结论是项目业主就项目有关的设计、工程承包、设备供应、原材料供应、产品销售和运输等问题与有关单位签订合同、协议的依据。

（2）现代公司制度对可行性研究的新要求。

第一，可行性研究的思路和观念应进行重大调整。现代企业制度的企业投资决策机制强调"谁投资，谁决策，谁承担风险"。随着对过去审批制度的改革及风险责任追踪约束机制的建立和完善，以应付上级审批为主要目的的"可批性研究"将失去其存在的制度土壤，可行性研究逐步成为真正的专业行为。

第二，重视"战略规划"在项目可行性研究中的地位。任何投资项目的提出，都有其特定的规划背景。今后的投资项目可行性研究工作将抛弃就项目论项目的传统做法，强调企业发展战略研究在项目前期研究中的重要性，强调从整体战略的角度来论证项目。

第三，可行性研究的内容及侧重点应进行调整。随着政府职能的转变，政府作为社会公共事务的管理者在履行公共管理职能时，对项目的审批、核准和备案的内容，与项目业主、投资者、贷款银行对项目关注的重点将会明显不同，从而对可行性研究提出不同的要求。过去那种无论何种类型的项目都强调要照搬同一个模式进行可行性研究的做法将会成为历史。

第四，可行性研究报告从重视形式转变为重视内容。过去，可批性研究报告只重视"标准格式"，重视"规范文本"。只有投资体制改革真正到位，现代企业治理结构真正发挥作用，专业性的可行性研究才具有切实效用。

第五，突出市场分析的重要性。市场经济体制要求市场能够对资源配置起决定性作用，市场分析在可行性研究中占据重要的地位。项目目标和功能定位、目标市场选择、竞争力分析，投资模式及融资方案的制定，各种分析数据及评价指标的确定，都应基于市场分析，注重国际、国内市场的融合和相互影响，强调市场风险分析。

第六，强调方案比选和优化在可行性研究中的重要地位。投资项目可行性研究的过程，就是通过不断进行各种局部方案和整体方案的比选，淘汰不可行方案，最终选择确定最优方案的过程。因此，只有在多方案的比较和优化中才能更好地完成可行性研究。

第七，强调风险分析的重要性。与"可行性"相对应的概念，就是"不可行"，"不可行"就意味着有风险。因此，从这种意义上讲，可行性研究就是通过不断地识别项目可能存在的各种风险因素，寻找能够规避各种风险的项目方案，从而确保项目具有可行性的过程。不重视风险分析，就是不重视项目"真正的"可行性分析。风险分析应贯穿于可行性研究的各个环节和整个过程。通过可行性研究来预测、预报和预警项目存在的潜在风险因素和风险程度及其危害，提出规避各种风险的对策措施，对建立和健全风险决策机制，为项目全过程风险管理奠定基础，都将发生重要作用。

第八，强调要重视融资方案分析。现代公司制运作模式对融资渠道和方式将会产生重大影响。为适应融资主体多元化、融资渠道多样化，融资方式复杂化的需要，可行性研究必须重视融资方案的分析论证，要求对投资项目的资金筹措应进行资金结构分析、融资成本与风险分析，以及融资方案的比选和择优,以便为投资项目寻求融资渠道合理、融资成本较低、融资风险较小的融资方案。融资方案的分析必须强调从项目业主的角度,从出资人的角度,从维护公司股东合法权益和追求股东价值最大化的角度出发,选择负债融资及股权出资的规模和结构,进行资金成本,融资风险等的分析评价。

第九,强调从企业理财的角度进行财务分析。建立现代公司制度、落实企业投资决策自主权是必备条件。编制企业可行性研究报告,不是在应付国家的审批,而是切实地在为自身发展而精心论证投资项目。企业投资的目的是追求企业价值和股东权益最大化,因此必须从企业理财的角度对自身投资的项目进行科学论证。从企业理财的角度进行拟建项目的财务分析,要求必须改变过去将"项目"与"企业"相互分割的做法,财务分析的重点将转变为设计理想的投资模式和融资方案,实现企业理财目标,因此财务分析的内容和思路框架将会发生相应调整。

第十,强调关注企业的社会责任。重视与可持续发展相关的分析。2015年12月联合国一百九十多个国家签署《2030可持续发展议程》,强调以人为本,关注自然环境和社会可持续性。我国人口众多,资源短缺,生态脆弱,要倍加尊重自然规律,充分考虑资源和生态环境的承载能力,不断加强生态建设和环境保护,合理开发和节约使用各种自然资源,实现可持续发展。企业投资项目可行性研究应重视节能、节水、节地、节材等资源节约综合利用分析,环境影响评价,社会评价等问题。

(3)企业投资项目核准申请报告。根据《企业投资项目核准和备案管理办法》,项目申请报告通用文本由国务院投资主管部门会同有关部门制定,主要行业的项目申请报告示范文本由相应的项目核准机关参照项目申请报告通用文本制定,明确编制内容、深度要求等。

根据《国家发展改革委关于发布项目申请报告通用文本的通知》,需要在核准申请报告中体现项目单位情况及拟建项目情况、资源开发及综合利用分析生态环境影响分析、经济影响分析、社会影响分析。

(4)企业投资项目备案新要求。根据《企业投资项目核准和备案管理条例》和《企业投资项目核准和备案管理办法》,对核准规定以外的企业投资项目，实行备案管理。除国务院另有规定的，实行备案管理的项目按照属地原则备案，备案机关及其权限由省、自治区、直辖市和计划单列市人民政府规定。实行备案管理的项目，项目单位应当在开工建设前通过在线平台将相关信息告知项目备案机关，依法履行投资项目信息告知义务，并遵循诚信和规范原则。

第 7 章

基础设施项目建设模式

国外的成熟项目为我国基础设施项目建设模式探索提供了思考方向，但国情差异和制度差异决定了我国在探索过程中仍然需要保持独立自主的思考。基于社会资本运作特点、政府投融资机制特点和项目运作特点，基础设施项目建设模式可分为多类，各类模式均有突出优势和无法忽视的短板，从而催生出多类模式结合的综合型建设模式，这为基础设施项目提供了各类选择，也对项目公司和政府主体的管理运营等综合能力提出了更高要求。

7.1 DBB 模式

7.1.1 模式介绍

DBB 模式（Design – Bid – Build）是一种传统的发承包模式，一般被称为"设计—招标—施工"模式，又称"平发包"模式或者"分体"模式，是应用最早的工程项目发包方式之一。在该模式下，业主在项目立项后，先交由设计单位完成项目设计，然后根据完成的设计对工程进行施工招标，在监理工程师的监督管理下，由施工承包商具体完成项目的建造。因此，DBB 模式是一种设计和施工相分离的模式，业主分别与设计方与施工方签订合同。一般只进行一次施工招标，与中标的施工单位签订施工的总承包合同，承包商按照合同约定，组织分包商和供应商完成项目。在 DBB 模式下，项目需要按照 Design – Bid – Build 的顺序完成上一个阶段，下一个阶段才可以进行。这种线性顺序使得设计和施工相互独立，便于业主对设计和施工阶段的直接管控。

DBB 模式项目由业主、工程师、承包方三方共同合作管理，该模式下各单位承担自己的责任。其具体实施流程为：（1）业主交由设计单位来对方案进行设计和施工图进行修改，完成方案；（2）业主交给建设单位依照方案和图纸进行公开招标；（3）最后交由施工方进行具体施工工作。

7.1.2　主要特征

7.1.2.1　优点

（1）有利于业主管理，起到有效控制作用。DBB 模式对于业主而言，合同内容单一，平行式关系方便业主管理工程每一个阶段。业主能够通过对项目的调节和管理，加大对工程实施过程的干预，有利于合同管理、风险管理和保障投资。

（2）分阶段进行，保证工程最优选择。DBB 模式可以分阶段招标，业主可以选择优秀的承包商，做到工程项目的每一个阶段都是最优选择，能够按照业主的意愿进行项目建设。在设计、招标及建设的不同阶段有不同的单位进行项目建设，能够保证工程项目达到专业技术要求。

（3）项目程序清晰，管理办法成熟。程序清晰的特点使 DBB 模式被广泛应用于全球范围，相关项目分布范围广，且经过了大量的工程试验，已形成较为成熟的管理模式。

7.1.2.2　缺点

（1）项目周期较长，管理费用高。DBB 模式一般项目周期较长，项目严格按照流程进行，业主分别与设计、施工方分别签约，设计完善之后才能招标，导致项目的建设时间延长、设计变更频繁。项目建设过程中各单位自行

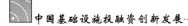

管理项目，导致项目的管理费高。

（2）设计的可施工性差，工程师控制项目目标能力不强。由于DBB项目的设计与施工环节分离且相对独立，因此其设计方案的可施工性通常较差；设计工程师对项目施工建设目标的话语权不强，容易产生设计与施工结果背离的问题。

（3）不利于工程事故的责任划分。由于图纸问题，DBB模式容易产生争端多、索赔多、工期延误等问题；当纠纷产生时，无法清晰界定施工问题的责任是由哪一方单位承担。设计、施工、管理、运营各阶段的割裂造成整个项目的责任体系中存在责任"盲区"，而业主往往为责任盲区的最后后果承担者。

（4）协调效率低，造成巨大浪费。设计和施工的分离，导致项目在具体实施过程中需要耗费更多资源去协调设计与施工阶段，协调过程极易造成极大的损失。设计单位无法对施工现场进行有效指导，阻塞了设计环节与下一个环节的传导通道，时间的滞后会导致施工质量难以保障。

7.2　EPC模式

7.2.1　EPC模式介绍

EPC（Engineering-Procurement-Construction）模式是指业主将工程设计、采购、施工等阶段的工作统一交由总承包商来组织实施的建设模式。业主只对项目的总目标、总方向、总要求进行把控，而总承包商根据合同约定，对整个项目的工期、安全、质量、成本、环保承担总体责任，最终向业主提交一个符合合同约定，满足使用功能，业主转动钥匙（Turnkey）即可投入使用的项目。

从联合体牵头单位角度，可将EPC分为由设计单位和由施工单位主导。以施工单位为主导的EPC总承包商更能突出一体化的特点，打破了原有设计单位主导但实际将施工分包的既有格局。

EPC 最显著的特点之一是，其通过设计、采购、施工三者之间的深度融合，减少了环节之间的内耗，最终实现 EPC 项目价值增值。

7.2.2　EPC 模式的发展与推行历程

EPC 模式最早出现于 20 世纪 60 年代，当时美国大型复杂结构工程项目数量逐渐增多，EPC 总承包模式因其设计和施工紧密结合，提高了建设项目的效率和效益，弥补了项目业主管理能力的不足，从而得到了越来越多项目的使用。[①] 此后，该模式被广泛应用于世界各国的电力、石油、化工、冶金、交通、能源开采、建筑工程等行业的工程项目建设。20 世纪 70 年代，该模式处于快速发展应用阶段，时至 80 年代已逐步成型，并在大型工程项目中得到广泛使用。20 世纪 90 年代，EPC 总承包模式已成为国际工程项目承包的主流模式；1999 年国际土木工程师联合会（FIDIC）发布了专门用于该模式的合同范本。目前，该模式在欧美等发达国家大型工程领域的应用已经比较普遍，主要集中应用于投资大、工期长、技术规范要求高的行业。

自新中国成立以来，工程建设经过了近 70 年的快速发展，1987 年正式进入工程总承包模式。中国的承包方式发展可以主要概括为如表 7 – 1 所示的四个阶段。

表 7 – 1　　　　　　　　　　　中国承包方式发展历程

时期	承包方式	阶段特点
新中国成立初期	建设单位自行组织设计、施工人员，自行采购材料与设备	建设单位投入精力大，项目建设团队庞大，管理专业化水平低
20 世纪 60 ~ 70 年代	建设单位、设计单位、施工单位三足鼎立，开始走向专业化分工	存在多家施工单位参建情况，建设单位项目管理工作量大，管理水平较低

---

① 周旦平. EPC 模式在中国适用的法律问题思考探索［J］. 建筑经济，2013（8）：73 – 75.

续表

时期	承包方式	阶段特点
20世纪80年代	指挥部模式	实现了管理工作的集中化，但协调管理工作量仍然很大
20世纪90年代至今	工程总承包模式	管理工作集中化，协调管理工作由总承包商承担

资料来源：党正军. 浅析工程建设EPC总承包及其优缺点［J］. 经济师，2019（8）：285，287.

20世纪90年代起，我国开始学习国际通用管理模式，使用实施工程总承包模式。1987年4月，国家计委、财政部、中国人民建设银行、国家物资局下发《关于设计单位进行工程建设总承包试点有关问题的通知》，标志着我国正式进入工程总承包模式。

政策与法律规范性文件的发布为EPC发展历程的重要标志，现以此为标准，将我国推行EPC总承包模式发展历程大致分为试点、推广、全面推进三个阶段。

7.2.2.1 试点阶段（1984～2002年）

这一阶段是EPC工程总承包模式的试点运行阶段。

1984年9月，国务院颁布《关于改革建筑业和基本建设管理体制若干问题的暂行规定》，化工行业开始试行工程总承包模式，开启了我国EPC总承包模式的探索之路。

1997年11月，《中华人民共和国建筑法》明确提出倡导实行工程总承包模式。

1999年8月，建设部发布《关于推进大型工程设计单位创建国际型工程公司的指导意见》，提出用五年左右时间推进一批勘察设计单位成为具有设计、采购、施工总承包能力的国际型工程公司。

20世纪80年代，中国仅有中国建筑工程公司、中国公路桥梁工程公司、中国土木工程公司和中国成套设备进出口公司在中东、西亚等地区的少数国家开展业务。

7.2.2.2 推广阶段（2003~2013年）

这一阶段，我国制定了EPC工程总承包相关法规文件，加快了与国际工程项目承包模式的接轨步伐，EPC逐渐成为主流业务形式。一方面，中国EPC企业在竞争激烈的国际市场中不断提高经营水平；另一方面，政策支持体系给中国EPC的发展注入了新动力。2008年后，在国际金融危机的影响下，中国EPC企业更加重视项目的质量和效益，开始谋求业务的转型升级。

2003年2月，建设部发布《关于培育发展工程总承包和工程项目管理企业的指导意见》，第一次以部级文件形式对工程总承包作出了明确界定，明确了EPC工程总承包模式的定义和内涵。

2005年8月，建设部发布国家标准《建设项目工程总承包管理规范》，以进一步提高建设项目工程总承包的管理水平，促进建设项目工程总承包管理的科学化、规范化和法制化，推进建设项目工程总承包管理与国际接轨。

2011年9月，住建部和工商行政管理总局颁布《建设项目工程总承包合同示范文本（试行）》，明确工程总承包合同双方的权利与义务，为我国工程总承包领域合同范本与招标行为确立了初步规范。

7.2.2.3 全面推进阶段（2014年至今）

自2014年起，我国相关部委出台了一系列政策文件，进一步加大工程总承包模式的推行力度，并对总承包实施过程中的问题作出规范说明，提出完善现行工程总承包管理制度、落实工程总承包企业的责任、加强总承包人才队伍建设等要求。在工程总承包模式飞速发展的同时，"一带一路"倡议逐渐落地展开，中国EPC产业得到了系统化的战略性助推，进入新发展阶段。

2014年7月，住建部印发《关于推进建筑业发展和改革的若干意见》，要求加大工程总承包推行力度，倡导工程建设项目采用工程总承包模式，鼓励有实力的工程设计和施工企业开展工程总承包业务。

2016年5月，住建部印发《关于进一步推进工程总承包发展的若干意见》，要求大力推进工程总承包试点工作。此后全国各地密集发文推广工程总承包，我国工程总承包模式进入加速发展阶段。

2017年2月，国务院办公厅印发《关于促进建筑业持续健康发展的意见》，要求加快推行工程总承包，指出我们国家建筑行业发展组织方式比较落后，提出推行工程总承包和培育全过程咨询的方式解决上述问题。

2017年4月，住建部印发《建筑业发展"十三五"规划》，提出"十三五"时期，要发展行业的工程总承包管理能力，培育一批具有先进管理技术和国际竞争力的总承包企业。

2017年5月，住建部发布国家标准《建设项目工程总承包管理规范》，对总承包的承发包管理、合同和结算、参建单位的责任和义务等方面作出具体规定，随后又相继出台了针对总承包施工许可、工程造价等方面的政策法规。

2017年12月，住建部印发《关于征求房屋建筑和市政基础设施工程总承包管理办法（征求意见稿）意见的函》，进一步为工程总承包的发展指明了方向。

2019年12月，住建部、国家发展改革委联合印发《房屋建筑和市政基础设施项目工程总承包管理办法》，要求程总承包单位设立项目管理机构，设置项目经理，配备相应管理人员，加强设计、采购与施工的协调，完善和优化设计，改进施工方案，实现对工程总承包项目的有效管理控制。

2020年8月，九部门联合印发《关于加快新型建筑工业化发展的若干意见》，要求大力推行工程总承包。引导骨干企业提高项目管理、技术创新和资源配置能力，培育具有综合管理能力的工程总承包企业，落实工程总承包单位的主体责任，保障工程总承包单位的合法权益。

2020年11月，住建部印发《建设项目工程总承包合同（示范文本）》，在2011版合同的基础上，对精准化项目定义、公平分配发承包双方的风险、强化项目管理等内容进行了丰富。

2020年以来，为贯彻落实国务院及相关部委一系列文件精神，浙江、上海、福建、广东、广西、湖南、湖北、四川、吉林、陕西等地启动了工程总承包试点，重点在房屋建筑和市政建设领域推行工程总承包模式。

7.2.3 EPC 模式的主要特征

7.2.3.1 EPC 总承包商承担高风险

EPC 项目要比设计或施工等单项承包复杂得多，风险也大得多，它承担几乎所有的经济风险、技术风险、管理风险，和大部分的政治风险、社会风险、自然风险。由于 EPC 项目一般采用的是固定总价合同，故已默认 EPC 总承包商在投标报价时已经充分考虑所有材料、设备市场价格变化及所有地质等不利条件。业主将大部分责任和风险转嫁于总承包商，意味着总承包商会面临着更高的风险。

7.2.3.2 EPC 总承包商全权负责项目实施推进，对承包商资质要求高

在 EPC 总承包项目实际推进过程中，EPC 总承包商按照合同约定对项目设计、施工和采购全权负责，并根据项目特点对招标而来的分包商进行协调与组织。责、权、利的扩大确定了总承包商的核心地位，[①] 同时，该模式也要求总承包商需要具有很高的总承包能力和风险管理水平。

7.2.3.3 业主处于被动地位，对具体项目干涉少

EPC 模式的承发包关系与传统的承发包关系的区别在于，前者在签订合同后的实施阶段发生了角色变换，承包商处于主动地位。在工程实施过程中，由业主或业主代表管理工程项目，合同管理相对简单，这极大地减少了工作量。

EPC 项目内容范围广，包括工程的设计、采购、施工以及试运行服务。业主单位除了负责整体的、原则的、目标的管理和控制，其他都全部委托给工程总承包单位（可以是一家企业或者是联合体）负责组织实施。业主对 EPC 项目的具体实施过程不会给予过多的干涉，一般只对承包商文件进行审核，按照合同规定的付款计划表向承包商支付工程款。[②]

---

① 周旦平. EPC 模式在中国适用的法律问题思考探索 [J]. 建筑经济, 2013 (8)：73 – 75.
② 叶堃辉，黄英，赵瑞雪. 我国 EPC 模式"走出去"的策略研究 [J]. 科技管理研究, 2015, 35 (21)：215 – 218.

7.2.3.4　EPC 项目可以有效减少业主的协调沟通成本

业主通常只与工程总承包商签订 EPC 总承包合同。若为联合体承包项目，业主除了与联合体签订 EPC 总承包合同外，还需与承包商提交联合体协议，在联合体协议中明确联合体的牵头方，并将设计、采购、施工等工作内容界定明确。工程总承包商可以选择把部分设计、采购、施工工程，委托给分包商完成；分包商与总承包商直接签订分包合同，而不是与业主签订合同；分包商的全部工作由总承包商对业主负责。此流程使业主在招标准备、合同谈判、管理协调等方面的工作量大大减少，减少了其交易成本。

同时，EPC 项目的设计、采购和施工工作全部由总承包商承担，因此 EPC 项目各阶段是相互搭接的，没有明确的时间界限，采购阶段工作可以在设计进行到一定阶段开始，施工工作也可以从设计阶段中期就开始，这可以减少工期与成本。

7.2.3.5　适用于大型或特大型的总承包项目

总承包（EPC）适用于大型的、复杂的工程。总承包涉及面广、项目大、工程量广，仅仅靠某一个企业是难以完成的，所以在工程中，集团下的各公司要进行资源的合理优化配置，从而实现兼顾效率与效益的目标。[①]

综上所述，EPC 模式在缩短建设周期、降低项目造价、减少纠纷等方面具有明显的优势，在国际承包市场上被普遍采用，在国内工程建设领域呈现快速发展的趋势。

7.2.4　EPC 模式的优势与问题

7.2.4.1　优势

（1）招标过程简洁。采用 EPC 总承包模式，对于建设单位来说，在设

---

① 杨彬辉. 浅谈 EPC 工程管理模式［J］. 科技风，2012（14）：276.

计、采购、施工方的选择上只需要一次集中招标，避免了传统模式下的多次招标，大大降低了交易费用。

（2）责任明确，管理简单。在传统的项目管理模式下，建设单位是设计单位、多家施工单位、设备供应单位的管理中心，而建设单位专业性过强，造成多方面的交叉协调工作变得特别复杂，造成工期延误和费用增加的概率很大。而在EPC总承包模式下，这种问题得到了有效避免，EPC总承包单位是向业主负责的唯一责任方，建设单位的管理沟通工作比较简单、明确，减少了不必要的纠纷和争端。

（3）有利于项目开展及设计优化。在EPC总承包模式下，设计、施工、采购等各方技术人员在设计阶段都会参与到项目中来。工程在设计阶段就综合考虑了建筑、安装、工艺流程的可行性，以及工程的难易程度、建设成本与功能实现。如此设计出来的方案才可兼顾建设单位的需求、施工方便程度与经济效益。

（4）有利于缩短施工周期。采用EPC总承包模式时，设计、采购、施工各个项目阶段相互衔接配合，减少了各个阶段之间的空档期，有效缩短了施工周期。同时由于设计、采购、施工是由一家总承包单位独立完成，因此其内部协调沟通十分方便，可以对项目的工期做出更加合理的安排，从而可以保证项目的按期顺利完成。

（5）业主承担更少风险。由于设计、采购、施工、试运行均由一家总承包单位完成，承包方的工作贯穿于建筑全过程，因此，质量、造价、工期、安全等所有的过程风险也均由EPC总承包单位承担，包括因自然力作用的风险，项目建设单位的风险得到了有效降低。

（6）减少不必要的风险与损失。在EPC模式下，设计、采购、施工、试运行各个环节融为一体，因此，项目相关技术人员进入较早，工期延误的风险很低；设计人员和施工人员在同一框架下开展工作，必能在技术上很好地协调配合。这不仅减少了采购过程中的一些不必要的损失，而且由于各方目标相同，行动一致，使得项目的建设目标得到顺利实现。

7.2.4.2　问题

（1）适用范围小，符合资质的承包单位少。由于EPC工程总承包模式需要同时配备设计、采购、施工等专业技术人员，因此对 EPC 总承包单位来说是一个考验，它需要具备足够的人力、物力、财力，规模较小的承包单位很难配备足够的资源。但如果采用大量外包、外聘的模式，势必会造成各分包单位利益不统一，从而给总承包单位带来更大的风险。因此，EPC 总承包模式通常适用于规模较大的设计施工单位。

（2）总承包单位承担高风险。EPC 总承包模式中，承包合同通常都是固定总价合同。由于总承包单位的工作贯穿于项目建设全过程，每个阶段、每个环节的工程风险各不相同，稍有不慎就会造成工期与造价的延误和增加。因此，总承包商需要协调大量工作环节，这对其管理水平、能力、系统性都是一个考验。

（3）投标风险高。在 EPC 总承包招投标阶段，由于缺乏详细的设计图纸，施工方案具有较大不确定性，因此，施工图设计完成后，实际工程量可能与投标时的差异较大。

7.2.4.3　EPC 模式在实际应用中的问题案例

（1）宴会厅坍塌事故。2021 年 11 月，浙江省金华经济技术开发区的湖畔里项目在施工过程中，酒店宴会厅钢结构屋面在进行刚性保护层混凝土浇捣时发生坍塌事故，共造成 6 人死亡、6 人受伤，直接经济损失 1097.55 万元。[①] 调查认定该事故是一起因屋面钢结构设计存在重大错误，且未按经施工图审查的设计图纸施工而引发坍塌的较大生产安全责任事故。该项目存在挂靠、转包、违法分包等诸多问题。

在这个项目中，存在以下问题。

第一，不具备资质的单位非法挂靠承包项目，并将项目设计业务非法转包，未履行设计质量管理责任。第二，施工单位管理制度流于形式，且未按施工图审查的设计图纸施工。第三，监理单位未履行监理职责，未对管理人员到岗情况、台账及资料造假进行监管。

（2）江西丰城发电厂"11·24"冷却塔施工平台坍塌特别重大事故。

---

① 金华经济技术开发区湖畔里项目"11.23"较大坍塌事故调查报告 ［EB/OL］.（2022 – 01 – 26）. http：//yiglj. jinhua. gov. cn/art/2022/1/26/art_1229682538_58896488. html.

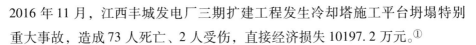

2016 年 11 月，江西丰城发电厂三期扩建工程发生冷却塔施工平台坍塌特别重大事故，造成 73 人死亡、2 人受伤，直接经济损失 10197.2 万元。①

在这个案例中，作为 EPC 总承包存在以下问题。

第一，管理层安全生产意识薄弱，安全生产管理机制不健全。第二，对分包施工单位缺乏有效管控。项目现场管理制度流于形式。第三，部分管理人员无证上岗，不履行岗位职责。

以上两个案例反映出了 EPC 在法律监管、单位自律、施工单位资质审查等多方面存在的问题。

（3）沙特阿拉伯麦加轻轨项目。由于实际工程数量比预计工程量大幅增加等原因，此项目在项目实施期间，工程总承包商发布公告，表示预计发生 41.53 亿元人民币巨额亏损。②

7.2.5 EPC 与 DBB 模式对比

通过对 DBB 与 EPC 模式的介绍，可以看出 DBB 模式与 EPC 模式存在一定的区别，相比于 DBB 模式，EPC 最大的优势为提前进场，有时间熟悉项目相关信息，可以充分了解业主的需求和想法，根据项目特征制订科学合理可行的投标方案，最大限度地降低风险，为后续工作夯实基础。除此之外，两种模式之间存在的差异较大，主要体现在以下几个方面。

7.2.5.1 承包商承担的工作范围不同

在 DBB 模式下，对于施工承包商而言，只负责施工环节，勘察、设计、采购并不属于承包范围内。因为 DBB 模式需要按照设计、招标、施工三个步骤的顺序开展工作，所以负责每个阶段的单位不同，施工承包商并不承担全部过程的责任。在 EPC 项目中，工程总承包商对工程的设计、采购、施工等

---

① 江西丰城发电厂"11.24"冷却塔施工平台坍塌特别重大事故调查报告 ［EB/OL］.（2017 – 09 – 15）. https：//www. mem. gov. cn/gk/sgcc/tbzdsgdcbg/.

② 中国铁建股份有限公司沙特麦加轻轨项目情况公告 ［EB/OL］.（2010 – 10 – 26）. https：//ep-aper. stcn. com/col/2010/10/26/node_D008. html.

过程阶段实行总承包，并对工程进行全面的负责，即总承包商负全责，且分包商不免除其责任。

7.2.5.2 建设方参与度不同

在DBB模式下，业主参与工程项目的程度较大，不仅要协调设计、招标、施工等各单位的关系，还需要选择合适的管理方式，业主干预程度大管理难度高。在EPC模式下，承包商是对项目的全过程进行负责，业主对于项目的干涉程度较小，只依据法律规定和合同内容向承包方提出需求，对项目进行监督并按照约定付款。

7.2.5.3 参与各方承担风险不同

在DBB模式下，业主参与程度高，承担的风险较大，承包商的风险较小。在EPC模式下，业主的风险较小，承包商由于承包项目的全过程而承担较大的项目风险。

7.2.5.4 对承包商的能力要求不同

DBB模式的阶段划分明确，对于各承包商的综合能力要求较低，一般只需要有相应阶段的专业技术能力，不要求有特殊的技术和设备。而EPC模式对于项目承包商的要求很高，需要同时具备设计、采购、施工的专业能力等特殊专业技术。

7.2.5.5 追究责任的难易程度不同

在DBB模式下，业主很难追究承包人的责任。因为设计方、监理方均是与建设单位签订的委托合同，与施工单位并不存在直接的合同关系，因此如果出现了工程质量问题则极有可能是混合过错，既有可能是设计问题，也可能是施工问题，还可能是原材料的问题。所以在施工总承包DBB模式下，很难直接追究承包商一方的责任。但在EPC模式下，承包商对工程的质量、安全、工期和造价等全面负责。因此，如果出现工程质量及其他问题时，发包人都可以直接追究工程总承包商的责任。

7.2.5.6 工程进度的可把控性不同

在 DBB 模式中，由于设计、招标、采购、施工等环节是分离独立的状态，故各环节之间的调控难度较大，项目建设效率低，工程进度的把控难度较大。在 EPC 模式下，项目的全过程由一个综合能力强的承包商完成，在这种情况下，承包商可以更加合理地调配资源，优化资源配置，统筹设计、采购、施工的时间点，提高项目的建设效率，从而项目的工程进度比较容易把握。

7.2.5.7 其他

除上述不同方面以外，DBB 模式与 EPC 模式还存在其他方面的区别。在合同形式上，DBB 模式一般采取单价合同为主，EPC 模式存在总价合同、单价合同、成本加酬金合同，一般多采用总价合同。在计价形式上，DBB 模式以工程量清单计价，EPC 模式以模拟工程量清单计价或下浮率报价。在交易成本方面，DBB 模式交易成本较高，EPC 模式交易成本较低。在投标的竞争性方面，DBB 模式竞争性较强，EPC 竞争性不足。在业主项目管理代表方面，DBB 模式以工程师代表业主管理项目，EPC 模式一般由业主自己进行项目管理。

基于以上分析，将两种模式的要点对比进行梳理、整合，如表7-2所示。

表 7-2　　　　　　　　　　EPC 与 DBB 模式的要点对比

序号	要点	EPC 总承包模式	DBB 承包模式
1	对承包单位的资质需求	要求高，特殊	一般
2	特征	总承包企业承担设计、采购、施工，并有序地深度交叉作业	设计、采购、施工分别承包给不同的承包单位，按顺序进行
3	适应项目	规模大，设计复杂的工程项目	投资小，周期短的简单工程项目，如土木建筑
4	设计的先导作用	可以充分发挥	发挥一般

序号	要点	EPC 总承包模式	DBB 承包模式
5	设计、采购、施工间的协调	由总承包企业统一协调，内部协调	分散，属外部协调
6	工程总成本	相对低	相对高
7	设备和安装费占总成本比例	所占比例高	所占比例低
8	投资效益	较好	较差
9	工期控制	交叉程度深，效率较高	交叉程度浅，协调和控制难度大，效率较低
10	采购形式	邀请或议标较多	公开招标较多
11	承包单位投标准备工作	工作量大，复杂	相对简单
12	承包单位投标竞争	竞争性不够	竞争性强
13	风险承担方式	主要由总承包企业承担	双方共同承担
14	业主项目管理费	低	高
15	业主参与项目管理程度	较浅	较深
16	承包单位的利润空间	较大	较小
17	质量控制	系统的质量控制	阶段性的质量控制

7.3　PPP 模式

7.3.1　PPP 模式介绍

PPP 模式（Public – Private – Partnership）也称 3P 模式，指公私合作关系或公私合作伙伴关系，其中"公"指政府部门或公共部门，"私"在国外一般指私人部门或私营部门，我国一般指包括国有企业和民营企业在内的社会资本，因此我国的 PPP 模式是政府和社会资本的合作。

对 PPP 模式的定义，应该注意以下几点。

第一，PPP模式适用于公共服务领域，对应的产品需要具备公共属性或准公共属性，并不适用于私人产品。同时为了防止PPP模式的滥用，选择使用此模式需要遵循两个原则，即物有所值和财政承受能力。

第二，政府与社会资本方按照平等协商原则订立合同，明确双方责权利关系，比如在风险分担上能够按照双方承担能力进行合理协商，降低各自的风险。

第三，政府依据公共服务绩效评价结果向社会资本支付相应对价。这意味着社会资本为获得尽可能高的回报，需要对所提供的公共服务质量进行把控，以在某种程度上提升使用者的满意度。公共服务质量把控至少包含两个层面，即建造质量和服务质量。

第四，允许社会资本在政府公共政策的许可和政府采购约定的公共产品基本功能的基础上，通过获取特许经营权，对与公共产品相关联的部分进行合规性开发，实现公共产品多功能化（契合城市群体的日常生活）以提升项目品质，丰富项目回报机制。

7.3.2　PPP模式的主要特征

7.3.2.1　伙伴关系

所有成功实施的PPP项目都建立在伙伴关系之上。[①] 与其他关系相比，PPP模式的伙伴关系存在以下显著特点：社会资本与政府公共部门之间存在一个共同的目标，即在某个项目上，以最少的资源，实现最多的产品或服务；社会资本以此为目标追求自身利益，而公共部门以公共福利和利益为愿景；为维持伙伴关系，伙伴之间还需要相互为对方考虑问题，即存在利益共享和风险分担。

7.3.2.2　利益共享

除共享PPP的社会成果之外，利益共享对象还包括使私人部门、民营企

---

① 中国财政学会公私合作（PPP）研究专业委员会课题组，贾康，孙洁. 公私合作伙伴关系（PPP）的概念、起源与功能 ［J］. 经济研究参考，2014（13）：4－16.

业或机构取得相对平和、稳定的投资回报。PPP 模式中，公共部门与社会资本的利益共享不仅包括分享利润，还需要对社会资本可能的高额利润进行控制。其主要原因是，PPP 模式适用于公共服务领域，双方只要提高价格就可以获得丰厚的利润，但是这样必然会带来社会公众不满，最终还可能引起社会混乱。

7.3.2.3　风险分担

没有合理的风险分担就无法形成稳定的伙伴关系。PPP 管理模式中，更多是考虑双方风险的最优应对、最佳分担，从而使整体风险最小化。双方合理分担风险这一特征，是 PPP 模式区别于其他交易形式的显著标志，[①] 如政府采购过程之所以不能称为公私合作伙伴关系，是因为双方在此合作中希望尽量避免独自承担风险。而 PPP 模式中，公共部门在自己的优势方面尽可能多地承担伴生风险，如在隧道、桥梁、干道建设中，公共部门通过现金流量补贴的方式控制社会资本因车流量不足而引发经营风险。与此同时，社会资本按其相对优势承担较多的甚至全部的管理职责，由此来规避公共部门管理层易发领域的"道德风险"。

由于具备以上三个方面特征，PPP 模式被广泛运用于公共事业的建设和开发过程。在 PPP 模式下，政府和发起方共同参与公共事业的建设和运营，由 PPP 项目公司负责项目融资。从政府角度看，PPP 模式增加公共事业投入的资本金总量，降低政府的负债率，同时将一部分风险转移给发起方。从发起方的角度看，政府与发起方以特许权协议为基础进行全程合作，双方共同对整个项目运行周期负责，这使得发起方参与到公共事业项目的可行性研究和规划设计等前期工作，大大降低发起方的投资风险，同时缩短项目周期。此外，公共事业 PPP 项目的税收优惠和贷款担保等优惠政策也使得发起方有利可图。

---

① 贾康，孙洁. 公私合作伙伴机制：新型城镇化投融资的模式创新 [J]. 中共中央党校学报，2014，18（1）：64－71.

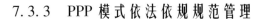

7.3.3　PPP 模式依法依规规范管理

7.3.3.1　我国新一轮 PPP 热潮的主要政策

我国关于 PPP 项目的主要政策见表 7 - 3。

表 7 - 3　　　　　　　　　我国关于 PPP 项目的主要政策

发布主体	主要政策
党中央	十八届三中全会：允许社会资本通过特许经营等方式参与城市基础设施投资和运营
	中共中央　国务院关于深化投融资体制改革的意见
国务院	关于鼓励支持和引导个体私营等非公有制经济发展的若干意见
	关于鼓励和引导民间投资健康发展的若干意见
	关于加强地方政府性债务管理的意见
	关于创新重点领域投融资机制鼓励社会投资的指导意见
	关于在公共服务领域推广政府和社会资本合作模式指导意见的通知
	国务院办公厅关于进一步做好民间投资有关工作的通知
国家发展改革委	关于开展政府和社会资本合作的指导意见
	基础设施和公用事业特许经营管理办法
	关于推进开发性金融支持政府和社会资本合作有关工作的通知
	国家发展改革委关于切实做好传统基础设施领域政府和社会资本合作有关工作的通知
	传统基础设施领域实施政府和社会资本合作项目工作导则
	国家发展改革委中国证监会关于推进传统基础设施领域政府和社会资本合作（PPP）项目资产证券化相关工作的通知
	国家发展改革委关于加快运用 PPP 模式盘活基础设施存量的资产有关工作的通知
	关于鼓励民间资本参与政府和社会合作（PPP）项目的指导意见
	关于依法依规加强 PPP 项目投资和建设管理的通知

发布主体	主要政策
财政部	关于推广运用政府和社会资本合作模式有关问题的通知
	政府和社会资本合作模式操作指南（试行）
	政府和社会资本合作项目合同指南
	政府采购竞争性磋商采购方式管理暂行办法
	关于印发《政府和社会资本合作项目财政承受能力论证指引》的通知
	关于印发《PPP物有所值评价指引（试行）的通知》
	财政部、发改委等六部委联合发布《关于进一步规范地方政府举债融资行为的通知》
	关于坚决制止地方以政府购买服务名义违法违规融资通知
	关于规范政府和社会资本合作（PPP）综合信息平台项目库管理的通知
	关于规范金融企业对地方政府和国有企业投融资行为有关问题的通知
	关于推进政府和社会资本合作规范发展的实施意见
	财政部办公厅关于梳理PPP项目增加地方政府隐性债务情况的通知
	关于修订发布《政府和社会资本合作（PPP）综合信息平台信息公开管理办法》的通知
	关于开展全国PPP综合信息平台项目信息质量提升专项行动的通知
国务院国有资产监督管理委员会	关于加强中央企业PPP业务风险管控的通知
一行三会	关于规范金融机构资产管理业务的指导意见
地方政府	四川、广东、浙江、湖北、新疆、甘肃、贵州、安徽、山西、福建、河南……

资料来源：根据党中央、国务院、国家发改委、财政部、国务院国有资产监督管理委员会、一行三会发布的政策文件及相关会议整理得出。

7.3.3.2 《国家发展改革委关于依法依规加强 PPP 项目投资和建设管理的通知》发布的重要意义

2019年7月1日，我国政府投资领域第一部行政法规——《政府投资条例》正式生效施行；同日，《国家发展改革委关于依法依规加强 PPP 项目投资和建设管理的通知》发布，这是规范有序推广 PPP 模式的重磅文件，对

PPP 项目可行性论证和审查、项目决策程序、实施方案审核、社会资本遴选、项目资本金制度执行、在线审批监管平台、违规失信行为惩戒等内容提出了明确要求，"规范"与"法治"为该文件的主要基调。

1098 号文要求贯彻落实党中央、国务院关于基础设施补短板、防范化解地方政府隐性债务风险的决策部署，是贯彻落实《政府投资条例》和《企业投资项目核准和备案管理条例》的重要配套文件。在《基础设施和公共服务领域政府和社会资本合作条例》缺位的背景下，将 PPP 项目投资和建设管理纳入法治化轨道，加强 PPP 项目投资和建设管理、提高 PPP 项目投资决策科学性，是调动各方积极性，促进 PPP 行稳致远的重大举措。

7.3.3.3　《PPP 项目依法依规投资决策》要点

《PPP 项目依法依规投资决策》是第一份贯彻落实《政府投资条例》的政策文件，要求所有 PPP 项目须先行开展可行性论证和审查，将 PPP "两评一案"纳入可行性论证的总体框架，把审核备案的批复在 PPP 项目生命周期中放于基准地位；要通过充分竞争、自主择优选择 PPP 咨询机构；所有 PPP 项目必须纳入在线平台统一管理，强化项目资本金制度以防范地方债务风险；同时发展改革部门在 PPP 项目投资和建设管理中要发挥主导作用。

（1）所有 PPP 项目都必须加强可行性论证。PPP 项目涉及公共资源配置和公众利益保障，其建设的必要性、可行性等重大事项应由政府研究认可。按照国务院关于"加强 PPP 项目可行性论证，合理确定项目主要内容和投资规模"的要求，所有拟采用 PPP 模式的项目，均要开展可行性论证；通过可行性论证审查的项目，方可采用 PPP 模式建设实施。

PPP 项目可行性论证要从经济社会发展需要、规划要求、技术和经济可行性、环境影响、投融资方案、资源综合利用以及是否有利于提升人民生活质量等方面，对项目可行性进行充分分析和论证，也要从政府投资必要性、政府投资方式比选、项目全生命周期成本、运营效率、风险管理以及是否有利于吸引社会资本参与等方面，对项目是否适宜采用 PPP 模式进行分析和论证。

实行审批制管理的 PPP 项目，在可行性研究报告审批通过后，才可开展

PPP 实施方案审查、社会资本遴选等后续工作。实行核准制的 PPP 项目，应在核准的同时或单独开展可行性论证和审查；实行备案制的 PPP 项目，应单独开展可行性论证和审查。

PPP 项目要严格执行《政府投资条例》《企业投资项目核准和备案管理条例》，依法依规履行审批、核准、备案程序。采取政府资本金注入方式的 PPP 项目，按照《政府投资条例》规定，实行审批制；列入《政府核准的投资项目目录》的企业投资项目，按照《企业投资项目核准和备案管理条例》规定，实行核准制；对于实行备案制的企业投资项目，拟采用 PPP 模式的，要严格论证项目可行性和 PPP 模式必要性。

未依法依规履行审批、核准、备案及可行性论证和审查程序的 PPP 项目为不规范项目，不得开工建设。不得以实施方案审查等任何形式规避或替代项目审批、核准、备案，以及可行性论证和审查程序。

实施方案、招投标文件、合同的主要内容应与经批准的可行性研究报告、核准文件、备案信息保持一致。

（2）审批核准备案在所有 PPP 项目周期中处于基准地位。无论是哪类审查，经投资主管部门审核备案的批复结果（可行性研究报告的审批文件、申请报告的核准文件或备案信息），都应成为贯穿项目全过程的基准文件，不可轻易变更或废除。PPP 项目的实施方案、招投标文件、PPP 合同的主要内容必须与审核备案的信息保持一致。例如，在 PPP 项目后续实施过程中，如果投资规模超过批复投资的 10%，应当报请原批复机关重新履行审核备案程序。PPP 项目审核备案的基准地位，也倒逼可行性论证等前期工作的科学严谨性。

（3）所有 PPP 项目都要纳入在线审批监管平台。

第一，依法完善在线平台项目信息统一管理机制。发挥投资项目在线审批监管平台（以下简称"在线平台"）的"放管服"统领作用，是《政府投资条例》的突出亮点。在线平台是指依托互联网和国家电子政务外网建设的全国固定资产投资项目综合管理服务平台。

《企业投资项目核准和备案管理条例》和《政府投资条例》先后确认了在线平台的法律地位，连接分散于各级政府部门的项目信息，从根本上打破了投资项目管理的割裂情况，有利于依法从微观上统一审批和监管各类投资项目，从宏观上及时跟踪投资动态和市场主体的投资行为，同时科学调控政府。

依托在线平台建立全国 PPP 项目信息监测服务平台，可以实现 PPP 项目定期查询、动态检测、实时查询等功能，便于有关主体更好参与 PPP 项目。

第二，各类 PPP 库应做好与在线平台的衔接工作。PPP 项目通过基础设施建设，为社会提供公共服务，涉及项目储备、投资决策、施工建设、运营维护和移交等环节，强调信息公开和全程监管，不能规避、替代在线平台。

在政府职能"放管服"的大背景下，投资项目审批的前置性条件本应大幅简化，但某些部门入库被绑定为金融机构为项目融资的先决条件。由于入库标准不统一、途径不透明，"入库"很容易成为某些机构和个人权力寻租的温床。

随着两个条例和 1098 号文的施行，各类 PPP 项目库或 PPP 信息综合平台应尽早做好与在线平台的衔接工作，依法建立包括 PPP 在内的全国投资项目统一管理大平台。

7.3.3.4　PPP 咨询机构的自主选择

指导监督 PPP 咨询机构严格执行《工程咨询行业管理办法》，通过在线平台履行法定备案义务、接受行业监督管理。指导监督 PPP 咨询机构资信评价工作，引导 PPP 咨询机构积极参与行业自律管理，指导有关方面通过充分竞争、自主择优选取 PPP 咨询机构。严禁通过设置"短名单""机构库"等方式限制社会资本方、金融机构等自主选择 PPP 咨询机构。对于 PPP 咨询机构不履行备案程序，违反合同服务、关联回避、质量追溯、反垄断等规定，违反《政府投资条例》决策程序规定，以及咨询或评估服务存在严重质量问题影响项目决策实施的，要严格按照规定给予处罚。

7.3.3.5　强化项目资本金制度以防范地方债务风险

按照国务院针对项目资本金的制度规定，"投资项目资本金对投资项目来说是非债务性资金，项目法人不承担这部分资金的任何利息和债务；投资者可按其出资的比例依法享有所有者权益，也可转让其出资，但不得以任何方式抽回。"各行业固定资产投资项目资本金必须满足国务院规定的最低比例要求，防止过度举债融资等问题。

PPP项目的融资方式和资金来源应符合防范化解地方政府隐性债务风险的相关规定，不得通过约定回购投资本金、承诺保底收益等方式违法违规变相增加地方政府隐性债务，严防地方政府债务风险。

PPP项目必须遵循项目资本金制度。项目资本金是在经营性项目总投资中，由投资者认缴的出资额，是非债务性资金。无论是经营性项目、非经营性项目还是准经营性项目，从社会资本方的角度看，都必须是可融资、可盈利的，因此PPP项目必须遵循项目资本金制度。

7.3.4 PPP模式存在的问题

第一，政府和社会资本的需求不同，存在公共利益最大化和社会资本追求投资回报之间的矛盾。PPP模式主要适用于公共服务领域，对应的项目一般盈利性较差甚至是非盈利项目，对政府来说，采用PPP模式的项目往往更关注公共属性，以公共利益最大化为目的；而对参与投资的社会资本来说，更看重投资回报。社会资本对产品或服务进行市场化的定价，可能会增加公众的直接使用成本；而对社会资本过多限制，会降低社会资本参与的积极性。

第二，大型PPP项目的交易结构复杂，运作效率低。大型PPP项目的参与方众多，要求各参与者通力合作，但多个参与者会导致整个项目的约束条件增加，带来大量的内部成本。项目进行过程中一旦发生意外，效率会大大降低。同时，拟定合同、工作交接等也会耗费大量时间、资源。另外，大型PPP项目需要政府部门和社会资本都具有与之匹配的专业能力，当不能达到这一要求时，就会带来更多交易成本。

第三，PPP项目要求政府部门与社会资本长期合作，会限制合同的灵活性。PPP项目的生命周期普遍在二十年以上，为保证项目的稳定性，就要求制定严格的合同条款；而项目后期，管理、运营状况可能会出现较大改变，早期的合同约定不能因时制宜。若合同过于灵活，一方面，会提高对项目全生命周期规划的科学性要求，大大提高前期成本；另一方面，鉴于社会资本

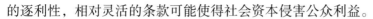

的逐利性，相对灵活的条款可能使得社会资本侵害公众利益。

第四，PPP的特许经营模式会导致垄断。PPP的特许经营模式往往会使中标人获得一定的垄断地位，而社会资本的逐利性又会使这种垄断体现在项目的各个阶段，具体表现为升高公共服务的成本，降低公共服务的品质等。

第五，金融中介的参与度低，金融工具缺失。发达国家的PPP项目往往采用项目融资的方式，利用项目本身的信用获得融资。此外，这些国家的PPP项目会引入中介机构作为顾问提供咨询服务。而国内大部分PPP项目是在股东担保前提下完成融资，仅有少数以大型商业银行为主的投资人才能进行项目融资；在政府和很多国企普遍高杠杆的情况下，PPP项目的发展受到限制。此外，缺乏专业投资机构的咨询顾问服务，管理运营过程中专业性不足，会进一步增加PPP项目的风险。

PPP模式运作流程的四个阶段按照PPP项目操作逻辑前后连接，即项目筹划、项目采购、项目执行和项目移交，从而形成完整的PPP项目运作流程。其中任何一个阶段出现问题，都可能导致PPP项目失败。

7.4 "PPP+EPC" 模式

7.4.1 "PPP+EPC" 模式的产生背景

2014年以来，随着基础设施建设需求逐步扩张，政府开始推广政府和社会资本合作（Public-Private Partnership）模式，又称PPP模式。该模式鼓励私营企业、民营资本与政府进行合作，参与公共基础设施的建设。政府与社会资本建立起利益共享、风险分担及长期合作关系，解决了地方政府财政有限、项目管理效率低下等问题，调动社会资本的积极性，有利于提高基础设施建设项目的经济效率、时间效率及项目品质。由于我国基础设施建设项目有着大型化、复杂化和集成化的特征，政府倾向于采用EPC模式（Engineering-Procurement-Construction），即由一家项目总承包商承担项目设计、采购和施工等全部工作。基础设施建设项目在发展过程中产生了各种各样的需求，采取某种单一的工程总承包模式不能完全满足某些项目的需要，PPP 模式与 EPC 模式各有优势，因此二者相结合的"PPP + EPC"模式在实践中诞生。

2018 年中央经济工作会议定义了新型基础设施建设（以下简称新基建），主要包括 5G 基站建设、特高压、城际高速铁路和城市轨道交通、新能源汽车充电桩、大数据中心、人工智能、工业互联网七大领域，涉及诸多产业链，是以新发展理念为前提，以技术创新为驱动，以信息网络为基础，面向高质量发展需要，提供数字转型、智能升级、融合创新等服务的基础设施体系。[①]疫情期间，经济亟待复苏，新基建有了更宽层次的定义，即疫情后中央发起新一轮基建起到稳经济、促增长的作用。

新基建有三个新的特征，即新模式、新领域和新技术。传统的项目总承包模式无法高效服务于新基建。在当前 PPP 模式和 EPC 模式不断深入运用的背景下，工程建设领域出现了"PPP + EPC"的建设模式。"PPP + EPC"模式发挥彼此在工程领域的优势，能够更好地迎合当前我国对于新型基础设施的需求。

7.4.2 "PPP + EPC" 模式的定义

"PPP + EPC"模式作为 PPP 模式和 EPC 模式的融合，在投融资的层面理解，它属于 PPP 模式，而从建设模式来讲，它是 EPC 模式。根据社会资本方是否具有设计或施工总承包的资质，"PPP + EPC"模式可分为如下三种类型。

第一，该模式中的社会资本方没有设计或施工总承包资质。这种情形下，社会资本方不能承担 EPC 总承包的工作。一般在项目公司成立后，社会资本方通过公开竞争的方式选择 EPC 总承包商，由后者根据自身情况自行承担或分包项目的设计、采购、施工等内容。该情形需要经过两次公开采购，流程

---

① 吕彦池，陈雅. 新基建模式下公共图书馆延伸服务策略研究 ［J］. 图书馆理论与实践，2023（1）：27 - 34.

相对较繁琐，一定程度上会拉长整个项目运作周期。

第二，该模式中的社会资本方具有设计或施工总承包资质中的一种。这种情形下，在项目公司成立后，社会资本方直接与项目公司签订 EPC 总承包合同，由 EPC 总承包商自行实施其资质承揽范围内的设计或者施工业务，并将其资质承揽范围外的业务再自行发包给具备相应资质条件的施工或者设计单位。该情形可以通过一次公开采购同时确定社会投资人和 EPC 总承包单位，简化了采购环节，而且 EPC 总承包商拥有自行再发包的权利。

第三，该模式中的社会资本方同时具有设计和施工总承包资质。与第二种情形类似，项目公司成立后，社会资本方直接与项目公司签订 EPC 总承包合同，EPC 总承包可全部自行实施工程的设计和施工业务，也可将工程的全部设计或者全部施工业务再发包给具备相应资质条件的设计单位、施工总承包单位。该方案能够通过一次公开采购解决投融资、设计、施工、运维等后续各环节问题，实现"两标并一标"，能够缩短项目建设周期。这种模式要求项目前期做好充分的准备工作，还需要社会资本方具有全面的专业能力，采购文件的专业性及评标工作量也会相应增加。

上述三种情形对应着目前社会上对于"PPP + EPC"模式的两种理解：前两种情形代表广义的"PPP + EPC"模式，即一切运用了 EPC 总承包合同的 PPP 项目都属于"PPP + EPC"模式；第三种情形即狭义的"PPP + EPC"模式，这种模式以采购方式为切入点，特指 PPP 与 EPC 的合并采购，即政府通过一次采购在依法选择社会资本方的同时确定项目的工程总承包商，一般总承包商即社会资本方，实际上是广义"PPP + EPC"模式的一种特殊情况。

后续内容主要研究狭义的"PPP + EPC"模式，具体而言：政府在依法选择 PPP 模式的社会投资人的同时，确定项目的建设工程承包方；EPC 总承包商通过 PPP 投融资的方式介入项目，实施设计、施工、采购等实施总承包的交钥匙工程；投资企业通过签订特许经营协议，获得相应回报，在约定周期后将设施移交给政府部门。①

① 刘群力，杜宁. PPP 项目档案管理前期介入研究的电力勘测设计，2019（S2）：119 – 124，129.

7.4.3　主要特征

"PPP + EPC"模式是 PPP 模式与 EPC 模式相结合的新型工程总承包模式。从投融资角度来看，它属于 PPP 模式；从工程建设体制角度来看，它属于 EPC 模式；两种模式的结合使得"PPP + EPC"模式兼具二者的特征。"PPP + EPC"模式的特殊性在于将 EPC 引入了 PPP 的环节，而与传统的 EPC 模式相比，该模式又是基于 PPP 投融资模式的 EPC，可以通过更加市场化的方法来控制投资成本，有利于对项目的建设成本和运营成本进行统筹考虑，进而实现将短期利益、长远利益、经济利益和公共利益的有机统一。

"PPP + EPC"模式基于其特殊性质有着以下特点。

（1）前期准备更加充分。PPP 项目启动的前提条件是项目可行性研究报告获得批复，EPC 项目的发包条件是工程可行性研究报告获得批准、初步设计文件获得批准或者总体设计文件通过审查。虽然二者在可行性研究报告获得批复后都可以启动，但对可行性研究报告深度的要求不同。对于部分 PPP 项目来说，前期可行性研究报告可能无法满足后续工作要求，在后续具体实施过程中可能还需要针对子项目具体情况重新编制子项目可行性研究报告。而 EPC 对可行性研究报告的深度要求很高，需要相关建设内容和标准充分稳定。因此，计划采用"PPP + EPC"模式的项目一般需要深化前期可行性研究工作，[①] 或者直接在初步设计文件获得批准后再发包，从而使建设内容稳定性更强，投资估算更加精准。

（2）风险分担更为合理。常规的 EPC 项目中业主与企业在采购和交付过程中都尽可能规避风险并转移给对方，双方追求各自风险的最小化，导致容易偏离项目总体目标。而"PPP + EPC"模式的项目需要坚持 PPP 项目的风险最优化管理原则，风险转移本身并不影响生产效率。风险承担者具有的优势和专长从整体上提高了风险管理能力，有助于改善公共产品和服务的供给

---

①　赵周杰. PPP + EPC 模式的实现路径及相关思考［J］. 中国工程咨询，2018（2）：78 - 82.

质量和效率，在科学设置相关机制的情况下，有助于使投资人主动承担成本控制的风险，同时也能够降低建设招投标和工程管理的质量、安全和廉政等风险。在前期工作和采购流程的设置方面，"PPP＋EPC"模式需要政府和社会资本做更充分的准备，能够提高设计方案和可调总价竞争的可行性，降低社会资本的投标风险和政府与社会资本的交易风险成本。

（3）成本控制优势显著。社会资本方通过 EPC 方式参与项目建设，能够获得施工阶段的利润，降低单纯投资带来的风险，使项目投资股东各方在追求投资效益、控制成本、质量和工期目标方面趋于一致。

（4）政府资金压力减轻。"PPP＋EPC"模式在 EPC 模式中引入具备建设能力的社会资本，通过项目公司建立起 PPP 模式与 EPC 模式的有效沟通机制，借助"PPP＋EPC"社会资本的商业开发拓展与项目管理和运营的能力，实现城市开发的资本和管理多元化。财政部等五部门发布的《关于进一步规范地方政府举债融资行为的通知》，规定了地方政府对 PPP 项目不得承诺最低收益，对地方政府举债融资做出了规范，进一步保障了新区开发基础设施建设"PPP＋EPC"模式融资渠道的可持续发展。另外，"PPP＋EPC"模式能较好地将项目的投资、工期、质量控制在最合理的范围内，使得 PPP 项目的总融资及资金链有了明确的目标计划，能够较好地保证项目实施。

（5）设计方案经济合理。在工程设计阶段，部分项目在该模式下，采购、设计和施工都在同一部门的控制之下，各方人员可以相互交流、密切合作，使得设计方案更加精细，经济更加合理。

（6）项目管理专业高效。"PPP＋EPC"模式是基础设施和公共服务领域的重大制度变革，其在实现政府职能转变的同时，推动基础设施建设合作多元化发展。在该模式中，政府同企业、公众、第三方等各主体间多元合作治理，在简政放权、优化资源配置方面充分发挥彼此优势，减少政府对投融资、项目管理和项目运营等微观层面的过度参与，弥补自身不足，将政府的发展规划、市场监管、公共服务职能与社会资本的管理效率、技术创新动力有机结合。

7.4.4 应用"PPP＋EPC"模式存在的困难

7.4.4.1 现有法律法规对合并采购缺乏有效支撑

虽然相关规定明确了PPP项目在采购过程中确定社会资本方在具有相应设计或施工资质时可以不需要重新招标，但是相关政策并没有对社会资本方与项目公司签订EPC总承包合同的要求做出明确规定，各方对于"能够自行建设、生产或者提供服务"是否包含EPC总承包服务的理解也不尽相同。同时，PPP模式和EPC模式的采购标准存在较大差异，PPP项目的采购文件以投融资能力为主，兼顾实施层面的管理能力和技术要求，而EPC采购重点在于工程总承包报价、项目管理的组织方案、设计方案、采购方案和施工计划等具有深度的专业要求，规范的"PPP＋EPC"采购文件应该兼顾两方的采购标准，因此各方对于"PPP＋EPC"模式在采购环节能否将专业能力未公开的社会资本方确认为总承包商存在争议。

明确社会资本方与总承包商合并采购的招标方法和具体要求，将有利于规范项目各方行为，明确各方权责利的划分。

7.4.4.2 现有规划制度体系对建筑功能混合、土地用途兼并缺乏政策支撑

PPP模式依托基础设施在关联区域的多元复合功能布局，而具体实践中却缺乏这种建筑功能混合、土地用途兼并的政策性支撑。

以下几个方面需要在法规层级做出界定和完善。

（1）关联区块的综合承载力评价，包括城市资源承载力、城市环境承载力和城市生态系统承载力、城市基础设施承载力等多个方面，即微观单位规划放权后在关联区块内的综合承载能力的影响评价分析和认定。

（2）《城市用地分类与规划建设用地标准》对于用地的兼容性控制会使一块用地存在多个出让年限，而形成用地管理上的矛盾，同时产权年限不同制约着土地混合功能的发展。例如，居住用地七十年；工业用地五十年；教育、科技、文化、卫生、体育用地五十年；商业、旅游、娱乐用地四十年；

综合或者其他用地五十年。

（3）城市土地的价格因土地用途不同存在巨大价差，若用地分类体系中的社会资本（其主导的设计方是投资方之一）缺乏相关规范，容易导致混合用途开发出现偏差及诱发部分利益个体的投机行为，造成规划权滥用和特定区域的开发强度混乱，因此需要在授权与规范两个方面找到平衡点，如明确混合原则、拓宽兼容范围、量化控制标准等。

7.4.4.3　公共产品显性量化考核指标缺失

"PPP＋EPC"模式下要求产品本身价值（通过运营）涵盖项目建设投入，在此情况下工程建安费用脱离了财审框架（投资的自负盈亏方式），客观造成传统意义上PPP项目可量化绩效考核指标失效。根据"PPP＋EPC"模式的设计，设施/服务的详细产出要求/绩效指标需要重新界定。

（1）强调全寿命期绩效。要求企业负责项目全过程集成优化和长期绩效管理，政企双方均以产品本身价值创造为导向。

（2）支付与绩效关联。企业所获回报必须与按产品本身的经营产出关联构成绩效评估，回报取决于产品竞争与自身价值创造。当正常回报不能覆盖全部投入，部分需要政府支付补充时，应首先与产品的使用效率关联绩效考核指标。

7.4.4.4　重大工程复杂性对项目参与主体的认知水平和驾驭能力构成挑战

"PPP＋EPC"项目作为一类功能复合的城市基础设施项目，鉴于其"主体与附属项目之间在结构和功能上的强关联性"的特征，可将项目视作一个复杂性系统。项目主要参与主体（政府、设计院、社会资本）在复杂性及其演化过程中，都必须面对系统本身复杂性和主体对复杂性认知两个方面的不确定性，因此科学决策对任何一方的技术性均提出极高要求。

项目在实施过程中，主体需要在较短的时间内做出工程全生命周期内保障预期项目实现的复杂性决策，若不能形成对复杂工程的分析能力，便无法保证决策的质量。

7.4.5 案例介绍：武汉江夏区"清水入江""PPP+EPC"项目[①]

项目内容："清水入江"项目作为重大的民生工程，是一个区域性水环境的系统性综合解决方案，内容包括污水收集及处理、防洪排涝、给水工程、湖泊河流治理、水环境打造、水务信息化等涉水工程，是集投融资、规划、设计、建设、运营全过程一体化的 PPP 项目。项目总投资约 51 亿元，分 5 期建设完成。工程建成后，将成为"治污水、防洪水、排涝水、保供水"的标杆，彻底解决江夏区跨越式发展过程中面临的水资源、水环境瓶颈问题。

项目公司运作：中信工程牵头的联合体通过公开竞标，成为"清水入江"项目的中标人后，组建了项目公司——中信清水入江（武汉）投资建设有限公司，注册资本 1 亿元人民币，联合体三方——中信工程、东方园林和武汉吉兴持股比例分别为 65%、25% 和 10%，项目公司依据公司法设立了董事会和监事会，各股东依据股权份额大小分别向项目公司委派董事会和监事会成员，经理层由董事会决定聘任或解聘。项目公司成立后，承接了联合体所有的权利和义务，与江夏区签订了 PPP 合同，并负责合同履约。各股东依据公司法、项目公司章程和联合体协议来履行义务、承担责任和行使权利。

风险分担机制："清水入江"项目存在的风险包括政策风险、建设风险、收益风险、运营风险、宏观经济风险、法律风险等，但该项目与一般的 PPP 项目相比，发生可能性较大风险的主要有水质标准、处理水量、水处理服务费、完工工期、可用性服务费的支付、利率变化等几个方面，项目合同根据风险有效管理和风险收益对等的原则，设置了相应的风险防范机制。

关于水质标准。如果污水进水水质超标或者出水排放标准提高，由政府方承担因此造成的额外成本或调高的水价。如果出水不符合排放标准，则由社会资本方承担责任。例如，非政府原因，污水出水月综合达标率低于 75%，政府方有权拒绝支付该月全部污水处理服务费；月综合达标率高于

---

① 叶生贵，王胜凯，翁信启. 武汉江夏区"清水入江"PPP+EPC 模式案例分析［J］. 中国勘察设计，2017（11）：96-98.

75%但小于95%，社会资本方应向政府方支付违约金；月综合达标率低于95%时，应从污水处理费中扣减违约金。

关于处理水量。如果污水进水水量不足，政府可给予适当补贴，如3年内进水量分别低于65%、75%、85%，3年后进水量低于95%的情况下，政府需要把缺口水量的处理费补足。如果在污水处理厂处理能力之内但社会资本方故意不接收进水，则社会资本方需按"未处理水量×污水处理单价×1.2"向政府交纳违约金。

关于水处理服务费的调节。在运营期间内，因通货膨胀和政策调整，导致在电费、人工费、化学药剂费、污泥处置费和各项税费等各项成本的加权变化率大于2%时，启动水处理服务费的调节机制，调整率为各项成本的加权变化率。

其他诸如针对项目完工、可用性服务费的支付等设置了超期罚金机制，针对项目审批、绩效考核、利率变化、政策调整、不可抗力等设置了相应的违约处罚和风险承担机制。

7.5 "投建营+EPC"模式

7.5.1 "投建营+EPC"模式的兴起背景

7.5.1.1 国际背景

（1）国际工程承包竞争日益激烈。我国在承包境外工程的实践中，来自国际承包商的竞争压力越来越大，如西班牙、法国、德国、日本、韩国的承包商，特别是土耳其承包商近年来快速崛起，在西亚、中东和北非市场给我国承包商造成了不少压力；这种竞争形势和竞争压力加速了我国对外承包业务的转型。同时，近年来石油、天然气和矿产资源等大宗商品的价格长期处于低位，亚非拉国家政府和业主的财务能力普遍低下，迫切需要外国承包商投资以解决项目建设资金问题。这些都成为我国承包企业由传统的 EPC 承包模式转向"投建营 + EPC"模式的重要推动力。

（2）"一带一路"倡议带来新的发展机遇。2013 年"一带一路"倡议的提出是中国国际化合作的全新起点，我国对外承包工程企业牢牢抓住了这个机遇，探索出了国际业务转型升级之路。从最初简单的劳务分包到施工总包，再到设计、采购、施工一体的工程总承包（EPC），最后涉及项目前期融资的总承包（F + EPC），延伸至项目前后两端投资和运维的总承包（I + EPC + OM），政府和社会资本合作（PPP）等模式，对外承包商企业走过了一条由点到线的前进之路。随着国际承包工程项目单体合同金额不断扩大，再加上国际金融风暴的影响，筹集资金成为了业主们最为困扰的问题，"投资、建设和运维"联动的全生命周期项目运作模式逐渐成为国际建筑工程市场发展新方向。

7.5.1.2　国内背景

（1）基础设施建设市场竞争激烈。近年来，中国扩大投资、刺激内需的宏观政策带来了基础设施建设领域新一轮的投资热潮。在公共项目所需建设和运营资金来源逐渐受限和规范的背景下，PPP 模式迅速成为中国项目采用的重要模式，在公共项目建设和运营中发挥着越来越大的作用。但随着一系列严格监管政策的密集实施，以及市场逐渐趋于理性，许多 PPP 项目面临清算，促使政府和社会资本探索 PPP 模式之外的其他模式，以解决公共项目建设和运营中的资金问题。

集项目投资、规划设计、施工和运维于一体的"投建营"格局是中国企业积极探索国际工程市场"走出去"的经营模式的产物。"投建营"模式将帮助企业提高在产业链中的参与度和国际分工中的地位，将业务延伸到高附加值的微笑曲线两侧，逐步实现从建设优势向投融资、工程建设和运营服务综合优势的转变。

（2）碎片化到集成化的需求增长。传统的项目施工管理模式中设计与施工分离，不利于项目的沟通、协调和管理，项目工作效率相对较低。为满足业主需求，设计 – 采购 – 施工（EPC）模式、设计 – 采购 – 施工管理（EPCM）

模式等多种新型工程承包模式应运而生。在 EPC 项目总承包模式下，业主将设计、采购、施工、调试等工程进行整体包装，然后承包给 EPC 总承包商，由总 EPC 承包商对整个项目在不同阶段的具体管理工作负责，实现了项目设计、采购、施工的一体化，使设计、采购、施工在项目实施过程中能够得到深度交叉，并且通过对 EPC 总承包商的管理，实现了项目的总体建设目标，既减少了业主的管理工作，又有效地提高了项目管理的效率。

基于以上背景，集 EPC 总承包和"投建营"模式优点的"投建营 + EPC"模式进入政府方和社会资本方的视野。

7.5.2 "投建营 + EPC" 模式的概念

7.5.2.1 "投建营"模式

"投建营"模式是指项目的投资、融资、建设和运营全部或部分由同一企业承担。根据承担的阶段不同，可以分为投建模式、融建模式、投营模式、建营模式、投融建营一体化等多种模式。与传统的工程承包模式不同，"投建营"模式从投资收益角度出发，将传统工程承包项目的业务扩展到了项目前期的开发和后期的运营维护，实现了以投资拉动工程建设业务，以运营获得高额利润回报的目的。

在"投建营"模式下，企业为项目融资并参与建设和运营，全程参与项目管理决策，具有较高话语权，可以在产业链多个环节获取收益。即使多个企业独立地参与项目运作，也可以在母公司（实际控制人）层面实现一体化，即投资者、工程承包商、运营商同属一个实体，以更好发挥各方资源优势。

7.5.2.2 "投建营 + EPC"模式

在"投建营 + EPC"模式下，业主在招标时，同时确定投资人（合作伙伴）、工程总承包单位和运营单位，投资人、工程总承包单位和运营单位为同一单位或联合体。EPC 总承包商通过投融资的方式介入项目，实施设计、施工、采购等实施总承包的工程项目，即"投资 + 融资 + EPC + O&M"。"投建营 + EPC"模式作为一种全新的投资管理模式，它的出现正是顺应时势，及时地解决了大型基础建设项目资金短缺、管理复杂和质量监管困难等问题。

从投资结构看，"投建营 + EPC"模式分为两种形式：第一种形式是工程承包企业以小股权参股投资，通常参股比例为 5% ~ 20%。参股的主要目的是通过协助解决项目前期运作、融资等问题，确保可以获得项目 EPC 工程总承包合同。因此，EPC 总承包商既是投资人也是项目建设者，两个角色相互依赖、彼此促进。第二种形式是工程承包方以较大比例投资于某个工程项目，为了获取将来持续性的超额投资回报。这种类型的投资，工程承包企业需要对目标项目进行全面的尽职调查，并对项目的建设必要性、经济和技术可行性进行周密的分析。

从承包商扮演角色来看，"投建营 + EPC"模式也可以分为两种形式。

一是"上下游一体化"，是指企业同时参与产业链的上游（分析研判、投资融资、规划设计）和下游（施工建设、运营维护）。"上下游一体化"可以选择以上游的分析研判、投资融资、规划设计作为切入点，为下游的施工建设、运营维护等业务领域找到扩大市场份额的机遇。

二是"甲乙方一体化"模式，是指建设主体既是甲方（投资方、发包方），也是乙方（承建方、运营方）。以电力工程建设承包为例，中国电建在原有的工程承包核心竞争力基础上，以下属投资公司作为项目投资主体（甲方），充分发挥在规划设计、施工建设、设备制造、运营维护等方面（乙方）的优势（杜奇睿和程都，2020）。

综上所述，"投建营 + EPC"模式是指在政府作为大股东的项目中，单一企业或企业集团为获得 EPC 项目，以小股权投资的方式牵头负责规划设计、项目投资、融资、建设以及运营维护的全生命周期的项目运作方式。此模式适用于基础设施项目的建设，如港口、机场、电站（煤电、气电、水电、太阳能、风能）、水（供水、污水处理、海水淡化）、园区项目（自贸区和工业园），等等。投建营模式分类如图 7 - 1 所示。

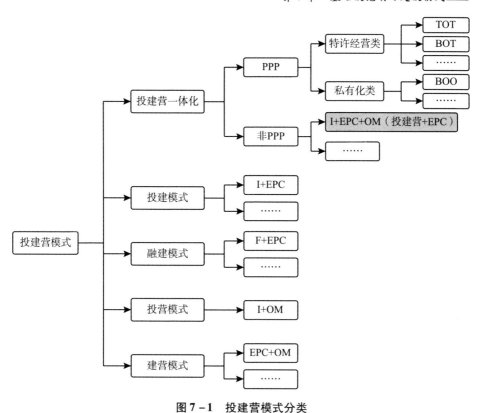

图7-1 投建营模式分类

资料来源：周蕾等.基础设施投建营一体化理论与实务［M］.北京：化学工业出版社，2021：8.

7.5.2.3 "投建营+EPC"模式的适用范围

近年来，国际工程市场兴起的"投建营+EPC"模式看似前卫和高端，但并非所有行业的项目都适合采用"投建营+EPC"模式。"投建营+EPC"模式的特征决定了其在电力和基础设施等特许经营领域更具适用性。

此类特许经营项目一旦投产，将具有长期、稳定和较为充裕的产品或服务销售收入，如电费收入、高速公路通行费等，甚至有覆盖建设和运营成本的保底收入，所以其运营风险较小。"投建营+EPC"模式也适合于那些可运营的项目，例如医院、学校、固体废弃物处理及垃圾回收等项目，部分可行性缺口项目也可采用"投建营+EPC"模式，如地铁、城际火车等。然而，对于项目产品和服务的价格起伏波动很大、"随行就市"的非特许经营行业，如矿产资源项目等，其运营风险非常大，相应所需的运营能力要求也很高，承包商往往比较难胜任，并不是很适合"投建营＋EPC"模式。因此，在选择项目运作模式时应慎重考虑。

7.5.3 "投建营＋EPC"模式的主要特点

与传统的工程承包项目相比，"投建营＋EPC"项目的项目结构、资金投入、实施环境、风险分担、开发周期、合同结构等都已经发生了根本变化，对承包商整合资源的能力提出了更高的要求。

（1）承包商角色转换，面临更加多样化的风险。在"投建营＋EPC"模式中，企业从传统的工程承包领域进入了投资领域，投资领域的风险类型和风险范围是工程承包领域所无法比拟的。除了不利地质条件风险、人工、材料、设备价格上涨风险、质量安全风险、税务风险、误期罚款风险、战争内乱风险和重大自然灾害风险之外，承包商还将面临工程承包领域以外的政治风险、财务风险、市场风险、环境生态风险、融资还款和担保风险、产品服务销售和投资回收风险。这些风险的影响范围较大，且"投建营＋EPC"项目的运营周期较长，风险发生的概率较高。

（2）承包商责任链条延长，项目整体性更强。承包方不仅是项目的实施主体，还参与整个项目的启动和特许经营等多个阶段，使项目更加一体化。此外，该模式多用于公共基础设施项目，相对于普通项目，公共基础设施项目对成本的规划较长远，整体意识较强。

（3）对承包商统筹协调能力的要求提高。"投建营＋EPC"项目需要集团协调旗下投资平台、工程平台、运营平台等多个专业平台，形成合力，共同经营"投建营"项目，妥善处理平台之间的关系，特别是利益划分。此外，在"投建营＋EPC"项目中，投资平台（部门）和工程平台（部门）的项目绩效评价值得关注，集团层面需要规划合理的绩效评价体系。

（4）对承包商向外转嫁风险能力的要求提高。对于我国承包商来说，采用"投建营＋EPC"模式的最大价值在于两点：一是全产链的业绩在集团系统内的积累，二是项目利润在集团系统内的自留。但业绩和利润的自留也意味着风险的自留和自担，承包商无法向集团系统外分散和转嫁项目运作风险。因此，承包商在以"投建营 + EPC"模式运作项目时，应先考虑项目自身的生命力，判断自身的全产业链专业能力，特别是强大的工程建设能力，以防在项目运作过程的某个重要环节发生重大风险。在这种风险只能系统内自留而无法向外部分散时，企业将面临重大的甚至是颠覆性的威胁。

（5）对承包商投资风险应对能力的要求提高。投建营交易结构复杂，运作难度很大，特别是其投资环节，所面临的风险种类多、风险幅度高，非一般企业能胜任。因此，承包商在运作投建营项目时，特别是在控股投资项目上，应集中集团系统内的投资专业力量，打造专业的投资团队和投资平台，避免投资风险失控。

（6）对承包商融资能力的要求提高。"投建营 + EPC"模式的核心在于融资。承包商若仅靠自有资金不足以提供项目自有资本金，可通过其他途径寻找自由资本金，如寻找合资方，由合资方根据其参股比例提供相应的自有资本金或发行企业债券，以发债获得的资金作为项目自有资本金等。例如，2017 年，中国电建以电建海投为平台，通过境外子公司成功在香港发行 5 亿美元高级永续债券，首期票面利率仅为 3.5%，这一发债融资的成本比项目融资模式下的融资成本低得多，大大提高了电建海投对其海外投资项目所需自有资本金的注资能力。因此，我国企业应加强同银行等金融机构的沟通，拓宽融资渠道，创新融资模式，大力加强融资能力建设。

（7）项目成本比传统模式明显降低。在"投建营 + EPC"模式下，承包商具有双重身份，既是项目的承建方，也是项目的投资人。为了使项目顺利进行，一方面，承包商会极力论证项目的可行性，并为项目选定最合适的施工技术方案；另一方面，项目的招标和变更环节减少，材料也是集中规模采购，这些都大大降低了工程成本。

7.5.4 "投建营 + EPC" 模式与其他模式比较

总的来说，EPC 模式（Engineering – Procurement – Construction）指，工

程总承包企业按照合同约定，承担工程项目的设计、采购、施工、试运行服务等工作，并对承包工程的质量、安全、工期、造价全面负责，设计、采购和施工都由一个总承包商来承担，可有序交叉进行。

"PPP + EPC"模式指，在采用PPP模式建设运营的项目中，政府在依法选择PPP模式下的社会资本的同时确定了项目的EPC总承包商；EPC总承包商通过PPP投融资的方式介入项目，同时通过签订特许经营协议获得相应回报，在双方约定的合作期满后再将设施移交给政府部门，可实现设计、采购、施工的有序交叉，工程成本大大降低。

"投建营 + EPC"模式具体指，在政府作为大股东的项目中，单一企业或企业集团为获得EPC项目，以小股权投资的方式牵头负责规划设计、项目投资、融资、建设以及运营维护的全生命周期。

这三种模式在实施过程中存在诸多差异，例如适用范围、盈利模式、投融资渠道等，具体对比如下。

（1）项目参与方。EPC模式的项目参与方包括业主、贷款方、建筑师/咨询工程师（工程师）、承包商、分包商、供应商；"PPP + EPC"模式的项目参与方包括政府、贷款方、建筑师/咨询工程师（工程师）、承包商、分包商、供应商；"投建营 + EPC"模式的项目参与方包括金融机构、项目相关联政府、土地或者其他关键要素所有者、当地投资商、主设备供应商、项目EPC承包商、项目运营方以及其他感兴趣的投资商等。

值得关注的是，EPC模式的承包商只是单纯的传统的承包商角色，而"PPP + EPC"模式的承包商具有承包和投资两种身份，"投建营 + EPC"模式的承包商走向"开发商 + 承包商 + 运营商 + 投资商"的角色。

（2）适用范围。EPC模式一般适用于建设内容明确、技术方案成熟的项目；"PPP + EPC"模式一般适用于城市轨道交通、特大桥梁、高速公路、生态环保工程等特许经营类的大型城市基础设施建设项目；"投建营 + EPC"模式适用于基础设施建设和能源电力行业。

（3）业主控制能力。《PPP项目合同指南（试行）》规定，政府在项目公司中的持股比例应低于50%，且不具有实际控制力及管理权。因此，EPC模式的业主控制能力相对较强，"PPP + EPC"模式业主控制能力相对适中，而

"投建营＋EPC"模式的承包商既是投资人，又是承包商，过于保护业主的利益，不利于尽早实现自身利益，业主控制力相对较弱。

（4）盈利模式和投融资渠道。EPC模式的盈利模式为施工获得工程款，主要通过政府出资、银行信贷和利用外资三种渠道进行投融资；而"PPP＋EPC"模式和"投建营＋EPC"模式的盈利来源为"投资＋施工收益"。不同的是，"PPP＋EPC"模式主要通过自有资金和企业融资，而"投建营＋EPC"项目倾向于采用银行融资。

（5）合同签订种类。EPC模式签订工程总承包合同，"PPP＋EPC"模式签订PPP合同包（股权协议、服务协议、工程承包协议），"投建营＋EPC"模式签订投资合作协议、总承包协议、运营服务协议等。

（6）工程监管方式。EPC模式的工程监管方式可以通过EPC合同，或聘请专业的监理人或项目管理单位，EPC模式的监理不能照搬平行发包模式下的监理制度，EPC模式下的工程监理更像是承包人的内部监督行为，此时工程监理的重点应当侧重于隐蔽工程非重点部位或非主体工程等部分。同时，EPC模式在总包合同范围内考虑各项管控措施，业主与总包方难以形成合力，总包方管控压力较大。

"PPP＋EPC"模式的监管方式主要包括履约管理、行政监管和公众监督等，工程监理企业作用弱化，同时，项目公司、监理、总承包商在项目的投资效益和工程质量、安全、进度目标上趋于一致，可以形成合力，有利于对项目齐抓共管。

"投建营＋EPC"模式下总承包商在投资效益、工程质量、安全、进度目标上与业主趋于一致，有利于项目的管控。

（7）移交时间。EPC模式工程竣工验收合格后移交，项目移交时间较早；"PPP＋EPC"模式特许经营期满后自然退出，项目移交时间晚；"投建营＋EPC"模式项目寿命到期或特许经营期满后自然退出，项目移交时间晚。

7.6 其他模式

7.6.1 EOD模式

7.6.1.1 EOD模式的背景

EOD模式源自美国学者霍纳蔡夫斯基提出的"生态优化"思想。20世纪80年代第五届国际生态城市会议创立了EOD新型城镇化理论和模式。2018~2020年出台的《关于生态环境领域"放管服"改革推动经济高质量发展的指导意见》《生态环境部全国工商联关于支持服务民营企业绿色发展的意见》和《关于扩大战略性新兴产业投资培育壮大新增长点增长极的指导意见》中提及EOD模式,但由于相关政策文件对EOD的内涵和外延涉及较少,仅提及了"推进生态环境治理与生态旅游、城镇开发等产业融合发展",更多体现为规划设计理念,EOD模式获得投融资领域的关注和商业实践案例比较少。2020年9月16日,生态环境部办公厅、国家发展改革委办公厅、国家开发银行办公室联合发布了《关于推荐生态环境导向的开发模式试点项目的通知》,首次对EOD模式进行了完整定义,并采用最具中国特色的政策推广机制开展EOD模式的实践探索。2021年4月27日,生态环境部办公厅、国家发展改革委办公厅、国家开发银行办公室联合发布《关于同意开展生态环境导向的开发(EOD)模式试点的通知》,公布了一份包含36个EOD模式试点项目的名单,标志着EOD模式试点工作从政策引导走向项目实践。

7.6.1.2 EOD模式的定义

《关于推荐生态环境导向的开发模式试点项目的通知》对EOD(Ecology - Oriented Development)模式进行了定义,其以生态保护和环境治理为基础,以特色产业运营为支撑,以区域综合开发为载体,采取产业链延伸、联合经营、组合开发等方式，推动收益性差的生态环境治理项目与收益较好的关联产业有效融合。

《生态环保金融支持项目储备库入库指南（试行）》对 EOD 模式提出了要求，要求项目边界清晰，生态环境治理与产业开发之间密切关联、充分融合，确保生态环境治理与产业开发项目有效融合、收益反哺、一体化实，力争在不依靠政府投入的情况下实现项目整体收益与成本平衡。EOD 模式的精髓是收益与成本自平衡，由于项目自平衡，从而不构成政府隐性债务，便于金融机构提供市场化融资支持。

7.6.1.3 EOD 模式的特征

EOD 模式的核心在于将生态环境保护带来的外部经济性（周边资源的溢价增值）内部化，特征主要体现在：第一，EOD 模式以生态建设作为区域发展的首要任务，用优质的生态基底吸引产业和人口的聚集，使区域整体溢价增值，实现生态建设与经济发展相互促进和融合，推进绿色可持续发展，提升人民群众获得感和满意度，实现生态环境保护的外部经济内部化。第二，EOD 模式重点在于找寻经济发展与环境保护之间的平衡点，把环境资源转化为发展资源、把生态优势转化为经济优势。第三，公益性较强、收益性差的生态环境治理项目与收益较好的关联产业一体化实施，实现关联产业收益补贴和生态环境治理的投入，解决环保公益性项目财政投入不足的突出问题。第四，引入专业化、市场化的项目承担单位作为主要的实施主体，吸纳社会投资，有效提升生态环境公共服务能力和产业建设运营能力。[①]

7.6.1.4 EOD 项目面临的风险与对策

（1）行业跨度大。EOD 模式下行业跨度大，且不同行业专业要求高，生态环境治理、修复和生态网络构建需要专业的环保企业完成；基础设施配套、产业配套及生活配套的建设需要综合能力较强的运营商进入。

---

① 辛璐，赵云皓，卢静等. 生态导向开发（EOD）模式内涵特征初探［C］.2020 中国环境科学学会技术年会论文集（第一卷），2020：193 - 196.

（2）见效周期长。EOD 模式见效周期长，良好的生态基底构建需要一定时间才能显现出来，而后土地的增值效应才会增加。合格的 EOD 综合开发商还应具备融资、开发、变现能力，对于较长的资金链要有把控能力。

（3）土地开发风险大。我国土地开发可以分为一级开发与二级开发，在 EOD 项目中主要表现为土地一级开发，即通过对"生地"进行整理、投资与开发以达到"熟地"。土地开发所引起的风险为 EOD 运行模式自身独有的风险点。

第一，融资类风险。土地一级开发包括征地、拆迁、平整、建设市政基础设施和社会公共配套设施等，这些项目的进行需要大量的资金。EOD 项目的原生资金不足，若采取股权融资和债权融资，项目公司也面临一定的法律风险。因此，项目公司应拓宽融资渠道，在项目运作以及推进中要注意项目的合法合规性，满足金融机构的审查要求。

第二，政策类风险。土地一级开发面临的政策风险分别来自国家层面和地方层面。国家层面的影响包括城市化建设、土地利用政策、征地涉及的拆迁补偿政策、产业税收等政策；地方政府政策具有不确定性，领导更换、地方政策与上级的文件冲突，都会导致合同依据的政策发生变化，最终导致基于地方政策签订的合同失去法律效力。

因此，项目公司要掌握土地一级开发的宏微观经济政策，对土地开发进行全面的项目论证和详细的尽职调查，积极与政府各部门沟通，避免各种政策风险。在与政府部门签订合同时，要在不违背法律的前提下将土地开发的详细规则订立在合同中，以便在以后的纠纷中有所依据。

第三，收益类风险。土地一级开发的分配模式包括三种，分别是固定比例收益模式、土地出让金净收益分成模式与"固定收益＋净收益分成"模式。EOD 运作模式的核心在于土地，目的在于收益。土地开发作为收益的重心，尚未形成成熟和完善的制度体系，项目公司要全面和及时了解当前的法律法规以及政策性文件的规定，审慎选择合适的收益模式避免违法违规的情况出现。对于固定比例收益模式，不仅要加强项目论证研究，还要在合同中说明补充协议与价款变更权等内容，避免面临法律风险。

7.6.2 TOD 模式

7.6.2.1 TOD 模式的背景与定义

TOD（Transit‐Oriented‐Development）模式是以公共交通为导向的开发模式，其以公共交通站点为中心，以 400 米～800 米（约 5 分钟～10 分钟步行路程）为半径所建立的集办公、商业、文化、教育、居住为一体的城市综合体规划。[①] TOD 模式发源并兴起于 20 世纪 90 年代初的美国，这个概念由新城市主义代表人物彼得·卡尔索尔普提出，是为了解决第二次世界大战后美国城市的无限制蔓延而采取的一种以公共交通为中枢、综合发展的步行化城区规划。这种方式使城市居民能够自由地选择除了汽车以外的其他公共交通、自行车或步行的方式，极大提高了居住舒适性和便捷性。

中国过去集中精力应对城市扩张，而目前城市发展已进入了"如何让城市生活更美好"的新阶段；轨道交通建设也进入新的发展阶段，由城市里扩展延伸到城市之间。轨道交通正在改变城市之间的合作方式，改变人们生活居住的距离感。尤其是京津冀一体化发展已经成为国家战略，城市之间合作最大的纽带就是城市间的交通。如何把城市间的交通与城市里的人、城市的功能结合起来，成了现在面临的最大问题。

TOD 模式是国际具有代表性的城市社区开发模式，目前被广泛利用于城市开发，如东京、哥本哈根、香港等。东京涩谷通过已有轨道线的改造和新增设的轨道线实施了都市的再规划计划，从而打造出了新的城市增长点；香港的九龙站也是城市高度复合的综合体，形成了多种物业同时并存的开发模式。近年来，国内很多城市开始进行 TOD 模式的探索与实践，例如早在 2004 年，北京已经着手系统研究轨道交通一体化课题，主要目的是解决地下空间的连通、站点连接等方面的问题。

---

① 刘若玲，白立军等. 基于轨道交通 EPC 模式下的 TOD 综合开发设计管理 [J]. 现代隧道技术，2021，58（S2）：201-206.

7.6.2.2 TOD 项目开发模式

（1）一二级联动开发模式。一级土地整备及二级开发均为同一主体。资金来源于开发主体自筹资金、政府财政补贴。其主要优势是轨道交通基地与上盖物业一体化开发；劣势是对开发主体的开发资质与轨道交通专业背景要求高。

（2）股权合作开发模式。地铁公司取得国有土地使用权后，通过股权收购获取项目权益参与开发。收购前地铁公司承担全部出资，收购后双方按股权比例出资。其优势在于模式成熟、运用广泛；劣势是流程复杂、股权转让时间长。

（3）项目公司合作开发模式。首先成立项目公司再合作取得国有土地使用权。资金来源于合作双方按股权比例自筹资金。其优势是对成本进行分担减轻了融资压力，前期投入可控；劣势是获得土地时存在风险。

（4）收益权合作开发模式。投标获取收益权比例。资金来源于 BT 融资。其优势是融资快速且高效；劣势是法律风险大，模式不成熟。

7.6.3 XOD 模式

7.6.3.1 XOD 模式的定义

XOD 模式，是 TOD（交通导向）、EOD（教育设施导向）、COD（文化设施导向）、HOD（综合医疗设施导向）、SOD 模式（体育运动设施导向）、POD（生态设施导向）等在内的、满足现代城镇发展多种需求的开发模式的统称。XOD 模式遵循"以人为本""多规合一""优化布局""绿色发展"等城市规划、建设的理念，通过规划引领，以空间规划为龙头，坚持实现与经济社会发展规划、土地利用规划、基础设施建设规划和环境保护规划的"五规合一"，统筹生产、生活、生态三大布局，坚持集约发展，贯彻"精明增长""紧凑城市"理念，能够切实提高城市发展的宜居性，从而推动城市发展由外延扩张式向内涵提升式转变。

7.6.3.2 XOD 模式面临的挑战

虽然 XOD 模式是城市紧凑和可持续发展的一种良好模式，但如何有效地营造、组织和运营这一模式具有很大挑战。

（1）人口流动不稳定。一部分 XOD 模式区域的人的流动是动态与静态相混合的模式，静态的部分来自区域内的常住居民，模式相对固化。动态部分的来源、方式、时间变化并不恒定，给这一区域配套设施的建设带来较大压力。

（2）配套需求复杂。XOD 模式的核心设施与周边其他用地之间的关联性是区域成功发展的关键，随着城市规模的扩大，工作、住房、生活需求是在整个城市的空间内来铺展的，这也就意味着核心设施要产生集聚力，其服务对象应为全市市民，但区域内的其他用地不仅仅围绕核心设施来组织生活，这对区域对外联系的设施配套提出了更高的要求。

（3）交叉的阈值影响。XOD 模式的影响阈值需要科学地判断不同设施或者说同一类设施内部影响能力存在差异。只有最大化 XOD 模式的影响阈值，才能使设施的作用极大地发挥出来，这需要布局选址、交通设施与运营管理三者相结合。

7.6.3.3 "XOD + PPP" 模式的概念

"XOD + PPP" 模式以 XOD 模式为基础，通过创新融资方式，拓宽融资渠道，鼓励社会资本积极进入城市基础设施建设领域。该模式一方面，强调城市基础设施规划与城市土地利用规划一体化开发利用，通过土地的增值反哺城市发展，实现合理的城市布局；另一方面，通过 PPP 模式引入社会资本，创新投融资模式，有效缓解项目建设的资金压力，平衡政府的财政支出，使政府有限的财政资金可以分散地投入更多的领域，从而提高财政资金的使用效率。如果中标社会资本具备项目建设所需法定资质，则同时可以依法成为项目工程 EPC 承包商，此种情形下，"XOD + PPP" 模式又可称为 "XOD + PPP + EPC" 模式。

7.6.3.4 用"XOD + PPP"模式解决面临的问题

将基础设施用地综合开发收益反哺于基础设施建设的经济学理论,业内通称"溢价回收"理论,即按照"谁受益,谁投资"的原则,在公共项目获得的额外收益应该返还给公共部门,由公共部门用于公共项目,主要措施包括征税和津贴。通过对基础设施受益主体进行征税,政府把所得外部效益中的一部分返还给基础设施建设企业,实现外部效益的合理分配与平衡。仅就我国的轨道交通建设项目而言,该安排主要体现为轨道交通专项资金。另一种方式是轨道交通企业通过取得轨道场站或沿线房地产开发权,用物业开发收入补贴轨道运营。

第8章

EPC 模式基础设施项目
全生命周期管理

综合考虑各类模式的优劣势，以及我国国情和经济发展特点，我国基础设施项目建设以 EPC 模式为主流。自 1984 年 EPC 模式开始试点以来，基于已落地项目的实践经验，顺应经济发展趋势，我国一系列政策、法律和法规在原有框架上不断细化，形成了 EPC 模式基础设施项目全生命周期管理体系，为我国基础设施建设科学高效发展奠定了坚实基础。

8.1 基础设施建设项目筹划阶段

8.1.1 项目筹划阶段定义

筹划阶段的主要责任主体是投资方，即传统意义上的业主。这一阶段是项目从无到有的关键时期，其工作质量的好坏直接关系到项目最终的成败，这要求造价管理工作人员要做好必要的预算、估算和数据采集、分析工作，从而为提高决策的科学性、合理性和实际可行性提供必要且准确的数据支持。

8.1.2 筹划阶段工作内容

8.1.2.1 机会研究

投资机会研究也称投资机会鉴别，指可行性研究之前，为寻求有价值的投资机会而对项目的相关背景、投资条件、市场状况等所进行的初步调查研究和分析预测。它包括一般机会研究和特定项目机会研究，一般机会研究可以分为地区机会研究、部门机会研究、资源开发机会研究三类。

投资项目的机会研究阶段应该根据国民经济发展的长远规划、地区规划、行业规划和相关的政策制度、法律法规等，结合业主自身的发展战略、可利用的资源、产品或服务的市场条件等，捕捉和开发符合利益目标的投资机会。

因项目性质和开发目标不同，开发投资机会时的工作方法和内容也略有差异。为保证项目的开发内容符合主管部门的要求和国家的发展要求，政府投资项目应由项目主办者向上级部门提出项目建议书，经过主管部门审批的项目建议书代表了国家对项目投资的初步决策，列入政府投资计划。而一般的企业投资项目，则由企业在了解自身的经营状况、未来的发展趋势以及市场的变化方向等因素基础上编制机会研究报告。

机会研究报告一般可包括以下分析内容。

第一，项目可利用的自然资源状况；第二，项目所在行业的发展现状；第三，社会对项目提供的产品或服务的未来潜在需求量；第四，同类产品的跨国贸易对项目可能产生的影响；第五，与项目有关的上游投资和下游投资状况；第六，项目的经济规模；第七，一般的投资成本和生产成本费用及主要投入物的供应状况；第八，有关的政府政策和法律制度。

8.1.2.2 编制项目建议书

对于政府投资工程项目，编报项目建议书是项目建设最初阶段的工作。其主要作用是推荐建设项目，以便在一个确定的地区或部门内，以自然资源和市场预测为基础选择建设项目。

项目建议书（或初步可行性研究报告）是要求建设某一具体项目的建议文件，是基本建设程序中最初阶段的工作，是投资决策前对拟建项目的轮廓设想，其主要作用是论述一个拟建建设项目建设的必要性、条件的可行性和获得的可能性，供投资人或建设管理部门选择并确定是否进行下一步工作。此研究阶段在机会研究的基础上，在对项目开展全面论证分析之前，对机会研究的结论和一些关键的问题进行广泛的资料收集、分析论证和方案筛选，其目的是判断项目是否有进行详细可行性研究的可能性，从而避免详细论证的范围过广，以缩短项目论证的时间，节约论证所费资金，提高决策的效率和准确性。

项目建议书经批准后，可开展可行性研究工作，但并不表示项目非上不可，项目建议书不是项目的最终决策。

项目建议书一般包含以下内容。（1）总论。包含项目名称、承办单位概况、拟建地点、建设内容与规模、建设年限、概算投资、效益分析等。（2）市场预测。包含供应现状（本系统现有设施规模、能力及问题）、供应预测（本系统在建的和规划建设的设施规模、能力）、需求预测（根据当前城市社会经济发展对系统设施需求情况，预测城市社会经济发展对系统设施需求量分析）等。（3）项目建设条件。包含场址建设条件、其他条件分析、资源条件评价等。（4）建设规模。包含建设规模与方案比选及推荐建设规模及理由。（5）项目选址。包含场址现状（地点与地理位置、土地可能性类别及占地面积等）、场址建设条件（地质、气候、交通、公用设施、政策、资源、法律法规征地拆迁工作、施工等）。（6）技术方案、设备方案和工程方案。技术方案包含技术方案选择、主要工艺流程图及主要技术经济指标表；设备方案包含主要设备的选型和设备来源；工程方案包含建、构筑物的建筑特征、结构方案（附总平面图、规划图）、建筑安装工程量及"三材"用量估算、主要建、构筑物工程一览表等。（7）投资估算及资金筹措。投资估算包含建设投资估算（总述总投资，分述建筑工程费、设备购置安装费等）、流动资金估算、投资估算表（总资金估算表、单项工程投资估算表）；资金筹措包括自筹资金及其他来源。（8）效益分析。包含经济效益与社会效益：经济效益分析需涵盖基础数据与参数选取、成本费用估算（编制总成本费用表和分项成本估算表）与财务分析；社会效益包含项目对社会的影响分析、项目与所在地互适性分析（不同利益群体对项目的态度及参与程度；各级组织对项目的态度及支持程度）、社会风险分析与社会评价结论等。（9）结论与建议。（10）附图及附表。

8.1.2.3 编制可行性研究报告

可行性研究是在项目建议书被批准后，对项目在技术上和经济上是否可行所进行的科学分析和论证，就项目建设和经营条件提出多个可供选择的方案，通过方案比选，找到切实可行的实施方案，为项目决策提供可靠的依据。它有时又被称作详细可行性研究，以区别于初步可行性研究，它是投资项目决策的重要基础，其最终成果形式是可行性研究报告。

可行性研究的结论若表明方案可行，决策者就可以此为基础作出投资的决定，项目将进入投资时期；反之，项目将被终止，不再进行实质性的投资活动。需要特别指出的是，在得出最终研究结论以前，应防止任何倾向性的意见，尤其不应强求得出可行的结论，以免在主观上误导信息资料的收集和分析技术的采用。

根据联合国工业发展组织（UNIDO）编写的《工业可行性研究报告编制手册》中的说明，对一般工业项目的可行性研究主要包括以下内容。

（1）实施要点。总结机会研究和初步可行性研究的结论，说明项目的主要优势和缺点及实施可能性，并提出各关键问题的实施要点。（2）项目的背景和历史。说明与项目有关的政策、项目与有关地区和国家的关系，项目所在企业的发展历史、管理体制、经营业绩及竞争对手。（3）市场和企业的生产能力。说明社会对产品的需求状况（包括国际市场和国内市场）、产品的销售规划和销售渠道，估计项目可能的生产能力和生产规划等。（4）项目投入物。根据实施内容提出项目所用各项投入物的种类、性能、数量、供应渠道、供应方式、供应条件和供应价格等。（5）项目的坐落位置或场址。说明项目所在地的自然条件、社会状况、经济发展水平、基础设施水平，估计项目可能对当地自然环境、生态平衡产生的影响（包括正面影响和负面影响）及其变化趋势。（6）项目设计。项目的总体布置及范围，选择的工艺技术和设备，项目建设涉及的土建工程等。（7）项目的组织机构和管理模式。说明符合项目运作特点的各内部机构及其两者之间的关系，选择合理的管理方式实现项目目标。（8）人员配备。描述项目所需人力资源（包括管理人员、技术人员和生产工人）的构成、来源、数量和工资水平，制订对各类人员的培训计划。（9）实施计划。制订项目建设的进度计划、建设工期、试生产日期和达产期限等。（10）财务和经济分析。估算项目总投资、制订资金筹措计划，预测生产成本费用，进行项目投资的财务效益分析、国民经济效益分析和不确定性分析，最终得出项目方案是否可行的结论。

对于基础设施建设这样的大型项目，除以上内容，还应配合开展一些辅助性研究，如专门的技术论证和中间试验、生产工艺及设备的选型研究、市场研究、材料研究、与厂址有关的区域研究等。

最终形成的可行性研究报告应包含：项目总论；项目建设背景及必要性；市场预测与建设规模；建设条件与厂址选择；工程技术方案；节能节水与环境保护；劳动保护、安全卫生、消防；企业组织和劳动定员；项目实施进度安排；投资估算与资金筹措；财务分析与敏感性分析；社会效益分析；风险分析；附件。

8.1.3　筹划阶段风险及法律法规

8.1.3.1　筹划阶段风险及应对措施

（1）前期决策高度影响投资管控，投资估算准确性决定项目成败。业主为 EPC 总承包项目投资管控的重要管理者，其对项目实地调研以及经济性预估是前期筹划阶段投资管控的重要工作。业主在 EPC 总承包项目前期筹划阶段需要完成项目建议书及可行性研究报告等工作，还需完成投资估算。对于建设项目，投资管控贯穿于项目建设的全生命周期，而 EPC 承包项目生命周期管控阶段对控制目标影响程度不一，前期决策阶段对项目的投资控制影响高达 75% ~ 95%。

基于此，首先，应加强对前期投资管控的重视程度，前期投资估算的准确性不仅直接影响业主对项目的决策及全过程管控，还影响项目后期的建设规模、方案设计和经济效果等方面。其次，应完善前期准备工作，在进行投资估算前，需要进行全面充分的市场调研，准确分析项目目标，全面掌握项目资料，通过多方案比选确定最优方案。此外，可以进行标杆管理，确定合理的项目投资范围。

（2）业主提供前期资料不充分，易产生项目变更风险。在项目前期准备阶段，业主需要向承包商提供可行性研究报告、项目勘察、设计等项目资料。由于EPC项目设计专业较多，业主可能由于专业性不足或时间不足，无法充分准备项目前期论证评估的资料，这可能导致项目变更概率与承包商索赔风险变大。

业主可在项目前期招标前引入全过程工程咨询单位，由全过程工程咨询单位完成项目前期的大量工作，包括EPC项目的选址、工艺方案、设计实施方案、内部合约风险审计、合理性第三方复审。多方碰撞、论证可避免内部腐败，化解投资风险及项目自身风险。

8.1.3.2 筹划阶段涉及的法律法规

政策与法律规范性文件的发布为EPC发展历程的重要标志，我国近年来推出了一系列法律法规助力EPC发展，其中也涉及有关筹划阶段的意见及规定。

（1）审批方面。《国务院关于投资体制改革的决定》规定，对于政府投资项目须审批项目建议书和可行性研究报告。《国务院关于投资体制改革的决定》指出，对于企业不使用政府资金投资建设的项目，一律不再实行审批制，区别不同情况实行核准制和登记备案制。对于《政府核准的投资项目目录》以外的企业投资项目，实行备案制。

（2）可行性研究方面。联合国工业发展组织（UNIDO）编写的《工业可行性研究报告编制手册》对可行性研究的内容作出了说明。《住房城乡建设部关于进一步推进工程总承包发展的若干意见》第一条提到"工程总承包是国际通行的建设项目组织实施方式。大力推进工程总承包，有利于提升项目可行性研究和初步设计深度，实现设计、采购、施工等各阶段工作的深度融

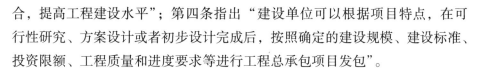

合，提高工程建设水平"；第四条指出"建设单位可以根据项目特点，在可行性研究、方案设计或者初步设计完成后，按照确定的建设规模、建设标准、投资限额、工程质量和进度要求等进行工程总承包项目发包"。

8.2　基础设施建设项目招标阶段

8.2.1　招标定义

EPC 招标指，业主按照一定标准，通过竞争方式来选定承包人，由承包人完成项目的采购、施工及试运行工作。

我国《工程建设项目施工招标投标办法》规定工程施工招标的方式为公开招标和邀请招标。《中华人民共和国招标投标法》中规定中标人的投标应当符合的条件之一是：能够满足招标文件的实质性要求，并且经评审的投标价格最低，但是投标价格低于成本的除外。

在 EPC 总承包模式下，业主的招标时点包括可行性研究完成后、方案设计完成后和初步设计完成后三个时点。

8.2.2　招标流程

招标前期工作包括准备招标相关文件、对申请人进行资格审查、编制发售招标计划并组织踏勘和答疑。首先需要成立工作机构、编制招标总体计划、落实招标基本条件和编制招标方案，在收到申请后对申请人的资质条件、业绩、信誉、技术、资金等多方面情况进行资格审查以确定合格投标人。按照招标项目的特点和需求，招标人需依据有关规定和标准范本编制招标文件，并到招标监督部门审查备案，再由招标人或委托第三方发售招标文件。踏勘环节的主要工作是由招标人集体组织潜在投标人对项目现场的地形地质条件、边界条件、周边及用地环境等进行实地踏勘，并介绍相关情况。

在招标中期阶段，招标人对投标人在阅读招标文件和现场踏勘中提出的疑问进行解答，可对已发出的招标文件进行澄清或者修改。组建评标委员会并由其负责评标活动，向招标人推荐中标候选人或者根据招标人的授权直接确定中标人，需要注意的是评标委员会成员名单应于开标前确定，在中标结果确定前保密。

在正式招标阶段，招标人应当按招标文件规定的时间、地点和程序，邀请所有投标人代表和相关监督单位出席，公开进行开标。评标委员会应该掌握招标项目特点，认真阅读招标文件及其有关技术资料、评标方法、因素和标准、主要合同条款、技术规范等，并按照初步评审、详细评审的先后步骤对投标文件进行分析、比较和评审，评审完成后，向招标人提交书面的评标报告。

EPC 项目中，最常用的评标方法为综合评估法，具体应用可以从以下几个指标进行综合分析。

一是商务指标。商务指标的评价以控制业主的工程造价为目标，因此投标报价是业主评判投标书的一个重要因素。二是技术指标。对于 EPC 总承包的投标，招标文件一般要求投标者根据业主的要求，提出具体的设计方案。三是管理指标。反映总承包商在项目计划、组织，以及控制程序等方面的管理水平。

在中标并公示后，招投标双方举行谈判，细化投招标内容和具体条件，最终订立书面合同。招标流程图如图 8 - 1 所示。

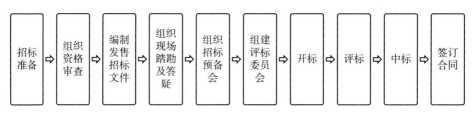

图 8 - 1　招标流程

8.2.3　招标管理

招标管理是关系整个EPC项目成功与否的关键因素之一。为确保整个项目建设顺利进行，招标管理中需特别注意以下三个方面。

第一，严格选择和优化设计方案，把控项目成本。

第二，健全、完善招标管理制度，保证EPC项目招标顺利进行。

第三，严格依合同执行，降低或避免EPC项目出现违约风险。

8.2.4　招标阶段的合法合规性及风险管控

8.2.4.1　招标阶段的合法合规性

住建部印发的《房屋建筑和市政基础设施项目工程总承包管理办法》对EPC项目招标阶段提出以下要求。

（1）应当在发包前完成项目审批、核准或者备案程序。（2）政府投资项目，原则上应当在初步设计审批完成后进行工程总承包项目发包。（3）按照国家有关规定简化报批文件和审批程序的政府投资项目，应当在完成相应的投资决策审批后进行工程总承包项目发包。（4）项目范围内的设计、采购或者施工中，有任一项属于依法必须进行招标的且达到国家规定规模标准的，应当采用招标的方式选择工程总承包单位。（5）应当根据项目特点和需要编制招标文件，列明项目的目标、范围、设计和其他技术标准，包括对项目的内容、范围、规模、标准、功能、质量、安全、节约能源、生态环境保护、工期、验收等的明确要求。（6）提供发包前完成的水文地质、工程地质、地形等勘察资料，以及可行性研究报告、方案设计文件或者初步设计文件等。（7）应当依法确定投标人编制投标文件所需要的合理时间。（8）评标委员会的组建，应当依照法律规定和项目特点，由建设单位代表、具有工程总承包项目管理经验的专家，以及从事设计、施工、造价等方面的专家组成。（9）可以在招标文件中提出对履约担保的要求，依法要求投标文件载明拟分包的内容。（10）设有最高投标限价的，应当明确最高投标限价或者最高投标限价的计算方法。

8.2.4.2 招标阶段的风险因素

通过专家调查法以及相关的数据支持（王露薇，2021），EPC 模式下基础设施招标阶段的风险因素主要包括政策、技术风险、环境风险、经济风险、前期准备风险、招标文件风险、开评标风险、合同风险和职业道德风险。具体如表 8 - 1 所示。

表 8 - 1　　　　　　　　基础设施 EPC 模式招标风险因素

序号	二级子因素	三级子因素
1	政策、技术风险	相关法律法规不完善
2	环境风险	地质条件或天气因素影响
3	经济风险	材料等价格波动
4	前期准备风险	招标计划不够完善
5	招标文件风险	评标方法存在缺陷
6	开评标风险	开标、评标组织存在问题
7	合同风险	合同类型不正确
8	合同风险	合同条款有漏洞
9	职业道德风险	参与人员责任性不强

资料来源：王露薇. 城市基础设施项目 EPC 模式招标风险管理措施 [J]. 中华建设，2021（5）：38 - 39.

8.2.4.3 招标阶段的风险管控措施

（1）招标策划与准备阶段。城市基础设施项目招标策划阶段是整个工程项目的关键阶段，对工程项目的质量有至关重要的影响。因此，在招标策划与准备阶段，要在招标文件中对建设方的项目做详尽清晰的说明，如功能定位、建设标准、工期要求、投资限额、建设条件、设计任务书以及材料采购的参数要求等，从而将风险有效地转移至 EPC 模式中的中标人，以进一步降低建设方的风险。

与此同时，针对标准规范的变更风险，建设方还需详细地将施工建设阶段可能发生变更的规范目录以及详细内容体现在招标文件中，以在降低风险的同时，实现与 EPC 中标者共同承担风险的目标，实现效益的全面提升。

（2）招标实施阶段。工程招标实施阶段主要包含招标文件的编制、投标人的资格审查以及组织投标预备会等工作。这一阶段是整个招标风险管理的核心时期，可采取以下管理措施。

风险描述书的管理。风险描述书的编写要全面、科学、合理，内容方面要涉及项目背景、项目实施现状、项目的具体范围、施工进度计划以及总价控制要求，其中，总价控制是关键的内容之一。这种方式可以有效降低 EPC 模式中的招标风险与人为风险等。

招标文件的风险管理。招标文件作为招标阶段的重要依据，在具体工作过程中不仅要注重严格审核相关竞标企业的资格、确定合理标底与最高限价，还要保证招标文件中相关内容的描述与实际情况的准确，从而保证相关合同方式既符合招标程序，更好地为评标的有序开展奠定基础，又能有效降低招标文件管理中的风险。

强化招标、评标过程中的细节工作，使相关工作既符合法律法规规定，又能够严格按照标准执行，进而进一步地降低招标文件管理的风险。业主选择承包商时，可以从几个方面对投标人进行评价：对建设方要求的准确理解；以往类似工程的业绩和经验；财务状况；现有的工程负荷；设计能力；设备材料的采购渠道和采购能力；项目管理能力和相关经验；投标报价和工期；其他相关资源。[①] 在实际应用中，最常用的评标办法是综合评估法，北京、上海、浙江、江苏、山东、广东等省市也均在指导意见中明确工程总承包的评标应当采用综合评估法。综合评估法简明直观，如果合理分配各项指标的权重，组建高水平的专家评审委员会，不失为评选 EPC 承包商的一种有效手段。

（3）合同签订阶段与跟踪评价阶段。招标合同签订阶段与跟踪评价阶

---

① 赵伟. EPC 工程总承包模式下业主的风险管理研究 [J]. 技术与市场，2012，19（5）：278.

段，是 EPC 模式招标风险管理的两个重要阶段，实际招标管理工作要注重以下两个方面。

在招标合同签订阶段，EPC 合同条款可以重点策划功能要求、合同价格与支付、工期管理、质量管理、HSE 管理、风险与保险、索赔与争议处理办法等。招标文件中的合同条款一般分为通用合同条款和专用合同条款两种，其中最核心的部分是在通用合同条款的基础上设定专用合同条款，具体可参考《设计采购施工（EPC）/交钥匙工程合同条件》《建设项目工程总承包合同（示范文本)》《中华人民共和国标准设计施工总承包招标文件》等相关文件。

在跟踪评价阶段，要做好施工项目进程的记录工作，并将有价值的信息与资料统一整理后进行妥善保管，以强化对施工进度的管理。同时，承包商为了获取更多的利润，可能会对将来发生签证变更的部分特意提高报价，在可能会取消的部分工程里降低报价，达到在工程竣工结算时获取更多利润的目的。因此，建设方也要在追踪阶段积极采取相关措施提前防范 EPC 总承包商的不平衡报价。

8.3　基础设施建设项目执行阶段

8.3.1　项目设计

8.3.1.1　设计定义及要求

设计是将项目发包人的要求转化为项目产品描述的过程，即按合同要求编制建设项目设计文件的过程。

设计除了应满足合同约定的技术性能、质量标准和工程的可施工性、可操作性及可维修性的要求外，还应满足应急条件要求。

8.3.1.2　工程总承包项目设计输入

（1）设计输入事项。应根据工程设计的类型、设计阶段、专业特点、技术复杂程度等，确定设计输入的要求。设计输入包括项目级、专业级的输入，各级输入应明确负责人。

（2）设计输入评审。应采取适宜的方式，对设计输入进行评审，确保设计输入充分、适宜、完整、清楚、正确，避免出现矛盾的信息，以保证设计输入能够满足开展工程设计的需要。此外，应保存设计输入的记录。

（3）设计输入相关要求。专业之间委托的设计条件必须经过校审，合作方提供的外部技术条件应经合作方和项目负责人双方确认。设计输入应进行动态管理，当设计输入发生变化，特别是顾客要求发生变化时，应及时更改设计输入，且将更改后的设计输入文件传递给相关部门和相关设计人员。

8.3.1.3　工程总承包项目设计输出

（1）设计输出的范围。设计输出包括设计图纸、计算书、说明书、各类设计表格等阶段性设计成果和最终设计成果等。设计输出应满足设计输入要求，以保证能够实现工程设计的预期目的，为后续的采购、施工、生产、检验和服务过程提供必要的信息。

（2）设计输出的形式和深度要求。一是设计输出成果应符合行业通行要求，特殊形式的输出（如电子数据、BIM 模型等）应与相关方沟通，确保输出的结果满足相关方的要求。二是设计输出应满足规定的编制内容和深度要求，符合各类专项审查以及工程项目所在地的相关要求。当设计合同对设计文件编制深度另有要求时，应同时满足合同要求。三是设计边界条件和选用的设计参数，必须在行业标准规范规定的范围内，对超出规定的某些尝试应进行严格的论证或评审，并经主管部门批准。四是按照策划的安排实施设计评审、验证和确认，并满足预期的要求。五是项目负责人应核验各专业设计、校核、审核、审定、会签等技术人员在相关设计文件上的签署，核验注册执业人员在设计文件上的签章，并对各专业设计文件验收签字。六是应明确设计输出文件的批准要求等。①

8.3.1.4 设计与采购、施工和试运行的接口关系

（1）设计与采购接口控制。工程总承包项目的设计应将采购纳入设计程序，确保设计与采购之间的协调，保证物资采购质量和工程进度，控制工程投资。

（2）设计与施工接口控制。设计应具有可施工性，以确保工程质量和施工的顺利进行。

（3）设计与试运行接口控制。设计应考虑试运行阶段的要求，以确保试运行的顺利进行。

8.3.1.5 EPC 项目设计管理要点

（1）设计策划。应对设计过程进行设计策划，编制设计计划，设计计划应经审批。

（2）设计质量控制。设计经理应组织采购、施工和试运行、顾客等项目相关人员参加设计评审并保存记录；应组织对设计基础数据和资料等设计输入进行检查和验证，确保设计输入的充分性、正确性；应严格审查和控制EPC 项目设计质量相关的各项事宜。

（3）设计进度控制。项目部应根据设计进度计划进行进度控制，设计进度计划应充分考虑与采购、施工和试运行计划的主要控制点衔接，跟踪设计进度计划，定期检查设计计划的执行情况，及时发现偏差，采取措施。

（4）设计与采购、施工和试运行接口控制，设计与采购、施工和试运行应有效配合和协调，落实计划并配备资源是关键。其中，设计应接受试运行提出的试运行要求，参与试运行条件的确认、试运行方案审查，提交试运行原则和要求。②

（5）设计审查。首先由建设方提供方案设计及初步设计，总承包商按照合同及规范完成施工图设计，由建设方组织相关部门对总承包商提交的施工图设计文件进行审核并出具审查通过证书。其间建设方也可提出相关修改意

---

①② 李森. EPC 工程总承包模式下的设计全过程管理［J］. 中国勘察设计，2020（6）：70 - 73.

见，与总承包商探讨最终完成设计过程的设计文件。

对于施工图设计文件审查重点在于技术性审查和政策性审查，其中技术性审查的主要内容有：第一，建筑工程设计文件是否符合国家有关规定的要求；第二，建筑结构安全稳定性审查，审查检验地基基础以及主体结构的安全可靠性；第三，对抗震、消防等强制性标准进行审查。

8.3.2 项目采购

8.3.2.1 采购定义

为完成项目而从执行组织外部获取咨询、设计、施工、人力、服务以及工程物资的过程。广义采购包括设备、材料的采购和设计、施工及劳务采购；狭义采购是指设备、材料的采购，而把设计、施工、劳务及租赁采购称为项目分包。

采购是 EPC 工程总承包全过程管理中的重要环节，是项目的利润核心，主要工作内容包括：选择询价厂商、编制询价文件、获得报价书、评标、合同谈判、签订采购合同、催交与检验、运输与交付、仓储管理等。

8.3.2.2 采购流程

由于设备、材料费在整个项目造价中所占的比重很大，且种类多、技术性强、涉及面广、质量要求高，具有较大的风险性。采购进度影响项目进度，采购质量制约着项目质量，并决定着项目投运后的安全稳定运行。因此，总承包商需要规范采购流程，并在各个环节保存好相应的凭证，方便项目总价的后期审查。采购流程如图 8-2 所示。

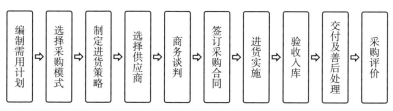

编制需用计划 ⇒ 选择采购模式 ⇒ 制定进货策略 ⇒ 选择供应商 ⇒ 商务谈判 ⇒ 签订采购合同 ⇒ 进货实施 ⇒ 验收入库 ⇒ 交付及善后处理 ⇒ 采购评价

图 8-2 采购流程

8.3.2.3 采购进度影响因素[①]

（1）业主。业主对采购进度的影响主要有两个方面。第一，变更采购范围。第二，干涉采购过程。

（2）设计。物资请购单、设计技术规范书及评标技术指标等请购文件的提供进度，直接影响设备采购的实际开始时间。

（3）施工、试运行。施工或试运行分包商对施工、试运行组织不当，提出的物资需求计划不严密，会造成采购到货的设备材料不能及时安装使用，增加现场物资仓储保管压力和资金占用成本。

（4）供应商。供应商的生产制造和发运能力决定了采购物资的供货周期，如供货周期大于物资需求周期，就会造成采购进度出现滞后。

（5）市场。在实际的采购过程中，设备材料市场价格波动也会制约采购的实际完成时间。

（6）采购过程。在外部条件无误时，采购过程本身如果出现问题，如采购顺序不合理、采购周期估算不合理、采购审批流程过长、市场调研不足造成流标、催缴监造不力等，无疑会造成采购工作效率低下，影响采购进度。

8.3.2.4 采购与设计、施工的接口和协调关系

（1）采购与设计的关系。

第一，设计应根据总包合同等内容的要求及时提出请购文件，由采购加上商务条款后，汇集成完整的招标、询价文件。第二，设计负责对制造厂商的技术方案提出技术评价意见，供采购确定供货厂商。第三，设计人员参加由采购组织的厂商协调会，负责技术及图纸资料方面的谈判。第四，采购汇总技术评审和商务评审意见，进行综合评审，并确定拟签订合同的供货厂商。第五，在设备制造过程中，设计有责任协助采购处理有关设计和技术问题。第六，设备材料的检验和验收工作由采购人员负责组织，必要时设计参加产

---

① 本小节内容引用张明．EPC 总承包项目采购管理与进度控制［J］．中国物流与采购，2022（1）：89－90．

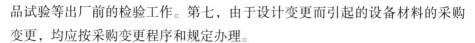

品试验等出厂前的检验工作。第七，由于设计变更而引起的设备材料的采购变更，均应按采购变更程序和规定办理。

（2）采购与施工的关系。

第一，在编制设备材料采购进度计划时，按项目总进度计划要求，由采购提出所有设备材料进场时间计划方案。第二，采购设备材料计划应明确设备材料的到货时间和数量，以及进场的时间要求等，与工程配合做好验收准备等工作。第三，设备材料运抵现场后，采购人员应通知供货厂商人员到场与现场设备材料管理人员进行交接，根据验收标准进行检验。第四，验收出现的产品质量、缺件、缺资料等问题，应在检验记录中做详细记载。设备在安装调试过程中，出现与制造质量有关的问题，采购应及时与供货厂商联系，采取措施，及时处理。第五，项目完工后，物资管理人员应把多余物资清点统计并提交采购处理。

8.3.2.5　EPC 项目采购管理要点

（1）采买。采买工作应包括接收请购文件、确定采买方式、实施采买和签订采购合同或订单等内容。采买工程师应按被批准的请购文件及采购执行计划确定的采买方式实施采买。

确定采买方式是指根据项目的性质和规模、工程总承包企业的相关采购制度，以及所采购设备或材料对项目的影响程度，包括质量和技术要求、供货周期、数量、价格以及市场供货环境等因素，来确定采用招标、询比价、竞争性谈判和单一来源采购哪种方式。

工程总承包企业应依法与供方签订采购合同或者订单，采购合同或订单应完整、准确、严密、合法。依据总承包企业授权管理原则，按采购合同审批流程进行审批。

（2）催交与检验。项目部根据设备、材料的重要性划分催交与检验等级，确定催交与检验的方式和频度，制订催交与检验计划，明确检查内容和主要控制点，并组织实施。催交方式包括驻厂催交、办公室催交和会议催交等。

检验方式可分为放弃检验（免检）、资料审阅、中间检验、车间检验、最终检验和项目现场检验。检验人员负责制订项目总体检验计划，确定检验方式以及出厂前检验或驻厂监造的要求，应按规定编制驻厂监造检验报告或者出厂检验报告等。

（3）运输与交付。项目部应依据采购合同约定的交货条件制订设备、材料运输计划，并组织实施。对超限和有特殊要求的设备、危险品的运输，应制订专项运输方案，可委托专业的运输机构承担运输等。

对于国际运输，应依据采购合同约定、国际公约和惯例进行，做好办理报关、商检及保险等手续。设备、材料运至指定地点后，接收人员应对照送货单进行清点，签收时应注明到货状态及其完整性，填写接收报告并归档等。

（4）仓储管理。项目部应制定物资出入库管理制度，设备、材料正式入库前，依据合同规定进行开箱检验，检验合格的设备、材料按规定办理出入库手续，建立物资动态明细台账等。

所有物资应注明货位、档案编号和标识码等。仓库管理员要及时登账，定期核对，使账物相符。应建立和实施物资发放制度，依据批准的领料申请单发放设备、材料，办理物资出库交接手续等。

（5）采购与设计、施工和试运行的接口控制。在采购与设计的接口关系中，对采购接收设计提交的请购文件、报价技术评价文件、制造厂图纸的评阅意见、采购向设计提交订货的设备材料资料等内容的接口实施重点控制。

在采购与施工的接口关系中，对所有设备材料运抵现场、现场的开箱检验、施工过程中发现与设备等内容的接口进度实施重点控制。

在采购与试运行的接口关系中，对试运行所需材料及备件的确认、试运行过程中发现的与设备、材料质量有关问题的处理、对试运行进度的影响等内容的接口进度实施重点控制。

（6）供应商管理。第一，根据实际合作情况，如供货进度、产品质量、服务等，适时梳理和建立"合格供应商目录"。第二，按照归口管理、统一准入、自愿申请、严格考核、优胜劣汰的原则，不断补充、完善，以增加采购渠道、扩大采购信息。第三，在资料齐全的条件下，审察、确认合同中业

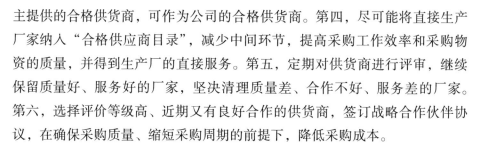

主提供的合格供货商，可作为公司的合格供货商。第四，尽可能将直接生产厂家纳入"合格供应商目录"，减少中间环节，提高采购工作效率和采购物资的质量，并得到生产厂的直接服务。第五，定期对供货商进行评审，继续保留质量好、服务好的厂家，坚决清理质量差、合作不好、服务差的厂家。第六，选择评价等级高、近期又有良好合作的供货商，签订战略合作伙伴协议，在确保采购质量、缩短采购周期的前提下，降低采购成本。

8.3.3　项目施工

8.3.3.1　施工定义

施工是指把设计文件转化成为项目产品的过程，包括建筑、安装、竣工试验等作业内容。

施工是工程总承包项目建设全过程中的重要阶段，是实现资源的优化配置和对各生产要素进行有效计划、组织、指导和控制的重要过程。EPC 工程总承包施工全过程管理以项目施工为管理对象，以取得最佳经济效益和社会效益为目标，以施工管理为中心，以合同约定、项目管理计划和项目实施计划为依据，从质量、安全、职业健康和环境保护、进度、费用和风险管理等入手，贯穿于施工准备、施工问题研究、施工管理策划、施工阶段管理，直至项目竣工验收所有的管理活动，是对 EPC 工程总承包项目施工全过程、全要素进行的管理和控制。

8.3.3.2　施工管理内容

基于该模式，施工管理工作实施主要包括现场施工管理、总承包方施工管理、监理方施工管理及业主方施工管理。全方位的施工管理可确保在项目施工过程中，能够综合多方面的力量，实现项目施工管理目标。施工管理的具体内容如下。

（1）施工安全管理。对 EPC 总承包项目而言，总承包商承担着整个项目的施工安全管理风险。但是结合我国相关的法律法规内容及当前既有的安全处理案例来看，在 EPC 总承包项目施工过程中，若发生重大安全事故，在划分施工责任时，总承包方、监理方、业主方均要承担相应的责任。在开展施工管理工作时，最核心的管理要素是施工安全管理，只有充分关注施工安全管理，才能够确保良好施工品质和项目效益。

（2）施工质量管理。在工程建筑项目施工管理中，质量管理十分关键，对于工程建筑项目的施工而言，质量是整个项目的核心和生命线。施工质量管理能够体现出施工企业的管理水平，也是施工企业各项工作的综合反映。在施工质量管理过程中，要做好施工人员、施工工具、施工材料、预制工具及施工方法的综合管理，通过严格管理保证施工质量。在 EPC 总承包项目的施工管理过程中，只有不断强化对项目施工质量的管理，才能够确保实现项目施工目标。

（3）施工进度管理。在 EPC 总承包项目施工过程中，重视对项目施工进度的管理和把控，对保障项目施工目标的顺利实现也有不可替代的意义。在 EPC 总承包项目施工过程中，项目工期的规划通常包含正式运营前的相应工作内容。按照当前 EPC 总承包项目的承包合同规定的相关内容，强调施工进度管理为总承包商风险范畴。但是立足工程建筑项目自身情况，在施工进度管理上，不仅需要总承包商的努力，还需要各施工参与方的支持。在工程建筑项目施工过程中涉及不同的主体，而不同主体都会对项目施工进度产生相应的影响。

（4）施工成本管理。任何工程项目的施工，都要重视成本的把控。在项目施工过程中，项目施工成本把控的科学性，决定了工程项目的收益，这就要求总承包商及分包商严格按照相关规范开展施工成本管理工作。

8.3.3.3 施工准备工作

技术准备包括需要编制专项施工方案、施工计划、试验工作计划和职工培训计划，向项目发包人索取已施工项目的验收证明文件等。生产准备包括现场道路、水、电、通信来源及其引入方案，机械设备的来源，各种临时设施的布置，劳动力的来源及有关证件的办理，选定施工分包商并签订施工分包合同等。

项目发包人需完成的施工准备工作包括提供施工场地、水电供应、现场的坐标和高程以及需要项目发包人办理的报批手续。

施工单位的准备工作是指技术准备工作、资源准备工作、施工现场准备工作和施工场外协调工作。

8.3.3.4　施工与设计、采购和试运行的接口关系

（1）施工与设计的接口控制。施工与设计的接口控制包括对设计的可施工性分析，接收设计交付的文件，图纸会审、设计交底，评估设计变更对施工进度的影响。

（2）施工与采购的接口控制。施工与采购的接口控制包括现场开箱检验，施工接收所有设备、材料，施工过程中发现与设备、材料质量有关问题的处理对施工进度的影响，评估采购变更对施工进度的影响。

（3）施工与试运行的接口控制。施工与试运行的接口控制包括施工执行计划与试运行执行计划不协调时对进度的影响，试运行过程中发现的施工问题的处理对进度的影响。

8.3.3.5　EPC 项目施工管理要点

（1）审核施工分包方入场条件。应根据分包合同，对施工分包方项目管理机构、人员的数量和资格、入场前培训、施工机械、机具器、设备、设施、监视和测量资源配置、主要工程设备及材料等进行审查和确认。

（2）交底和培训。项目部应组织设计交底，施工单位应对施工作业人员进行作业前技术质量、安全交底或培训。

（3）审查施工分包单位文件。应对施工分包方的施工组织设计，施工进度计划，专项施工方案，质量计划，职业健康、安全、环境管理计划和试运行的管理计划等进行审查。

（4）签订施工分包目标责任书及协议。应与施工分包单位签订质量、职业健康、安全、环境保护、文明施工、进度等目标责任书。

（5）控制施工过程。应对施工过程质量进行监督和管控，按规定和计划的安排对检验批、分项、分部（子分部）的报验和检验情况进行跟踪检查，

记录完整。[1]

（6）引入全过程工程咨询服务加强工程监理。EPC 模式下对监理的要求高于常规工程监理，其工作内容除了施工和设计阶段的常规监理工作外，还扩展到了设计技术管理、施工前期准备、造价咨询管理和竣工验收及运营保修等其他阶段的管理服务，可引入全过程工程咨询服务加强工程监理。《房屋建筑和市政基础设施项目工程总承包管理办法》提出："建设单位根据自身资源和能力，可以自行对工程总承包项目进行管理，也可以委托勘察设计单位、代建单位等项目管理单位，赋予相应权利，依照合同对工程总承包项目进行管理。"

（7）评价施工分包方履约能力。应对分包商的履约情况进行评价并保留记录。

（8）施工与设计接口控制。应对设计的可施工性进行分析；应进行图纸会审和设计交底；应评估设计变更对施工进度的影响。

（9）施工与采购接口控制。施工和采购共同进行现场开箱检验；施工接收所有设备、材料；评估采购物资质量问题或采购变更对施工进度的影响。

（10）施工与试运行接口控制。施工执行计划与试运行执行计划的协调；试运行发现的施工问题对进度的影响。

8.3.4　执行阶段的合法合规性及风险管控

8.3.4.1　建设单位角度

在执行阶段，建设单位承担的风险主要包括以下五个方面。

（1）主要工程材料、设备、人工价格与招标时基期价相比，波动幅度超过合同约定幅度的部分。（2）国家法律法规政策变化引起合同价格变化。（3）不可预见的地质条件造成的工程费用和工期变化。（4）因建设单位原因产生的工程费用和工期变化。（5）不可抗力造成的工程费用和工期变化。

---

① 李森. EPC 工程总承包模式下的施工全过程管理［J］. 中国勘察设计，2020（8）：66 – 69.

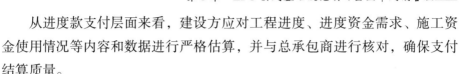

从进度款支付层面来看，建设方应对工程进度、进度资金需求、施工资金使用情况等内容和数据进行严格估算，并与总承包商进行核对，确保支付结算质量。

对工程推进过程中的变更风险，建设方应更多地从招标文件和总包合同出发，根据工程特性、工期要求、气候条件和工程款到位情况等因素权衡，针对工程变更的范围在专用条款中作出明确的规定，尽量在源头上避免或减少在工程建设过程中发生不必要的工程变更。换句话说，对可预见风险，要尽量通过约定进行明确，而对不可预见的风险，也要尽量避免责任由某方承担的霸王条款。

从合法合规性层面来看，建设单位不得迫使工程总承包单位以低于成本的价格竞标，不得明示或者暗示工程总承包单位违反工程建设强制性标准、降低建设工程质量，不得明示或者暗示工程总承包单位使用不合格的建筑材料、建筑构配件和设备。

8.3.4.2 工程总承包单位角度

工程总承包单位应当建立与工程总承包相适应的组织机构和管理制度，形成项目设计、采购、施工、试运行管理以及质量、安全、工期、造价、节约能源和生态环境保护管理等工程总承包的综合管理能力。

工程总承包单位应当设立项目管理机构，设置项目经理，配备相应管理人员，加强设计、采购与施工的协调，完善和优化设计，改进施工方案，实现对工程总承包项目的有效管理控制。工程总承包单位、工程总承包项目经理依法承担质量责任终身制。

工程保修书由建设单位与工程总承包单位签署，保修期内工程总承包单位应当根据法律法规规定和合同约定承担保修责任，工程总承包单位不得以其与分包单位之间保修责任划分为由拒绝履行保修责任。

建设单位和工程总承包单位应当加强设计、施工等环节管理，确保建设地点、建设规模、建设内容等符合项目审批、核准、备案要求。

工程总承包单位和工程总承包项目经理在设计、施工活动中有转包、分包等违法违规行为或者造成工程质量安全事故的，需要按照法律法规对设计、施工单位及其项目负责人相同违法违规行为的规定追究责任。

8.3.4.3 总承包项目经理角度

工程总承包项目经理应当具备以下条件。

（1）取得相应工程建设类注册执业资格，包括注册建筑师、勘察设计注册工程师、注册建造师或者注册监理工程师等；未实施注册执业资格的，应取得高级专业技术职称。

（2）担任过与拟建项目相类似的工程总承包项目经理、设计项目负责人、施工项目负责人或者项目总监理工程师。

（3）熟悉工程技术和工程总承包项目管理知识以及相关法律法规、标准规范。

（4）具有较强的组织协调能力和良好的职业道德。

此外，工程总承包项目经理不得同时在两个或者两个以上工程项目中担任工程总承包项目经理、施工项目负责人。

8.3.4.4 分包环节角度

工程总承包单位可以采用直接发包的方式进行分包。但包括在总承包范围内的工程、货物、服务以暂估价形式分包时，属于依法必须进行招标的项目范围且达到国家规定规模标准的，应当依法招标。

从合法合规性层面来看，工程总承包单位应当对其承包的全部建设工程质量负责，分包单位对其分包工程的质量负责，分包不免除工程总承包单位对其承包的全部建设工程所负的质量责任。

工程总承包单位对承包范围内工程的安全生产负总责。分包单位应当服从工程总承包单位的安全生产管理，不服从管理导致生产安全事故的，由分包单位承担主要责任，分包不免除工程总承包单位的安全责任。

从风险层面来看，EPC项目在分包时存在的风险主要有以下几点。

（1）分包人主体资格不合法，分包单位未取得建筑施工企业资质，有资质但超越其自有资质登记，或者有些分包人自己没有资质，向有资质的企业借用资质，也就是常说的挂靠情况屡有发生。

（2）总承包商在未经统筹安排就将劳务分包队伍引进场内，因未对分包队伍引进的时间、分包队伍的数量、其分包的工作量以及单价等做好详细研究，可能因安排不合理造成窝工、管理混乱等多方面问题，引发各种纠纷，对整个工程的顺利施工造成阻碍和影响。

（3）对于分包合同的签订，施工企业往往并不如签订总包合同时那样重视，加之分包单位队伍素质普遍不高，分包合同的签订常常流于形式，常会出现条款缺漏项或者用词模糊不清的情况，这些分包合同管理上的疏忽、缺陷联动影响着总包合同的进行，很可能给总承包方带来极大的经营风险。

因此，总承包商要做好分包阶段的风险管控工作，可以从选择分包团队、科学合理安排和策划项目工程分包、重视分包合同的合理签订等方面入手。

8.3.4.5　政府投资项目角度

政府投资项目所需资金应当按照国家有关规定确保落实到位，不得由工程总承包单位或者分包单位垫资建设。政府投资的项目建设投资原则上不得超过已核定的投资概算。

8.4　基础设施建设项目移交阶段

8.4.1　EPC 项目竣工移交流程

8.4.1.1　项目竣工验收类型

（1）单位工程验收。单位工程验收是指以单位工程或者某项专业工程为对象，独立签订建设工程施工合同的工程项目。

（2）单项工程竣工验收。单项工程竣工验收是指在一个总体建设项目中，一个单项工程或一个车间，已经按照设计图纸规定的工程内容完成。

（3）全部工程的竣工验收。全部工程的竣工验收是指整个建设项目已按设计要求全部建设完成，并已符合竣工验收标准，应由发包人组织设计、施工、监理等单位和档案部门进行全部工程的竣工验收。全部工程的竣工验收一般是在单位工程、单项工程竣工验收的基础上进行。①

（4）专项验收。专项验收是指在一个完整的项目工程建设过程中不同方面的验收，包括电梯验收、消防验收等功能性验收。

8.4.1.2　验收移交流程

EPC 项目验收移交流程是指项目总承包人组织工程竣工，根据相关规定编制移交所需文件并报监理及其他有关部门批准，项目发包人按流程核验竣工、检查竣工文件的过程。EPC 项目移交流程涉及项目发包人及承包人双方，参照现实中 EPC 项目执行操作流程，可以将 EPC 项目提交过程流程总结为四个阶段，分别为竣工试验、验收和工程接收、接收后责任、竣工后试验。

（1）竣工试验。竣工试验是指在工程竣工验收前，项目总承包人根据合同要求对项目工程进行适当的检查、功能性试验、安全检查等规定的试验，并向项目发包人提交项目竣工验收申请报告。初次未经过试验的工程或区段工程，承包人需要进行修补和改正以进行再次竣工试验，通过竣工试验的工程项目方可进入下一阶段，未通过竣工试验的需要根据具体合同条款处理。

（2）验收和工程接收。验收和工程接收阶段是指项目发包人在接收项目竣工验收报告后，组织工程师或雇专业的咨询机构，根据相关文件对项目进行验收检查的过程。验收标准与条件遵循双方约定及合同中注明的相关条约，在发包人正式颁布接收证书前，可以对承包人提出修补改正工程的要求。

（3）接收后责任。接收后工程出现问题的责任处理分为两个阶段，缺陷责任期和保修期。缺陷责任期是指项目发包人在接收项目后发现项目存在缺陷的，承包人需要进行缺陷调查，及时修补并进行责任和费用划分。缺陷责任期结束后，发包人需要向承包人颁发缺陷责任期终止证书，并退还项目承包人质量保证金。保修期是指缺陷责任期后，承包人根据有关法律规定，在

---

① 郭晓燕，王吉星．关于高校基建施工验收、移交程序的几点思考［J］．太原市城市职业技术学院学报，2009（2）：135 – 136.

合同条件和工程质量保修书中约定工程质量保修范围、期限内承担项目维修责任。

（4）竣工后试验。竣工后试验是指在项目工程竣工后，根据合同约定进行的试验，竣工后试验不是所有项目都必须进行的一个阶段，只有在合同中注明的项目才会进行竣工后试验。竣工后试验是由发包人牵头提供相应材料和工具设施，并组织安排有适当资质、经验和能力的工作人员实施竣工后试验。竣工后试验的结果应由双方进行整理和评价，竣工后试验过程中项目缺陷的责任划分根据合同约定进行。

8.4.2　竣 工 验 收

8.4.2.1　工程竣工验收的标准

工程竣工验收是涉及工程发包人及承包人双方的关键项目环节，项目验收标准是承包人建设施工需要达到的水平，也是发包人工程项目验收的参照标准。EPC 项目工程竣工的验收标准包括以下几项。

（1）完成设计和合同规定的各项内容。（2）单位工程所含分部（子分部）工程均验收合格，符合法律、法规、工程建设强制标准、设计文件规定及合同要求。（3）工程资料符合要求。（4）单位工程所含分部工程有关安全和功能的检测资料完整。（5）主要功能项目的抽查结果符合相关专业质量验收规范的规定。（6）单位工程观感质量符合要求。（7）各专项验收及有关专业系统验收全部通过。[①]

验收过程中承包商需要准备的资料文件包括：项目建设单位向有关政府行政主管部门或授权检测机构申请各项专业、系统验收；电梯验收合格文件；智能建筑的有关验收合格文件；建设工程竣工档案预验收意见；建筑工程室内环境检测报告。

---

① 中华人民共和国住房和城乡建设部. 房屋建筑和市政基础设施工程竣工验收规定［EB/OL］.（2013 – 12 – 02）. https：//www. gov. cn/gongbao/content/2014/content_2629947. htm.

8.4.2.2　工程竣工验收的条件

工程竣工验收需要满足一定的条件，工程设计和合同约定的各项内容均需完成；专业承包方对工程质量进行自检，确认工程质量符合有关法律、法规和工程建设强制性标准，符合设计文件及合同要求，并向 EPC 项目部提出单位竣工验收。

8.4.2.3　工程竣工验收的内容

在具体的基础设施建设 EPC 项目实施过程中，项目竣工验收内容包括以下几点。

（1）建设工程总承包合同。（2）设计文件，包括施工图、文字说明、设计变更及材料代用单等；现行施工及验收规范。（3）现行工程质量检验与评定标准；引进项目原则上执行与外商签订的合同条款，未明确部分按有关的施工标准、规范执行。（4）竣工资料的编制应依据档案管理的有关规定。①

8.4.2.4　工程竣工验收的相关规定

国际国内项目工程总承包的主要参照指导性文件为 FIDCI 银皮书（1999版），其中对竣工试验与竣工时间的规定如下所示。

（1）竣工试验包括三个阶段。第一，启动前试验，针对每项生产设备进行试验，类似于电力验收规范中的单机试运行工作，表明单位设备已经完工。第二，启动试验，针对单位工程，类似于电力验收规范中的空负荷试运、带负荷试运，表明工程投料试运合格。第三，试运行，针对整个工程，包括性能测试。试运行的时间具体由 EPC 总承包商与业主在合同中约定，可以是几个月或几年。试运行类似电力验收规范中的考核期。试运行通过表明工程的性能合格，达到合同约定的要求。

（2）竣工时间。第一，竣工试验获得通过；第二，完成合同提出的工程

---

①　中华人民共和国住房和城乡建设部．建设项目工程总承包管理规范［M］．北京：中国建筑工业出版社，2017.

和分项工程，按照相关规定接受要求竣工所需要的全部工作。

8.4.2.5　工程竣工验收的关键性文件

在整个项目竣工验收移交流程中，涉及项目发包人与项目承包人之间相互签署的关键性文件，这些文件既标志着项目进行过程与阶段，也为后期产生法律纠纷提供相应的证据支持。主要的关键性文件包括：项目竣工验收申请报告、初步接受证书、接收证书、缺陷责任期终止证书。

（1）项目竣工验收申请报告。项目竣工验收申请报告是指项目承包人在竣工前、试验结束后向发包人提交的验收申请报告。

（2）初步接收证书。初步接收证书是项目发包人在接收承包人提交的项目竣工验收报告后发出的确认性文件，竣工验收报告与初步接收证书是一个时点的两面，分别由参与双方提交。初步接收证书不是必须性项目，根据项目合同的具体要求进行。

（3）接收证书。接收证书是项目发包人在进行项目验收检查后正式向项目承包人提交的接收证书，代表项目正式竣工。

（4）缺陷责任期终止证书。缺陷责任期终止证书是在项目工程缺陷责任期结束之后，项目发包人向承包人颁发的终止证书，是划分缺陷责任期和保修期的关键性文件。

8.4.3　竣工移交管理

8.4.3.1　竣工移交管理内容

EPC项目竣工移交管理可以分成两阶段的内容：竣工前移交管理与竣工验收后管理。

在项目竣工验收前，业主或业主委托的咨询单位应根据建设工程档案验收与移交规定，检查项目监理机构工程档案，组织项目监理机构、总承包单位编制移交清单，办理签字盖章移交手续。如果为业主委托单位，则同时需要完成项目管理文件归档，编制清单，办理签字盖章移交手续。此外，应当提请当地城建档案管理机构对工程档案进行预验收，并取得工程档案验收认可文件。

在工程竣工验收移交业主使用时，工程进入缺陷责任期和保修期，此时业主或委托咨询单位要定期组织监理解决工程使用中涉及的问题。

8.4.3.2 移交责任管理办法

EPC项目过程繁琐，涉及多方参与，故移交过程中应注意各部分责任的划分，以便移交或使用过程中发生纠纷时落实责任。EPC项目建设过程中各部门责任划分如下。

（1）EPC项目部责任。EPC项目部门是EPC竣工验收移交阶段的核心部门，主要负责牵头组织EPC项目竣工验收，需要对竣工过程前后阶段的准备工作以及收尾工作负责。在正式验收前，EPC项目部负责督促分包单位资料提交，审查资料的完整性和准确性。在文件报告工作方面，EPC项目部也负责编制工程总结、填写工程竣工申请和竣工报告等。同时EPC项目部也负责督促和检查专业承包方提交的材料。

（2）文控管理部门责任。文控管理部门是EPC项目部门竣工档案管理的职能部门，主要负责EPC竣工过程中档案编制的细则和要求部分。其主要责任包括EPC项目部文件的整理、收集、装订、编辑；负责对EPC项目各个部门的档案编制工作进行指导、监督、检查和验收。

（3）设计、采购、施工部门竣工责任。在竣工移交阶段，设计部门的主要责任包括：设计竣工档案进行整理、编辑、组卷、装订、移交；组织设计单位进行竣工图的编制、完善、组卷等；负责勘察设计方面声像档案资料的拍摄、录制及其照片的规整和目录编制。

与设计部门类似，采办部门在竣工阶段需要对自己的工作文书档案进行规整。施工部门在竣工阶段要进行档案等文件的整理。

（4）对外协调部门责任。在竣工阶段，需要对外协调部门作出的工作包括：负责对EPC项目部征用土地过程中产生的征地文件进行收集、整理、移交；负责EPC项目部对外协调方面声像档案资料的拍摄、录制及其数码照片目录的编制。

（5）HSE 及质量部门责任。HSE 管理体系是健康（Health）、安全（Safety）和环境（Environment）三位一体的管理体系，在 EPC 项目工程总承包过程中也多有使用。因此在竣工阶段，负责 HSE 管理的部门需要对 EPC 项目部的 HSE 竣工档案进行编制、收集、整理、编辑、组卷、装订。

质量部门是对整个 EPC 项目全过程进行监督的部门。在竣工移交阶段，质量部门的责任主要包括：对施工承包商的工程质量评定资料的编制工作进行全过程管理；对试运行过程中工程质量检验评定的资料进行检查、审核。

8.4.4　EPC 验收移交过程的风险及管控

EPC 项目工程总承包由于项目建设周期长、合同额固定等特点而具有较高的风险系数。在项目竣工验收移交过程中，EPC 也具有交验方面的风险。EPC 项目的移交过程依据合同中设定的相关参数及条件而定，但项目周期大，会导致项目运行过程中容易出现调整及变动，因此在实际中，EPC 项目移交过程中面临的风险和不确定性高。

8.4.4.1　交验风险

（1）竣工日期纠纷。EPC 不同于很多传统项目，在移交过程中试运行、竣工、移交等程序在实际过程中出现的顺序较为混乱，导致出现因为竣工日期界定不统一而引起的纠纷。对于国内工程项目的竣工验收及相关流程，通常由国家及行业相关规范进行指导并约束，如《房屋建筑和市政基础设施工程竣工验收规定》中规定了房建和市政项目的验收流程和手续；但对国际 EPC 项目，如东南亚、中东、非洲等区域的国家，在工程的移交及验收方面并没有国家、行业层面的相关规定，而是由业主与承包商根据交易习惯等在合同中进行约定，此时如果合同中约定不够细致，可能会导致工程的最终竣工日期难以确定。

（2）工程承包范围约定不明确。EPC 项目是集设计、采购、施工于一体的项目全过程承包项目，因此在项目具体施工过程中容易出现因承包范围不确定而导致的发包人与承包商之间的纠纷。在现实案例中，EPC 工程总承包项目采用了固定总价合同模式，在这种模式下容易出现具体项目承包范围划分不明确、未清楚规定双方职责与工作内容、很多地方采用"等"字模糊规定内容、合同中存在未标明的具有扩张解释的口袋条款等情形，这些都容易导致移交过程中发生纠纷，属于承包范围不明确导致的 EPC 风险。

（3）支付风险。EPC 项目周期长，绝大多数项目采用固定总价合同，在固定总价合同下项目实施过程中存在很大的成本不确定性，如果工程材料成本上涨较大，则移交过程中项目工程质量很难达到标准。但承包商在固定总价合同履行过程中根据实际情况调整合同价格的权力很少，因此很容易导致支付风险，或在移交过程中发生不可避免的质量问题。

（4）项目垫资风险。承包商对项目垫付资金而导致移交不能顺利进行的风险。项目资金垫付容易使资金实力不强的承包商资金短缺，从而导致项目停滞的现象，这种情况会导致移交过程产生资金纠纷。

8.4.4.2 验收阶段风险管控建议

针对以上移交过程中可能存在的风险，结合当前国内 EPC 指导性法律文件，提出以下风险管控建议。

（1）做好合同内容设计。移交过程中容易出现的纠纷多集中在业主与承包商对初始条件标准文件的理解偏差与认知不统一。因此在 EPC 项目开始前，合同内容的设计应当更加详尽与完善，可参考的文件包括住房城乡建设部关于发布国家标准《建设项目工程总承包管理规范》中项目合同管理内容设计合同，以及《建设项目工程总承包合同》（GF – 2020 – 0216）范本、《中华人民共和国标准设计施工总承包招标文件》。

对于业主而言，具体可进行的内容包括：在项目的开展过程中预先选择一家有丰富调试经验的项目整体调试分包商，以其自身的丰富经验及技术储备来发现设备安装过程中可能存在的问题，及时进行整改并最终选择合适的分包方式。在项目开展前，严格按照设计要求及测试条件进行性能参数的测定，与业主达成约定，适时形成测试数据作为项目成功验收的保障。

（2）提前准备与考察工程承包范围。项目采用固定总价模式确定合同价款，且合同价款包含的风险因素较多，如工程承包范围不确定，EPC 工程总承包商合同价款风险较大。建议 EPC 工程总承包商在投标或与发包人签订总承包合同时，充分考虑以下风险控制措施。

（3）根据实际要求指定资金计划，落实垫资安全保障措施。在 EPC 合同指定时，要明确合同中资金垫付的保障措施。

第9章

"PPP＋EPC"模式基础设施项目全生命周期管理

因为该模式与一般 PPP 项目侧重点不同，故在进行"PPP＋EPC"模式的基础设施建设项目时，需重点关注其长远经济效益和服务质量，并且制定合理的项目目标。针对项目的全生命周期进行合适的管理，使"PPP＋EPC"模式能够带来更好的经济效益。同时，在项目运营方面也要注重风险管理，使用多种方法提升项目应对风险的能力。

9.1　基础设施建设项目筹划阶段

就基本流程而言，"PPP＋EPC"模式的运作流程与一般 PPP 项目并无本质区别，一般 PPP 项目的运作流程包括：项目筹划、项目采购、项目执行、项目移交四个阶段。

一般 PPP 模式主要适用于投资规模较大、需求长期稳定、价格调整机制灵活、市场化程度较高的基础设施及公共服务类项目。比如，燃气、供电、供水、供热、污水及垃圾处理等市政设施，公路、铁路、机场、城市轨道交通等交通设施，医疗、旅游、教育培训、健康养老等公共服务项目，以及水利、资源环境和生态保护等项目均可推行 PPP 模式。① 不过，"PPP＋EPC"

---

① 吕汉阳. PPP 项目操作流程与运作要点之项目识别篇［J］. 中国政府采购，2015（8）：47－48.

模式与 PPP 模式的运行流程还是有显著区别的，因为 "PPP + EPC" 更适用于通过项目合建创造更高品质的城市公共产品，所以其要求也更为严格。

建设项目决策阶段需要确定建设项目目标，而项目目标分为两个层次，即宏观目标和具体目标。宏观目标是指项目建设对国家、地区、部门或行业要达到的整体发展目标所产生的积极影响和作用；具体目标是指项目建设要达到的直接效果。具体目标主要包括：效益目标、规模目标、功能目标、市场目标，重点解决 "该不该建、在哪建、建什么、建多大、何时建、如何实施、如何规避风险、谁来运营、产生什么社会效应和经济效益" 等重大问题，所确定的项目目标，对工程项目长远经济效益和战略方向起着关键性和决定性作用。

在具体的实践过程中，项目的筹备阶段可以具体分为项目识别和项目准备两个阶段。

9.1.1 "PPP + EPC" 项目的识别

项目识别阶段是 PPP 项目的初始阶段，这一阶段的目的是科学地筛选适合开展 PPP 模式运作的项目。在项目识别期间，要开展的工作有：物有所值评价和政府财政承受能力论证，其中物有所值评价注重 PPP 项目的社会效益和经济效益，政府财政承受能力论证则主要关注 PPP 项目对地方财政预算支出的影响。

在 "PPP + EPC" 模式中，项目识别阶段开始工作的时间维度要明显早于传统 PPP 项目，其主要原因在于设计院作为政府方的技术咨询单位能够第一时间介入项目，并且较传统 PPP 项目，设计院所要开展的工作要更为细致和具体，可将其划分为七步：项目发起、项目需求分析、项目筛选、项目内审与推荐、物有所值评价、财政承受能力论证、项目识别结果处理。

下文将展开说明 "PPP + EPC" 模式与传统 PPP 项目的项目识别阶段工作流程的关联性与差异性。

9.1.1.1 项目发起

PPP 项目可以由政府或社会资本发起，其中以政府发起为主。政府发起和实施 PPP 项目的目的在于：一是满足自身的融资需求，解决项目建设的资金缺口，化解地方政府的债务风险。二是政府作为社会公众意愿的代表，旨在利用社会资本丰富的管理经验和先进的技术手段让基础设施项目产生更大的社会效益，为社会提供更优质的公共服务和公共产品（新建项目），并且进一步提高公共服务和公共产品的质量（存量项目）。三是转变政府职能，提高政府行政能力；原来基础设施项目是由政府依靠财政支出自行融资建设，因此政府几乎承担了所有的风险，而 PPP 模式转向社会资本实施、政府监督合作的建设形式，将投资权和运营权都放给了社会资本，形成了政府和社会资本风险共担、利益共享的机制，提高了基础设施建设的运行效率和资金利用率。

社会资本发起和参与 PPP 项目的目的在于：一是利用资金、技术、人才、运营等资源获得项目合同，包括施工合同、设备销售合同、运营维护合同等，以期获得合理的投资回报。二是在一定年限内获得项目特许经营所带来的垄断利益。三是占领行业市场份额，提高企业在行业的影响力与竞争力。

PPP 模式可以帮助政府和社会资本进行长期合作，如果政府仅把 PPP 看作融资渠道，社会资本仅希望赶上 PPP 浪潮以趁机快速获得投资回报，与推广 PPP 的初衷不一致，必将产生大量伪 PPP 项目和失败 PPP 项目。[①]

"PPP + EPC" 模式是政府方发起，设计院介入辅助的管理模式。设计院介入是通过把拟建项目放在城市公共空间的宏观角度来充分理解城市基础设施项目，特别是对区域有重大影响力的重大基础设施项目，是在理解公共意义的基础上，通过自身的带动作用主动积极地调整项目自身的技术支撑体系，以土地集约利用、城市功能更新、公共利益保障、商业利益兼顾为指导实行连带开发策略，旨在充分发挥基础设施项目作为公共产品的基本属性，将商业开发作为补充，"运营"作为 PPP 项目的重心，以扩宽模式的适用性。

---

① 吕汉阳. PPP 项目操作流程与运作要点之项目识别篇［J］. 中国政府采购，2015（8）：47 - 48.

9. 1. 1. 2 项目需求分析

PPP 项目的需求分析主要由政府方完成，社会资本方在这方面关注得较少。事实上项目的需求分析是设计院向政府推荐采用 PPP 模式营建的原点，除了在 "PPP + EPC" 模式下，这项工作从来没有受到过这样的重视。

一般而言，政府进行项目需求分析时更多的是着眼于项目本身，例如市政道路工程的建设，可以弥补城市路网在某一方面的交通功能缺失，或是交通功能提升后能够改善路网的某些尖锐问题，由此分析该道路在整个路网系统中起到的作用。路网对于城市规划分区的作用主要体现于功能分区，道路在改善交通和促进城市经济发展等方面具有积极意义，在其建设期和运营期间对环境（如废气、废水、噪声）、人文景观（物理存在形式）以及社会生活等可能造成负面的影响。因此，项目需求分析需要从积极影响和消极影响两方面进行论证，并给出具体的建议，如建设模式（PPP、EPC 或传统模式）、主要技术方案（平面路径及起终点、高架方案、隧道方案等）、主要经济技术指标（建设规模、用地、配套及工程投资费用估算等）等诸多方面。

"PPP + EPC" 模式要求项目的回报方式以项目自身运营期间的营收为主，特别是市政类项目在缺乏直接的使用者付费回报方式的条件下，需要通过对项目进行二次开发（特定关联区域统筹开发）和挖掘潜在用户的隐性收费来实现自身营收，所以 "PPP + EPC" 模式对项目的需求分析更为细致和富有挑战。

"PPP + EPC" 模式下，基础设施项目建设必须回归城市公共空间公共属性的原点。从其价值产生的来源入手，建立满足公共要求（即向全体使用者开放并保证无须付费）的主体项目，满足使用者多样性选择且准公益类（向全体使用者开放并确保低水平使用费用）的附属准公共产品，以及满足使用者自由选择且非公益类（商业形式）的附属商业化产品。这种 "公共产品 +准公共产品 + 商业化产品" 三者并存的搭配方式，实现功能需求、公益性需求、消费需求的相互依托，保持商业化产品、准公共产品对公共产品的从属关系，并对标于需求层次理论。

"PPP + EPC" 模式对需求展开分析的另一个关键原因是，它能够解决项目功能配置的问题。基础设施项目本身所具有的公共属性和其创造的公共空间本身都是有一个明确基础功能指向的，例如广场、公园、街道等城市外部开发空间通常指向公众社交、健身、步行通达等功能，轨道交通和城市主干道通常指向交通出行功能，影剧院、医院、学校等通常指向观影、医疗和教育的功能等。事实上人们的需求在上述特定指向功能的公共空间内依然是多样的，因此才同时构成了城市丰富多彩的生活。人们对城市公共产品、公共空间的内容和质量提出了更高的要求，而在"PPP＋EPC"模式下，采用合建形式构建出功能复合、形式开放、内容丰富多样、环境友好的高品质产品正好能够满足人们的要求。所以，在需求分析的基础上，筛选出更适合于采用"PPP＋EPC"模式的基础设施项目，并由设计院向政府做推荐项目需求分析工作所做的核心内容。

9.1.1.3 项目筛选

通常，PPP项目的筛选是由财政部门会同行业主管部门开展，通过评估筛选来确定备选项目，财政部门则需要根据筛选的结果制订项目年度和中期的开发计划。而"PPP＋EPC"模式下，项目的筛选工作是持续而具体的。设计和建筑是包括基础设施项目在内的所有城市公共产品生产的前提条件，设计院在项目胚胎阶段对项目的理解和品质的把握直接影响了后续产品的质量和使用。项目胚胎阶段是在项目立项之前，总体把握项目的目标定位、技术可行性、项目所涵盖的基本内容以及项目营运业态，此时设计院在项目形成的基础上具备核心话语权且占据主导因素。因此，设计院在项目胚胎期的基本判断很大程度上影响着政府的决策，"PPP＋EPC"模式的推动更是设计院对项目本身盈利能力（经济效益的考量）信心的直接体现。

在目前的规划编制和实践的体制下，政府在规划决策过程中处于绝对的主体地位，以政绩为标杆的价值观念是最容易诱发政府及其处于决策地位的部门对城市形象的迷恋。政府在规划决策过程，常常需要借助设计院之手。然而，当极富"野心"的综合大型设计院不再把自身定位为"智囊"的附从角色时，极有可能被利益驱动，不再局限于项目所处区域的公共价值（文化价值、社会价值、环境价值），而是从"一揽子"解决方案出发，为政府部门提供技术服务。

在新时期，城市公共产品中提供公共服务的基础设施项目往往是一个复合的、跨学科的、具备关联区域带动的复杂系统项目，附庸于地方政府的专业规划院在旧体制下的墨守成规已显得能力不足，鲜有地方规划设计院具备应对复杂系统项目的宏观把握能力。因此，从体制与机制上打破这种附庸关系是大势所趋。

复杂系统项目要求设计院和设计师从项目定位、概念梳理到空间设计都具备极其开阔、长远的视野，具备宏观把握城市整体空间的能力，实现地段价值的挖掘与呈现。阐述连带区域的互动关系，并在设计过程中能够做到以基础设施项目为骨干进行功能集群塑造、单体项目的节点推敲、从内部到外部的空间布局和联系等，才能提炼出满足"PPP＋EPC"项目"价值创造"要求的潜在项目。

由此，"PPP＋EPC"的项目筛选是主动作为的结果，而不是被动的取舍，并且设计院虽然在主动构建中发挥着不可替代的技术支撑和引导作用，但是还需要政府方对各方面进行考量，并作出最终决策。

9.1.1.4 项目内审与推荐

项目的内审与推荐是设计方和政府方共同完成的。对于设计方而言，其作为社会投资方之一，对于是否采用 PPP 模式和如何采用 PPP 模式进行开发，需要通过内部评审以形成集体决议，再向政府方推荐。而对于政府方而言，需要依据 PPP 项目运作和财政部门的相关要求，提交相应资料并将其列入自身工作计划。

财政部关于 PPP 项目管理的要求为：新建、改建项目应提交可行性研究报告（现阶段尚未编制可研报告的部分项目除外）、项目建设成本和运营成本初步预计、项目产出说明和初步实施方案；存量项目应提交存量公共资产的历史资料、项目建设成本和运营成本、项目产出说明和初步实施方案。

其中，对于项目的盈利能力是能否采用"PPP＋EPC"模式进行开发的核心指标，财政部《关于推进政府和社会资本合作规范发展的实施意见》要求 PPP 项目"使用者付费比例不得低于10％"，而对于"PPP＋EPC"模式的要求则是项目盈利能力能够实现成本的全覆盖，并保有一定的盈余。正是"PPP + EPC"模式对项目自身盈利能力的高标准，项目才被要求具有极高的实施和运营能力，其中运营方案应包括主体项目的运营和特定关联区域统筹开发后的物业运营。

9.1.1.5　物有所值评价

物有所值是实施 PPP 模式的原则之一。PPP 项目选择的首要工作是，比较项目在采用 PPP 模式和采用传统政府建设管理模式下的优劣，并以此提高项目决策的科学性和合理性。因此，财政部门将会同行业主管部门从定性和定量两方面开展物有所值评价工作，一般 PPP 项目的物有所值评价以定性分析为主（相关行业的物有所值的定量分析模型建立存在一定难度，目前仍处于边实践边探索的阶段），而"PPP + EPC"项目则必须将定量化分析放在突出的位置上。

（1）物有所值定性分析。定性评价的重点在于项目采用 PPP 模式与采用政府传统采购模式相比，能否实现增加供给、优化风险分配、提高运营效率、促进创新和公平竞争等。

（2）物有所值定量分析。物有所值定量评价是通过对 PPP 项目全生命周期内，采用传统模式的"公共部门比较值"（包括初始值、竞争调整值、风险承担成本等）与采用 PPP 模式的"影子报价政府支出成本净现值"（包括建设成本、运营成本、自留风险承担成本、相关费用等）进行比较，判断采取不同模式下节约项目全生命周期成本的程度。[①]

9.1.1.6　财政承受能力论证

"PPP + EPC"模式所着力解决的核心问题是地方财政的中长期可持续性，此项论证工作主要是依据财政部的《政府和社会资本合作项目财政承受能力论证指引》要求开展，因此"PPP + EPC"模式与一般 PPP 项目的工作程序保持一致。

---

① 吕汉阳. PPP 项目操作流程与运作要点之项目识别篇 [J]. 中国政府采购，2015（8）：47 - 48.

财政承受能力论证包括责任识别、支出测算、能力评估、信息披露四部分内容。

(1) 政府责任识别。主要有四种方式：第一，股权投资；第二，运营补贴；第三，风险承担；第四，配套投入。

(2) 政府支出测算。主要包括：第一，股权投资支出；第二，运营补贴支出；第三，风险承担支出；第四，配套投入支出。

(3) 政府能力评估。财政承受能力评估包括财政支出能力评估以及行业和领域平衡性评估。

(4) 政府信息披露。新《中华人民共和国预算法》强化了信息公开方面的规定，PPP项目作为财政支出的组成部分，也要进行相应的信息披露工作。[①]

"PPP+EPC"模式的项目投资体量大，建设周期长，对国家政策依赖性强。所以在"PPP+EPC"项目中，政策变动引起的风险可能会影响项目的成功。而当前我国还未出台匹配"PPP+EPC"项目的相关政策和法案，因此，除了保证项目的物有所值评价、财政承受能力论证等合法合规外，还需要对相关政策进行前瞻性预测，为项目未来的健康发展空出"提前量"。

9.1.1.7 项目识别结果处理

"PPP+EPC"模式在项目申报过程中执行PPP项目的相关要求，并且对项目识别结果的处理方法完全一致。

项目实施方案中的物有所值和财政承受能力经财政部门验证并通过的，由项目实施机构报政府审核。其中，通过物有所值评价和财政承受能力论证的项目可进行准备，未通过验证的项目可在实施方案调整后重新验证，但是经二次验证仍然不能通过的项目不能够再采用PPP模式。当然，最后未通过

---

① 吕汉阳. PPP项目操作流程与运作要点之项目识别篇 [J]. 中国政府采购，2015（8）：47 - 48.

PPP 模式验证的项目仍可采取非 PPP 模式进行建设。①

科学开展项目识别论证、政府采购、预算收支与绩效管理、资产负债管理、信息披露与监督检查等工作是保证项目全生命周期规范实施、高效运营的关键。

9.1.2 "PPP+EPC" 项目的准备

PPP 项目经过最初的项目评估和选择后，其工作重点便转移到项目准备工作。在这一阶段，各方工作流程如图 9-1 所示。

图 9-1　项目准备阶段流程

对于政府方而言，"PPP+EPC" 项目准备阶段按照一般 PPP 项目的准备工作内容开展，主要包括以下三个方面的工作。

9.1.2.1　组建管理架构

在 PPP 项目正式运作的前期，首先要确定项目由哪一级政府机构授权实施。授权机构的确定需考虑以下两个条件：一是该机构应为县级（含）及以上地方人民政府；二是负责付费并承担编制预算义务的人民政府，也就是"谁付费、谁批预算、谁负责管辖和审批"。

在实际操作中，授权机构在授权成立实施机构的同时，还会成立由本级

---

① 吕汉阳. PPP 项目操作流程与运作要点之项目识别篇［J］. 中国政府采购，2015（8）：47－48.

机构领导担任组长的 PPP 领导协调小组,用于对接项目落实和实施协调机制。此领导协调小组的主要工作是,负责落实实施机构在 PPP 合同中无法兑现的权利和义务,以确保项目操作期间权责关系的完整性,例如征地拆迁、项目审批、设计审查、重大方案变更审查等。

一般情况下,实施机构需要具备独立法人资格。PPP 项目在执行阶段的实际操作中,虽然大多数政府授权机构(平台公司)建设期的管理经验比较丰富,权责界定比较清晰,但是其对行业的运营监管边界往往较为模糊,甚至会出现监管机构与现行的行业监管管理部门(比较常见的有市政设施监管中心、城市管理执法局市政处、公路养护管理所等)无差别并且等同行业监管的情形。由于上述行业监管的对象(其养护、运营费用全额由财政支持)与 PPP 合同执行的运营条款存在不匹配的情况,导致 PPP 管理绩效监测与考评的要求长期得不到落实的情况时有发生,这也是目前 PPP 项目重建设轻运营的一个集中体现。

实施机构在实际操作中的另一个重大分歧是,当政府授权的实施机构同时还作为政府方投资代表时,即实施机构以双重身份出现在 PPP 项目的运作过程中,会造成两种消极影响:一是地方政府所属的平台公司作为实施机构,同时代表政府方出资 SPV 公司,参与项目的盈利回报时,会弱化其在项目执行阶段代表政府发挥监督和管理职能;二是实施机构同时代表政府出资 SPV 公司时,政府自身不占控股比例,这种独特身份让其能够主导 SPV 公司的一切重大决策,从而脱离市场优化资源配置的作用,导致社会资本方退化为工程总承包方。

9.1.2.2 编制实施方案

PPP 实施方案是指政府方为实施 PPP 项目所制定的计划性文件。PPP 项目的实施方案以前叫预可研,但这一叫法容易与一般建设项目管理程序中的预可研发生混淆,所以在 PPP 流程中我们叫它实施方案。PPP 项目操作的流程与传统的项目管理流程不是冲突的,而是互补的,因为在做 PPP 项目的过程中,要处理好地方政府和社会投资人的关系,所以要增加一个 PPP 实施方案的过程。

由于 PPP 项目涉及的政府部门较多、专业性较强、实施周期较长，为保障 PPP 项目的正常开展，根据财政部 92 号文和发改委 2231 号文的有关要求，PPP 项目实施机构需要负责编制 PPP 项目实施方案。实施方案应包括：编制依据和原则、项目概况、运作方式、风险分配框架、合同体系与交易结构、社会资本遴选方案、监督架构、财务分析等内容。

9.1.2.3　审核实施方案

PPP 项目由于涉及众多政府部门、实施环节和利益相关方，因此需要相关政府部门的参与和配合来协调各方关系和保证 PPP 项目的顺利实施。实施方案联审考虑的内容包括项目建设的必要性及合规性、PPP 模式的适用性、财政承受能力以及价格的合理性等方面。

国务院办公厅转发《财政部发展改革委人民银行关于在公共服务领域推广政府和社会资本合作模式指导意见的通知》提出了"对实施方案进行联审"的概念。2016 年年初的《中华人民共和国政府和社会资本合作法（征求意见稿）》中，再次提到了针对实施方案展开联审机制，虽然《政府和社会资本合作法》仅是征求意见稿，不具有实质效力，但由此可以看出我国政府十分重视 PPP 模式的联审机制。2016 年 8 月 10 日，国家发展改革委颁布的《国家发展改革委关于切实做好传统基础设施领域政府和社会资本合作有关工作的通知》中，也对 PPP 项目的联审有所提及："积极推行多评合一、统一评审的工作模式，提高审核效率。各地发展改革部门要会同相关部门建立 PPP 项目联审机制，积极引入第三方评估机构，从项目建设的必要性、合规性、规划衔接性、PPP 模式适用性、财务可负担性以及价格和收费的合理性等方面，对项目进行综合评估。"

我国已有多地政府出台了相关规定，要求 PPP 项目执行联审制度，且目前已有多个项目按照联审程序完成了前期审批手续，由此可见 PPP 联审制度已逐渐成形。但是，联审制度应该以建立规范统一的操作程序为基础，现有的联审制度在实质上仍然无法解决 PPP 模式操作程序及部门分工的问题。

"PPP + EPC"模式下，由于设计院在项目前期已经深度介入，当政府方接受设计院的建议按照"设计—融资—建设—运营—移交"的路径进行项目实施时，为规避程序上的风险，政府方必然需要按照一般 PPP 项目的程序开展 "PPP＋EPC" 项目准备阶段的工作，即 "组建管理架构" "编制实施方案" "实施方案联审" 等三方面工作。因此，政府方在编审实施方案时，需要在适应性方面作出改变，即允许在 PPP 项目实施时采用 EPC 总承包管理方式，并在项目的组成内容中充分考虑 "国有资产管理和专属经营权的运营" 和 "特定关联区域统筹开发" 等 "合建项目" 的综合组件。

政府方为避免非竞争性的单一来源采购所带来的风险，相对理性和保守的做法是对设计院在项目胚胎期所做的研究工作（例如开展修建性详细规划研究等）单独委托并支付研究费用，以避免设计院作为社会投资方（或者联合体之一）参与项目采购阶段活动时的无差别条件。

设计院自然更希望能通过政府方采取单一来源采购的非竞争方式来介入优质的 PPP 项目，但是当政府方无法承诺采用非竞争采购方式时，设计院为保证自身能够在 PPP 项目采购阶段具备较大的竞争优势，便需要在项目准备阶段积极主动作为，其可以做好的工作内容主要包括确定潜在合伙人、利益相关者管理两方面内容。

9.1.2.4　寻找潜在合伙人

一般而言，设计院在寻找共同参与 "PPP＋EPC" 项目的合作伙伴时，应基于以下五方面的能力来考量合作伙伴：一是潜在合伙人具备良好的投融资能力，以保障项目的低成本融资和充足资金投入；二是潜在合伙人具备实现项目某组成部分持续良好运营的能力，以保障项目能够稳定获得运营期的预期收益；三是潜在合伙人与政府方具有天然的合作关系，以保障在执行期的项目具备与政府方进行良好沟通与协调的能力；四是潜在合伙人具备良好的施工能力，以确保项目能够在建设期的按期履约；五是潜在合伙人具备良好的宏观政策理解力和宏观趋势把握力，以规避项目执行期的政策性风险。

由此组建的项目团队，是为了实现优势互补、专业突出、强强联合的项目全生命周期管理的内部治理预期，即建构 "以技术为核心，同时具备五大能力" 的项目管理团队最为理想。

9.1.2.5 管理利益相关者

最早使用"利益相关者"这个概念的经济学家是安索夫（Ansoff），并且弗里曼（Freeman）在1984年对广义利益相关者的定义对如今的相关研究仍然具有很深远的影响，他认为"企业利益相关者是指那些能影响企业目标的实现或被企业目标的实现所影响的个人或群体"。米歇尔（Mitchell）在1997年指出利益相关者理论的两个核心问题：一是利益相关者的认定，即谁是企业的利益相关者；二是利益相关者的属性，即管理者依据什么来给予特定群体以关注。随后他从三个维度区分了利益相关者之间的关系，指出利益相关者至少具备三个属性的其中之一：一是影响力，某一群体是否拥有影响企业决策的地位、能力和相应的手段；二是合法性，某一群体是否被赋予法律意义上或者对于企业的特定索取权；三是紧迫性，某一群体的要求是否能够立即引起企业高层的关注。并且，他将这三个属性作为评价利益相关者的三个维度，把利益相关者细分为三类：第一，确定型利益相关者，这一群体同时拥有对企业的合法性、影响力和紧迫性，这一群体的典型代表是大股东、拥有人力资本的管理者等；第二，预期型利益相关者，这一群体拥有上述属性中的两项；第三，潜在型利益相关者，是指只拥有上述属性中的一项的群体。

基于米歇尔的利益相关者理论（分别满足确定型利益相关者、预期型利益相关者、潜在型利益相关者与设计院的关系）的设计院主导的"PPP＋EPC"模式，要求设计院依据"利益相关者共赢"的经营理念进行投标的策略性安排。

"PPP＋EPC"项目往往是大型基础设施建设项目，因此在利益相关者管理过程中，必须颠覆股东利益至上的传统观念，多方面兼顾项目对多层次利益相关者的影响，尤其是项目沿线的居民、社区及受益于项目的广泛消费者。

"PPP＋EPC"模式下设计院与各层级利益相关者的安排如下。

第1级：投资人伙伴——设计院＋其他社会投资人组成投资联合体。

第2级：建设团队联营体——项目公司＋EPC总承包＋施工分包组成的建设团队联营体。

第3级：项目参建群体——建设团队联营体＋第三方协作方（承继、委托）＋政府方（平台公司）＋轨道指挥部等项目各参建主体单位组成的项目参建群体。

第4级：项目供应商、专业分包、建设系统主管部门、沿线城市居民、社区和企事业单位、项目参建群体成员管理权下的其他平行交叉施工项目（以上仅均为预期型利益相关者）。

第5级：属地街道、政府其他监管单位、更为广泛的市民等。

"PPP+EPC"项目准备阶段的利益相关者关系是处于一个不断演化的过程。治理利益相关者的难易程度并不以其所属的等级为标准，在实际执行过程中，低等级的利益关系者由于其与项目的利益密切程度不高，其对项目造成的影响往往被忽视，在某些情况下这种不重视会带来非常糟糕的后果。

9.1.3　筹划阶段管理建议

9.1.3.1　国家层面——完善政策法规，保障项目合法合规

作为一种新型的政府和社会资本合作的模式，"PPP+EPC"模式的发展和探索仍然处于早期阶段，在具体的实践过程中，针对"PPP+EPC"模式的政策法规系统还未建立，只能按照过去PPP项目的相关政策进行管理。而与传统PPP项目相比，适用"PPP+EPC"模式的项目，往往规模更大、周期较长，过去的政策法规可能出现超出适用范围、约束过宽或过窄等问题，因此迫切需要相关政策法规的完善。另外，在政府公开信息平台，也应当建立专门的"PPP+EPC"信息库，制定详细的操作流程和规范，降低项目建设全过程的政策风险。

9.1.3.2　地方层面——加强监管力度，引导金融机构参与

政府是项目重要的参与者之一，能够直接影响项目公司的运营，决定项目的成败。因此，政府作为监管者必须提高自身决策能力，加强监管力度。

在减少对项目公司直接干预的前提下，政府应对项目进行全程监管，做好风险评估和应对，保障项目顺利运行。

目前 PPP 项目最主要的金融支持仍然来自商业银行，其他金融机构参与的积极性差，参与难度高。而相比一般项目，"PPP + EPC"项目的投资金额巨大、全生命周期长、融资杠杆高，存在着较大的汇率风险、利率风险、通货膨胀风险等。因此需要政府给予项目公司更多的金融支持，引导有更高风险承受能力的金融机构参与项目融资和风险管理。

9.1.3.3 项目公司层面——做好整体规划，保障投资人利益

"PPP + EPC"项目有投资金额巨大、全生命周期长的特点，对项目公司的经营管理带来巨大的挑战。面对这一挑战，项目公司必须做好整体性的规划，提升长期管理水平，建立统一、稳定的制度。项目公司在前期就应当做好市场调研，制定合理的收费标准和收费政策。另外，还需要提高运营管理人员的专业技术水平，引入专业人才的同时注重对相关人员的培养。

"PPP + EPC"模式将工程建设单位等加入投融资行列，引入了更多的社会资金，扩大了社会资本的范畴，这就意味着需要更加合理的利益共享。因此项目公司必须明确回报影响因素，使得投资回报透明化、规范化。这样不仅加大了对项目全寿命周期过程中成本的控制，还能进一步提高项目收益，满足项目参与方利益需求。

9.2 基础设施建设项目采购阶段

9.2.1 采购方式

"PPP + EPC"模式下的总承包商招选方式有两种：一种是根据《中华人民共和国招标投标法实施条例》第九条规定"除招标投标法第六十六条规定的可以不进行招标的特殊情况外，有下列情形之一的，可以不进行招标：……已

通过招标方式选定的特许经营项目投资人依法能够自行建设、生产或者提供……"。因此在满足一定的条件下可通过"两标并一标"的方式同时完成PPP项目社会投资人和工程总承包单位的采购；另一种是在PPP项目社会投资人采购完成、成立项目公司后，由项目公司另行采购工程总承包单位。无论哪种方式，PPP项目都需要先由中选社会投资人按照招标文件要求与政府方签署合作协议等框架性文件，在项目公司设立后由项目公司与实施机构签署《PPP项目合同》，再与承包商签订工程总承包合同。

由于"PPP＋EPC"项目在采购阶段的方式及流程与PPP项目相似，且"两标并一标"为实现"PPP＋EPC"项目的主要形式，因此，本节在分析"PPP＋EPC"采购方式的过程中，要首先分析PPP的五种采购方式，其次介绍"两标并一标"的选择标准，最后介绍"PPP＋EPC"模式不同采购方式下的合同衔接。

9.2.1.1 五种采购方式的使用条件

根据财政部《关于印发政府和社会资本合作模式操作指南（试行）》和《政府和社会资本合作项目政府采购管理办法》，PPP项目采购方式包括公开招标、邀请招标、竞争性谈判、竞争性磋商和单一来源采购五种方式，五种采购方式的使用条件见表9－1；PPP项目的流程包括：采购流程包括资格预审、采购文件的预备和发布、提交采购呼应文件、采购评审、采购结果确认会谈、签署确认会谈备忘录、成交结果及拟定项目合同文本公示、项目合同审核、签署项目合同、项目合同的公告和备案等若干基本环节。

表9－1 五种采购方式的使用条件

采购方式	使用条件
公开招标	核心边界条件和技术经济参数明确、完善、符合国家法律法规的政府采购政策，且采购中不做更改的项目
邀请招标	具有特殊性，只能从有限范围的供应商处采购； 采用公开招标方式的费用占政府采购项目总价值的比例过大

采购方式	使用条件
竞争性磋商	政府购买服务项目； 技术复杂或者性质特殊，不能确定详细规格或者具体要求； 因艺术品采购、专利、专有技术或者服务的时间、数量事先不能确定等原因不能事先计算出价格总额； 市场竞争不充分的科研项目，以及需要扶持的科技成果转化项目； 按照招标投标法及其实施条例进行招标的工程建设项目以外的工程建设项目
单一来源采购	只能从唯一供应商处采购； 发生了不可预见的紧急情况不能从其他供应商处采购； 必须保证原有采购项目一致性或者服务配套的要求，需要继续从原供应商处添购，且添购资金总额不超过原合同采购金额的10%
竞争性谈判	技术复杂或者性质特殊，不能确定详细规格或者具体要求； 采用招标所需时间不能满足用户紧急需要； 招标后没有供应商投标或者没有合格标的或者重新招标未能成立； 不能事先计算出价格总额

资料来源：根据《中华人民共和国采购法》整理得出。

9.2.1.2 "两标并一标"的选择标准

（1）"两标并一标"的介绍与解析。"两标并一标"的来源：为了加强PPP项目前期立项程序与PPP模式操作流程的优化和衔接，《关于在公共服务领域深入推进政府和社会资本合作工作的通知》明确表示："对于涉及工程建设、设备采购或服务外包的PPP项目，已经依据政府采购法选定社会资本合作方的，合作方依法能够自行建设、生产或者提供服务的，按照《中华人民共和国招标投标法实施条例》第九条规定，合作方可以不再进行招标。"

在PPP项目中的"两标"即首先按照《中华人民共和国政府采购法》的要求确定PPP项目的社会资本方，然后再按照相关法律法规规定，对必须进行招标确定的项目建设方、货物生产商或者服务提供商进行招标采购，即需要进行两次招标。

"并一标"是指对于涉及工程建设、设备采购或服务外包的PPP项目，已经依据政府采购法选定社会资本合作方的，合作方依法能够自行建设、生产或者提供服务的，按照《中华人民共和国招标投标法实施条例》第九条规定，合作方可以不再进行招标。

（2）"两标并一标"的适格主体。《关于在公共服务领域深入推进政府和社会资本合作工作的通知》表示，在 PPP 项目中"两标并一标"的适格主体为"已经依据政府采购法选定的社会资本合作方"，《中华人民共和国招标投标法实施条例》表明，适格主体为"已通过招标方式选定的特许经营项目投资人"。

首先，要明确何为社会资本。《政府和社会资本合作模式操作指南（试行）》规定："社会资本是指已建立现代企业制度的境内外企业法人，但不包括本级政府所属融资平台公司及其他控股国有企业。"但是，该规定并不能解决实践操作中关于社会资本方主体适格的问题。

其次，应当明确社会资本方的选定方式。根据《关于在公共服务领域深入推进政府和社会资本合作工作的通知》中的规定，选定社会资本方是"依据政府采购法选定"。采购方式应为表 9－1 中五种方式之一。

（3）"两标并一标"的条件。对于通过政府方式选定的社会资本方在采用"两标并一标"模式时，应当受到一定的限制，满足一定的条件，否则政府和社会资本方可能规避招标，最终可能会产生社会资本方与关联企业利益输出、后续工程质量不合格、国有资产流失等问题。

基于《关于在公共服务领域深入推进政府和社会资本合作工作的通知》以及《中华人民共和国招标投标法》的相关规定，PPP 项目的适格社会资本方应当满足以下条件。

第一，"自行"主体的限定。一般情况下，"自行"主体限于社会资本方自身，包括社会资本方的分公司和分支机构，但并不包括社会资本方的子公司。根据《中华人民共和国公司法》第十四条相关规定："子公司具有法人资格，依法独立承担民事责任"。同时在司法裁判中，一般也将子公司排除在"自行"范围之外。

另外，若联合体投标，范围扩大至联合体所有成员，即只要联合体成员中一家符合"两标并一标"的条件，则该联合体成员就可以不进行招标，采用直接委托方式承建该项目。

第二，具有工程建设、货物生产或者服务提供的资格和能力。项目不仅要满足主体要求，同时该主体应当能自行"建设、生产或者提供服务"。即该社会资本方自身应当具有工程建设、货物生产或服务提供的资格和能力。如果某社会资本方自身具有相应的交通工程施工总承包一级资质，那么该交通工程在选定施工单位时，可以不再另行招标，将其直接委托给该社会资本方进行建设。

另外，社会资本方应当符合法定条件，依照法律、法规规定社会资本方不能自己同时承担的工作事项，社会资本方仍应进行招标。如根据《建设工程质量管理条例》第三十五条规定，"工程监理单位与被监理工程的施工承包单位以及建筑材料、建筑构配件和设备供应单位有隶属关系或者其他利害关系的，不得承担该项建设工程的监理业务。"若社会资本方自行提供了工程监理服务，则不能同时承包工程施工以及建筑材料、建筑构配件和设备的供应。

9.2.1.3　不同采购方式的合同价格衔接

（1）"PPP＋EPC"模式下的总承包商招选方式。由前文所述，在PPP项目实践中，工程总承包单位的确定主要有两种方式：一种是根据《中华人民共和国招标投标法实施条例》第九条规定可以得出，允许通过"两标并一标"的方式同时完成PPP项目社会投资人和工程总承包单位的采购；另一种是在PPP项目社会投资人采购完成、成立项目公司后，由项目公司另行采购工程总承包单位。

（2）PPP项目社会资本采购的竞价标的选取。目前主要PPP项目的具体回报机制可以归纳为两大类型：第一类是投资收益性的竞价标的，如投资收益率、资本金回报率、融资利率、年度折现率、合理利润率或年度可用性服务费、运维绩效服务费、污水/垃圾处理服务费单价等；第二类是与工程建设相关的竞价标的，如工程造价总额、设计费用总额、建安工程造价下浮率、勘察设计费下浮率等。

（3）"PPP＋EPC"模式下的合同价格衔接。

情形1：EPC"两标并一标"＋PPP"两类标的组合竞价"。

在工程总承包单位"两标并一标"的情形下，中选的社会投资人是建筑企业或有建筑企业参与的联合体,其在 PPP 项目中同时具有双重身份:一方面作为社会资本需要与政府方签订 PPP 项目合作协议,另一方面后续还要作为承包商与项目公司直接订立工程总承包合同。

如果 PPP 项目采购的竞价体系中已包括与工程建设相关的竞价标的,后续所签订的工程总承包合同中的合同价格应尽量保持一致。由于社会资本在 PPP 项目采购中的价格承诺对其具有约束力,若工程总承包合同的价格约定与 PPP 项目合同的价格约定不一致,承包商基于其社会资本身份,可能面临因违背价格承诺而向政府方承担违约责任的风险,同时也不排除需按 PPP 项目合同约定承担建设成本超支等风险。

情形 2:EPC"两标并一标"+PPP"单一类别竞价"。

在工程总承包单位"两标并一标",且 PPP 项目仅选取第一类竞价标的的社会资本进行报价的情形下,由于社会资本并未对与工程建设相关的竞价标的进行投报,且后续在签订工程总承包合同前,也不再安排关于承包合同价格的竞争性程序,所以若 PPP 项目合同对于该部分约定不明,则承包合同中的计价方式应该如何选择、总承包合同价格又应当按什么样的计价标准确定等问题,都需要在签订总承包合同之前予以明确。

情形 3:EPC"另行招标"+PPP"两类标的组合竞价"。

在工程总承包单位由项目公司另行招标的情形下,中选的社会资本即便具备相应资质和能力,也并不能必然成为该项目的工程总承包单位。而由于在 PPP 项目采购时已将与工程建设相关的竞价标的纳入竞价体系,中选社会资本已对工程造价数额或建安费下浮率、勘察设计下浮率等价格做出承诺,因此后续项目公司在进行承包商招选时,应当以上述中标价格作为 EPC 招标的控制价,也就可能出现 EPC 招标中标价格低于 PPP 采购中标价格的情形。

情形 4:EPC"另行招标"+PPP"单一类别竞价"。

该情形与情形 3 的区别仅在于 PPP 项目采购时未将与工程建设相关的竞价标的纳入竞价体系,此时社会资本并未就该类竞价标的对政府方进行承诺,而项目公司可以在后续的工程总承包单位招选时,再对 EPC 合同的计价方式等要素进行明确,并通过招投标过程最终确定中标合同价格,因此不会存在 PPP 项目中标价与承包合同中标价不一致的情形。

9.2.2 采购流程

9.2.2.1 资格预审

第一，项目实施机构准备资格预审文件，发布资格预审公告，邀请社会资本参与资格预审，并将资格预审的评审报告提交财政部门备案。

第二，有3家以上社会资本通过资格预审的，项目实施机构可准备采购文件；不足3家的，项目实施机构可调整实施方案重新进行资格预审；重新资格预审合格的社会资本仍不够3家的，可依法调整实施方案选择的采购方式。

9.2.2.2 采购文件编制与采购

第一，采购文件内容包括采购邀请、竞争者须知、竞争者应提供的资格、资信及业绩证明文件、采购方式、政府对项目实施机构的授权、实施方案的批复和项目相关审批文件、采购程序、响应文件编制要求、提交响应文件截止时间、开启时间及地点、强制担保的保证金交纳数额和形式、评审方法、评审标准、政府采购政策要求、项目合同草案及其他法律文本等。

第二，公开招标、邀请招标、竞争性谈判、竞争性磋商、单一来源采购方式，执行政府采购法律法规等规定。

9.2.2.3 相应文件评审

评审小组由项目实施机构代表和评审专家共5人以上单数组成，其中评审专家人数不得少于评审小组成员总数的2/3。

9.2.2.4 谈判与合同签署

项目实施机构成立采购结果确认谈判工作组，进行合同签署前确认谈判；签署确认谈判备忘录；公示采购结果和合同文件；公告期满，政府审核同意后项目实施机构与中选社会资本签署合同。[①]

9.2.3 采购过程的风险及建议

9.2.3.1 中标单位的选择

在中标单位的选择上，可能出现的风险首先是可比性风险。因为采用"PPP＋EPC"方式投资的项目，需要提前设计好整个项目的规划，且多为大型基础设施相关投资项目，生命周期长，项目规模大，因此如何让各家社会资本投标人通过统一的平台进行设计、报价，并使得各家的技术方案、报价真正具有可比性是一大难题。

针对该风险，建议进一步明确竞标标准，规范采购流程。在采购过程中，制度无疑成为最强有力的采购支撑。随着"PPP＋EPC"模式投资业务的大量实施，原有采购项目的类别、流程等不可避免地出现真空或模糊地带，重新梳理及新编相应的采购流程制度都是必要的。[②]

9.2.3.2 多部门沟通协调

按照我国现行制度，设计由城市规划委员会负责，施工由建设委员会负责，立项及招标采购方式批准由国家发展改革委负责。"PPP＋EPC"整体采购这种招标方式，没有明确的招标平台，并且涉及多个主管部门，沟通协调成本大。此外，在实际工作中，各地指定的招标采购平台对此意见并不一致，有的政府部门开始表示不能接受，后来经过沟通协调才得以实行。这些问题使得项目实施起来困难重重。针对该风险，建议加强多部门沟通，采用两阶段评标。先评 EPC 技术方案标，再评报价标，并且需要主管部门同意此种采购方式。

① 法律出版社法规中心编．招标投标法规汇编［M］．北京：法律出版社，2023.
② 严晓慧．"PPP＋EPC"模式下采购管理提升分析［J］．交通企业管理，2017，32（5）：38－39.

9.2.3.3　不同采购方式的特定要求

根据《中华人民共和国政府采购法》《中华人民共和国政府采购法实施条例》《关于印发政府和社会资本合作模式操作指南（试行）的通知》《政府采购非招标采购方式管理办法》《政府和社会资本合作项目政府采购管理办法》《中华人民共和国招标投标法》《中华人民共和国招标投标法实施条例》《政府采购货物和服务招标投标管理办法》等相关文件整理，得到公开招标、邀请招标、竞争性谈判、竞争性磋商、单一来源采购五种采购方式的具体规范，这里给出部分有代表性的内容。

（1）公开招标。公开招标公告应当包括以下主要内容。

第一，采购人及其委托的采购代理机构的名称、地址和联系方法。第二，采购项目的名称、数量、简要规格描述或项目基本概况介绍。第三，采购项目的预算或者最高限价。第四，采购项目需要落实的政府采购政策。第五，投标人的资格要求。第六，获取招标文件的时间、地点、方式及招标文件售价。第七，公告期限。第八，投标截止时间、开标时间及地点。第九，采购项目联系人姓名和电话。

（2）邀请招标。采用邀请招标方式的，采购人应当通过以下方式确定符合资格条件的供应商名单，并从中随机抽取 3 家以上供应商向其发出投标邀请书。

第一，发布资格预审公告征集。第二，从省级以上财政部门建立的供应商库中选取。第三，采购人书面推荐。

采用前款第二项、第三项方式确定符合资格条件的供应商名单的，其总数不得少于拟随机抽取供应商总数的两倍。

随机抽取是指采购人通过抽签等能够保证所有符合资格条件的供应商机会均等的方式来选定投标人。采购人随机抽取投标人时，应当有不少于两名的本单位相关人员在场监督，并形成书面记录随采购文件一并存档。

（3）竞争性谈判和竞争性磋商。符合下列情形之一的采购项目，可以采用竞争性谈判方式采购。

第一，招标后没有供应商投标或者没有合格标的，或者重新招标未能成立的。第二，技术复杂或者性质特殊，不能确定详细规格或者具体要求的。第三，非采购人所能预见的原因或者非采购人拖延造成采用招标所需时间不能满足用户紧急需要的。第四，因艺术品采购、专利、专有技术或者服务的时间、数量事先不能确定等原因不能事先计算出价格总额的。

公开招标的货物、服务采购项目，在招标过程中提交投标文件或者经评审实质性响应招标文件要求的供应商只有两家时，采购人、采购代理机构按照《政府采购非招标采购方式管理办法》第四条规定，经本级财政部门批准后可以与该两家供应商进行竞争性谈判采购，采购人、采购代理机构应当根据招标文件中的采购需求编制谈判文件，成立谈判小组，由谈判小组对谈判文件进行确认。

（4）单一采购。属于《中华人民共和国政府采购法》第三十一条第一项情形，且达到公开招标数额的货物、服务项目，拟采用单一来源采购方式的，采购人、采购代理机构在按照《政府采购非招标采购方式管理办法》第四条规定报财政部门批准之前，应当在省级以上财政部门指定媒体上公示，并将公示情况一并报给财政部门。公示期不得少于 5 个工作日，公示应当包括以下内容。

第一，采购人、采购项目名称和内容。第二，拟采购的货物或者服务的说明。第三，采用单一来源采购方式的原因及相关说明。第四，拟定的唯一供应商名称、地址。第五，专业人员对相关供应商因专利、专有技术等原因具有唯一性的具体论证意见，以及专业人员的姓名、工作单位和职称。第六，公示的期限。第七，采购人、采购代理机构、财政部门的联系地址、联系人和联系电话。

9.2.3.4　潜在社会资本

EPC 模式的存在使得参与竞标的单位需要投入大量的人力物力进行产业策划、设计优化、深化，但真正的中标单位只有一家。因此，采购方案设计时需要思考如何调动潜在社会资本的积极性。

建议设计未中标补偿，调动竞标积极性。考虑到各投标人投入了大量的人力、物力，可以比照传统设计方案征集的惯例，对未中标单位给予适当补偿。在中标结果公示后，按照投标人的排序，中标单位不予补偿，未中标但排名靠前的单位补偿额度略大，排名靠后的单位略低。相对于很多项目巨大的总投资而言，这些补偿费是很有必要的，它能为项目节约大量投资、减少后期纠纷。

9.2.3.5　成本把控

在成本把控上，有以下风险：在采用"PPP + EPC"模式时，由于 EPC 总承包方（中标社会资本）与项目建设方（项目公司）之间存在出资控股的关系，政府方面临着较大的工程总造价控制风险，这一风险最终影响政府财政支出责任。在实践中，政府方在项目前期未对中标社会资本（EPC 总承包方）设备采购监管提出要求；而项目进入实施过程后，设备采购事项是属于项目公司管理、EPC 总承包方实施的范围。

针对该风险，有以下建议。

（1）充分评估项目各环节，期初准备相应文件及规范。对于政府方及其聘请的咨询机构而言，应当在"PPP + EPC"项目的识别准备阶段就对项目合同与工程总承包合同的计价方式的衔接有清晰的认识，并在 PPP 项目各个阶段的文件，包括实施方案、采购文件、PPP 项目合同等提前做好相应的安排，同时应当合理设置 PPP 项目的采购标的，以利于后续与工程总承包合同的衔接。

（2）编制严格明确的合同方案，全面规范项目支出。一方面，PPP 项目合同作为整个 PPP 项目合同体系的基础和核心，建议利用好 PPP 项目合同与工程总承包合同的"传导关系"，在 PPP 项目合同中设定设备采购监管的原则，包括政府方有权参与设备询价、审查设备采购清单等，并要求工程总承包合同不低于 PPP 项目合同约定的条件。另一方面，对于 EPC 总承包方自产设备（包括专利设备），建议在政府方与中标社会资本方（EPC 总承包方）签约时，由中标社会资本方（EPC 总承包方）承诺其设备价格不得高于某一区域同时期同类常用工艺设备的价格。

（3）充分监督管理。由政府方采购工程监理单位，以期充分发挥监理的作用，确保施工和设备质量。从实操角度来看，为便于付款和开具发票，可

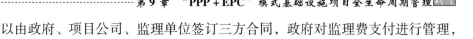

以由政府、项目公司、监理单位签订三方合同，政府对监理费支付进行管理，并进行抽查核验，保持工程质量较高。

9.2.3.6　合法合规性

"PPP + EPC" 项目具有工程建设项目及社会资本合作的项目双重性质，因此在招投标采购和分包采购应该充分按照《中华人民共和国建筑法》《中华人民共和国招标投标法》《建筑工程质量管理条例》《中华人民共和国政府采购法》《中华人民共和国政府采购法实施条例》《政府采购货物和服务招标投标管理办法》《中华人民共和国招标投标法实施条例》等相关法律及政府规范指引文件的要求进行。下文对于采购过程需要重点关注的合法合规要求进行了详细说明。

（1）"PPP + EPC" 项目应充分考虑项目构成。"PPP + EPC" 模式的合法性基础在 2011 年出台的《中华人民共和国招标投标法实施条例》第九条中所规定："已通过招标方式选定的特许经营项目投资人依法能够自行建设、生产或者提供的项目可以不进行招标。" 但从法律规定看，符合允许不招标的范围是有要求的：法规仅仅明确适用于 "特许经营项目" 而并非 "PPP 项目"。目前并没有任何法律法规明确规定 "特许经营项目" 和 "PPP 项目" 是相同含义、可以互相替换的概念。

然而，财政部《关于在公共服务领域深入推进政府和社会资本合作工作的通知》第九条规定，对于涉及工程建设、设备采购或服务外包的 PPP 项目，已经依据政府采购法选定社会资本合作方的，合作方依法能够自行建设、生产或者提供服务的，按照《中华人民共和国招标投标法实施条例》第九条规定，合作方可以不再进行招标。《关于在公共服务领域深入推进政府和社会资本合作工作的通知》表明，项目类别不再限于 "特许经营项目" 而明确为 PPP 项目，但由于该通知的法律效力层级较低且与《中华人民共和国招标投标法实施条例》相关规定存在冲突，因此利用 "PPP + EPC" 的操作方式避免二次招标虽然有其合理性，但是在缺乏法律法规权威解释的情况下，这样的操作可能 "合理但不合法"。

（2）"PPP + EPC" 项目应合理选择采购方式。根据财政部《关于印发政府和社会资本合作模式操作指南（试行）的通知》的规定，PPP 项目采购可采用公开招标、邀请招标、竞争性磋商、竞争性谈判、单一来源采购方式。根据《关于进一步推进工程总承包发展的若干意见》的规定，建设单位可以依法采用招标或者直接发包的方式选择工程总承包企业，为尽量规避合规性风险，实践中一般采用招标方式。在"PPP + EPC"模式中，选择社会投资人时应优先采用招标方式，对于个别情况复杂的项目，可根据项目实际情况适当选择竞争性谈判、竞争性磋商等其他适用于 PPP 采购的方式，但在实施方案中最好充分说明不采用招标方式的理由，而且采用招标方式以外方式采购可能面临需要组织对 EPC 工程总承包单位的二次采购等问题。

（3）"PPP + EPC"项目的社会投资人应注意联合体引发的风险。建筑企业作为社会投资人参与 PPP 项目的主要目的在于承揽工程，但因其本身并不具有项目运营的能力，所以往往需要与其他具有项目运营能力的企业组成联合体参与投标或竞价，且一般不作为联合体牵头方。但是在联合体模式下，无论联合体成员内部如何进行分工，联合体成员均需向建设单位承担连带责任，因此在"PPP + EPC"模式下，建筑企业需对 PPP 项目包括建设期、运营期在内的整个项目履行阶段承担连带责任。

（4）"PPP + EPC"项目的项目公司的选择。根据《中华人民共和国招标投标法》的规定，招标人应当与中标人签订合同。在"PPP + EPC"的招标中，政府方作为招标方通过一次性招标确定了工程总承包商，但最终是由项目公司与工程总承包商签订 EPC 合同。虽然招投标关系与 EPC 合同关系为两个法律关系，但是根据法律规定其主体应当一致。因此，在"PPP + EPC"模式中应当注意项目公司作为 EPC 合同的签约方是否获得合法的授权或在PPP 项目合同中进行了明确约定。

9.3 基础设施建设项目执行阶段

项目执行阶段，是指社会资本在获得中标资格后，与政府（业主）签署一系列协议，建立合作关系，实际履行项目投融资、设计、建设管理、运营

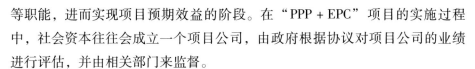

等职能，进而实现项目预期效益的阶段。在"PPP+EPC"项目的实施过程中，社会资本往往会成立一个项目公司，由政府根据协议对项目公司的业绩进行评估，并由相关部门来监督。

9.3.1 "PPP+EPC"项目公司设立

项目公司是"PPP+EPC"项目实施的主要载体，承担项目融资、建设、运营、管理等方面的工作。我国现行的 PPP 项目法律法规并未规定必须成立一个项目公司，是否要成立项目公司取决于项目的具体情况。由于项目公司的资本结构特殊，多方共同参与，股东分担风险，在实际操作中 PPP 项目往往会设立一个项目公司，以便于企业的融资和资金管理，从而减少项目的管理成本，提高项目效益。

《PPP 项目合同指南（试行）》规定，项目公司是依法设立的自主运营、自负盈亏的具有独立法人资格的经营实体。虽然社会资本是 PPP 项目的实际投资人，但在 PPP 实践中，社会资本通常不会直接作为 PPP 项目的实施主体，而会专门针对该项目成立项目公司，作为 PPP 项目合同及项目其他相关合同的签约主体，负责项目具体实施。在我国实践中，项目公司一般不采取合伙企业形式，大多以有限责任公司的形式设立。

9.3.1.1 项目公司设立条件

（1）满足法律规定。PPP 项目公司的组建依然受《中华人民共和国公司法》的约束。依据《中华人民共和国公司法》第二十三条规定，设立有限责任公司的必备条件需满足以下几条。

第一，股东符合法定人数。第二，股东出资达到法定资本最低限额。第三，股东共同制定公司章程。第四，有公司名称，建立符合有限责任公司要求的组织机构。第五，有公司住所。

依据《中华人民共和国公司法》第七十七条的规定，设立股份有限公司应当具备下列条件。

第一，发起人符合法定人数。第二，发起人认购和募集的股本达到法定资本最低限额。第三，股份发行、筹办事项符合法律规定。第四，发起人制定公司章程，采用募集方式设立，经创立大会通过。第五，有公司名称，建立符合股份有限公司要求的组织机构。第六，有公司住所。

（2）明确核心内容。由于在实施 PPP 项目时，各项目的实际情况并不相同，因此在设立 PPP 项目公司前，许多项目公司组建的基本要求都应在 PPP 项目的实施方案中予以体现。其中一些核心内容包括以下几点。

第一，公司性质。一般新建项目适用"有限责任"形式较多，设立手续较为简便。但若涉及"股权转让"或"增资扩股"等事宜，则一般采用"股份有限"的形式较为适宜，有时仍会涉及存量公司"股改"等敏感问题。

第二，股东数量及出资责任。依据项目实施方案及采购结果明确项目公司股东、股东数量及各自出资责任（金额、形式和到位进度）。

第三，设立目的及经营范围。项目公司设立的经营范围及主要责任是项目公司设立及存续的根本。

第四，高管人员构成。项目公司高管人员的构成一直是 PPP 项目合作双方关注的重点内容，通常需在实施方案中明确项目公司的人事任免权、事项决策权等内容。[①]

9.3.1.2　项目公司管理风险及建议

项目公司的设立与运营过程存在一些管理要点与合规风险，具体有以下几个方面。

（1）资本金合规风险。PPP 项目作为固定资产投资项目，由政府与社会资本按协议出资比例承担其出资责任，资本金应当是非债务资金。在此过程中，项目可能会出现未按约定进度、金额出资、以银行贷款等负债性资金充当资本金、虚假出资或出资不实等风险，会造成项目被清退出库、影响项目贷款。

在该环节应当深度开展前期准备工作，避免后期项目超概算导致资本金需求增加，超过出资能力；在合同谈判阶段约定合理的资本金缴纳时间，且政府和社会资本方的出资违约责任应当合理，不应过分转嫁到社会资本方。

---

① 吴赟. 设立 PPP 项目公司注意事项 [J]. 中国招标，2017（5）：19 – 20.

（2）股权代持风险。该风险指的是社会资本方中标成立项目公司时，由于资金困难无法自筹资金投资等原因，与第三方达成股权代持协议，由第三方作为项目公司的实际出资人，自己仅作为名义股东。例如，社会资本中选后自行指定第三方代为出资，或部分联合体参与方只承揽项目施工或设计任务，不实际入股，存在合法合规风险。

社会资本可以严格按照招投标文件及投资协议、PPP项目合同约定履行出资义务，避免指定子公司等第三方出资。联合体设计、施工方也要实际出资入股项目公司，避免无法实现"两标并一标"。若项目已经存在股权代持的情形，建议尽快自行整改，防止因此产生项目被清退出库的风险。

（3）融资交割风险。PPP项目需要大量的资金投入，从项目建设开始到项目建设完成、运营、移交整个阶段耗时长，成本高，风险难以控制。一般情况下，在融资的过程中会涉及担保、贷款、抵押、质押等多重法律关系。资本是项目运行的根本，如果资金周转不畅，则整个项目都有破产的危险。金融机构提供贷款是根据项目性质、地方政府财政能力、是否已进入PPP项目管理库、实施方案质量评价是否已经有批复等因素判断。融资交割风险主要表现为项目公司未按PPP项目合同约定的时间、金额完成债权融资。

在融资交割之前，应当提前识别可能发生的风险，并与融资方积极沟通，明确项目的合规风险等不确定因素，做好风险规避工作；拓宽融资渠道，分散融资风险；完善合同条款，明确违约责任，一旦出现违约风险应充分沟通，尽量减少损失。

（4）法人变更风险。在PPP项目实施过程中，项目立项等前期手续往往需要政府相关部门以自己名义或指定机构的名义进行，在立项审批完成后再选择PPP项目社会资本、组建项目公司、授予特许经营权等。尽管项目公司实际承担项目的投资、建设、运营、移交等各项工作，但项目的立项、报批等工作已经由政府或其指定的单位完成，并取得相应批复，因此前期已完成的多项文件中载明的项目法人仍为原报审机构，从而可能造成项目立项文件载明的项目法人与实际情况不一致，导致后续PPP项目实施阶段管理主体责任界定不清，并引发项目自身报批、报审、报备合规性等诸多问题。

项目立项的前期工作主要是由相关政府部门或相关单位组织编制项目立

项文件、安排勘察设计等，对项目的目标、方式、经济合理性、技术可行性等进行决策，所以项目公司成立后，为了避免项目立项的争议，项目公司要及时与政府方协调办理项目法人变更工作，将前期已完成的项目相关文件的主体进行变更，并完成相关文件的交接工作。在交接期间，如果项目批准文件中的内容与项目的实际情况有出入，则要及时与项目审批部门取得联系，并在必要的时候向相关部门申请对原文件进行修改。

9.3.2 "PPP + EPC" 项目投融资

9.3.2.1 项目投融资风险管理

"PPP + EPC" 项目的投融资采取 PPP 模式，PPP 模式的项目具有参与主体多、投资规模大、合作期限长、交易结构复杂、合同体系庞大等特点，因此需要进行投融资管理，采取适当的措施，对可能发生的风险进行有效的防范。PPP 模式主要存在以下风险。

（1）资本金风险。PPP 模式项目一般要求实行资本金制度，1996 年《国务院关于固定资产投资试行资本金制度的通知》对资本金制度作出规定，资本金是在项目总投资中，由投资者认缴的出资额，对投资项目来说是非债务性资金。资本金制度要求社会资本缴纳一定比例的资本金，有助于保证 PPP 项目的顺利进行。PPP 项目的资本金风险主要有以下两个方面。第一，社会资本资金不足。第二，资本金合规问题。项目的资本金必须使用自有资金，而不能使用债务性资金。①

（2）融资风险。PPP 项目融资主要包括股权融资和债券融资，通常采用债券融资的方式，即资金来源大部分为银行、保险和信托等金融机构或其他私募基金。在实践中，由于 PPP 项目收益率较低、生命周期长，主要还是通过银行贷款实现债券融资，主要存在以下风险因素。第一，项目公司因素。目前 PPP 项目一般会成立项目公司，并以项目公司为主体进行融资等活动，

---

① 宋文远. PPP 项目投融资管理与风险防范［J］. 招标采购管理，2018（12）：51 – 54.

但实际操作中依靠现金流来进行银行贷款存在一定难度。第二，社会资本因素。PPP 项目的社会资本应当具备一定的融资能力，从而保障项目公司顺利获得融资，但实际情况中可能存在社会资本融资不到位的情况。第三，金融机构因素。在 PPP 项目融资准备过程中，社会资本方会出具更为详尽的证明材料来提高融资成功率，但在实践中，银行对 PPP 项目严格的风险控制可能会造成融资不能及时到位，进而影响项目周期。第四，政府因素。政府的信用和财政状况等因素会对 PPP 项目融资产生一定的影响，政府的财政状况越差、层级越低，融资难度越大。[①]

（3）投融资风险管理建议。基于上述 PPP 项目投融资风险，提出以下管理建议：第一，采取 PPP 模式的项目一般带有公益属性，但也应当尽可能增强项目自身实力，提高项目盈利能力、偿债能力，进而依靠项目公司本身的资产和预期现金流解决项目的融资问题。第二，需要加强资本金管理，强化对于社会资本的审核和管控，确保资本金到位及时、来源合规。第三，可以拓宽融资渠道，创新融资方式，分散单一融资方式的风险。第四，应当增加保障措施，在风险发生后尽可能减少损失，如提高投标保证金额度、适当提高资本金比例、签订完备的违约合同等。

9.3.2.2 项目投资成本控制

"PPP + EPC" 项目价款包括工程总造价、运营维护成本、投融资财务成本和投资收益等，投资者会在政府授予的特许经营期内通过政府付费、使用者付费和可行性缺口补助进行项目价款回收，因此 "PPP + EPC" 项目的最终成本是由政府承担。在 "PPP + EPC" 模式中，EPC 采用固定总价合同，难以控制项目成本，政府面临较大风险，并且在项目后期结算、财政审核、审计时容易产生分歧，可能会影响可行性缺口补助的按期支付。此外，总承包商可能会由于种种原因不能在计划的工期内完成建设，导致项目无法按期运营，不能产生足够现金流量来偿还债务，造成贷款偿还延期，贷款利息增加，进而增加项目成本。因此，项目实施机构需要建立成本管控体系，具体

---

① 宋文远. PPP 项目投融资管理与风险防范 [J]. 招投标采购管理，2018（12）：51 - 54.

管控措施如下。

（1）建立项目投资成本控制体系。建立完善的项目投资成本控制体系，需要做到以下几点。

第一，项目前期做好相关决策论证。第二，以项目合同约束成本。第三，构建施工阶段全过程投资体系。第四，完善项目管理制度。第五，构建全面的投资控制体系。

（2）制订严格的成本控制方案。以严格的成本控制方案发挥约束作用，则需要做到以下几点。

第一，充分认识项目总投资的构成及计算方法，确定计价规则、投标报价及结算办法。第二，根据项目不同成本要素敏感性分析，合理确定招标控制价。第三，根据拟定的招标模式，合理设定报价权重。第四，根据开标、清标、投标文件和项目合同确认谈判情况，完善相关条款。

（3）权衡资金成本与工期。确保在资金成本最优的情况下做到按期完工需要做到以下几点。

第一，理解合同责任、工程范围以及法律责任，根据合同规定制订工程的时间节点计划。第二，从资金成本的角度来安排开工时序，并按项目难度安排工期。第三，当项目的工期或成本控制决策发生变更时，需要同时考虑对其他因素造成的影响，保证项目各方面的因素整体上相互协调，进而作出权衡。

9.3.3 "PPP + EPC" 项目设计

PPP 和 EPC 模式的结合，强化了社会资本 PPP 项目全过程管理的主体责任，且社会资本方和项目承包商的结合使得项目设计更加专业高效。在项目设计阶段，需要依次进行方案设计、初步设计、施工图设计、施工图审查、设计图纸交底、设计变更、编制设备清单等工作，由设计经理和施工经理及采购经理参与设计阶段的整个流程。

从 PPP 项目全过程管理的角度，初步设计和施工图设计是项目全过程管理的一个重要环节，作为后续工作的基础和依据，而设计管理工作和设计责任的分离往往造成工程纠纷。项目实施机构一方面希望社会资本能够承担更多的设计工作,实现整体项目质量和效益的统一;另一方面又担心设计管理失控造成投资管理失控,多方面原因造成 PPP 项目工程投资比传统政府投资项目的工程投资相对要高,所以多数 PPP 项目的设计工作仍然由政府一同承担。设计是项目之源,项目实施机构需要对项目进行设计优化管理,建立高效务实完善的设计体系,发挥设计优化在 PPP 项目中的积极作用,为项目的盈利、发展提供坚实有力的保障。

基于上述设计阶段的注意事项,提出以下建议。

9.3.3.1 对设计成果文件进行严格评审

(1)严格的评审标准。评审时应严格遵守以下标准。

第一,设计概算是否超过投资估算。第二,施工图预算是否超过概算。第三,鼓励优化设计的激励措施是否落实到位。第四,设计审批程序的合法合规性。

(2)全面的评审要点。评审应从政策角度出发,综合考量各种法律法规的规定。各有关部门按照自己的专业和经验,提供建设性的意见和建议,邀请技术顾问和主管部门对项目的各个阶段进行评审,并对方案的改进提出建议和意见。在方案设计阶段,对施工技术经济指标进行审查,并对设计文件进行适配性、经济性评价;在初步设计阶段,提出设计深度、安全审核、实施精度等方面的意见;在施工图设计中,对工程项目方案的合理性进行审查。

"PPP + EPC" 模式在工程设计阶段中,不能直接套用以前的设计模式,需要进行更精细、更经济的设计规划,由于设计、采购、施工都可以在一个项目部的宏观控制下完成,技术人员可以相互交流,密切配合,使得设计更加易于施工操作,更加经济合理。设计、采购、施工阶段部分工作重叠进行,大大缩短了工程工期,进而降低了工程费用,工程也可以早日投产使用创造效益。项目设计文件的适配性、经济性评价评审工作要点如下。

第一,适配性评价。对项目的设计文件进行适配性评价,可通过对设计文件与可行性研究报告、采购文件、"PPP + EPC" 合同文件适配性的审查,来对设计文件的适配性作出评价。第二,经济性评价。设计文件的经济性评价应执行国家发展改革委、住房城乡建设部发布的相关规定，主要内容为财务评价。财务评价的内容应包括财务分析与财务评价两个部分，财务分析与评价工作包括盈利能力分析、清偿能力分析和不确定分析。

9.3.3.2　进行可施工性分析

在"PPP+EPC"项目中，施工管理人员及监理人员应当尽早参与项目的规划、设计等阶段工作，将施工经验和知识应用于项目实施全过程中，避免传统的设计与施工分离所带来的问题。[①] 对于重点方案和部位的施工技术及相关论证进行改进，同时优化设计方案以实现施工的合理性和高效性。

9.3.3.3　采取限额设计

满足需求的限额设计要点如下。

（1）确定设计任务书及限额设计目标的制定，明确设计造价总控目标、各分项目标、结构主要材料等。（2）对设计方案进行经济比选。（3）督促设计方进行设计优化。（4）确定相关经济技术指标，拟定目标成本。

9.3.3.4　鼓励设计优化

设计优化是以工程设计理论为基础，以工程实践经验为前提，以对设计规范的理解和灵活运用为指导，以先进、合理的工程设计方法为手段，对工程设计进行深化、调整、改善与提高，并对工程成本进行审核和监控，也就是对工程设计再加工的过程。设计优化的目的是在完成项目设计的基础上，一方面提高性能，减少耗能，保证连续可靠的运行时间，实现更佳的经济、环保、社会效益；另一方面有效控制工程量，改善施工条件，达到控制投资、降低造价的目标。方案设计阶段和初步设计阶段是设计优化的重点时段，施工图设计阶段重点是关注设计优化措施的落实情况，施工阶段重点是根据优

---

① 尹贻林，杜亚灵．基于控制权的政府投资项目投资控制系统研究——以企业型代建项目为例 [J]．科技进步与对策，2010，27（19）：103－108．

化后的设计开展现场实施工作。[①]

9.3.4 "PPP + EPC" 项目建设

9.3.4.1 项目质量管理

项目质量的好坏直接决定项目能否按目标预期顺利投产以及投产后能否正常运行。质量标准并非越高越好，如果项目实施机构一味追求质量标准，必然导致投资额大幅度上升，如果质量过低，同样不符合实施机构的根本利益。在 "PPP + EPC" 模式下，一方面，总承包商可能存在设计管理经验不足，导致可施工性不强等问题，进而造成质量问题；另一方面，"PPP + EPC" 项目的社会资本方既是投资人，也是总承包商，由于监理公司接受投资人的委托，监理人的独立性很难得到保障。某些工程结构施工技术复杂，监管不严格导致质量出现问题，难以做到动态纠偏，质量通病难以避免。因此项目实施机构需要专业的全过程工程咨询单位对项目实施第三方监管，建立可行有效的项目全方位监督管理机制，从而有效保障 "PPP + EPC" 项目的质量安全。加强项目质量管理的具体可行措施如下。

（1）严格把关 EPC 总承包商资质。由于 EPC 项目投资额高，专业技术复杂，管理难度大，因此对 EPC 总承包商的综合要求比较高，如果所选择的 EPC 总承包商不能很好地完成工程项目，那么项目实施机构将不得不在工程建设过程中更换 EPC 总承包商，承受重大的损失。因此，项目实施机构在进行社会资本招标时，全过程工程咨询单位应当协助项目实施机构对作为联合体成员的工程建设企业的资质、同类项目的业绩评审、社会资信度等方面进行严格考察和把关，确保所选定的项目 EPC 总承包商具有完成该项目的资质条件和履约能力，能够在合理工期内以合同中明确约定的质量标准完成工程项目建设。

（2）全面审查设计方案。审查设计方案时，需要重点关注四个方面：设

---

① 李伟，张鹏. 新能源发电基础项目降本增效体系的管理实施 [J]. 中国电力企业管理，2021（4）：76 – 77.

计成果文件评审、可施工性分析、限额设计及设计优化。

（3）对实际造价数据及时审核监督。在造价数据的审核监督方面需重点关注以下六个方面：项目概（预）算编制及执行情况；建设资金筹集与使用情况；会计核算情况审核；政府补贴项目重点审核；竣工决算编制与执行情况；项目效益评价。

（4）进行全方位质量监管。在对于项目质量进行管理时，应当完善项目建设过程中组织架构，提高运作效率，提高技术水平，在经济上采取合理的赏罚措施，并以合同为约束确保项目质量合格。

（5）完善施工组织架构。第一，建立项目质量管理机构，明确岗位职责。第二，建立完善的质量保证体系。第三，审查分包单位资质及施工人员素质。第四，对施工过程进行巡视和检查，对隐蔽工程的隐蔽过程、下道工序施工完成之后难以检查的重点部位进行重点检查。

（6）提高施工技术水平。第一，施工单位进场组织设计交底和图纸会审，使施工单位了解设计意图，对图纸不完善和不明确的内容进行完善和澄清。第二，加强重要材料设备进场及质量检验制度，监理验收不合格的材料设备严禁进场。第三，严格评审施工单位的施工组织设计和施工方案。第四，协助施工单位建立和完善工序控制体系。

（7）经济保障措施。第一，建议实施奖罚措施，进行质量评比，对工程质量完成好的给予奖励，对质量差的给予经济惩罚。第二，按施工合同约定及时对工程进度款审核签认，并监督总承包商专款专用。

（8）强化合同约束。第一，根据施工合同，督促总承包商认真落实合同约定的权利、义务、责任。第二，定期对施工合同执行情况进行检查分析，写出报告，并报送项目实施机构审核备案。第三，明确质量保修期间的各方责任、权利和义务，协助项目实施机构与总承包商签订质量保修协议书，监督其实施。第四，协助项目实施机构进行项目合同期再谈判。

财政部和国资委曾发文要求整顿PPP项目，并加强相关风险管理，严格规范中央企业参与PPP项目，在文件要求"清退""整改""协商读判""停止"的情况下，相关主体需要整顿PPP项目中的各项违法、违规操作，这必将涉及针对 PPP 合同、融资协议、施工合同等合同文件的修改。目前我国 "PPP + EPC" 项目实践中更多关注的是项目的建设阶段，而没有更好地考虑运营和维护阶段，由于 "PPP + EPC" 项目特许经营期长、所处环境复杂多变等原因，一旦双方针对此类未约定事件发生争议和纠纷，事后再谈判是解决问题的主要方式之一。因此可以设立专门的 "PPP + EPC" 项目再谈判管理机制，并针对不同类型的项目建立不同的再谈判机制。

9.3.4.2 项目安全管理

"PPP + EPC" 项目施工现场环境复杂、施工作业种类较多、特种设备频繁使用、施工工序交错复杂等安全管理的薄弱环节逐步显露出来，可能存在的问题有：各方主体安全意识不强、责任落实不到位；现场管理混乱、安全投入不足、措施落实不到位；工人的安全意识及自动能力依然薄弱；管理人员力量薄弱、履职能力不足；机械设备缺陷。这些因素时刻影响着项目的生产，安全管理应当引起高度重视。在项目安全管理过程需重点关注以下内容。

（1）培养安全意识。积极开展安全文化建设，提高工作人员安全素养，加强项目安全管理水平，营造良好的安全文化氛围。

（2）加强安全技能培训。项目实施机构应当对全体员工开展安全技能培训，如定期开展消防演练，提高管理人员的指挥能力和员工的应急能力；或组织安全教育培训，通过学习相关课程或观看安全教育影片，督促员工掌握安全技能。

（3）提高危险因素预警能力。项目经理在项目建设过程中需要及时辨识现场的危险源，并做好风险评价和预警工作，加强风险管控力度，一旦出现不安全因素应及时告知相关负责人。

（4）加强监督检查。在项目建设过程中可以通过实时监控等方式进行监督，充分了解项目进展，及时发现项目的问题，提升监管效率。

9.3.5 "PPP + EPC"项目运营

9.3.5.1 项目运营流程

"PPP + EPC"项目本身周期较长,运营阶段最长可达30年,对运营管理也提出了更高的要求。在运营阶段,需要适时对建设项目的决策和实施进行评价和总结,进行多维度的管理,提高项目运作效率。

"PPP + EPC"项目运营阶段的主要工作包括以下几种。

(1)融资管理。项目融资由社会资本或项目公司负责,及时开展融资方案设计、机构接洽、合同签订和融资交割等工作。财政部门和项目实施机构应做好监督管理工作,防止企业债务向政府转移。

(2)政府支付义务。关于项目合同涉及的政府支付义务,财政部门应结合中长期财政规划统筹考虑,纳入同级政府预算,按照预算管理相关规定执行。财政部门和项目实施机构建立政府和社会资本合作项目政府支付台账,严格控制政府财政风险,在政府综合财务报告制度建立后,政府和社会资本合作项目中的政府支付义务应纳入政府综合财务报告。

(3)项目后评价。项目后评价是在项目竣工验收且运营一段时间后,运用合理的评价方法和指标将项目的运营效果与项目的可行性研究报告等审批文件中的主要内容进行对比,看项目是否达到预期效果,有无实现预期收益,并根据实际情况与前期文件之间的差距提出改进意见,反馈至项目各参与方,从而有针对性地提高项目效率和效益。

(4)项目绩效评价及监督。项目实施机构应每3~5年对项目进行中期评估,做好绩效评价,重点分析项目运行状况和项目合同的合规性、适应性及合理性,及时评估已发现问题的风险,制定应对措施,并报财政部门备案。政府相关职能部门应根据国家相关法律法规对项目履行行政监管职责,重点关注公共产品和服务质量、价格和收费机制、安全生产、环境保护和劳动者权益等。社会公众及项目利益相关方发现项目存在违法、违约情形或公共产品和服务不达标准时,可向政府职能部门提请监督检查。

（5）资产管理。资产管理主要从建设项目的资产增值保值、运营安全管理、运营资产清查和评估、租赁管理等方面进行策划。在资产增值保值过程中，一方面是把竣工验收和检验合格后的建设项目转化为固定资产，另一方面是对设备材料使用年限和运营成本进行分析。在运营安全管理过程中，一是需要形成建筑物的运营维护指导书，二是进行维修应急方案策划。在运营资产清查和评估过程中，需要根据建设项目情况对资产进行清查并形成资产清单，为资产评估提供基础数据，并结合决策阶段设定的目标及优质建设项目评判标准对建设项目形成的固定资产进行评估、调整、维护等工作。在租赁管理过程中，需要提高使用人员的准入门槛，规范租赁人员的行为和义务。

9.3.5.2 项目运营管理风险及建议

在全生命周期里，运营时间占据了绝大部分时间，因此承担的风险也最多，可能存在对未来风险预计不足的情况。PPP项目在运营期间主要有市场竞争、市场需求、政府财政压力及项目提前终止等方面的风险，若运营风险控制不当，可能会导致项目运营效率低下，违背建设初衷，不能为民众提供保质保量的社会服务，同时也会对政府的公信力和社会资本的信誉带来巨大的危害，与此同时，巨额的人力物力财力的投入并未取得相应的回报，这也是一种资源的浪费。因此，项目实施机构需要建立优良的运营组织结构，通过合理的风险分担方式，增加项目的风险抵抗能力。

基于上述风险，提出以下建议。

（1）提高运营管理水平。在基础设施项目进行运营过程中，主要依靠项目公司发挥管理作用，因此应当设置完备的运营组织结构，配备高素质管理人员，对项目运营进行高效的管理。

（2）创新风险控制方式。在运营过程中，项目公司可以利用各类工具来控制风险，并通过创新来实现更为有效的风险管理。首先可以利用好现有的融资工具，在互联网时代金融科技发展的背景下，积极创新融资模式，拓宽融资渠道，除了采用银行贷款融资，还要积极吸纳其他类型的资本，发挥互联网的作用，合理分散融资风险，保障资金充足。此外还应完善担保体系，创新抵押担保方式，加强贷款和信用审核，防范信贷风险。

（3）加强风险识别能力。在项目运营过程中，根据项目参与主体和市场情况提前预估可能存在的风险，建立动态的风险预警机制来及时识别相关风险，提前做好风险管控措施，有利于降低风险带来的损失。"PPP＋EPC"项目在进入运营阶段时，项目会持续产生现金流，并开始偿还贷款本息，再加上 PPP 项目周期偏长，使得伴随的风险和不确定性较多。在运营阶段主要面临项目竞争风险、市场需求不足风险、运营维护超支风险等，可以依据风险的类型和来源划分风险预警的一级二级指标，并确立风险等级规则，预测风险发生概率和损失程度，并制定风险预警区间，从而及时防范风险。

（4）建立风险管理保障机制。风险管理贯穿在整个运营乃至全生命周期中，从多维度加强对风险管理的保障能够有效降低风险发生的可能性。首先，应当加强风险事前管理，在项目前期立项准备工作时加强审核，充分利用咨询团队，确保实施方案合理、项目开展可行，确保运营风险最小化。其次，应当制定合理的收益分配规则和风险分担机制，平衡各主体的风险和收益，提高项目可行性。最后，政府还应加强监管，并通过签订协议等方式明确运营过程中各主体的权利和义务，降低风险发生的概率。

9.4　基础设施建设项目移交阶段

目前，关于"PPP＋EPC"项目的官方规范文件较少，并且从可获得的项目案例中难以找到移交环节的明确要求和规定。由于"PPP＋EPC"项目移交环节主要与 PPP 相关的协议及合同有关，因此下文将重点以 PPP 为例，分析移交阶段的准备及注意事项。

9.4.1　移交流程

9.4.1.1　移交准备

在移交准备阶段，需要确定：项目进行移交时需要移交的内容、项目进行移交时权利方面的条件和标准、项目进行移交时技术方面的条件和标准。

9.4.1.2　项目移交中的性能测试

在 PPP 项目移交前，通常需要对项目的资产状况进行评估并对项目状况能否达到合同约定的移交条件和标准进行测试。在实践中，上述评估和测试工作通常由政府方委托的独立专家或者由政府方和项目公司共同组成的移交工作组负责。项目移交工作组应严格按照性能测试方案和移交标准对移交资产进行性能测试。

9.4.1.3　项目移交中的资产交割

社会资本或项目公司应将满足性能测试要求的项目资产、知识产权和技术法律文件，连同资产清单移交给项目实施机构或政府指定的其他机构，办妥法律过户和管理权移交手续。社会资本或项目公司应配合做好项目运营平稳过渡相关工作。PPP 项目的资产交割主要包括项目相关合同的转让和技术转让两大部分。

9.4.1.4　项目移交中的绩效评价

移交完成后，财政部门（PPP 中心）应组织有关部门对项目产出、成本效益、监管成效、可持续性、PPP 模式应用等进行绩效评价，并按相关规定公开评价结果。评价结果可作为政府开展 PPP 管理工作决策的参考依据。

9.4.2　移交方式

项目移交通常包括期满移交和提前终止移交，无论是期满移交还是提前终止移交，项目移交方式的确定都事关移交工作的全局和成效，应根据项目实际情况选择和确定恰当的移交方式。

9.4.2.1　项目公司解散清算的情形

项目公司解散清算情形下的移交方式主要是资产移交，具体取决于项目资产权属情况。目前大部分 PPP 项目资产所有权在政府名下，在移交阶段，项目公司不涉及项目资产权属的移交，但有义务返还原基于 PPP 项目合同关系占有使用的项目资产，即应移交相关资产的使用权及占有权；当资产所有权在项目公司名下时，移交双方需办理资产产权变更手续。

在资产移交方式下，应在项目合同或后续的补充协议中列出移交资产清单，明确移交资产的具体名称、规格型号、结构特征、单位、数量、技术质量及法律权属等标准。移交时清单内资产缺失或毁损的，由项目公司或社会资本方按移交时相应资产的重置价值进行赔偿。清单外资产，由项目公司留用、变现，或由政府方按移交时相应资产的公允价值购买。政府方投入项目公司的注册资本金转让给社会资本方或以项目公司减资的方式收回投资。

9.4.2.2 项目公司存续的情形

项目公司存续情形下的移交方式主要是股权转让，由社会资本转让其所持有项目公司全部的股权给政府或其指定单位，以完成项目移交，具体包括股权价值评估、认定、签订股权转让协议等工作要点。

在股权移交方式下，项目期满时项目公司移交清单内的资产一般已通过折旧或摊销的方式转变为货币性资产，资产的账面值为零。对移交时未收回的债权，应约定处理办法，如约定债权未收回前，应留存政府方受让社会资本方股权应支付的等额货币资金，在债权收回时再行支付。对项目公司运营中形成的盈余公积，应按账面值补偿社会资本方。对项目公司移交时未分配利润余额，是正余额利润的，通过正常利润分配方式支付社会资本方；是负余额亏损的，应从支付社会资本方股权款中扣回。

9.4.3 移交过程的风险及建议

9.4.3.1 退出机制

由退出机制引发的风险主要是股权转让等提前退出方式受到限制。该风险是指实践中政府方通常在合同中约定不合理的股权锁定期或者约定其他严格限制股权转让的条款，对社会资本方以股权转让方式提前退出项目做出了不利的限制，从而引发社会资本方提前退出的风险。

针对该风险，有以下建议。

（1）积极与政府方沟通协商，合理设置股权锁定期，明确设定股权退出机制，在合同中明确政府的前置审查权利与前置审查义务，对于不影响项目正常推进的股权退出，则双方可以约定允许相应持有股权的社会资本方自由退出。

（2）利用财政部《PPP项目合同指南（试行）》中规定的股权锁定期例外情形，例如项目贷款人为履行项目融资项下的担保而涉及的股权结构变更，将项目公司及其母公司的股权转让给社会资本的关联公司，实现股权退出。

（3）可以约定在建设期满进入运营期后，项目公司可以在和贷款银行协商同意的情况下，根据现金流情况开始逐年减资，以保持资金良性循环。

9.4.3.2 税费承担

由税费承担引发的风险主要表现为相关税费承担主体不明确。由于缺乏针对PPP项目资产移交方面的税收政策规定，加上不同移交方式下涉及的税费种类不同以及项目移交时的税费承担主体不明确，导致在移交阶段可能会存在移交税负承担不清晰的问题。

针对该风险，有以下建议。

（1）资产移交方式。若资产在政府方名下时，不涉及项目资产权属的移交，此时不涉及移交税费。当资产所有权在项目公司名下时，移交双方需办理资产产权变更手续，同时还需要交纳相关税费，此时作为移交主体的项目公司主要缴纳增值税、土地增值税、企业所得税、印花税等，作为受让主体的政府方主要缴纳印花税及契税等。

（2）股权转让方式。采用此种方式时，作为移交主体的项目公司主要缴纳企业所得税及印花税等，作为受让主体的政府方主要缴纳印花税等。

以上涉及的税费大多数为地方税，只有增值税、企业所得税需要按比例上缴中央。同时根据《财政部 国家税务总局关于全面推开营业税改征增值税试点的通知》第十四条有关需视同销售缴纳增值税的规定：单位或者个人向其他单位或者个人无偿转让无形资产或者不动产，但用于公益事业或者以社会公众为对象的除外。因此可以理解为属于公益事业的 PPP 项目采用无偿移交方式可免征增值税，实际操作中的涉税情况仍然以当地税务部门认定为准。

9.4.3.3 合作期限

由合作期限引发的风险主要为合作期限设置导致交付阶段出现延误或违约。在 PPP 项目的实际操作层面，针对项目合作期限条款的设置，存在两种常规做法：单时段合作期限（自双方签署的合同日起生效，至特定时间终止）、双时段合作期限（将项目合作期限分为建设期间和运营期间，对建设期间和运营期间单独分别计算合作期限）。但是，这样的期限设置会存在两种风险：第一，单时段合作期限对建设期不做明确约定，会出现侵占社会资本方项目建设期的问题，实操中可能导致工期紧张或延误，社会资本方违约的可能性较大；第二，大部分 PPP 项目都由多个子项目组成，若未来项目包的某个子项目发生工程建设延误或被甩项的情况，可能导致整个项目无法按时进入运营期，社会资本方回收的政府付费或可行性缺口补助资金也要相应延后。

针对该风险，有以下建议：从实操角度来看，PPP 项目合同生效只是标志着双方进入了项目合作期，合作期开始并不意味着建设期的开始，PPP 项目合同应对项目合作期进行拆分，对合作期内的各阶段进行特别约定，比如将整个合作期区分为设计期、建设期、运营期等三个阶段，并对各个阶段予以明确约定，更有利于明确各方责任及项目推进速度。若项目包含多个子项目，PPP 项目合同应增加"子项目"的定义，并以子项目的竣工或交工而不是以某个特定的时间作为建设期的最终截止日，更符合项目建设的实际。

针对"PPP + EPC"项目，可以对合作期限进行以下规范：项目合作期限自双方签署的 PPP 项目合同生效之日起算，[1] 至各子项目正式移交之日终止，包括设计期、建设期和运营期，其中设计期（含勘察、设计）自政府方

---

① 代国斌，郝荣文，顾艳芳. 谈 PPP 项目合同常见问题［J］. 工程建设与设计，2018（S1）：77 – 79.

提供各子项完整的勘察、设计资料之日起算，至提交各子项目勘察、设计成果之日终止；建设期自开工载明的开工日起算，至各子项目竣（交）工验收通过之日终止；运营期自各子项目竣工验收通过次日起算，至各子项目正式移交之日终止。

9.4.3.4 合法合规性

关于 PPP 项目移交，较多的文件对其进行了规定，例如《政府和社会资本合作模式操作指南（试行）的通知》中规定，"项目合同中应明确约定移交形式、补偿方式、移交内容和移交标准"；《关于规范政府和社会资本合作合同管理工作的通知》合同示范文本第十九节中明确了移交范围、移交的条件和标准、移交程序、转让和风险转移等内容；《关于印发污水处理和垃圾处理领域 PPP 项目合同示范文本的通知》第十四条"项目的移交"中，明确要包含移交委员会和移交程序、移交范围、移交验收、备品备件、保证期、相关担保保证及保险凭证的转让、技术转让、人员及培训、相关合同期限及责任承担、移走相关物品、风险转移、移交费用和批准、项目提前终止时的移交、本合同移交后的效力、移交违约和处理等内容。在实践中，在移交阶段的规范上，以当地相关政府部门规定为准。下文列举部分移交阶段的法律问题。

（1）项目运营期内产权归属。项目周期内项目资产的产权归属，对项目公司的融资能力和话语权具有决定性的影响。

在土地使用权上，项目主要资产之一的土地使用权的取得方法有：根据《中华人民共和国土地管理法》第五十四条规定，城市基础设施用地和公益事业用地、国家重点扶持的能源、交通、水利等基础设施用地可以以划拨方式取得；符合《划拨用地目录》的"城市基础设施用地和公益事业用地"，经建设单位提出申请，经有批准权的人民政府批准，可以划拨方式提供土地使用权。如果是经营性用地，则根据《中华人民共和国物权法》和《招标拍卖挂牌出让国有土地使用权规定》的规定，必须以招标、拍卖或者挂牌方式出让；如采取协议出让的，则需符合《协议出让国有土地使用权规定》。据此，"PPP + EPC"项目用地可以采取划拨方式，但营利性基础设施项目用地应当以有偿方式提供土地使用权。

在项目基础设施的所有权上，根据 1995 年 8 月 21 日国家计委、电力部、交通部《关于试办外商投资特许权项目审批管理有关问题的通知》，在特许期内，项目公司拥有特许权项目设施的所有权，以及为特许权项目进行投融资、工程设计、施工建设、设备采购、运营管理和合理收费的权利；根据财政部《企业会计准则解释第 2 号》，BOT 业务所建造基础设施不应作为项目公司的固定资产。但是《基础设施和公用事业特许经营管理办法》第五条明确规定了基础设施和公用事业特许经营可以采取"在一定期限内，政府授予特许经营者投资新建或改扩建、拥有并运营基础设施和公用事业，期限届满移交政府"的方式，即项目公司可以拥有项目基础设施的所有权。

（2）运营期满前社会资本退出。运营期满前，社会资本可能希望通过转让其所持有的项目公司股权的方式实现退出。政府是对社会资本的融资能力、技术能力、管理能力等资格条件进行系统评审后，才选定的社会资本合作方。如果社会资本将股权转让给不符合有关资格条件的主体，有可能导致项目无法按照既定目的或标准实施。因此，PPP 项目合同会对社会资本的股权转让加以限制，设置一定的锁定期，要求社会资本在项目公司进入成熟运转前或缺陷责任期届满前不得转让项目公司股权、约定受让方的资质条件，甚至在锁定期后转让仍需政府事先同意等。

（3）政府违约时社会资本方的权利救济。PPP 项目的实施过程中政府违约时，社会资本方需要依靠具备设置严密的风险防控和争议解决机制的 PPP 项目合同寻求救济。财政部《PPP 项目合同指南》明确 PPP 项目合同可以选择仲裁或民事诉讼作为最终的争议解决方式；对政府的具体行政行为，可以根据《基础设施和公用事业特许经营管理办法》提起行政复议或行政诉讼。

第 10 章

"投建营 + EPC" 模式基础设施项目
全生命周期管理

为防范和化解基建市场中的重大风险，企业需树立风险意识，在开展投建营项目的过程中，加强对政治风险等社会环境风险的评估，制定相应的项目风险预防机制和应急预案，提升企业应对风险的能力。同时，企业需要利用信息化工具，搭建一套成熟且行之有效的投建营一体化信息化管控平台，加强对海外项目的监管，实现对"投建营 + EPC"项目投资、融资、建设、运营一体化和全生命周期管控。[①]"投建营 + EPC"模式基础设施项目全生命周期管理如图 10 - 1 所示。

---

① 李明. 浅谈投建营一体化 [J]. 国际工程与劳务，2019（9）：83 - 84.

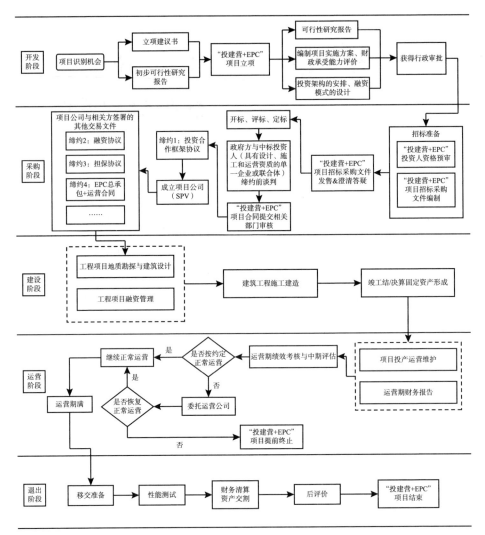

图10-1 "投建营+EPC"模式基础设施项目全生命周期管理

资料来源：尹贻林．"新基建"新工程咨询服务导论：模式与案例［M］．北京：中国建筑工业出版社，2020：344．

10.1 基础设施建设项目筹划阶段

10.1.1 项目团队的组建及管理

项目准备阶段初期，县级（含）以上地方人民政府需建立专门协调机制，主要负责项目评审、组织协调和检查督导等工作。项目采购阶段需组建评审小组与谈判工作组，项目移交阶段需组建项目移交工作组。

10.1.1.1 组建协调机制

县级（含）以上地方人民政府可建立专门协调机制，主要负责项目评审、组织协调和检查督导等工作，实现简化审批流程、提高工作效率的目的。

10.1.1.2 组建项目实施机构

项目实施机构的组建由政府指定的有关职能部门担任，负责项目开发、采购、监管和移交等工作。

（1）实施机构工作内容。项目实施机构在项目准备阶段主要负责编制项目实施方案或委托第三方机构编制，项目实施方案具体包括项目概况、风险分配基本框架、项目运作方式、交易结构、合同体系、监管架构、采购方式选择7项内容。

（2）实施机构管理要点。由于长期以来存在政企不分、政府和承包商之间边界模糊的问题，因此大量"新基建"项目的前期工作由承包商承担和完成。当项目运作方式转换成"投建营+EPC"时，部分地方政府可能仍习惯性认为下属企业及承包企业应该参与"投建营+EPC"项目，并把"投建营+EPC"项目简单视为分配任务，交由原先负责项目前期工作的承包企业或下属企业继续负责。然而，将承包企业定位为项目实施机构将导致项目难

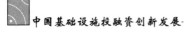

以高效运作。因此，实施机构管理应注意以下几点。

第一，实施机构由指定政府性质机构担任，保证合理、合法、合规。

实施机构主体的相关规定见表 10－1。

表 10－1　　　　　　　　　　　实施机构主体相关规定

文件	具体内容
《国家发展改革委关于开展政府和社会资本合作的指导意见》	按照地方政府的相关要求，明确相应的行业管理部门、事业单位、行业运营公司或其他相关机构，作为政府授权的项目实施机构，在授权范围内负责 PPP 项目的前期评估论证、实施方案编制、合作伙伴选择、项目合同签订、项目组织实施以及合作期满移交等工作
《基础设施和公用事业特许经营管理办法》	第十四条：县级以上人民政府应当授权有关部门或单位作为实施机构负责特许经营项目有关实施工作，并明确具体授权范围
《关于组织开展第三批政府和社会资本合作示范项目申报筛选工作的通知》	附件 1：PPP 示范项目评审标准第一条 PPP 相关参与主体是否适格。有下列情形之一的，不再列为备选项目：政府方：国有企业或融资平台公司作为政府方签署 PPP 项目合同的

第二，实施方案的编制及审核应严格遵守相关规定。实施方案应严格依照《政府和社会资本合作模式操作指南（试行）》的相关规定进行制定，内容包括项目概况、风险分配基本框架、项目运作方式、交易结构、合同体系、监管框架、采购方式选择等。实施方案的编制要根据国家项目管理规则，咨询企业接受政府、项目实施机构或社会资本的委托，对此类项目实施方案进行评审。财政部门应当同相关部门及外部专家建立项目的评审机制，从项目建设的必要性及合规性、"投建营＋EPC"模式的适用性、财政承受能力以及价格的合理性等方面，对项目实施方案进行评估，确保"物有所值"。评估通过的由项目实施机构报政府审核，审核通过的按照实施方案组织推进。

10.1.1.3 设置项目风险分担措施

"投建营＋EPC"项目普遍生命周期长，很可能由于政治、技术等因素变动而导致不可预见的风险发生。因此，需通过强化项目公司治理体系、设置原有股东增信措施、设置股权保障条款、约定优先清算权利、明确合同当事人之间的权利义务关系等方式进行风险分担。

10.1.1.4 制定项目绩效考核机制

一方面，在"投建营＋EPC"项目中，许多社会资本只关注自身利益，不注重工期、成本、质量的考核，项目移交政府的时间、质量都存在很大的不确定性。另一方面，目前大部分项目绩效考核方案设计千篇一律，绩效考核内容价值不高。因此，制定合理有效的项目绩效考核机制，对项目逻辑流程进行实质性的系统评价尤为重要。

（1）项目开发阶段：建设完成后进行项目的前期绩效评价，主要针对项目前期立项设计、招标及施工阶段指标进行评价。（2）项目建设阶段：管理绩效监管，对质量、成本、进度等方面进行监管。（3）项目运营阶段：运营绩效监管，对质量、价格、服务水平和财务等方面进行监管，保证项目建设和运营过程中公共产品的质量和服务效率。（4）对资金支付的监管：建立资金共管账户。（5）项目移交阶段：移交绩效监管，对移交范围、资产的评估和性能测试等方面进行监管。

10.1.2 可行性研究

可行性研究是对工程项目作出是否投资的决策之前，进行技术经济分析论证的科学分析方法和技术手段。对某工程项目在做出是否投资的决策之前，先对与该项目有关的技术、经济、社会、环境等所有方面进行调查研究，对项目各种可能的拟建方案认真地进行技术经济分析论证，研究项目在技术上的先进适宜适用性，在经济上的合理、有利、合算性和建设上的可能性。对项目建成投产后的经济效益、社会效益、环境效益等进行科学地预测和评价，据此提出该项目是否应该投资建设，以及选定最佳投资建设方案等结论性意见，为项目投资决策部门提供进行决策的依据。

10.1.2.1　可行性研究的工作程序

（1）项目法人与编制单位签订工程可行性研究合同。（2）研究拟建项目的必要性与可行性。（3）项目方案设计、方案比选。（4）研究项目实施办法和进度控制。（5）研究项目经济上的合理性。（6）提出结论与建议，编制可行性研究报告。（7）决策部分审批。

10.1.2.2　可施工性分析的工作程序

（1）成立可施工性研究小组。（2）明确研究对象、确定研究原则。（3）提出可施工性的优化措施，并对其进行技术、经济评价，确定最优方案。（4）应用研究成果，跟踪与评价实施效果。（5）建立可施工性经验数据库。

10.1.3　实施方案设计

10.1.3.1　流程

（1）初步设计审查。初步设计是依据国家批准的可行性研究报告的建设范围、规模和主要技术标准，对设计方案、工程措施、工程数量和投资进一步优化和深化。初步设计阶段控制投资的关键在于确定合理的控制目标值、分项投资额度及控制标准，并用以指导设计。故初步设计审查的内容应包括以下几点。

第一，是否按照总体设计的审查意见进行了修改。第二，是否达到初步设计的深度，是否满足编制施工图设计文件的需要。第三，是否满足消防规范的要求。第四，有关专业重大技术方案是否进行了技术经济分析比较，是

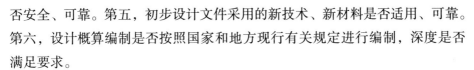

否安全、可靠。第五，初步设计文件采用的新技术、新材料是否适用、可靠。第六，设计概算编制是否按照国家和地方现行有关规定进行编制，深度是否满足要求。

（2）设计概算审查。

第一，审查设计概算文件是否齐全。第二，审查设计概算编制依据的合法性、时效性及适用范围。第三，审查概算编制说明、编制深度及编制范围。第四，审查建设规模、标准。第五，审查设备规格、数量和配置。第六，审查建筑安装工程费有无多算、重算、漏算。第七，审查计价指标。第八，审查其他费用。第九，地下风险的预估。

（3）投资限额设计。通过引入价值工程原理，对设计限额总值进行合理分配。

第一，项目利益相关者识别及其利益诉求分析。第二，制订利益相关者的利益诉求协调方案。第三，制订项目的整体需求方案。第四，建立设计目标体系。第五，项目全生命周期成本分析（LCCA）及各个设计目标的功能评价。第六，利用成本系数和功能系数进行各个设计目标的投资限额分配。第七，编制及审查设计概算。第八，编制及审查施工图预算。

10.1.3.2 管理要点

项目建设总投资有着大幅增加的风险，其原因可能是存在以下问题：项目公司或社会资本方与政府两方信息不对称；对于承包商来讲，工程造价越高施工利润越高，在对投资控制没有有效约束的情况下，施工总承包单位会主观推动投资增加；主材价格不断上涨、工程进展缓慢等因素导致的价差调整；政府部门变更工程流程管控不严格、不系统，对变更工程的经济技术分析论证不够充分，随意性较强；前期工程导致进度延误，施工期延长，增加建设期财务费用。因此，需强化预算管理，严格控制项目建设总投资，进一步提高公共资金的配置效率和使用效益。

（1）完善投资控制机制。第一，全过程工程咨询单位应帮助业主对项目进行以下审查：项目建议书提出的项目建设的必要性；可行性研究报告分析的项目的技术经济可行性、社会效益以及项目资金等主要建设条件的落实情况；初步设计及其提出的投资概算是否符合可行性研究报告批复以及国家有关标准和规范的要求。第二，通过在线平台如实报送项目开工建设、建设进度、竣工的基本信息，依法对项目有监督管理职责的其他部门建立政府投资项目信息共享机制，实现在线监测，从而加强对项目实施情况的监督检查。第三，加强项目档案管理，将项目审批和实施过程中的有关文件、资料存档备查。第四，公开政府投资年度计划、政府投资项目审批和实施以及监督检查的信息。第五，全过程工程咨询单位帮助政府进行项目的绩效管理、建设工程质量管理、安全生产管理等。

（2）夯实项目前期工作。深入的项目前期工作是"投建营＋EPC"项目建设总投资控制的重要基础。因此，应按照项目审批流程建立一个动态的项目总投资额确定机制，根据项目本身特性、规划设计深度、实际建设进度、市场变动、银行利率波动等因素，对指标进行调整。在项目的立项筹备阶段就开始对项目进行管控，对项目可行性研究报告中的项目报价进行初次估算，并根据可行性报告中的估算报价作为政府采购的暂定价。

10.1.4 筹划阶段的合法合规性要点

"投建营＋EPC"模式的合法性基础在于《中华人民共和国招标投标法实施条例》第九条所规定的："已通过招标方式选定的特许经营项目投资人依法能够自行建设、生产或者提供的项目可以不进行招标。"但从法律规定看，符合允许不招标的范围是有要求的：法规仅仅明确适用于"特许经营项目"而并非"投建营＋EPC"项目。利用"投建营＋EPC"项目的操作方式避免二次招标的确有其合理性，但是在缺乏法律法规权威解释的情况下，这样的操作可能合理但不合法。

10.1.5 筹划阶段风险

为应对项目前期融资难的问题，承包商希望通过转让其直接或间接持有的股份，来吸引新的投资者，实现项目融资。然而，实际操作中通常存在以下四方面的问题：（1）政府为避免不合适的主体被引入到项目中，希望限制项目公司自身或其母公司的股权结构变更，但承包商不希望其自由转让股份的权利受到限制；（2）没有真正做好市场测试，项目与市场反应不匹配；（3）承包商作为股东导致政府过于被动，部分情况下可能无法享受到融资的利益；（4）未充分关注潜在社会资本融资能力，并且未及时主动地通过潜在社会资本或者其他渠道对接金融机构，这可能会导致融资不当，进而导致项目无法落地。

因此，全过程工程咨询单位应同业主一起统筹考虑，主动管控，为业主和各方提供"投建营 + EPC"项目融资落地的系统思考和管控方法，帮助业主规范项目运作，推动规范环境的打造。

10.2 基础设施建设项目采购阶段

10.2.1 采购流程

采购阶段的重点工作包括招标、评标和合同体系构建。充分做好这些工作的策划、计划、组织、控制的研究分析，并采取有针对性的预防措施，能够有效减少项目实施过程中的失误和被动局面，保证项目质量。"投建营 + EPC"模式采购阶段具体流程如图 10-2 所示。

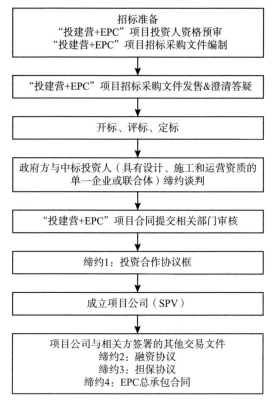

图 10－2 "投建营＋EPC"模式采购阶段流程

资料来源：尹贻林．"新基建"新工程咨询服务导论：模式与案例［M］.北京：中国建筑工业出版社，2020：344.

10.2.2 采购阶段管理要点

10.2.2.1 招标准备阶段

（1）招标方式的确定。在项目运作之初，大股东应对招投标法律进行调研，以查明对目标项目的承建是否可以与承包商直接签订 EPC 总承包合同，还是须以招标形式选择 EPC 承包商。

在"投建营＋EPC"的实践中，通常采用的招标方式为采用资格预审方式确定意向投资人，入围公司可与业主进一步商讨项目细节，就合同条件、会议记录与项目技术规范等提出意见和建议。在最后竞争阶段，采用公开招标方式发布招标公告，各入围公司根据招标文件要求提供最终财务方案、法律方案、项目建议书、建设与运营方案，以最低价奖励的评审标准确定最终中标人。中标人负责项目融资、设计、施工、采购、试运行、运营和维护，业主将在建设期及运营期支付投资人相应合同金额。当项目需求统一明确时，采用固定总价合同；当不确定建设规模与建设标准时，采用下浮率报价与最终批复概算作为上限价的结算方式。

投标费用较高影响了社会资本参与竞标的积极性。对此，可通过对未中标的社会资本适当补偿来鼓励社会资本参与竞标的积极性；通过做好前期工作准备和采购流程设置，给社会资本投标提供合理的投资参考资料，提高设计方案和可调总价竞争的可行性，降低社会资本的投标风险及交易风险成本。

（2）招标时间及招标范围的确定。采用"投建营 + EPC"模式的项目，一般在初步设计和项目概算正式批复后，通过"投建营 + EPC"一体化公开招标方式确定总承包单位。招标范围包括施工图勘察设计、材料采购、施工、运营以及缺陷责任修复等。意向投资人的投标内容包括项目特许经营权期限和以批复概算为基准的工程总承包价。如果政府方参与项目投资，那么在"投建营 + EPC"招标时，需要在资格预审文件及招标文件中对投资人需投资部分的比例进行说明，其余部分由政府方持有。

（3）招标条件的设置。"投建营 + EPC"模式下的招标需同时考虑项目投资人及 EPC 总承包商的选择，明显提高了投标人的资格要求，符合条件的潜在投标人大大减少，降低了市场有效竞争性。目前尚缺乏此模式下通用的招标文件范本及明确的相关规定，需要重视招标方式的合法性和招标文件内容的合法性。鉴于此，可考虑设置以下招标条件。

第一，采用公开招标方式，并接受联合体投标，以增加潜在投标人，扩大有效市场竞争。第二，采用资格预审流程，在投标前对潜在投标人进行资格审查。第三，在资格预审中，要求潜在投标企业具有与项目情况相适应的资质和业绩，以保证有实力的企业参与投标，防止发生中标后层层转包的情况。第四，对招标文件内容进行严格的会稿和审核，严禁出现涉嫌"以其他不合理条件限制、排斥潜在投标人或者投标人"等相关条款。

10.2.2.2 评标阶段

（1）社会资本的选择。政府采购公共项目中应用"投建营＋EPC"模式时"两标并一标"的实质是简化了招标采购程序，因此要求政府有关部门对社会资本的适格性进行更加精准的考察。对此，有以下建议。

第一，创建公平竞争市场。首先，凡是涉及基础设施建设项目的信息必须提前向社会公布，实行事前预告制度，并且这也适用于对外招商的项目推介过程；其次，规范具体的信息发布内容，对向社会招标和招商的基础设施建设项目，必须事先明确技术参数和经济指标；最后，采取公开招标、竞争性谈判等方便各类企业公平参与的方式，并择优确定最合适的社会投资者。

第二，构建社会资本适格性评价指标体系。可以通过对 EPC 总承包商硬实力和社会资本软实力进行综合考察，优化项目实施效果，提高资源配置效率。"投建营＋EPC"社会资本适格性评价指标体系见表10－2。

表10－2　　　　"投建营＋EPC"社会资本适格性评价指标体系

一级指标	二级指标
财务能力	资金实力 融资信贷能力 财务担保能力 投标能力
技术能力	工艺、工程技术 专业人才情况 运行方案的合理性 机械设备等资源状况
管理能力	项目管理能力 与其他组织交流配合能力 风险管理能力 运营维护能力 管理体系规范化程度 企业文化素质

续表

一级指标	二级指标
项目经验	类似工程的质量优良率 类似项目运营管理经验 类似工程在建合同额 类似项目投融资、建设经验
声誉水平	社会责任履行程度 相关合作方评价 过往项目履约率 业主满意度

资料来源：尹贻林．"新基建"新工程咨询服务导论：模式与案例［M］．北京：中国建筑工业出版社，2020：369.

（2）中标价格的管控。"投建营 + EPC"模式可直接议标。承包商通过议标与工程业主进行一对一的谈判，能够避免与竞争对手直接进行价格竞争，导致工程的中标价格往往较公开招标要高。"投建营 + EPC"项目投资人与工程建设企业签订联合体协议共同投标的情况最多见，在投标过程中，工程建设企业的各种测算是从 EPC 承包方角度还是从投资方角度作出需要进行明确。出于报价习惯等原因，工程建设企业在报价时会忽略投资方报价与承包商报价的区别，而在签订承包合同阶段意图将所能预期到的变更索赔等各项风险转嫁给项目公司承担。① 这种操作往往会导致在工程合同中对 EPC 中的边界条件规定与政府招标时规定的不一致。

对此，全过程工程咨询单位在编制招标文件时可以要求投标联合体就服务价格和工程价格分别报价，确保整个项目投资部分和 EPC 部分边界条件一致。

（3）未中标补偿。考虑到各投标人投入了大量的人力、物力，"投建营 + EPC"模式应对未中标单位给予适当补偿。在中标结果公示后，按照投标人的排序，中标单位不予补偿，未中标但排名靠前的单位补偿额度略大，排名靠后的单位略小。相对于很多项目巨大的总投资而言，这些补偿费用虽

---

① 陈亮．EPC + PPP 模式下工程建设企业面临的风险及防范［J］．建筑，2016（21）：62 – 64.

然不多但很有必要，能为项目节约大量投资，减少后期纠纷，提高社会资本参与竞标的积极性，通过良性竞争来实现价格发现功能。

10.2.2.3 合同体系构建阶段

（1）明确EPC合同价格形式。参股投资人采购完成后，由项目公司与中标投资人签署EPC合同，没有进行捆绑招标。合理选择投标报价方式，显得尤为重要。

全过程工程咨询单位可以建议政府方先明确项目需求，采用固定总价包干的投标报价方式。明确建设投资由社会资本方投标报价得出，除政府方提出的建设规模及建设标准调整外，今后不再调整；明确概算编制依据和原则；在招标文件中需要设计任务书、概念设计文件及安装设备选型表；在招标文件和项目合同中需要明确初步设计文件及初步设计概算的审查机制。

（2）明确合同条款。第一，付款条件。工程款可分为预付款、进度款、结算款。预付款应从是否设置预付款、预付款比例、支付时间限制以及抵扣条件等多方面考虑。进度款是问题最多的领域，工程款支付过多，容易造成承包商工作怠慢，影响工程进度，或被承包商挪为他用；工程款支付过少，容易造成承包商拖欠农民工工资，引起社会不良影响。结算款应按照审计结算报告支付。第二，进度考核指标。EPC项目从设计开始，直到项目竣工验收完成，整个项目工期长，必须抓项目进度，才能保证项目按目标完成。

因此，首先，要明确进度款支付的节点、列明扣除的有关费用、罚款的细则、核对工程量、确定项目单价、申请支付的资料要求等。同时，业主应确保项目资金落实及建立工程款支付的相关制度，保证承包商能准时获得工程款。其次，在招标文件中要明确项目里程碑事件控制点，如工程开工竣工时间、初步设计完成时间、施工图设计完成时间、主要结构施工完工时间、安装工程完工时间、关键设备采购时间等。同时，全过程工程咨询单位要建立EPC项目进度管理体系，确定进度考核指标，对项目进行宏观的把控。

（3）防范"明股实债"问题。部分工程建设企业尽管在项目投标文件中将自身列为投资小股东，却往往会在公司章程或者其他与实际投资人签订的法律文件中，约定了与股东身份应当拥有的权利义务不一致的内容。例如，大股东在项目建成后按实际投资额加利息的价格购买工程建设企业的股权；约定工程建设企业不参与项目公司管理，也不承担项目公司的亏损等。① "明股实债" 的约定将会影响工程建设企业在 "两标并一标" 情形下获得项目承包权的合法合规性，从而可能会对整个项目的顺利实施产生重大的不利影响。因此，必须采取措施防范和避免工程建设企业在项目公司中的 "明股实债" 问题，使工程建设企业真正成为本项目的投资人，履行股东的相应权利并承担相应义务，从根源上保证工程建设企业在 "两标并一标" 情形下获得项目承包权的合法合规性。

第一，严格甄选合作对象。充分尽职调查，通过各类信用信息平台、第三方调查等方式审查合作方资格资质信誉，选择经营管理水平高、资质信誉好的合作方。对存在失信记录或行政处罚、刑事犯罪等违规违法记录的意向合作方，要视严重程度审慎或禁止合作。第二，合理确定参股方。合理设计持股比例，以资本为纽带、以产权为基础，依法约定各方股东权益。不得以约定固定分红等明股实债方式开展参股合作。第三，严格财务监管。加强运行监测，及时掌握参股企业财务数据和经营情况，发现异常要深入剖析原因，及时采取应对措施防范风险；加强财务决算审核，对于关联交易占比较高、应收账款金额大或账龄长的参股企业，要加强风险排查。对风险较大、经营情况难以掌握的股权投资，要及时退出；不得对参股企业其他股东出资提供垫资；严格控制对参股企业提供担保。

（4）约定监管方式。在小比例投资带动 EPC 的模式下，大股东往往需要联合工程承包企业向金融机构申请项目建设资金贷款，这时便涉及担保问题。如何在签署上述协议时明确相关权益，如何建立在项目开发和经营阶段核心权益的法律保护机制，对于保障股东核心权益至关重要。因此，应在 EPC 合同中约定监管方式，维护业主方的合法利益。

第一，本项目的监理单位、质显检查单位及造价预算单位由大股东作为招标人依法选择，并约定由大股东对其进行管理和拨付相关服务费，以防止

---

① 陈亮. EPC + PPP 模式下工程建设企业面临的风险及防范 [J]. 建筑，2016（21）：62 - 64.

监理单位、质量检测单位及造价预算单位受制于中标参股投资方而不作为的情况。第二，由大股东在建设期内牵头组建考评小组，从人员到位、设备投入、工程质量、进度控制、安全文明等方面对项目建设管理情况进行监督检查，并将考核结果作为处罚的依据。[①]

10.2.3 采购阶段合法合规性要点

国家发展改革委关于印发《传统基础设施领域实施政府和社会资本合作项目工作导则》的通知中第十三条中规定，"拟由社会资本方自行承担工程项目勘察、设计、施工、监理以及与工程建设有关的重要设备、材料等采购的，必须按照《中华人民共和国招标投标法》的规定，通过招标方式选择社会资本方"，但该规定并没有对通过非招标方式，如竞争性谈判、竞争性磋商或单一来源采购等方式选定的具备建设、生产或者服务提供能力的社会资本方是否可以不再招标进行明确规定。

财政部《关于在公共服务领域深入推进政府和社会资本合作工作的通知》将"两标并一标"的适用扩展到通过非招标方式选择社会资本的情形，其中第九条规定，"已经依据政府采购法选定社会资本合作方的，合作方依法能够进行自行建设、生产或者提供服务的，按照《中华人民共和国招标投标法实施条例》第九条规定，合作方可以不再进行招标"，而《中华人民共和国政府采购法》第二十六条规定政府采购的方式包括公开招标、邀请招标、竞争性谈判、单一来源采购、询价以及国务院政府采购监督管理部门认定的其他采购方式。但须注意《中华人民共和国招标投标法实施条例》属于行政法规，效力更高，严格来说，以非招标方式选择的社会资本方适用"两标并一标"，缺乏法律依据。此外，还应注意只有具备自行建设、生产或者提供服务能力的中选社会资本，才可以不进行招标。"两标并一标"相关政策见表10-3。

---

① 陈志聪，吴丽梅. PPP+EPC模式在普通高校新校区建设中的应用 [J]. 洛阳师范学院学报，2019，38（2）：66-70.

表 10 – 3　　　　　　　　　　　　　"两标并一标"相关政策

法律文件	相关规定
《中华人民共和国招标投标法实施条例》	第九条：……除招标投标法第六十六条规定的可以不进行招标的特殊情况外，有下列情形之一的，可以不进行招标：……已通过招标方式选定的特许经营项目投资人依法能够自行建设、生产或者提供……
国家发展改革委关于印发《传统基础设施领域实施政府和社会资本合作项目工作导则》的通知	第十三条：社会资本方遴选依法通过公开招标、邀请招标、两阶段招标、竞争性谈判等方式，公平择优选择具有相应投资能力、管理经验、专业水平、融资实力以及信用状况良好的社会资本方作为合作伙伴。其中，拟由社会资本方自行承担工程项目勘察、设计、施工、监理以及与工程建设有关的重要设备、材料等采购的，必须按照《中华人民共和国招标投标法》的规定，通过招标方式选择社会资本方在遴选社会资本方资格要求及评标标准设定等方面，要客观、公正、详细、透明，禁止排斥、限制或歧视民间资本和外商投资。鼓励社会资本方成立联合体投标。鼓励设立混合所有制项目公司。社会资本方遴选结果要及时公告或公示，并明确申诉渠道和方式

10.2.4　采购阶段风险

10.2.4.1　EPC 承包商的退出难防范

工程承包企业参与小比例投资的主要目的是获得项目 EPC 总承包，加上小股权比例难以主导项目后续经营，很多企业并不追求长期持有项目股份，而希望项目在 EPC 结束后尽快出让所有股权。

在实践中，"投建营+EPC" 项目通常在参股投资交易文件中设置回购机制，承包商会特别关注和合理设计这种回购机制，设置合理的回购价格，防止不合理的回购条件，以确保能通过回购机制安全退出。

因此，全过程工程咨询单位应在招标文件中明确股权转让时限和回购机制，要求承担项目 EPC 建设的投资人在项目达成商业运行并度过缺陷责任期、质保期和不稳定期，甚至完成项目第一次大修之后才可退出。[①]

---

① 卢峰，李俊英，张子睿．小比例投资带动 EPC 模式下的法律风险 [J]．国际工程与劳务，2018（12）：73 – 75.

10.2.4.2 承包商话语权边界难确定

"投建营 + EPC"模式下承包商往往会利用话语权在劳务派遣、材料采购等方面给工程施工带来便利,节省实施成本。承包商为了保护自己的投资,一般会努力向项目公司的控股股东争取董事会或管理层的部分席位,如果项目公司的控股股东很强势,坚决不同意授予作为小股东的承包商以董事或高管席位,那么承包商可能转而向获得知情权或监督权努力。基于 EPC 承包商的双重角色,如何把控承包商话语权的设置,才能既达到监管承包商的作用,同时又不损害承包商作为小股东的合法权益,这是一个难题。

因此,全过程工程咨询单位必要时可以在合资文件中设置保留事项,即需要作为小股东的承包商同意才能决定的重大事项,以保障作为小股东承包商的合法权益。

10.2.4.3 项目风险难分配

"投建营 + EPC"项目普遍生命周期长,有的可超过 30 年的特许经营期,在如此长的周期内,很可能由于政治、技术等因素变动而导致不可预见的风险发生,因此,项目风险合理分配是成败的关键因素。对此有以下建议。

(1) 在设置投融资条款时重点关注可控风险。

(2) 遵循风险分配的基本原则。第一,通常由政府方承担的风险:土地获取风险、项目审批风险、政治不可抗力等。第二,通常由项目公司承担的风险:如期完成项目融资的风险、项目设计建设和运营维护相关风险、项目审批风险、获得项目相关保险。第三,通常由双方共担的风险:自然不可抗力。

(3) 建立完善的风险分配机制。第一,建立针对整个项目周期的动态风险管理理念。第二,对风险建立专门的风险系统管理机构。第三,签订合同时允许设置动态条款。

10.3 基础设施建设项目执行阶段

执行阶段是"投建营 + EPC"项目建成工程实体的阶段，为保证项目的实施效果，需要对项目进行有效的监管。

10.3.1 勘察设计管理

10.3.1.1 勘察设计流程

（1）设计文件。第一，设计文件接收。第二，设计文件分发。第三，图纸资料存档管理。

（2）勘察设计现场。第一，不利物质条件情况的处理。第二，组织地勘、设计、业主、专家共同讨论。第三，确定不利物质条件情况发生原因。第四，组织施工勘察，调整设计方案和施工方案。

（3）专项设计。第一，专项设计与施工图设计互提资料。第二，施工图审查。第三，设计评审。第四，投资人审查。

（4）设计交底与图纸会审。第一，向承包人提供正式完整的施工图。第二，专业咨询工程师答疑。第三，针对问题研究并提出解决方案，投资人、全过程工程咨询机构确定。第四，形成会议纪要。第五，承包人执行。

10.3.1.2 勘察设计管理要点

（1）加强项目投资控制。在"投建营 + EPC"项目中常存在承包商在建设过程中为获得更高的建设利润而提高建设成本的问题。因此，业主应防备承包商在建设项目的过程中利用自身对项目建设的控制权，与供货商等串通谋取不合理的利润。对此，提出以下建议。

第一，对项目实行全过程控制。从工程设计、采购、合同签订、施工过程和竣工结算等各个方面，对造价进行静态控制、动态管理。第二，成立多部门价格联合审查组。核定项目材料、设备的采购价格,建立合法、合理、高效的流程和机制,做到认质认价规范化、透明化,避免承包商通过抬高工程材料、设备采购价格获取不合理利润。

(2)优化规划设计。工程设计质量的好坏,不仅决定着项目的工艺技术,更决定着工程造价的高低。项目的规划设计的合理性很大程度上决定了项目的成败。首先,通过设计方案比选,择优选定理想的设计方案。其次,需要建立专门的设计图纸审查部门,落实设计图纸审查,保障充分的评审时间和明确的评审意见。最后,建议引入造价咨询制。在设计审查部门中设置造价咨询师,全过程地对设计阶段进行技术经济的分析和造价控制,把好设计关。

10.3.2 建设管理

10.3.2.1 质量管控

在基础设施建设项目执行阶段,质量对于项目的成功非常重要。通过事前、事中、事后质量控制,对实施的全过程进行质量监督、控制、检查,确保工程质量目标的实现。比如在开工前,识别施工中可能影响质量的各种因素,制定切实可行的操作程序和交底工作,要求施工技术人员提前做好各项技术保证措施,避免质量问题的出现。在施工过程中,落实质量控制措施,要求监理单位加强监督管理,按照巡视、平行检查、旁站等方法对施工质量进行监督检查,严格按质量控制程序,对分部、分项、隐蔽工程和单位工程进行检查验收。等项目完工后,按国家或行业规定整理、归档有关资料,对已完成施工产品进行保护,检查验收施工质量,控制项目质量目标等。

10.3.2.2 进度管控

(1)施工进度计划审查。第一,施工进度计划应符合施工合同中工期的约定。第二,施工进度计划中主要工程项目无遗漏。第三,进度计划应满足总进度控制目标的要求。第四,施工顺序的安排应符合施工工艺要求。第五,施工人员、工程材料、施工机械等资源供应计划应满足施工进度计划的需要。第六，施工进度计划应符合投资人提供的资金、施工图纸、施工场地、物资等施工条件。

（2）施工实际进度情况检查。第一，应按统计周期规定进行定期检查或根据需要进行不定期检查。第二，工程项目进度计划的检查：工程量的完成情况；工作时间的执行情况（工程形象进度完成情况）；资源使用与进度的匹配情况；上次检查的问题整改情况；根据检查内容编制进度检查报告。进度检查报告应包含：执行情况的描述、实际进度与计划进度对比、进度实施中存在的问题及原因分析、执行对质量安全成本的影响情况、采取的措施和对下一步计划进度的预测。

（3）可视化管理。造价、工期、质量控制协调管理难度大。项目建设目标的理想状态是同时达到最短工期、最低造价和最高质量，但在实际工程中这是很难实现的。三大目标组成的目标系统是一个相互制约、相互影响的统一体。其中任何一个目标的变化，都势必会引起另外两个目标的变化，并受它们的影响和制约。①

全过程工程咨询单位可通过全过程可视化管理管控项目进度与成本。将BIM 与工程项目管理信息集成，对项目进度和成本控制过程进行风险响应和实时监控。同时，将进度与合同、费用、质量、安全等融会贯通，并结合现场业务进行实时动态分析，确保项目进度和成本在计划控制范围内。

10.3.2.3 投资成本管控

全过程工程咨询单位监理部门应按下列程序进行工程计量和付款签证。

（1）监理部门专业监理工程师对施工单位在工程款支付报审表中提交的工程量和支付金额进行复核，确定实际完成的工程量，确定到期应支付给施工单位的金额，并提出相应的支持性材料。（2）监理部门总监理工程师对专业监理工程师的审查意见进行审核，签认后报投资人审批。（3）总监理工程师根据投资人的审批意见，向施工单位签发工程款支付证书。

---

① 房志强，张贺. 浅谈建筑施工中造价控制［J］. 民营经济，2011（4）：332.

在施工过程中，工程计量与进度款支付是控制工程投资的重要环节。全过程工程咨询单位应按工程进度款审签程序进行审核。工程计量与进度款支付是控制工程投资的重要环节。为了更好地控制投资，全过程工程咨询单位应保证工程计量与进度款支付的工作质量。在进行工程计量与进度款支付审核时，应重点对工程计量和进度款支付申请进行控制。

10.3.2.4　竣工管理

（1）验收。第一，各施工单位向全过程工程咨询单位监理单位提出验收申请。第二，监理单位审查验收条件，组织预验收。第三，项目内部验收通过。第四，各专项验收机构如消防、人防等参加专项验收。第五，全过程工程咨询单位组织单位工程的验收。第六，全过程工程咨询单位组织竣工验收。第七，工程交付使用。

（2）结算：结算编制；结算审核。

（3）移交：档案移交；实体移交。

（4）决算：竣工编制；决算审查。

（5）备案。第一，检查竣工备案条件。第二，申请备案并准备相应附件材料。第三，备案部门接受审查。第四，符合验收条件的予以备案，不符合验收条件的则退回重新组织验收。第五，颁发《建筑工程竣工验收备案通知书》。

10.3.2.5　安全管理

（1）职业健康与安全管理。第一，确定项目安全目标。第二，检查项目安全技术措施计划的编制。第三，检查项目安全技术措施计划的实施。第四，构建安全技术措施体系。第五，检查项目安全技术措施计划的执行情况。第六，督促施工单位持续改进项目的安全技术措施计划。

（2）项目环境管理。第一，确定项目环境管理目标。第二，检查施工项目环境管理体系。第三，检查施工现场环境执行情况，制定项目环境管理责任制。第四，督促施工单位做好施工现场的环境保护工作。

10.3.3 运营管理

10.3.3.1 运营模式选择

"投建营 + EPC"项目在完工投产后的下一个运作阶段为项目的运营维护阶段，运营维护阶段也即项目的投资成本和收益的回收阶段。运营维护，顾名思义，其主要包括两部分工作，一是项目的运营，二是项目的维护，后者包括例行检修、故障检修和定期大修等内容，对项目在寿命期内的持续利用十分重要。对于运维模式的选择，实践中通常有业主自行运营维护和外部运维商运营维护两种模式。

考虑到我国承包企业大多不具备专业的运营维护能力，故如果我国承包企业运作"投建营 + EPC"项目，建议承包企业就项目的运营维护聘用有经验的运维商作为自己的运营维护分包商，或者由项目公司直接聘用外部专业运维商对项目进行运营维护，以确保项目在运营期内得到有效的运营、检修和维护，保持项目的持续可用性，进而保障项目投资成本和收益的回收。

10.3.3.2 运营方案设计

为保证"投建营 + EPC"项目更好的运营，需要做到以下几点。

第一，构建项目收费价格信息监管平台和实施动态调价制度，公开价格制定和调整的标准和流程，提高收费价格的透明性，便于各方有效监督，满足利益相关方的利益需求，最终实现项目的稳定发展。

第二，运营单位应根据各级政府的协同要求编制科学合理、内容完备的应急预案以应对运营突发事件、自然灾害、公共卫生事件、社会安全事件等重大安全事件。此外，还应当建立专、兼职应急抢险队伍，配备应急所需要的专业器材和设备。

第三，建立运营阶段新的绩效评价体系，优化绩效指标，细化考核内容。同时，还须建立和维持一套安全管理系统，在合理而切实可行的范围内检查、控制和降低安全风险至可接受的程度。另外，为保证激励机制得以顺利落实，政府方、项目公司以及运营方都需要做好相应的制度保障工作。

10.3.3.3 运营管理要点

运营管理是"投建营 + EPC"的重要组成部分，也是总承包商较为薄弱的一环，运营团队组织以及运营模式的选择需要根据项目类型和规模来定。目前，针对"投建营 + EPC"模式的具体合规性管理措施和体系尚处于发展和探索的阶段，可供借鉴的制度体系主要集中于前期尽职调查、环境保护、跨境征税、知识产权保护和劳工权益保护等方面。

（1）做好尽职调查工作。投资企业应聘请专业顾问机构（如律师事务所、会计师事务所和专业咨询机构等）对投资项目和各方主体的法律资质、存续情况、经营状况、资产与负债及产权情况等进行尽职调查。根据尽职调查结果，结合其他相关因素，来选择适合的合作伙伴和投资形式。同时在项目公司运营过程中，建立完备的内控体系，持续聘请法务及财务顾问等。

（2）重视投资所在地环境保护。首先，明确要求我国的企业在海外项目的投资和运营过程中认真地做好环境保护工作，开展对环境影响的有效评估，拟定其投资和运营的过程中可能对环境造成的影响的评估标准与报告，避免发生违反合作国相关法律规定的行为，有效规避有关环境与保护的法律纠纷；其次，明确要求企业凝练出环境可以被良好保护的企业文化，提升企业对于环保的意识，在项目建设和生产中严格按照项目所在国政府制定的有关环境保护政策和标准来推进相关的工作；再其次，明确要求企业要支撑起自身的社会责任，积极参与到所在国对于使环境被高效保护的公益活动中，树立良好的社会责任企业形象；最后，明确要求加强与项目所在国政府对环境保护的合作，特别是"一带一路"沿线地区荒漠化状况较为严重的，而由于我国在解决和治理有关地区沙化、荒漠化问题方面具有丰富的理论和实践经验，我国的企业也可与其项目所在国的政府共同合作，保护和修复当地水资源和生态环境，以此来获得项目所在国政府和民众更多的支持。

（3）减少和避免跨境投资多重征税。作为"一带一路"倡议的发起国，为进一步加强和推动相关地区国际经贸与合作，中国政府的相关部门仍需在化解"一带一路"建设税制的高墙壁垒问题方面作出更多努力，如进一步强化在国际税收领域的合作、积极地承办和组织参加税收高峰论坛、促进各国之间税收政策的沟通等。尤其是我国要通过合作协议的形式建立起促进双边或多边长期有效的税收合作的机制，适时修订并增设权益保障条款，同时签订长效税收合作协定的地区和国家，需要进一步加快与未签订税收协定的国家进行洽谈的进程，协商制定避免重复征税的具体有效途径和具体实施办法。

（4）加强跨域知识产权保护。第一，我国的企业在"走出去"的过程中应充分熟知合作国的知识产权保护的法律和制度，避免在海外投资中出现各种违法或者违规情形；第二，我国的企业还要了解和掌握与合作国海外投资活动相关的知识产权保护的国际公约与条约，防范与合作国之间的知识产权的保护法律纠纷，减少企业的跨域知识产权的纠纷；第三，我国企业的海外投资运营项目涉及的行业和领域较为广泛，不仅涉及基础设施的建设、制造业，还可能涉及新型的国际服务业、文化业等，为有效地防范并合理地解决与合作国之间的知识产权的侵权纠纷事件，有必要在海外投资建设运营项目的议定书之外附有更详细的与合作国之间的知识产权的详细保护协议，具体明确因海外投资项目的建设以及海外投资项目的运营而直接引发的知识产权的侵权纠纷的相关争议及其解决的方式、认定标准、赔偿解决方案等相关内容。

（5）加大海外劳工权益保护力度。在海外投资的过程中我国的企业首先应学习熟悉国际关于劳工权益保护的标准、合作国内劳动保护法以及我国制定出台的有关海外劳工权益保障的法律法规。尤其是近些年"一带一路"很多的沿线国家对于外资劳工权益保护的理念和标准、劳工权益保护争议的解决、企业承担社会风险责任等问题提出了更高的要求。因此，我国的企业在进行海外投资建设和运营中仍然需要主动地承担相对更多的社会风险责任，将对海外劳工权益的保护进一步上升到作为海外项目企业对社会的责任和企业自身的文化，从其经营的理念和其实际行动的层次上进一步地提升对海外劳工人身权益的保护和重视程度。在此部分，进行海外项目的劳务方案具体分析如下。

第一，建立规范化的劳务管理制度。劳务管理制度具体可分为三项制度。一是劳务招聘选拔制度。合理的劳务招聘选拔制度可为项目招聘到较优的劳务人员，从源头保证劳务人员的质量，并顺利推进项目实施。企业可考虑制定针对项目特点和合作国人力情况的劳务选拔制度，明确各工种对劳务人员的具体要求，并具备完善的考核流程。企业还应建立在合作国的人力资源库，对富足的应聘人员、被录取的劳务人员进行详细登记，充分完善项目信息并为后续招聘提供参考。

二是劳务考核和激励制度。严格、合理的劳务管理、考核及激励机制有助于激发劳务人员的工作热情，使项目现场形成积极向上的工作氛围，为项目的成功提供保障。这在很大程度上考验着投建营一体化建设单位的管理能力，其应考虑合作国的人文环境，在充分尊重劳务人员的基础上，制定出具有针对性的管理激励措施，既能满足劳务人员的内心需求与自我成就感，又能加速项目的顺利实施。此外，为了提高劳务属地化管理的精细化程度，投建营一体化建设单位还应确保项目参与人员熟知此项目的薪酬、工作纪律、劳保用品及辞退等制度，提高劳务属地化管理的精细化程度与管理效率。

三是劳务属地化资源库制度。劳务属地化资源库制度是对经验丰富、技能较好的当地职工进行备案，以便企业在开展新项目时能够快速找到高素质的劳务人员。属地化资源库是企业的宝藏资源，招聘有经验、高素质的技工一方面有利于更好地对项目现场进行管理，另一方面也有利于加强企业在合作国与劳动、卫生等部门的联系，来获得更多的支持与帮助。

第二，寻求多样化管理手段。多样化的劳务管理手段有助于提高投建营一体化建设单位的精细化劳务管理水平，投建营一体化建设单位可以通过加强劳务属地化培训，多渠道解决用工需求，实现更优的管理效果。对合作国当地的劳务进行培训可提高技术人才及业务骨干的专业水平，既满足了项目实施的需要，也为合作国培养了许多高水平的技能型人才，得到了当地政府的大力支持。投建营一体化建设单位应在项目开始前与当地的劳动、卫生、警察署等相关部门取得联系，对当地的劳务合同、薪资标准、纠纷解决等相关问题进行确认，尽力避免后期纠纷的产生；投建营一体化建设单位还可采取正式工与临时工等多种雇佣方式相互结合的用工制度，这样既降低了项目用工成本，又降低了管理过程中管理人员与劳务人员发生冲突的概率，提高了工作效率；加强中高级管理人员的属地化水平，可以促进合作国与中国文化的深度融合。

第三，推进劳务人性化管理。劳务人性化管理意味着企业要为劳务人员提供良好的工作环境，并注重对劳务人员的人文关怀。人性化的管理手段可以使劳务人员体会到企业真诚的关心，并与之建立信任的关系，这可以在很大程度上提高劳务人员的工作积极性与忠诚度。

一是提供完善的工作生活环境。为劳务人员提供方便舒适的工作生活条件是人性化管理的首要任务。大多海外投建营一体化建设项目具有项目所处位置偏远、生活条件不便捷等特点，这些特点使得很多的精英人员不想参与到这些项目中，并在很大程度上提高了管理难度。因此，企业可考虑加强项目营地化建设，比如在施工现场附近建立营地，便于劳务人员工作和生活。对于那些雇佣劳务数量多、项目建设周期长的大型项目，还可引入常见的便民生活设施，像医疗服务点、银行服务点、便民商店、娱乐设施等。

二是尊重习俗信仰，促进跨文化融合。跨文化融合是推行劳务属地化管理成败的关键。不管是在哪个国家，都应尊重当地的风俗习惯，并在此基础上推动中国文化的宣扬，既要使合作国当地体会到中国文化的博大精深，也要吸取他国文化的精华部分与中国文化进行深度融合。

三是注重对当地劳务的人文关怀。在项目中的人文关怀应体现在针对不同的个体都应根据其需要提供对其的关怀与认可上。企业应制定人性化的管理方法，并在每一个特定的项目组中予以实施，且每一个项目组应在普遍的人性化管理方法的基础上更加细化，以实现更好的管理效果。海外项目按项目所在地政府要求雇佣当地劳工，既可降低项目成本，又可增加当地就业率，若投建营一体化企业能加强对当地劳工系统化的培训，就可以走出"建设＋运营＋管理咨询＋培训"等盈利的新模式。

10.3.4 执行阶段的合法合规要点

合同履行过程中发生失误的风险较高。一方面，对于政府与承包单位之间的合同，在履行过程中部分参与履约的人员对合同内容的理解程度不足；另一方面，大多"投建营＋EPC"项目投资较大，工程较多，涉及的参与方多。这两方面问题都在一定程度上加大了合同履约失控的可能性。因此，应加强对合同履约的追踪管控，防止发生合规风险。

10.3.4.1 合同跟踪

（1）跟踪具体的合同事件。（2）注意各工程标段或分包商的工程和工作。（3）对重点事件及关键工作进行监督和跟踪。第一，及时提供各种工程实施条件，如及时发布图纸，提供场地，及时下达指令、做出答复，及时支付工程款等，为承包商提供良好的施工环境。第二，要求承包商按照合同规定的进度提交质量合格的设计资料，并应保护其知识产权，不得向第三人泄露、转让。第三，督促监理与施工单位必须正确、及时地履行合同责任，与监理和施工单位多沟通，尽量做到监理和承包商积极主动地做好工作，如提前催要图纸、材料，对工作事先通知等。第四，及时收集各种工程资料，对各种活动、双方的交流做出记录。

10.3.4.2 合同实施诊断

（1）合同执行差异的原因分析。（2）合同差异责任分析。即问题由谁引起，该由谁承担责任。（3）合同实施趋向预测。包括最终工程状况、承包商需要承担的后果以及最终工程经济效益水平等。

10.3.4.3 采取调整措施

（1）组织措施，例如增加人员投入，重新计划或调整计划，派遣得力的管理人员。（2）技术措施，例如变更技术方案，采用新的更高效率的施工方案。（3）经济措施，例如增加投入，对工作人员进行经济激励等。（4）合同措施，例如进行合同变更，签订新的附加协议、备忘录，通过索赔解决费用超支问题等。

10.3.4.4 补充协议的管理

项目建设期间拟与各单位签订各种补充合同、协议的，应在合同、协议签订前按照备案、审核程序，将拟签订合同、协议交给全过程工程咨询单位对其合法性和合理性以及与施工合同有关条款的一致性进行审核。

10.3.4.5 利用信息平台对合同业务进行全过程管控，提高合同风险控制能力

（1）将合同关键控制点与合同工作任务进行分解，并将其与工程项目分解结构 WBS 工作包或关键作业关联，同时与工程项目组织结构 OBS 执行负责人关联，确保合同关键控制点和关键工作任务受控。

（2）围绕工程进度计划，建立合同收支两条线及合同执行过程预测预警和对比分析监控体系，帮助总承包商提升合同风险控制能力。

10.3.5 执行阶段风险

10.3.5.1 风险控制难

任何经济活动要取得效益，必然要承担相应的风险。在"投建营＋EPC"项目建设中，政策性及不可抗力等风险因素都会使业主蒙受巨额损失，甚至投资失败。

（1）信息不对称导致重大风险。由于总包商和业主或合作方之间存在的信息不对称问题而导致项目出现重大风险。

要进一步加强与项目甲方及运营业主方的密切联系与协调沟通，避免产生因不良媒体的恶意攻击而使得运营项目背负严重负面影响的特殊情况；要及时发现和解决存在的问题，争取得到对方的充分理解和大力支持，避免在实际工作过程中陷入各种被动局面；特别是对政治敏锐性较高的运营项目，要时刻保持高度的警惕性，提高思想政治高度，完成项目建设职责和管理任务。

（2）复杂的运维体系具有更高的风险扩散程度。随着技术以及行业创新的发展，系统运维复杂度不断提高，运维风险产生的影响和扩散程度进一步加大。

因此，可邀请全过程工程咨询单位协助承包商合理地组织人员，优化资源分布，提高工作效率；采用最新的高科技技术提高维护管理工作的效率以及降低人力成本，例如，采用可以将工程项目可视化、信息化、集约化的BIM技术。

（3）后期运维成本不可控。针对公共设施领域的项目，需要投入较高的日常运营成本，投资与运营的分割会使后续的运营成本不断上升，并且还会频繁出现运营风险，在运营成本远远超出投资回报的预期时，投资方便会选择放弃。

首先，应通过多种途径加强成本管理，特别是材料成本管理以及劳务分包方成本管理。其次，对比工程成本的实际发生情况和目标成本、预算成本，并从中找出成本降低与成本超支的因素，确定未来成本管理方向，有效降低成本。

（4）运营阶段风险保障机制不完善。由于承包商都是建设类的企业，因此"投建营＋EPC"模式中的运营风险主要有市场收益不足、市场需求变化、收费政策变更、政府信用调整等，都是其所不熟悉的领域，专业性不强等因素也会增加具体的运营风险。

首先，应构建系统、科学的内部管理制度，避免因管理不当导致企业效益受损。其次，利用大数据分析、人工智能等技术手段，建立以标准化为基础、平台化为载体、自动化为手段、智能化为核心的全面立体的安全防护体系和科学智能的运维管理体系，实现对运维管理信息系统多层次、全维度的监控。

除此之外，还可采取以下措施控制风险的发生。

第一，强化风险意识，对项目实施风险评估和分析。树立全员风险管理意识；识别项目建设过程中存在的风险，列出风险清单；实行风险规划，对风险事实评估和分析。第二，推行工程担保和工程保险制度，包括承包商投标担保、承包商履约担保、付款担保等。

10.3.5.2 总包商协调能力在运营阶段有所欠缺

（1）运营管理人员知识技能不足。项目管理和专业化技术人员专业知识和技能的不足，会导致"投建营＋EPC"项目产生巨大风险。

因此，总包商需要引进高层次专业化人才，完善人员结构。承包商可以通过加强内部培养和引进外部人才来提升管理人员素质水平，更新项目运营的理念，借鉴已有的成功经验，加强对专业领域内工作的处理，而对项目中其他一些不熟悉领域的内容可以选择外包的方式提高运作效率，有效完成工作目标。

（2）绩效考核体系执行力不够。部分绩效考核体系的指标设计不够完备，评分标准设计内容冗杂、繁琐或过于模糊，也有可能影响考核体系的执行效率。

因此，可以运用平衡计分卡确定成功因素和关键绩效指标考核机制作为项目绩效考核的基本框架。在后续项目中开展绩效考核时，首先，要择优选择考核指标；其次，要对之前绩效考核评价中经常失分的指标，依据其取值范围扩大权重占比，并提取相似指标替换经常满分指标，以期实现对于公共服务质量精益求精的目标。

（3）考核指标缺乏动态调整机制。绩效考核体系设计的考核指标动态调整空间小，导致项目公司缺少对于运营维护质量"精益求精"的动力。

因此，需要多方共同监管评价，提高绩效考核方案的落实率。可以由承包商牵头，由财政部门和行业主管部门共同参与，适时引入第三方机构，共同对项目进行绩效考核。

10.3.5.3 跨国项目受管制于反垄断

"投建营 + EPC"经营模式可能造成垄断，处于合作国反垄断管制之下。近年来非洲国家法律制度不断完善，快速与国际制度接轨，如东南非共同市场（包括 19 个非洲国家）竞争委员会监控市场垄断情况和违反竞争的行为，违反公平竞争法的企业将被处以企业年收入 10% 的罚金。肯尼亚、南非、毛里求斯、埃塞俄比亚等国都已建立反垄断审查制度；莫桑比克作为石油天然气重要输出国，2013 年引进竞争法；南非、赞比亚和博茨瓦纳的反垄断机关先后对包括中国在内的大量外资企业进行突袭式反垄断调查。

首先，做好合规研判工作。引导投建营一体化经营企业从项目层面强化合规工作，通过政策趋势研究、案例分析、重点国别相关规制汇编、合规管理措施分析等方式，针对可能出现的反垄断调查、经营透明度等方面的风险提出有针对性的改进措施。其次，尽快发布合规经营报告。鼓励商会和行业协会发布"投建营一体化"企业合规经营白皮书或报告，申明立场，提升经营的透明度。支持商会和行业协会对相关企业开展合规经营培训，提高企业管理人员尤其是决策层的合规管理素质和能力。再其次，建立项目风险评估体系。指导企业根据自身行业特征和合作国经济社会发展现状，建立符合业务实际的合规风险内控制度或监督评价体系，确定投资、建设、运营等关键环节可能出现的风险，提前制定相应的处置预案。最后，建立风险应对机制。在项目发生风险后，政府应引导企业内部合规人员分析整理风险发生原因及事实真相，分析评估可能造成的损失及承受能力，及时与专业的律师、公共关系以及相关监管机构进行沟通咨询，寻求和解或其他合法解决途径，尽快与相关国家政府、国际组织取得联系，沟通磋商，寻求有效的解决途径。①

10.4 基础设施建设项目退出阶段

10.4.1 退出方式

项目寿命到期或特许经营期满后进行性能测试、财务清算和资产交割，然后退出。"投建营＋EPC"项目运作的最后一个环节为项目的退出，退出方式可分为两类，即正常退出和非正常退出，前者的情形有项目寿命到期自然退役、项目特许经营期满移交、公开上市、股权转让以及管理层收购等，后者的情形有合作国或合作方违约导致我国企业退出、我国企业自己违约被动退出以及发生不可抗力事件被迫退出等。不同情形下的退出，合作国或合作方对我国企业的赔偿或补偿差别很大，所以我国企业所获的投资收益也不同，在被动退出的情况下还可能发生巨额亏损。

---

① 杜奇睿，程都．中国企业境外"投建营一体化"模式的主要风险及对策研究［J］．宏观经济研究，2020（10）：32－41．

常规退出途径的选择通常与我国企业的主业定位和发展战略有关。例如，以投资为主业的大型投资企业，其发展战略是长期持有固定资产，注重项目可持续性的长期收益，该类企业可能选择长期持有项目资产，直至项目寿命到期或特许经营期满后才自然退出，并不会在短期内出售项目公司股份而退出；而对于以承包为主业的承包企业来说，其运作"投建营＋EPC"项目最核心的关注点还是 EPC 工程，通过承包项目的建设先获取承包收益，项目建成投产后在必要时会考虑出售项目公司股份而退出。

需注意的是，合作国政府法律和融资方可能对投资方，特别是大股东的退出进行限制，如项目建成投产后 2～5 年期满后才能退出，至少在限制期内不能发生项目公司控股权变更，因此，我国企业作为投资方，如想在项目运作期间退出，则需在投融资方案策划阶段就策划项目相应的退出方案，如离岸公司的使用、投资文件控股权变更机制的设计和融资模式的选择等。在为项目建设进行融资策划时，要力争获得无追索的项目融资；有追索的项目融资对投资方，特别是大股东的项目退出严重不利。例如，在某些中资公司投资的海外项目上，项目建设采用了有限追索的项目融资，中资公司作为大股东向融资方提供了覆盖项目运营期的一定财务担保，在以出售项目公司股份的方式退出时，融资银行要求股权的受让方需具有与中资公司同等的资信，并提供同等的财务担保后，才批准股权转让的交易，这就严重限制了中资公司作为股东方的项目退出。

10.4.2 项目后评价

10.4.2.1 项目后评价的程序

项目后评价的工作程序一般包括选定项目后评价项目、制订评价计划、确定项目后评价范围、选择执行项目后评价的专家、收集资料、分析数据、编写报告等，具体程序如下。

（1）接受任务、签订合同或协议。项目后评价单位决定接受或是承揽项目后评价后，首要工作是与委托单位签订合同或是合作协议，以明确双方后期工作的责任、权利和义务。

（2）成立项目后评价小组、制订评价计划。合同或协议签订完成之后，应立即组建团队并委任项目后评价工作负责人，制定工作计划及工作安排。为保证评价的客观性，业主单位人员不能承担项目后评价工作。此外，项目后评价工作人员也要秉承客观、公正的态度进行此项工作，以保证项目后评价工作的客观性与准确性。最后，在项目后评价的计划中，要明确项目后评价对象、项目后评价的方法、项目后评价的时间、进度安排等详细内容。

（3）设计调查方案、聘请有关专家。项目后评价最重要的工作之一是调查，调查是评价的基础，调查方案是调查工作的纲领。良好的调查设计方案除了要有调查内容等常规内容外，最重要的是要有科学的指导，只有用科学的指标才能说明所评项目的目标、目的、效益和影响。

由于不同项目的特点各不相同，因此评价单位不能仅依靠内部专家，还必须聘请一些外部专家参与到调查工作中。

（4）阅读文件、收集资料。在与委托单位签订项目后评价合同或协议后，业主单位会提供项目文件，包含项目的一些基础信息，项目后评价小组则应该组织相关专家团队对项目文件进行阅读分析，从中采集项目后评价相关的资料。

（5）开展调查、了解情况。在已经收集的项目资料基础上，去项目现场对所收集的信息进行情况核实与评价。在项目现场不仅要了解项目整体的宏观情况，还要对项目微观上的实施细节进行调查核对。宏观情况包括项目的经济发展地位等，微观情况则是项目自身的建设、运营、可持续发展能力、对周围环境的影响等方面。

（6）分析资料、形成报告。在阅读业主提供的大量文件和现场情况勘察的基础上，消化整合信息，形成后评价概念并写出报告。需要形成的后评价概念包括所评价项目实施总体情况如何，能否按照已有计划完工，能否达到预定使用要求等目标，投入与产出是否能够成正比，项目对合作国地区的生态和群众各有什么样的影响，项目可持续性如何，能够为之后的项目提供什么经验等。

对评价的项目形成概念后就可以开始着手进行项目后评价报告的编写。

调查研究的最终成果是通过项目后评价报告体现出来的，项目后评价报告同时也是项目实施阶段性或是全过程的经验总结以及反馈评价的主要文件形式。后评价报告的编写主要有以下两个要求。

第一，真实可靠，分析客观，经验总结。后评价报告的编写一定要能够真实可靠地对项目问题进行分析反映。项目后评价报告中的文字要准确、清晰、简练，不过分追求对专业词汇的运用。同时评价结论要能够与未来的规划和政策相结合、联系。为了提高信息反馈速度和反馈效果，让项目的经验教训在更大的范围内起作用，在编写评价报告的同时，还必须编写并分送评价报告摘要。

第二，编写内容相对规范。后评价报告需要满足两个功能作用，一是需要对项目信息进行准确的反馈，二是便于后期计算机的输入，为以后的相似项目建设提供经验借鉴。基于以上两个功能，后评价报告的撰写需要规范化，格式内容固定化。但结合具体项目，针对特殊问题可以对格式内容稍作调整。

（7）提交后评价报告、反馈信息。项目后评价报告初稿完成后应交由后评价项目执行机构的最高领导人进行审查，并向后评价委托单位进行后评价结果的简要报告。如果对后评价内容存在争议或分歧，如有必要可以针对问题召开会议进行内部讨论。项目后评价报告经讨论、初步审查、研讨及修改后方可提交。提交的材料包含"项目后评价报告"和"项目后评价摘要报告"两种形式。

10.4.2.2 项目后评价方法

项目后评价工作包含三个部分内容。首先是项目相关资料的收集工作，收集的资料包括项目单位的自我评估报告、通过现场调查得到的各种数据以及项目相关数据等，项目收集工作是项目后评价工作的基础。其次是对比分析与研究工作，将收集来的项目信息及数据与项目可行性报告中的相关数据进行对比分析，找出项目所涉及各项指标因素的发展趋势，这是项目后评价的核心工作。最后根据所分析的各因素发展趋势做出经验总结以及针对可能存在的问题提出切实可行的建议或是对策，并做出综合判断，这也是整个项目后评价工作的最终目的。

（1）项目后评价资料的收集方法。项目后评价资料的收集是项目后评价中的一个重要环节，项目后评价资料收集的效率和质量将直接影响到项目后评价整个工作进展以及项目后评价报告结果的准确性。由于项目后评价项目不同，项目后评价的时间节点以及评价难易程度也不尽相同，所应用的评价方法也略有差别。为保证项目后评价工作的客观性和公平性，项目后评价资料收集工作往往通过多种方法结合的方式来开展。下面介绍几种项目中常用的项目后评价资料收集方式。

第一，专题调查会方法。此方法需要项目后评价人员邀请项目管理中各个阶段各个部门的参与者，会上要充分调动与会人员从各个角度对项目进行评价，以提出采访中容易被忽视的问题，避免采访中的片面性。

第二，固定程式的意见征询方法。这种方法需要项目后评价人员提前制定需要调查的相关问题来征求意见，然后进行相关资料的收集。这种方法让受访者在既定选项中直接选取答案，简单明了，容易操作。针对收集到的结果一般采用高级的手段直接进行结果的数据分析。

第三，非固定程式的采访方法。这种方法是非正式对话的替代方法，项目后评价人员根据个人资源进行采访对象的确定，并根据自己头脑中形成的问题对采访对象进行访谈。为保证采访效果，项目后评价人员采访前一定要在脑海中准备好问题，避免访谈时遗漏项目后评价重点问题，浪费时间。

第四，实地观察法。实地观察法是项目后评价人员对要进行项目后评价的项目进行实地考察，从而对项目实施情况进行直观的观察以发现问题。这种方法的优点是操作相对灵活，缺点是成本高、耗时长、调查结果可能存在后评价人员的主观情见。但总体来说，实地观察法是项目进行后评价较为行之有效的办法之一。

第五，抽样调查法。抽样调查法主要针对调查对象数量多、调查面广的情况。调查人员可以按照固定的程序或是其他智能化手段，从调查对象中随机抽取部分对象进行调查，并以此来对整体情况进行估计。目前应用比较广泛的抽样方法是简单随机抽样和组簇抽样两种类型。

（2）项目后评价分析与研究方法。项目后评价一般采用逻辑框架思维方法、对比分析方法以及综合评价与判断方法。

第一，逻辑框架思维方法。所谓逻辑关系，简单说就是有什么原因就会产生什么结果，用逻辑关系来区分项目的一系列变化的过程，从而明确项目的目标及其相关联的架设条件，在项目后评价中为建设项目提出切实可选的措施和建设性意见。逻辑框架思维方法一般可以用表格进行阐述。逻辑框架思维方式矩阵见表 10 - 4。

表 10 - 4 逻辑框架思维方法矩阵

项目结构	客观验证指标	考核指标方法	重要前提条件
宏观目标	实现宏观目标的衡量标准	信息来源采用方法	宏观目标与直接目标的前提条件
直接目标	项目的最终状态	信息来源采用的方法	产出与直接目标间的前提条件
产出	计划完成日期、产出的直接结果	信息来源采用的方法	投入与产出间的前提条件
投入活动	资源特性与等级、成本计划投入日期	信息来源采用的方法	项目的前提条件

资料来源：周蕾、黄玲、兰德卿、尹彦友. 基础设施投建营一体化理论与实务 [M]. 北京：化学工业出版社，2021.

表 10 - 4 中各项目名词解释如下。

投入活动：指项目为生产所进行的工作和对资源的消耗，也就是表述项目是怎样执行的，包括资源的投入和时间等。

客观验证指标：判定达到目标程度的指标，包括数量、质量和时间。

前提条件（关系）：保证项目成功所需要的各种客观条件。

考核指标方法：即考核是否达到目标的方法，一般包括指标考核等。

上述逻辑框架分析表的逻辑关系是自上而下的。首先，确定在什么样的客观条件下能够产出，达到的宏观目标是什么样的。其次，分析达到客观考核目标所需要的客观条件所包含数量、质量和时间等，经过这样不断重复的循环以明确各种客观条件所需指标，达到最终目标。

第二，对比分析方法。建设项目的前后对比法。建设项目的前后对比法是通过建设项目的实际数据与预测数据作对比。重新计算项目后评价中的各类指标数据与可行性研究评估报告中的数据作对比，再找预测数据与实际数据偏差程度较大的部分，并对此进行分析，查明原因，以策划类似问题应对方案。除我国建设项目外，如果有需要还可以对国外类似项目进行建设项目的前后对比分析，为我国类似项目建设提供借鉴。

建设项目的有无对比法，首先要进行项目搜集，查看其他区域是否有类似项目进行有无对比；其次对搜集到项目实施后对当地经济发展以及社会效益的影响情况；再其次预测有意愿建设项目区域，建设该项目后的经济和社会效益，进行有无该项目的有无对比分析；最后根据有无对比分析结果，论建设项目的必要性做出尽可能正确的决定。

第三，综合评价与判断方法。综合评价包括定性分析和定量分析两类。

一个评价方法很难能够包含建设项目的全部评价要素来对项目进行全面评价。根据现有技术手段，往往需要确定项目的关键成功因素作为该项目的评价指标，当这些指标达到标准时，则认为被评价的建设项目是符合要求并达到建设目标的。因此，如何确定关键成功因素以及如何正确地对项目进行客观合理的项目后评价是非常关键的。针对建设项目，可采用模糊分析法和层次分析法相结合的方式进行。

由于大中型项目中存在大量定性因素，很难在总评价时给出清晰的数量化形式，评价往往由决策者进行主观判断，对于这类问题，宜采用模糊决策方法。建设项目总体评价中有很多效益评价指标体系，且各个指标之间可能存在某些相互关联。应用层次分析法，可以将复杂问题进行简单化处理。将以上两种方法相结合，就构成了工程项目后评价的数学方法模型，即称之为模糊综合评价方法模型。

10.4.3　退出阶段风险

"投建营＋EPC"项目在运营期满或特许经营期满等项目寿命到期后，总承包商会选择适时退出，获得项目收益，但在退出过程中，由于"投建营＋EPC"模式的法律法规和相关配套制度的发展尚处于起步阶段，项目退出机

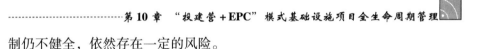

制仍不健全，依然存在一定的风险。

10.4.3.1 退出平台不完善

承包商原则上可以通过股权转让的方式退出项目，但股权的转让面临着股权受让方是否属于适合主体的问题，我国的"投建营+EPC"产权交易市场仍在不断探索中，交易市场尚未能承担起甄别适合受让主体的责任，不具有完善的从承包商方的甄选，到交易信息的发布、融资的相关服务以及承包商的流转退出等的机制。

因此，在股权转让中，政府方需要对股权的受让者主体资格进行审查；建立提供一站式服务的项目产权交易平台，从承包商方的甄选，到交易信息的发布、融资的相关服务以及承包商的流转退出等形成一套完整的体系。

10.4.3.2 退出补偿机制不健全

当"投建营+EPC"项目因不同的原因中断或者终止时，无论是政府还是承包商都不希望对未完成的项目承担全部责任。作为涉及公共产品和服务的项目，如果政府不能回购，承包商就要面临破产的风险。而政府也无法承担在任何情况下都能回购项目的责任。目前，我国尚未形成对"投建营+EPC"项目承包商退出方面的有效补偿机制。为了建立健全退出补偿机制，可考虑以下几方面的建议。

第一，建立合理的补偿机制。在协议中说明政府回购义务的相关规定并将其限制在一定的范围之内，以避免损害公共利益。通常只有在项目公司违约导致项目终止时，政府方才不完全承担回购义务。然而考虑到社会公共安全和公众利益，社会资本方即使存在违约情形无法继续参与项目，政府方仍然会寻求其他方式以继续提供公共产品和服务，这种情形下，政府的回购义务仍然存在。

第二，政府方应统筹结合项目需求目标，因地制宜地设计项目退出方案。针对技术专业度要求较高的项目（如轨道交通、环境治理等）可适当提高承包商的退出门槛（如延长其可以退出的期限），并对新引入的承包商的资格条件进行严格的筛选和审查。针对未来有再融资需求或资金投入周期较长的项目，可明确要求承包商在落实项目再融资方案或投入全部项目所需资金后才能退出。

第三，在前期方案设计过程中，综合考虑项目实际需求和潜在承包商的合理诉求，设计多元化的退出机制。例如，针对主要承担项目融资责任的财务投资人，通常情况下在完成项目融资交割或资金到位后应允许其退出，但是对于资金周期较长或进行滚动开发的项目，就应当结合合作期内整体资本金的实际投入情况设计财务投资人的退出时间。针对承担项目建设责任的工程企业投资人，通常在项目进入稳定运营并实现有效项目产出后允许其退出，但如果在运营期内仍需借助承包商兼投资人的资源协调和项目管理能力的，政府可以通过限制投资人的股权转让比例或要求其承诺承担连带责任等方式，对投资人的退出进行合理的限制。①

10.4.3.3 移交评估机制不完善

要建立完善的移交评估机制，可以通过引入质量保证金或者风险保证金的形式保证 EPC 承包商在项目的移交过程中恪守本分，避免因逐利而对社会公共利益造成损害。例如，协议中可以要求 EPC 承包商按照项目金额的一定比例缴存质量保证金或者风险保证金。如果在移交或移交后的一段时间内，总承包商有任何妨害项目运营的行为，则政府方有权没收其提交的质量保证金或风险保证金。此种担保方式可以使得总承包商在移交期间恪尽职守，不会因合作期届满而放松要求，懈怠履行自身的职责。

对"投建营＋EPC"项目的投资人兼总承包商可以建立一份白名单和黑名单，在项目履行完毕后，由政府方对总承包商的履约能力和诚信行为进行评估打分。对于不按合同履约的总承包商，可以将其列入黑名单，不让其再参与"投建营＋EPC"的投标。对于履约能力强，且社会责任感强的总承包商，可以将其列入白名单，奖励其拥有投标时免于资格审查的权利。采取这种黑白名单的方式，可以使总承包商在"投建营＋EPC"项目的履约过程中兼顾社会共同利益，积极地履行合同义务。

---

① 石璐璐. 我国 PPP 项目的社会资本退出法律问题研究［D］. 天津：天津财经大学，2018.

10.4.3.4 退出监管机制不健全

目前"投建营 + EPC"项目的监管体制中存在诸多问题,比如政府各部门之间存在交叉管理、多重监管效率不高、公共产品和服务的定价机制不完善等。对于"投建营 + EPC"项目的资本退出,也同样存在着监管机制不完善的情况。

首先,政府各部门之间分工明确、相互配合,形成一个运作良好的涵盖承包商从准入到退出全过程的监管体系,设立专门的监管机构,对项目运作全过程进行专业化监管。其次,可通过引入第三方机构的方式,以降低获取信息和监管所需的成本,保证监管的客观性和公正性。

10.5 信息化"投建营 + EPC"全生命周期管理平台

10.5.1 管理方案设计

在项目推进过程中,项目的盈利或亏损主要取决于设计方案、施工能力、融资成本和运营能力。这就要求工程建设企业从投资、融资、建设、运营等方面综合考虑设计标准、设备材料、施工方案和运维方案,在设计阶段要综合考虑建设成本和运维成本,对工程建设企业的项目综合筹划能力、资源整合能力、产业上下游协调能力提出了更高要求,这实际上是一个系统性思维。因此,需要从全局的角度出发,加强信息化的投入,未来通过信息化平台掌握项目全生命周期过程信息,能够看得见,管得住,同时通过平台沉淀项目知识,实现未来知识不断复用和增值。

在投资管控方面,投资方通过信息化平台可以清楚掌握项目的设计图纸、交付情况、项目进度执行情况,设备的采购、建造、安装情况、生产运维情况等,从中发现并解决项目推进过程中的问题,真正做到项目投资全生命周期管控。

在进度管理方面，项目现场牵扯的环节众多，很多方面难以受控。针对这些不受控的因素，为了确保工程项目按期交付、合理安排资源，满足项目施工进度需求，需要对项目进行进度计划的细化分解，设计计划、采购计划、施工计划环环相扣，形成动态进行进度控制的方法。

在成本管控方面，成本管控需要科学的管控体系，通过制定精确的项目目标成本体系、预算成本体系，从事前、事中、事后实现对项目的全生命周期管理，监控项目成本执行情况，降低项目建设成本，提升企业成本控制能力，从而提升盈利能力。

在质量管理方面，质量管理的对象、元素、环节众多，通过信息化平台实现对质量体系、质量标准、质量控制、质量检查、不合格项处理等各业务环节的有效管理，能够动态反馈项目执行过程中的质量问题，实现对项目现场质量问题的发现、整改、评价、验收的体系化集中管控。

在人员管理方面，将信息化与管理有机结合，通过对项目现场人员的护照、通关、培训、签证、现场安全等信息化管理，由粗到细，多层次、多维度的有效控制，将企业、项目和人员有机衔接，合理调配项目人才资源，实现对项目劳务人员的科学管理。

在风险管控方面，有合同风险、融资风险、采购风险、人员风险、法律风险等，而缺少平台工具、经验知识库及完备的流程体系是无法管理这些风险的。通过信息化平台，可以实现业务流程固化、合同条款模块化、法律条文规范化、风险管理体系化，并与风险管理过程中的职责、权限、方法、工具相融合，逐步建立起一套标准化的风险管控体系。

在协同管理方面，借助移动互联网、掌上 App 等先进的技术手段，实现各方资源有效协调。通过建立各方参与的协同平台，将参与工程建设的设计院、监理方、分包方、施工方、供应商、业主等各方融入一个统一的信息化平台，打破地域、时空的限制，实现各方的高效协同，提升沟通效率、降低沟通成本，提升企业对各方资源的协调能力。

升级管理思想，"一带一路"不仅是技术装备的输出，同时也是先进管理思想、文化的输出。在单一的 EPC 模式向"投建营 + EPC"模式延伸的过程中，涉及组织、人员、业务、流程、技术、资源等各方面的整合与重构，要把工业 4.0 技术、装备、管理理念一同输出出去，这样才有助于提升工程建设企业新的综合竞争力。为了让企业快速适应转型带来的调整与影响，保证转型的平滑过渡与健康运转，企业需搭建一套成熟而行之有效的投建营一体化信息化管控平台，并保证转型、制度、平台同步到位，实现组织结构的快速建模，并将业务、标准、流程固化到信息系统，以信息化支撑企业运转，支撑企业战略转型落地。

第三篇
基础设施融资篇

第 11 章

基础设施融资渠道

基础设施投资是一个国家和地区实现可持续发展的关键领域。在完成基础设施投资决策之后，需要融入大量资金来支持其建设、运营期间的各项支出。由于基础设施的特殊性，在选择融资渠道时应遵循规模适宜、时机适宜、经济效益和结构合理的原则。基础设施主要的融资渠道较为广泛，有国家预算资金、国内贷款、利用外资、自筹资金和其他资金。落实到具体基础设施项目中，可以按照资本金筹措渠道和债务资金筹措渠道进行融资渠道的细分。在进行融资渠道的选择时，应当从基础设施的类型、阶段出发选择合适的渠道。本章将详细介绍基础设施融资原则、基础设施融资渠道、基础设施项目融资渠道以及如何进行融资渠道的选择。

11.1 基础设施融资的原则

基础设施的概念最早来自军队，意味着军营和机场等。后来，基础设施被用来指一个经济体必要的组织结构。1996 年，约基姆森（Jochimesen）提出了最广泛使用的"基础设施"定义，其重点是强调基础设施在构建市场经济中的作用。基础设施，即实体、制度和人力资产的总和，是一个经济体基于劳动分工及各机构主体地位且在有效配置资源的基础上实现要素合理分配所具备的设施及条件。实体基础设施指的是所有物质资产、设备和设施的总和；制度基础设施指的是社会随着时间的推移而制定的规范和规则；人力基础设施指的是市场经济中的人数和质量。可以看出，基础设施不仅要考虑经济和技术问题，还要考虑社会和文化问题。

基础设施投资是一个国家和地区实现可持续发展的关键领域。如果没有交通运输、能源和水等基础设施系统，就不可能有经济的发展和社会的正常运行。它不仅关系到企业的生产效率、产品竞争力甚至整个国家的繁荣发展，而且还影响着人们生活质量和健康水平。广义的基础设施活动一般包括建筑、运输、能源、水、通信和废物管理，以及跨领域的建设和环境活动；狭义的基础设施业务聚焦于建筑行业，这是经济中一个至关重要的部门。

基础设施融资必须遵循以下基本原则。

11.1.1 规模适宜原则

在基础设施资金筹集过程中，要考虑资金来源与支出之间的关系，即筹集到多少资金才能使基础设施项目获得最大效益。融资活动是为确保项目建设和运营所进行的资金筹集活动。资金的缺乏必然影响项目正常的建设和运营，而资金的剩余会造成资源的浪费和资金使用效率的降低，因此，有必要找到一个合理的筹资水平，从而平衡筹资数量和需求量。

11.1.2 时机适宜原则

筹资的时机必须与资金的使用时间相适应。在实际工作中，应根据基础设施项目的建设运营特点和资金需求状况来决定是否提前筹集所需资金。筹资过早会导致资金闲置，而筹资过晚会影响到投资机会。

11.1.3 经济效益原则

基础设施融资的渠道与方式是多样的，不同的资金筹集渠道与方式的资金成本、资金筹集的难易程度、资金供给者的约束条件等都可能不同，因此，应综合考虑，力求以最小的综合资金成本取得最大的投资效益。

11.1.4 结构合理原则

通常，基础设施项目资金来源可分为直接融资渠道与间接融资渠道，即股权资金和借款资金，前者形成项目的资本金，后者形成项目的负债。经济适用的基础设施融资结构包含两方面的内容：一是股权融资与债务融资的资金比例；二是长期资本与短期资本的比例。因此，在筹资过程中需要合理地调节筹资结构，寻找最佳的筹资方式组合。

11.2 基础设施融资渠道

从国家统计局的数据来看，基础设施融资渠道可分为五大类，分别是国家预算资金、国内贷款、利用外资、自筹资金和其他资金。1978～2021 年我国固定资产投资资金来源比例如图 11 - 1 所示。

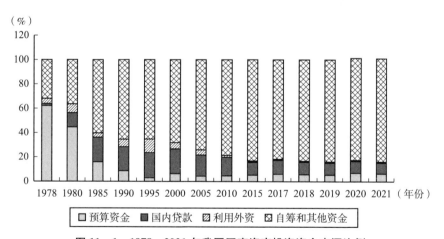

图 11 - 1 1978～2021 年我国固定资产投资资金来源比例

资料来源：国家统计局 [EB/OL].（2022 - 02 - 28）. http://www.stats.gov.cn/；刘健. 政府投融资管理 [M]. 北京：中国金融出版社，2022.

11.2.1　国家预算内资金

国家预算内资金是列入国家预算收支计划由财政集中分配使用的资金，它是国家对国民经济进行宏观控制和调节的主要手段之一。国家预算内资金的主要来源是通过财政预算方式集中的国有企业上缴利润和税收，以及城乡各项税收等。国家预算内资金的主要用途是预算内的各项经济建设、文教科技卫生、国防和对外援助拨款、国家行政管理等。根据财政部预算执行报告，国家财政预算包括一般公共预算、政府性基金预算、国有资本经营预算和社保基金预算。

国家预算内资金分为财政性投入和非财政性投入两大类，包括国家预算内、地方财政、主管部门和国家专项投资拨给或委托银行贷给建设单位的基本建设拨款和中央基本建设基金、企业单位的更新改造拨款以及中央财政拨给的专项拨款中用于基本建设的资金。

11.2.2　国内贷款渠道

国内贷款在基础设施项目融资中占有重要地位，是基础设施项目融资的主要渠道。国内信贷资金主要由商业银行和政策性银行提供。信贷融资方案应规定提供贷款的机构及其贷款的条件，包括还款方式、贷款期限、贷款利率、本金和利息的支付方式、附加条款等。

11.2.2.1　商业银行贷款

国内商业贷款是我国商业银行对某一基础设施项目所提供的贷款。根据所有制形式的不同，我国存在着国有商业银行与股份制银行。我国商业银行按其工作领域划分为全国性商业银行和地方性商业银行，全国性商业银行主要是国有商业银行，地方性商业银行则是股份制商业银行。境外的商业银行也是银行贷款的来源之一。根据贷款期限的不同，将商业银行贷款期限在1年内的称为短期贷款，贷款期限在1~3年的称为中期贷款，贷款期限在3年以上的称为长期贷款。

商业银行贷款按资金用途分为固定资产贷款、流动性贷款等。贷款期限以 3 年为宜，项目投资使用中长期银行贷款，银行需对项目进行独立评估，评估内容包括项目建设内容、建设必要性、产品市场需求、项目建设和生产条件、工艺技术和主要设备、投资估算和筹资方案、财务盈利性、偿债能力、贷款风险、保证措施等。[①]

除了商业银行可以发放贷款之外，一些非银行金融机构，比如城市或者农村信用社，信托投资公司等也可以发放贷款，其条件与商业银行类似。

11.2.2.2　政策性银行贷款

为了支持一些特殊的生产、贸易和基础设施等项目，国家政策性银行可以开展政策性银行贷款政策。政策性银行贷款利率总体低于商业银行的贷款利率。我国的政策性银行包括中国进出口银行和中国农业发展银行，[②] 原为政治性银行的国家开发银行于 2008 年末改制为开发性金融机构，为国家中长期发展战略的实施提供投资金融服务和开发性金融服务。

11.2.3　利用外资渠道

国外信贷资金主要由商业银行、世界银行、亚洲开发银行等国际金融机构提供。此外，还包括国外的政府贷款、出口信贷和信托投资公司等非银行金融机构（如基金会、投资公司）的贷款。

11.2.3.1　国际商业银行贷款

国际商业银行贷款是指在全球金融市场上通过借款而筹集到的项目资金，特别是在多边金融机构和国际金融组织之外向国外商业银行和国外金融机构发放的贷款。国外商业银行的贷款利率表现为浮动利率与固定利率两种形式。浮动利率一般是指以一定的国际金融市场利率为基准，加上一定利差。这种

---

①②　孙慧，张雪峰. 工程项目与融资第六讲：工程项目融资模式——债务融资［J］. 中国工程咨询，2009（6）：58－61.

贷款利率一般在 0.25~1.25 之间，根据国际金融市场资金供求、期限长短、贷款金额、客户资信等上下浮动。目前国际上主要采用的是以伦敦同业拆借利率 LIBOR 为基础的利率体系。而固定利率则是在贷款合同中约定的利率。国外商业银行贷款利率是由市场决定的，各国中央银行则采取一定手段调控本国金融市场利率。

11.2.3.2 国际金融机构贷款

国际金融机构贷款是指国际金融组织依据章程向各成员国提供的各类贷款。国际上提供项目贷款的主要金融机构有：世界银行、国际金融公司、欧洲复兴与开发银行、亚洲开发银行、美洲开发银行等国际和地区金融机构。目前与我国关系最为密切的国际金融机构有国际货币基金组织，世界银行与亚洲开发银行。国际金融机构贷款一般都具有一定的优惠性，贷款利率要比商业银行低，贷款期限可以安排得比较长，但也可能需要支付承诺费等附加费用。国际上不同金融机构的贷款政策不同，只有经过批准的项目才有可能获得贷款。

11.2.3.3 出口信贷

当项目建设需要引进设备时，可以采取出口信贷方式来筹措资金。出口信贷是指一国政府为了支持和扩大本国大型设备等产品的出口，提高国际竞争力，向本国出口商或国外进口商（或其银行）提供较低利率的贷款，以解决本国出口商资金周转困难或满足国外进口商向本国出口商支付货款的一种国际信贷方式。以获得贷款资金的借款人为依据，可以将出口信贷分为买方信贷、卖方信贷和福费延（FORFEIT）信贷等。出口信贷一般不能按设备价款全额进行贷款，通常只能提供设备价款的 85%，设备出口商给购买方以延期付款的条件。出口信贷利率普遍低于国际商业银行贷款利率。

11.2.3.4 银团贷款

随着设计项目的不断扩大，建设所需要的资金越来越多。由于风险管理或银行的财务实力等原因，一家商业银行的贷款可能无法满足项目贷款资金的需求，这就是银团贷款产生的原因。银团贷款，又称辛迪加贷款，是指由一家银行牵头，多家银行参与，向借款人提供资金的贷款方式。银团贷款由牵头银行管理，由代理银行负责协调用款，同时代理行还需要负责监管借款人的账户。在银团贷款过程中，借款人在支付借款利息的同时，还需另支付一定的费用，其中包括管理费、代理费与其他费用等。

银团贷款的具体方式有直接参与和间接参与两种。直接参与是银团内每个银行成员直接与项目贷款人签订贷款协议，按照贷款协议规定的统一条款向项目贷款人发放贷款，这种参与方式在西方发达国家得到了普遍应用。间接参与是央行将项目出借给贷方后，银行再将参与贷款权转移给其他参与银行。

11.2.4　自筹资金渠道

自筹资金一直是基础设施资金的主要来源。自筹资金是指各地区、各部门、各单位按照财政制度提留、管理和自行分配用于固定资产再生产的资金。自筹资金渠道主要包括政府性基金、专项债、城投债、PPP 模式、资产证券化、基础设施公募 REITs 和非标准债权资产等。

11.2.4.1　政府性基金

近年来，各级政府批准设立的政府投资基金已经形成较大规模，是基础设施项目资金的主要来源之一。政府投资基金，也称政府引导基金，是一种财政资金的创新使用方式，在引导新兴产业发展和撬动社会资本投入基础设施过程中发挥了重要作用。本书将在第 13 章详细介绍政府投资基金的概念、发展现状以及对基础设施投融资的影响。

11.2.4.2　政府债券

根据财政部关于印发《地方政府债券发行管理办法》的通知，地方政府债券包括一般债券和专项债券。

（1）一般债券。一般债券是为没有收益的公益性项目发行，主要以一般公共预算收入作为还本付息资金来源的政府债券。

（2）地方政府专项债券。地方政府专项债券是指省、自治区、直辖市政府（含经省级政府批准自办债券发行的计划单列市政府）为有一定收益的公益性项目发行的、约定一定期限内以公益性项目对应的政府性基金或专项收入还本付息的政府债券，包括新增专项债券和再融资专项债券等。专项债券进一步可分为一般（普通）专项债券和项目收益类专项债券。项目收益类专项债券，全称为项目收益与融资自求平衡的专项债券，其偿债资金来源主要来自项目建设完成后运营产生的专项收入。

根据《地方政府债券发行管理办法》，地方政府专项债券与地方政府一般债券存在以下区别。

（1）偿债资金来源不同。地方政府的一般债券融资，主要以一般公共预算收入偿还，而地方政府专项债券融资，是以对应的政府性基金或专项收入偿还。（2）募集资金用途不同。一般债券募集资金主要是用于没有收益的公益性项目，而地方政府专项债券募集资金主要用于有一定收益的公益性项目。

11.2.4.3　城投债

城投债，又称"准市政债"，是地方投融资平台作为发行主体，公开发行企业债和中期票据，其主业多为地方基础设施建设或公益性项目。这一渠道是地方政府融资平台逐步发展起来的一种财政支持渠道。

根据《国务院关于加强地方政府融资平台公司管理有关问题的通知》，地方政府投融资平台是指由地方政府及其部门和机构等通过财政拨款或注入土地、股权等资产设立，承担政府投资项目融资功能，并拥有独立法人资格的经济实体。《关于加强2013年地方政府融资平台贷款风险监管的指导意见》则将地方政府融资平台定义为由地方政府出资设立并承担还款责任的机关、事业、企业三类法人。

地方政府投融资平台的概念大致分为三种，分别是《国务院关于加强地方政府融资平台公司管理有关问题的通知》《关于加强2013年地方政府融资平台贷款风险监管的指导意见》和国家四部委与金融机构的界定。根据《国务院关于加强地方政府融资平台公司管理有关问题的通知》规定，地方政府融资平台是指"由地方政府及其部分和机构等通过财政拨款或注入土地、股权等资产设立，承担政府投资项目融资功能，并拥有独立法人资格的经济实体"。2010年7月30日财政部、发改委、央行和银监会联合发布的《关于贯彻国务院关于加强地方政府融资平台公司管理有关问题的通知相关事项的通知》中进一步明确了融资平台的范围为"各类综合性投资公司，如建设开发公司、投资开发公司、投资控股公司、投资发展公司、投资集团公司、国有资产运营公司、国有资本经营管理中心等；以及行业性投资公司（如交通投资公司等）"。《关于加强2013年地方政府融资平台贷款风险监管的指导意见》则将地方政府融资平台定义为由地方政府出资设立并承担还款责任的机关、事业、企业三类法人。

地方政府融资平台通过财政资金的增加来增加企业资本金，能够对基础设施建设起到一定的作用。将政府财政性资金投入到基础设施融资平台企业中，可以形成企业资本金并发挥引领和示范作用，增强平台企业的融资能力，为基础设施建设资金的进一步聚集提供保障。

11.2.4.4　PPP 模式

PPP模式是一种由公共部门和私人部门共同参与，通过一系列制度安排共同完成基础设施项目融资、建设、运营和管理的过程。PPP模式中最主要的单位为项目公司，通常是由获得政府授权的私营部门组建的特许经营公司。项目公司周边的其他参与PPP模式建设并与项目公司发生联系的其他组织主要是政府公共部门、民营部门、金融机构、建筑部门等主管部门以及项目经营承包商。

11.2.4.5　资产证券化

基础设施投资是中国固定资产投资的重要组成部分。公路、铁路、机场等交通基础设施以及燃气、供电、供水、供热、污水及垃圾处理等市政基础设施项目经营状况良好，具有可预见的稳定现金流，是可证券化的优良资产，为我国资产证券化的大规模实施奠定了良好的基础性条件。基础设施资产证券化，是把缺乏流动性但能够产生可预见的稳定现金流的基础设施收费权等资产作为基础资产，以基础设施未来产生的现金流作为偿付支持，通过一定的结构化安排进行信用增级，在此基础上发行资产支持证券的一种项目融资活动。简单地说，基础设施资产证券化就是通过出售基础设施收费权等基础资产的未来现金流进行融资的一种方式。

11.2.4.6　基础设施公募REITs

我国公开募集基础设施证券投资基金（以下简称基础设施公募REITs）是指依法向社会投资者公开募集资金形成基金财产，通过基础设施资产支持证券等特殊目的载体持有基础设施项目，由基金管理人等主动管理运营上述基础设施项目，并将产生的绝大部分收益分配给投资者的标准化金融产品。① 基础设施公募REITs是基础设施项目融资的一种重要渠道。按照规定，我国基础设施公募REITs在证券交易所上市交易。基础设施资产支持证券是指依据《证券公司及基金管理公司子公司资产证券化业务管理规定》等有关规定，以基础设施项目产生的现金流为偿付来源，以基础设施资产支持专项计划为载体，向投资者发行的代表基础设施财产或财产权益份额的有价证券。

11.2.4.7　非标准化债权资产及其他计入自筹

按照银监会2013年3月颁布《关于规范商业银行理财业务投资运作有关问题的通知》的定义：所谓非标准化债权资产是指未在银行间市场及证券交易所市场交易的债权性资产，包括但不限于信贷资产、信托贷款、委托债权、承兑汇票、信用证、应收账款、各类受（收）益权、带回购条款的股权性融资等。

在其他计入自筹的资金来源中，还包括了一些发行用来筹措基建所需资金的债券，例如铁道债、发改委专项债、项目收益债等，这些债券筹集的资金在基建资金中占比较小，资金流相对比较稳定。

---

① 魏贤达. 原始权益人视角下公募REITs探析［J］. 会计师, 2022（19）：19-22.

11.2.5　其他渠道

基础设施建设项目融资渠道除自筹资金、国家预算内资金、国内贷款和利用外资渠道外，还有其他一些融资渠道。从整体上看，这些新的融资渠道更多地处于从属位置并起到补充作用。

11.3　基础设施项目融资渠道

基于项目角度来划分，基础设施项目资金来源可分为资本金筹措渠道和债务资金筹措渠道，前者形成项目的资本金，后者形成项目的负债。有关基础设施项目资本金制度，将在第 12 章详细介绍。基础设施项目资金筹措渠道与方式既是相互区别的，也是相互关联的。同一渠道的资金可以以不同的方式筹集，同一方式筹集的资金可以以不同的渠道筹集。因此，必须认真研究分析不同筹资渠道和筹资方式的特点和适应性，两者相结合，确定最佳资金结构。

11.3.1　项目资本金筹措渠道

基础设施项目资本金是基础设施项目资金筹集的基础，根据《国务院关于固定资产投资项目试行资本金制度的通知》的规定，基础设施项目必须首先落实资本金才能进行投资建设和运营。对基础设施项目来说，项目资本金是非债务性资金，项目公司不承担这部分资金的任何利息和债务。自从 1996 年首次提出项目资本金制度以来，资本金制度不断调整，尤其是项目资本金占项目总投资的比例。国家根据经济形势和特定行业发展，分别于 2004 年、2009 年、2015 年和 2019 年对部分行业项目资本金比例进行了调整。目前关于项目资本金制度的最新文件是《国务院关于加强固定资产投资项目资本金管理的通知》。

项目资本金的来源主要有两大类：一类是投资者以货币方式认缴的项目资本金；另一类是通过实物资产、工业产权、非专利技术、土地使用权等方式作价投入的项目资本金。第二类的出资比例一般会受到限制，根据1996年《国务院关于固定资产投资项目试行资本金制度的通知》的规定，第二类资金比例不得超过投资项目资本金总额的20%。因此，货币资金在项目资本金总额中的比例要达到80%以上。由此可见，对于基础建设项目来说，以货币方式投入的项目资本金非常重要，它是基础设施项目实施利用其他资金的基本前提条件，如果项目资本金不到位，会影响整个项目的投资建设。

投资者以货币方式认缴的项目资本金，主要来源于以下四个渠道。

（1）项目建设单位投入到项目的资金包括政府、企业、投资机构、个人等投入到项目的资金，可以是其自有资金，也可以是投资者依法筹集的资金等。

根据《国务院关于加强固定资产投资项目资本金管理的通知》的规定，项目资本金对投资项目来说必须是非债务性资金，项目法人不承担这部分资金的任何债务和利息，投资人不得要求兜底保障、固定的本息回报和回购承诺。

政府投入到项目的资本金主要是各级财政资金。根据《国务院关于加强固定资产投资项目资本金管理的通知》，地方各级政府及其有关部门可统筹使用本级预算资金、上级补助资金等各类财政资金筹集项目资本金。《关于做好地方政府专项债券发行及项目配套融资工作的通知》中指出，要多渠道筹集重大项目资本金。鼓励地方政府通过统筹预算收入、上级转移支付、结转结余资金，以及按规定动用预算稳定调节基金等渠道筹集重大项目资本金。允许各地使用财政建设补助资金、中央预算内投资作为重大项目资本金，鼓励将发行地方政府债券后腾出的财力用于重大项目资本金。

需要注意的是，《国务院关于加强固定资产投资项目资本金管理的通知》中规定，项目借贷资金和不符合国家规定的股东借款、"名股实债"等资金，不得作为投资项目资本金。

（2）项目通过发行金融工具等方式筹措的各类资金，按照国家统一的会计制度可计为权益工具的，可以认定为项目资本金，但不得超过资本金总额的 50%。《国务院关于加强固定资产投资项目资本金管理的通知》中将项目资本金来源拓展到权益型、股权类金融工具等范围，主要包括如永续债券、可转换债券、权益型 REITs 以及可进行股权投资的银行理财资金、基金、信托计划等。权益工具在法律上既不属于股，也不属于债，而是介于股债之间，属于夹层融资，《国务院关于加强固定资产投资项目资本金管理的通知》明确了符合条件的权益工具的一定比例（50%）可以被认定为资本金。

《国务院关于加强固定资产投资项目资本金管理的通知》中同时指出，存在下列情形之一的，不得认定为投资项目资本金：第一，存在本息回购承诺、兜底保障等收益附加条件；第二，当期债务性资金偿还前，可以分红或取得收益；第三，在清算时受偿顺序优先于其他债务性资金。

（3）地方政府专项债券。《国务院关于加强固定资产投资项目资本金管理的通知》中指出，可按有关规定将政府专项债券作为符合条件的重大项目资本金。《关于做好地方政府专项债券发行及项目配套融资工作的通知》中指出，允许将专项债券作为符合条件的重大项目资本金。

（4）政策性、开发性金融工具。2022 年 6 月 29 日李克强主持召开国务院常务会议，会议决定，运用政策性、开发性金融工具，通过发行金融债券等筹资 3000 亿元，用于补充包括新型基础设施在内的重大项目资本金，但不超过全部资本金的 50%，或为专项债项目资本金搭桥。财政和货币政策联动，中央财政按实际股权投资额予以适当贴息，贴息期限 2 年。①

发债募集资金作为基础设施投资基金用于补充包括新型基础设施在内的重大项目资本金。基础设施投资基金采取股权投资、股东借款、专项债券资本金搭桥借款等方式，用于补充项目资本金缺口。股东借款是指基金委托政策性、开发性银行以贷款形式向目标公司股东提供资金，贷款资金作为项目资本金投入到指定项目。需要特别注意的是，基础设施投资基金做专项债项目资本金搭桥这种方式。专项债项目资本金过桥贷款是指专项债做资本金的

---

① 发改委月内四次部署基金项目加快开工　推动经济回稳向上［J］. 今日工程机械，2022（6）：14.

项目，其专项债资金尚未到位时，可先由政策性、开发性金融工具提供资金做资本金，待专项债发行成功资金到位后，再将政策性、开发性金融工具资金置换退出。另外，并不局限于补充专项债作为资本金的部分，还可对应本应该由地方政府直接用财政资金支撑的那部分资本金来提供过桥借款，待财政资金到位后偿还。

11.3.2 项目债务资金筹措渠道

债务资金是项目以债务形式获得的资金，是项目投资中项目资本金之外的资金。债务资金是项目运营资金的重要来源。企业利用债务融资可以以较低的资本成本快速获得资金，提高资金使用效率。但债务融资也存在缺点，企业利用债务融资时具有较高的融资风险和较高的还款压力。在获取债务资金时，贷款期限、还款状况、贷款顺序、债权保证、违约风险、利率结构、货币结构、贷款风险等都是重要的考虑要素。债务资金主要通过贷款、债券、租赁等方式筹措。

11.3.2.1 信贷方式融资

信用融资在项目债务融资中占有重要地位，它既是企业融资中最简单，最容易实现的债务融资，又是项目融资中规模最大的债务融资。国内信贷资金主要由商业银行和政策性银行提供。国外信贷资金则主要由商业银行、世界银行、亚洲开发银行等国际金融机构和一些非银行金融机构提供，前文已简单介绍，这里就不再赘述。

11.3.2.2 债券方式融资

债券是债务人为筹集债务资金而发行的、约定在一定期限内还本付息的一种有价证券。债券发行主体可以是政府，也可以是企业。近年来，政府债券尤其是地方政府债券在基础设施项目融资中发挥着重要作用。自从 2015 年 1 月 1 日《中华人民共和国预算法》实施以来，我国地方政府债券融资拉开了新序幕。地方政府专项债的发行量不断增加，为我国基础设施项目筹集了大量的资金。

企业的债券融资属于直接融资的一种。债券融资可以直接从资本市场获得所需要的资金，由于证券的监督与管理比较严格，只有实力雄厚且信誉良好的公司才能发行企业债券，其资金的成本（利率）一般比银行贷款要少。通过债券发行来融资时大多需要第三方担保，提高债券的信用等级，以促进债券的成功发行并降低债券的发行成本。在中国发行企业贷款，需经过国家证券与金融监管部门审批。此外，也可在国外市场发行债券，其中最重要的外国债券市场有美国、日本和欧洲。债券的发行通常需要对债券进行信用评级，国内债券信用等级通过国内信用评级机构评定，而国外债券信用等级一般需要知名的评级机构评定。信用等级越高的债券其利率越低，相反，信用等级越低的债券其利率越高。债券的发行与股票的发行类似，既可以公开发行也可以私募发行。

11.3.2.3 融资租赁

融资租赁又称为金融租赁或者财务租赁。根据银保监会印发的《融资租赁公司监督管理暂行办法》可知，融资租赁业务是指出租人根据承租人对出卖人、租赁物的选择，向出卖人购买租赁物提供给承租人使用，承租人支付租金的交易活动。融资租赁的主体通常包括三方当事人，即出租人、承租人和出卖人。采取这种租赁方式一般是由承租人选定需要的设备，经出租人购得后交给承租人使用，承租人向出租人交纳租金，承租人租入需要的设备按固定资产计提折旧。资产的所有权最终可以转移，也可以不转移。一般情况下，租期届满后，设备归承租人所有，承租人以事先约定的极低价从出租人手中取得设备所有权。

基础设施项目采用融资租赁的方式进行融资兼具"融资"和"融物"的双重特色。首先，融资租赁主要目的是为基础设施项目融资，承租人可先支付部分租金（数额远少于租赁物价款）获得租赁物使用权，从而解决资金短缺的窘境或腾出资金用于其他方面投资，出租人通过出租标的物交易获得租金收益。

11.4 基础设施融资渠道的选择

11.4.1 不同类型基础设施融资渠道选择

根据基础设施项目的可经营性划分，基础设施项目可分为经营性项目、准经营性项目和非经营性项目。不同类型的基础设施项目融资渠道不同。

非经营性项目，主要是一些具有纯公共物品性质的基础设施项目，如市政项目，由于这些项目没有收益或者财务收益较少，很难通过市场化融资方式来吸引充足的资金，需依靠财政性资金来获得整个项目建设期投资，维持项目的正常运营。这类项目的融资渠道主要是财政资金渠道，具体通过财政预算支出、财政拨款方式或发行政府一般债券方式融资。对于具有一定收益的基础设施项目，可以通过发行地方政府专项债券的方式融资。

准经营性项目，主要是一些市场化程度不够充分的基础设施项目，这些项目虽然有一定的财务收益，但是其财务收益不足以弥补项目的建设投资和运营成本，或者需要较长的时间才能回收全部投资和成本。这类项目的融资渠道可以考虑政府财政资金和吸引私人资金相结合的方式。可以通过成立政府融资平台公司，将政府财政性资金投入到基础设施融资平台公司中，也可以通过发行地方政府专项债券的方式融资，部分项目可以采用 PPP 模式融资，采用可行性缺口补助的方式由政府提供投资补助和运营补贴。

经营性项目，主要是一些市场化程度较高的基础设施项目，这些项目预期未来可以获得充足的现金流，能够实现自主经营、自负盈亏，因此可以通过市场化的方式来筹集资金。这类项目在满足项目资本金要求的情况下，可以通过其他融资方式吸引资金弥补后续投资的资金缺口。一方面，可以通过发行债券或银行贷款的方式来融资；另一方面，可以通过资本市场融资渠道融资，但是目前基础设施建设类上市公司数量还比较少，通过发行股票方式融资的规模相对较小。

总之，基础设施项目需要根据项目实际的可经营性和市场化程度，来选择适宜的融资渠道。图 11 - 2 表示随着可经营性的增强，基础设施可以选择的融资渠道有所变化。

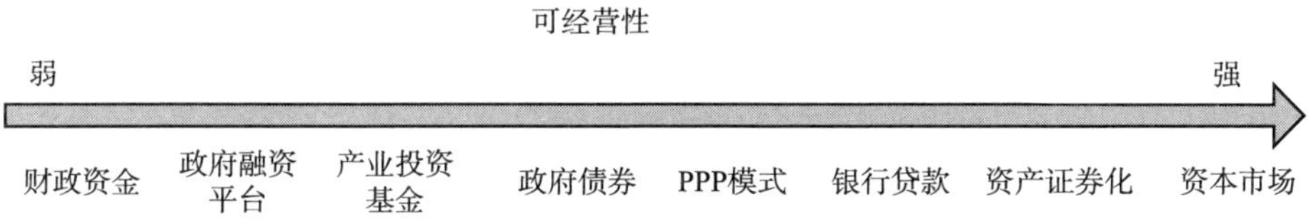

可经营性

弱　　　　　　　　　　　　　　　　　　　　　　　　　强

财政资金　　政府融资　　产业投资　　政府债券　　PPP模式　　银行贷款　　资产证券化　　资本市场
　　　　　　平台　　　　基金

图 11 - 2　基于可经营性的基础设施融资渠道选择

11.4.2　不同阶段基础设施融资渠道选择

基础设施从投资前期的立项评估决策到项目的最后终结，需要经过建设前期、建设期、运营期、项目终结期等漫长的生命周期，项目寿命期少则几年十几年，多则几十年甚至上百年，不同时期基础设施融资渠道也不相同，不同融资渠道在不同阶段会以不同方式支持基础设施建设和运营。下面简要介绍基础设施生命周期不同阶段融资渠道的选择。

11.4.2.1　建设前期

基础设施建设前期，其主要工作是项目的发起和筹备，需要成立项目公司。根据《国务院关于固定资产投资项目试行资本金制度的通知》的规定，基础设施项目实行项目资本金制度，投资方需要根据相关规定认缴一定比例的项目资本金。因此，这个阶段主要是对项目公司的资本金进行融资。现实中其资金来源渠道主要有政府、企业、投资机构、个人等投入到项目的资金；通过发行金融工具等方式筹措的各类资金；地方政府债券；政策性、开发性金融工具。

11.4.2.2　建设期

从基础设施项目各阶段现金流分布情况来看，项目建设期内只有支出，没有收入，是资金需求最大的阶段，项目公司成立初期到位的项目资本金难以满足需求，需要继续对外融资。这一阶段的融资以债权融资为主，较为常见的融资工具有财政专项资金、银行贷款、发行债券、融资租赁等。

11.4.2.3 运营期

在项目运营期，可以通过资产证券化或资本市场渠道融资。基础设施资产证券化与一般资产证券化的区别在于，基础设施资产证券化政策约束性强、基础资产广、保障力度大；优势在于，基础设施资产证券化可以拓宽融资渠道、降低融资成本、优化财务状况。

第 12 章

基础设施项目资本金制度

基础设施项目资本金是基础设施项目投资的基础，是利用其他项目融资渠道的前提条件。根据《国务院关于固定资产投资项目试行资本金制度的通知》的规定，基础设施项目必须首先落实资本金才能进行投资建设和运营。各种经营性固定资产投资项目，包括国有单位的基本建设、技术改造、房地产开发项目和集体投资项目，都要个体和私营企业的经营性投资项目参照规定执行。公益性投资项目不实行资本金制度。境外投资项目（包括外商投资、中外合资、中外合作项目）按现行规定执行。

12.1 项目资本金制度

12.1.1 项目资本金的内涵

投资项目资本金，是指投资者认购的投资项目中所有的投资资金，对投资项目来说属于非债务性资金，且项目法人对这部分资产不承担任何利息和债务，投资者可以按照出资比例享有所有者权益，也可以转让出资，但是不得以任何形式抽回。

项目资本金可以用货币出资，也可以通过实物、工业产权、非专利技术、土地使用权等方式作价提供投资项目所需资金。所有作为资本金的实物、工业产权、非专利技术和土地使用权等都必须由具有相应资质的财产估价机构按照相关规定进行审核鉴定，不可夸大，也不可低估。除了国家对利用高新技术成果作了特别规定外，以工业产权和非专利技术作价出资的比例不得超过投资项目资本金总额的 20%。

投资者以货币方式认缴的资本金，其资金来源有以下几种。

（1）各级人民政府的财政预算内资金、国家批准的各种专项建设基金、"拨改贷"和经营性基本建设基金回收的本息、土地批租收入、国有企业产权转让收入、地方人民政府按国家有关规定收取的各种规费及其他预算外资金。（2）国家授权的投资机构及企业法人的所有者权益（包括资本金、资本公积金、盈余公积金和未分配利润、股票上市收益资金等）、企业折旧资金以及投资者按照国家规定从资金市场上筹措的资金。（3）社会个人合法所有的资金。（4）国家规定的其他可以用作投资项目资本金的资金。①

12.1.2 设置项目资本金的目的

根据《国务院关于固定资产投资项目试行资本金制度的通知》可知，设置项目资本金的目的是"为了深化投资体制改革，建立投资风险约束机制，有效地控制投资规模，提高投资效益，促进国民经济持续、快速、健康发展"。项目资本金制度可以防止基础设施项目投资者全部依靠负债的方式筹集资金，起到防范金融风险的作用。

此外，项目资本金也为银行等金融机构的债务资金提供了安全缓冲。银行等金融机构可以根据项目资本金的充足性和缴纳的及时性，来判定基础设施项目投资是否合规。同时也可以进一步判断项目投资者是否有足够的实力进行项目投资、项目是否可行，以及项目建设期的风险状况。

12.1.3 项目资本金的适用范围

（1）经营性固定资产投资项目试行资本金制度，比如以资本金注入的政

---

① 国务院关于固定资产投资项目试行资本金制度的通知［R/OL］.（1996 - 08 - 23）. https：//www. gov. cn/gongbao/shuju/1996/gwyb199627. pdf.

府投资项目等。（2）公益性投资项目不实行资本金制度，比如全额直接投资的政府投资项目等。

12.1.4　项目资本金的特征

项目资本金具有以下几方面特征。

（1）资本金是项目总投资中由投资者认缴的出资额。（2）对投资项目来说，资金本是非债务性资金，项目法人不承担任何利息和债务。（3）投资者可以转让出资，但不得以任何方式抽回。

12.2　项目资本金制度相关文件

我国项目资本金制度始于1996年国务院发布的《国务院关于固定资产投资项目实行资本金制度的通知》。1997年以后，由于实行项目资本金制度，我国固定资产投资增速有所放缓。此后，国家又根据经济形势和宏观调控的变化，分别在2004年、2009年、2015年、2019年调整完善了资本金制度。近年来，在国家宏观政策引导下，我国企业投资规模不断扩大，投资结构不断优化，投资效率显著提高，投资领域更加广泛，资本金制度已成为我国调控投资的重要手段。资本金制度相关文件如表12-1所示。

表 12-1　　　　　　　　　资本金制度相关文件

序号	时间	部门	文件名称
1	1996 年 8 月 23 日	国务院	国务院关于固定资产投资项目试行资本金制度的通知
2	2004 年 4 月 26 日	国务院	国务院关于调整部分行业固定资产投资项目资本金比例的通知
3	2009 年 5 月 25 日	国务院	国务院关于调整固定资产投资项目资本金比例的通知

序号	时间	部门	文件名称
4	2009 年 7 月 23 日	中国银行业监督管理委员会	固定资产贷款管理暂行办法
5	2009 年 9 月 3 日	中国银行业监督管理委员会	中国银监会关于信托公司开展项目融资业务涉及项目资本金有关问题的通知
6	2015 年 9 月 9 日	国务院	国务院关于调整和完善固定资产投资项目资本金制度的通知
7	2017 年 11 月 16 日	财政部	关于规范政府和社会资本合作（PPP）综合信息平台项目库管理的通知
8	2017 年 11 月 17 日	国务院国有资产监督管理委员会	关于加强中央企业 PPP 业务风险管控的通知
9	2018 年 3 月 28 日	财政部	关于规范金融企业对地方政府和国有企业投融资行为有关问题的通知
10	2019 年 6 月 10 日	中共中央办公厅国务院办公厅	关于做好地方政府专项债券发行及项目配套融资工作的通知
11	2019 年 11 月 27 日	国务院	国务院关于加强固定资产投资项目资本金管理的通知

资料来源：作者自行整理。

12.2.1 《国务院关于固定资产投资项目试行资本金制度的通知》

这是最早关于项目资本金的制度的文件。投资项目资本金，是指在投资项目总投资中，由投资者认缴的出资额，对投资项目来说是非债务性资金，项目法人不承担这部分资金的任何利息和债务；投资者可按其出资的比例依法享有所有者权益，也可转让其出资，但不得以任何方式抽回。

因此，国家规定在投资项目的总投资中，除项目法人从银行或资金市场筹措的债务性资金外，还必须拥有一定比例的资本金。资本金是项目法人的自有资金，不能是债务资金。

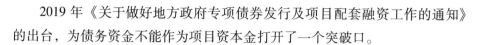

2019 年《关于做好地方政府专项债券发行及项目配套融资工作的通知》的出台，为债务资金不能作为项目资本金打开了一个突破口。

12.2.2 《关于做好地方政府专项债券发行及项目配套融资工作的通知》

文件中指出，允许将专项债券作为符合条件的重大项目资本金。对于专项债券支持、符合中央重大决策部署、具有较大示范带动效应的重大项目，主要是国家重点支持的铁路、国家高速公路和支持推进国家重大战略的地方高速公路、供电、供气项目，在评估项目收益偿还专项债券本息后专项收入具备融资条件的，允许将部分专项债券作为一定比例的项目资本金，但不得超越项目收益实际水平过度融资。地方政府要按照——对应原则，将专项债券严格落实到实体政府投资项目，不得将专项债券作为政府投资基金、产业投资基金等各类股权基金的资金来源，不得通过设立壳公司、多级子公司等中间环节注资，避免层层嵌套、层层放大杠杆。

同时该文件还指出，应多渠道筹集重大项目资本金。鼓励地方政府通过统筹预算收入、上级转移支付、结转结余资金，以及按规定动用预算稳定调节基金等渠道筹集重大项目资本金。允许各地使用财政建设补助资金、中央预算内投资作为重大项目资本金，鼓励将发行地方政府债券后腾出的财力用于重大项目资本金。

根据以上两个文件，可以归纳以下三点。

第一，可以将专项债券作为项目资本金。地方政府要按照——对应原则，将专项债券严格落实到实体政府投资项目，这意味着只有政府投资项目才可以将专项债券作为项目资本金，企业项目不可以。

第二，必须是符合条件的重大项目才可以将专项债券作为项目资本金。比如符合中央重大决策部署、具有较大示范带动效应的重大项目，主要是国家重点支持的铁路、国家高速公路和支持推进国家重大战略的地方高速公路、供电、供气项目等。

第三，多渠道筹集重大项目资本金。鼓励地方政府通过统筹预算收入、上级转移支付、结转结余资金，以及按规定动用预算稳定调节基金等渠道筹集重大项目资本金。

12.2.3 关于固定资产投资项目资本金比例的文件

表12-1中第2个、第3个、第6个文件，都是针对资本金比例调整的文件，将在12.2、12.3中详细介绍。

12.2.4 《固定资产贷款管理暂行办法》

《固定资产贷款管理暂行办法》有关项目资本金的相关规定如下：第二章受理与调查第九条指出，贷款人受理的固定资产贷款申请应具备以下条件：符合国家有关投资项目资本金制度的规定。第四章合同签订第十七条指出，贷款人应在合同中与借款人约定提款条件以及贷款资金支付接受贷款人管理和控制等与贷款使用相关的条款，提款条件应包括与贷款同比例的资本金已足额到位、项目实际进度与已投资额相匹配等要求。第五章发放与支付第二十八条指出，固定资产贷款发放和支付过程中，贷款人应确认与拟发放贷款同比例的项目资本金足额到位，并与贷款配套使用。第六章贷后管理第三十一条指出，项目实际投资超过原定投资金额，贷款人经重新风险评价和审批决定追加贷款的，应要求项目发起人配套追加不低于项目资本金比例的投资和相应担保。第七章法律责任第三十九条指出，贷款人有下列情形之一的，银行业监督管理机构除按本办法第三十八条规定采取监管措施外，还可根据《中华人民共和国银行业监督管理法》第四十六条、第四十八条规定对其进行处罚：与贷款同比例的项目资本金到位前发放贷款的。

12.2.5 《中国银监会关于信托公司开展项目融资业务涉及项目资本金有关问题的通知》

该文件中指出：第一，信托公司要严格执行国家固定资产投资项目资本

金管理制度，加强对项目资本金来源及到位真实性的审查认定。股东借款
（股东承诺在项目公司偿还银行或信托公司贷款前放弃对该股东借款受偿权
的情形除外）、银行贷款等债务性资金和除商业银行、私人银行业务外的银
行个人理财资金，不得充作项目资本金。信托公司应要求借款人提供资本金
到位的合法、有效证明，必要时应委托有资质的中介机构进行核实认定。第
二，信托公司不得将债务性集合信托计划资金用于补充项目资本金，以达到
国家规定的最低项目资本金要求。前述债务性集合信托计划资金包括以股权
投资附加回购承诺（含投资附加关联方受让或投资附加其他第三方受让的情
形）等方式运用的信托资金。

12.2.6 《关于规范政府和社会资本合作（PPP）综合信息平台项目库管理的通知》

该文件指出，要集中清理已入库项目，各级财政部门应组织开展项目
管理库入库项目集中清理工作，全面核实项目信息及实施方案、物有所值
评价报告、财政承受能力论证报告、采购文件、PPP 项目合同等重要文件
资料。存在下列情形之一的项目，应予以清退：不符合规范运作要求。包
括未按规定转型的融资平台公司作为社会资本方的；采用建设—移交
（BT）方式实施的；采购文件中设置歧视性条款、影响社会资本平等参与
的；未按合同约定落实项目债权融资的；违反相关法律和政策规定，未按
时足额缴纳项目资本金、以债务性资金充当资本金或由第三方代持社会资
本方股份的；构成违法违规举债担保，包括由政府或政府指定机构回购社
会资本投资本金或兜底本金损失的；政府向社会资本承诺固定收益回报的；
政府及其部门为项目债务提供任何形式担保的；存在其他违法违规举债担
保行为的。①

---

① 关于规范政府和社会资本合作（PPP）综合信息平台项目库管理的通知 ［EB/OL］. (2017 –
11 – 16). http：//jrs. mof. gov. cn/zhengcefabu/201711/t20171116_2751258. htm.

12.2.7 《关于加强中央企业 PPP 业务风险管控的通知》

该文件指出，要落实股权投资资金来源。各企业要严格遵守国家重大项目资本金制度，合理控制杠杆比例，做好拟开展 PPP 项目的自有资金安排，根据项目需要积极引入优势互补、协同度高的其他非金融投资方，吸引各类股权类受托管理资金、保险资金、基本养老保险基金等参与投资，多措并举加大项目资本金投入，但不得通过引入"名股实债"类股权资金或购买劣后级份额等方式承担本应由其他方承担的风险。

12.2.8 《关于规范金融企业对地方政府和国有企业投融资行为有关问题的通知》

该文件在"总体要求"中指出，国有金融企业应严格落实《中华人民共和国预算法》和《国务院关于加强地方政府性债务管理的意见》等要求，除购买地方政府债券外，不得直接或通过地方国有事业单位等间接渠道为地方政府及其部门提供任何形式的融资，不得违规新增地方政府融资平台公司贷款，不得要求地方政府违法违规提供担保或承担偿债责任，不得提供债务性资金作为地方建设项目、政府投资基金或政府和社会资本合作（PPP）项目资本金。在"资本金审查"方面，国有金融企业向参与地方建设的国有企业（含地方政府融资平台公司）或 PPP 项目提供融资，应按照"穿透原则"加强资本金审查，确保融资主体的资本金来源合法合规，融资项目满足规定的资本金比例要求。若发现存在"名股实债"、股东借款、借贷资金等债务性资金和以公益性资产、储备土地等方式违规出资或出资不实的问题，国有金融企业不得向其提供融资。①

---

① 关于规范金融企业对地方政府和国有企业投融资行为有关问题的通知 ［EB/OL］.（2018 – 03 – 30）. http：//jrs. mof. gov. cn/zhengcefabu/201803/t20180330_2857297. htm.

12.2.9 《关于加强固定资产投资项目资本金管理的通知》

对固定资产投资项目（以下简称投资项目）实行资本金制度，合理确定并适时调整资本金比例，是促进有效投资、防范风险的重要政策工具，是深化投融资体制改革、优化投资供给结构的重要手段。为更好发挥投资项目资本金制度的作用，做到有保有控、区别对待，促进有效投资和风险防范紧密结合、协同推进，国务院发布《关于加强固定资产投资项目资本金管理的通知》，就加强投资项目资本金管理工作作出规定。其主要内容如下。

12.2.9.1 进一步完善投资项目资本金制度

首先，明确投资项目资本金制度的适用范围和性质。该制度适用于我国境内的企业投资项目和政府投资的经营性项目。投资项目资本金作为项目总投资中由投资者认缴的出资额，对投资项目来说必须是非债务性资金，项目法人不承担这部分资金的任何债务和利息，投资者可按其出资比例依法享有所有者权益，也可转让其出资，但不得以任何方式抽回。党中央、国务院另有规定的除外。

其次，分类实施投资项目资本金核算管理。设立独立法人的投资项目，其所有者权益可以全部作为投资项目资本金。对未设立独立法人的投资项目，项目单位应设立专门账户，规范设置和使用会计科目，按照国家有关财务制度、会计制度对拨入的资金和投资项目的资产、负债进行独立核算，并据此核定投资项目资本金的额度和比例。

最后，按照投资项目性质，规范确定资本金比例。适用资本金制度的投资项目，属于政府投资项目的，有关部门在审批可行性研究报告时要对投资项目资本金筹措方式和有关资金来源证明文件的合规性进行审查，并在批准文件中就投资项目资本金比例、筹措方式予以确认；属于企业投资项目的，提供融资服务的有关金融机构要加强对投资项目资本金来源、比例、到位情况的审查监督。

12.2.9.2　适当调整基础设施项目最低资本金比例

（1）港口、沿海及内河航运项目，项目最低资本金比例由25%调整为20%。（2）机场项目最低资本金比例维持25%不变，其他基础设施项目维持20%不变。其中，公路（含政府收费公路）、铁路、城建、物流、生态环保、社会民生等领域的补短板基础设施项目，在投资回报机制明确、收益可靠、风险可控的前提下，可以适当降低项目最低资本金比例，但下调不得超过5个百分点。实行审批制的项目，审批部门可以明确项目单位按此规定合理确定的投资项目资本金比例。实行核准或备案制的项目，项目单位与金融机构可以按此规定自主调整投资项目资本金比例。（3）法律、行政法规和国务院对有关投资项目资本金比例另有规定的，从其规定。

12.2.9.3　鼓励依法依规筹措重大投资项目资本金

（1）对基础设施领域和国家鼓励发展的行业，鼓励项目法人和项目投资方通过发行权益类、股权类金融工具，多渠道规范筹措投资项目资本金。

（2）通过发行金融工具等方式筹措的各类资金，按照国家统一的会计制度应当分类为权益工具的，可以认定为投资项目资本金，但不得超过资本金总额的50%。存在下列情形之一的，不得认定为投资项目资本金：第一，存在本息回购承诺、兜底保障等收益附加条件；第二，当期债务性资金偿还前，可以分红或取得收益；第三，在清算时受偿顺序优先于其他债务性资金。

（3）地方各级政府及其有关部门可统筹使用本级预算资金、上级补助资金等各类财政资金筹集项目资本金，可按有关规定将政府专项债券作为符合条件的重大项目资本金。

12.2.9.4　严格规范管理，加强风险防范

（1）项目借贷资金和不符合国家规定的股东借款、"名股实债"等资金，不得作为投资项目资本金。筹措投资项目资本金，不得违规增加地方

政府隐性债务，不得违反国家关于国有企业资产负债率相关要求，不得拖欠工程款。

（2）金融机构在认定投资项目资本金时，应严格区分投资项目与项目投资方，依据不同的资金来源与投资项目的权责关系判定其权益或债务属性，对资本金的真实性、合规性和投资收益、贷款风险进行全面审查，并自主决定是否发放贷款以及贷款数量和比例。项目单位应当配合金融机构开展投资项目资本金审查工作，提供有关资本金真实性和资金来源的证明材料，并对证明材料的真实性负责。

（3）自通知印发之日起，凡尚未经有关部门审批可行性研究报告、核准项目申请报告、办理备案手续的投资项目，均按本通知执行。已经办理相关手续、尚未开工、金融机构尚未发放贷款的投资项目，可以按本通知调整资金筹措方案，并重新办理审批、核准或备案手续。已与金融机构签订相关贷款合同的投资项目，可按照原合同执行。

12.3　项目资本金的比例

固定资产投资资本金制度是适应中国特色社会主义市场经济体制的管理制度，是适应时代要求、促进经济发展、深化投资体制改革的有效举措。该制度在 1996 年开始实行时的指导思想是抑制经济过热、促进持续发展，经过四次的调整与完善后，现已成为我国增强内生动力、补齐发展短板、调整产业结构、持续改善民生的有力工具。

12.3.1　《国务院关于固定资产投资项目实行资本金制度的通知》和《国务院关于调整部分行业固定资产投资项目资本金比例的通知》

在"十五"期间，由于房地产的发展，钢材消费量暴涨，钢铁工业跨越式发展在 2001～2007 年一直保持 20% 以上的增长速度。在这个过程中，为了给钢铁产业投资过热降温和调控落后工艺的重复修建，国家逐步加大了对

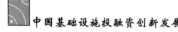

钢铁工业的宏观调控力度。为了快速抑制盲目投资、促进行业健康发展、加强调控力度、优化经济结构，政府发布了《国务院关于调整部分行业固定资产投资项目资本金比例的通知》对钢铁项目、水泥、电解铝、非经适房地产开发项目资本金比例进行调整，具体如表12-2所示。[①]

表12-2　　　　　2004年项目资本金占项目总投资比例调整

序号	投资行业	《国务院关于固定投资项目实行资本金制度的通知》中项目总投资占项目资本金的比例	《国务院关于调整部分行业固定资产投资项目资本金比例的通知》中项目总投资占项目资本金的比例
1	交通运输、煤炭项目	35%及以上	维持35%不变
2	钢铁、邮电、化肥项目	25%及以上	钢铁项目提高到40%及以上；其他维持25%不变
3	电力、机电、建材、化工、石油加工、有色、轻工、纺织、商贸及其他行业的项目	20%及以上	水泥、电解铝、房地产开发项目（不含经济适用房项目）资本金比例提高到35%及以上；其他维持20%不变

资料来源：国务院关于固定资产投资项目试行资本金制度的通知［R/OL］.（1996-08-23）. https：//www. gov. cn/gongbao/shuju/1996/gwyb199627. pdf；国务院关于调整部分行业固定资产投资项目资本金比例的通知［R/OL］.（2004-04-26）. https：//www. gov. cn/gongbao/content/2004/content_62809. htm.

12.3.2 《国务院关于决定调整固定资产投资项目资本金比例的通知》

2009年，《国务院关于决定调整固定资产投资项目资本金比例的通知》调整了固定资产投资项目的最低资本金比例，各行业固定资产投资项目的最低资本金比例按表12-3中的规定执行。

---

① 王一楠. 固定资产投资资本金制度的推出及演变研究［J］. 中国集体经济，2021（10）：17-18.

表 12 - 3 项目资本金占项目总投资的比例

序号	投资行业	项目总投资占项目资本金的比例
1	钢铁、电解铝	40% 及以上
2	水泥	35% 及以上
3	煤炭、电石、铁合金、烧碱、焦炭、黄磷、玉米深加工、机场、港口、沿海及内河航运、其他房地产开发项目	30% 及以上
4	铁路、公路、城市轨道交通、化肥（钾肥除外）	25% 及以上
5	保障性住房和普通商品住房项目、其他项目	20% 及以上

资料来源：国务院关于调整部分行业固定资产投资项目资本金比例的通知 [R/OL]. (2004 - 04 - 26). https：//www. gov. cn/gongbao/content/2004/content_62809. htm.

12.3.3 《国务院关于调整和完善固定资产投资项目资本金制度的通知》

为了扩大有效的投资需求，推动投资结构调整，保持经济稳定健康发展。《国务院关于调整和完善固定资产投资项目资本金制度的通知》再次对固定资产投资项目最低资本金比例进行了调整（见表 12 - 4）。城市地下综合管廊和城市停车场项目、国务院批准的核电站等重大建设项目的资本金比例可以在规定最低资本金比例的基础上适当降低。

表 12 - 4 项目资本金占项目总投资最低比例

序号	投资项目		项目资本金占项目总投资最低比例
1	城市和交通基础设施项目	城市轨道交通项目	由 25% 调整为 20%
		港口、沿海及内河航运、机场项目	由 30% 调整为 25%
		铁路、公路项目	由 25% 调整为 20%
2	房地产开发项目	保障性住房和普通商品住房项目	维持 20% 不变
		其他项目	由 30% 调整为 25%

续表

序号	投资项目		项目资本金占项目总投资最低比例
3	产能过剩行业项目	钢铁、电解铝项目	维持40%不变
		水泥项目	维持35%不变
		煤炭、电石、铁合金、烧碱、焦炭、黄磷、多晶硅项目	维持30%不变
4	其他工业项目	玉米深加工项目	由30%调整为20%
		化肥（钾肥除外）项目	维持25%不变
		电力等其他项目	维持20%不变

资料来源：国务院. 国务院关于调整和完善固定资产投资项目资本金制度的通知［R/OL］. （2015 – 09 – 09）. https：//www. gov. cn/gongbao/content/2015/content_2937316. htm.

总投资作为计算资本金的基数，是投资项目固定资产投资与铺底流动资金之和，具体核定以核定时的动态概算为准。

投资项目的具体资本金比例，由项目审批单位在可行性研究报告审批时，根据投资项目的经济效益、银行贷款出借意愿和评估意见确定。对有特殊情况的国家重点建设项目，经国务院批准可适当降低资本金比例。[①]

对某些投资回报率稳定、收益可靠的基地设施、基础产业投资项目，以及经济效益好的竞争性投资项目，经国务院批准，可以通过发行可转换债券或组建股份制公司的方式试点筹集资本金。[②]

国家主要通过提高国家投资在投资项目资本金中的比重、提高政策性贷款在信贷资金中的比重、延长政策性贷款的还款期等方式，来支持欠发达地区的经济发展，增强其投融资能力。

12.3.4 《关于加强固定资产投资项目资本金管理的通知》

为充分调动社会资金投资基础设施项目投资，保护投资者的合法投资

---

① 李登明，仲志勤. 我国林业资金管理制度的构建［J］. 林业经济，2003（7）：37 – 39.
② 孔令强，施国庆. 水电工程农村移民入股安置模式初探［J］. 长江流域资源环境，2008（2）：185 – 189.

权益；充分发挥社会股权投资资金的作用，发挥其作为资本金的杠杆作用和放大作用，促进有效投资。同时，不断拓展金融服务实体经济的途径和方式，推动社会资源从虚拟经济向实体经济转移。国务院印发《关于加强固定资产投资项目资本金管理的通知》，对适当降低项目资本金比例和加强项目资产管理提出指导意见，项目资本金占项目总投资最低比例如表12－5所示。

表12－5　　　　　　　2019年项目资本金占项目总投资最低比例

序号	投资项目		项目资本金占项目总投资最低比例
1	城市和交通基础设施项目	城市轨道交通项目	维持20%不变
		港口、沿海及内河航运	由25%调整为20%
		机场项目	维持25%不变
		铁路、公路项目	维持20%不变
2	房地产开发项目	保障性住房和普通商品住房项目	维持20%不变
		其他项目	维持25%不变
3	产能过剩行业项目	钢铁、电解铝项目	维持40%不变
		水泥项目	维持35%不变
		煤炭、电石、铁合金、烧碱、焦炭、黄磷、多晶硅项目	维持30%不变
4	其他工业项目	玉米深加工项目	维持20%不变
		化肥（钾肥除外）项目	维持25%不变
		电力等其他项目	维持20%不变

注：公路（含政府收费公路）、铁路、城建、物流、生态环保、社会民生等领域的补短板基础设施项目，在投资回报机制明确、收益可靠、风险可控的前提下，可以适当降低项目最低资本金比例，但下调不得超过5个百分点。

资料来源：国务院．国务院关于加强固定资产投资项目资本金管理的通知［R/OL］．（2019－11－27）．https：//www.gov.cn/zhengce/content/2019－11/27/content_5456170.htm.

12.4　项目资本金与注册资本

12.4.1　项目资本金和注册资本有关概念

12.4.1.1　项目资本金

项目资本金是基础设施项目投资的基础。目前，各行业基础设施项目资本金的最低出资额和比例，应当严格按照《国务院关于加强固定资产投资项目资本金管理的通知》来执行，前文已经详细介绍，这里就不再赘述。

12.4.1.2　注册资本

根据《中华人民共和国公司法》第二十六条规定，有限责任公司的注册资本为在公司登记机关登记的全体股东认缴的出资额。第八十条规定，股份有限公司采取发起设立方式设立的，注册资本为在公司登记机关登记的全体发起人认购的股本总额。在发起人认购的股份缴足前，不得向他人募集股份。2013年12月28日，《中华人民共和国公司法》修改了公司设立时股东必须缴纳全部或部分出资的要求，改为"注册资本登记认缴制"：除法律、行政法规和国务院决定另有规定外，有限公司和发起设立的股份公司实行"认缴制"，以全体股东"认缴的出资额"或"认购的股本总额"为注册资本；募集设立的股份公司仍实行"实缴制"，以公司"实收股本总额"为注册资本；同时，除法律、行政法规和国务院决定另有规定外，一般性地取消了注册资本最低限额要求、首次出资比例要求、实缴出资的期限要求、货币出资的比例要求以及强制验资制度。

12.4.2　项目资本金和注册资本主要区别

项目资本金的概念和注册资本金两者之间相互关联但是不能等同。

首先，二者存在一定的联系。项目资本金和注册资本都是权益性资金，所以在项目公司中，实缴资本可以作为项目资本金。实践当中，有些基础设施项目直接按照项目资本金规模确定项目公司的注册资本。项目资本金有可能等于、大于或小于项目公司注册资本，① 很多时候两者相差很大。在出资形式上，均可以用货币出资，也可用非货币进行出资。另外，二者均实行认缴制，不需要一次实缴到位。

其次，二者存在明显的区别。项目资本金主要是对固定资产投资项目的要求，而注册资本是对项目公司设立的要求，二者的概念内涵和法律依据均不相同。此外，二者在适用范围、出资比例、出资形式、资金用途等方面都有很大的不同。表 12 - 6 中列示了项目资本金和注册资本的主要区别。

表 12 - 6　　　　　　　　　　项目资本金和注册资本的区别

	项目资本金	注册资本
主要依据	《国务院关于固定资产投资项目实行资本金制度的通知》《国务院关于调整部分行业固定资产投资项目资本金比例的通知》《国务院关于决定调整固定资产投资项目资本金比例的通知》《国务院关于调整和完善固定资产投资项目资本金制度的通知》《关于加强固定资产投资项目资本金管理的通知》	《中华人民共和国公司法》《中华人民共和国公司登记管理条例》《公司注册资本登记管理规定》
适用范围	经营性投资项目	有限责任公司、股份有限公司
出资形式	货币、实物、工业产权、非专利技术、土地使用权等方式出资均可	可以用货币出资，也可以用实物、知识产权、土地使用权等可以用货币估价并可以依法转让的非货币财产作价出资

---

① 安新华. 政府专项债券作资本金的最佳路径 ［J］. 中国财政，2020（15）：47 - 49.

	项目资本金	注册资本
出资比例	依据国家相关规定，根据行业的性质确定出资比例	新《中华人民共和国公司法》取消了出资比例限制
资金用途	只能用于项目建设，可转让出资，但不能挪作他用，更不能抽回投资	用途没有明确限制，但是不能抽回投资

资料来源：张朝元. 传统和新型基础设施投融资创新实务［M］. 北京：中国金融出版社，2020；全国人民代表大会. 中华人民共和国公司法（2018 修正）［R/OL］. (2018 – 10 – 26).

12.5 项目资本金的管理

12.5.1 项目资本金的到位时间

投资项目的资本金实行认缴制，即一次认缴，并根据批准的建设进度按比例逐年到位。投资项目在可行性研究报告中应详细说明资本金的筹集情况，包括投资方、资金投入方式、资本金来源和金额、资本金认缴进度等相关内容。

12.5.2 项目资本金的出资形式

投资项目可以用货币出资，也可以用实物、工业产权、非专利技术、土地使用权作价出资。

12.5.3 非货币资产作为项目资本金需要进行资产评估

所有作为资本金的实物、工业产权、非专利技术和土地使用权等都必须由具有相应资质的财产估价机构按照相关规定进行审核鉴定，不可夸大，也

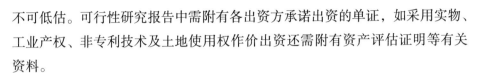

不可低估。可行性研究报告中需附有各出资方承诺出资的单证，如采用实物、工业产权、非专利技术及土地使用权作价出资还需附有资产评估证明等有关资料。

12.5.4 项目资本金银行管理要求

商业银行贷款占主导地位的投资项目，投资者应当每年将资本金存入其主要贷款银行；国家开发银行贷款占主导地位的投资项目，投资者应当将资本金存入国家开发银行指定的银行。投资项目资本金只能用于项目建设，不得挪用于其他用途，更不得抽回。银行承诺贷款后，相关银行将根据投资项目建设进度及资金到位情况，分年度分期发放贷款。

12.5.5 相关部门对项目资本金的监管要求

有关单位应当按照政府规定对投资项目资本金的可获得性和使用情况进行监督管理。对未按照规定的进度和数额取得资本金的投资项目，投资管理部门不予核发投资许可证，财政部门不得发放贷款。如果已存入银行的资本金被挪作他用，银行必须停止向该项目发放贷款，直到投资者按规定作出必要的整顿。对不遵守资金来源有关规定，弄虚作假、挪用资金的，视情节轻重，对有关责任人给予行政或经济处罚，必要时将暂停相关项目建设。凡资本金不落实的投资项目，一律不得开工建设。

12.5.6 资金不能作为项目资本金的具体要求

根据《国务院关于加强固定资产投资项目资金管理的通知》，对项目资本金有以下管理要求。

项目资本金坚持"权益性"原则，存在下列情形之一的，不得认定为投资项目资本金：存在本息回购承诺、兜底保障等收益附加条件；当期债务性资金偿还前,可以分红或取得收益;在清算时受偿顺序优先于其他债务性资金。

项目借贷资金和不符合国家规定的股东借款、"名股实债"等资金,不得作为投资项目资本金。筹措投资项目资本金,不得违规增加地方政府隐性债务,不得违反国家关于国有企业资产负债率相关要求。

第 13 章

基础设施产业投资基金

产业投资基金是指一种对未上市企业进行股权投资和提供经营管理服务的一种利益共享、风险共担的集合投资制度。基础设施产业投资基金，是以基础设施为主要投资标的物的产业投资基金。基础设施产业投资基金的设立有助于缓解基础设施的资金需求压力，改变政府基础设施的传统投融资途径，优化基础设施项目的资金结构，提高社会资金的配置效率。本章详细介绍了基础设施产业投资基金的内涵、组织形式、运作方式以及政府投资基金的相关内容。

13.1 基础设施产业投资基金内涵

13.1.1 基础设施产业投资基金定义

根据原国家发展计划委员会 2001 年制定的《产业投资基金管理暂行办法》，产业投资基金（或简称产业基金）是指一种对未上市企业进行股权投资和提供经营管理服务的一种利益共享、风险共担的集合投资制度，即通过向多数投资者发行基金份额设立基金公司，由基金公司自任基金管理人或另行委托基金管理人管理基金资产，委托基金托管人托管基金资产，从事创业投资、企业重组投资和基础设施投资等实业投资。产业投资基金按投资领域可分为创业投资基金、企业重组投资基金、基础设施投资基金等几类。

从上述定义看，产业投资基金以促进产业发展为出发点，通过对某个领域或行业未上市企业进行股权投资，促进实体经济的发展，不仅能够给实体企业提供资金支持，同时还能够给基金投资人带来风险低、收益适中、期限较长的类固定收益。

关于基础设施产业投资基金，国内不同学者给出了不同的定义。基础设施产业投资资金是对从事基础设施产业的企业进行资本投资，投资者以所持有的基金份额享受收益和风险共担的集合投资制度。综合这些定义，基础设施产业投资基金，是以基础设施为主要投资标的物的产业投资基金。基础设施产业投资基金是借鉴国外私募股权基金而提出的一种创新融资工具。

13.1.2 基础设施产业投资基金特点

（1）长期投资和收益稳定。传统的私募股权基金（Private Equity Fund）大多都是被以获取资本利得为主要目标的财务投资者短期持有，持有者一旦通过私募股权基金获利就会将资产迅速变现。而基础设施产业投资基金则更多地关注基金设施资产的长期性及现金流的稳定性，投资者倾向于长期持有资产并进行维护与管理，为基金投资者创造稳定收益。基础设施投资基金的主要投资者是包括养老金和保险在内的长期投资者等，基础设施行业的投资特点也与此类投资者在资产负债匹配和风险管理等方面的需求相适应。

（2）以集中投资和控股为主。传统的私募股权基金的投资风格主要是多元化分散投资和参股，而基础设施产业投资基金的投资风格以专业化集中投资和控股为主，通过非公开方式将各投资者的资金汇集起来，建立一个资金池，由基金托管人托管，由专门的基金管理人管理，对所投资的资产进行控股，避免了小股东信息不对称、无法控制分配政策等风险。

（3）为投资者提供增值服务。基础设施产业投资基金得益于控股的投资风格，能够积极主动地管理投资企业，通过依靠专业的资源为基础设施基金提供增值服务，为企业创造新增价值，进而使基金投资者获得额外增值回报。

（4）通过基金上市的方式作为主要退出机制。基础设施产业投资基金通常是长期持有，所投资的资产很少赎回。为了满足投资人对基金流动性的要求，基础设施产业投资基金成立一段时间后，可以开展基金上市工作，从而为原始投资者提供退出和实现资本利得的机会。

（5）专业化管理。基础设施产业投资基金一般由专业化基金管理人管理，有了专业化基金管理人的帮助，基金才能最大限度地利用行业经验进行投资目标的选择，才能为投资者带来更好的收益。

13.1.3　基础设施产业投资基金必要性

13.1.3.1　缓解基础设施巨大资金需求的需要

基础设施项目包括了很多方面，如铁路、公路、市政道路、机场和港口等，这些基础设施项目都带有明显的公益性，是为了满足公共利益的需要，为人们提供基本公共服务。此外，基础设施项目还表现出投资周期较长、投资风险较小、资金需求量较大、投资收益比较稳定、发展潜力较大等经济特征。随着经济的快速发展，随着我国经济进入新常态发展阶段，基础设施产业投资需求量大的特征更为显著。

13.1.3.2　改变政府基础设施投融资的方式

过去政府主要采用"财政补贴"或依托地方政府融资平台公司举债的模式支持基础设施项目的发展。面对巨额投资需求，在有限财力和发债额度的约束下，政府需要创新基础设施建设投融资的路径。而基础设施产业投资基金采用市场化运行的模式，通过政府财政与金融机构及企业的合作设立基金，由专业管理机构进行管理，吸引更多的闲置资金参与基础设施建设投资，对加快基础设施建设产业集聚和升级具有重要的推动作用。

13.1.3.3　优化基础设施项目资金结构的需要

长期以来，项目资本金不足和资产负债水平高是基础设施项目建设的潜在隐患。而基础设施产业投资基金通过设立基金，交由专业的机构进行管理，可以吸引更多的闲置资金以直接股权投资的方式参与基础设施建设。这样可以为基础设施项目提供有力的资金支持，使项目的一部分资金需求由基础设施产业投资基金来提供，改变基础设施项目高负债运行格局，优化项目资金结构，缓解银行的压力。

13.1.3.4　提高社会资金的配置效率

基础设施项目一般可以获得可预测的持续现金流和稳定收益，通过发展基础设施产业投资基金，可以使广大投资者能够参与到基础设施投资中，有利于启动社会投资，提高资金使用效率。从这个意义上讲，基础设施产业投资基金是提高社会资金配置效率和运作效率并促进经济增长的一种有效工具。

13.2　基础设施产业投资基金的组织形式

基础设施产业投资基金有公司制、契约制和有限合伙制三种组织形式。

13.2.1　公司制

所谓公司制产业投资基金是指根据《中华人民共和国公司法》设立的由具有共同投资目标的投资者组成的以公司形式组织运作、以盈利为目的的有限责任公司或股份有限公司。公司制基金的治理结构和普通的公司是一样的，由投资者组成股东大会，由股东大会选举产生董事会，股东大会和董事会行使决策权，董事会选择和监督专业的基金管理公司担任基金管理人，负责管理基金资产。公司制基础设施产业投资基金治理结构如图 13 -1 所示。

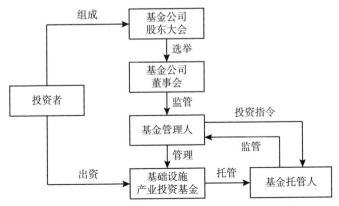

图 13 - 1 公司制基础设施产业投资基金治理结构

公司制基金的优点在于以下几点。

（1）公司制基金的投资收益可以留存下来继续进行投资。（2）公司制基金的投资形式是有限责任。（3）公司制基金的股份可以上市。

公司制基金也具有明显的缺点，主要包括以下几点。

（1）公司制基金需要缴纳企业所得税。（2）公司制基金通常不能将资本增值收益以红利的形式派发给股东，投资者一般只能通过出售基金股份来兑现资本增值收益。（3）公司制基金管理分红的实现一般要通过期权或认股权证方式来实现，通常数量较小。[①]

13.2.2　契约制

所谓契约制产业投资基金是一种信托契约形式的基金，就是通过基金投资者、管理人与托管人以签署基金协议的方式而设立的基金。基金管理人按照法律和基金合同的要求承担基金运营与管理职责，基金托管人承担基金资产的保管、基金管理人指令的执行、基金交易的办理等职责，投资者则因为购买基金份额而享有基金收益。契约制基础设施产业投资基金治理结构如图 13 - 2 所示。

---

① 张朝元. 传统和新型基础设施投融资创新实务［M］. 北京：中国金融出版社，2020.

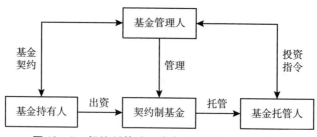

图 13 - 2　契约制基础设施产业投资基金治理结构

契约制基金是大多数发达国家最常采用的一种基金组织形式。契约制基金的运作过程比较自由，合作方可以在合法合规的原则下自由协商双方的权利和义务，这在发挥激励效用，提高决策效率等方面具有明显的优势。但由于缺乏市场专业经验，基金持有人在合同签订和后续实施过程中往往处于劣势。在实践中发现，契约制组织形式不能有效约束基金管理人在产业投资中的权利和行为，基金协议所涉及内容以外的其他事项无法得到有效控制，在运作过程中存在严重的滞后性和事后性，影响了风险控制的高效全面运行。[①]

契约制基金的主要优点在于以下几点。

（1）契约制基金具备免税地位，等同委托人直接投资于被投资公司。（2）契约制基金的委托人以出资为限承担有限责任。（3）契约制基金可以向 200 人以下的普通投资者筹集资金。

契约制基金的缺点也非常明显，主要包括以下几点。

（1）信托资金通常一步到位，如果没有事先确定的投资项目，会使得资金使用缺乏效率。（2）投资者缺乏常设机构来对基金管理人的投资活动进行监督。（3）涉及多个中介机构，增加了基金运作的成本。

13.2.3　有限合伙制

有限合伙是指根据《中华人民共和国合伙企业法》设立的以有限合伙企

---

① 张朝元. 传统和新型基础设施投融资创新实务［M］. 北京：中国金融出版社，2020.

业形式运作的基金。有限合伙制基金包括普通合伙人（General Partner，GP）
与有限合伙人（Limited Partner，LP），普通合伙人一般都是业内资深的基金
管理人或产业投资人，他们承担着有限合伙基金的运作和管理职责，同时也
承担着无限连带责任。有限合伙人是公司资金的主要供给者，但有限合伙人
一般不参与有限合伙基金的运作和管理，只保留部分监督权利，同时仅以出
资额为限对有限合伙制基金负有限责任。有限合伙制基础设施产业投资基金
治理结构如图 13 - 3 所示。

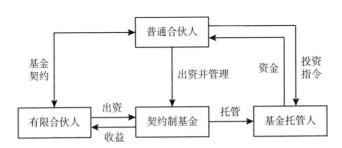

图 13 - 3　契约制基础设施产业投资基金治理结构

一般来说，普通合伙人也会少量地认购 1% ~ 2% 的基金份额，通过风险
共担、利益共享的方式让普通合伙人承担一定的风险，进而可以保障普通合
伙人（GP）不会为了获得更多的利润分配而进行过于激进的投资，从而损害
有限合伙人（LP）的利益。在收益分配方面，普通合伙人通常每年按照
1.5% ~ 2.5% 的固定比例收取管理费，也有业绩特别突出的普通合伙人收取
5% 的管理费。除管理费外，合伙协议大多数情况下都会约定普通合伙人可以
按分配比例（通常为 20%）参与基金利润的分配。

有限合伙制基金的设计使得基金产品的风险和收益更为对称，有效地弱
化了道德风险，是国际上股权投资基金发展的主流模式。

有限合伙制基金具有以下优点。

（1）有限合伙制基金不是纳税主体，其应缴的税收等同于基金投资者直
接进行投资所需缴纳的税收，因此它无需缴纳资本利得税和所得税。（2）有
限合伙制基金是一种有限责任投资形式，基金投资者以承诺资本额为限承担

责任。（3）有限合伙制基金成立时不需要对承诺资本额进行验资，有限合伙人之间没有控股权之争。（4）在多数国家的税收制度下，有限合伙基金的管理费和管理分红不需要缴纳增值税，为基金管理人提供了合理避税的机制。

有限合伙制基金本身也存在一定的缺点。

（1）在多数国家的税收制度下，基金投资者在基金获得资本增值或红利收益时便有缴税义务，而非基金向投资者分派收益时。（2）多数情况下，有限合伙制基金只能向特定的资深投资者筹集资金。（3）通常情况下，有限合伙制基金的权益不能在交易所上市交易。[①]

13.2.4 三种组织形式比较

通过对以上三种组织形式的比较，可以得出以下结论。

（1）在组织控制方面，公司制治理结构完善，治理结构最为理想；契约制和有限合伙制投资各方按照契约约定履行职责，对组织行为的控制力相对较弱。

（2）在资金募集方面，公司制可作为独立的法人从银行贷款筹措资金，但契约制和有限合伙制不能这样运作。

（3）在投资决策方面，公司制在进行投资决策时必须符合公司内部制度，程序繁杂，效率较低；但契约制和有限合伙制则可以通过协议约定决策程序，简化流程，提高效率。

（4）在风险管理方面，公司制组织形式的股东以其实缴投资金额为限承担有限责任，其风险管理意识较弱；契约制组织形式在信托协议的框架内运作，但在投资风险控制方面能力较差；有限合伙制的基金管理人兼具普通合伙人和执行事务合伙人两种身份，承担无限连带责任，其风险意识较强。

（5）在税务筹划方面，公司制组织形式的股东只有在公司缴纳所得税后才能分配公司的税后利润，股东是自然人的，还需要按照个人所得税法缴纳

---

① 张朝元. 传统和新型基础设施投融资创新实务［M］. 北京：中国金融出版社，2020.

个人所得税。因此，公司制产业投资基金存在双重征税现象；契约制投资者和有限合伙制的合伙人在获取收益后只需缴纳一次所得税，因此可以避免双重征税。三种组织形式基金的比较如表 13 - 1 所示。

表 13 - 1　　公司制、契约制及有限合伙制产业投资基金优劣势比较

	公司制	契约制	有限合伙制
主体资格	是独立法人实体	无独立的主体，且不是独立法人实体	是独立主体，但非独立的法人实体
合格投资者人数	有限责任公司制基金大于一人小于五十人；股份有限公司制基金大于两人小于两百人	大于一人小于两百人	大于两人小于五十人
对外投资名义	基金本身	基金管理人	基金本身
税收	"先税后分" 存在双重征税现象	"先分后税" 避免双重征税	"先分后税" 避免双重征税
主要优势	治理结构严谨 决策机制完善	管理成本较低 避免双重征税	避免双重征税 运作机制灵活高效，激励到位

资料来源：张朝元．传统和新型基础设施投融资创新实务 [M]．北京：中国金融出版社，2020.

13.3　基础设施产业投资基金的运作

13.3.1　基础设施产业投资基金运作的基本形式

根据发起人的不同，可将基础设施产业投资资金分为三类。其中产业投资基金通常是由政府和社会资本发起设立的，少数时候非银行金融机构也会主导设立产业基金，而银行多以参股的形式参与其中。

13.3.1.1 政府主导发起的产业基金

通常情况下，省级政府层面会出资并参与建立引导基金，然后吸引金融机构资金的投入，共同组建产业基金母基金。在不同地区申报的项目必须通过省政府和金融机构的审核。收益权由地方财政部门做劣后级，[①] 承担项目中的主要风险，保证金融机构的本金与收益母基金做优先级，杠杆比约为1：4，如图13-4所示。

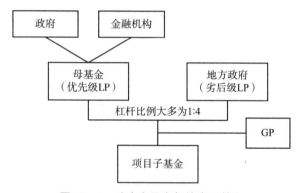

图13-4 政府主导发起的产业基金

该模式的优点是项目本身能够充分体现政府政策的导向，发挥政策优势，有政府信用作为保障，能够增加项目信用程度。但这一模式也存在一定的缺点，政府有关部门对风险进行兜底，可能引起金融机构的道德风险，在项目审查和实施运作的过程中，金融机构可能只重视项目的效益和引导作用，而忽视风险的规避和防范。

如规模达1800亿元的中国政府与社会资本合作融资支持基金是由财政部联合社保基金、建行、农行、中信集团、人寿等10家机构发起设立的，地方政府主导的母基金杠杆比例大多为1：4。又如河南省新兴产业投资基金，地方政府作为劣后级，在设立子基金前，市县政府和省级投资公司进行项目推荐，然后项目交由金融机构和河南省豫资公司执行调查程序。一旦出现风险，将采取优先退出机制，以确保金融机构的本金和收益。

---

① 边叶，李哲奇. PPP 产业基金运作模式浅析 [J]. 当代经济，2016（11）：14-15.

13.3.1.2 实业资本发起设立产业基金

实业资本一般具有建设运营的资质和能力，发起成立产业投资基金，并通过联合银行等金融机构设立有限合伙基金。产业资本和金融机构共同组建产业基金管理公司并担任 GP，金融机构作为 LP 优先 A，地方政府指定的国企为 LP 优先 B（A 和 B 分别表示产业投资基金不同的有限合伙人 LP），产业资本还可以担任 LP 劣后级，成立有限合伙形式的产业投资基金，以股权的形式投资项目公司。具体如图 13－5 所示。

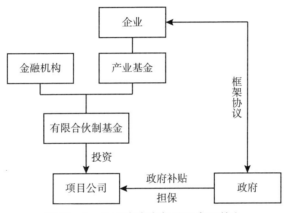

图 13－5 实业资本发起设立产业基金

该模式的优势在于实业资本可以通过自身的产业优势直接触发，找到优质的企业项目，与前面两种模式对比对项目有更多的了解。其缺点是以这种模式运作的项目大多目前仍需政府增信或财政补贴，以增强项目吸引力和投资人信心。

如绿地集团联合上海建工、建信信托牵头设立的首支千亿级规模的中国城市轨道交通 PPP 产业基金，出资比例暂定为绿地集团（含关联机构）33%、上海建工（含关联机构）33%、建信信托（含关联机构）34%。再如苏交科集团联合贵州道投融资管理有限公司牵头成立的贵州 PPP 产业投资基金管理公司，拟设立及管理贵州 PPP 产业投资基金；其中，贵州 PPP 产业投资基金规模为 20 亿元，贵州 PPP 基金管理公司作为普通合伙人（GP）以认购 1000 万元，苏交科、贵阳观泰产业建设投资发展有限公司作为基金的劣后级有限合伙人，分别认购 4 亿元和 1 亿元。

13.3.1.3　非银行金融机构主导成立有限合伙基金

一般情况下，金融机构会联合当地大型国有企业设立有限合伙基金。有限合伙基金的优先级有限合伙人由金融机构担当，劣后级有限合伙人由国企担当，一般合伙人则由金融机构指定的股权投资管理人担当。具体如图 13 - 6 所示。

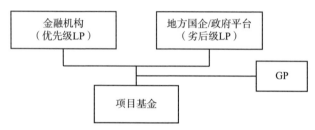

图 13 - 6　非银行金融机构主导成立有限合伙基金

该模式的优势是更加市场化的运作方式，更少的不恰当的行政干预。其劣势则在于即使基金是由金融机构设立的，但金融机构对项目（尤其是比较专业的项目）了解有限，存在着较大的信息不对称的风险。

如基金规模达 100 亿元的"兴业厦门城市产业发展投资基金"有限合伙企业，是由兴业基金全资子公司兴业财富资产管理有限公司通过设立专项资管计划与厦门轨道交通集团 7∶3 出资比例设立的有限合伙企业。优先级有限合伙人由兴业财富资产管理有限公司担任，劣后级有限合伙人由厦门轨道交通集团担任。厦门轨道交通集团根据协议定期向优先级有限合伙人支付收益，并负责在基金到期时回购优先级有限合伙人的权益，厦门市政府提供财政贴息担保。

13.3.2　基础设施产业投资基金的运作流程

基础设施产业投资基金的运作流程主要包括从募集资金到项目投资，再到获得合理收益后资金退出三个阶段。

13.3.2.1 筹资过程

在筹资过程中，最重要的是发起、设立基金和筹集资金。发起、设立产业投资基金首先要满足发起、设立的相关条件，包括选定的发起人、托管人，在确定基金设立形式的基础上组建基金管理公司，然后报请主管部门审批，经审批合格后就可以发行基金招募说明书。募集资金就是募集符合招募说明书的投资者。我国产业投资基金普遍通过银行、保险公司、政府引导基金及实力雄厚的实业资本等渠道募集基金。

13.3.2.2 投资过程

投资过程主要由项目筛选、项目评估、交易结构规划、投资管理与资本增值五个环节组成。项目筛选是投资的首要环节，基金管理人对项目各方面的可行性进行评估并编制可行性研究报告。在评估通过后，基金管理人将就被认为可行的拟投项目的投资规模和形式与潜在的受资企业进行协商，明确合同的相关条款并签订投资协议。与此同时，双方开始在投资的运营与管理上进行实质的交易结构设计。协议达成一致后，基金管理人应按照投资协议的约定投入资金并进行管理，参与受资企业的经营管理，履行合伙人和合作者的职责。

13.3.2.3 退出过程

基金投资受资企业的目的不是拥有和控制受资企业，而是促进相关产业发展并获取投资收益。因此，基金在完成项目任务或阶段性完成投资任务时，可以选择合适的时机进行变现退出。产业投资基金退出是其商业化性质的最根本体现，是实现投资收益的最主要途径。

13.3.3 基础设施产业投资基金的退出机制

与其他投资基金相比，基础设施产业投资基金退出的难度更大。如果基金未能退出基建投资项目，不仅会影响基金对其他高回报项目的投资，也会影响投资者信心。因此，基础设施产业投资基金的退出机制直接影响到基金的成败。以下是基建投资基金的一些主要退出渠道。

13.3.3.1 资产证券化

资产证券化退出是指产业投资基金资产投资于项目公司后，在项目经营期满后，项目公司通过资产注入上市公司、发行资产证券化产品或类 REITs 等资产证券化方式以获得投资收益并退出项目。

13.3.3.2 回购/转让股份

回购/转让股份退出是指产业投资基金投资项目公司后，项目投资公司完成项目工作后，政府及开发运营公司回购股份或将股份转移给政府、开发公司或其他投资者。基础设施产业投资基金可以与基础设施管理者合作，通过项目转移来退出资金。

13.3.3.3 清算项目

清算是指产业投资基金投入到项目公司后，在项目投资公司完成项目任务（或阶段性任务）后，通过项目公司清算（或注册资本减少）的方式，返还产业投资基金应当获取的股权收益，实现投资的退出。①

在实践中，由于产业投资基金的高风险和高收益的特点，很多投资项目被认为已经失去了成功的机会，或者成长太慢，收益太低，没有达到预期的收益，由此可能会导致项目失败，企业破产。破产清算是企业在资本项目发生亏损后，为了防止继续亏损而采取的措施之一。清算可以降低持续经营带来的风险和损失，及时止损，确保现有资本余额得到回收，尽快发现新的市场机会。破产清算是投资失败后采取的最后一种策略，如果采用破产清算的方式将资金抽离，无论在经济上还是在声誉上都会给投资机构造成惨重的损失。

---

① 徐继明，郭晨. 低利率背景下保险基金以 PPP 模式支持地方建设研究［J］. 北方金融，2017（12）：24－28.

13.3.3.4　公开上市（IPO）

产业投资基金最理想的退出方式是股权上市。在对美国上市情况的研究中，有学者发现通过上市发行的方式退出的基金的总回报取决于投资于被融资公司的时间：第一个投资周期的回报为 22.5 倍，第二个投资周期的回报为 10 倍，第三个投资周期的回报为 3.7 倍。由此可以看出，对于一只产业投资基金来说，通过证券交易所上市可以获得一笔巨大的利润。

基础设施产业投资基金有两种公开上市方法：基础设施公司上市和基础设施项目上市。近年来，基础设施领域的上市案例很多，如 2000 年 5 月 18 日江西赣粤高速公路有限公司在上海证券交易所上市，2006 年 10 月中国交通建设集团公司成立中交股份有限公司，2006 年 12 月 15 日在中国香港注册上市。

13.4　政　府　投　资　基　金

13.4.1　政府投资基金相关概念

13.4.1.1　政府投资基金的概念

根据《政府投资基金暂行管理办法》可知，政府投资基金，是指由各级政府通过预算安排，以单独出资或与社会资本共同出资设立，采用股权投资等市场化方式，引导社会各类资本投资经济社会发展的重点领域和薄弱环节，支持相关产业和领域发展的资金。其中，政府出资是指财政部门通过一般公共预算、政府性基金预算、国有资本经营预算等安排的资金。①

政府投资基金是一种私募股权基金。根据美国联邦银行业监管条例，私

---

① 关于印发《政府投资基金暂行管理办法》的通知［EB/OL］.（2015 – 12 – 10）. http：//yss. mof. gov. cn/zhengceguizhang/201512/t20151208_1603246. htm.

募股权基金定义为：第一，业务方向为投资于金融或非金融企业的股权、资产或其他所有者权益，并且打算未来出售或以其他方式处置；第二，不直接经营任何工商业务；第三，任何一家金融控股公司的董事、经理、雇员或者其他股东持股不得超过25%；第四，最长持股时间不得超过15年；第五，并非出于规避金融控股监管条例或商业银行条例监管而设立。

13.4.1.2 政府投资基金的特点

（1）属于私募股权基金的一种。因此，私募股权基金有的特征，就是政府投资基金的特点。与其他一般私募股权基金不同，政府投资基金的一部分出资或者全额出资来源于政府资金。换种说法，政府投资基金可能只有一家LP且是政府，或者有多家LP，其中一方是政府。

（2）引导性。政府投资基金是政府财政转变投入方式的重要创新工具。采取政府投资基金的方式，可以起到引导和带动作用，体现了政府扶持产业的宏观意向。政府投资基金可以吸引社会资本进入重点关注的行业，引导社会资本投资到当地的一些重点领域和薄弱环节。

（3）市场化运作。根据《关于印发〈政府出资产业投资基金管理暂行办法〉的通知》可知，政府出资产业投资基金应坚持市场化运作、专业化管理原则，政府出资人不得参与基金日常管理事务。

（4）发挥杠杆作用。通过政府投资基金以股权的方式，把财政资金投出去，把社会资本引进来，充分发挥杠杆效应，提高财政资金投资效率，通过更大的资金量实现显著的效果。

13.4.1.3 政府投资基金的类型

政府投资基金可以分为产业基金、创业投资基金及基础设施基金三类。

（1）产业基金，也叫产业投资引导基金，主要投资于省内重点要扶持的产业。（2）创业投资基金，也叫创业投资引导基金或创投基金，主要扶持本土的创业投资企业和中小企业。（3）基础设施基金，主要指的是基础设施和公共服务投资引导基金，其中又主要是PPP基金。

政府投资基金包括的具体类型如图13-7所示。

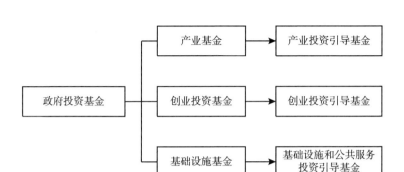

图 13 - 7　政府投资基金分类

在数量方面，政府投资基金以产业基金为主，其次为创业投资基金，最后是基础设施基金。

13.4.1.4　政府投资基金相关政策

政府投资基金相关政策见表 13 - 2。

表 13 - 2　　　　　　　相关部委和机构出台的政府投资基金文件

序号	时间	部门	文件
1	2015 年 12 月	财政部	《政府投资基金暂行管理办法》
2	2016 年 7 月	中共中央、国务院	《关于深化投融资体制改革的意见》
3	2016 年 9 月	国务院	《关于促进创业投资持续健康发展的若干意见》
4	2016 年 12 月	发改委	《关于印发〈政府出资产业投资基金管理暂行办法〉的通知》
5	2017 年 4 月	国务院	《关于转发〈国务院国资委以管资本为主推进职能转变方案〉的通知》
6	2019 年 5 月	国务院	《政府投资条例》
7	2020 年 2 月	财政部	《关于加强政府投资基金管理提高财政出资效益的通知》

资料来源：笔者整理。

上述文件与政府投资基金相关的内容如下。

（1）《政府投资基金暂行管理办法》第二条指出，政府投资基金，是指由各级政府通过预算安排，以单独出资或与社会资本共同出资设立，采用股权投资等市场化方式，引导社会各类资本投资经济社会发展的重点领域和薄弱环节，支持相关产业和领域发展的资金。政府出资，是指财政部门通过一般公共预算、政府性基金预算、国有资本经营预算等安排的资金。

（2）《关于深化投融资体制改革的意见》中指出，进一步明确政府投资范围。政府投资资金只投向市场不能有效配置资源的社会公益服务、公共基础设施、农业农村、生态环境保护和修复、重大科技进步、社会管理、国家安全等公共领域的项目，以非经营性项目为主，原则上不支持经营性项目。建立政府投资范围定期评估调整机制，不断优化投资方向和结构，提高投资效率，优化政府投资安排方式。政府投资资金按项目安排，以直接投资方式为主。对确需支持的经营性项目，主要采取资本金注入方式投入，也可适当采取投资补助、贷款贴息等方式进行引导。安排政府投资资金应当在明确各方权益的基础上平等对待各类投资主体，不得设置歧视性条件。根据发展需要，依法发起设立基础设施建设基金、公共服务发展基金、住房保障发展基金、政府出资产业投资基金等各类基金，充分发挥政府资金的引导作用和放大效应。加快地方政府融资平台的市场化转型。

（3）《关于促进创业投资持续健康发展的若干意见》中指出，发挥政府资金的引导作用。充分发挥政府设立的创业投资引导基金作用，加强规范管理，加大力度培育新的经济增长点，促进就业增长。充分发挥国家新兴产业创业投资引导基金、国家中小企业发展基金、国家科技成果转化引导基金等已设立基金的作用。对于已设立基金未覆盖且需要政府引导支持的领域，鼓励有条件的地方按照"政府引导、市场化运作"原则推动设立创业投资引导基金，发挥财政资金的引导和聚集放大作用，引导民间投资等社会资本投入。进一步提高创业投资引导基金市场化运作的效率，促进政策目标实现，维护出资人权益。鼓励创业投资引导基金注资市场化母基金，由专业化创业投资管理机构受托管理引导基金。综合运用参股基金、联合投资、融资担保、政府出资适当让利于社会出资等多种方式，进一步发挥政府资金在引导民间投

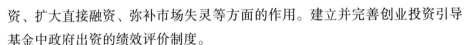

资、扩大直接融资、弥补市场失灵等方面的作用。建立并完善创业投资引导基金中政府出资的绩效评价制度。

（4）《关于印发〈政府出资产业投资基金管理暂行办法〉的通知》中指出，本办法所称政府出资产业投资基金，是指由政府出资，主要投资于非公开交易企业股权的股权投资基金和创业投资基金。政府出资资金的来源包括财政预算内投资、中央和地方各类专项建设基金及其他财政性资金。政府出资产业投资基金可以采用公司制、合伙制、契约制等组织形式。政府出资产业投资基金由基金管理人管理基金资产，由基金托管人托管基金资产。政府出资产业投资基金应坚持市场化运作、专业化管理原则，政府出资人不得参与基金日常管理事务。政府出资产业投资基金可以综合运用参股基金、联合投资、融资担保、政府出资适当让利等多种方式，充分发挥基金在贯彻产业政策、引导民间投资、稳定经济增长等方面的作用。

（5）《关于转发〈国务院国资委以管资本为主推进职能转变方案〉的通知》中指出，牵头改组组建国有资本投资、运营公司，实施资本运作，采取市场化方式推动设立国有企业结构调整基金、国有资本风险投资基金、中央企业创新发展投资引导基金等相关投资基金。

（6）《政府投资条例》第二条指出，本条例所称政府投资，是指在中国境内使用预算安排的资金进行固定资产投资建设活动，包括新建、扩建、改建、技术改造等。第三条指出，政府投资资金应当投向市场不能有效配置资源的社会公益服务、公共基础设施、农业农村、生态环境保护、重大科技进步、社会管理、国家安全等公共领域的项目，以非经营性项目为主。国家完善有关政策措施，发挥政府投资资金的引导和带动作用，鼓励社会资金投向前款规定的领域。第五条指出，国家加强对政府投资资金的预算约束。政府及其有关部门不得违法违规举借债务筹措政府投资资金。第六条指出，政府投资资金按项目安排，以直接投资方式为主；对确需支持的经营性项目，主要采取资本金注入方式，也可以适当采取投资补助、贷款贴息等方式。

（7）《关于加强政府投资基金管理提高财政出资效益的通知》中指出，近年来，各级政府批准设立的政府投资基金（以下简称基金）已经形成较大规模，对创新财政资金使用、引导新兴产业发展、撬动社会资本投入发挥了重要作用。但同时一些基金也存在政策目标重复、资金闲置和碎片化等问题。为加强对设立基金或注资的预算约束，提高财政出资效益，促进基金有序运行，现就有关事项通知如下：强化政府预算对财政出资的约束。对财政出资设立基金或注资须严格审核，纳入年度预算管理，报本级人大及其常委会批准；数额较大的，应根据基金投资进度分年安排。设立基金要充分考虑财政承受能力，合理确定基金规模和投资范围。年度预算中，未足额保障"三保"、债务付息等必保支出的，不得安排资金新设基金。预算执行中收回的沉淀资金，应按照推进财政资金统筹使用和盘活存量资金的规定，履行必要程序后，可用于经济社会发展急需领域的基金注资。禁止通过政府投资基金变相举债。严格遵守党中央、国务院关于地方政府债务管理的各项规定，不得通过基金以任何方式变相举债。地方政府债券资金不得用于基金设立或注资。地方财政部门要会同相关部门对违反上述规定的基金严肃整改。财政部各地监管局按照有关职责和工作部署，加强对涉嫌变相举债基金的监管，协助地方防范隐性债务风险。

13.4.2　政府投资基金发展现状

13.4.2.1　政府投资基金规模稳步增长

我国政府投资基金的存量规模巨大，自2017年以来，新设立的政府投资资金的数量和规模逐年放缓，2021年一季度新设立政府投资基金仅有26只，但由于2015~2016年的井喷式扩张，截至2021年一季度政府投资基金数量达1877只，目标总规模达11.59万亿元，已到位资金5.69万亿元。[①]

13.4.2.2　政府投资基金投资领域集中

政府投资基金包括产业投资基金、创业投资基金和基础设施基金，从投

① 刘健.政府投融资管理［M］.北京：中国金融出版社，2022.

资规模上看，以产业投资基金为主。截至 2021 年第一季度末，产业投资基金目标规模达到 7.8742 万亿元，占总体的 67.9%，已到位资金规模 3.8061 万亿元，占总体的 66.9%；创业投资基金目标规模为 0.9155 万亿元，已到位资金规模 0.6487 万亿元；基础设施基金目标规模 2.7907 万亿元，已到位资金规模 1.2383 万亿元。[①] 从投资领域看，政府投资基金主要投向新能源、智能制造、医药康养和文化旅游等国家倡导领域。

13.4.2.3　地方政府投资基金现状

我国政府投资基金数量以地级市、区县级为主，且地级市、区县级单只政府投资基金规模较小。如图 13-8 所示，截至 2021 年第一季度，我国国家级、省级、地市级、区县级的政府投资基金数量分别为 38 只、403 只、866 只和 570 只。国家级、省级、地市级、区县级政府引导基金目标基金规模分别为 2.6667 万亿元、4.0492 万亿元、3.3955 万亿元和 1.4771 万亿元，已到位资金规模分别为 1.7610 万亿元、1.6309 万亿元、1.5825 万亿元和 0.7187 万亿元。从基金总规模上看，以省级、地市级居多。如图 13-9 所示，从平均规模来看，单只引导基金目标规模与级别呈现正相关关系，平均依次为 720.7 亿元、105.2 亿元、41.8 亿元和 27.5 亿元。[②]

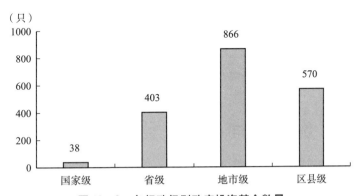

图 13-8　各行政级别政府投资基金数量

资料来源：刘健. 政府投融资管理［M］. 北京：中国金融出版社，2022.

---

①② 刘健. 政府投融资管理［M］. 北京：中国金融出版社，2022.

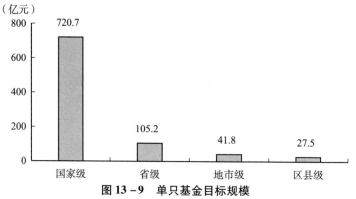

图 13 - 9　单只基金目标规模

资料来源：刘健. 政府投融资管理 ［M］. 北京：中国金融出版社，2022.

13.4.2.4　政府投资基金组织形式

政府投资基金包括公司制、契约制和有限合伙制三种组织形式，其中无论是在数量上还是在资金规模上，有限合伙制均占据主导地位。有限合伙制由普通合伙人（GP）和有限合伙人（LP）组成，有限合伙人负责日常管理事务并承担无限连带责任，其只负责出资，不参与日常管理，并以出资额为限承担有限责任。

13.4.3　政府投资基金影响作用

政府投资基金对基础设施项目投融资的影响作用，主要包括以下几个方面[①]。

13.4.3.1　缩小资金缺口

当前，我国基础设施和公共服务仍存在很多短板，与人民群众日益增长的基础设施和公共服务需求相比还有较大差距，未来基础设施建设投融资需求依然很大。为寻求基础设施建设资金保障，近年来地方政府不断创新投融

---

① 张朝元. 传统和新型基础设施投融资创新实务 ［M］. 北京：中国金融出版社，2020.

资模式，① 政府投资基金成为政府支持实体经济的一种创新性投融资工具，缩小了地方财政和基础设施项目之间的资金缺口，拓宽了基础设施项目融资渠道。

13.4.3.2　影响产业投向

政府投资基金投资的投资重点是经济社会发展的重点领域和薄弱环节，充分体现了政府政策的导向作用，引导社会资本投资到经济社会发展的重点领域和薄弱环节，支持相关产业和领域发展。同时，政府投资基金将政府引导和市场运作有机结合，有效发挥财政资金的杠杆作用引导社会投资，具有更加灵活高效的市场化特点。

13.4.3.3　发挥专业管理人员的优势

政府投资基金属于产业投资基金的一种，通过向特定或非特定多数投资者发行投资基金份额的方式成立基金，交给专门机构的专业人员按照资产组合原理进行分散投资，投资收益和风险由投资者按出资比例共担。政府投资基金是一种直接融资方式，基金资产的投资由专门人员负责，直接投向基础设施建设领域，不会通过其他基金融资机构间接投资。② 这样可以保证基础设施项目良好的运营和投资回报，同时提高财政资金的使用效率。

---

① 吴有红．构建可持续的城市建设投融资机制 [J]．中国发展观察，2020（22）：47 - 49，64.
② 刘健．政府投融资管理 [M]．北京：中国金融出版社，2022.

第 14 章

基础设施项目融资

一般而言，基础设施项目融资从广义上简单理解是指"为某一特定基础设施项目融资"，包含对新建基础设施项目融资、收购现有基础设施项目进行融资和对现有基础设施项目进行债务重组融资。从狭义上说，基础设施项目融资是一种有限追索的融资活动，是指以基础设施项目资产、预期收益和预期现金流量为偿债资金来源的融资活动。本章详细介绍了基础设施项目融资的特点和程序、基础设施项目融资参与人、基础设施项目融资结构以及基础设施项目融资的主要模式。

14.1 基础设施项目融资的特点和程序

14.1.1 基础设施项目融资的特点

基础设施项目融资有其独特之处，在融资目标、资金使用等方面均与传统的贷款融资方式不同。基础设施项目融资主要具有以基础设施项目为导向、有限追索、风险分担、表外融资、不同的信贷结构、较高的融资成本、税收优惠等特点。

14.1.1.1 以基础设施项目为导向

与其他融资方式相比，基础设施项目融资的融资基础主要是项目资本金、

536

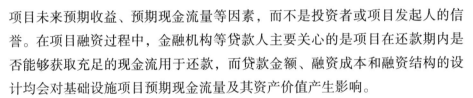

项目未来预期收益、预期现金流量等因素，而不是投资者或项目发起人的信誉。在项目融资过程中，金融机构等贷款人主要关心的是项目在还款期内是否能够获取充足的现金流用于还款，而贷款金额、融资成本和融资结构的设计均会对基础设施项目预期现金流量及其资产价值产生影响。

由于项目融资以基础设施项目为导向，因此一些投资者难以获得的资金可以通过项目来获得，一些投资者难以获得的担保条款可以通过项目融资的方式得到落实。与传统的融资方式相比，项目融资具有独特的优势：一是贷款占比较高，有的项目贷款比例甚至最高可达 100%；二是项目融资贷款的贷款期限可根据项目的特殊需要和项目的生命周期进行调整和规划，项目融资可以比商业贷款的一般贷款期限更长，有的项目贷款期限可达 20 年。

14.1.1.2　有限追索

追索，是指借款人如果不能按时还款，贷款人有权要求借款人抵押资产以外的其他资产来偿还债务。追索权是追索人享有的对贷款的偿还请求权，其行使具有一定的范围和条件。从某种意义上说，贷款人拥有的追索权形式和程度是判断融资是否属于项目融资的重要指标。对于传统融资，贷款人以完全追索的方式向借款人提供贷款，相对于项目的预期收益而言，贷款人更关注于借款人本身的资信情况。而项目融资是一种有限追索的模式，贷款人可以在项目的建设期和试生产期等特定阶段对项目借款人实施追索；除了在规定的范围内对项目借款人实施追索权外，贷款人不得追索到项目借款人任何其他形式的财产，但基础设施项目的资产、产生的现金流量和所承担的义务除外。

有限追索说明贷款人对项目借款人的追索权受到限制，一个极端情况是"无追索"，在这种情况下，贷款人对项目借款人的追索权被限制为"无追索"状态，即不存在以预期收益为基础的对项目借款人进行追索权的问题。然而，无追索的情况在实践中是很难实现的。有限追索的核心是项目本身不足以支持"无追索权"结构，因此在项目的某个阶段还需要项目贷方提供某种形式的信贷支持。追索权的程度取决于项目的性质、现金流强度、现金流可预测性、借款人的经验、声誉和在该行业的领导地位等。对于一个给定的项目，随着项目风险程度和暴露程度在不同阶段的变化，贷款人的"追索权"会与之相适应。比如贷款人通常要求借款人在项目建设过程中承担全部或几乎全部的风险，只有当项目过渡到正常生产之后才限制追索权仅对项目资金和项目现金流产生约束。

14.1.1.3 风险分担

基础设施项目融资具有投资风险高、风险类型多种多样的特点，由于参与项目的主体众多，通过严格的法律协议可以实现风险分担。但是，由于不同参与方所拥有的信息不对称程度不同，使得项目融资中存在着许多难以预测和控制的不确定性因素，从而增加了项目风险管理的难度。因此，项目融资中的风险管理尤为重要。一个成功的项目融资结构应当确保项目的任何一方都不对项目中的所有负债风险承担全部的责任。在进行项目融资时，要考虑到项目借款人所面临的各种风险因素和贷款人的要求，并根据这些因素制定出相应的投资者策略来确定最佳的融资结构；一旦建立了融资结构，双方都必须准备好承担意外风险。

14.1.1.4 表外融资

项目融资通过投融资结构安排，可以帮助投资者将贷款安排成一种非公司负债型融资方式。

资产负债表是反映某一公司在某一特定日期的财务状况的会计报表，它不仅能够反映出公司资源的配置情况，而且还能对公司的偿付能力、所有者权益和财务状况等进行评价。表外融资，又称非公司负债型融资，是指项目的债务不在项目投资方（即实际贷款人）资产负债表的债务栏中的一种融资形式。最多是把这种负债体现在对企业资产和负债的注释中加以描述。

根据项目融资的风险分担原则，项目贷款人的债务偿还主要限于项目公司的资产和现金流，项目投资方的责任有限，可以形成表外融资，不需要进入基于投资者资产负债表的贷款形式，这意味着投资者可以在有限的财务资源下进行更多的投资，同时分散和限制多个项目的投资风险。但是由于公司的自身资产较少，因此其对项目投资的要求也就比较高，尤其是对于一个或

多个大型项目来说，传统的融资方式很难满足需求。大型基础设施项目具有建设时间长、投资回收期长以及贷款调整频繁等特点，在这种情况下，如果不及时调整资产负债表中公司资产和负债的结构，就会导致公司的资产负债比过大，这种不平衡可能导致资产负债比大于银行普遍接受的抵押保证金，且从长远来看是无法改善的。因此，公司将无法筹集到新的资金，这将影响其未来的发展能力。在这种情况下，表外融资应运而生，并逐渐取代传统的融资方式成为主流。

14.1.1.5 不同的信贷结构

在基础设施项目融资中，支持贷款的信贷结构调整灵活多样，一个成功的项目融资安排可以为一系列重要的与项目相关的各个关键方面提供贷款的信用支持。一般包括以下几个方面。

（1）在市场方面，对项目产品有兴趣的买家可能需要以金融信贷支持的方式购买长期的合作产品。资源项目的开发受到国际市场需求和价格变化的强烈影响，获得符合贷方银行要求的项目产品的稳定长期销售合同往往是项目融资成功的关键。[1]

（2）在与施工单位签订的合同中，投资者可能会要求施工单位签订固定价格和有时限的施工合同或交钥匙合同，以最大限度地降低风险和获得技术设计保证等。

（3）在生产方面，由于原材料、能源等成本不断上涨，企业可以邀请供应商设计专门的可变价格公式，在保证报价的同时保证项目的最低回报。

所有的这些方法都可以为项目融资提供有力的信贷支持，提高项目放贷能力，减少融资对投资者资产信用的依赖。[2]

14.1.1.6 较高的融资成本

项目融资中存在的一个最大问题是与传统的融资方式相比，项目融资成本相对较高，需要较长的时间进行融资。项目融资是一个庞大而复杂的结构，

---

[1][2] 陈天聚. 项目管理［M］. 北京：中国人民大学出版社，2021.

需要进行大量与风险分担、税收结构、抵押能力等相关的工作；财务文件往往比普通的商业经济要多得多，前者需要几十甚至上百份文件来解决问题。这肯定会导致以下两个后果。

（1）项目融资需要较长时间，从开始筹备到完成融资计划通常需要3~6个月，一些大型项目的融资可能需要数年时间。这就需要所有有关方面有足够的耐心与合作精神。

（2）由于工作量大、风险高、时间长等原因，企业往往会放弃对项目的投资，而将资金转到其他领域去使用，这样就使得企业拥有了一定程度上的追索权，从而导致了企业的融资成本高于传统融资方式下的成本。

融资成本由两个主要部分组成：前端费用和利息成本。有稳健的融资结构和稳定的合作伙伴的项目在管理、技术、市场等方面可以增加项目的经济强度，从而降低实力较弱的合作伙伴的相对融资成本。实际上，除了评估项目融资的优势之外，还必须将项目融资中的规模经济考虑在内。

14.1.1.7　税收优惠

项目融资中的一个重要因素就是充分利用税收优惠，降低融资成本，提高项目的总回报和偿付能力。这一内容涵盖了项目融资的各个阶段以及各组成部分的设计等。

所谓的税收优惠，可分为两大类：一类为税收抵免；另一类为所得税减免。其中税收抵免法主要适用于发展中国家，而所得税减免法则适用于发达国家。税收优惠政策可以被用于吸引外商直接投资（FDI），也可被用来鼓励国内企业进行跨国经营。

充分利用税收优惠是指在项目所在国法律允许的范围内，利用精心设计的投资结构和融资模式将投资税收优惠分散到东道国，并尽可能广泛地分配给项目的所有参与方。这种税收政策因各国各地区而异，一般有快速折旧、利息支出、投资激励等费用税。

14.1.2　基础设施项目的融资程序

从项目投资决策、项目融资方式选择到项目建设获得融资再到项目融资最终实施，项目融资大致可分为五个步骤：投资决策评估、融资决策分析、融资结构规划、融资谈判和融资实施。在整个过程中，每一步都是至关重要的环节，必须认真对待、精心组织，才能使项目得以顺利推进，取得预期效益。每个阶段最重要的工作如图 14 - 1 所示。

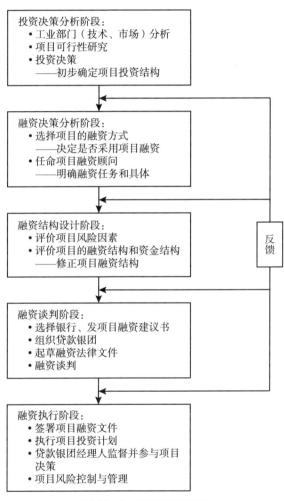

图 14 - 1　项目融资流程

14.1.2.1 投资决策评估

投资者在进行投资之前要对项目进行相当仔细的审核，而投资决策评估结论是投资决策最主要的依据。因此，投资者应根据国家的宏观经济形势、政策和市场分析等情况来进行可行性研究。投资者在做出投资决策时，首先要考虑到的就是投资结构问题。投资结构主要包括：项目的性质、规模、所有权形式、产品分配、负债责任、决策程序、现金流控制等方面，这些因素都会对企业的会计、税收产生重大影响。此外，在许多情况下，项目投资的决策与是否为项目融资以及如何融资密切相关。投资结构的选择影响项目融资结构和资金来源的选择；相反，项目融资结构也支配着投资结构。

14.1.2.2 融资决策评估

在这一阶段，项目的投资者决定融资方式，为项目的发展筹集资金。项目是否采用项目融资方式，很大程度上取决于项目的贷款金额、时间、融资成本、债务分配和会计核算等。如果投资者选择项目融资作为其融资方式，则应聘请投资银行、财务公司、商业银行或商业金融部门等作为财务顾问。在找到更详细的融资需求信息和目标后，财务顾问将开始规划项目的融资结构。

14.1.2.3 融资结构规划

项目融资结构规划环节的重点是全面分析，评估和判断与项目相关的风险因素，明确项目承受债务和风险的能力，设计可能的融资方案和抵押担保结构。项目融资中的信用结构主要取决于企业自身的经济实力以及各利益相关方是否在项目上建立起良好的合同关系并提供必要的信用担保；项目融资结构及相应资本结构的设计与选择应充分体现投资者融资策略的要求和考虑。

14.1.2.4 融资谈判

项目融资计划完成后，项目融资将进入谈判阶段。首先，财务顾问有选择地向银行及非银行金融机构提出参与项目融资的建议，安排银团贷款，准备项目融资文件，然后，与银行协商。法律顾问、财务顾问和税务顾问在谈判中起着举足轻重的作用：一方面顾问可以使投资者处于有利的谈判地位，维护投资者的利益；另一方面，当谈判暂停后，顾问可以迅速灵活地实施有效措施，使谈判得以持续进行，从而有利于投资者。

融资谈判不会很快结束。在谈判过程中，相关的法律文件需要进行修改，有时需要调整融资结构或融资来源，有时需要更改项目的投资结构以满足银团的要求。谈判的主要目的是"使各方都能接受"。为了达到这一目标，必须制定出合理可行的融资方案来保护项目投资者利益和保证贷款银行对融资方案的批准。具体包括选择银行、提出项目融资建议、组建贷款银团、编制法律文件、进行融资谈判等方面的内容。

14.1.2.5　融资实施

在项目融资法律文件正式签订之后，项目融资就进入了实施阶段。在项目建设阶段，银团通常会委派财务顾问作为监管机构，定期监测项目进展，并根据资金预算和建设计划安排贷款。在项目试产阶段，银团经理将根据实际生产成本数据、各项技术指标以及财务文件等情况来确认项目是否达标。在项目正常运行过程中，银团经理将参与某些项目决定，并将按照财务文件的要求管理和监测贷款的支付和项目的部分现金流。此外，银团经理还参与某些生产经营决策，帮助投资者加强项目风险管控。

14.2　基础设施项目融资的参与人

项目融资的参与人包括项目发起人、项目公司、商业银行和其他参与人等。

14.2.1　项目发起人

项目发起人一般为股本投资者，是项目的实际投资者，通过基础设施项目投资和经营活动获得投资回报。项目发起人一般是基础设施项目所在地的政府、企业，有时也可以是由多个与项目相关的企业组成的投资集团，或者政府机构与企业的混合体。政府机构和企业的结合有助于将企业的管理方法和技术融入项目，有效控制项目，保证项目设计和服务质量，降低投资风险，进一步加快管理者角色的转变，改善政府的形象。

14.2.2　项目公司

项目公司是为基础设施项目建设和运营而依法设立的独立法人，自主经营，自负盈亏。项目公司是由社会资本（可以是一家公司或不同公司的联合体）或由政府和社会资本共同出资的特殊目的公司（SPV）。SPV负责项目的融资、设计、建设和运营全过程。项目公司的资金来源包括股本资金和债务资金两部分。股本资金由股东出资，投资各方通过签订合同共同设立项目公司，就其持股比例和形式达成一致，并由项目公司成立专门的领导小组对SPV进行管理和监督。债务资金由银行以及非银行金融机构提供。在融资结构上，为了满足不同类型项目的融资需求，项目公司可以发行次级债和优先股。SPV按照合同约定履行各自职责，包括项目的设计、施工、安装、调试、验收等整个生命周期中的采购与谈判、项目服务及质量保证。项目经营期限届满，SPV进行清算和解散。

14.2.3　商业银行等金融机构

在项目融资模式中，项目贷款方包括商业银行、出口信贷机构、多边金融机构和非银行融资金融机构。其中，商业银行在项目运行过程中发挥着重要作用。在项目的融资结构中，来自商业银行等金融机构的有息贷款和资金是项目开展的重要保障。银行融资一般由一家商业银行牵头或联合几十家银行组成银团进行融资，这主要取决于基础设施项目规模和项目风险的大小。一般来说，一家银行可以为小项目提供所需的全部资金，而大项目则需要银团一起提供资金。在高风险项目中，即使贷款金额较小，通常也需要银团提供资金，以分散项目的风险。

14.2.4　承包商和分包商

在基础设施项目融资过程中，影响工程技术成败的一个重要因素是选择承包商和分包商。他们的技术水平、资质、信誉和财务能力极大地影响贷款人的商业评估和风险判断，影响项目的信用状况，进而影响贷款的获得。

承包商与项目公司签订的合同一般为固定价格或期限协议，主要负责项目的建设。一般而言，承包商会面临拖延、质量差和费用过高的风险。

在较大的项目中，承包商可以将部分工作外包给专业分包商，并负责领导和协调分包商的工作。根据项目的情况，分包商完成的工作可包括设计、施工、技术服务和交付项目所需的物品、材料和设备。

14.2.5　原材料供应商

在一些基础设施项目建设和运营过程中，快速、充足、稳定的原材料供应对于项目的顺利实施至关重要，因此原材料供应商也是此类项目融资的主要参与者之一。为了保证项目顺利进行，项目公司需要从采购环节开始对供应商进行有效管理。例如，在燃煤电厂项目中，项目公司通常会与煤炭供应商签订长期供应协议，以确保煤炭的稳定供应。[1]

14.2.6　产品或服务的购买者

在包含运营内容的项目融资中，项目公司一般从项目的运营中收回成本，

---

[1]　陈天聚. 项目管理［M］. 北京：中国人民大学出版社，2021.

并从业务收入中赚取合理的收入。但在实际运作过程中，由于项目运营期间可能会受到诸如产品或服务价格波动等因素的影响，导致项目收入无法确定甚至出现亏损的现象，从而降低了项目投资回报水平。为了降低市场风险，项目公司和融资方往往需要确定项目产品或服务的买方，并与买方订立长期的长期购销协议，以确保今后项目的稳定回报。

14.2.7　保险公司

项目融资通常具有资金规模大、生命周期长等特征，在项目的建设和运行过程中蕴含着许多风险，这些风险包括：给施工承包商带来的风险（主要是火灾、地震等事故）、业务中断、政治风险（战争、财产征用等）等。这些风险变化无常，容易造成巨大的损失。因此，无论是项目公司还是项目的社会资本、融资方、承包商和分包商、原材料供应商和专业人员，都必须通过保险来降低自己的风险。项目保险作为一种风险管理手段已经被广泛地运用于国际工程项目中。保险公司可以针对履约风险和项目运营风险制定信用保险，提高项目结构设计的灵活性，减少和转移各个项目参与主体的风险。

14.2.8　其他参与者

除上述参与主体外，基础设施项目融资的开展还必须综合运用投资、法律、科技、金融、保险等专业技术力量。由于项目融资具有高风险、高收益和强竞争性等特征，参与该项目的各方都希望在该项目上获得更大的利益，同时，参与项目融资的各方也希望获得相应的回报。因此以上各个方面的专业机构也可以成为该项目的参与者。

14.3　基础设施项目融资的投融资结构

基础设施项目投融资结构是决定项目成功与否的重要因素。总的来说，项目投融资结构主要解决四个结构性问题，即项目投资结构、项目融资结构、项目资金结构和项目信用担保结构。

项目投资结构即项目所有权结构，是专指项目发起人对项目财产的正当所有权形式以及与融资方之间的正当合伙关系。[①] 基础设施项目的投资结构，特指为基础设施项目设立的项目公司的资本结构，包括项目公司的组建方式、公共机构与社会资本的关系、各参与者控制权和专业能力的调整等。基础设施项目的资金来源主要有两种：政府财政资金和民间资金，这两种资金来源在项目建设过程中对投资结构及风险分配也会产生影响。因此，基础设施项目投资结构至关重要。

项目融资结构是基础设施项目融资的主体部分，主要内容是为基础设施项目设计和选择合适的融资结构，特别是基础设施项目融资各组成部分的整合和适配。项目融资中最常用的项目融资方式包括 BOT 模式、ABS 模式以及融资租赁等其他融资方式，不同的融资结构具有不同的实施流程。对此，需要结合项目自身特点，为项目选择合适的融资结构。

项目资金结构是基础设施项目投资结构和融资方式的核心。项目资本结构是指在基础设施项目中占项目总资本的权益和负债份额，实际上是权益和负债比例的确定。资金构成比例与资金成本之间存在着一定关系，合理的项目资本结构能够有效地降低企业的风险。

合理选择信用担保结构是基础设施项目前期建设中重要的保障来源之一，是提升信用价值的途径，项目信用担保结构取决于基础设施项目本身的资金实力。信贷条件和项目公司提供的股东担保是主要的信用改善方式。

项目的投资结构界定了项目投资者与项目资金之间的法律关系。投资结构设计合理可以更好地满足不同投资者的需求，为项目的顺利运行提供组织保障。根据投资结构，可以选择合适的融资方式。融资方式中最重要的是项目融资方式，基础设施项目的融资结构规划就是要对项目结构进行合理的设计，使其与项目的融资结构相适应。一旦项目的投资结构和融资方式完成，就可以确定项目的资本结构和信用担保结构。基础设施项目融资对资本结构

---

① 孙玉梅. 工程项目融资 [M]. 成都：西南交通大学出版社，2016.

的影响主要体现在股权和负债两方面，其资金来源渠道也不尽相同。通常，发起人的融资贡献只是总投资的一小部分，剩余的资金需求通过各种融资渠道获得。不同的渠道有不同的资金成本、风险和期限。定义了什么是资本结构，就会对项目融资及今后的运作产生相应的影响。由于项目融资具有有限追索性质，加上项目本身的经济实力，项目的信用担保结构有助于降低风险，从而提高对相关投资者的吸引力。

14.3.1　项目投资结构

基础设施项目投资结构，即基础设施项目的资产所有权结构，主要是指基础设施项目投资各方对项目资产权益的法律拥有形式，是投资各方通过法律形式建立起的合作关系，形成一个利益上的共同体。项目的投资结构对项目的组织和运作有重大影响。作为发起人的投资主体必须在项目融资前确定项目的投资结构，特别是在有多个投资主体的情况下，为基础设施项目选择合理的投资结构是必要的。基础设施项目的投资结构是指为基础设施项目专门设立的项目公司的股权结构，包括项目公司的设立方式、投资各方的股权比例、投资各方承担的风险比例、控制权安排等。基础设施项目具有投资规模大、资金投入多、项目周期长等特点，同时其也存在着较高的项目风险，因此，引入众多投资者共同投资建设基础设施项目，在投资者之间形成收益共享和风险分担是非常有必要的。

14.3.2　项目融资结构

由于基础设施项目具有长期、大额投资的特点，因此融资结构的合理安排对项目的成功至关重要。由于项目自身所具备的独特性，决定了其采用传统融资方式进行融资时存在一定困难，而采用项目融资模式则可以有效解决这一问题。因此需要根据项目本身的特点选择合适的项目融资模式，项目融资模式主要包含 BOT 模式、BOO 模式、TOT 模式、ABS 模式、PPP 模式和融资租赁等。

在对项目融资结构进行调整时，可以自由选择组合不同的金融工具，这些金融工具的结构要合理确定，特别是要明确在项目实施的不同阶段要使用哪些金融工具。在确定了项目的融资范围后，还要综合考虑项目所需资金成本与可能获得的融资条件之间的关系，以及各种金融工具之间的相互关系，以达到降低资金成本，优化资本结构的目的。同时，融资结构的优化与调整不仅要考虑到金融机构、金融产品和金融工具自身的特点，还要考虑到项目本身所具有的优势以及对融资成本覆盖的要求。

投资结构与项目融资结构是相辅相成的两个方面。一般来说，投资结构决定了融资结构，而融资结构又反过来影响投资结构。因此，必须同时考虑投资结构和项目融资结构这两个要素，并对它们之间的关系进行科学协调。

14.3.3　项目资金结构

项目资金结构是项目融资结构设计中的一个重要问题，它决定了项目中股本资金、项目资本金等权益性资金和与非权益类债务资金之间的比例关系。确定资金结构的第一步就是确定项目的资金来源。资金来源一般分为内部资金和外部资金两种形式。在实际生活中，企业往往通过多种方式来获得所需的资金，例如商业银行贷款、国际银行贷款以及租赁融资等。不同融资来源有不同的成本和风险，会影响项目融资的成败。

项目融资的最大问题之一是项目的外部融资来源，而整个项目融资结构中也需要适当的股权形式作为融资结构中的信贷支持。项目的资金结构在很大程度上受到投资结构、融资模式和项目信用担保结构的限制。通过约定项目资金结构的资金构成比例、选择适当的资金形式，可以实现两个目标，即减少项目投资者的直接投资和提高项目的整体经济效益，从而可以实现项目融资成本与资金风险之间的合理平衡。

在基础设施项目资金结构中，项目贷款一般占项目融资资金总额的30%~80%左右；在现行的项目资本充足规定下（《国务院关于加强固定资产投资项目资本金管理的通知》），大部分项目的资本充足率可降至总投资的20%。

主要有两方面因素会对项目资金结构产生影响，一是股权和债权的资本价值，二是债权的可获得性。一般来说，股权投资者风险高于债权投资者，股权投资者要求的回报高于债权投资者，因此股权的资本价值大于债权。这也是某些项目融资结构中债权占比高的原因之一。项目的资金结构也取决于债权的可用性。债权的可获得性取决于股权资本价值水平，股权资本价值越高，金融机构承担的风险越小，获得债权就越容易。因此，项目公司的投资者应适当提高股权的投资比例，以更好地从金融机构借入资金。

14.3.4　项目信用担保结构

信用担保作为项目融资的一种可靠来源，既取决于项目的资金实力，又取决于项目外的直接担保或间接担保。项目信用担保结构是指项目融资中使用的各类担保的组合。项目本身的资金实力与项目的信用担保结构相得益彰。项目资金实力越强，融资所需的信用担保结构越简单，担保条件就越宽松；相反，所需的信用担保越复杂严格。

项目融资的信贷结构主要基于不同的担保条款，其中一些担保条款在法律上属于担保类别，例如对有价资产的抵押；有些是非法意义上的保证，如长期供货协议、量身定做的公函及其他意向担保。项目融资有多种信用担保且制度复杂，这些担保可以是直接的财务担保，例如完工担保、额外成本担保、不可预见成本担保；也可以是隐性或非财务担保，例如长期产品采购合同、技术服务合同等。所有这些形式的担保组合构成了项目信用担保的结构。在以中国为代表的一些发展中国家中，为某些项目提供的援助有时在项目融资的信用担保结构中发挥着十分重要的作用。

14.4　基础设施项目融资的主要模式

项目融资方法是项目发起人或投资者为了进行某些具有共同特征的投资

项目的投资而模拟和制订的行动计划。传统项目融资主要包括直接融资、项目公司融资等，而新型项目融资则包括 BOT、PPP、ABS、TOT、PFI 等。项目融资作为一种新的金融工具，在我国起步较晚，但近年来发展迅速。目前我国的项目融资方式有：股权融资、债权融资、项目贷款融资、资产证券化等多种形式。其中以股权融资为主。

14.4.1 BOT 模式

BOT 模式（Build – Operate – Transfer）即"建设 – 运营 – 移交"，是 20 世纪 80 年代发展起来的一种项目融资方式，特别适用于竞争性较低的行业或收入相对稳定的项目，如高速公路、供水、供电等公共基础设施和市政工程设施等。其主要思路是项目所在国政府部门或其下属机构针对某个基础设施项目与私营企业（包括外商投资企业）投资设立的项目公司签订特许权协议，由项目公司在特许期内负责项目融资、建设和运营，根据特许权协议获得商业利润、回收投资并偿还贷款本金和利息。在特许期结束时，项目公司根据特许权协议将项目无偿移交给政府部门。

BOT 模式的特点包括以下几个方面：第一，BOT 模式通常是公路、铁路、桥梁、地铁、电厂等新建基础设施项目常用的项目融资模式。第二，该模式有助于减轻政府财政负担和降低地方政府债务风险。在这种模式下，项目融资的债务责任全部转移到项目公司，政府不必保证偿还项目债务，可以减轻政府财政负担，防范政府债务风险。第三，有利于提高项目效率。BOT可以提高基础设施项目建设和运营效率。一方面，除了项目本身的风险外，私营企业的介入使得放贷机构对项目融资的审批比政府更严格；另一方面，私营企业加强成本管控，降低风险，实现效益最大化，提高项目设计、建设和运营的效率。第四，一些私营企业的参与尤其是外商投资企业的参与为东道国提供了先进的技术和管理经验，为东道国经济发展做出了贡献。

实际上，BOT 是一种特定类型的项目融资的总称。总的来说，BOT 基本上包括三种主要形式：标准 BOT、BOOT 和 BOO。

14.4.1.1　标准 BOT

私营企业通过组建项目公司进行项目融资，由项目公司在政府授予的特许期内建设和运营基础设施项目，提供公共服务，并将基础设施项目运营获得的收入用于回收建设投资，清偿贷款本金和利息。在运营期结束时，该基础设施项目将无偿移交给东道国政府。这就是标准 BOT 形式，项目公司不拥有项目的所有权，只拥有项目的建设权和运营权。

14.4.1.2　BOOT

BOOT（Build – Own – Operate – Transfer），即"建设 – 拥有 – 运营 – 移交"，与标准 BOT 的最大区别在于项目公司同时拥有项目的经营权和所有权，项目公司可以在一定范围和时期内通过抵押项目资产向银行融资，获得更优惠的贷款条件，以降低项目产品或提供的服务价格，但特许期通常略长于标准 BOT。

14.4.1.3　BOO

BOO（Build – Own – Operate），即"建设 – 拥有 – 运营"，与前两种模式的主要区别是项目公司在项目特许期结束时不需要将项目移交给政府，拥有了项目的所有权，其主要目的是鼓励项目公司合理建设和运营基础设施，以提高项目提供基础设施产品或服务的质量，争取在整个项目生命周期内实现总成本节约和效率提高，降低产品或服务价格。

BOT 除了以上三种主要形式外，还有十几种形式，如 BT（Build – Transfer）、BTO（Build – Transfer – Operate）等。

14.4.2　TOT 模式

TOT（Transfer – Operate – Transfer），即"移交 – 运营 – 移交"，是由BOT 模式发展而来适用于存量基础设施项目的一种项目融资模式，在发展中国家被广泛使用。随着基础设施项目投资规模的增加，许多地方积累了大量的存量基础设施项目，但是其运营效率较低，因此迫切需要盘活这些存量基础设施项目。TOT 是指政府将存量资产所有权有偿转让给社会资本或项目公司，并由其负责运营、维护和用户服务，合同期满后（合同期限一般为 20 ~ 30 年）资产及其所有权等移交给政府的项目运作方式。采用 TOT 模式，通过引入市场竞争机制，由政府部门将这些存量基础设施项目的经营权在一定期限内有偿转让给私营企业，由私营企业负责项目的运营，可以提高项目的管理水平和运营效率，使资源得到优化配置，当私营企业在约定时间内回收全部投资并获得合理回报后，再将项目无偿移交给政府。实践中 TOT 模式特别受投资者欢迎，该模式可以解决目前基础设施项目资金缺乏和运营效率低下等问题，同时也为各种资本投资基础设施项目带来了新的契机。

14. 4. 2. 1　TOT 的工作原理

TOT 的实现较为简单，一般包含以下步骤。

（1）制定 TOT 方案并提交相关部门审批。转让方须先按现行规章制度编制 TOT 项目建议书，向行业主管部门申请批准，并按现行法律法规报有关部门批准。国有企业和国有基础设施管理人员必须在获得国有资产管理部门的批准和许可之后才可以开展 TOT。

（2）项目发起人组建 SPV。SPV 是由政府或政府参与设立的具有特许权的专门机构。发起人拥有已建成项目的所有权和新项目的所有权，并将所有权移交给 SPV，以确保 SPV 拥有建设、管理、转让这两个项目的权利，同时可以协调项目运营中出现的任何问题。

（3）TOT 项目招标。按照国家规定，必须通过招标的方式选择 TOT 项目的受让方，其程序通常与 BOT 相同，包括招标准备、资格预审、准备招标文件、评标等步骤。

（4）SPV 与投资者协商，在未来一定期限内就委托项目的全部或部分权利转让达成协议，并取得资金。转让方使用获取的资金来建设新项目。

（5）转让项目经营期结束后，收回转让项目。转让期满后，在项目资产无债务、无担保和财产状况良好的情况下，将该资产移交给原转让人。

14.4.2.2　TOT 模式的特点

与 BOT 相比，TOT 主要具有以下特点。

（1）从项目融资的角度来看，TOT 是以转移已建存量基础设施项目所有权和经营权的方式进行融资，BOT 是政府对投资者作出特许经营承诺后，由投资者在特许期内负责项目融资、建设和运营的项目。TOT 通过已建成的存量项目进行融资，BOT 为新建项目融资。

（2）从系统的操作流程来看，TOT 避免了项目建设过程中有可能出现的不确定性和风险，由于不存在产权、股权等问题，在项目融资谈判过程中谈判各方较容易达成一致的意见，而且不会对国家安全和基础设施的控制权产生威胁。

（3）从东道国政府的角度来看，通过 TOT 模式吸引社会资本购买已有的存量基础设施资产，一方面，可以缓解中央和地方政府财政支出的压力；另一方面，通过转让存量资产的经营权，可以利用私营投资者先进的管理经验，提高资产的运营效率，获取的收益可用于偿还基础设施建设所产生的债务，也可用于建设难以吸引社会资本投资的项目。

（4）从投资者的角度来看，TOT 回避了项目建设过程中有可能会遇到的完工风险、成本超支风险、建成后无法正常运营风险以及现金流不足无法偿债等风险。采用 BOT 模式，投资者首先要投入资金用于项目建设，并设计出一套信用担保结构，而采用 TOT 模式，投资人享有购买存量资产和经营资产的权利，收益具有确定性，不需要复杂的信用担保结构。

14.4.3　ABS 模式

ABS（Asset – Backed Securities），即资产证券化，是一种新型的资产变现方式，最早出现于 20 世纪 70 年代的美国。它把不具有流动性，但可以产生可预期的稳定现金流的资本汇集起来，通过一些特殊条款，把风险与收益分离重组，然后转化为可以在金融市场上出售和回收的证券。

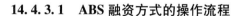

14.4.3.1　ABS 融资方式的操作流程

ABS 融资方式的操作流程主要包括以下几个方面。

（1）组建 SPV。SPV 是指由基金、投资公司、信用担保公司、投资保险公司等组成的一个独立法人实体，具有较高的信用等级，并能在一定范围内循环使用，其信用等级应达到国家规定的最高等级（AAA 或者 AA）。SPV 是 ABS 模式的中介机构，是 ABS 成功运行最重要的先决条件和关键因素。

（2）SPV 被整合到项目中。换句话说，SPV 寻找可用于为资产证券化融资的项目。通常，只要与资本项目挂钩的资金在未来一定时期内能够产生现金流，就可以实施 ABS 融资。拥有未来现金流的公司（项目公司）为原始所有者。这些未来现金流所代表的资产是 ABS 融资的重要基础。因此，ABS 融资需要对这些未来现金流进行有效的管理和控制，以保证项目资金的安全。SPV 与这些项目的结合，就是通过协议、合同等方式，将原始所有者拥有的项目资金的未来现金流转让给 SPV。转让是为了与原始所有者的风险进行隔离，这样在进行 ABS 融资时，其财务风险只与项目资金的未来现金流挂钩，与建设项目原始所有者的风险无关。因此，SPV 可以利用项目资金的现金流来支付国际市场上的发布费用，以获得高质量的资金安全。

（3）进行信用增级。使用信用增强技术来获得预期信用评级。为此，必须调整项目基金目前的融资结构，使项目融资贷款达到投资水平，满足购买 ABS 债券的 SPV 的要求。SPV 通过提供专业的信用担保来提高信用等级，然后委托信用评级机构进行信用评级，以确定 ABS 债券的信用等级。

（4）SPV 发行债券。SPV 直接在资本市场发行债券募集资金或 SPV 通过其他机构发行债券募集资金用于项目建设。

（5）SPV 清偿。由于项目的原始所有者将项目资金未来现金收入的权益转让给 SPV，因此 SPV 可以利用项目资金的现金流偿还发行的债券本金和利息。

14.4.3.2　资产证券化的类型

在我国，资产证券化主要有四种，即信贷资产证券化、资产支持专项计划、资产支持票据和资产支持计划，是证券化最重要的模式。

有关资产证券化的具体内容将在第 15 章详细介绍。

14.4.4　PPP 模式

PPP（Public - Private - Partnership），即政府和社会资本合作模式。根据《关于在公共服务领域推广政府和社会资本合作模式指导意见的通知》可知，PPP 模式是公共服务供给机制的重大创新，即政府采取竞争性方式择优选择具有投资、运营管理能力的社会资本，双方按照平等协商原则订立合同，明确责权利关系，由社会资本提供公共服务，政府依据公共服务绩效评价结果向社会资本支付相应对价，保证社会资本获得合理收益。政府和社会资本合作模式有利于充分发挥市场机制作用，提升公共服务的供给质量和效率，实现公共利益最大化。根据《政府和社会资本合作模式操作指南（试行）》可知，投资规模较大、需求长期稳定、价格调整机制灵活、市场化程度较高的基础设施及公共服务类项目，适宜采用政府和社会资本合作模式。政府和社会资本合作项目由政府或社会资本发起，以政府发起为主。

根据《关于在公共服务领域推广政府和社会资本合作模式指导意见的通知》可知，在基础设施投融资领域采用 PPP 模式具有以下三个方面的重要意义。

（1）有利于加快转变政府职能，实现政企分开、政事分开。作为社会资本的境内外企业、社会组织和中介机构承担公共服务涉及的设计、建设、投资、融资、运营和维护等责任，政府作为监督者和合作者，减少对微观事务的直接参与，加强发展战略制定、社会管理、市场监管、绩效考核等职责，有助于解决政府职能错位、越位和缺位的问题，深化投融资体制改革，推进国家治理体系和治理能力现代化。

（2）有利于打破行业准入限制，激发经济活力和创造力。政府和社会资本合作模式可以有效打破社会资本进入公共服务领域的各种不合理限制，鼓励国有控股企业、民营企业、混合所有制企业等各类型企业积极参与提供公共服务，给予中小企业更多参与机会，大幅拓展社会资本特别是民营资本的发展空间，激发市场主体活力和发展潜力，有利于盘活社会存量资本，形成多元化、可持续的公共服务资金投入渠道，打造新的经济增长点，增强经济增长动力。

（3）有利于完善财政投入和管理方式，提高财政资金使用效益。在政府和社会资本合作模式下，政府以运营补贴等作为社会资本提供公共服务的对价，以绩效评价结果作为对价支付依据，并纳入预算管理、财政中期规划和政府财务报告，能够在当代人和后代人之间公平地分担公共资金投入，符合代际公平原则，有效弥补当期财政投入的不足，有利于减轻当期财政支出压力，平滑年度间财政支出波动，防范和化解政府性债务风险。

在我国PPP模式包括委托运营（Operation & Maintenance，O&M）、管理合同（Maintenance Contract，MC）、BOT模式、BOO模式、TOT模式、ROT模式等不同类型。委托运营适用于物理外围及责任边界比较容易划分，同时其运营管理需要专业化队伍和经验的基础设施和公共服务项目。水厂、污水处理、垃圾处理、道路的维护、公园的维护、景观的维护、停车场等，都可以采用这种方式。[①] 合同管理适用于存量公共资产的运营、维护及用户服务。BOT模式适用于有收费机制的新建项目，其运营过程重要，运营责任重大。尤其适用于道路、污水及垃圾处理项目。BOO模式通常适用于运营成本相对较大、项目规模相对较小、对公共利益影响也不大的项目，多数为未来能产生一定现金流量的公共基础设施，如电力、燃气、污水处理、机场、停车场。TOT模式适用于具有收费补偿机制的存量设施，如使用者付费项目，包括收费高速公路、收费桥梁、收费隧道，以及可行性缺口补助项目，包括城市轨道交通、自来水、垃圾焚烧等。ROT模式适合于需要扩建/改建的基础设施项目，既解决了政府缺乏改扩建资金的问题，同时又将原有设施的运营管理结合起来。

有关PPP模式的具体内容将在第16章详细介绍。

---

① 翟秋翌，尹利君，刘晓亭，等. 基础教育领域政府与社会资本合作（PPP）项目运作模式选择研究 ［J］. 科技促进发展，2019，7：669–673.

14.4.5　公募 REITs 模式

REITs（Real Estate Investment Trusts，不动产投资信托基金）是一种向投资者发行收益凭证募集资金投资于不动产，由专门投资机构进行管理，并将综合收益分配给投资者的一种投资基金。2020 年 4 月 30 日，中国证监会、国家发展改革委联合发布《关于推进基础设施领域不动产投资信托基金（REITs）试点相关工作的通知》，明确要求在基础设施领域推进不动产投资信托基金（以下简称基础设施公募 REITs 或公募 REITs）试点工作，也代表着境内基础设施公募 REITs 试点正式起步。2021 年 6 月 21 日，我国首批 9 只基础设施领域不动产投资信托基金（以下简称公募 REITs）在沪深交易所发行上市。2020 年 8 月，证监会发布了《公开募集基础设施证券投资基金指引（试行）》规定了基础设施公募 REITs 基金产品应具备的基本条件。

目前，我国基础设施 REITs 基金不仅包括以交通、水电、通信设施、生态环保和市政设施等为主要内容的传统基础设施资产，还包括工业园区、仓储物流等以租金（或运营外包服务）为主要收入来源的产权类资产。

根据资产的性质、收入来源、现金流特征和经营管理的重点，上述"公共基础设施资产"可以分为两类：一类是有租金的房产，并且以租金作为主要收入来源，如工业园区、仓储物流、数据中心等；另一类是与国家签订特殊业务协议的特许经营资产，如公路、污水、水电、热力、公用事业、清洁能源、铁路运输等。

有关基础设施公募 REITs 的具体内容将在第 18 章详细介绍。

14.4.6　融资租赁

融资租赁是以融资为主导、以租赁为载体、以设备为补充的金融工具。融资租赁是一种对特定对象进行投资和经营的信用活动。它以承租人与出租人之间签订的合同为基础，将一定数量的资产使用权转让给他人使用。一般包括购买或出租两种形式。这种方式适用于设备投资比例较高的项目。操作流程与银行贷款类似，包括：申请贷款、申请银行贷款、确定融资金额、与融资方及租赁公司签订合同并履行相关手续。《政府部门关于加快金融租赁业发展的指导意见》的发布意味着融资租赁可以用于 PPP 项目。

融资租赁资金来源通常是融资租赁公司的自有资金和银行资金，资金成本比较高，在 10% 左右。

融资租赁的优势主要表现在可以对借款人进行贷款且不需要复杂的评估程序，劣势主要在于资金成本较高，且由于融资租赁公司自身获取资金的途径有限，只能作为补充融资的途径。

第 15 章

基础设施资产证券化

近几十年来，随着我国经济的高速增长和社会的进步，交通、能源、通信、水利、市政工程、环境保护、教育文化、园林绿化等各类基础设施日益完善和升级，而且基础设施投资需求仍在不断增加。经过大规模的投资和建设，交通、能源、水利和新型基础设施取得了历史性成就，三峡工程、西气东输、青藏铁路、南水北调等一大批重大基础设施项目建设顺利完成，基础设施整体水平有了很大的提升，有力支撑和保障了经济社会发展。庞大的存量基础设施为我国基础设施资产证券化的实施提供了坚实的基础。

15.1 资产证券化概念

资产证券化诞生于 20 世纪 70 年代的美国。中国资产证券化实践始于 21 世纪初。2005 年，中国人民银行和银监会发布《信贷资产证券化试点管理办法》，同年银监会发布《金融机构信贷资产证券化试点监督管理办法》。2005 年 12 月 15 日，国开行和建行分别成功发行了第一只 ABS 债券 41.78 亿元和第一只 MBS 债券 29.27 亿元。[①] 2009~2012 年，受全球金融危机影响，资产证券化业务陷入停滞状态。2012 年 5 月，央行、银监会、财政部联合下发《关于进一步扩大信贷资产证券化试点有关事项的通知》，

---

① 李经纬. 资产证券化业务发展的认识误区和战略思考 [J]. 经济论坛，2014（2）：81 - 84.

同年 9 月 7 日，国开行发行"2012 年第一期开元信贷资产支持证券"，标志着停滞 3 年的信贷资产证券化业务重启。2014 年以来，在相关政策支持下，资产证券化得到迅速发展，资产证券化市场呈现爆发式增长。据中央登记结算公司发布的《2015 年资产证券化发展报告》，我国 2014 年和 2015 年共发行各类资产证券化产品超过 9000 亿元，是前 9 年发行总量的 6 倍多，市场规模较 2013 年底增长了 13 倍，其中 2015 年共发行资产证券化产品 6032. 4 亿元，同比增长 84%。

15. 1. 1　资产证券化的含义

资产证券化是指以特定基础资产或资产组合所产生的现金流为偿付支持，通过结构化方式进行信用增级，在此基础上发行资产支持证券的一种项目融资方式。

15. 1. 2　资产证券化的基本要素

资产证券化包括以下三个基本要素，分别是可预测现金流（predictable and receivable future cash flow）、破产隔离（bankruptcy remote）和信用增级（credit enhancement）。

15. 1. 2. 1　可预测现金流

证券的本息偿还来源于基础资产未来现金流，因此现金流必须是可预测的。通过对可预测现金流的重组分配，设计出各类证券，满足投资者不同需求。

15. 1. 2. 2　破产隔离

破产隔离是指将发起人的破产风险与证券化交易隔离开来。这是资产证券化交易所特有的技术。特殊目的载体（SPV）是为实现破产隔离而设立的载体。通过将基础资产"真实出售"给 SPV，使证券化交易的风险与发起人

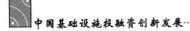

的风险无关，而只与基础资产本身相关。

15.1.2.3　信用增级

信用增级是为增加证券的信用等级而采用的技术手段，使证券能够获得投资级别以上的评级，从而增加证券的可销售性。信用增级分为内部和外部信用增级。

15.1.3　资产证券化的特点

15.1.3.1　资产证券化是一种结构性融资方式

从交易结构上看，借由资产分割的方式，将拥有未来现金流的特定资产剥离出来，并以该特定资产进行融资。传统融资方式投资者的风险与收益受制于融资者的整体信用状况，资产证券化的结构性融资相对于整体性融资而言，投资者的风险和收益只依赖于融资者的部分资产状况。[1]

15.1.3.2　资产证券化是一种表外融资方式

在资产证券化过程中，资产原始权益人将证券化的资产从其资产负债表中剔除，换回流动性较好的现金收益。资产证券化调整资产负债表同一列的资产，但不调整资产负债率。运用出表型资产证券化产品，不会加大企业融资杠杆，避免生成金融风险。

15.1.3.3　资产证券化融资成本较低

在资产证券化过程中，通过信用增级，使发行证券的信用级别独立于融资方的信用级别，通过基础资产与企业的风险隔离和信用增级安排，可获得更高的信用评级，而且可以获得较低的融资成本。

---

① 张朝元. 传统和新型基础设施投融资创新实务 ［M］. 北京：中国金融出版社，2020.

15.2　资产证券化的主要模式

我国的资产证券化主要有四种操作模式，分别为信贷资产证券化、资产支持专项计划、资产支持票据和资产支持计划，这四种标准化的资产证券化模式具备规模、流动性和成本优势，是资产证券化业务的主流模式。

根据中央国债登记结算公司发布的《2021 年资产证券化发展报告》，2021 年我国资产证券化市场规模延续增长态势，全年共发行资产证券化产品 30999.32 亿元，年末市场存量为 59280.95 亿元，同比增长 14%。其中，个人住房抵押贷款支持证券（RMBS）发行规模持续领跑，绿色资产支持证券迎来快速发展，知识产权资产证券化创新继续推进。

15.2.1　信贷资产证券化

参考人民银行和银监会于 2005 年颁布的《信贷资产证券化试点管理办法》，信贷资产证券化是由银行业金融机构作为发起机构，将信贷资产委托给受托机构，由受托机构以资产支持证券的形式向投资机构发行受益证券，以该财产所产生的现金支付资产支持证券收益的结构性融资活动。[①]

根据中央国债登记结算公司发布的《2021 年资产证券化发展报告》，2021 年信贷资产证券化发行 8815.33 亿元，同比增长 10%，占发行总量的 28%，年末存量 26067.53 亿元，同比增长 17%，占市场总量的 44%。2021 年信贷资产证券化产品发行结构如图 15-1 所示。

信贷 ABS 中，个人住房抵押贷款支持证券仍是发行规模最大的品种，全年发行 4993 亿元，同比增长 23%，占信贷 ABS 发行量的 57%；个人汽车贷款 ABS 发行 2635.12 亿元，同比增长 36%，占信贷 ABS 发行量的 30%；公司信贷类资产支持证券发行 415.41 亿元，发行规模大幅缩减，同比下降 70%，占比近 5%；不良贷款 ABS 发行 299.92 亿元，同比增长 6%，占比超

---

① 李波. 2021 年资产证券化发展报告 [J]. 债券，2022（2）：57-64.

过 3%；个人消费性贷款 ABS 发行 243.68 亿元，同比下降 30%，占比近 3%；信用卡贷款 ABS 发行 228.2 亿元，占比超过 2%。

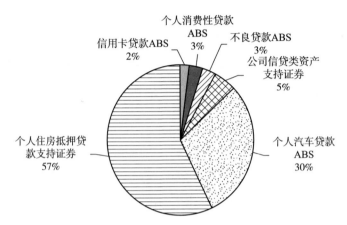

图 15-1　2021 年信贷资产证券化产品发行结构

15.2.2　企业资产证券化

2014 年 11 月证监会发布的《证券公司及基金管理公司子公司资产证券化业务管理规定》及配套规则，是资产支持专项计划的主要政策依据。资产支持专项计划，俗称企业资产证券化，是指将特定的基础资产或资产组合通过结构化方式进行信用增级，以基础资产所产生的现金流为支持，发行资产证券化产品的业务活动。

根据中央国债登记结算公司发布的《2021 年资产证券化发展报告》，2021 年企业资产证券化发行 15750.43 亿元，同比增长 1%，占发行总量的 51%，年末存量为 24056.38 亿元，同比增长 6%，占市场总量的 41%。2021 年企业资产证券化产品发行结构如图 15-2 所示。企业 ABS 中，应收账款 ABS 和供应链账款 ABS 为发行规模最大的两个品种，发行量分别为 2678.94 亿元和 2620.82 亿元，占企业 ABS 发行总量的比重均在 17% 左右；租赁资产 ABS 发行量为 2244.11 亿元，排在第三位，占比 14%；特定非金款项 ABS、小额贷款 ABS、个人消费贷款 ABS 和商业住房抵押贷款支持证券（CMBS）

的发行规模均超过 1000 亿元，分别为 1742. 17 亿元、1595. 04 亿元、1124. 81 亿元和 1034. 03 亿元，占比分别为 11% 、10% 、7% 和 7%；购房尾款 ABS 发行占比接近 3%；棚改/保障房 ABS、信托受益权 ABS 和保单质押贷款 ABS 发行占比均在 2% 左右；类 REITs 和基础设施收费 ABS 发行量占 1% 以上；其他产品发行量合计占比接近 6% 。

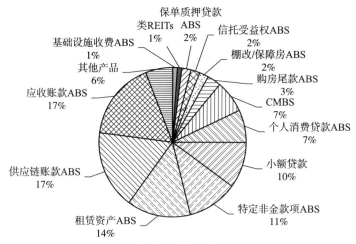

图 15 – 2 2021 年企业资产证券化产品发行结构

资料来源：根据《2021 年资产证券化发展报告》相关内容整理。

15. 2. 3 资产支持票据

根据 2012 年 8 月由银行间交易商协会发布的《银行间债券市场非金融企业资产支持票据指引》，资产支持票据是指非金融企业在银行间债券市场发行的，由基础资产所产生的现金流作为还款支持的，约定在一定期限内还本付息的债务融资工具。资产支持票据的基础资产必须是符合法律法规规定，权属明确，能够产生可预测现金流的财产、财产权利或财产和财产权利的组合。基础资产不得附带抵押、质押等担保负担或其他权利限制。[①]

---

① 沈炳熙，曹彤，李哲平. 中国资产证券化运行报告（2018）［M］. 北京：社会科学文献出版社，2018.

根据中央国债登记结算公司发布的《2021年资产证券化发展报告》，2021年非金融企业资产支持票据（以下简称ABN）发行6454.36亿元，同比增长26%，占发行总量的21%，年末存量为9158.14亿元，同比增长31%，占市场总量的16%。

15.2.4 资产支持计划

根据中国保监会关于印发《资产支持计划业务管理暂行办法》的通知，资产支持计划是指保险资产管理公司等专业管理机构作为受托人设立支持计划，以基础资产产生的现金流为偿付支持，面向保险机构等合格投资者发行受益凭证的业务活动。支持计划作为特殊目的载体，其资产独立于基础资产原始权益人、受托人、托管人及其他为支持计划提供服务的机构（以下简称其他服务机构）的固有财产。资产支持计划基础资产为能够直接产生独立、可持续现金流的财产、财产权利或者财产与财产权利构成的资产组合。

15.3 基础设施资产证券化

15.3.1 基础设施资产证券化的概念

沪深证券交易所《基础设施类资产支持证券挂牌条件确认指南》（以下简称《基础设施指南》）第二条规定：本指南所称基础设施类资产支持证券，是指证券公司、基金管理公司子公司作为管理人，通过设立资产支持专项计划（以下简称专项计划）开展资产证券化业务，以燃气、供电、供水、供热、污水及垃圾处理等市政设施，公路、铁路、机场等交通设施，教育、健康养老等公共服务产生的收入为基础资产现金流来源所发行的资产支持证券。

截至2022年7月31日，ABS市场共发行252笔基础设施收费权类产品，发行规模3032.95亿元。2012~2022年基础设施收费权ABS产品发行量和发行规模如图 15 - 3 和 15 - 4 所示。从发行数量上看，2015 年基础设施收费权 ABS 产品有较大幅度增长。从发行规模上看，2015 年、2021 年和 2022 年基础设施收费权 ABS 产品发行规模均较大。

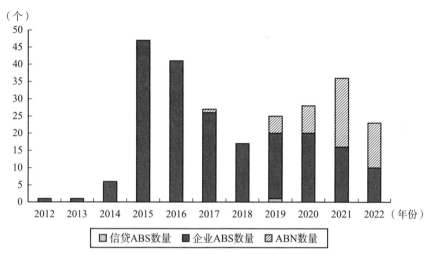

图 15 - 3 2012～2022 年基础设施收费权 ABS 产品发行量

资料来源：根据 CNABS 数据库相关数据整理。

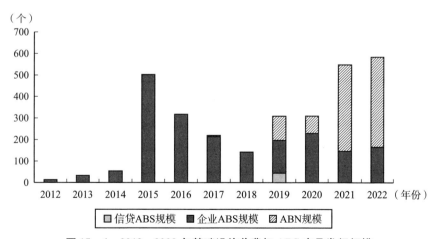

图 15 - 4 2012～2022 年基础设施收费权 ABS 产品发行规模

资料来源：根据 CNABS 数据库相关数据整理。

15.3.2　基础设施资产证券化的基础资产

所谓"基础资产",是指企业用做资产证券化发行载体的那部分财产或财产权利。根据《基础设施指南》,基础设施类资产支持证券的基础资产包括三种类型:(1)燃气、供电、供水、供热、污水及垃圾处理等市政设施;(2)公路、铁路、机场等交通设施;(3)教育、健康养老等公共服务。

15.3.3　基础设施资产证券化相关政策

表15-1列示了基础设施资产证券化相关政策。

表15-1　　相关部委和机构出台的部分基础设施资产证券化政策

序号	时间	部门	政策及文件
1	2016年12月	国家发展改革委、中国证监会	《关于推进传统基础设施领域政府和社会资本合作(PPP)项目资产证券化相关工作的通知》
2	2017年6月	财政部、中国人民银行、中国证监会	《关于规范开展政府和社会资本合作项目资产证券化有关事宜的通知》
3	2018年6月	上海证券交易所、深圳证券交易所	《基础设施类资产支持证券挂牌条件确认指南》
4	2018年6月	上海证券交易所、深圳证券交易所	《基础设施类资产支持证券信息披露指南》
5	2018年10月	国务院办公厅	《关于保持基础设施领域补短板力度的指导意见》
6	2019年6月	中国证券投资基金业协会	《政府和社会资本合作(PPP)项目资产证券化业务尽职调查工作细则》

资料来源:笔者自行整理。

15.3.3.1 《关于推进传统基础设施领域政府和社会资本合作（PPP）项目资产证券化相关工作的通知》

首次提出 PPP 项目进行资产证券化，指出资产证券化是基础设施领域重要融资方式之一，对盘活 PPP 项目存量资产、加快社会投资者的资金回收、吸引更多社会资本参与 PPP 项目建设具有重要意义。充分依托资本市场，积极推进符合条件的 PPP 项目通过资产证券化方式实现市场化融资，提高资金使用效率，更好地支持传统基础设施项目建设。

明确重点推动资产证券化的 PPP 项目范围。一是项目已严格履行审批、核准、备案手续和实施方案审查审批程序，并签订规范有效的 PPP 项目合同，政府、社会资本及项目各参与方合作顺畅；二是项目工程建设质量符合相关标准，能持续安全稳定运营，项目履约能力较强；三是项目已建成并正常运营 2 年以上，已建立合理的投资回报机制，并已产生持续、稳定的现金流；四是原始权益人信用稳健，内部控制制度健全，具有持续经营能力，最近三年未发生重大违约或虚假信息披露，无不良信用记录。

优先鼓励符合国家发展战略的 PPP 项目开展资产证券化。应当优先选取主要社会资本参与方为行业龙头企业，处于市场发育程度高、政府负债水平低、社会资本相对充裕的地区，以及具有稳定投资收益和良好社会效益的优质 PPP 项目开展资产证券化示范工作。鼓励支持"一带一路"建设、京津冀协同发展、长江经济带发展，以及新一轮东北地区等老工业基地振兴等国家发展战略的项目开展资产证券化。①

15.3.3.2 《关于规范开展政府和社会资本合作项目资产证券化有关事宜的通知》

《关于规范开展政府和社会资本合作项目资产证券化有关事宜的通知》中指出，要分类稳妥地推动 PPP 项目资产证券化。第一，鼓励项目公司开展

---

① 国家发展改革委 中国证监会关于推进传统基础设施领域政府和社会资本合作（PPP）项目资产证券化相关工作的通知［EB/OL］.（2016 – 12 – 21）. https：//www.ndrc.gov.cn/fggz/gdzctz/tzfg/201612/t20161226_1197626. html.

资产证券化优化融资安排。在项目运营阶段，项目公司作为发起人（原始权益人），可以按照使用者付费、政府付费、可行性缺口补助等不同类型，以能够给项目带来现金流的收益权、合同债权作为基础资产，发行资产证券化产品。项目公司应统筹融资需求、项目收益等因素，合理确定资产证券化产品发行规模和期限，着力降低综合融资成本。积极探索项目公司在项目建设期依托 PPP 合同约定的未来收益权，发行资产证券化产品，进一步拓宽项目融资渠道。第二，探索项目公司股东开展资产证券化盘活存量资产。除 PPP 合同对项目公司股东的股权转让质押等权利有限制性约定外，在项目建成运营 2 年后，项目公司的股东可以以能够带来现金流的股权作为基础资产，发行资产证券化产品，盘活存量股权资产，提高资产流动性。其中，控股股东发行规模不得超过股权带来现金流现值的 50%，其他股东发行规模不得超过股权带来现金流现值的 70%。第三，支持项目公司其他相关主体开展资产证券化。在项目运营阶段，为项目公司提供融资支持的各类债权人，以及为项目公司提供建设支持的承包商等企业作为发起人（原始权益人），可以合同债权、收益权等作为基础资产，按监管规定发行资产证券化产品，盘活存量资产，多渠道筹集资金，支持 PPP 项目建设实施。

15.3.3.3 《基础设施类资产支持证券挂牌条件确认指南》

2018 年 6 月 8 日，上海证券交易所和深圳证券交易所发布了《基础设施类资产支持证券挂牌条件确认指南》，一是明确基础设施类 ABS 范围；二是确定基础资产、底层资产法律事项，保障现金流回收；三是确保基础资产可以合法有效转让，实现破产隔离；四是强化现金流归集安排，保障 ABS 资金安全等。

15.3.3.4 《基础设施类资产支持证券信息披露指南》

2018 年 6 月 8 日，上海证券交易所和深圳证券交易所发布了《基础设施类资产支持证券信息披露指南》，其中第一章总则第六条指出，资产支持证券在上交所挂牌转让的，管理人及其他信息披露义务人应当于规定时间内通过指定网站或以上交所认可的其他方式向合格投资者披露信息。第七条指出，

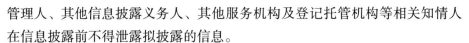

管理人、其他信息披露义务人、其他服务机构及登记托管机构等相关知情人在信息披露前不得泄露拟披露的信息。

第二章发行环节信息披露第八条指出，基础设施类资产支持证券的计划说明书除按照资产支持证券的一般要求进行编制和披露外，还应当详细披露基础资产、底层资产、相关资产、现金流预测、现金流归集与分配机制、原始权益人、重要现金流提供方、增信主体（如有）及风险自留等相关情况。

15.3.3.5 《关于保持基础设施领域补短板力度的指导意见》

2018年10月，国务院办公厅发布《关于保持基础设施领域补短板力度的指导意见》，指出为贯彻落实党中央、国务院决策部署，深化供给侧结构性改革，进一步增强基础设施对促进城乡和区域协调发展、改善民生等方面的支撑作用，经国务院同意，现就保持基础设施领域补短板力度提出以下意见。

在总体要求的第二条基本原则中指出，聚焦短板，支持"一带一路"建设、京津冀协同发展、长江经济带发展、粤港澳大湾区建设等重大战略，围绕打好精准脱贫、污染防治攻坚战，着力补齐铁路、公路、水运、机场、水利、能源、农业农村、生态环保、公共服务、城乡基础设施、棚户区改造等领域短板，加快推进已纳入规划的重大项目。[1]

配套政策措施第八条指出，规范有序推进政府和社会资本合作（PPP）项目。鼓励地方依法合规采用政府和社会资本合作（PPP）等方式，撬动社会资本特别是民间投资投入补短板重大项目。对经核查符合规定的政府和社会资本合作（PPP）项目加大推进力度，严格兑现合法合规的政策承诺，尽快落实建设条件。积极推动符合条件的政府和社会资本合作（PPP）项目发行债券、规范开展资产证券化。[2]

15.3.3.6 《政府和社会资本合作（PPP）项目资产证券化业务尽职调查工作细则》

第一条指出，为规范政府和社会资本合作（PPP）项目资产证券化业务

---

① ② 武文卿. 保持基础设施领域补短板力度 [J]. 中国招标，2018（46）：4 – 7.

的尽职调查工作，提高尽职调查工作质量，制定本细则。第二条指出，以社会资本方（项目公司）作为原始权益人的 PPP 项目资产证券化业务，适用本细则。另外，该工作细则还指出对资产证券化业务的尽职调查工作应满足如下原则和标准：对基础资产的尽职调查结论需确保基础资产符合法律法规规定，权属明确，可以产生独立、可预测、持续、稳定的现金流且可特定化。要求重点关注基础资产涉及的交易合同，确保真实、合法、有效，同时加强对现金流归集账户的核查力度，确保专项计划建立相对封闭、独立的基础资产现金流归集机制，保证现金流回款路径清晰明确，切实防范专项计划资产与其他资产混同以及被侵占、挪用等风险。[①]

15.4　基础设施资产证券化的程序

15.4.1　基础设施资产证券化的参与者

资产证券化过程中涉及很多当事人，包括以下主要参与者。

15.4.1.1　原始权益人（发起人）

原始权益人（发起人）是指转移其合法基础资产用于融资的机构。根据沪深证券交易所发布的《基础设施类资产支持证券挂牌条件确认指南》，要求基础设施资产证券化特定原始权益人开展业务应当满足相关主管部门监管要求，取得相关特许经营等经营许可或其他经营资质，基础资产或底层资产相关业务正式运营满 2 年，具备资产运营能力且符合下列条件之一：一是主体评级达 AA 级及以上；二是专项计划设置担保、差额支付等有效增信措施，提供担保、差额支付等增信机构的主体评级为 AA 级及以上。

---

①　李波.2019 年上半年资产证券化发展报告［J］.债券，2019（7）：27－30.

15.4.1.2　管理人

管理人为资产支持证券持有人之利益，对专项计划进行管理及履行其他法定及约定职责的证券公司、基金管理公司子公司；经中国证监会认可，期货公司、证券金融公司、中国证监会负责监管的其他公司以及商业银行、保险公司、信托公司等金融机构，可参照适用。

15.4.1.3　托管人

托管人为资产支持证券持有人之利益，按照规定或约定对专项计划相关资产进行保管，并监督专项计划运作的商业银行或其他机构。

15.4.1.4　资产服务机构

资产服务机构为基础资产管理服务，发起人一般会承担资产服务机构的角色。

15.4.1.5　信用评级机构

信用评级机构通过收集资料、尽职调查、信用分析、信息披露及后续跟踪，对原始权益人基础资产的信用质量、产品的交易结构、现金流分析与压力测试进行把关，从而为投资者提供重要的参考依据，保护投资者权益，起到信用揭示功能。

15.4.1.6　外部担保机构

外部担保机构为资产证券化按时足额偿付提供外部增信（如不可撤销的连带责任担保）。

15.4.1.7　中证登

中证登为资产证券化的登记结算机构，负责资产证券化的登记、托管、交易过户、收益支付等。[①]

---

① 证券公司及基金管理公司子公司资产证券化业务管理规定［EB/OL］.（2014 – 11 – 19）. https：//www. gov. cn/gongbao/content/2015/content_2827237. htm.

15.4.1.8 证券交易所

证券交易所为资产证券化提供流通场所。

15.4.1.9 主承销商/推广机构

主承销商/推广机构不仅是承销发行，更具备交易协调功能。

15.4.1.10 律师事务所

律师事务所对发起人及其基础资产的状况进行尽职调查，明确业务参与人的权利义务，拟定相关法律文件，揭示法律风险确保资产证券化过程符合法律法规规定。

15.4.1.11 会计师事务所

会计师事务所需对基础资产财务状况进行尽职调查和现金流分析，提供会计和税务咨询，为特殊目的机构提供审计服务。在产品发行阶段，会计师需要确保入池资产的现金流完整性和信息的准确性，并对现金流模型进行严格的验证，确保产品得以按照设计方案顺利偿付。

15.4.2 基础设施资产证券化的程序

15.4.2.1 确定基础资产，构造资产池

基础设施类资产支持证券的基础资产、底层资产及相关资产应当符合以下要求。

（1）基础资产的界定应当清晰，具有法律、法规依据，附属权益（如有）的内容应当明确。

（2）基础资产、底层资产及相关资产应当合法、合规，已按相关规定履行必要的审批、核准、备案、登记等相关程序。

（3）基础资产、底层资产的运营应当依法取得相关特许经营等经营许可

或其他经营资质，且特许经营等经营许可或其他经营资质应当能覆盖专项计划期限。经营资质在专项计划存续期内存在展期安排的，管理人应当取得相关授权方或主管部门关于经营资质展期的书面意向函，在计划说明书中披露按照相关规定或主管部门要求办理展期手续的具体安排，说明专项计划期限设置的合理性，充分揭示风险并设置相应的风险缓释措施。

（4）基础资产现金流应当基于真实、合法的经营活动产生，形成基础资产的法律协议或文件（如有）应当合法、有效，价格或收费标准符合相关规定。基础资产不属于《资产证券化基础资产负面清单》列示的范畴。

（5）原始权益人应当合法拥有基础资产。基础资产系从第三方受让所得的，原始权益人应当已经支付转让对价，且转让对价应当公允。

（6）基础资产、底层资产应当可特定化，其产生的现金流应当独立、稳定、可预测。基础资产及底层资产的规模、存续期限应当与资产支持证券的规模、存续期限相匹配。

15.4.2.2　设立 SPV

设立 SPV 的目的是最大限度地降低原始权益人的破产风险对证券化的影响，即实现被证券化资产与原始权益人其他资产之间的“风险隔离”。[①] SPV 具有法律主体资格，它是特殊目的的公司，只能从事与证券化有关的业务活动。除了履行证券化交易中确立的债务及担保义务以外，不应发生其他债务，也不应为其他机构或个人提供担保。在资产支持证券尚未清偿完毕的情况下，SPV 不能进行清算、解体、兼并及资产的销售或重组等影响 SPV 独立和连续经营的活动。

15.4.2.3　资产转让

基础设施资产证券化将资产从资产池中转让给 SPV。资产转让根据不同的情况可分为真实出售和担保融资。以真实出售的方式转移资产是实现风险隔离的主要手段，也是多数资产证券化追求的目标。

---

① 张朝元. 传统和新型基础设施投融资创新实务［M］. 北京：中国金融出版社，2020.

15.4.2.4 资产的信用增级

资产证券化信用增级的方式包括外部信用增级和内部信用增级。

（1）外部信用增级。资产证券化为基础设施项目提供了更多的融资途径，但实际上基础设施运营主体发行证券化产品的门槛要远低于发行债券。然而，此类基础资产现金流稳定性又和运营主体密切相关，因此在实际操作中，一般要求提供相应的外部担保，包括原始权益人提供差额支付承诺或由第三方提供外部担保等，此外还有部分抵质押担保项目。差额支付承诺和外部担保往往是目标评级的落脚点。

原始权益人提供差额支付承诺，需要关注差额支付意愿和能力：在有的项目中，原始权益人将其项目公司的大部分未来收费收益权出售给资产支持专项计划，且其他融资途径优先，公司实际没有多余的现金流提供差额支付，增信效果较差。

第三方担保：基础设施收费权类项目的外部担保一般由城投公司、关联企业或控股股东提供，担保人的长期信用等级高于原始权益人。如果项目有第三方担保，评级公司会重点参考担保人主体评级。

（2）内部信用增级。基础设施收费权类证券化产品通常使用的内部增信方式包括优先/劣后分级，超额现金流覆盖，信用触发机制。

优先/劣后分级：对于收益权类的基础资产，由于不存在已有债权关系，一旦现金流终止，无法通过法律手段去追回已有债务，对于尚未偿还的各层次证券并没有可期待的现金流回流，因此优先/劣后的内部增信方式对收益权类基础资产增信效果较差，更多是起到了拉长久期、扩大融资规模的作用。

超额现金流覆盖：是收益权类基础资产最主要的内部增信方式，通过提高现金流的保障概率水平，来确保资产支持证券本息回流的可靠性。但是超额现金流覆盖的保障效果和现金流测算息息相关，如果在计算现金流时就盲目夸大，那么超额覆盖倍数可信度下降。

信用触发机制：当出现不利于资产支持证券还本付息的情况时，信用触发机制生效，进而改变现金流支付顺序、提高流转效率、加强基础资产独立性或补充现金流，来为产品进行增信。在分析基础设施收益权类产品的触发

机制时，一是分析条款设置是否合理有效；二是分析是否存在操作风险。

15.4.2.5 信用评级

根据《上海证券交易所基础设施类资产支持证券信息披露指南》第十条，信用评级报告（如有）应当由具有中国证券监督管理委员会核准的证券市场资信评级业务资格的资信评级机构出具，评级报告除按照资产支持证券一般要求进行编制和披露外，还应当包括以下内容。

（1）影响基础资产或底层资产运营状况的地区概况、区域经济、行业政策、供需变化等各种因素及历史运营状况分析。（2）原始权益人的持续经营能力分析。（3）专项计划涉及信用增级方式的增信效果分析。（4）现金流归集路径、监管措施及混同和挪用等风险分析。（5）特定期间内各兑付期间的现金流覆盖倍数、现金流压力测试的结果以及相关方法。

15.4.2.6 证券发行

通过信用增级和信用评级并公布最终评级结果之后，由证券承销商向投资者销售资产支持证券。一般而言，SPV 可采用包销或委托销售的方式发行证券。经过信用增级，证券具备较高的信用级别，投资者承担的风险相对较低。SPV 从承销商处获取证券发行收入，再按资产买卖合同中规定的购买价格，把发行人的部分资金支付给发起人。

15.4.2.7 证券挂牌交易和售后管理

根据证券交易所规定的程序，资产支持证券在发行完毕之后，可以申请在交易所挂牌上市。原始权益人需保证基础资产的持续、稳定经营，并按约定及时将基础资产产生的现金流划转至专项计划的账户。证券公司负责对计划资产进行管理。在证券还本付息之前，证券公司可将沉淀在计划账户内的资金投资于安全性和流动性较高的货币市场工具。

15.4.2.8 还本付息

在每个还本付息日的五个工作日之前，证券公司必须备足足够的资金，以便在还本付息日通过中国证券登记结算公司向投资者足额偿付本息。到了资产证券化产品还本付息日，托管机构将资金拨入付款账户，将本金和利息支付给投资者。如在还本付息日计划账户内的资金出现不足，则启动外部担保或其他偿债保障措施。

15.5 基础设施资产证券化的交易结构

市政设施和交通设施类收费收益权项目一般具备特许经营资质，具有垄断性和排他性，现金流相对比较稳定、可持续。故该类项目在交易结构方面一般采取单 SPV 的结构，具体如图 15－5 所示。

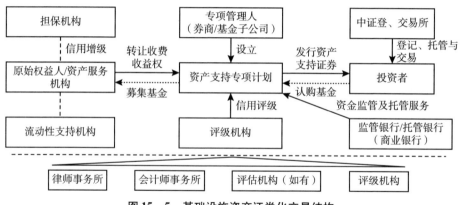

图 15－5 基础设施资产证券化交易结构

资产支持专项计划涉及的相关各方主要包括原始权益人、专项计划管理人、主承销商、资产托管机构、资金监管机构等。券商或基金子公司作为专项计划管理人设立资产支持专项计划，并作为销售机构向投资者发行资产支持证券募集资金。管理人以募集资金向项目公司购买基础资产，项目公司负责基础资产的后续管理和运营。基础资产产生的现金流将定期归集到项目公司开立的资金归集账户，并定期划转到专项计划账户。管理人对专项计划资产进行管理，托管人对专项计划资产进行托管。托管人按照管理人的划款指令进行本息分配，向投资者兑付产品本息。

第 16 章

基础设施 PPP 模式

PPP（Public-private Partnership），又称 PPP 模式，指公共部门与私人部门为提供基础设施和公共产品服务而建立的合作关系，是一种项目运作模式。[①] 在该模式下，政府与社会资本进行合作，共同参与公共基础设施建设项目。通常由社会资本承担设计、建设、运营、维护基础设施的大部分工作，通过使用者付费、可行性缺口补助、政府付费获得合理投资回报；政府部门负责基础设施及公共服务价格和质量监管，以保证公共利益最大化。21 世纪以来，在联合国、世界银行、欧盟和亚洲开发银行等国际组织的大力推广下，PPP 模式的理念与实践被引入很多发展中国家，如中国、印度、巴西以及一些非洲国家等，PPP 的应用范围也从传统的基础设施建设行业延展到各类新兴领域，如国防和航天领域。我国 PPP 项目模式近几年处于高速发展阶段，根据财政部政府和社会资本合作中心统计数据显示，截至 2021 年 12 月 31 日，财政部 PPP 在库项目总计 13810 个，总投资额 20.56 万亿元。

---

① 李春昶. PPP 模式下林业设计院面临的机遇、风险和对策分析［J］. 林产工业，2015，42（8）：3 - 5.

16.1 基础设施 PPP 模式

16.1.1 基础设施 PPP 模式发展历程

16.1.1.1 国际 PPP 发展历程

PPP 最早起源于 20 世纪 80 年代，多个国家和组织开始在基础设施项目的融资与实施模式上创造性地运用 PPP 的各种模式。20 世纪 90 年代，英国率先提出 PPP 概念、积极开展公共服务民营化，起初主要通过私人投资计划的方式实现公共服务民营化，多应用于供水、供电、交通等公共基础设施建设和公共服务领域，以缓解政府财政压力。此后，PPP 逐渐在美国、加拿大、法国、德国、澳大利亚、新西兰和日本等发达国家得到广泛应用。

英国是 PPP 模式最成熟的国家之一，早在 20 世纪 70 年代末，撒切尔就对电力、电信、自来水和煤气进行了大规模的市场化改革。1990 年，由于历史欠账过多，基建所需维修资金庞大，政府债务负担加重，项目时间超期成本超预算，政府首相梅杰大力推动 PPP 发展，完善 PPP 机构和制度，PPP 从此进入新的发展阶段。

国际 PPP 发展历程可大致划分为如下三个阶段（如图 16 – 1 所示）。

第一阶段，PPP 模式的基础概念被提出，政策框架与项目流程得到确立，一些 PPP 项目在市场中开始试行，逐步建立市场地位。

第二阶段，政府部门对 PPP 模式进行立法性改革，出台相关政策和指导性意见，建立起专门的 PPP 部门，优化 PPP 模式模型；同时 PPP 项目有了新的资金来源，向新的应用领域拓展。

第三阶段，国家政府建立起相对完整的 PPP 系统，完善相关法律体系，确立新的 PPP 模型使风险分担合理化、PPP 项目流得到保证；同时 PPP 项目获得全方位基金来源，被广泛应用于市民服务领域。

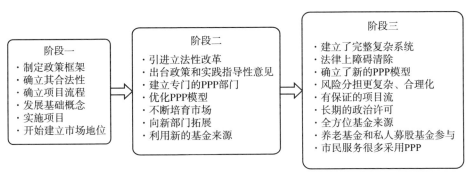

图 16 – 1　国际 PPP 发展历程

资料来源：由课题组整理绘制。

如今世界各国正处于 PPP 发展的不同阶段，如图 16 – 2 所示。英国作为世界上最早实行 PPP 模式的国家，也是全球 PPP 模式最成熟的国家之一，PPP 发展已达到第三阶段，PPP 系统复杂程度高，市场活跃度高。除英国外，美国、法国、日本、爱尔兰等发达国家的 PPP 模式系统复杂度和市场活跃度不如英国，但也发展迅速、应用广泛，进入第二阶段。而中国、巴西、印度等一系列发展中国家的 PPP 仍处于起步的第一阶段，系统复杂程度和市场活跃程度较低。

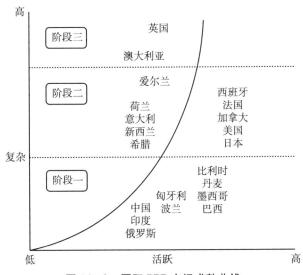

图 16 – 2　国际 PPP 市场成熟曲线

除了模式上的不断优化、成熟和规范，国际 PPP 的应用领域也在不断扩展。如图 16-3 所示，从经济基础设施建设到社会基础设施建设，PPP 项目业态由硬到软，PPP 模式被应用于越来越多的行业领域。其中，经济基础设施向工商业界提供关键的中间业务，其主要功能在于提高生产率，推动自主创新；而社会基础设施向居民提供基础服务，其主要作用是改善他们的生活质量，提供福利，特别是面向资源贫乏的人群。

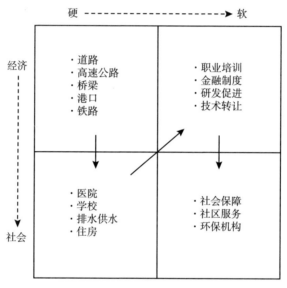

图 16-3 PPP 应用领域发展

16.1.1.2 中国 PPP 发展历程

中国 PPP 模式发展历程大致可以划分为四个阶段（如图 16-4 所示）。

阶段一：探索试行阶段（1995~2002 年）。在基础设施亟待发展和外资需求迫切的条件下，PPP 模式作为一种新兴项目模式被引入中国，以吸引外商投资。1994 年起，在国家政府主导下，多个 PPP 试点项目在各地相继开展试行，广西来宾 B 电厂、成都自来水六厂及长沙电厂等几个 BOT 试点项目相继开展。在这一阶段，PPP 的应用领域大多在交通、能源、水务和垃圾处理等方面；资金来源上，以外企投资为主；项目运作和实施上，前期策划与招商阶段周期长、成本高、技术壁垒强，PPP 模式在国内并未得到广泛应用。此阶段以吸引外商投资为主要目的和项目操作理念，多以摸着石头过河的心态，在很大程度上造成了与此相关的顶层设计难以推动及完成。在阶段一后期，建设部及各地建设行政主管部门开始在市政公用事业领域试水特许经营模式，合肥市王小郢污水处理厂资产权益转让项目运作中，项目相关各方对中国式 PPP 的规范化、专业化及本土化进行了尝试，形成了相对成熟的项目结构及协议文本，为中国式 PPP 进入下一个发展阶段奠定了良好基础。

阶段二：稳定推广阶段（2003～2008 年）。2002 年，党的十六大进一步强调市场机制，随后相关部门陆续出台了有关促进和规范 PPP 应用的文件。国家鼓励和政策推行使得 PPP 开始逐渐在各地发展。在这一阶段，PPP 的应用领域以市政公用事业为主，尤其关注污水处理项目；资金来源上，外企资金比重下降，民企和国企占据主导地位；项目运作和实施上，大规模采用公开招标方式选择投资人，整体运行模式和流程更加规范、成熟、公正，PPP 得到稳定推广。这一阶段，计划发展部门不再是 PPP 模式的唯一主导方，包括建设、交通、环保、国资等行业主管部门，以及地方政府在内的人员纷纷披挂上阵。广泛、多元的项目实践，促进了 PPP 理论体系的深化和发展。实践与理论共识初步成形，政策法规框架、项目结构与合同范式在这个阶段得到基本确立。

阶段三：波动发展阶段（2009～2013 年）。2008 年金融危机后，政府加大在基础设施领域的投资，PPP 项目受到巨大冲击，进入波动发展时期。

阶段四：快速发展阶段（2014 年至今）。地方政府面临着融资平台遭遇瓶颈、土地财政困难、预算限制日益紧张、银行削减项目贷款等问题。庞大的资金负担使地方政府开始迫切寻找解决渠道。自 2013 年底起，为了进一步推进市场化，解决地方政府债务问题，财政部和国家发改委等出台了一系列政策，大力推进和规范 PPP 模式的应用与实施，PPP 模式的顶层设计逐步完善，我国 PPP 发展进入规范化阶段。

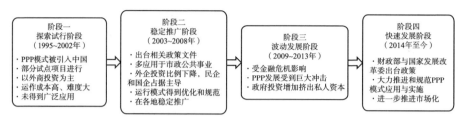

图 16 - 4　国内 PPP 发展历程

16.1.2　基础设施 PPP 模式运作方式

16.1.2.1　PPP 适用范围

PPP 模式是政府与社会资本方在基础设施及公共服务领域建立的一种长期合作关系。通常由社会资本承担设计、建设、运营、维护基础设施的大部分工作，通过使用者付费、可行性缺口补助、政府付费获得合理投资回报；政府部门负责基础设施及公共服务价格和质量监管，以保证公共利益最大化。

PPP 模式适用于规模较大、需求较稳定、长期合同关系较清楚的项目，如能源、通信、供水、供电、交通运输、污水处理、医院、桥梁道路建设等基础设施和公用事业领域项目。在预算少的条件下，地方政府计划实施的基建项目过多，允许社会资本通过参与 PPP 项目，对服务收费或者向用户收费，获得 10 年以上甚至更长时间的收益。[①]

16.1.2.2　PPP 具体运作方式

PPP 模式的一个典型做法是政府与私人部门共同组成 SPV（特殊目的机构），针对待定项目或资产，与政府签订特许经营合同，并由 SPV 负责项目设计、融资、建设、运营，待特许经营期满后，SPV 终结并将项目移交给政府（如图 16 - 5 所示）。

---

　　① 陈雯雯. 金融资产管理公司介入 PPP 的途径及风险防控 [J]. 福建金融，2016（5）：33 - 36.

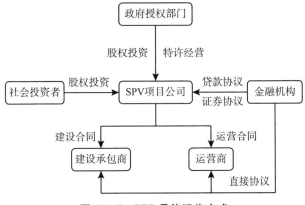

图 16 - 5 PPP 具体运作方式

16.1.2.3 PPP 模式分类

PPP 项目不同运作模式的适用范围及其优缺点如表 16 - 1 所示。

表 16 - 1   常见 PPP 类型对比

类型	适用范围	优点	缺点
BOT 模式	适用于有收费机制的新建项目,其运营过程重要,运营责任重大。尤其适用于道路、污水及垃圾处理项目	政府和公共部门能从私人部门在建设方面的专业性经验中获利; 公共部门可保持对服务水平和绩效的标准; 转移了项目设计、建造及运营风险; 项目运营及维护质量得到提高; 从整体角度全盘考虑协议体系; 政府部门专注于政府的核心职责	政府对设施运营的控制权降低; 要求建立合同管理及项目运营监管体系; 如运营者运营不利,公共部门需重新介入项目运营,增加了成本; 无法吸引足够的私人资金,需要政府部门进行长期融资
BOO 模式	通常适用于运营成本相对较大、项目规模相对较小、对公共利益影响不大的项目,多数为未来能产生一定现金流量的公共基础设施,如电力、燃气、污水处理、机场、停车场	公共部门不介入公共设施建设经营; 公共部门无需投融资,政府通过征税增加收入; 鼓励开发商投资和经营其他重大项目	民营部门对于建设经营公共设施和服务的意愿不强烈; 公共部门缺乏有效的管制服务价格机制; 缺乏竞争,需要制定必要的法律法规

类型	适用范围	优点	缺点
TOT 模式	适用于具有收费补偿机制的存量设施，如使用者付费项目，包括收费高速公路、收费桥梁、收费隧道，以及可行性缺口补助项目，包括城市轨道交通、自来水、垃圾焚烧等	如果与私人合作者的契约得到良好的履行，政府能够对标准和绩效进行一定的控制，而且不承担所有经营的成本；资产的转移能够降低政府经营的成本；私人部门能够保证设施建设和经营的效率；能够利用私人资本进行公告设施的建设和经营	在私人合作者破产或者经营绩效不佳的情况下，要替代其存在着的困难；在将来，存在着政府重新成为一项公告设施提供者的可能；公共部门的工作人员也可能因为暂时的民营化而失业，在民营化的过程中可能出现其他劳动问题
ROT 模式	适合于需要扩建/改建的基础设施项目，既解决了政府缺乏改扩建资金的问题，同时又将原有设施的运营管理结合起来	政府能够得到资金；政府无需增加投资；提高了设施使用者的服务质量；提高了设施建设和经营的效率	政府可能事实上丧失设施的实际控制权；存在着评估资产价值的困难；存在风险；契约中未说明设施未来更新的成本

资料来源：由课题组整理绘制。

按照回报机制的不同，可以将 PPP 分为使用者付费类 PPP 项目、可行性缺口补助类 PPP 项目和政府付费类 PPP 项目（如表 16 - 2 所示）。

表 16 - 2 　　　　　　　　　　PPP 项目按回报机制分类

类型	适用范围	项目特点	回报机制	政府参与方式
经营性项目	供水、供热、供电、供气、高速公路、污水处理等	行业具有较强的垄断性；具有稳定的市场需求	使用者付费	政府授予社会资本方特许经营权，由社会资本方自负盈亏
准经营性项目	学校、医疗服务、养老服务、旅游景区等	价格非完全市场化；所处行业具有较强的竞争性	可行性缺口补助	由政府财政提供缺口补助

续表

类型	适用范围	项目特点	回报机制	政府参与方式
非经营性项目	市政道路、水库、景观绿化、休闲广场等	无直接收益来源	政府付费	由政府财政购买公共产品和服务

资料来源：由课题组整理绘制。

16.1.3　基础设施 PPP 模式操作流程

根据财政部《政府与社会资本合作模式（PPP）操作指南（试行）》，PPP 模式的操作流程分为五个环节十九个步骤，具体包括以下几点。

16.1.3.1　项目识别

适合 PPP 模式的项目主要是投资规模较大、需求长期稳定、价格调整机制灵活、市场化程度较高的基础设施以及公共服务类项目。

PPP 项目发起方式，可分为政府发起与社会资本发起，通常以政府发起为主。

项目发起后，财政部门同行业主管部门一起对潜在 PPP 项目进行评估筛选，财政部门根据筛选结果制定项目开发计划。[①] 筛选出的 PPP 项目由财政部门同行业主管部门进行物有所值评价和财政承受能力论证，通过物有所值评价和财政承受能力论证的项目可进入项目准备。

16.1.3.2　项目准备

管理架构组建。县级（含）以上地方人民政府可建立专门协调机制，主要负责项目评审、组织协调和检查督导等工作，实现简化审批流程、提高工作效率的目的。[②] 政府或其指定的有关职能部门或事业单位可作为项目实施机构，负责项目准备、采购、监管和移交等工作。

---

①②　付冬梅，朱静. PPP 项目操作流程五阶段中的关键问题［J］. 中国律师，2016（8）：78 – 80.

组建好管理架构后，由项目实施机构编制实施方案，方案中应包含项目概况、风险分配基本框架、项目运作方式、交易结构、合同体系、监管架构和采购方式选择。财政部门（PPP中心）对项目实施方案进行物有所值和财政承受能力验证，通过验证的，由项目实施机构报政府审核；未通过验证的，可在实施方案调整后重新验证；经重新验证仍不能通过的，不再采用PPP模式。

16.1.3.3　项目采购

对于通过审核的PPP项目，由项目实施机构发布资格预审公告，邀请社会资本和金融机构共同进行资格预审；项目有3家以上社会资本通过资格预审的，可开展后续采购文件准备工作；采购文件编制完成后，项目实施机构按照采购文件的规定组织响应文件的接收和开启，由评审小组对响应文件进行评审，确定最终采购需求方案和候选社会资本排序名单；由项目实施机构的谈判工作组依次与候选社会资本及金融机构进行最终谈判并拟定合同，项目合同公示期满无异议，在政府审核同意后，由项目实施机构与中选社会资本签署。

16.1.3.4　项目执行

执行项目的社会资本可依法设立项目公司，由该公司或社会资本负责项目融资管理。项目实施机构依据合同约定，定期进行项目产出绩效监测，按照实际绩效向项目公司履行政府支付义务。每3~5年，项目实施机构应对项目进行中期评估，并报至财政部门备案。

16.1.3.5　项目移交

项目移交时，由项目实施机构或其他指定机构建立项目移交工作组，与项目公司确认移交情形和补偿方式，对项目公司资产进行评估和性能测试。项目公司资产中满足性能测试要求的部分，进行资产交割，移交给政府。移交完成后，由财政部门对项目产出、成本效益、监管成效、可持续性、政府和社会资本合作模式应用等进行绩效评价，并公开评价结果（如图16-6所示）。

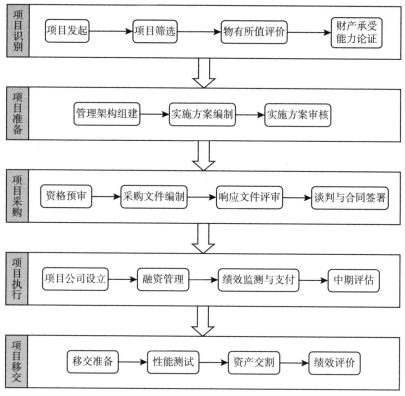

图 16 - 6 PPP 模式操作流程

资料来源：财政部于 2014 年 11 月 29 日发布的《关于印发政府和社会资本合作模式操作指南（试行）的通知》。

16.2 中国基础设施 PPP 投资特征分析

16.2.1 基础设施 PPP 投资整体情况

我国 PPP 项目模式近几年处于高速发展阶段，截至 2021 年 12 月 31 日，财政部 PPP 在库项目总计 13810 个，总投资额 20.56 万亿元，其中，管理库项目 10204 个，投资额为 16.39 万亿元；储备清单项目 3606 个，投资额为

4.17 万亿元。图 16 - 7 显示近五年财政部 PPP 项目在库数量，可以看出总体数量处于先下降再升高的趋势，这是因为 2017 年 12 月财政部印发了《关于规范政府和社会资本合作（PPP）综合信息平台项目库管理的通知》，对 PPP 入库项目整顿清理，纠正 PPP 泛化滥用现象，要求从严监管 PPP 模式，PPP 项目的开展和实施趋于谨慎。同时，2018 年 3 月财政部发布《关于规范金融企业对地方政府和国有企业投融资行为有关问题的通知》，对 PPP 项目的资本金进行审查，使得 PPP 项目的运作过程更加规范。随着各项政策的不断推行，PPP 项目的监管环境逐步稳定，PPP 市场规模逐步精细化，"强落地"和"重规范"成为了我国 PPP 市场的共识。

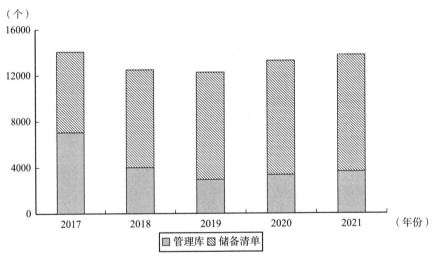

图 16 - 7　财政部 PPP 项目在库数量统计

资料来源：根据财政部 PPP 综合信息平台项目库相关资料整理。

管理库项目是指准备、采购、执行和移交阶段的项目，已完成物有所值评价和财政承受能力论证的审核；储备清单项目是指识别阶段的项目，是地方政府部门有意愿采用 PPP 模式进行的备选项目，尚未完成物有所值评价和财政承受能力论证的审核。

管理库项目数量逐年递增，这表明我国多数 PPP 项目已经推进实施、开工建设并进入运营阶段，目前 PPP 模式处于高速高质量的稳定发展阶段。

16.2.2　基础设施 PPP 投资区域分析

截至 2021 年底，从项目数量角度看，华东地区和西南地区的占比较大，分别为 27% 和 20%；华中地区、华北地区、华南地区、西北地区的占比较小，分别为 18%、12%、9% 和 9%；东北地区的占比最小，仅为 5%。从项目投资规模的角度看，其分布特征与项目数量的分布特征基本一致，各区域投资规模所占比重略有不同，即华东地区和西南地区的占比较大，分别为 24% 和 26%；华中地区、华北地区、华南地区、西北地区的占比较小，分别为 16%、12%、7%、10%；东北地区的占比最小，仅为 5%（如图 16 – 8 所示）。

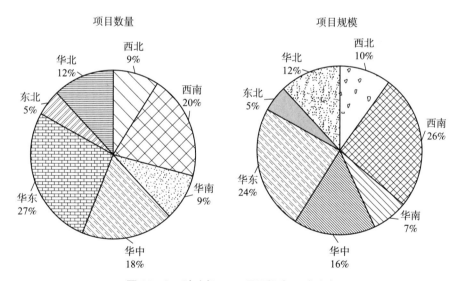

图 16 – 8　财政部 PPP 项目投资区域分布

资料来源：根据财政部 PPP 综合信息平台项目库相关资料整理。

由图 16 – 9 可知，财政部 PPP 项目各区域间分布不均衡现象严重。这是由于 PPP 项目的发展受地区经济水平和政府自身实力的影响，华东地区经济发展水平相对较高，能够获得的社会资本量较为充足，能够为政府提供更为完善的基础设施建设条件。而西南地区城市化发展较为落后，政府为了获得能够满足城市发展建设的资金，就会充分运用PPP项目补足财政资金缺口。

同时，不同省市的PPP项目数量和投资额也存在较大差异。2021年，从项目数量来看，贵州、河南和山东三地的PPP项目数量处于全国领先的地位；从项目的投资规模来看，贵州、河南和浙江三地的PPP项目投资规模处于全国领先的地位（如图16-9所示）。

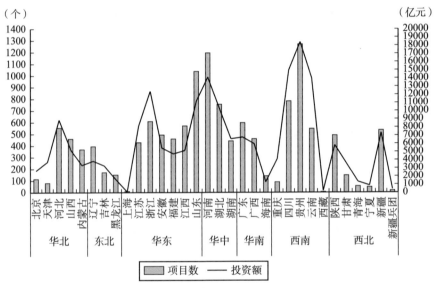

图16-9 财政部PPP项目数量及区域分布

资料来源：根据财政部PPP综合信息平台项目库相关资料整理。

如图16-10所示，截至2021年末，国家发改委PPP监测服务平台数据显示，各地PPP项目数量总计7625个，投资额总计98417亿元。项目数量排名前三的地区分别是贵州606个、总投资规模9429亿元，江西549个、总投资5246亿元，广东530个、总投资4995亿元，上述三个地区的项目数量都超过了500个。

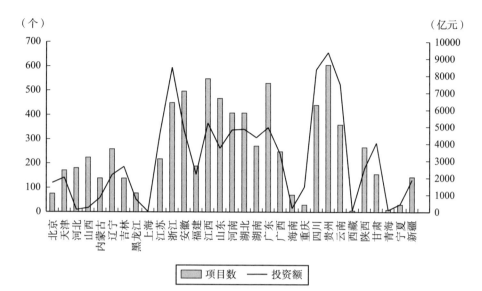

图 16 – 10　国家发改委 PPP 项目数量及区域分布

资料来源：根据国家发改委全国 PPP 项目信息监测服务平台相关资料整理。

16.2.3　基础设施 PPP 投资行业分析

根据财政部 PPP 平台项目数量及行业分布，可以将 2021 年 PPP 行业领域划分为三个梯度。第一梯度包括市政工程、交通运输、生态建设和环境保护三大行业，项目数量均破千，其中市政工程的项目数量高达 5319 个；第二梯度包括城镇综合开发、教育、水利建设、旅游，项目数量均介于 500 个至 1000 个；第三梯度包括医疗卫生、文化等其他行业，项目数量较少，均在 500 个以下。其中，市政工程数量远超其余行业，占比为 38.52%。

截至 2021 年末，国家发改委 PPP 监测服务平台数据显示，PPP 项目数量排名前五位的行业分别为城市基础设施（项目数量 3039 个，投资总额 45564 亿元）、农林水利（项目数量 1058 个，投资总额 9685 亿元）、社会事业（项目数量 899 个，投资总额 6671 亿元）、交通运输（项目数量 875 个，投资总额

29329亿元）以及环保（项目数量808个，投资总额4348亿元）（如图16-11所示）。这五个行业PPP项目数量占总数量的86%，投资总额占所有行业PPP项目投资总额的87%。

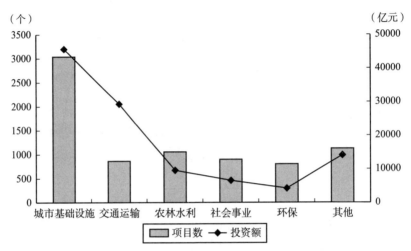

图16-11　国家发改委PPP项目行业分布

资料来源：根据国家发改委全国PPP项目信息监测服务平台相关资料整理。

16.2.4　基础设施PPP投资审批分析

截至2021年末，国家发改委PPP监测服务平台数据显示，PPP项目按照所处的阶段划分可以划分为必要性和可行性论证阶段、实施方案审查阶段、社会资本方遴选阶段以及项目建设与运营阶段。

由统计可知，处于社会资本方遴选阶段的项目共3091个，总投资额达44577亿元；处于项目建设与运营阶段的项目共1826个，总投资额为27537亿元；处于必要性和可行性论证阶段的项目有1646个，总投资额为26007亿元；处于实施方案审查阶段的项目有1147个，总投资额为11695亿元（如图16-12所示）。

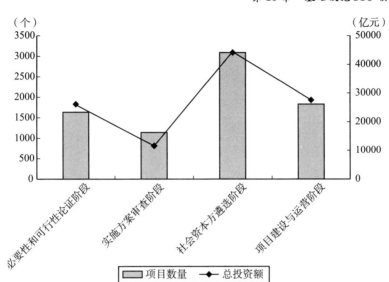

图 16 – 12 国家发改委 PPP 项目进程统计

资料来源：根据国家发改委全国 PPP 项目信息监测服务平台相关资料整理。

在 2004 年《国务院关于投资体制改革决定》印发实施之前，PPP 项目投资一律采用审批制方式，该决定印发以后，按照建设资金来源方式分为审批制、核准制以及备案制三种方式。截至 2021 年末，国家发改委 PPP 监测服务平台数据显示，在 PPP 项目中，审批类项目共 6974 个，总投资共 93932 亿元；核准类项目共 442 个，总投资共 11563 亿元；备案类项目共 394 个，总投资共 4320 亿元。我国 PPP 项目以审批类为主。从项目数量角度来看，2021年，采用审批制的项目占比为 89%；采用核准制的项目占比为 6%；采用备案制的项目占比为 5%。

16.3 基础设施 PPP 项目财政承受能力

16.3.1 财政承受能力论证

财政承受能力论证，是指识别、测算 PPP 项目的各项财政支出责任，科学评估项目实施对当前及今后年度财政支出的影响，为 PPP 项目财政管理提供依据。开展 PPP 项目财政承受能力论证，是政府履行合同义务的重要保障，有利于规范 PPP 项目财政支出管理，有序推进项目实施，有效防范和控制财政风险，实现 PPP 可持续发展。

财政承受能力论证采用定量和定性分析方法，坚持合理预测、公开透明、从严把关，统筹处理好当期与长远关系，严格控制 PPP 项目财政支出规模。财政承受能力论证的结论分为"通过论证"和"未通过论证"。"通过论证"的项目，各级财政部门应当在编制年度预算和中期财政规划时，将项目财政支出责任纳入预算统筹安排。"未通过论证"的项目，则不宜采用 PPP 模式。

财政部门（或 PPP 中心）识别和测算单个项目的财政支出责任后，汇总年度全部已实施和拟实施的 PPP 项目，进行财政承受能力评估。每一年度全部 PPP 项目需要从预算中安排的支出责任，占一般公共预算支出比例应当不超过 10%。省级财政部门可根据本地实际情况，因地制宜确定具体比例，并报财政部备案，同时对外公布。

16.3.2 政府支出责任识别

财政支出责任识别，是指 PPP 项目全生命周期过程的财政支出责任，主要包括股权投资、运营补贴、风险承担、配套投入等。

16.3.2.1 股权投资支出责任

股权投资支出责任是指在政府与社会资本共同组建项目公司的情况下，政府承担的股权投资支出责任，即项目公司股权结构中确定的政府占股比例及数额。如果社会资本单独组建项目公司，政府不承担股权投资支出责任。

16.3.2.2 运营补贴支出责任

运营补贴支出责任是指在项目运营期间，政府承担的直接付费责任。不同付费模式下，政府承担的运营补贴支出责任不同。政府付费模式下，政府承担全部运营补贴支出责任；可行性缺口补助模式下，政府承担部分运营补贴支出责任；使用者付费模式下，政府不承担运营补贴支出责任。

16.3.2.3　风险承担支出责任

风险承担支出责任是指项目实施方案中政府承担风险带来的财政或有支出责任。通常由政府承担的法律风险、政策风险、最低需求风险以及因政府方原因导致项目合同终止等突发情况，会产生财政或有支出责任。

16.3.2.4　配套投入支出责任

配套投入支出责任是指政府提供的项目配套工程等其他投入责任，通常包括土地征收和整理、建设部分项目配套措施、完成项目与现有相关基础设施和公用事业的对接、投资补助、贷款贴息等。配套投入支出应依据项目实施方案合理确定。

16.4　基础设施 PPP 项目物有所值评价

16.4.1　物有所值 VFM 内涵

物有所值（Value for Money，VFM），是指一个组织运用其可利用资源所能获得的长期最大利益。VFM 评价是国际上普遍采用的一种评价传统上由政府提供的公共产品和服务是否可运用政府和社会资本合作模式的评估体系，旨在实现公共资源配置利用效率最优化。

物有所值评价是判断政府和社会资本合作（PPP）模式与政府传统模式相比，在提供基础设施及公共服务上是否可获得更高效率、更低成本和更好效果的一种方法，包括定性和定量评价。物有所值是在满足公共需求条件下，全生命周期成本、风险、期限和质量的最优集合，也是决定是否选用 PPP 模式的重要因素。

16.4.2 物有所值 VFM 评价思路

物有所值评价资料主要包括：（初步）实施方案、项目产出说明、风险识别和分配情况、存量公共资产的历史资料、新建或改扩建项目的（预）可行性研究报告、设计文件等。

物有所值评价方法包括：定性评价和定量评价。定性评价包括全生命周期整合程度、风险识别与分配、绩效导向与鼓励创新、潜在竞争程度、政府机构能力、可融资性六项基本评价指标。定量评价是指在假定采用 PPP 模式与政府传统投资方式产出绩效相同的前提下，通过对 PPP 项目全生命周期内政府方净成本的现值（PPP 值）与公共部门比较基准（PSC 值）进行比较，判断 PPP 模式能否降低项目全生命周期成本。

物有所值评估的基本思路为：可以通过 PPP 值与 PSC 值进行对比来衡量，判断采用 PPP 模式是否比传统模式更物有所值。PSC 是一个标杆价格，它综合考虑了服务质量、价格、时间、风险分担以及政府为项目融资的可能性。在不同阶段通过不同方法（项目识别和准备阶段采用影子价格，采购阶段采用投标人报价）确定 PPP 值，将 PPP 值与 PSC 值进行比较，两者之差即为 VFM 的量化表现形式。当 VFM 大于 0 时，说明 PPP 模式比传统采购模式更有效率，即应该采用 PPP 模式；而当 VFM 小于 0 时，说明 PPP 模式与传统项目经营模式相比，不能提高效率，不采用 PPP 模式。

16.4.3 物有所值 VFM 评价框架

在各国和地区的物有所值定义中，一般包括定量因素，可以用货币量化，如成本、价格等；多数定义还包括定性因素，难以用货币衡量，如质量、资源利用、适用性、及时性、便利性、创新、竞争等。对这些因素进行评估，需要一定程度的判断和定性、定量分析。因此，物有所值评价包括定性评价和定量评价。① 澳大利亚基础设施中心在《国家 PPP 指南概述》中认为，一个完整的物有所值评价在定量评价的同时需要考虑定性因素。

鉴于物有所值评价是政府进行 PPP 决策的有力工具，谨慎和全面准备物有所值非常重要。为了保持其有效性，物有所值评价启动后就应首先制定详细的产出说明，明确产出和服务交付的规格要求，并定义一个由政府采用传统采购模式实施、所提供服务符合产出说明规格要求的参照项目。然后，进行物有所值定性评价和定量评价。无论是定性还是定量评价，都应包括项目风险评价。

物有所值定性评价通常着眼于难以用货币衡量的因素，理性检查一个项目是否适合采用 PPP 模式。国际上普遍认为物有所值定性评价很重要，但目前没有统一标准的评价框架和程序，一般是通过分析和回答一系列问题来定性判断。

物有所值定量评价主要是通过对 PPP 项目全生命周期内政府支出成本的现值与公共部门比较值进行比较，确定一个明确的物有所值量值。定量评价的主要步骤如下：（1）制定公共部门的比较值；（2）制定影子价格，用来表示 PPP 项目全生命周期内政府支出成本的现值；（3）计算公共部门比较值与影子价格报价之差，如果影子报价低于公共部门比较值，则物有所值量值为正，说明拟采用 PPP 的项目通过了物有所值定量评价。②

此外，物有所值定量评价还可以在项目采购和执行等阶段展开。在采购阶段将公共部门比较值与社会资本的实际报价（Actual Bid，AB）和政府的自留风险承担成本（Retained Risk Cost，RRC）之和进行比较。如果各个社会资本的实际报价和政府的自留风险承担成本之和均高于公共部门比较值，那么可能需要终止 PPP 采购，转为采用政府传统采购模式。在项目执行阶段，定量评价就是持续对公共部门比较值与 PPP 项目实际成本进行比较。

① 闵宏东. 物有所值定量评价在 PPP 项目中的应用分析 [J]. 金融经济，2016（6）：82-84.
② 彭为，陈建国，Cui Qingbin，等. 公私合作项目物有所值评估比较与分析 [J]. 软科学，2014，28（5）：28-32+42.

第 17 章

基础设施公募 REITs

　　REITs（Real Estate Investment Trusts）强调信托投资基金形式，未涉及资产转移过程。其运营机制可概括为，以收益信托凭证/股份汇集资金为发行途径，由管理人进行广义的房地产投资、经营和管理，并将投资综合收益分配给投资者。我国公募 REITs 试点从基础设施切入，随着我国 PPP 项目资产证券化发展的逐步成熟，规范的 PPP 项目为公募 REITs 提供了优质资产来源，公募 REITs 为 PPP 项目社会资本提供了退出通道。我国于 2020 年 4 月开始推动相关试点工作，首批 9 只中国特色的公募 REITs 于 2021 年中顺利发行，截至 8 月末，已上市 17 只公募 REITs，此外全市场已获批公募 REITs 增至 19 只。基础设施 REITs 的推出对于我国的资本市场具有重大的意义，是资本市场服务实体经济的重要一环。推动基础设施公募 REITs 试点落地，对有效盘活存量资产、拓展权益融资渠道、优化资源配置具有重要意义，有助于增强资本市场服务实体经济的质效。中国版 REITs 产品先以基础设施 REITs 的形式进行试点，既符合我国当前的国情，也有益于在实践中不断探索中国特色的 REITs 制度。在相关监管机构的努力之下，我国 REITs 产品相关制度已经取得了长足的进步，如法律框架和配套规则逐步完善、产品属性及发行上市环节更加清晰、产品交易结构和管理模式更加成熟及会计处理与估值定价方式更贴合实际等。

17.1 基础设施资产证券化与 REITs

17.1.1 基础设施资产证券化

资产证券化是指以基础资产未来所产生的现金流为偿付支持,通过结构化设计进行信用增级,在此基础上发行资产支持证券(Asset-backed Securities,ABS)的过程。而基础设施资产证券化作为推进公共基础设施项目市场化运作的重要环节,是我国新一轮投融资体制改革和金融体制改革的突破口。

回顾美国基础设施融资模式发展历程,可以发现基础设施资产证券化为其后续进一步扩大融资规模的基础作出了贡献。美国在基础设施领域的资产证券化首先发展于电力设施领域,随着 20 世纪 90 年代后期美国各州逐步放开电力市场专营管制,政府通过相关法规,允许公共事业公司在基础电价以外收取竞争转型费,公共事业公司可通过设立子公司,将竞争转型费收费权转移,由该子公司基于竞争转型费现金流,发行信托受益权凭证。

我国基础设施资产证券化发展尽管相对规模较小,但独具特色。截至 2021 年 7 月末,根据 Wind 口径计算,基础资产类型为基础设施收费权、基础设施收费受益权和基础设施项目收益的项目合计 170 个(未包含 PPP 项目),项目个数占 ABS 总数的 4.5% ,但不可忽视的是,基础设施资产证券产品的基础资产风险控制仍然存在较大改善空间,由于目前基础设施资产证券化的发行方式主要为私募发行,可能存在的产品结构问题会将主体信用风险向上传导至产品层面。

针对国内当前的情况,需要重点关注以下几个方面。

(1)我国基础设施资产证券化尚未真正做到资产独立。资产池独立性是资产证券化的核心。受原始权益人的持续经营能力等原因约束,目前国内基础设施资产证券化业务尚未实现真正意义上的资产独立和破产隔离,原始权益人通常兼任资产管理人，或是次级档证券的实际持有人，而无法达到资产证券化的初始目的，即相对于原始权益人的会计出表。

基础设施资产证券化产品的安全性取决于原始权益人的持续经营能力。在未来基础设施行业的竞争格局演化过程中，具备愈发突出的综合优势的行业龙头更有可能获得更多的支持，从而可能推动运营商间的资本活动，如兼并与收购，最终使行业集中度逐步提高到一定稳态水平。

（2）资产证券化的核心优势在于结构化。结构化为资产证券化的核心优势，较为精细的产品结构有利于定价精确度提高，这也是资产证券化产品较传统公开市场债务融资工具的突出优势。基于基础资产的现金流可多方面对产品结构进行精细打磨，如期限角度、风险收益特征角度，形成多类特征各异的产品，进而匹配不同类型投资者多元化的风险收益特征。基于微观经济学的价格歧视理论，子产品与特定投资者的风险收益特征的高匹配度推动定价精准度提高，从而减少消费者剩余，增厚原始权益人与/或受托人利益，这是资产证券化相对于传统主体债务融资工具的显著优点。

（3）资产证券化产品需以稳定的项目净现金流为支撑。关于资产证券化过程中，底层资产净现金流的归结需注意以下几点：首先，现金流稳定性为资产证券底层资产考量的首要方面；其次，需重点关注项目建设过程中的净现金流，应剔除直接运营成本、融资费用、维修费用等刚性支出；最后，应设计有效的现金流归集和划转机制，及时归集并有效控制项目净现金流，切实避免资金混同风险与挪用风险的发生，在运营过程中应建立价格机制以形成稳定合理的预期。

（4）强化中介机构团队专业素养。基础设施资产证券化产品为多通用专业领域（如法律、会计、税务和金融工程等）的综合运用产物。合格的受托人与资产管理人为资产证券化过程的主要角色，其中在交易结构中，受托人是核心，应当借鉴成熟市场的经验，围绕受托人建立科学合理的治理结构。

17.1.2 基础设施 REITs

在组织形式上，REITs 一般可以分为公司型和权益型。公司型 REITs 通过成立公司发行股份，而权益型 REITs 通过建立信托契约，发行收益凭证，来进行资金筹集。为便于上市和物业资产收购私有化，美国 REITs 组织形式均采用公司型；契约型凭其法律程序便捷性等优势也广受青睐，亚洲绝大部分 REITs 为契约型，2020 年《公开募集基础设施证券投资基金指引（试行）》规定我国基础设施公募 REITs 为契约型。在投资对象及收入方面，REITs 主要投资对象是各类物业，主要收入来源是广义房地产的租金及增值收益；REITs 持有的物业类型主要包括写字楼、商场、公寓、物流中心、数据中心等，覆盖传统的商业地产资产和基础设施类资产。在 REITs 发展较为成熟的市场，投资者的种类非常多，除国内外个人投资者外，还包括 ETF、养老基金银行信托部门等机构投资者。

税收优惠和分红为 REITs 收益优势的具体体现。美国要求 REITs 必须至少将其总资产的 75% 投资于不动产资产，且其总收入中至少 75% 必须来自不动产收益；同时，在分红方面，美国 REITs 在股东层面征税，免征公司所得税；REITs 股东分红中一定比例可以作为资本利得红利，通过缴纳税率较低的长期资本利得税，降低分红的有效税率。为支持基础设施 REITs 试点，我国财政部、税务总局发布《关于基础设施领域不动产投资信托基金（REITs）试点税收政策的公告》，对基础设施资产划转涉及的计税基础等方面进行税收政策调整，避免原始权益人层面重复交税的情况，整体利好 REITs 税收减负。分红方面，监管政策明确规定公募 REITs 实行强制分红，收益分配比例不低于合并后基金年度可供分配金额的 90%。

相较于其他类型的底层资产，基础设施 REITs 收益率更为稳健，对冲通胀作用显著，对投资者更具吸引力。美国基础设施 REITs 的资产类型包括铁路、天然气储存输送管道、固定储气罐、电信塔、光纤电缆和无线通信设施等，其中上市产品的基础资产所属行业主要覆盖通信和能源领域，我国基础设施 REITs 范围与之较为类似。尽管资本市场价格波动占据美国 REITs 收益来源的主要构成，但强制分红政策和基础设施底层资产收入的稳定性，使得基础设施 REITs 受市场冲击影响较小。此外，据标准普尔数据，在美国市场中，从 2000 年到 2020 年，其中有 17 年 REITs 基金的年平均分红增长率高于 CPI 增长率，起到明显对冲通胀作用，可基本规避央行利率影响。可预期，

随着未来通信领域 5G 等技术的快速发展，基础设施 REITs 有望实现井喷式
发展。

基于海外长期的市场实践证据，可较容易得出 REITs 对于投融资双方
而言均是优质的金融工具的结论，进而加强支撑 REITs 为资本市场的重要
组成部分的关键观点。REITs 特有的信托基金管理和多元化投资模式，以
及其具备的分红收益稳定、与其他资产相关性低、流动性强、运营透明度
高等优点，降低了商业物业资产的投资门槛，从而有助于扩大融资规模。
同时，从供给角度来看，REITs 也为持有资产的企业提供了资产出表的融
资途径，可以明显改善公司的资本结构，加快盘活存量，实现轻资产的运
营模式。

相比于美国 REITs 底层资产聚焦房地产的属性，我国 REITs 的底层资产
限定为基础设施，主要推行目的为，在限制地方政府扩张的同时，保障基础
设施投资仍具有稳健性发展。我国基础设施公募 REITs 是以基础设施项目为
底层资产的公募 REITs 产品，具备权益性质、平层设计、不设票面利率、依
赖基础资产产生的现金流进行分红的特点，从回报特征来看，公募 REITs 产
品是分红率稳定但不确定的、介于股债之间的品种。与类 REITs 产品相比，
产品真正实现了收益完全与基础资产挂钩，与主体信用相剥离。

17.1.3　PPP 项目资产证券化

PPP 项目指社会资本和政府通过多种合作方式提供公共服务和基础设
施投资的模式。PPP 相关概念最早可追溯至 20 世纪 50 年代法国公共服务
领域采用的特许经营模式下使用者付费机制模式，土耳其政府紧随其后制
定了首个 BOT 法（Build – Operate – Transfer）强调"民间投资、用者偿
还"，随后欧美国家基于法国和土耳其的先行经验，开始完善和规模化实施
PPP 模式进行基础设施建设。目前，欧美国家 PPP 模式已发展较为成熟，在
项目收益来源方面，已形成三种主要途径，分别为使用者付费、可行性缺口
补助和政府付费；在运作方式方面，形成服务外包类、特许经营类和永久私
有化类。

随着 2015 年我国《基础设施和公用事业特许经营管理办法》和《关于在公共服务领域推广政府和社会资本合作模式指导意见》发布，我国 PPP 项目发展正式进入加速期。截至 2022 年 9 月 10 日，据财政部 PPP 项目数据库统计，目前已入库项目 10292 个，项目总金额达 16443 亿元。目前我国 PPP 项目运作方式主要为特许经营类中"建设—运营—移交"的 BOT 模式，政府将公共资产的特许经营权（包括建设权）或存量资产的所有权授予项目公司，公司在合同规定时间将所有权移交回政府。

由于基础设施行业普遍存在前期投资巨大而投资回收周期长的特点，以及政府赋予特许经营权的同时控制了价格调整机制弹性等原因，通过 PPP 项目引入的社会资本可能存在无法在合理运营期间内收回投资并实现隐含市场投资收益的问题，从而导致社会资本与投资期限出现错配，进而抑制了社会资本参与 PPP 项目的积极性。PPP 项目资产证券化可将社会资本投资资金回流与投资期限进行重新匹配，为提高社会资本参与度提供可行措施。

PPP 项目资产证券化与一般类型项目资产证券化在运作原理、操作流程等方面并无本质区别，但由于 PPP 模式本身的特点而使其开展的资产证券化呈现出不同特点。从资产证券化产品的现金流生成机制来看，以政府付费权益作为基础资产的形式占据主要地位，其次是可行性缺口补助，此外还有部分燃气、物业等使用者付费的 PPP 项目参与了资产证券化。和一般资产证券化产品不同，PPP 项目几乎没有通过能够带来现金流的股权作为基础资产的发行先例，这与基础设施的属性和 PPP 合同框架约束有关。

2016 年 12 月，《关于推进传统基础设施领域政府和社会资本合作（PPP）项目资产证券化相关工作的通知》发布，标志着国务院有关部门正式启动 PPP 资产证券化工作。2022 年 5 月始，国务院办公厅、上交所等国家部门，陕西省政府办公厅等地方部门发起了新一轮支持 PPP 资产证券化的政策。财政部政府和社会资本合作中心数据显示，截至 2022 年 7 月末，市场共发行 PPP 类产品数量 37 个，总发行额 371.03 亿元，其中 PPP 项目 39 个，有多个 PPP 项目打包发行；在所有 PPP 资产证券化产品中有 32 个 ABS 产品在证券交易所发行，有 5 只 ABN 产品在银行债券市场发行。

我国 PPP 项目资产证券化产品设计要点主要包括以下几个方面。

（1）运营管理权和收费收益权相分离。根据《基础设施和公用事业特许经营管理办法》，在交通运输、环境保护、市政工程等领域的 PPP 项目普遍涉及特许经营，项目基础资产与政府特许经营权联系较为紧密。同时，在实务产品设计中，由于我国对特许经营权的受让主体有严格的准入要求，PPP 项目资产证券化的运营管理权转移较为困难，取而代之的是，将收益权分离出来作为基础资产。

（2）将财政补贴作为基础资产。《资产证券化业务基础资产负面清单指引》将"以地方政府为直接或间接债务人的基础资产"列入负面清单，但提出"地方政府按照事先公开的收益约定规则，在政府和社会资本合作（PPP）模式下应当支付或承担的财政补贴除外"，这一规定为 PPP 项目资产证券化提供了政策可能。事实上，财政补贴作为部分 PPP 项目收入的重要来源，其现金流具备稳定的、可预测的特点，符合资产证券化中基础资产的一般规定。

（3）PPP 项目资产证券化产品期限与 PPP 项目期限相匹配。PPP 项目的期限普遍较长，一般为 10～30 年，而目前我国存在的一般类型的资产证券化产品的期限多数在 7 年以内，因此可能存在产品与项目期限不匹配问题。在产品设计过程中，应使产品与 PPP 项目长周期特点相适应，需在投资主体准入和产品流动性方面制定更为严格的标准。

（4）关注 PPP 项目本身。《关于进一步做好政府和社会资本合作项目示范工作的通知》明确规定，严禁通过保底承诺、回购安排、明股实债等方式进行变相融资，这使地方政府对 PPP 项目违规担保承诺行为成为禁忌，抵质押 PPP 资产也需满足更高要求，强调在 PPP 项目资产证券化过程中应注重项目现金流的再生能力和社会资本的增信措施落实。

17.1.4　基于 PPP 项目的公募 REITs

我国公募 REITs 试点从基础设施切入，随着我国 PPP 项目资产证券化发展的逐步成熟，规范的 PPP 项目为公募 REITs 提供了优质资产来源，公募

REITs 为 PPP 项目社会资本提供了退出通道。

公募 REITs 可充分发挥社会资本方和政府方优势。我国自 2014 年大规模推行 PPP 模式以来，重大项目的社会资本方多是具有施工建设优势的国有企业，其运营管理能力总体欠缺；[①] 而 PPP 项目一般要求社会资本方在 PPP 项目公司中处于控股地位，且项目对社会资本退出限定 10 年左右锁定期，这限制了大量项目资本金，并且影响社会资本方的资产负债率。对于强运营能力的 PPP 项目社会资本方，在 REITs 上市后，受公募基金管理人委托，可继续担任资产运营管理机构，持续获取运营服务费，保障基础设施可持续运营。

截至 2022 年 2 月，我国已公开上市 11 只公募 REITs，其中 5 个基础设施项目采取特许经营类 PPP 项目。根据国家发改委 2021 年发布的《关于进一步做好基础设施领域不动产投资信托基金（REITs）试点工作的通知》中关于开展 REITs 试点的要求，可以注意到 PPP 项目发行 REITs 需要满足部分特殊要求。具体要求包括以下几点。

（1）PPP 项目合规性要求。PPP 项目开展 REITs 试点需至少满足稳健性运行 3 年，未出现暂停运营等重大问题或重大合同纠纷。PPP 项目需把公司全部股权转让给公募基金，因此其股权或特许经营权转让必须取得所有股东（含政府出资人代表）一致同意，有权主管部门或 PPP 合同（特许经营协议）签署机构的同意函等，以保证资产具有可转让性。

（2）土地使用依法合规性要求。对于项目公司拥有土地使用权的 PPP 项目，可能涉及土地增值等问题，公募 REITs 试点要求原始权益人或公募基金管理人对土地使用作出承诺：资产估值阶段不含土地使用权市场价值，基金存续期间不转让土地使用权，PPP 项目合作期满或基金清算将按要求处理土地使用权，常见的是无偿移交给当地政府；若项目公司不拥有土地使用权，应说明土地使用权的归属人、取得时间等相关信息。

（3）PPP 项目原始权益人是否并表。PPP 项目社会资本方通常属于资产原始权益人，发行的 REITs 份额既可以要求并表，也可以不并表。若原始权

---

① 徐成彬.PPP 项目发行公募 REITs 的基本条件解析［J］.项目管理评论，2022（5）：42-47.

益人拟安排并表，则继续承担特许经营责任等情况；若拟出表管理，公募基金管理人和项目公司承担特许经营责任，原始权益人及主要关联方承担连带责任。

此外，由于项目自身现金流是公募基金投资回报的主要来源，PPP项目现金流需保证稳健性。现金流稳健性考量方面应至少囊括三个角度。

第一，服务总量。基础设施REITs要求存量资产原则上运营至少3年，近3年内总体盈利或经营性净现金流为正。通过分析近3年实际服务量、与区域内同类项目比较、与项目自身投资决策阶段与测量比较，判断项目收益的稳定性和成长性。

第二，服务价格。基础设施提供公共产品或服务，其价格并非完全竞争市场的均衡结果，定价和调价机制一般由政府参与制定，并在特许经营协议中约定。

第三，收益结构。项目收益来源应以使用者付费为主且合理分散，以降低现金流供给风险。

17.2 中国基础设施公募REITs实务要点

17.2.1 基础设施公募REITs产品方案

根据中国证监会发布的《公开募集基础设施证券投资基金指引（试行）》和配套业务规则，标准交易结构为基础设施REITs（公募基金产品）—专项计划（资产支持证券，以下简称ABS）—基础设施项目公司（SPV）的三级结构。即由符合条件的取得公募基金管理资格的证券公司或基金管理公司，依法依规设立公开募集基础设施证券投资基金，经中国证券监督管理委员会注册后，公开发售基金份额募集资金，通过购买同一实际控制人所属的管理人设立发行的基础设施资产支持证券，完成对标的基础设施的收购，开展基础设施REITs业务（如图17-1所示）。

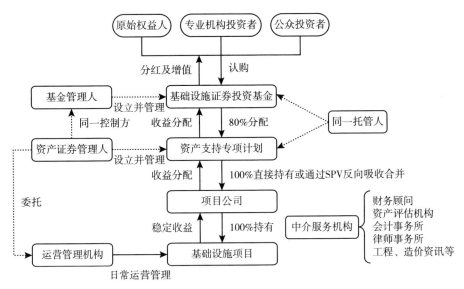

图 17－1 我国基础设施公募 REITs 产品结构

资料来源：中国证监会于 2020 年 8 月 6 日发布的《公开募集基础设施证券投资基金指引（试行）》。

17.2.2 基础设施公募 REITs 交易结构

基础设施 REITs 以基础设施基金为载体。基础设施基金为同时满足下列特征的基金产品。

（1）80% 以上基金资产持有基础设施 ABS 全部份额（不要求单一 ABS），基础设施持有基础设施项目公司全部股权（其中，基础设施 ABS 为证监会框架下产品）。

（2）基金通过 ABS 和项目公司等载体取得基础设施项目完全所有权或经营权利。

（3）基金管理人主动运营管理基础设施项目，以获取基础设施项目租金、收费等稳定现金流为主要目的。

（4）采取封闭式运作，收益分配比例不低于合并后基金年度可供分配利润的 90%，每年分配次数不少于 1 次。

基础设施基金既可以收购存量项目，又可以新发项目直接对接基金，除投资基础设施 ABS 外，其余资金应投资利率债、AAA 信用债或货币市场工具。

17.2.3　基础设施公募 REITs 治理结构

基金管理人、计划管理人和项目公司，共同委托监管银行对 SPV 及项目公司的基础设施项目收支账户实施监管。计划管理人可根据基金管理人的授权，管理基础设施项目运营现金流，并向基金管理人报告，防止现金流流失和挪用。

17.2.3.1　基金份额持有人大会

基金份额持有人大会为非常设机构，为公募基金最高决策机构。基金份额持有人大会需按照基金合同约定的程序召开，负责决策提交持有人大会审议的重大事项，但基金份额持有人大会不得直接参与或者干涉基金的投资管理活动。

17.2.3.2　基金管理人

除需提交基金份额持有人大会决议的事项外，本基金其他事项由基金管理人自行决策。基金管理人代表基础设施基金作为专项计划唯一基础设施资产支持证券持有人，可要求计划管理人执行公募基金出具的专项计划持有人直接决议。

17.2.3.3　计划管理人

专项计划管理人需根据公募基金出具的专项计划持有人直接决议，履行项目公司股东权利，包括但不限于根据基金管理人的委派文件任命 SPV 及项目公司执行董事、监事和财务负责人。

17.2.3.4　SPV 及项目公司

专项计划管理人代表专项计划，作为 SPV 或项目公司股东，根据基金管理人的委派文件，任命 SPV 及项目公司执行董事、监事及财务负责人。SPV及项目公司的执行董事、监事和财务负责人根据 SPV 及项目公司的公司章程及公司制度行使职权（如图 17 - 2 所示）。

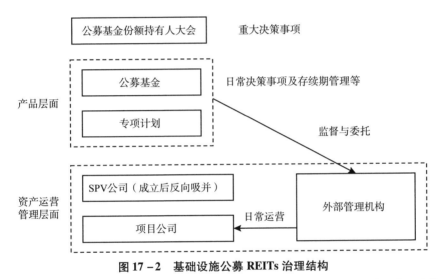

图 17 - 2　基础设施公募 REITs 治理结构

资料来源：中国证监会于 2020 年 8 月 6 日发布的《公开募集基础设施证券投资基金指引（试行)》。

17.2.4　基础设施公募 REITs 政策试点

2020 年 3 月，中国证监会发布《深入推进公募 REITs 试点 进一步促进投融资良性循环》，表明证监会正在研究制定基础设施 REITs 扩募规则，抓紧推动保障性租赁住房公募 REITs 试点项目落地，以更好发挥公募 REITs 的功能作用，进一步促进投融资良性循环，助力实体经济发展。

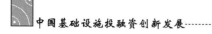

回顾 REITs 试点政策发展历程（如图 17 – 3 所示），国家发改委、证监会、深交所、上交所等机构起到了重要作用，其中以国家发改委为主导，对于 REITs 试点工作进行了对象、流程、范围等方面的规定，并且不断完善相关规定。深交所和上交所主要对业务办法、审核、发售、上市、存续等方面进行了相关专业领域的补充（如表 17 – 1 所示）。

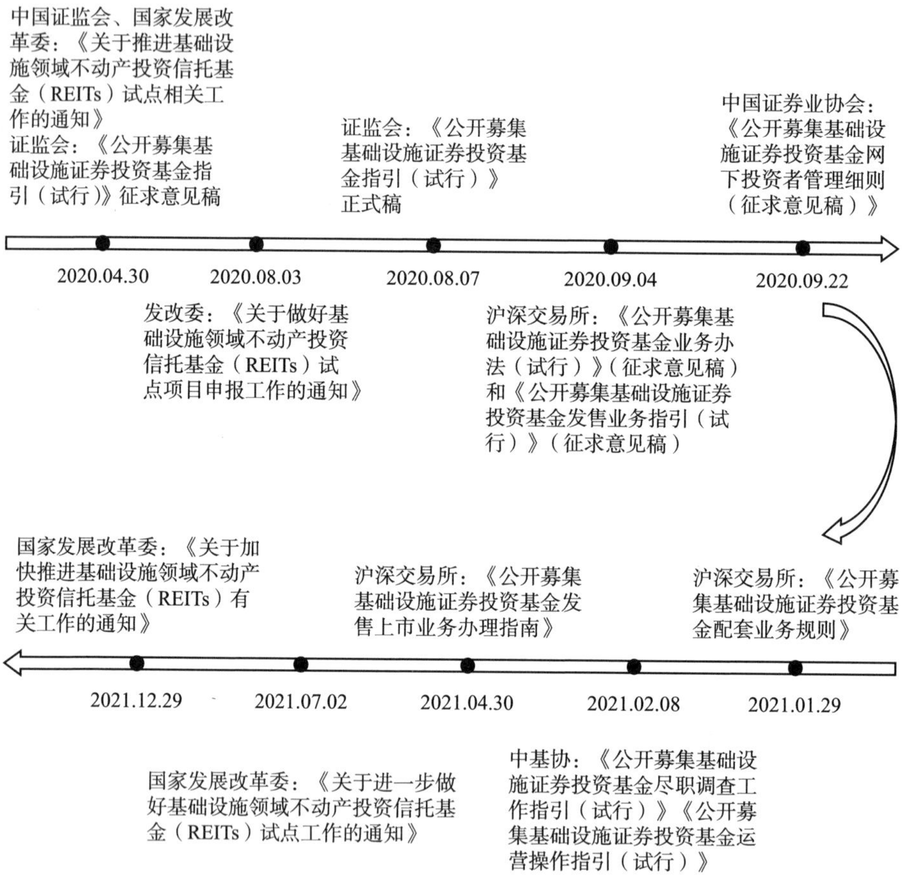

中国证监会、国家发展改革委：《关于推进基础设施领域不动产投资信托基金（REITs）试点相关工作的通知》
证监会：《公开募集基础设施证券投资基金指引（试行）》征求意见稿

证监会：《公开募集基础设施证券投资基金指引（试行）》正式稿

中国证券业协会：《公开募集基础设施证券投资基金网下投资者管理细则（征求意见稿）》

2020.04.30　　2020.08.03　　2020.08.07　　2020.09.04　　2020.09.22

发改委：《关于做好基础设施领域不动产投资信托基金（REITs）试点项目申报工作的通知》

沪深交易所：《公开募集基础设施证券投资基金业务办法（试行）》（征求意见稿）和《公开募集基础设施证券投资基金发售业务指引（试行）》（征求意见稿）

国家发展改革委：《关于加快推进基础设施领域不动产投资信托基金（REITs）有关工作的通知》

沪深交易所：《公开募集基础设施证券投资基金发售上市业务办理指南》

沪深交易所：《公开募集基础设施证券投资基金配套业务规则》

2021.12.29　　2021.07.02　　2021.04.30　　2021.02.08　　2021.01.29

国家发展改革委：《关于进一步做好基础设施领域不动产投资信托基金（REITs）试点工作的通知》

中基协：《公开募集基础设施证券投资基金尽职调查工作指引（试行）》《公开募集基础设施证券投资基金运营操作指引（试行）》

图 17 – 3　我国基础设施公募 REITs 试点政策发展历程

表 17 - 1　　　　　　　　公募 REITs 试点政策文件及主要内容

时间	发布机构	政策文件	主要内容
2020 年 4 月 24 日	发改委 证监会	《关于推进基础设施领域不动产投资信托基金（REITs）试点相关工作的通知》	1. 标志着境内基础设施领域公募 REITs 试点正式起步； 2. 聚焦京津冀、长江经济带、雄安新区、粤港澳大湾区、海南、长江三角洲等重点区域，支持国家级新区、有条件的国家级经济技术开发区开展试点； 3. 优先支持基础设施补短板行业，鼓励信息网络等新型基础设施，以及国家战略性新兴产业集群、高科技产业园区、特色产业园区等开展试点； 4. 鼓励将回收资金用于新的基础设施和公用事业建设，重点支持补短板项目，形成投资良性循环
2020 年 7 月 31 日	发改委	《关于做好基础设施领域不动产投资信托基金（REITs）试点项目申报工作的通知》	1. 包含项目基本条件、申报材料、申报程序、合规性审查要求； 2. 在《关于推进基础设施领域不动产投资信托基金（REITs）试点工作的通知》基础上对项目行业进行了细分与扩充，新增加了智慧交通系列，限制房地产项目试点； 3. 项目准入条件关键点：发起人（原始权益人）可拥有项目所有权、特许经营权或运营收费权；原则上运营 3 年以上，已经产生稳定的现金流；预计未来 3 年净现金流分派率（预计年度可分配现金流/目标不动产评估净值）原则上不低于 4%；现金流市场化产生，不依赖第三方补贴； 4. 发改委合规审查要点：地区、宏观、产业、经济发展；项目各类审批、竣工、许可证；PPP 项目收入来源以使用者付费为主，股权转让应获得合作政府方的同意； 5. 在《关于推进基础设施领域不动产投资信托基金（REITs）试点工作的通知》基础上新增回收资金可跨区域、跨行业使用
2020 年 8 月 6 日	证监会	《公开募集基础设施证券投资基金指引（试行)》	1. 80% 以上基金资产投资于基础设施资产支持证券，基金穿透持有项目公司全部股权，封闭式运作，收益分配比例不低于 90%； 2. 基金财产独立，独立于各方债权，不受破产清算影响； 3. 基金管理人应开展尽职调查，必要时可以聘请财务顾问开展尽职调查。聘请评估机构、律师事务所、会计师事务所开展评估、风险、审计； 4. 分为战略配售、网下询价并定价、网下配售、公众投资者认购等；原始权益人或其同一控制下的关联方战略配售的比例不得低于总额的 20%，其中 20% 这部分持有时间不低于 60 个月，超过可分持有时间不低于 36 个月，持有期间不允许质押。专业机构投资者限售期不低于 12 个月

续表

时间	发布机构	政策文件	主要内容
2021 年 1 月 29 日 2021 年 4 月 30 日	上交所	《上海证券交易所公开募集基础设施证券投资基金（REITs）业务办法、审核、发售、上市、存续相关 5 个文件》	参照《公开募集基础设施证券投资基金指引（试行）》进行补充： 1. 可以采用竞价、大宗、报价、询价、指定对手方和协议交易等方式； 2. 涨跌幅限制比例为 30%，非上市首日涨跌幅限制比例为 10%。可以质押式、协议回购； 3. 原则上以收益法作为基础设施项目评估的主要估价方法； 4. 其余关于审查、发售、上市等要点
2021 年 1 月 29 日 2021 年 4 月 30 日	深交所	《深圳证券交易所公开募集基础设施证券投资基金（REITs）业务办法、审核、发售、上市、存续相关 5 个文件》	同上交所
2021 年 7 月 2 日	发改委	《关于进一步做好基础设施领域不动产投资信托基金（REITs）试点工作的通知》	在《关于推进基础设施领域不动产投资信托基金 REITs 试点相关工作的通知》和《关于做好基础设施领域不动产投资信托基金（REITs）试点项目申报工作的通知》基础上： 1. 申报地区扩至全国，提及黄河流域生态保护和高质量发展等国家重大战略区域； 2. 行业范围扩大：能源基础设施大类、市政基础设施增加了停车场项目，人口净流入大城市的保障性租赁住房、自然文化遗产、国家 AAAAA 级旅游景区； 3. 底层资产增加规模和扩募要求：发行资产规模不低于 10 亿元，且要求发起人具有较强扩募能力，各类按规定可发行基础设施 REITs 的资产规模不得低于发行规模的 2 倍，即可发行基础设施 REITs 的资产规模不低于 20 亿元； 4. 90%（含）以上的净回收资金（指扣除用于偿还相关债务、缴纳税费、按规则参与战略配售等的资金后的回收资金）应当用于在建项目或前期工作成熟的新项目

时间	发布机构	政策文件	主要内容
2021 年 12 月 29 日	发改委	《关于加快推进基础设施领域不动产投资信托基金（REITs）有关工作的通知》	1. 加强部门协调，落实申报条件； 2. 加强与证监、行业管理、城乡规划、自然资源、生态环境、住房城乡建设、国资监管等部门的沟通协调，共同解决项目推进过程中存在的问题，尽可能压缩项目准备周期； 3. 在依法合规的前提下，重点围绕项目手续完善、产权证书办理、土地使用、PPP 和特许经营协议签订、国有资产转让等，协调有关方面对项目发行基础设施 REITs 予以支持，加快无异议函等相关手续办理，落实各项发行条件。及时沟通反映，加快申报进度

资料来源：根据国务院政策文件库相关资料整理。

17.2.5　基础设施公募 REITs 操作流程

基础设施公募 REITs 的流程包括以下几点。

17.2.5.1　披露材料

公开发售 3 日前，披露基金发行材料，包括基金合同、托管协议、招募说明书、基金份额发售公告等法律文件。

17.2.5.2　战略配售

原始权益人战略配售比例不低于 20%，锁定期 5 年，超过 20% 的部分锁定 3 年，持有期不得质押。基础设施项目有多个原始权益人的，作为基础设施项目控股股东或实际控制人的原始权益人或其同一控制下的关联方应当至少持有本次基金份额发售总量的 20%。

专业投资人可以参与战略配售，锁定期 1 年。其中，监管鼓励的战略配售目标主要有以下几类。

一是实业机构。与原始权益人经营业务具有战略合作关系或长期合作愿景的大型企业；金融机构：具有长期投资意愿的大型保险公司，国家级大型投资基金，投资长、期限高分红类资产的资管产品，具有基础设施项目投资经验的政府专项基金，产业投资基金等。

二是原始权益人相关方。原始权益人及其相关子公司、原始权益人的董监高参与本次战略配售设立的专项资产管理计划。

三是基金管理人、财务顾问。应当在发售公告中披露战略投资者名称、承诺认购的基金份额以及持有期限安排等；董监高设立资管计划参与战略配售的，需要披露专项资产管理计划的具体名称、设立时间、募集资金规模、管理人、实际支配主体以及参与人姓名、职务与比例等。

17.2.5.3　网下询价和认购

基础设施基金份额的认购价格通过向网下投资者询价决定，网下投资者为证券公司、基金管理公司、信托公司、财务公司、合格境外机构投资者、商业银行及其理财子公司、符合规定的私募基金管理人及其他中国证监会认可的专业机构投资者。社保基金、基本养老保险基金、年金基金等，均可根据有关规定参与网下询价。

原始权益人、基金管理人、财务顾问及前述机构持股 5% 以上的股东、实际控制人以及战略投资者不得参与询价报价。

基础设施基金网下投资者须在中国证券业协会进行注册，随后将其所属或直接管理的、拟参与基础设施基金网下询价和认购业务的自营投资账户或资产管理产品注册为配售对象。网下投资者在基础设施基金初步询价环节为配售对象填报拟认购数量时，拟认购数量不得超过该配售对象的总资产或资金规模。网下投资者应当对其所属的全部配售对象的报价同时提交。

扣除战略配售后，网下发售比例不低于公开发售数量的 70%。基金发行过程中可以设置回拨机制，但回拨后仍需满足这一要求。

基金管理人、财务顾问有权确定参与询价的网下投资者条件、有效报价条件、配售原则和配售方式，并按照事先确定的配售原则，在有效报价的网下投资者中选择配售对象。如果以认购价格计算的基础设施项目价值高于评估价值 20% 以上的，基金管理人、财务顾问应当披露原因，以及各类网下投资者报价与上述评估价值的差异情况，并至少在基金认购首日之前 5 个工作日发布投资风险特别提示公告。

17.2.5.4 网上认购

基金管理人公布认购价格，公众投资者以该价格参与认购。

公众投资者可以通过交易所或者基金管理人委托的场外销售机构认购基础设施基金。投资者参与场内认购应当持有人民币普通股票账户或证券投资基金账户；投资者参与场外认购应当持有场外基金账户。

投资者使用场外基金账户认购的基金份额登记在场外，转托管至场内后可参与场内交易。

17.2.5.5 上市交易

符合上市要求的基础设施基金均可以申请上市交易。基金管理人应当在基金份额上市交易的三个工作日前，公告上市交易公告书。

基础设施基金份额上市首日，其即时行情显示的前收盘价为基础设施基金发售价格。

17.2.6 基础设施公募 REITs 主要特点

我国于 2020 年 4 月开始推动相关试点工作，首批 9 只中国特色的公募 REITs 于 2021 年中顺利发行，截至 8 月末，已上市 17 只公募 REITs，此外全市场已获批公募 REITs 增至 19 只。我国基础设施公募 REITs 呈现以下鲜明特点。

第一，基金期限较长，一般在 20 年以上。封闭式管理，无法申购和赎回，投资者只能在场外进行撮合成交价交易。

第二，首次公开发行时，公募 REITs 通过网下询价方式确定认购价格，每份基金份额净值不是 1。

第三，在目前已发行的产品中，项目公司及其他战略投资者持有比例较大。依照规定，已发行产品中，原始权益人（即项目公司）或相同控制下的关联方参与战略配售的比例最低不能低于 20%。在战略投资者份额没有解禁的情况下，这会造成二级市场上的流通规模较小，且散户占较大比例。

第四，就目前已发行产品，公募基金对底层资产的运营经验不足，通常委托原始权益人代为管理。此外，目前已上市公募 REITs 原始权益人的背景多以国资为主，所运营资产多以发达地区的重点项目为主。

第五，投资者无法通过股东大会等形式直接干涉项目管理和运营。

第六，公募 REITs 业绩分化明显。截至 2022 年 8 月末，已公开上市的公募 REITs 业绩出现分化，存在不同程度亏损和盈利情况；总体上看，产业园区和仓储物流板块发展势头较为积极。分化产生主要原因为，REITs 收益主要受底层资产运营状况驱动，但短期同样受市场环境、利率水平及行业政策因素影响，使得二级市场出现较大波动。随着未来 REITs 发行上市数量增多，可比估值资产增加，可减少发行时资产估值导致二级市场业绩分化的影响，进一步增强资本市场服务实体经济质效。

17.2.7　基础设施公募 REITs 扩募要点

2022 年 4 月，沪深交易所分别发布《关于公开募集基础设施证券投资基金业务指引第 3 号——新购入基础设施项目（试行）（征求意见稿）》，主要明确了新购入基础设施项目的原则和条件、新购入基础设施项目的程序以及基础设施基金扩募发售的模式。

新购入基础设施项目的原则和条件规定中对基金运作时间进行明确规定"原则上满 12 个月"，而对比海外 REITs 市场扩募规则并无此规定。由于在我国公募 REITs 仍处于试点阶段，建立运营时间要求有利于市场平稳运行（如表 17-2 所示）。

表 17-2　　　　　　　　新购入基础设施项目的原则和条件

规范对象	具体要求
总体要求	基础设施基金存续期间新购入基础设施项目，拟购入的基础设施项目原则上与基础设施基金当前持有基础设施项目为同一类型
基金要求	基础设施基金要求符合法律法规的规定，运营状况良好，且运作时间原则上满 12 个月
机构要求	各相关主体应当符合法律法规的规定，并未出现违法违规等要求

续表

规范对象	具体要求
项目要求	基础设施基金存续期间拟购入基础设施项目的标准和要求与基础设施基金首次发售一致,中国证监会认定的情形除外。特别强调应当遵循基金份额持有人利益有限的原则,合理定价
资金来源	基础设施基金新购入基础设施项目的,可以单独或同时以留存收益、对外借款或者扩募资金等作为资金来源
新购入基础设施项目的原始权益人	新购入的原始权益人应当符合《基础设施基金指引》第八条相关规定

资料来源:根据《关于公开募集基础设施证券投资基金业务指引第 3 号——新购入基础设施项目(试行)(征求意见稿)》相关内容整理。

该征求意见稿要求在拟购入资产确定后基金管理人需披露临时公告,履行基金变更注册的监管流程后,进行持有人大会决议,决议通过后进行发售和上市。具体程序流程如图 17 - 4 所示。

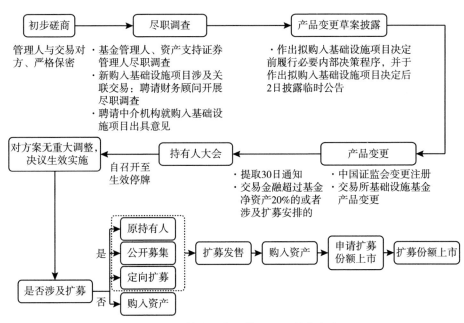

图 17 - 4 基础设施公募 REITs 扩售程序

资料来源:根据《关于公开募集基础设施证券投资基金业务指引第 3 号——新购入基础设施项目(试行)(征求意见稿)》相关内容整理。

根据该征求意见稿，基础设施公募 REITs 扩募发售模式主要分为向原持有人配售、公开扩募以及定向扩募。值得注意的是，向原始持有人配售在不超过配售前基金份额总额的 50% 前提下，如果单独募集可能募集失败（如表 17-3 所示）。

表 17-3　　　　基础设施公募 REITs 扩募发售方式、定价及锁定期

发售模式		发售对象要求	定价	锁定期
定向发售		符合基金份额持有人大会决议规定的条件，且每次发售对象不超过 35 名	竞价方式，定向扩募的发售价格应当不低于定价基准日前 20 个交易日基础设施基金交易均价的 90%	锁定期 6 个月/18 个月
非定向发售	原持有人	应当向权益登记日登记在册的持有人配售，且配售比例应当相同	遵循基金份额持有人利益优先的原则，根据基础设施基金二级市场交易价格和新购入基础设施项目的市场价格等有关因素，合理确定配售价格	新购入基础设施项目的原始权益人或者同一控制下的关联方 36 个月/60 个月
	公开募集	可以全部或部分向权益登记日登记在册的原基础设施基金份额持有人有限配售，有限配售比例应当在发售公告中披露	发售价格应当不低于发售阶段公告招募说明书前 20 个交易日或者前 1 个交易日的基础设施基金二级市场均价	无

资料来源：根据《关于公开募集基础设施证券基金业务指引第 3 号——新购入基础设施项目（试行）征求意见稿》相关内容整理。

对比各类发售方式的锁定期，可以发现除原始权益人或同一控制下的关联方外，主要的锁定期分别为 6 个月、12 个月、18 个月不等，扩募定向发售的 6 个月允许竞价权进行报价参与，而初始的非原始权益人的战配是由网下定价，扩募定价发售提前确定的特定参与者没有竞价权。"新购入资产的原始权益人或其同一控制下的关联方"的概念引入说明基金管理人基金良好运作满 12 个月后可以扩募新原始权益人的资产，强调了现有基金管理人层面的主动管理能力，以及同一类型资产筛选及资本运作的能力。具体各类投资人锁定期如表 17-4 所示。

表 17 - 4　　　　基础设施公募 REITs 扩售锁定期按投资人类别梳理

发售方式	投资人类别	锁定期	定价方式
首发战配	原始权益人或同一控制下的关联方20%部分	60 个月	根据网下投资人定价
	原始权益人或同一控制下的关联方超过20%部分	36 个月	
	非原始权益人或同一控制下关联方	12 个月	
首发网下或网上	符合要求的网下投资人以及公众投资人	无	网下投资人进行询价定价，公众投资人根据网下定价
扩募原持有人发售	原持有人	无	遵循基金份额持有人利益有限的原则，根据基础设施基金二级市场交易价格和新购入基础设施项目的市场价值等有关因素，合理确定配售价格
扩募公开发售	参与有限配售的原基础设施基金持有人，网下机构投资者以及其他投资者	无	公开扩募的发售价格应当不低于发售阶段公告招募说明书前 20 个交易日或者前 1 个交易日的基础设施基金二级市场均价
扩募定向发售	普通投资人	6 个月	定向扩募的发售价格应当不低于定价基准日前 20 个交易日基础设施基金交易均价的90%
	基金份额持有人大会决议提前确定全部发售对象，且发售对象属于下列情形之一的，定价基准日可以为本次扩募的基金产品变更草案公告日、基金份额持有人大会决议公告日或者发售期首日：（1）持有份额超过20%的第一大基础设施基金持有人或者通过认购本次发售份额成为持有份额超过 20% 的第一大基础设施基金持有人的投资者；（2）新购入基础设施项目的原始权益人或者其同一控制下的关联方；（3）通过本次扩募拟引入的战略投资者	18 个月	
	新项目原始权益人或其同一控制下的关联方20% 的部分	60 个月	
	新项目原始权益人或其同一控制下的关联方超过20%的部分	36 个月	

　　资料来源：根据《关于公开募集基础设施证券投资基金业务指引第3号——新购入基础设施项目（试行）（征求意见稿）》相关内容整理。

17.3 中国基础设施公募 REITs 市场发展

17.3.1 基础设施公募 REITs 发展历程

美国开启了 REITs 发展历程。1960 年 9 月 14 日，美国总统艾森豪威尔签署了《房地产投资信托法案》，允许设立 REITs。1961 年全球首只 REITs 设立，随后 1965 年首只 REITs 在纽交所上市交易。1967 年，美国基建进入高峰期，房地产市场高度景气，催生了抵押权型房地产投资信托基金的诞生，其以 REITs 为平台募集资金，投资房地产抵押贷款或房地产抵押支持证券，收益主要来源是房地产贷款的利息，REITs 也在一定程度上推动了房地产市场热潮。叠加布雷顿森林体系瓦解，美元不再与黄金挂钩，使得资金大量流向证券市场，REITs 市场于 1973 年达到最高峰，彼时美国 REITs 发行数量快速成长将近 20 倍，仅是 1973 年至 1974 年间，REITs 总资产就激增了45%。

1974 年至 1975 年，美国经济出现倒退，房地产市场严重过剩，由于多数 REITs 由第三方管理，对市场缺乏一定的专业度，高度杠杆资本操作十分普遍，且此时利率改革齐头，致使这个时期以抵押型为主导的 REITs 因为期限错配造成大量违约。到 1980 年，REITs 资产总额由 1974 年的 204 亿美元，大幅下降至 1980 年的 70 亿美元。

20 世纪 80 年代，REITs 运营管理制度发生较大变化。美国在 1981 年与1986 年的两次税改对 REITs 的发展产生了重要影响，尤其是 1986 年税改放松了对 REITs 的经营限制，使得 REITs 的内部管理人（即受托人、董事、员工等相关方）可以对 REITs 进行管理。

两次税改后，伴随着房地产行业的复苏，REITs 开始以其旺盛的生命力快速发展，迎来了第二个高速发展时期，大量接盘 20 世纪 80 年代遗留的各类物业，开发运营。1990~1997 年，REITs 总市值从 87.4 亿美元发展到

1400 亿美元。

21 世纪后，REITs 被纳入 S&P 500 指数等事件直接体现出 REITs 产品被广泛认可，行业开启新高速发展期。尽管 2007～2008 年受次贷危机影响，REITs 数量和规模均出现了明显倒退，但事实表明 REITs 市场具备优越弹性，2009 年以来 REITs 市场又迅速恢复，并达到了新的高度。

纵观美国 REITs 的发展历程，虽遭遇几次低谷，但整体而言 REITs 产品发展迅速，REITs 市场的起伏与经济周期及房地产市场具有较强的相关性。

除美国之外，有很多地区进行了 REITs 市场建设。部分国家的 REITs 发展状况如表 17 - 5 所示。

表 17 - 5　　　　　　　部分国家 REITs 市场建设发展对比

国家/地区	时间点（年）	经济周期	简述
荷兰	1969	减速	经济快速增长，但增速快速下滑
比利时	1990	强劲	经济快速增长
巴西	1993	危机	1990 年经济危机
加拿大	1994	低迷	1990 年起经济长期低迷
土耳其	1995	危机	经济剧烈波动
新加坡	1999	危机	1998 年受东南亚金融危机影响
希腊	1999	强劲	经济快速增长
日本	2000	低迷	1997 年经济陷入低迷
韩国	2001	危机	1998 年受金融危机影响，但已反弹
马来西亚	2002	危机	2001 年经济增速仅有 0.5%
法国	2003	低迷	2000 年起经济低迷
中国台湾	2003	危机	2001 年出现经济危机
中国香港	2003	危机	1998 年经济危机，2000 年起经济低迷
保加利亚	2004	强劲	2000 年起经济快速增长
墨西哥	2004	危机	2001 年陷入经济危机
英国	2006	平稳	经济增速平稳
意大利	2006	低迷	2001 年起经济较为低迷
阿联酋	2006	强劲	2003 年起经济快速增长

资料来源：根据亿翰智库相关资料整理。

房地产政策是我国REITs发展进度的主要影响因素。基于我国市场发展特征，我国相继出现了具有REITs色彩的信托产品、境外上市的REITs、银行间/交易所发行的类REITs产品等多类REITs相关产品。

目前我国境内资产在境外发行REITs拥有可观的数量和规模，基础资产覆盖传统的商业地产资产（商场、写字楼、综合体等）和基础设施类资产（如物流中心），市场表现良好，表明我国具备深入开发REITs产品的实践和市场基础。

从产品实践看，我国具备了多年的类REITs产品发行经验，为公募REITs产品研发提供了经验依据。截至2020年12月17日，根据CNABS数据，我国私募类REITs市场发行规模为1704.18亿元，涉及资产类型包括写字楼、物流仓储、商业综合体、租赁住房等。其中，基础设施类REITs自2018年开始发行，近两年发行规模保持快速增长。根据中国资产证券化分析平台（CNABS）数据显示，2020年至今我国包括仓储物流在内的基础设施类REITs产品发行额达到100.43亿元，占2020年总发行金额的29.5%。

从交易结构看，我国类REITs产品逐渐从偏股向偏债转变。最初发行的类REITs产品附带较少外部增信，或设计存在优先级的浮动分红机制，呈现出偏股的特征。随后，随着投资者投资视角转变至主体或抵押贷款，附带较强的外部增信的类REITs产品逐渐占据市场。中金公司披露的我国私募类REITs及基础设施类REITs发行规模如图17-5所示。

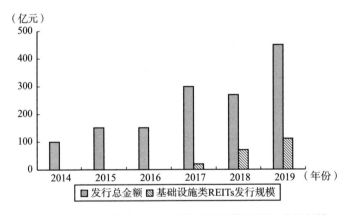

图17-5 我国私募类REITs及基础设施类REITs发行规模

资料来源：根据中金研究相关资料整理。

2020 年 4 月 30 日，参考海外成熟市场的实践经验，结合中国经济金融环境的特色，中国证监会、国家发展改革委联合发布《关于推进基础设施领域不动产投资信托基金（REITs）试点相关工作的通知》，同时，证监会推出了《公开募集基础设施证券投资基金指引（试行)》（征求意见稿）。两份文件的推出标志着筹备近 20 年的中国版 REITs 正式进入了试点阶段。

17.3.2　基础设施公募 REITs 市场规模

至今全球有 30 多个国家发行过 REITs 产品。目前 REITs 市场规模发展最大的是美国，其 REITs 市场规模超过万亿美元。在美国市场上，REITs 行业总市值已经远远超过了传统地产开发行业。基于 Bloomberg 和中金公司研究数据，截至 2020 年 3 月，主要国家和地区上市 REITs 的市场规模如表 17 - 6 所示。

表 17 - 6　　　　　　　　部分国家或地区上市 REITs 市场规模

国家/地区	REITs 个数	REITs 总市值（亿美元）
美国	252	11823
欧洲	231	1973
澳大利亚	47	916
日本	31	804
新加坡	33	545
中国香港特区	11	347

资料来源：根据 Bloomberg 和中金研究相关资料整理。

2020 年 4 月 30 日，《关于推进基础设施领域不动产投资信托基金（RE-ITs）试点相关工作的通知》和《公开募集基础设施证券投资基金指引（试行)》（征求意见稿），这两份文件的推出标志着筹备近 20 年的中国版 REITs 正式进入了试点阶段。自试点开始以来，我国的基础设施 REITs 发展势头良好，但是相较于海外的成熟市场，我国 REITs 的发展还存在很多不完善之处。基于 Wind 数据库和中金公司数据，中国公募市场 REITs 交易统计如图 17 - 6 所示。

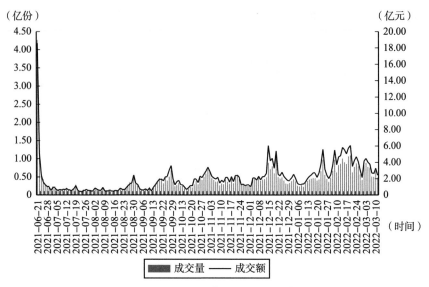

图 17 - 6　我国公募 REITs 交易统计

资料来源：根据 Wind 数据库和中金研究相关资料整理。

基础设施 REITs 2021 年年报及 2022 年半年报统计数据显示，截至 2022 年 8 月 31 日，在 6 月 30 日前上市的 12 支基础设施 REITs 均发布了 2022 年半年报，面对 2022 年上半年新冠肺炎疫情形势，基础设施 REITs 整体行业业绩受到冲击，产业园区项目、仓储物流项目和特许经营类项目由于自身特点不同，面对疫情影响，反应也有所不同。

17. 3. 2. 1　产业园区项目

2022 年上半年，4 个产业园区 REITs 积极采取多项措施，如延长客户租期、向政府申请税收优惠或补助、尽可能减少成本等，从成本和收入两个角度共同应对疫情冲击（如图 17 - 7 和图 17 - 8 所示）。

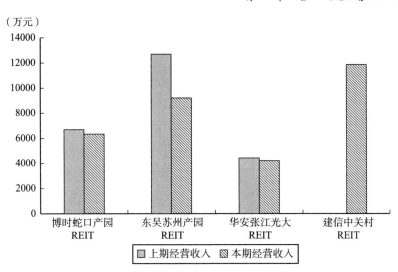

（万元）

图 17 - 7　产业园区 REITs 经营收入环比变动

资料来源：根据各产品 2021 年年报、2022 年半年报、产品招募说明书和中联基金相关资料整理。

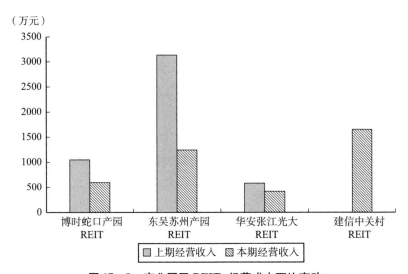

（万元）

图 17 - 8　产业园区 REITs 经营成本环比变动

资料来源：根据各产品 2021 年年报、2022 年半年报、产品招募说明书和中联基金相关资料整理。

从营业数据上看，这 4 个产业园区 REITs 的营业收入和营业成本与 2021 年下半年相比均有下降，其中营业收入下降主要受到机构主动的租金减免政策影响，营业成本下降则与机构的成本控制措施相关。

各个项目的 EBITDA 与上期相比，表现较为稳定，但是报告期内的可供分配金额在全年预测金额数据的占比和 EBITDA 在全年预测数据中的占比在部分项目上存在差异，这主要与本期采取租金减免措施有关，在账面上存在部分应收租金暂时以应收账款的形式存在（如图 17 - 9 所示）。

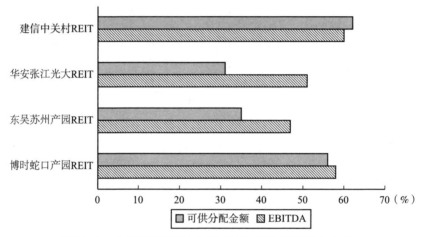

图 17 - 9 产业园区 REITs 可供分配金额和 EBITDA 完成率

资料来源：根据各产品 2021 年年报、2022 年半年报、产品招募书和中联基金相关资料整理。

就当前公布的经营数据来看，产业园区 REITs 的整体发展情况平稳；就全年经营情况来看，仍需持续关注下一时期的政策和措施的具体落实情况。

17.3.2.2 仓储物流项目

根据各 REITs 产品 2021 年年报、2022 年半年报统计数据可知，在 2022 年上半年，中金普洛斯和红土盐田港都表现出了明显的逆疫情周期特征，在疫情冲击下，仓储物流项目抓住机遇，数字化、平台化转型趋势确定，其出租率和出租价格都维持在较高水平，相较上期租金价格甚至有所增长。如表 17 - 7 和图 17 - 10 所示。

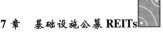

表 17－7　　　　　　　　　　仓储物流 REITs 经营变动　　　　　　　　　单位：万元

项目	经营收入		经营成本		可供分配金额		EBITDA	
	上期	本期	上期	本期	上期	本期	上期	本期
中金普洛斯 REIT	17061	17643	2831	2891	13136	14087	12121	12169
红土盐田港 REIT	5638	5805	8058	2910	4117	4507	4346	4722

资料来源：根据各产品 2021 年年报、2022 年半年报、产品招募书和中联基金相关资料整理。

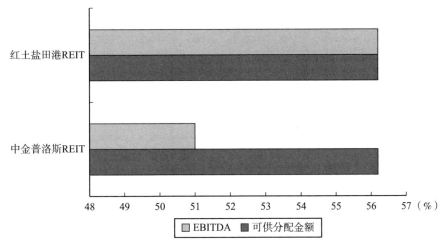

图 17－10　仓储物流 REITs 可供分配金额和 EBITDA 完成率

资料来源：根据各产品 2021 年年报、2022 年半年报、产品招募说明书和中联基金相关资料整理。

通过对比 2022 年上半年与 2021 年下半年的经营收入、经营成本等四个指标，发现仓储物流项目产生的收益略有增加，成本在除去特殊因素影响情况下保持稳定。报告期内的可供分配金额在全年预测金额数据的占比和 EBITDA 在全年预测数据中的占比均超过 50%，超越前期预测水平。

17.3.2.3　特许经营类项目

特许经营类项目包括环保、市政等项目，与居民的日常生活息息相关，这决定了特许经营类项目所具有的需求刚性。由基础设施 REITs 2022 年半年报及产品招募说明书信息披露可知，新冠肺炎疫情冲击下，居民的出行、工作等方式虽然发生一定改变，总体上对于这一类项目的需求略有下降，但并无太大波动，基本保持稳定（如表17-8和图17-11所示）。

表17-8　　　　　　　　　特许经营类 REITs 经营变动　　　　　　　　单位：万元

项目	经营收入		经营成本		可供分配金额		EBITDA	
	上期	本期	上期	本期	上期	本期	上期	本期
中航首钢绿能 REIT	20272	21212	23450	17849	15034	3906	2278	7322
富国首创水务 REIT	15586	14415	11200	10935	11935	7419	8959	8193
平安广州广河 REIT	37499	32148	40905	42980	47047	25690	29841	26258
浙商沪杭甬 REIT	32494	28901	11584	8152	26963	19026	21636	19340
华夏越秀高速 REIT	—	10532	—	14405	—	7028	—	8021
华夏中国交建 REIT	—	8952	—	19314	—	8290	—	8748

资料来源：根据各产品2021年年报、2022年半年报、产品招募说明书和中联基金相关资料整理。

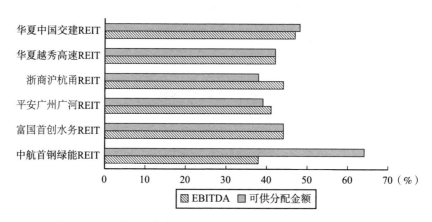

图17-11　特许经营类 REITs 可供分配金额和 EBITDA 完成率

资料来源：根据各产品2021年年报、2022年半年报、产品招募说明书和中联基金相关资料整理。

　　各个特许经营类 REITs 的营业收入相较上一期而言，大部分有7%~14%的降幅。从可供分配金额的完成率来看，所有项目都低于50%，且相差较大；除去中航首钢绿能，其余项目的 EBITDA 的完成率也都低于50%。考虑到各个项目的季度性波动和各个可能存在的偶然影响因素，可以认为特许经营类项目的经营情况整体保持稳定。

17.3.3　基础设施公募 REITs 经验总结

海外市场 REITs 分为公司型结构和信托型结构。其中，在公司型 REITs 结构下，投资者通过认购股票成为 REITs 的股东，而 REITs 以股利的形式向投资者分红。由于公司型 REITs 采用内部管理人制度，投资者与管理人利益相绑定，有利于减小委托代理成本，这一模式在美国较为常见。信托型 RE-ITs 常见于中国香港和新加坡市场，是指信托发行契约型凭证向投资者募集资金进行不动产投资。

我国采用的信托制结构。以公募基金为载体，通过投资 ABS 产品实现对基础资产股权的控制。税收优惠是 REITs 制度的核心，分红部分仅单次征税是 REITs 成熟市场的普遍税收政策，以提高 REITs 在众多投资工具中的吸引力。我国尚未针对 REITs 出台特殊税收制度，但通过长期的类 REITs 市场实践，我国已初步建立了一套节税的方案，公募基金作为一个免税主体，可为我国 REITs 税收制度的确立奠定良好的基础。在 REITs 运营阶段，"公募基金 + ABS"的模式可基本解决投资者端的税收问题；在项目公司层面，类 REITs 实践中形成的股债同时持有模式可减轻所得税税负，但不可否认的是，仍然存在操作层面的难题。

借鉴海外成熟市场税收制度建设经验，明确独立的 REITs 产品税收方案，将有利于提高产品的吸引力。

17.3.4　基础设施公募 REITs 市场展望

基础设施 REITs 的推出对于我国的资本市场具有重大的意义，是资本市场服务实体经济的重要一环。我们可以看到推动基础设施公募 REITs 试点落地，对有效盘活存量资产、拓展权益融资渠道、优化资源配置具有重要意义，有助于增强资本市场服务实体经济的质效。

对于宏观经济和基础设施行业来说，产品通过将流动性较低的基础设施项目转换为流动性较好的作为金融产品的等额的 REITs 份额，能够盘活基础设施存量资产，助力降低企业杠杆率，保持基础设施补短板力度，促进基础设施建设高质量发展。

对地方政府和持有基础设施资产的企业来说，目前地方政府以及相关企业可用于投资的资源受到制约且来源单一，基础设施 REITs 可直接弥补投资资金不足，在当前形势下其意义和作用十分重大。长期来看，发行基础设施 REITs 可以通过转让部分项目权益改善基础设施行业长周期、高负债、重资产运营模式，打造"资金 + 资产""建设 + 运营"可复制模式的良性循环，也可以用于新的补短板项目建设，形成新的优质资产。从资产估值的角度来看，基础设施 REITs 根据 EBITDA 估值，可不考虑折旧摊销及财务费用的影响，对资产估值提升更有利。同时，资产出表也能降低集团综合资产负债率。

对于我国资本市场的投资者来说，基础设施 REITs 以公募基金的形式公开发行，预计将呈现出中等风险、流动性较好、收益较稳定的特征，是介于股票和债券之间的新大类投资品种，能够有效地拓展投资边界，提升投资的风险收益比。

展望未来，我们相信在监管机构的不断推动、试点产品的顺利发行之后，更多的基础资产类别有望纳入 REITs 的体系中来，成为盘活存量、高效配置资源的重要金融工具。

作为一个试点品种，基础设施 REITs 仍然需要监管机构和市场参与方的不断完善，具体包括以下几点。

（1）税务处理问题。REITs 设立及终止阶段发生物业所有权转移可能涉及土地增值税、转让收入所得税等各类税收。其中土地增值税是税负最重的潜在税收，增值部分征收比例在 30% 以上，将大幅降低持有人的发行动力和 REITs 产品的收益率。尽管我国在类 REITs 的长期实践中，已摸索出部分节税方案，但方案普适性较弱，将限制产品的发展空间。

（2）完善 REITs 基金扩募机制。随着优质资产不断注入 REITs 基金，底层资产呈现一定分散性，可降低单一资产波动影响，从而降低 REITs 资产组合风险。此外，在我国 REITs 采用的"公募基金 + ABS"模式中，投资者间接持有资产，且在发行时，底层资产已经确认，REITs 基金管理人更趋于被动管理，可以通过简化产品结构和交易结构，使原始权益人、公募基金管理人和投资人发挥各自优势。

（3）提高管理者专业化管理能力。公募基金是基础设施 REITs 的基金管理方。监管规定，基金管理人应当按照法律法规规定和基金合同约定主动履行基础设施项目运营管理职责，在人员配备、尽职调查、资产评估等多个方面承担主动责任；基金管理人委托外部管理机构运营管理基础设施项目的，还应当自行派员负责基础设施项目公司财务管理。

但公募基金过去主要投资于标准化的股票、债券等传统资本市场金融工具，对基础设施方面投资业务涉猎较少，相关的团队人员建设、与外部机构的合作机制都需要不断的探索和尝试。

发行层面来看，基础设施 REITs 产品与基础设施资产 IPO 存在一定共通之处，而与传统公募基金存在较大的差异，建立完善、科学的基础设施证券投资基金的发行制度和运行机制是重中之重。

运营层面来看，短期内公募基金全权依靠自身对基础资产进行有效运营难度仍然较大，外聘运营机构进行项目管理将仍为主要管理模式，但需注意的是，公募基金需掌握管理主动权，如何发挥主动作用、做好管理工作是更长远的挑战。

（4）建立科学的激励机制。鉴于我国目前专业运营机构不足的现状，且基础资产大多涉及国计民生的重大问题，更换运营机构的成本较高，原始权益人继续对基础设施资产进行管理是最为现实的选择。

从原始权益人运营管理角度，可能存在以下难题：第一，从 100% 持股变为最低 20% 持股比例，如果没有合适的激励措施，原始权益人运营管理的意愿可能会有所下降。第二，除了具有地区垄断经营特征的资产外，原始权益人可能同时运营已发行 REITs 的基础设施资产和同类型表内资产，若 RE-ITs 资产和表内资产出现竞争关系，如何公允分配业务量也是较难解决的问题。

为此，基金管理人必须与原始权益人/运营管理机构设置合理的激励机制，以尽量减少利益冲突，实现合作共赢。一方面，基金管理人和原始权益人均需具备长期运行基础设施基金的意愿和决心，认同发行 REITs 基金并不是一锤子买卖，而是一个通过扩募可以运营的资产管理平台；另一方面，在运营管理机构的收费上也应当设置基于业绩考核的浮动费用，以增强运营管理机构的动力。

实务中，针对具体基础设施项目的特征设置合理的激励机制为影响 REITs 产品长期回报的重要一环，这也体现出 REITs 产品不仅重资产也重管理的本质。

（5）多维度增强二级市场流动性。基础设施 REITs 产品为封闭式公募基金，大部分资金可能面临短期资金配置长期资产的问题。产品期限根据底层基础设施资产的期限确立，总体期限较长，同时，二级市场的流动性是否足够支持配置份额的退出也存在投资者现实考虑。尤其是产品类账户设定更长的退出时限，对产品流动性的要求也就更高。

降低个人投资者和流动性服务商市场准入门槛，提高其市场参与活跃性，是非常有益的增加流动性的措施，但同时也是对零售端和流动性服务商专业能力的考验。

（6）产品多元化挖掘优质资产。基于我国国情，中国版 REITs 以基础设施 REITs 为切入点，探索具有中国特色的 REITs 制度。随着监管制度不断完善，以及试点产品愈发成熟，更多的基础资产类别将被纳入 REITs 的体系中，使我国 REITs 市场结构在保持自身特色的同时，向发达市场靠拢。

（7）培育个人投资者专业投资框架。基础设施 REITs 在发行阶段有不高于 24% 的份额直接面向公众投资者，在基础设施基金上市后，个人投资者的持仓比例可能呈上升趋势。由于基础设施 REITs 属于全方位创新产品，在零售渠道对个人投资者进行正确教育引导，以及帮助个人投资者正确认识基础设施 REITs 产品的风险和收益情况，对于市场的长期健康发展具有重要意义。个人投资者只有建立了正确的认识，才能建立合理的投资预期，理性进行投资活动，避免出现产品价格非理性、非正常的剧烈波动情形，为产品创新和孵育提供良好环境。

第 18 章

基础设施投融资平台

　　基础设施投融资平台是指出于城市开发、公共设施、交通运输等基础设施建设的需要，通过划拨土地、股权、消费、国债等资产的设立达到银行融资标准并具有独立法人资格的经济实体。其主要目的是根据政府意愿进行融资，并以政府补贴或投资项目经营性收入作为还款来源。党的十八大以来，党中央、国务院大力推进简政放权、放管结合、优化服务改革，投融资体制改革取得新的突破，投资项目审批范围大幅度缩减，投资管理工作重心逐步从事前审批转向过程服务和事中事后监管，企业投资自主权进一步落实，调动了社会资本积极性。《中共中央 国务院关于深化投融资体制改革的意见》进一步提出了政府的改革方向，进一步简政放权，完善政府投资体制，发挥好政府投资的引导和带动作用，创新融资机制，畅通投资项目融资渠道，使社会资本更好参与到建设中去。我国上海、青岛、武汉等城市在城市经营方面已先行一步，并取得良好效益。目前上海城投公司已逐步发展成为建设系统的资本经营、资产运作和资金监管中心。青岛、武汉等城市，把政府的协调职能与城市建设的公司化运作有机结合，充分发挥行政管理和经营开发的双重职能。

18.1 基础设施投融资平台内涵

18.1.1 基础设施投融资平台的概念与特征

18.1.1.1 基础设施投融资平台概念

基础设施通常用来指代为社会生产提供一般条件的行业。根据世界银行在发展报告中的定义，可以将基础设施划分为两大类：经济性基础设施和社会性基础设施。经济性基础设施是指永久性工程建筑、设备、设施和它们所提供的为居民所用和用于经济生产的服务，包括公共事业（供水、供电、通信、环境卫生），公共工程（大坝、灌渠和道路）以及其他交通部门等；社会性基础设施则包括医疗保健、文化教育等。一般意义上的基础设施指狭义基础设施，即经济性基础设施。

18.1.1.2 基础设施投融资平台特征

（1）融资渠道多样性。基础设施投融资有多种融资渠道，其中多依赖市场化融资渠道，如金融机构贷款、企业自筹资金等，政府财政性资金及中央财政性资金所占比重不高。

（2）社会公益性。基础设施投资平台主要是公共事业、公共工程、公共服务的建设，其建设、经营质量关系国计民生，对社会民众有积极效用，因此具有社会公益性。该特性也决定了基础设施投融资的可行性分析、项目事前及事后评估必须同时建立在经济性和社会性的基础上，对项目运营的产出考察也要考虑社会效益。

18.1.2 基础设施投融资平台的理论基础

从公共产品融资理论、地方竞争理论、财政分权理论、地方官员晋升激励理论等角度，分析基础设施投融资平台的运作机理。

18.1.2.1　公共产品融资理论

地方政府融资平台承担的项目一般是公益性项目居多，这些项目大多是需要政府提供的公共产品和半公共产品。根据定义，公共产品是每一个人对这种产品的消费，并不能减少任何他人也消费该产品。公共产品具有非排他性和非竞争性。① 完全具备以上两种特性的产品为纯公共产品，不完全具备的为非纯公共产品。在纯公共产品与纯个人产品之间，散布着无数的处于中间状态的非纯公共产品和非纯个人产品。与私人产品的需求曲线不同的是，公共产品的需求曲线是虚拟的。消费者购买私人产品所支付的货币数量，会反映其对私人产品的实际需求，但市场无法直接提供公共产品的实际需求信息。这里所假定的某人对公共产品的需求曲线，只是模拟市场做出的需求。这种假定的意义在于突出私人产品与公共产品需求上存在的差异，融资平台为城市基础设施的融资行为是公共产品融资。

18.1.2.2　地方竞争理论

财政分权制度下由地方政府提供公共产品除了可以降低信息成本，提高政府效率，经过一再论证，财政分权下的地方政府之间的竞争其实也是可以改进公共品供给效率的，因为当政府围绕资本品竞争时，资本存量的流动会给地方带来收入的增加，相应的也就为地方提供了税基。② 资本品的社区间流动会诱导地方政府采取有效的公共品供给水平。政府竞争不仅发生在同一级政府之间，而且也发生在不同等级的政府之间，水平竞争和垂直竞争都可能改进公共品供给的效率。另外，分权制具有集权制所没有的制度优势，那就是制度创新。由于地方政府对当地的居民偏好和资源条件更了解，就可能寻找到和地方相适应的制度安排，其中蕴含的制度知识还

---

①② 米璨. 我国地方政府投融资平台产生的理论基础与动因 [J]. 管理世界，2011（3）：168 – 169.

可能通过地方政府之间的竞争而扩散出去，从而间接地促进其他地方的制度创新。

18.1.2.3 财政分权理论

财政联邦主义认为，通过财政分权分散化地提供公共产品具有显著的优势。

地方政府可以更切实地了解本地居民多样化的偏好，从而更好地满足居民的需求。由于信息约束的限制，由中央集权政府统一提供公共产品是很难满足居民多样化的需求偏好的。而由地方政府分散化地提供公共产品可以提高供给效率。地方政府面临选民用手投票和居民用脚投票的双重压力，地方政府之间在提供公共产品上也存在竞争关系。地方政府在公共支出决策中，能够根据本地的资源状况，掌握支出项目的真实成本，从而提高决策的合理性。这些都促使地方政府能够采用最有效的手段来提供公共产品，提高供给效率。①

18.1.2.4 地方官员晋升激励理论

地方官员晋升的锦标机制导致地方投资冲动，政府官员关心的是他们在任期间的短期政绩，因为这是影响一个人职业生涯最为关键的因素；而对短期政绩的追求是导致突破预算约束的激励机制。其背后的激励机制，特别是其与近年来发展完善起来的干部考核制度和有关政策之间存在相应关系。②一方面，我们看到一个不断进取的基层政府，它不满足现状，积极参与竞争，引导和促进当地经济发展；另一方面，也不难预期这是一个躁动不安的政府，它不断地与其他同级政府相比较，以不断寻求新的发展目标、新的上马项目作为新的信号载体，以便让上级部门了解到它的政绩。

---

①② 米璇. 我国地方政府投融资平台产生的理论基础与动因［J］. 管理世界，2011（3）：168－169.

18.2　基础设施投融资平台发展历程

18.2.1　基础设施投融资平台的产生动因

18.2.1.1　基础设施投融资平台的产生

从总体上看，我国基础设施投融资平台的产生与发展主要划分为五个阶段，分别是萌芽阶段、创建阶段、推广发展阶段、加速发展阶段和规范发展阶段，如图 18 -1 所示。

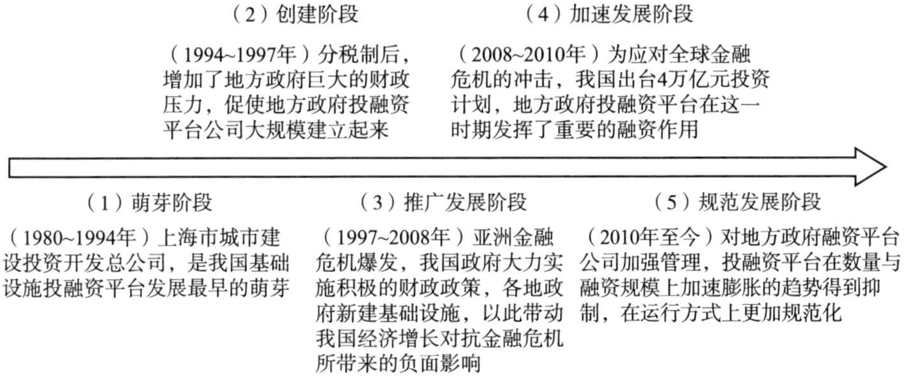

（2）创建阶段
（1994~1997年）分税制后，增加了地方政府巨大的财政压力，促使地方政府投融资平台公司大规模建立起来

（4）加速发展阶段
（2008~2010年）为应对全球金融危机的冲击，我国出台4万亿元投资计划，地方政府投融资平台在这一时期发挥了重要的融资作用

（1）萌芽阶段
（1980~1994年）上海市城市建设投资开发总公司，是我国基础设施投融资平台发展最早的萌芽

（3）推广发展阶段
（1997~2008年）亚洲金融危机爆发，我国政府大力实施积极的财政政策，各地政府新建基础设施，以此带动我国经济增长对抗金融危机所带来的负面影响

（5）规范发展阶段
（2010年至今）对地方政府融资平台公司加强管理，投融资平台在数量与融资规模上加速膨胀的趋势得到抑制，在运行方式上更加规范化

图 18 -1　我国地方政府投融资平台发展历程

资料来源：根据《清华金融评论》相关资料整理。

20 世纪 80 年代初，广东省首先以修建铁路融资方式为省内各地政府集资贷款，然后再利用所筹资金修建道路，偿还贷款来源于道路建成后通车收费的收入。1992 年，上海市为了完善筹集市政基础设施建设所需要的资金，最早建立了地方政府投融资平台，即上海市城市建设投资开发总公司，这是我国基础设施投融资平台发展最早的萌芽。①

1994 年分税制后，由于财权大部分上缴中央，事权大部分下归到地方，这给地方政府增加了巨大的财政压力，促使地方政府投融资平台公司大规模建立起来。1997 年亚洲金融危机爆发，我国政府大力实施积极的财政政策，各地政府新建基础设施，以此带动我国经济增长对抗金融危机所带来的负面影响。同年我国国务院下发了《关于投资体制近期改革方案》，为了实现城市建设领域的"政企分开"，提高城市基础设施建设的融资能力和城市基础设施建设资金的使用效益，满足金融危机所带来的资金需求，各地区和各大城市相继组建了政策性城市基础设施建设投融资公司，初步形成了以政策性投融资公司为主体的城市基础设施建设投融资模式。

投融资平台真正被社会各界所关注是在 2008 年下半年，投融资平台的数量不断增加，融资规模迅速膨胀。为了应对全球金融危机的冲击，我国中央政府出台 4 万亿元投资计划，此项扩大内需的刺激计划方案给地方政府带来了较大的资金压力，地方政府投融资平台在这一时期发挥了相当重要的融资作用。2009 年 3 月，中国人民银行与银监会也联合发布了《关于进一步加强信贷结构调整促进国民经济平稳较快发展的指导意见》，肯定了地方政府的投融资行为，在一定程度上提高了地方政府举债的积极性，投融资平台的数量与债务规模开始迅速膨胀。

金融危机过后政府投融资平台的发展进一步得到完善。2010 年国务院发布了《国务院关于加强地方政府融资平台公司管理有关问题的通知》，对地方政府融资平台公司加强了管理，投融资平台在数量与融资规模上加速膨胀的趋势得到抑制，在运行方式上更加规范化。2012 年 3 月，银监会召开了地方政府融资平台贷款风险监管工作会议，再一次给快速发展的地方融资平台降温，并进一步规范了融资平台的运营模式，以减少贷款风险。2013 年，国务院发布了多项支持基础建设行业的通知，如光伏产业、海洋渔业、养老产业等，这些基建项目都促使我国的基础建设投融资平台发展更进

---

① 王雁玲. 地方政府投融资平台产生与发展研究综述 ［J］. 商业时代，2012（14）：68 - 69.

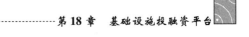

一步。

2016 年，中共中央、国务院发布了《关于深化投融资体制改革的意见》，强调政府投资体制在建设中的引导和带动作用。

18.2.1.2　基础设施投融资平台的现实动因

（1）财政体制原因。1994 年开始实施分税制财政体制，重新划分了中央与地方的财权与事权，使得财权重心上移。与财权重心相反，事权重心却在下移。各级地方政府所承担的加速经济结构调整及产业升级换代、扩大城市基础设施建设和补贴国企亏损等促进地方经济发展的责任不断增大，社会公众对于教育、医疗、社会保障等主要由地方承担的公共事务需求和要求越来越高。财力与事权的不匹配，形成了众多的财力缺口和债务负担。在不能减少公共支出的情况下，地方政府在现行体制下可能采取的对策只能是利用投融资平台，绕过各种限制进行大规模举债。[①]

（2）旧体制下的国有企业职能转变原因。进入社会主义市场经济发展阶段，地方政府提供公共产品和服务的主体地位提高，一是面临要在短时间内从零做起，将公共产品和服务提高到与社会公众需求相匹配的高度；二是面临公共服务均等化的问题。当地方政府自身财力无法满足公共产品和服务的需求时，不得不举债"经营"。

（3）经济原因。从需求方面看，地方政府为改善城市投资环境，吸引外来资金投入，能有效缓解就业压力，巩固地方稳定，促进地方经济发展，要求必须不断加大对基础设施的投资力度。从供给方面看，虽然大规模的基础设施投资可以带动周边土地升值，促进"土地财政"的发展，增加财政收入，在一定程度上缓解了地方财力的紧张，但是依靠原有的财力和土地升值的额外收入显然还是不够的。城市化进程带来的城市基础设施建设资金供给不足，迫切要求政府拓宽投融资渠道。[②]

（4）全球经济背景原因。在 1997 年爆发了亚洲金融危机，在 2008 年爆发了全球金融危机，在金融危机对我国经济的冲击下，我国政府大力实施积

极的财政政策，各地政府新建基础设施，以此带动我国经济增长对抗金融危机所带来的负面影响。金融危机的发生，要求政府大量投入资金，新建基础设施，这两个时期基础设施投融资平台都起到了重要的作用。

事实上，基础设施投融资平台发展的现实动因不仅是上述几个原因，还有如投融资体制问题、行政管理体制问题等。各时期复杂的社会发展背景综合作用，推动了基础设施投融资平台的产生和发展。

18.2.2 基础设施投融资平台的构建和运行

我国上海、青岛、武汉等城市在城市经营方面已先行一步，并取得良好效益。上海 1992 年成立了城投总公司，按照政府授权对城市基础设施进行筹资、投资、经营、还贷并实施城建资金统一管理和市场运作，"九五"期间共融资 1000 多亿元，目前上海城投公司已逐步发展成为系统的资本经营、资产运作和资金监管中心。青岛、武汉等城市，把政府的协调职能与城市建设的公司化运作有机结合，充分发挥行政管理和经营开发的双重职能。在不断加快上海国有经济结构调整步伐的同时，上海充分发挥政府投资的导向作用，建立了适应市场经济要求的投融资新体制。

18.2.2.1 政府以出资人身份参与管理

随着各地城市基础建设投融资公司的不断成立，政府逐步将城市的基础设施建设项目委托其经营建设，在此过程中，由于财权大部分归属中央，国资委作为出资人身份对项目进行统一管理。国资委或建设主管部门所投入的资金和资产包括多方面来源，如城市基础设施建设项目、国家划拨的国债和专项建设资金、投融资公司的相关税费、将土地以资产的形式投入等。这代表着政府由直接提供城市基础设施向间接提供城市基础设施转变，政府在基础设施建设中成为设计者和宏观调控者。

18.2.2.2 明确基础设施投融资平台代表政府成为城市基础设施投资主体

投融资平台代表政府的意志，接受政府的委托，并在政府的指导下成为基础设施项目的主体。投融资平台，以国有投资公司为例，在政府有关政策的指导下，按照市场化、企业化的原则，以资本运作为主要方式，参与重大项目、技术改造项目和基础设施、社会发展公益项目等建设并进行投资；对符合产业政策、有发展前景的高成长性项目实行参股、控股；通过设立投资基金，实现多渠道筹集资金，充分利用国内外资本市场，积极稳妥地进行风险投资；在国资委授权的范围内，对国有资本的减持、退出、变现等进行运营，以实现国有资产的保值、增值，促进市场经济和社会事业的发展。除此以外，投资公司还可以在金融机构的帮助下运用权益转让融资、债务融资、基金融资等多种方式吸收社会资本参与基础设施建设。

18.2.2.3　建立市场化和多元化投资体制

基础设施投融资平台要发挥投融资主体作用，也需要在项目建设中充分利用外国资本，积极争取各类贷款，如外国政府贷款、国际金融组织贷款、国际商业贷款和民间贷款。通过吸引各类金融机构参与到城市基础设施建设中来，通过信托、债券、股票、信贷等方式，以市场化的运作方式，运用参股、入股、特许权转让、经营权转让等多种途径，更加积极有效地吸引资金，实现基础设施建设中投资行为的多元化；除此以外，也要努力实现投资主体的多元化，在所建项目成立项目公司的过程中，允许以资金、技术、品牌、管理等生产要素参股。

18.2.2.4　规范法人治理结构

由于投融资平台有着谁投资谁决策的原则，而基础建设项目的投资方是国资委或相关建设部门，政府本质上还是投资主体，这就导致了项目的决策权与产权的归属问题。将国有投资公司改制为股份制企业，建立股东会、董事会、监事会和经理层等规范的法人治理结构。国有投资公司对其全资、控股或参股企业依法行使出资者职能，按出资额行使资本收益、重大决策和选择经营管理者权利。

18.2.2.5 实现基础建设项目的相互转化

在城市基础设施建设项目中，由于提供服务的有偿性可以分为经营性项目、准经营性项目和公益性项目，在不同情况下政府可以根据需要不断调整基础设施收费标准，实现项目在不同分类间的相互转化。

18.2.2.6 探索基础设施投融资平台运营的新机制

资本运营是国有投资公司的主要经营方式。通过"开发、经营、出售、转让"等方式，盘活存量资产用于再投资。建立顺畅的项目进入和退出机制，实现公司滚动发展。通过企业改组、改制、上市、兼并、收购或股权置换、转让等资本运营手段扩大企业规模，实现公司跨越式发展。积极利用证券市场进行融资，扩大直接融资的比重。积极培育国有投资公司的优质资产和基础较好、有发展潜力的参股、控股企业，并争取上市。国有投资公司要积极探索 BOT 、TOT 、ABS、REITs 、产业投资基金等投资方式。

18.3　基础设施投融资平台转型

18.3.1　基础设施投融资平台发展现状

从长期发展来看，有别于传统投融资模式，近年来的发展也使地方政府产生了以政府债券和 PPP 为主的新型投融资模式，融资渠道发生重大变革。同时受到疫情冲击影响，地方政府投资规模进一步收缩，平台公司进行转型，增强自身造血机能，消除债务隐患已成必要之举。

18.3.1.1　2022 年全国城投公司总资产、负债率和信用等级情况（基于 281 家城投公司样本）

城投公司是城市建设投资公司的简称，是全国各大城市政府投资融资平台。根据 2022 年中国城市发展研究会城市建设投融资研究专业委员会、江苏现代资产投资管理顾问有限公司（以下简称现代咨询）、城市投资网三家单位联合发布的"2022 年全国城投公司总资产情况、2022 年全国城投公司负债率情况及 2022 年全国城投公司主体信用评级情况"榜单信息可知，2022 年 281 家城投公司的总资产合计为 24.54 万亿元，平均资产为 873.23 亿元；榜单前 100 位的城投公司总资产合计为 17.07 万亿元，占榜单统计总资产的 69.56%；榜单前 100 位的城投公司总资产门槛为 829.48 亿元，相较于上一年度 684.56 亿元增长 144.92 亿元。

从资产负债率情况来看，榜单内所包含城投公司的平均资产负债率为 56.82%。较上一年度平均资产负债率 56.20% 增加 0.62%。从不同地区来看，西部地区平均资产负债率为 57.86%，东部地区为 57.60%，中部地区为 55.54%。

从资产负债率区间来看，有 60 家城投公司（占收录城投公司总数的 21%）的资产负债率低于 50%；有 97 家城投公司（占收录城投公司总数的 35%）的资产负债率在 50% 至 60% 之间；资产负债率在 60% 及以上的城投公司最多，占收录城投公司总数的 44%，如图 18-2 所示。

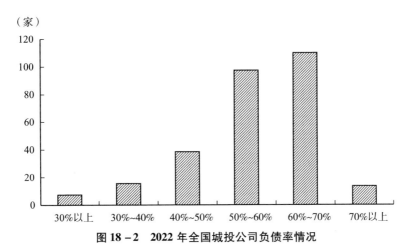

图 18-2　2022 年全国城投公司负债率情况

资料来源：根据《中国城投行业发展报告（2022）》整理绘制。

总资产规模居前100位的城投公司平均资产负债率为59.55%。分地区看，东部地区平均资产负债率为60.58%，西部地区为60.36%，中部地区为55.64%。

总资产排行榜中，资产总量超过千亿级的城投公司共有82家，相比上一年度增加20家。4家城投公司总资产突破了5000亿元大关，它们分别是天津城市基础设施建设投资集团有限公司（8729.79亿元）、北京市基础设施投资有限公司（7804.35亿元）、上海城投（集团）有限公司（7143.58亿元）、合肥市建设投资控股（集团）有限公司（5502.87亿元）。其中，上海城投（集团）有限公司、合肥市建设投资控股（集团）有限公司总资产首次分别突破7000亿元和5000亿元。

与上一年度相比，2022年度总资产榜单居前3位的依然为天津城市基础设施建设投资集团有限公司、北京市基础设施投资有限公司和上海城投（集团）有限公司。总资产榜单居前10位的城投公司中，广州市城市建设投资集团有限公司由上一年度的第13位（2402.73亿元）大幅提升至第7位（3393.65亿元）。济南城市建设集团有限公司首次列入榜单排名，即列本年度第8位（3107.16亿元）。

从总资产规模增幅看，沧州市建设投资集团有限公司总资产同比增长达140%，成为纳入榜单中年度资产规模跃升幅度最大的城投公司，该公司也首次进入前100位，排在第96位。此外，总资产规模增幅在40%以上的还有3家，分别是宜春发展投资集团有限公司、淄博市城市资产运营集团有限公司和广州市城市建设投资集团有限公司。

从地区分布看，本年度总资产榜单前100位的城投公司中，中部地区的城投公司有46家，东部地区的城投公司有38家，西部地区的城投公司有16家。从省份划分来看，江苏和江西均为12家，安徽10家（如图18-3所示）。

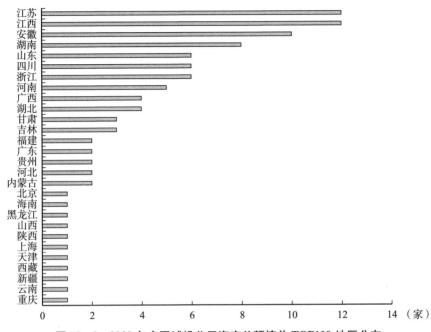

图 18－3　2022 年全国城投公司资产总额榜单 TOP100 地区分布

资料来源：根据《中国城投行业发展报告（2022）》整理绘制。

18.3.1.2　区域差异下全国 AAA 国企信用平台公司综合实力（基于 335 家 AAA 样本）

地方政府融资国企平台公司指由地方政府及其部门和机构等通过财政拨款或注入土地、股权等资产设立，承担政府投资项目融资功能，并拥有独立法人资格的经济实体，对维持区域经济行稳致远具有至关重要的作用。如今，随着国企平台公司发债政策逐步收紧，公司债和银行间的非金融工具受到地方债务情况和发债主体资质的限制，提升主体信用等级已经成为保障后续融资、增强综合实力、促进经济健康发展的关键。

（1）区域分布特征。截至 2022 年 8 月末，根据现代咨询公司统计披露的 335 家 AAA 国企平台公司信息可知，AAA 国企平台占全国国企平台公司总数不足 3%。基于公开渠道披露的审计报告、评级报告、城投协会成员单位报送的国企平台公司信息统计，国企平台公司所属行政级别以省级和地市级为主。其中，省级140家，地市级149家，区县级仅有46家。超过半数AAA国企平台公司位于东部沿海地区，主要集中在江苏、广东、上海、北京、浙江、山东等经济发达地区，如图18-4所示。华东地区AAA国企平台公司数量最多，达157家，占总量的46.73%。西北和东北地区较少，分别为18家和9家，各占比5.37%和2.69%，如图18-5所示。

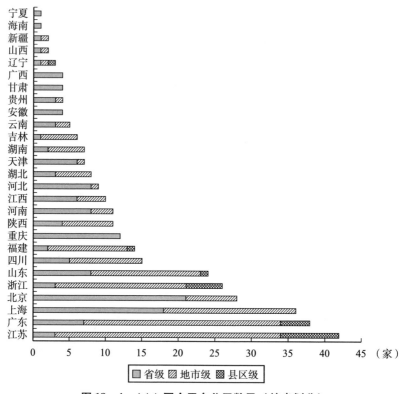

图 18-4 AAA 国企平台公司数目（按省划分）

资料来源：根据《中国城投行业发展报告（2022）》整理绘制。

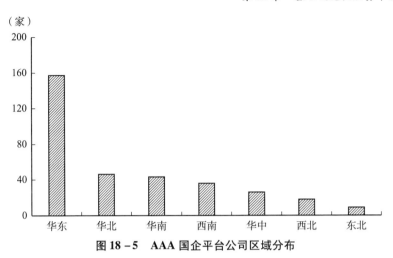

图 18-5   AAA 国企平台公司区域分布

资料来源：根据《中国城投行业发展报告（2022）》整理绘制。

（2）所在区域经营环境。这种区域分布差异与其所在区域经营环境存在一定联系。对 AAA 国企平台公司所处区域的 GDP、财政收入和债务率进行综合分析，AAA 国企平台公司数量与区域内 GDP 和财政收入整体呈正相关性，主要分布在华东、华中和华南等经济较发达地区。债务率（宽口径）方面，大多处于200%~300%范围内。

据 2021 年各省（区、市）统计局披露的数据统计，华东地区 GDP 总量最高为 43.76 万亿元，西北地区和东北地区区域经济基础相对薄弱，分别以 6.06 万亿元、4.08 万亿元位居末尾。如图 18-6 所示，各地区 GDP 总量与 AAA 国企平台公司数量呈现正相关性。

基于各省（区、市）财政部门、统计部门披露数据以及现代咨询公司整理的公开信息，调查 335 家 AAA 国企平台公司所在的 27 个省（区、市）2021 年财政收入情况，27 个省（区、市）中有 12 个省（区、市）财政收入已经突破了 1 万亿元大关，如图 18-7 所示。尤其是华东地区，共 6 个省（区、市）达到此水准，财政收入位居榜首，达 11.84 万亿元。西北、东北地区分别为 2.06 万亿元和 1.28 万亿元，仍然略显颓势，财政收入较少。根据图 18-8 所示，得出 AAA 国企平台公司数量与区域财政收入呈正相关性。

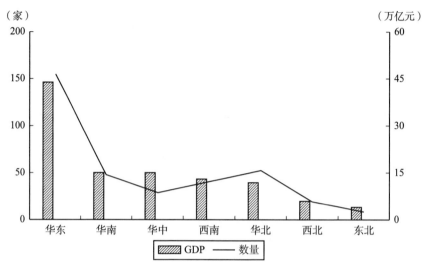

图 18-6 区域 GDP 与 AAA 国企平台公司数量

资料来源：根据《中国城投行业发展报告（2022）》整理绘制。

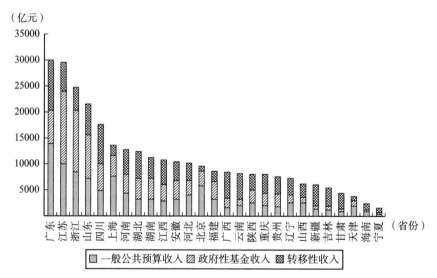

图 18-7 2021 年 27 个省（区、市）财政收入

资料来源：根据《中国城投行业发展报告（2022）》整理绘制。

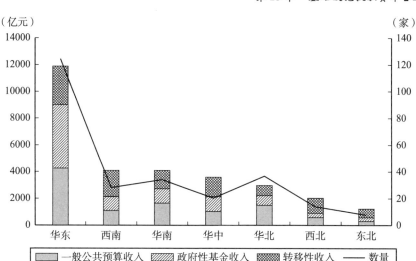

图 18 – 8 区域财政收入与 AAA 国企平台公司数量

资料来源：根据《中国城投行业发展报告（2022）》整理绘制。

就债务负担而言，采用宽口径债务率来衡量区域债务程度。经统计分析，有 9 个省份的债务率超过 300%，剩余大多在 200% ~ 300% 区间内。

（3）全国 AAA 国企平台综合实力。通过分析区域经济基础、财政实力以及债务负担，不难看出区域经营环境对国企平台公司发展的影响力。除去外部环境因素的影响之外，国企平台公司自身综合实力的提升也至关重要。由于其设立之初就承担着承接城市基础设施建设项目的功能，其所承担的基础设施建设、公用事业类业务越多，所能获取的政府资源也随之增加，其在区域内的市场地位也会更加明显。而因为基建和公用事业类均属区域优质民生类业务，国企平台公司获取区域优质民生类业务的经营权越多，垄断优势也就越明显。基于 2021 年度国企平台公司财务报告、债券募集说明书、企业预警通信息及现代咨询公司披露数据信息，对全国 AAA 国企平台综合实力进行分析。

从国企平台公司资产规模出发，335 家 AAA 样本中资产规模排在首位的区域为北京市，超 9 万亿元。在 AAA 国企平台公司总资产规模榜单中，前六名有三个省份属于华东地区。排名靠后的省份多分布在西北、东北地区，国企平台公司资产规模在 1 万亿元上下，如图 18 – 9 和图 18 – 10 所示。

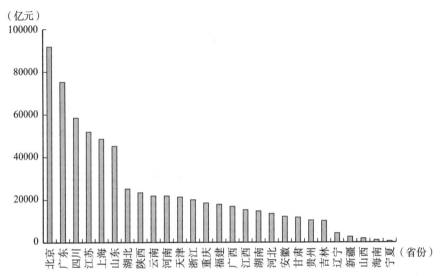

图 18 – 9　AAA 国企平台公司资产总规模

资料来源：根据《中国城投行业发展报告（2022）》整理绘制。

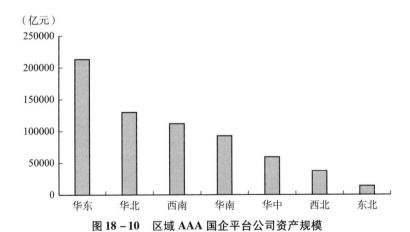

图 18 – 10　区域 AAA 国企平台公司资产规模

资料来源：根据《中国城投行业发展报告（2022）》整理绘制。

从主营业务收入出发，在2021年度报告中，335家AAA样本中有278家国企平台公司对营业收入的组成部分进行了板块分类，以此为基础对其主营业务进行统计分类，可以将其大致划分为公用事业类、基础设施建设和房地产板块。如图18-11所示，三大主营板块收入超千亿元的省份共15个。北京、四川、上海排在前三位，排名靠后省份主要分布在西北和东北区域，均在2000亿元以下。

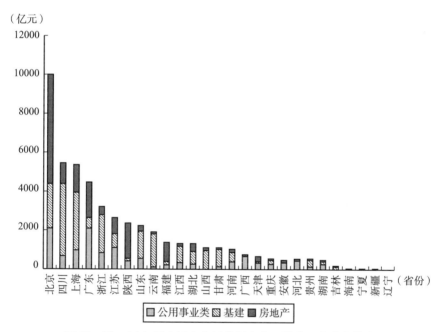

图18-11　AAA国企平台公司公用事业、基建、房地产营收

资料来源：根据《中国城投行业发展报告（2022）》整理绘制。

在纳入统计的278家国企平台公司AAA样本中，属于公共事业类板块的共173家，占比62.23%，涉及交通、供水、电力、燃气供应、污水处理和废物处理等，营收合计金额为13792.97亿元。根据图18-12所示，在278家AAA国企平台公司样本中，交通是公用事业类项目中数量最多的板块，共91家国企平台公司，主营收入为高速公路通行费和公路工程施工。其次是供水板块，共56家。数量最少的为废物处理，共25家。由此可见，AAA 国企平台公司对水务和高速公路项目的投资运营有所偏好，这两者都是有特许经营权、以使用者付费为主的行业，现金流稳定，是发行 REITs 的潜在底层资产。

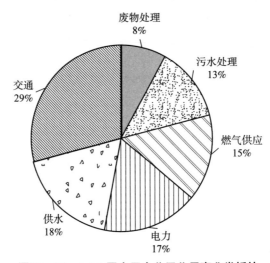

图 18 - 12　AAA 国企平台公司公用事业类板块

资料来源：根据《中国城投行业发展报告（2022）》整理绘制。

在统计分析样本中，共 194 家公司属于基础设施建设板块，占比69.78%，营收合计金额为 2.13 万亿元。主要分布在四川、上海、北京等地。共 185 家公司属于房地产板块，占比 66.55%，营收合计金额为 1.5 万亿元，主要分布在北京、陕西、广东、上海等地区。随着"房住不炒"和存量资产盘活等政策出台实施，国企平台公司参与保障房建设的公司数目逐年递增，房地产板块中保障房建设营收占比呈逐年增加趋势。

从杠杆水平角度，根据图 18 - 13 中资产负债率榜单所示，AAA 国企平台公司资产负债率较高区域分别为四川、陕西、广西，均超过 70%；宁夏国企平台公司资产负债率最低，为 41.5%；剩余大部分地区均处于 60%～70% 区间内。

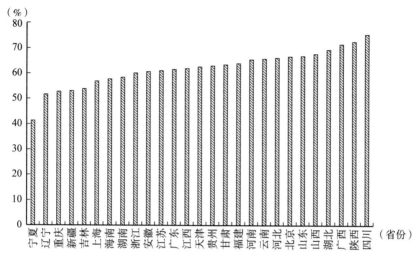

图 18 - 13　AAA 国企平台公司资产负债率

资料来源：根据《中国城投行业发展报告（2022）》整理绘制。

　　从债务期限结构角度，天津 AAA 国企平台公司短期债务对有息债务占比最高，超 35%；海南、新疆和辽宁的国企平台公司短期债务对有息债务占比较小，在 8% ~11% 区间内；其余大部分国企平台公司短期债务对有息债务占比在 15% ~25% 区间内，如图 18 - 14 所示。

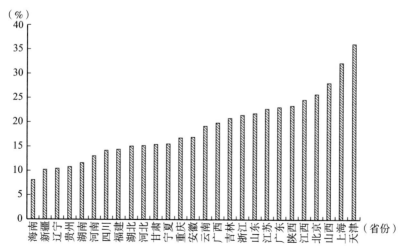

图 18 - 14　AAA 国企平台公司债务结构（短期债务/有息债务）

资料来源：根据《中国城投行业发展报告（2022）》整理绘制。

与短期债务对有息债务占比一样，货币资金与短期债务占比也能够反映短期债务对企业流动性的压力。海南货币资金与短期债务占比最高，短期债务压力小。但共有13个省份的AAA国企平台公司短期债务偿债倍数不足1倍，其中天津和云南不足0.5倍，面临较大的短期债务压力，如图18－15所示。

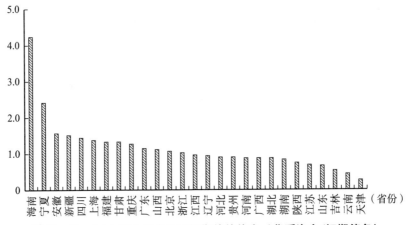

图18－15　AAA国企平台公司短期偿债能力（货币资金/短期债务）

资料来源：根据《中国城投行业发展报告（2022）》整理绘制。

从公益性及准公益性业务回款利息保障倍数角度，AAA国企平台公司的公益性和准公益性业务回款对全部利息的保障倍数最高区域为上海，高达12.33倍；最低为吉林和广西，分别为0.62倍和1.11倍；其余地区大多在2~5倍区间内，如图18－16所示。

通过综合分析AAA国企平台公司各项财务指标可知，虽然东西部在区域经济和国企平台公司的综合实力方面存在较大差异，但经济欠发达地区依然存在某项评级指标中排名较优的公司。例如，陕西省AAA国企平台公司在资产规模、主营业务收入方面排在全国前列，分别排在第8位和第7位。

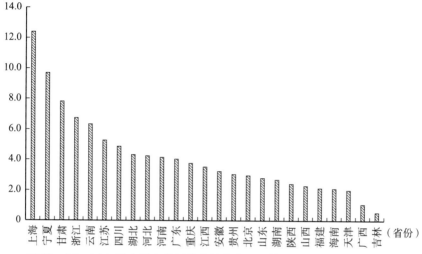

图 18 – 16　AAA 国企平台公司公益性及准公益性业务回款利息保障倍数

资料来源：根据《中国城投行业发展报告（2022）》整理绘制。

18.3.2　基础设施投融资平台发展困境

在发展过程中，地方政府的基础设施投融资平台建设同样也存在不少问题。地方政府融资平台依靠政府信用背书进行融资，一方面，的确是为地方基础设施建设筹得了资金，促进了地方经济发展。但另一方面，地方政府融资平台普遍存在的资产质量低、市场化不足、债务负担重、融资渠道单一等问题，[①] 必须引起高度重视。我国各地基础设施投融资平台发展普遍存在以下瓶颈和困境。

18.3.2.1　债务负担重，融资更困难

在城镇基础设施建设的过程中，基础设施投融资平台公司应运而生，这些公司通过不断举债融资，代替政府建成了大量的公益性基础设施项目，导致公司债务规模迅速飙升，有的平台公司债务风险已超过了财务风险预警线。2020 年，由于新冠肺炎疫情的影响，融资平台公司违约事件进一步增多，一

---

①　孙德花. 地方政府融资平台转型发展的思考 ［J］. 河北金融，2022（2）：40 – 42.

旦各级平台公司债务大规模违约，将对地方政府信用产生不良影响，使得后续融资更为困难。

18.3.2.2 市场化不足，盈利能力较弱

部分地方政府融资平台主要为地方政府进行市政工程代建和土地储备整理，依靠收取项目管理费、土地差价作为公司的主要营业收入，与市场化企业相比，盈利能力薄弱，利润来源单一，自身不具备造血功能，缺乏可持续发展能力。[①]

18.3.2.3 资产质量低，变现能力较差

为了扩大地方政府融资平台规模，部分地方政府将质量不高的资产或没有变现能力的资产注入融资平台。过多质量低的资产流入导致企业很难得到预期收益。

18.3.2.4 专业性人才匮乏，缺乏创新性

市场上多数平台公司的领导层普遍欠缺企业经营管理经验和专业技术，对企业管理和业务不熟悉。同时，人员配置偏老龄化，部分人员处于退休边缘，工作积极性不高，主动学习不够。领导层人员流动性较大，一定程度上影响企业可持续发展。

18.3.2.5 行政干预多，独立性较差

基础设施投融资平台公司的行政色彩普遍较浓，由于平台公司系地方政府管控的企业，政府作为股东，有权力决定公司的"三重一大"等事务，但是不一定符合公司实际，可能会干扰公司的正常经营管理，导致资金使用不当、收回不利以及非市场化的担保、收购等。同时，平台公司的管理层由政府任命，管理决策更倾向于完成指令性任务，忽略了公司治理结构的完善和现代企业制度的建立。企业事务一旦涉及集体决策，还需要报主管部门及政

---

① 孙德花. 地方政府融资平台转型发展的思考［J］. 河北金融，2022（2）：40－42.

府审批。而政府及其部门审批程序多，决策时限长，可能导致企业经营错失发展良机。

18.3.3 基础设施投融资平台典型模式

从政策法规来看，监管层对于地方债务的监管持续加码，平台公司投融资渠道逐渐收紧，近年来各项政策法规的出台对各地投融资平台的规范约束加强，更是明确了平台转型的必要性。

随着中央系列政策出台，平台公司已无法像 2008～2009 年"现象级"的爆发式增长了，从作为地方经济的重要"发动机"到近期以转型发展为主题，逐步与政府脱钩，这既是防控系统性金融风险的需要，也是促进地方经济良性循环的需要。在今后的一段时间内，地方融资平台如何进行市场化转型，如何确保与政府脱钩后仍具备较强的生存能力将是决定地方债务能否良性化解的关键问题。

部分平台公司已经从地方政府投融资平台的业务层面开始逐步转型。平台公司转型后多仍以传统行业经营为主，涉足行业一般包括市政类基础设施建设、房地产开发、林业、农业、砂石矿产等。有条件的优质平台在巩固基础设施产业的前提下，可逐步探索多元化发展，尝试涉猎金融产业、旅游产业、物流运输产业、社区服务以及文化产业等以运营为主导的相关行业。

平台公司在转型过程中，应根据自身情况划分核心业务与择机发展类业务，制定业务发展路径与时机。核心业务是维持转型后平台公司经营态势的基础，往往选择的是地方政府有能力提供资源支持的行业；择机发展类业务是随着平台公司转型日益成熟，技术、能力及人员配套更加完善时可以考虑拓展的业务，这类业务往往有一定的准入门槛，但形成竞争力后能够给企业带来较大增益。

平台公司在市场化转型后应形成一套参与各类业务的模式方案，除了对自有产业进行自主经营以外，需根据不同类型业务予以选择与区分。通过梳理总结，平台公司主要有以下几种对外经营形式，如表 18 – 1 所示。

表 18-1   基础设施投融资平台的典型业务模式

模式	参与形式	适用场景
特许经营模式	通过公开程序获得项目特许经营权，参与项目投资、融资、建设、运营等工作	供水、供气、垃圾处理等具有稳定现金流的公益性项目
PPP 模式	作为政府出资代表参股项目公司，参与 PPP 项目	本级政府主导的 PPP 项目（基础设施及公共服务设施领域）
	作为社会资本方参与 PPP 项目	非本级政府主导的 PPP 项目（基础设施及公共服务设施领域）
政府授权模式	作为地方财政/国资全资或控股的国有企业，经地方政府授权作为实施主体参与地区开发工作	本级政府辖区范围内的土地/片区综合开发、环境整治、城市更新等工作
企业合资	与符合企业发展方向的行业领先企业成立合资公司	国资企业的短板，但在未来具有高成长性的行业
项目代建	作为代建主体参与政府工程项目	政府主导的基础设施及公共服务设施工程建设
政府购买服务	作为第三方单位向政府提供服务	适合采取市场化方式提供、社会力量能够承担的政府服务事项

资料来源：由笔者整理绘制。

除此之外，地方政府投融资平台立足于服务区域经济的建设与发展，其基本职能在于为当地经济提供投融资支持。随着我国经济社会的不断发展和基础设施投融资平台的持续建设，从地方上来看，各地的地方政府也结合当地实际情况发展出了不同的基础设施投融资平台模式。在这些模式中，比较典型的是上海模式、重庆模式和北京模式。

18.3.3.1 上海模式

上海市地方政府投融资平台依托区域经济资源，以平台自身发展为主体，以制度创新为动力，充分发挥政府推动和市场机制两种作用，完成为区域经济提供投融资支持的目的。这种模式既能夯实自身基础，提高多种运营模式的熟练程度，又能寻求外部支持，通过资本运作吸收外部资源，完成公司资本的整合优化。

上海模式在进行项目管理时，主要采取"政府—城投公司—工程管理公司"三级管理模式。其主要方式为政府引导、市场化运作。通过政府引导，实行公司化运作模式，走产业化发展的道路。同时，上海模式以地方政府投融资平台公司为投资主体，实现城建资金统一管理和市场运作。而且，该模式能够保障投资项目的多样性，即不仅涉及政府公益性项目，还有自己的专长实业投资，这就能够获取除政府补贴外的其他稳定收益。

上海模式，既体现了公益性质，建设并运营了大量的政府公益性设施，达到了改善民生、服务社会的目的，还能够按照市场运行规律，对接资本市场，实现收益的良性发展。但是，该模式在引入有效的监管体制和市场竞争机制的同时，也存在平台资产与业务结构不合理、行政化管理、债务风险等问题。

18.3.3.2　重庆模式

重庆模式为重庆市的基础设施建设和经济发展作出了重大贡献，从最初的"一大投"到"八大投"又变成现在的"五大投"，这个发展历程与转型体现了先做"加法"后做"减法"的过程。近几年重庆市的经济处于稳定增长的状态，重庆市几大投融资平台不仅负担城市建设工程及其运营，还通过发债、贷款、信托投资等方式为政府的基建项目提供资金支持。

2002年前，重庆市基础设施建设主要由一家投融资平台负责，经营效率低下。2002年起，重庆开始逐步组建重庆能投、重庆城投、重庆地产、重庆高速、重庆交投、重庆旅投、重庆水投、重庆水务"八大投"。这"八大投"是中国最早成立的一批城投公司。此外，重庆还设立了事业型金控公司渝富，目的是给各投融资平台扫清障碍、提供资金支持。此时，重庆模式的主要特点为专业化的"渝富"＋"八大投"。由于投资支出造成的较大资金压力，"八大投"面临的融资需求逐渐扩大。而且，受到土地储备政策、国企改革及国资结构调整的影响，为了规范地方政府债务的内在要求，顺应民营经济的发展需求，政府推出"五大注资"与资本融资的模式，为城投平台提供资金及信用支持。其中，"五大注资"是指国债注入、土地储备收益权注入、规费注入、存量资产注入和税收返还，它们注重资本运作的放大效应，即虽然没有实际资产或者资金的注入，但却能够增强城投平台的信用。

18.3.3.3 北京模式

北京模式的运营模式属于公建私营，其主要特点是整合资源、特许经营。该模式是以政府信用为依托，利用银行信贷与项目融资的方式吸引社会闲散资金参与城市基础设施建设。① 虽然北京模式的融资结构是地方政府与企业共同进行投资，但在该模式下，地方政府只对公益性的项目负较大的责任，而对盈利性的项目则不承担其亏损。该模式能够加速基础设施建设，促进城市化发展。

北京模式在进行项目管理时，采取"建设—经营—转移"模式，流程中政府和企业根据相关政策签订特许经营协议，二者各司其职，即地方政府负责土建工程投资，企业负责筹集资金以及部分流动资产的投资、运营与维护。项目建成后，政府将其投资所形成的资产无偿或者低价租给企业，政府享有所有权，企业享有使用权和收益权。特许期结束，企业将项目全部资产无偿移交回政府。

18.3.4 基础设施投融资平台发展路径

针对平台发展现状与问题，为实现中国基础设施投融资平台的转型，可采取多样化转型对策与发展路径，如表 18 - 2 所示。

表 18 - 2　　　　　　　　基础设施投融资平台发展路径

平台现状及问题	平台转型方式	
债务负担重融资较困难	解决债务风险	政府统筹协调，做好地方整体性的资产构建，推动资产及业务整合、重组； 推动优质经营资产的注入
		债务置换，建立偿债基金
		严控投资，优先保障战略与民生项目的投资
		打造优质平台公司，提升信用水平
		夯实地方财力，发展地方经济

---

① 孙德花. 地方政府融资平台转型发展的思考 [J]. 河北金融，2022（2）：40－42.

续表

平台现状及问题	平台转型方式	
专业人才匮乏 缺乏创新性	配置优质人才	优化人才选拔方式
		建立健全的员工准入准出政策
		制定合理的薪酬制度和激励约束机制
行政干预多 独立性较差	实现去行政化	充分发挥董事会在公司治理中的决策作用，提高经营决策效率
		实行科学的绩效考核管理
市场化不足 盈利能力弱	增强盈利能力	根据当前政策和市场环境及时转型
		做实平台公司资产，置换公益性资产
		实现资源整合，发挥优势产业

资料来源：由笔者自行整理。

根据基础设施投融资平台的发展路径，可以从存量债务处理、去除行政化以及未来转型发展等多个层面提出相应的政策建议。

（1）积极筹划，分类处置存量债务。依照总量控制、分类管理、区别对待、逐步化解的原则，处理、防范并化解平台公司债务风险。一是政府统筹协调，为了提升平台续航能力和融资能力，地方政府需要做好整体性的资产构建，推动资产及业务整合、重组，做实、做强资产。在注入资产选择上，需要地方政府在转变职能的政策原则上，继续推动优质经营资产的注入，把所有能产生收益的资源都通过划拨（转）、出让等方式注入平台公司，夯实公司的资产规模和经营实力。二是债务置换，建立偿债资金，通过地方政府发债等方式置换部分隐性债务。三是严控投资，优先保障战略与民生项目的投资，防止过度投资、无效投资。四是打造优质平台公司，提升信用水平，充分利用资本市场，获取长期限低利率的资金支持，从而优化债务结构，严控债务增速，同时新增债务尽可能地转化成有效的优质资产，形成良性循环。五是夯实地方财力，发展地方经济。不仅要优化营商环境，完善各类产业优惠政策措施，拓宽民营经济的融资渠道，降低融资成本；同时也要积极实施"引进来，走出去"战略，重点引入优质的招商引资项目和技术，充实产业园；还要严格预算管理，合理安排支出。

（2）去行政化，回归市场主体职能。当前已进入知识经济时代，优质人才资源是转型发展、培养核心竞争力的保障。基础设施平台公司应当优化人才选拔方式，建立健全员工准入准出政策，制定合理的薪酬制度和激励约束机制，充分发挥人才优势。在人才选拔方面，应当多引入专业化、职业化的管理人员，由职业经理人负责公司的具体经营管理事务；在员工制度方面，应当允许企业自主招募优秀的紧缺人才，放宽特殊紧缺人才的薪酬限制，激活现有存量人才的能力，并采取竞争上岗机制，淘汰不适应企业发展的人员；在薪酬制度方面，应当设置与当地经济发展水平相匹配的薪酬水平，并对特殊贡献人才设置专项奖励基金，提高人才积极性。

厘清平台公司与政府的权责关系，逐步形成以政府监管、平台公司独立运营为核心的指导思想，让平台公司以市场参与主体的身份发挥职能。在决策方面，要充分发挥董事会在公司治理中的决策作用，提高经营决策效率。在绩效管理方面，要对平台公司实行科学的绩效考核管理，厘清监管边界，注重分类考核，从而实现去行政化的目的。

（3）转型发展，增强自身造血功能。基础设施投融资平台要对当前及未来宏观经济政策和市场环境进行研判，及时转型。做实平台公司资产，置换公益性资产，实现资源整合，发挥优势产业。

基础设施平台资源整合包括市场整体与公司内部多个层面。第一，政府应当全面清理政府投资企业并实行分类管理，通过改制重组等方式关停、注销空壳或者"僵尸控股公司"，推进有经营业务实质、能够产生稳定现金流的企业的发展，在不损害现存平台公司融资能力的前提下，合理分类实施平台公司之间或者国有企业之间的重组，整合优势资源，形成产业优势。第二，政府应当清理平台公司自身内部资源，在整个集团体系内合理分配现有的资源和资本，实现资源的合理配置和优化组合。第三，积极拓展市场化业务，包括拓展原有业务，通过市场化运营，盘活存量资产，提高资产盈利能力和公司偿债能力，围绕新农村、智慧城市等领域发展新业务，带来新的利润增长。

第 19 章

地方政府专项债券

地方政府专项债券是近年来地方政府为基础设施融资的重要金融工具。根据《地方政府专项债务预算管理办法》，地方政府专项债券是省级（省、自治区、直辖市）政府作为发行主体，在全国人大及其常委会批准的专项债务限额（余额限额和当年新增限额）内，发行的有偿还计划和稳定偿还资金来源的地方政府债券，债券发行后的资金用于公益性资本支出而不是经常性支出。地方政府专项债券支持领域包括交通基础设施、能源、生态环保、社会事业、农林水利、城乡冷链等物流基础设施、市政和产业园区基础设施、国家重大战略项目、保障性安居工程、新能源项目、新型基础设施共 11 个领域。2015 年以来，专项债发行总量在我国增长迅猛，从2015 年的 9744 亿元增长到 2021 年的 49229 亿元，新增专项债发行量也从2015 年的 959 亿元，增长到 2021 年新的历史最高值 35844 亿元。基础设施项目采用发行地方政府债券方式融资，在拉动内需，带动地区经济增长方面发挥了重要作用。地方政府积极配合，采取积极的财政政策，充分调动资金，加快资金使用效率。可以减少中央财政压力，完善地方政府财政职能，实现地方财政配置资源，拓宽地方政府融资渠道，降低地方政府隐性负债。

19.1 地方政府专项债券内涵

19.1.1 地方政府专项债券概念与特征

19.1.1.1 地方政府专项债券的概念

根据《地方政府债券发行管理办法》，地方政府债券，是指省、自治区、直辖市和经省级人民政府批准自办债券发行的计划单列市人民政府（以下简称地方政府）发行的、约定一定期限内还本付息的政府债券。专项债券是为有一定收益的公益性项目发行，以公益性项目对应的政府性基金收入或专项收入作为还本付息资金来源的政府债券。

在地方政府专项债券的支持领域中，交通基础设施包括铁路、收费公路、机场（不含通用机场）、水运、城市轨道交通、城市停车场等领域。能源包括天然气管网和储气设施、城乡电网等领域。农林水利包括农业、水利、林业等领域。生态环保主要指城镇污水垃圾处理设施等。社会事业领域包括卫生健康公共设施、教育、文化旅游、其他社会事业等。市政基础设施主要指供水、供热、供气和地下管廊等基础设施。国家重大战略项目主要指长江经济带发展、"一带一路"建设等。2022年专项债在原有9大领域投向基础上新增新能源和新基建投向。其中，新能源投向细化为公共领域充换电基础设施，大型风电基地等绿色低碳能源基地。新基建细化为云计算、数据中心、人工智能基础设施，轨道交通等传统基础设施智能化改造，市政、公共服务等民生领域信息化项目等。

地方政府专项债券对应的项目必须同时具备公益性、收益性、资本性三大属性。根据《地方政府债券发行管理办法》，地方政府专项债券资金只能用于有一定收益的公益性项目，专项债券以公益性项目对应的政府性基金或专项收入还本付息。根据《地方政府专项债务预算管理办法》，专项债务收

入应当用于公益性资本支出，不得用于经常性支出。

19.1.1.2 地方政府专项债券特征

（1）融资成本低。地方政府专项债券的平均发行利率低于一般金融机构信贷和其他融资方式，是一种成本较低的融资模式。（2）品种多样。地方政府专项债券品种多样，包括土地储备专项债券、收费公路专项债券、棚户区改造专项债券等。地方政府可以根据当地实际需要，在总额度下选择发行不同品种的专项债券进行融资。（3）灵活性。地方政府专项债券可以根据项目生命周期灵活确定债券期限，期限可以是 1 年、2 年、3 年、5 年、7 年、10 年、15 年、20 年、30 年，同时专项债券还可以根据项目特点选择合适的还款方式。

19.1.2 地方政府专项债券相关政策

表 19 - 1 列示了有关地方政府专项债券的政策。

表 19 - 1　　　　相关部委和机构出台的部分地方政府专项债券政策

序号	时间	部门	政策及文件
1	2016 年 11 月	财政部	《地方政府专项债务预算管理办法》
2	2017 年 5 月	财政部	《地方政府土地储备专项债券管理办法（试行）》
3	2017 年 6 月	财政部	《关于试点发展项目收益与融资自求平衡的地方政府专项债券品种的通知》
4	2017 年 6 月	财政部	《地方政府收费公路专项债券管理办法（试行）》
5	2018 年 3 月	财政部	《试点发行地方政府棚户区改造专项债券管理办法》
6	2018 年 8 月	财政部	《关于做好地方政府专项债券发行工作的意见》
7	2019 年 3 月	财政部	《关于开展通过商业银行柜台市场发行地方政府债券工作的通知》
8	2019 年 6 月	中共中央办公厅、国务院办公厅	《关于做好地方政府专项债券发行及项目配套融资工作的通知》

序号	时间	部门	政策及文件
9	2020 年 7 月	财政部	《关于加快地方政府专项债券发行使用有关工作的通知》
10	2020 年 11 月	财政部	《关于进一步做好地方政府债券发行工作的意见》
11	2020 年 12 月	财政部	《关于进一步做好地方政府债券柜台发行工作的通知》
12	2021 年 2 月	财政部	《地方政府专项债券项目穿透式监测工作方案》
13	2021 年 9 月	财政部	关于印发《地方政府专项债券用途调整操作指引》的通知
14	2021 年 11 月	财政部	关于印发《地方政府专项债券项目资金绩效管理办法》的通知

资料来源：由笔者自行整理。

（1）《地方政府专项债务预算管理办法》是财政部印发有关地方债管理的政策法规。该办法指出，专项债务收入应当用于公益性资本支出，不得用于经常性支出。专项债务应当有偿还计划和稳定的偿还资金来源。专项债务本金通过对应的政府性基金收入、专项收入、发行专项债券等偿还。专项债务利息通过对应的政府性基金收入、专项收入偿还，不得通过发行专项债券偿还。专项债务收支应当按照对应的政府性基金收入、专项收入实现项目收支平衡，不同政府性基金科目之间不得调剂。执行中专项债务对应的政府性基金收入不足以偿还本金和利息的，可以从相应的公益性项目单位调入专项收入弥补。此外，该办法还在专项债务限额和余额、预算编制和批复、预算执行和决算、非债券形式专项债务纳入预算管理、监督管理等方面做出了相关规定。

（2）《地方政府土地储备专项债券管理办法（试行）》是财政部发布的关于地方政府土地储备专项债券管理的文件，这一文件对规范土地储备融资行为，建立土地储备专项债券与项目资产、收益对应的制度作出了具体的规定。文件指出，本办法所称土地储备，是指地方政府为调控土地市场、促进土地资源合理利用，依法取得土地，进行前期开发、储存以备供应土地的行为。土地储备由纳入国土资源部名录管理的土地储备机构负责实施。本办法所称地方政府土地储备专项债券（以下简称土地储备专项债券）是地方政府专项债券的一个品种，是指地方政府为土地储备发行，以项目对应并纳入政府性基金预算管理的国有土地使用权出让收入或国有土地收益基金收入（以下简称土地出让收入）偿还的地方政府专项债券。地方政府为土地储备举借、使用、偿还债务适用本办法。地方政府为土地储备举借债务采取发行土地储备专项债券方式。发行土地储备专项债券的土地储备项目应当有稳定的预期偿债资金来源，对应的政府性基金收入应当能够保障偿还债券本金和利息，实现项目收益和融资自求平衡。

（3）《关于试点发展项目收益与融资自求平衡的地方政府专项债券品种的通知》，财政部印发这一文件，目的是指导地方在法定专项债务限额内，按照地方政府性基金收入项目分类发行专项债券，发展实现项目收益与融资自求平衡的专项债券品种，同步研究建立专项债券与项目资产、收益相对应的制度，立足我国国情、从我国实际出发，打造中国版的地方政府市政项目"收益债"。文件在专项债券规模、项目要求、发行方式、实施方案、部门责任、资产管理、工作安排等方面做出了试点发展收益和融资平衡专项债的规定和要求。

（4）《地方政府收费公路专项债券管理办法（试行）》对收费公路专项债券的额度管理、预算编制和执行等工作作出了具体的规定。文件指出，本办法所称地方政府收费公路专项债券（以下简称收费公路专项债券）是地方政府专项债券的一个品种，是指地方政府为发展政府收费公路举借，以项目对应并纳入政府性基金预算管理的车辆通行费收入、专项收入偿还的地方政府专项债券。地方政府为政府收费公路发展举借、使用、偿还债务适用本办法。地方政府为政府收费公路发展举借债务采取发行收费公路专项债券方式。省、自治区、直辖市政府（以下简称省级政府）为收费公路专项债券的发行主体。

（5）《试点发行地方政府棚户区改造专项债券管理办法》对试点发行地方政府棚户区改造专项债券的额度管理、预算编制和执行等工作作出了具体的规定。文件指出，本办法所称地方政府棚户区改造专项债券（以下简称棚改专项债券）是地方政府专项债券的一个品种，是指遵循自愿原则、纳入试点的地方政府为推进棚户区改造发行，以项目对应并纳入政府性基金预算管理的国有土地使用权出让收入、专项收入偿还的地方政府专项债券。专项收入包括属于政府的棚改项目配套商业设施销售、租赁收入以及其他收入。试点期间地方政府为棚户区改造举借、使用、偿还专项债务适用本办法。省、自治区、直辖市政府（以下简称省级政府）为棚改专项债券的发行主体。

（6）《关于做好地方政府专项债券发行工作的意见》是财政部发布的关于地方政府专项债券发行的文件。文件对地方政府专项债券发行和使用提出了以下几点要求：加快专项债发行进度、提升专项债发行市场化水平、优化债券发行程序、简化债券信息披露流程、加快专项债资金拨付使用、加强债券信息报送。

（7）《关于开展通过商业银行柜台市场发行地方政府债券工作的通知》是财政部发布的开展通过商业银行柜台市场发行地方政府债券工作的文件。文件指出，地方政府公开发行的一般债券和专项债券，可通过商业银行柜台市场在本地区范围内（计划单列市政府债券在本省范围内）发行，并在发行通知中明确柜台最大发行额度、发行方式和分销期安排等。地方政府应当通过商业银行柜台市场重点发行专项债券，更好发挥专项债券对稳投资、扩内需、补短板的作用，增强投资者对本地经济社会发展的参与度和获得感。按照积极稳妥、分步推进的原则，由省级财政部门分批实施地方债券商业银行柜台市场发行业务。财政部综合考虑市场需求、债券期限、债券品种、项目收益、发行节奏等情况加强政策指导。通过商业银行柜台市场发行的地方债券，发行利率（或价格）按照首场公开发行利率（或价格）确定，发行额度面向柜台业务开办机构通过数量招标方式确定。

（8）《关于做好地方政府专项债券发行及项目配套融资工作的通知》是中共中央办公厅、国务院办公厅发布的关于做好地方政府专项债券发行及项目配套融资工作的文件。文件指出，合理明确金融支持专项债券项目标准。发挥专项债券带动作用和金融机构市场化融资优势，依法合规推进专项债券支持的重大项目建设。对没有收益的重大项目，通过统筹财政预算资金和地方政府一般债券予以支持。对有一定收益且收益全部属于政府性基金收入的重大项目，由地方政府发行专项债券融资；收益兼有政府性基金收入和其他

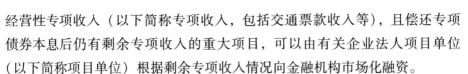

经营性专项收入（以下简称专项收入，包括交通票款收入等），且偿还专项债券本息后仍有剩余专项收入的重大项目，可以由有关企业法人项目单位（以下简称项目单位）根据剩余专项收入情况向金融机构市场化融资。

（9）《关于加快地方政府专项债券发行使用有关工作的通知》是财政部发布的关于地方政府专项债券发行使用工作的文件，文件对加快地方政府专项债券发行使用提出了以下几点要求：合理把握专项债券发行节奏、科学合理确定专项债券期限、优化新增专项债券资金投向、依法合规调整新增专项债券用途、严格新增专项债券使用负面清单、加快新增专项债券资金使用进度、依法加大专项债券信息公开力度、健全通报约谈机制和监督机制。

（10）《关于进一步做好地方政府债券发行工作的意见》是财政部发布的关于进一步做好地方政府债券发行工作的文件，文件就进一步做好地方债发行工作提出几点意见：不断完善地方债发行机制，提升发行市场化水平；科学设计地方债发行计划，维护债券市场平稳运行；优化地方债期限结构，合理控制筹资成本；加强地方债发行项目评估，严防偿付风险；完善地方债信息披露和信用评级，促进形成市场化融资约束机制；规范承销团组建和管理，合理匹配权利义务；加强组织领导，保障地方债平稳顺利发行。

（11）《关于进一步做好地方政府债券柜台发行工作的通知》是财政部发布的关于开展通过商业银行柜台市场发行地方政府债券工作的文件，文件指出，地方债柜台发行是地方债发行渠道的重要组成部分，是加强地方债发行管理，丰富投资者结构，实现可持续发展的重要举措。同时文件还针对以下方面作出了规定：合理确定地方债柜台发行的品种、期限、频次和规模；及时报送和披露相关信息；择优选取柜台业务承办机构；加强地方债柜台发行宣传；加强协调配合，及时提供数据信息；强化柜台业务开办机构相关职责。

（12）《地方政府专项债券项目穿透式监测工作方案》是财政部发布的关于地方政府专项债券项目穿透式监测工作方案的文件，其目的是规范地方政府专项债券管理，发挥专项债券资金效益，切实防范化解专项债券风险。文件规定了穿透式监测工作目标、穿透式监测范围和内容、穿透式监测工作组织方式和工作要求。

（13）《地方政府专项债券用途调整操作指引》是财政部发布的有关地方政府专项债券用途调整的文件，专项债券用途调整，属于财政预算管理范畴，主要是对新增专项债券资金已安排的项目，因债券项目实施条件变化等原因导致专项债券资金无法及时有效使用，需要调整至其他项目产生的专项债券资金用途变动。文件对项目调整条件、调整程序、调整执行管理、信息公开、监督管理等方面作出了规定。

（14）《地方政府专项债券项目资金绩效管理办法》是财政部发布的关于地方政府专项债券项目资金绩效管理的文件。加强地方政府专项债券项目资金绩效管理，其目的是提高专项债券资金使用效益，有效防范政府债务风险。该办法所称绩效管理，是指财政部门、项目主管部门和项目单位以专项债券支持项目为对象，通过事前绩效评估、绩效目标管理、绩效运行监控、绩效评价管理、评价结果应用等环节，推动提升债券资金配置效率和使用效益的过程。

19.1.3　地方政府专项债券负面清单

2021 年 9 月 28 日，财政部和国家发展改革委印发《地方政府专项债券资金投向领域禁止类项目清单》，首次以红头文件形式专门明确了地方政府专项债券负面清单范围。负面清单包括全国通用类禁止项目和高风险地区禁止类项目，具体如下：

19.1.3.1　全国通用禁止类项目

（1）楼堂馆所。党政机关办公用房、技术用房；党校行政学院；干部培训中心；行政会议中心；干部职工疗养院；其他各类楼堂馆所。

（2）形象工程和政绩工程。城市大型雕塑；景观提升工程；街区亮化工程；园林绿化工程；文化庆典和主题论坛场地设施；其他各类形象工程和政绩工程。

（3）房地产等其他项目。房地产开发；一般性企业生产线或生产设备；用于租赁住房建设以外的土地储备；主题公园等商业设施。

19.1.3.2　高风险地区禁止类项目

高风险地区指上年度地方政府债务（含法定债务和隐性债务）风险等级评定为红色的省本级、市本级和县区。在全国通用禁止类项目的基础上，高风险地区增加以下禁止类项目。

（1）交通基础设施。城市轨道交通。

（2）社会事业。除卫生健康（含应急医疗救治设施、公共卫生设施）、教育（学前教育和职业教育）、养老以外的其他社会事业项目。

（3）市政基础设施。除供水、供热、供气以外的其他市政基础设施项目。

（4）棚户区改造。棚户区改造新开工项目。

19.2　地方政府专项债券融资现状

2015 年 1 月 1 日，修正后的《中华人民共和国预算法》开始正式实施，这标志着中国发行地方政府专项债券融资新时期的开始。近年来，在国家政策的支持下，为了满足我国基础设施建设投资的大规模资金需求，地方政府专项债的发行量不断增加，成为促进经济增长的重要融资工具。

19.2.1　地方政府专项债发行现状

图 19 – 1 ~ 图 19 – 3 是对 2015 年至 2021 年我国地方政府债券发行的统计，其中图 19 – 1 是我国地方政府债券发行总量统计，包括地方政府债券发行总量统计、地方政府一般债券发行总量统计以及地方政府专项债券发行总量统计；图 19 – 2 是我国地方政府新增债券发行统计，包括地方政府新增债券发行统计、地方政府新增一般债券发行统计以及地方政府新增专项债券发行统计；图 19 – 3 是我国地方政府债券再融资发行统计，包括地方政府再融资债券发行总量统计、地方政府再融资一般债券发行总量统计以及地方政府再融资专项债券发行总量统计。从图中数据可以看出，2015 年以来，专项债

发行总量在我国增长迅猛，从 2015 年的 9744 亿元增长到 2021 年的 49229 亿元，新增专项债发行量也从 2015 年的 959 亿元，增长到 2021 年新的历史最高值 35844 亿元。

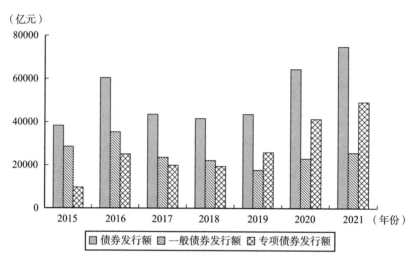

图 19-1　我国地方政府债券发行统计

资料来源：根据中国地方政府债券信息公开平台相关资料整理。

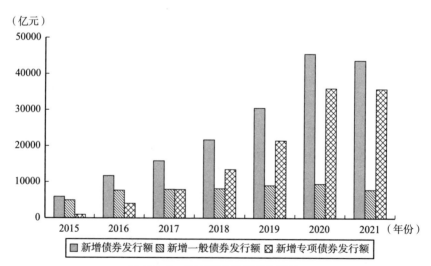

图 19-2　我国新增债券发行统计

资料来源：根据中国地方政府债券信息公开平台相关资料整理。

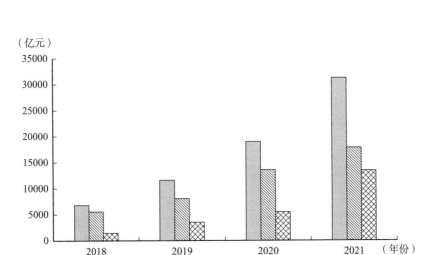

图 19－3　我国地方政府再融资债券发行统计

资料来源：根据中国地方政府债券信息公开平台相关资料整理。

19.2.2　地方政府专项债发行区域特征

根据中国地方政府债券信息公开平台数据统计，2021 年我国各省市地方政府专项债券发行量如图 19－4 所示，2021 年专项债券发行规模是历年来最高水平，其中发行总量排名前五位的分别是广东、山东、北京、浙江及四川，发行总额分别为 4419 亿元、3581 亿元、2831 亿元、2530 亿元及 2414 亿元，专项债累计发行总量超过 1000 亿元的省市共计 19 个，分别是广东、山东、北京、浙江、四川、江苏、河南、河北、湖北、安徽、湖南、天津、重庆、福建、江西、云南、陕西、贵州及广西。

（亿元）

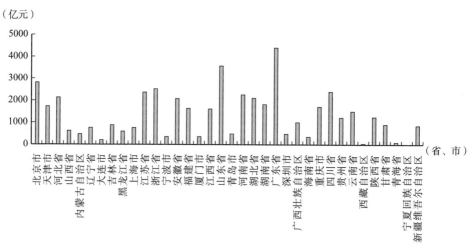

图 19 – 4 2021 年各省市地方政府专项债发行统计

注：辽宁省不含大连市，浙江省不含宁波市，福建省不含厦门市，山东省不含青岛市，广东省不含深圳市，新疆维吾尔自治区不含新疆生产建设兵团。

资料来源：根据中国地方政府债券信息公开平台相关资料整理。

19.3 地方政府专项债券申报发行要求和流程

19.3.1 地方政府专项债券申报发行要求

19.3.1.1 债券规模要求

根据《关于试点发展项目收益与融资自求平衡的地方政府专项债券品种的通知》，依法安排专项债券规模。严格执行法定限额管理，地方政府专项债务余额不得突破专项债务限额。各地试点分类发行专项债券的规模，应当在国务院批准的本地区专项债务限额内统筹安排，包括当年新增专项债务限额、上年年末专项债务余额低于限额的部分。

19.3.1.2 债券投资项目要求

（1）申报的专项债项目必须是有一定收益的公益性项目。根据该通知要求：发行专项债券建设的项目，应当能够产生持续稳定的反映为政府性基金收入或专项收入的现金流收入，且现金流收入应当能够完全覆盖专项债券还本付息的规模。

（2）项目资本金比例符合国家固定资产投资项目资本金比例要求。

（3）优先支持纳入国家和地方"十四五"规划的项目，优先支持纳入国家重大区域发展以及省、市级重点项目。

（4）优先安排在建项目。根据《关于梳理2021年新增专项债券项目资金需求的通知》，发行专项债项目必须符合专项债券风险管理要求和发行条件，必须是经济社会效益比较明显，群众期盼、早晚要干的政府投资项目，必须是有一定收益的基础设施和公共服务项目，优先安排在建项目，优先安排纳入相关规划的国家重大战略任务项目，要按照项目建设工期和年度建设任务合理提出资金需求，优先安排纳入相关规划的国家重大战略任务项目。重点关注水利、铁路、城市管网、城市更新改造、绿色低碳、优势产业园区基础设施建设等。

（5）新建项目要求。新建项目已取得相关主管部门批复，如立项、可研、环评等，基本具备施工条件，且已纳入财政债券项目库中。

（6）满足项目收益与融资自求平衡。《关于梳理2021年新增专项债券项目资金需求的通知》要求：融资规模要保持与项目收益相平衡。因此，要满足项目收益与融资自求平衡原则，确保项目收益能够覆盖债券本息，如项目已有其他融资，应明确原有融资和新增债券的偿还责任。资金平衡方案里，测算出项目收益未来能够覆盖债券本息，才可以发行债券。由于专项债项目的核心要求就是现金流收入应当能够完全覆盖专项债券还本付息，所以，成功获批发行专项债，关键是编制一份优秀的项目收益与融资资金平衡方案。

（7）项目融资不存在违规增加地方政府隐性债务的情况。

19.3.2　地方政府专项债券申报流程

地方政府专项债券申报流程主要包括以下几个阶段。

19.3.2.1　项目申报流程

（1）项目储备。地方政府及相关行业部门，根据国家宏观政策、部门和行业发展规划需求，梳理项目清单，确定需要债券资金支持且满足债券发行条件与要求的具体项目。

（2）项目前期准备。项目单位对拟申报项目开展前期调研工作，在确认项目符合国家政策及相关行业规定的前提下，开展项目可行性分析并编制《项目可行性报告》，发改部门办理项目批复手续，同级规划、土地、环保等部门出具项目相关批复文件。

（3）地方申报入库。申报单位向同级财政、发改委申请纳入地方政府债券项目库和国家重大建设项目库，按照"资金跟着项目走"的原则，省发改委会同省财政厅对专项债项目进行初核，初核通过后分别提报国家发改委、财政部相关项目库。

（4）项目批复及额度下达。国家发改委初审通过后，向财政部和各省反馈项目清单，财政部根据国家发改委项目清单核定下达专项债券额度，省财政厅会同省发改委核定下达市县债券额度。

申报时间通常为上一年度 11 月和当年度 4 月，11 月对应提前批专项债额度，4 月对应全国两会批准全年专项债额度。

19.3.2.2　项目准备

在财政部、国家发改委审核通过的基础上，新上报项目需编制"一案两书"（实施方案、财务评估书和法律意见书）。

（1）授权实施机构。政府或其指定的有关部门（单位）作为项目实施机构，负责编制实施方案、项目申报、政府采购、项目实施、项目监管等。项目实施机构可以通过委托代建等合规方式组织项目建设，通过购买服务等方式将项目交给具备资质和经验的市场化主体经营管理。融资平台公司转型为公益类国有企业后，可承担项目的建设和经营管理职能。财政部门负责牵头做好项目专项债券的项目库管理、限额管理、预算管理、债券发行和资金管理、还本付息、风险控制、项目形成国有资产管理等工作。

（2）方案编制。项目实施单位需要自行或者聘请专业第三方机构编写专项债券的项目实施方案。项目实施方案应主要包括但不限于以下内容：项目基本情况、项目投资估算及资金筹措方案、项目预期收益、成本及融资平衡情况、发行方案、风险控制、信息披露。

（3）方案评估。聘请会计师事务所、律师事务所对项目实施方案的合法性、合理性和合规性开展评估工作，出具《财务评估报告》《法律意见书》以及《项目收益与融资自求平衡专项评价报告》等相关材料，根据债券发行窗口时期，由省级财政厅统一安排发行。

（4）方案报送。本级财政部门会同项目实施机构将"一案两书"（实施方案、财务评估书和法律意见书）汇总报送同级人民政府同意后，同级人民政府将审核批准的实施方案及第三方评估意见报送省财政厅。项目实施机构将项目填报发改重大项目库及录入省政府债券管理平台系统。

19.3.2.3　项目评审

新上报项目需要参加全省专项债券专家评审，评审通过的项目纳入全省发行备选库管理。续发行项目无需再次评审。这个阶段又包括以下几个流程。

（1）项目预审。省财政厅委托专业机构组织相关专家组成专项债券审核专家库，随机抽取专家对各地报送的项目实施方案进行集中预审并出具独立审核意见，对于未通过专家预审的项目实施方案由项目实施机构对项目实施方案进行修改完善，纳入下一批次专家预审。若再次审核仍未通过，则取消该项目发行专项债申报资格。

（2）项目复审。省财政厅会同省级相关行业主管部门对通过专家预审的项目实施方案进行复审，根据区域和行业发展规划、中央/省下达的建设任务、地方同类项目建设管理情况、地方政府性基金收入情况、地方政府债务风险情况等方面，出具复审意见。

（3）项目入库。项目库分为储备库、发行备选库、执行库三个子库。通过预审的项目纳入储备库管理。通过复审的项目，从储备库转入发行备选库，作为发行项目专项债券的备选项目。财政厅根据新增专项债务限额、地方报送的债券发行计划等因素，从发行备选库选取项目转入执行库。

19. 3. 2. 4　分配限额

（1）财政厅根据可发行项目专项债券总额度，结合进入发行备选库的项目融资需求、各地政府性基金收入、债务风险情况等因素，测算省级、市（州）和扩权县发行项目专项债券的限额控制数。

（2）各级财政部门会同相关行业主管部门在限额控制数内，在已纳入发行备选库管理的项目中，确定当年拟发行项目专项债券的项目和分项目融资需求，报经同级人民政府同意后报财政厅。

（3）财政厅根据各地报送的项目及分项目融资需求，确定省级及市县发行项目专项债券限额和项目，报经省级政府批准后，下达市（州）、扩权县财政部门，并抄送省级相关行业主管部门。

（4）各级财政部门应当按照《预算法》以及相关债券管理办法规定，做好项目专项债券预算调整。

19. 3. 2. 5　债券发行

（1）确定计划。市县财政部门根据批准的年度发行项目专项债券额度和相关项目，提出年度本地项目专项债券发行建议，明确债券发行时间、批次、规模、期限等内容，报送财政厅备案。

（2）提出方案。财政厅汇总省和市县项目专项债券发行建议，提出省年度项目专项债券发行方案。

（3）发行债券。省级政府按照债券发行计划统一安排发行项目专项债券，并转贷地方使用。

（4）信息披露。各级财政部门应按要求主动披露项目专项债券相关信息，包括发行信息、发行结果信息、付息信息、兑付信息、定期信息、重大事项信息等。

19.3.2.6　后续管理

（1）资金使用管理。专项债券资金收入应全额纳入国库，支出应实行国库集中支付、债券项目的专项收入和支出应专账核算，明确反映资金的收支状况。

（2）账务核算。发行专项债券对应项目形成的专项收入，应当全部缴入国库，并进行专账管理。

（3）还本付息。财政厅按照合同约定，及时偿还项目专项债券到期本金、利息以及支付发行费用。财政部门提前 10 个工作日向财政厅缴纳本地区或本级应当承担的还本付息、发行费用等资金。

（4）资产管理。财政部门应当会同项目主管部门、项目单位将各类项目专项债券对应项目形成的资产纳入国有资产管理，建立相应的资产登记和统计报告制度，加强资产日常统计和动态监控。

19.4　地方政府专项债券项目收益与融资自求平衡评价

《关于试点发展项目收益与融资自求平衡的地方政府专项债券品种的通知》要求：分类发行专项债券建设的项目，应当能够产生持续稳定地反映为政府性基金收入或专项收入的现金流收入，且现金流收入应当能够完全覆盖专项债券还本付息的规模。专项债券对应的项目取得的政府性基金或专项收入，应当按照该项目对应的专项债券余额统筹安排资金，专门用于偿还到期债券本金，不得通过其他项目对应的项目收益偿还到期债券本金。因项目取得的政府性基金或专项收入暂时难以实现，不能偿还到期债券本金时，可在专项债务限额内发行相关专项债券周转偿还，项目收入实现后予以归还。

《关于梳理 2021 年新增专项债券项目资金需求的通知》也要求：专项债券必须用于有一定收益的重大项目，融资规模要保持与项目收益相平衡。

所谓项目收益与融资资金平衡，就是测算项目实施后，未来产生的收益能够覆盖为实施项目而投入的资金，也就是说资金能够回收，或至少融资资金能够回收，没有偿债缺口，不需要另外去找资金还债。

政府专项债券项目一般都是政府为投资主体的有一定收益的公益性项目，为了评价项目收益与融资自求平衡，需要依据以下几个指标。

（1）项目收益合计。项目可偿债收益是项目收入（包括专项收入及政府性基金收入）扣除经营成本及相关税费后的净现金流。即满足以下公式：项目可偿债收益（即每年净现金流）＝项目收入－经营成本（不含折旧、摊销和财务费用）－相关税费，如表19－2所示。

表19－2   项目收益测算例表

序号	项目	合计	1	2	……	n
1	项目收入（包括政府性基金收入和专项收入）					
2	经营成本					
3	税费					
4	项目收益					

注：项目收益＝项目收入－经营成本－税费。

（2）本息覆盖倍数。专项债券本息覆盖倍数是反映专项债券项目是否符合项目收益与融资自求平衡的主要指标，本息覆盖倍数计算公式如下：

本息覆盖倍数＝项目收益合计/专项债券还本付息合计

评价依据是整个项目的本息覆盖倍数是否大于1，如果大于1，说明项目原则上满足项目收益与项目融资本息之间的自求平衡。

若项目还有市场化融资，还应计算总债务本息覆盖倍数，即项目收益合计/（专项债券还本付息合计＋市场化融资还本付息合计），该指标也应大于1。

19.5　地方政府专项债券项目偿债收入来源

充足的现金流是保证专项债项目收益与融资资金平衡的关键，下面简要介绍地方政府专项债项目收入来源，主要包括以下三个方面。

19.5.1　项目自身产生的收入

根据《关于试点发展项目收益与融资自求平衡的地方政府专项债券品种的通知》要求：发行专项债券建设的项目，应当能够产生持续稳定地反映为政府性基金收入或专项收入的现金流收入，且现金流收入应当能够完全覆盖专项债券还本付息的规模。项目偿债收入来源只能是发行债券对应的项目自身形成的政府性基金收入或专项收入。具体针对不同专项债券投资领域，收益来源也不同。如收费公路项目收益来源是车辆通行费对应的政府性基金收入、轨道交通项目的轨道交通运营收入和物业开发收入、产业园区项目收益来源是土地出让收入、厂房租赁等园区配套收入对应的政府性基金收入或专项收入、水电气暖类项目的公用使用收费收入、医院类项目的门诊收入和床位费收入、教育类项目（非义务教育）的学费、住宿费、职业培训收入和食堂收入、水库类项目的原水供应收入、地下管廊类项目的入廊费收入、文旅类项目的景区门票收入、广告收入和商业设施出租收入、污水处理项目的污水处理费收入等。需提供收费依据、支撑性文件或周边同类项目的收费标准作为参考。

19.5.2　项目周边、腾空或关联地块的土地出让收入

项目自身收益无法满足平衡性要求的，可酌情增加土地出让收入来实现，但选取的地块需要与项目本身有一定的联系，一般需要有规划局及政府相应的批复文件支持。

19.5.3　政府补贴收入

项目自身收益无法满足平衡性要求的，也可适当引入政府补贴作为补充性收入，但占比不宜过大，同时需要有对应的支撑性文件，如公用事业项目的补贴收入、生态环保项目的补贴收入等。

19.6　地方政府专项债券资金的使用

从专项债券的界定可以看出，专项债是针对公益性（准公益性）基础设施项目发行的政府债券。现行专项债相关文件，并没有清晰说明专项债的具体用途（支持项目的具体方式或途径。）从理论与实践的结合角度看，政府作为基础设施项目的投资人和促进者，支持项目的途径主要有三个：一是用作政府投资项目的直投资金；二是用作对项目公司、社会投资人的债务性资金；三是用作项目公司的项目资本金。

（1）用作政府投资项目的直投资金。是指专项债收入进入发债收入后，政府以直接投资的方式投入项目，项目实现的收益回到政府性基金或经营性专项收入，归还专项债本息。由于投资方式为政府直接投资，因此这类项目通常是政府直接投资的项目。

（2）用作对项目公司、社会投资人的债务性资金。是指专项债资金作为债务性资金进入项目公司或项目实施主体，以项目产生的政府性基金收入或专项收入款归还专项债本息。这种方式不适用 PPP 项目。

（3）用作项目公司的项目资本金。《关于做好地方政府专项债券发行及项目配套融资工作的通知》规定：允许将专项债券作为符合条件的重大项目资本金。《国务院关于加强固定资产投资项目资本金管理的通知》明确了项目资本金的性质，对投资项目来说必须是非债务性资金，项目法人不承担这部分资金的任何债务和利息，即项目资本金不得为项目公司的债务性资金，但可以为投资人（股东）的债务性资金。

实践中，还有地方政府将发行专项债券筹集的资金调拨发给项目单位，同时政府统筹项目产生的基金性收入和专项收入用于专项债券到期偿还。这实际上是把专项债的发债收入当成财政收入统筹使用了。

专项债资金使用具有以下几方面的特点。

首先，专项债券资金必须用于有一定收益的公益性项目。这一概念其实已经限定了专项债券资金使用范围，其一是需要用在项目上，将专项债券资金用于经常性支出、偿还其他债务或利息的均不属于项目范畴。其二是公益性，堵死了专项债券资金用于产业项目、房地产项目等适合商业化运作项目的路径。

其次，项目谋划期考虑要充分。大部分的资金使用问题都可追索到项目前期谋划阶段，有些地方存在"项目跟着资金走""为了融资而融资"的现象，造成项目前期谋划准备不足，仓促上报，资金下达后存在使用困难等问题。

再其次，根据《国务院关于加强地方政府性债务管理的规定》指出：明确政府和企业责任，政府债务不得通过企业举借，企业债务不得推给政府偿还，切实做到谁借谁还、风险自担。因此，在项目业主的确认上，政企职责要划分清楚。属于本级企事业单位的事务，别用政府部门来做业主，否则容易造成后期资金使用、产权划分等诸多问题。

最后，对项目业主变更、建设内容及规模调整等可能影响其收益与融资平衡能力的重大事项的，应经本级政府批准后向省级财政部门报告，并由省级财政部门公告或做相应的信息披露。

第 20 章

政策性开发性金融工具

政策性、开发性金融工具是由政策性银行和开发性银行发起设立的资金融通工具，是用于补充包括新型基础设施在内的重大项目资本金的一种金融工具。它可以满足重大基础设施项目资本金需求，同时可以利用市场化方式吸引更多的资金参与基础设施项目投资，避免项目资金不足，提高投资效率。政策性、开发性金融工具在基础设施项目融资中发挥着重要的作用。为进一步提高这些金融工具的使用效能，还需要不断优化金融工具支持方式，引导商业银行做好后续配套融资供给，加快落实其他资本金和项目建设资金。此外，还需要持续完善资金监管机制，督促政策性金融机构进一步强化业务流程管理，切实做好项目的日常运营、投后管理、风险防控等工作，避免项目风险向政策性金融领域蔓延。

20.1 政策性开发性金融工具基本概念

政策性金融即在一国政府支持下，以国家信用为基础，运用各种特殊的融资手段，严格按照国家法规限定的业务范围、经营对象，以优惠性存贷利率，直接或间接为贯彻、配合国家特定的经济和社会发展政策，而进行的一种特殊性资金融通行为。[①] 政策性金融工具可以在市场经济运行中引导优化

[①] 张贺，曹琰. 政策性金融工具理论基础、运行机制与经济效益研究 [J]. 时代金融，2023 (3)：40 – 42.

金融资源配置，解决市场失灵问题。

开发性金融是指一国或经济体为经济社会发展中的基础性产业、领域或落后地区，在新形势下可延伸至具有某种特殊战略重要性的产业或部门，提供信贷、投资与智库等金融服务的金融机构或金融业务活动的总称，是政策性金融的深化和发展①。

政策性银行是指由政府创立，以贯彻政府的经济政策为目标，在特定领域开展金融业务的不以营利为目的的专业性金融机构。

1994 年中国政府设立了国家开发银行、中国进出口银行、中国农业发展银行三大政策性银行，均直属国务院领导。中国农业发展银行是直属国务院领导的全国唯一的农业政策性银行，主要职责是以国家信用为基础筹集资金，支持"三农"事业发展，全力服务国家乡村振兴战略和脱贫攻坚，全力服务国家粮食安全、农业现代化和城乡发展一体化，发挥国家战略支撑作用。中国进出口银行是由国家出资设立、直属国务院领导、支持中国对外经济贸易投资发展与国际经济合作、具有独立法人地位的国有政策性银行。近年来，中国进出口银行深耕对外经贸政策，为扩大中国机电产品、成套设备和高新技术产品出口，推动有比较优势的企业开展对外承包工程和境外投资，促进对外关系发展和国际经贸合作等方面作出了举足轻重的贡献。

2015 年 3 月，国务院明确国家开发银行定位为开发性金融机构，从政策银行序列中剥离。作为全球最大的开发性金融机构，国家开发银行积极探索金融服务国家战略的有效途径，从支持"两基一支"重大项目到促进城镇化建设，从主动服务社会民生到支持企业走出去，从缓解发展瓶颈制约到助力宏观调控、应对国际金融危机冲击、服务稳增长调结构，为促进中国经济社会发展、提升综合国力作出了重要贡献。

20.2　政策性开发性金融工具融资现状

2022 年 6 月 29 日，国务院常务会议提出，运用政策性、开发性金融工

---

①　刘键．政府投融资管理［M］．北京：中国金融出版社，2022．

具，通过发行金融债券等筹资 3000 亿元，用于补充包括新型基础设施在内的重大项目资本金，或为专项债项目资本金搭桥。

国务院常务会议确定设立政策性、开发性金融工具之后，农发行与国开行就第一时间分别成立农发基础设施基金、国开基础设施基金。2022 年 9 月 2 日，经银保监会批复同意，中国进出口银行也成立了进银基础设施基金有限公司。

20.2.1 国开基础设施基金

2022 年 7 月 21 日，国开基础设施基金有限公司成立。

国家开发银行表示，截至 2022 年 8 月 26 日，国开基础设施基金已签约 422 个项目、合同金额 2100 亿元，已投放 2100 亿元。

据介绍，国开基础设施投资基金在项目来源上采取"部委推荐、开行自主决策"。按照"基金跟着项目走"的原则，先由国家发展改革委会同中央部门、中央企业及各地方形成备选项目清单，按照"成熟一批、推荐一批"的原则，向开发银行推荐；再由开发银行从中进行筛选，按照市场化原则，依法合规自主决策、独立评审，开展项目对接投资。具体项目选择标准上，要求投资项目既要有较强的社会效益，也要有一定的经济可行性，坚持不搞大水漫灌，优先支持"十四五"规划内的、前期工作成熟、三季度能够尽快开工的基础设施重点领域项目，确保资金到位后，项目按期开工建设，尽快发挥作用，形成更多实物工作量。

20.2.2 农发基础设施基金

为切实发挥政策性金融在基础设施投资领域的引领作用，中国农业发展银行快速推进政策性金融工具——农发基础设施基金设立和投放。2022 年 7 月 20 日，农发基础设施基金有限公司成立。

农发行表示，截至 2022 年 8 月 20 日，农发基础设施投资基金完成全部900 亿元资金投放，支持市政和产业园区基础设施、交通基础设施、农业农村

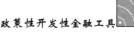

基础设施和能源基础设施等领域项目 500 余个，可拉动项目总投资超万亿元。

截至 2022 年 9 月 19 日，农发基础设施基金第二期 1000 亿元已全部投放，投放项目 732 个。主要投向交通基础设施、能源基础设施、城乡冷链和重大物流基础设施、农业农村基础设施、社会事业、市政和产业园区基础设施、保障性安居工程、新型基础设施八大领域。其中，支持水利项目 99 个；交通基础设施项目 59 个；市政和产业园区基础设施项目 414 个；职业教育项目 44 个。另外，基金第二期投放遵循最新政策要求，重点支持广东、江苏、山东、浙江、河南和四川六个经济大省，投资项目 412 个。

根据农发行介绍，农发行基金投放工作，坚持做到并行作业、四级联动、全力推进。总、省、市、县四级行挂图作战、快速联动，抢抓时间节点、狠抓项目对接，扎实推进基金各项工作。总行各部门全力以赴、协同作战，通过统筹、协调、联动、指导、"一事一议"等机制，为基金工作通"堵点"、破"难点"，为基金快速安全投放提供强有力支持。各级行自觉提升政治站位，将加快推进基金投放落地作为重要政治任务，齐心协力、同向发力，保合规、抢进度，争分夺秒推进基金投放。充分发挥基金投资优势，做到基金和信贷的联动协同，提前谋划"以投促贷""以贷引投"工作，提升投贷联动综合质效，扎实推进重大基础设施建设项目落地。

国开行与农发行合计 3000 亿元的基础设施投资基金全部投放完毕，意味着第一批 3000 亿元基础设施投资基金完成投放。

2022 年 8 月 24 日召开的国务院常务会议提出，在 3000 亿元政策性开发性金融工具已落到项目的基础上，再增加 3000 亿元以上额度。这意味着，政策性开发性金融工具的总量已达到 6000 亿元。

目前项目资本金比例普遍为 20% 左右，6000 亿元的政策性开发性金融工具资金可以带动约 3 万亿元配套资金，这对固定资产投资将有巨大的带动作用。

20.2.3　进银基础设施基金

2022 年 9 月 2 日，经银保监会批复同意，中国进出口银行正式成立进银基础设施基金有限公司。成立当日，进出口银行向上海国际港务（集团）股份有限公司和浙江省海港投资运营集团有限公司投放首笔进银基础设施基金。

进银基础设施基金有限公司的成立，意味着三大政策性基础设施基金全部宣告成立。

20.3　政策性开发性金融工具政策梳理

2022 年 8 月 31 日，国常会最重要的内容就是进一步放宽了政策性金融工具政策，从 2022 年 6 月 29 日国常会决定运用政策性、开发性金融工具，到 8 月 31 日国常会，仅仅两个月时间，不断扩充该项政策的内容，体现出决策层希望以政策性、开发性金融工具等准财政资金接替专项债等财政资金继续支持基础设施项目建设投资增长的思路，随着越来越严格地控制地方政府债务的规模，政策性、开发性金融工具等准财政性资金，以及由财政资金和准财政资金撬动的社会资本将成为基础设施建设投资的主力。以下是对政策性、开发性金融工具政策的梳理。

20.3.1　政策提出

2022 年 6 月 29 日，李克强主持召开国务院常务会议，会议决定，运用政策性、开发性金融工具，通过发行金融债券等筹资 3000 亿元，用于补充包括新型基础设施在内的重大项目资本金，但不超过全部资本金的 50%，或为专项债项目资本金搭桥。财政和货币政策联动，中央财政按实际股权投资额予以适当贴息，贴息期限 2 年。

这次政策鼓励扩大基建投资强调坚持稳健的货币政策，采用政策性、开发性金融工具加大重大项目融资支持，专款专用，不会产生货币再创造，确保了资金的精准滴灌，更好发挥引导作用，疏通货币政策传导机制，促进银行存贷款在规模和结构上更好匹配，实现扩大有效投资、带动就业、促进消费的综合效应。

政策性、开发性金融机构通过发行金融债券等筹资 3000 亿元，运用政策性、开发性金融工具投向基础设施项目，具体有两种使用方式：一是补充包括新型基础设施在内的重大项目资本金，但不超过全部资本金的 50%；二是为专项债项目资本金搭桥。

第一种方式采用政策性、开发性金融工具补充重大项目资本金，是解决资本金"少一点"的问题。具体指项目已基本落实资本金来源，但是暂时存在资本金不足的问题，可以由政策性、开发性金融机构发行金融债券筹资，然后通过股权投资的方式投入重大项目的资本金，在短期内解决不超过全部资本金 50% 的部分，促进项目尽快开工形成实物工作量。这也符合《关于加强固定资产投资项目资本金管理的通知》的规定。

第二种方式为专项债项目资本金过桥贷款，是解决资本金到位"迟一点"的问题。专项债项目资本金过桥贷款是指专项债做资本金的项目，其专项债资金尚未到位时，可先由政策性、开发性金融工具提供资金做资本金，待专项债发行成功后资金到位，再将政策性、开发性金融工具资金置换退出。

项目搭桥贷款的相关规定源于 2009 年银监会发布的《关于当前调整部分信贷监管政策促进经济稳健发展的通知》，通知指出，为切实贯彻落实党中央、国务院关于进一步扩大内需、促进经济增长的十项措施和国务院关于当前金融促进经济发展的若干意见，应拓宽项目贷款范围。对符合国家产业政策导向，已列入发展改革委制定的发展规划，政府相关部门已同意开展项目前期工作的项目，银行业金融机构可在一定额度内向非生产性项目发起人或股东发放搭桥贷款。

2010 年，银监会针对 2009 年搭桥贷款的规定又下发了《关于规范银行业金融机构搭桥贷款业务的通知》，通知指出，银行业金融机构开展搭桥贷款，对应对国际金融危机的冲击，落实国务院关于"保增长、扩内需、调结构"决策部署，确保经济稳定健康发展，起了积极的支持作用。根据当前我国宏观经济发展形势的要求，结合银行业金融机构搭桥贷款业务开展情况，配合国内产业结构调整政策需要，现就规范银行业金融机构搭桥贷款业务通知如下。

禁止银行业金融机构发放以下性质或用途的搭桥贷款。

（1）银行业金融机构向项目发起人或股东发放的项目资本金。（2）银行业金融机构以企业应收财政资金或补助为由，向借款人发放财政性质资金（包括发展改革委安排的中央预算内投资资金）的搭桥贷款。（3）银行业金融机构为企业发行债券、短期融资券、中期票据、发行股票（含定向增发和私募）以及股权转让等提供搭桥贷款。

本次提出的专项债项目资本金过桥贷款对上述规定有所突破，一是突破了禁止银行业金融机构向项目发起人或股东发放的项目资本金提供搭桥贷款的规定；二是突破了禁止银行业金融机构向借款人发放财政性质资金搭桥贷款的规定。

20.3.2　增加额度

2022 年 8 月 24 日，国常会部署稳经济一揽子政策的接续政策措施，明确在 3000 亿元政策性开发性金融工具已落到项目的基础上，再行增加 3000 亿元额度，推动 2022 年下半年形成更多的基础设施建设实物工作量。近年来，我国重大基础设施建设项目存在资金需求规模大、建设周期长、资金不足尤其是资本金不足等一系列问题，制约了基础设施项目的投资。政策性开发性金融工具可以作为资本金使用，通过增加其额度，有助于发挥其杠杆作用，撬动更多的民间资金参与到基础设施项目投资中，缓解重大项目工程投资过程中资本金来源不足和阶段性到位难的问题，为基础设施项目提供有效的资金供给，充分发挥政策工具在经济恢复发展中的重要作用。

此外增加政策性开发性金融工具额度还可增加有效投资带动消费，有利于应对贷款需求不足，加大对重大项目的融资支持，既坚持了货币政策不搞大水漫灌、不超发货币的基调，又能够引导金融机构发放中长期低成本配套贷款，积极发挥好资金的杠杆效应，有效提振重大基建和工程项目投资，增强信贷增长的稳定性。

在对政策性开发性金融工具扩额度的同时，决策层对专项债结存限额的使用进行了收缩，根据财政部数据，下半年可动用的专项债务结存额度为

15540 亿元，但本次国常会提出的是用好 5000 多亿元专项债地方结存限额，10 月底前发行完毕，仅为存量结存额度的 1/3，体现出决策层保留政策余地和防范政府债务风险的目标，希望政策性开发性金融工具在基金投资方面逐渐取代专项债等财政资金的主导地位。此外也体现出希望提高专项债投资效率的意图，从前期的实践来看，专项债资金的使用效率并不高，能够满足自平衡要求的合格项目不足，因此保持原来的专项债投资规模可能会造成专项债资金的闲置，鉴于政策性开发性金融工具投资项目尚没有像专项债一样的条件要求和绩效监管制度，增加政策性开发性金融工具投入额度反而能够使更多的项目获得支持，形成更多的实物工作量。

20.3.3 扩大适用范围

2022 年 8 月 31 日，国常会听取稳住经济大盘督导和服务工作汇报，部署充分释放政策效能，对政策性金融工具政策进一步扩容。

（1）可根据实际需要扩大规模。会议提出，在用好新增 3000 亿元以上政策性开发性金融工具基础上，根据实际需要扩大规模，对符合条件的成熟项目满足资金需求，避免出现项目等资金情况。

（2）将上半年开工项目新增纳入支持范围，对之前符合条件但因额度限制未投放项目自动纳入支持，以在三季度形成更多实物工作量，也为制造业和个体工商户及时提供市场需求。

（3）扩大政策性开发性金融工具支持的领域，将老旧小区改造、省级高速公路等纳入，并尽可能吸引民间投资。

在三类投向基础上又新增了老旧小区改造和省级高速公路两项，尤其是老旧小区改造这类缺乏经济效益的项目。

20.4 政策性开发性金融工具特点

政策性、开发性金融工具用于基础设施项目融资，具有以下一些特点。

20.4.1 政策性、开发性金融工具是与金融财政政策搭配使用的政策工具

第一，政策性、开发性金融工具与政策性银行贷款配合，为项目提供双重助力。2022年6月1日，国常会明确，调增政策性银行8000亿元信贷额度。政策性、开发性金融工具助力资本金足额到位后，前期的8000亿元政策性、开发性中长期信贷资金就可以及时跟进。两项政策举措相辅相成，既增加中长期信贷供给，补充项目资本金，又可在稳投资、稳增长方面发挥综合效应。

第二，政策性、开发性金融工具与财政政策配合，为专项债券项目资本金搭桥。2022年以来，财政部门加快专项债券发行使用节奏，加大力度支持重大项目建设。对于纳入地方专项债券发行计划中的项目，在专项债券发行完成、资金到位前，采取政策性、开发性金融工具为专项债券资本金搭桥模式，由基金资金先行补充到位，最终根据发行计划由专项债券资金分批置换，实现基金退出，形成金融财政服务稳投资的合力。

20.4.2 政策性开发性金融工具具有投资的定向性

政策性、开发性银行运用金融工具，重点投向以下三类领域。

第一，中央财经委员会第十一次会议明确的五大基础设施重点领域，分别为交通水利能源等网络型基础设施、信息科技物流等产业升级基础设施、地下管廊等城市基础设施、高标准农田等农业农村基础设施、国家安全基础设施。

第二，重大科技创新等领域。

第三，其他可由地方政府专项债券投资的项目。

本次推出政策性、开发性金融工具的目的就是针对迟早要干的项目，通过金融工具的支持，快速精准打通资本金无法到位造成的堵点，推动项目尽早开工，尽快形成实物工作量。按照金融工具占项目资本金比重不超过50%的要求，预计金融工具占每个项目总投资比重不会超过10%。资本金足额到

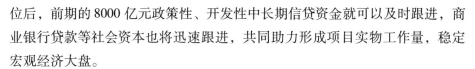

位后，前期的 8000 亿元政策性、开发性中长期信贷资金就可以及时跟进，商业银行贷款等社会资本也将迅速跟进，共同助力形成项目实物工作量，稳定宏观经济大盘。

从政策性开发性金融工具的支持方向看，具有既利当前又惠长远的特点。政策性开发性金融工具资金主要投向条件成熟、有效益、能尽快发挥作用的基础设施和新型基础设施，按照市场化原则投资，依法合规、自主决策、自负盈亏、自担风险、保本微利，并按照市场化原则确定退出方式。投资项目既要有较强的社会效益，也要有一定的经济可行性。

20.4.3 政策性开发性金融工具资金利率低、期限长

政策性、开发性金融工具具有市场融资利率低的特点，同时国常会还提出财政和货币政策联动，中央财政按实际股权投资额予以适当贴息，贴息期限 2 年，引导金融机构加大配套融资支持，吸引民间资本参与，抓紧形成更多实物工作量。

20.4.4 政策性开发性金融工具补充项目资本金不超过全部资本金的 50%

这一限额是根据《关于加强固定资产投资项目资本金管理的通知》"通过按照国家统一的会计制度分类为权益工具的金融工具筹措的资金不得超过资本金总额的 50%"的规定提出的。

20.5 政策性开发性金融工具投资原则

政策性、开发性金融工具投放过程中，应当遵循以下原则。

20.5.1　市场化原则

在投放政策性开发性金融工具时，发改部门会同中央部门、中央企业及各地方形成项目清单，按照"成熟一批、推荐一批"的原则，向政策性银行推荐；几家政策性银行按照市场化原则进行项目筛选，参与项目评审、根据项目质量自主决策，并直接与相应企业或项目公司签约，这样更有利于发挥银行金融机构的专业优势。另外，本轮政策性开发性金融工具坚持"成熟一批、实施一批"，不搞大水漫灌，优先支持既利当前又利长远、列入规划、比较成熟的重大基础设施项目。

20.5.2　投资项目既要有较强的社会效益，也要有一定的经济可行性

项目选择要兼顾社会效益和经济效益。基金优先支持"十四五"规划内、前期工作成熟、三季度能够尽快开工的基础设施重点领域项目，确保资金到位后，项目按期开工建设，尽快发挥作用。

20.5.3　只做财务投资行使相应股东权利，不参与项目实际建设运营

本次政策性、开发性金融工具的资金来源是发行金融债券，资金来源于金融市场，是以股权的方式投入重大项目。政策性金融工具的市场化程度更高，其资金来源是市场资金，由市场化主体政策性、开发性金融机构名义发债，通过市场化专项建设基金投入项目，按照市场化原则投资，依法合规、自主决策、自负盈亏、自担风险、保本微利，只做财务投资，行使相应股东权利，不参与项目实际建设运营。

20.5.4 按照市场化原则确定退出方式

本次提出的政策性金融工具，其前身是 2015～2017 年推出的专项建设基金。2015 年国开行、农发行以向金融机构定向发行专项建设债券的方式筹措资金，设立专项建设基金，国开行设立的是国开发展基金，农发行设立的是中国农业发展建设基金，通过基金将发债筹集的资金投入项目资本金，支持项目建设。2015 年 8 月，首批专项建设债券发行，2015～2017 年共发行 7 批，总规模约 20000 亿元。随着国内经济的发展，专项债发行逐步完善，专项建设基金于 2017 年下半年开始逐渐退出。本次的政策性、开发性金融工具运作方式与专项建设基金基本相同，也是由政策性金融机构发行金融债券，通过设立股权投资基金投入项目资本金，最终基金也需要市场化退出。

第四篇
案 例 分 析

第 21 章

案例集 I

21.1　广东省沙角 B 电厂 BOT 项目案例[①]

21.1.1　项目简介

沙角发电厂曾是中国华南地区最大的火力发电基地，总装机容量达 388 万千瓦，由相互毗邻的 A、B、C 三座分厂构成。其中沙角 B 电厂采用 BOT（Build - Operate - Transfer，即建设—经营—转让）模式建造，是国内首次使用 BOT 模式兴建的基础设施项目。项目总投资 5.4 亿美元，按 1986 年汇率折算为 42 亿港币。项目由社会资本方负责建设、运营，中方为电厂盈利提供必要条件，但电厂最终能否建成并正常运行风险在社会资本方，中方让渡合作期内电厂盈利，合作期满时社会资本方将电厂无偿移交给中方。沙角 B 电厂于 1984 年签署合资协议，1986 年完成融资并开始动工修建，1988 年建成投入使用。沙角 B 电厂在国家资金紧张，广东电力供应紧缺的情况下，建成并投入使用。合作期内沙角 B 电厂上网电量达 373 亿度，对于缓解当时广东省电力紧缺状况，促进当地经济发展起到了重要作用。

---

① 曹特朝 . BOT 融资研究——以沙角 B 场为例［D］. 广州：暨南大学，2006.

21.1.2　运作模式

项目的社会资本方香港合和中国发展有限公司，是由五家企业在香港注册的有限公司，是专门为开发沙角 B 电厂而设立的特殊目的公司（Special Purpose Vehicle，SPV）。项目社会资本方与项目中方深圳经济特区电力开发公司共同设立项目公司"深圳沙角火力发电厂 B 厂有限公司"，由中方出任董事长。

在合作期内，中方无需投入资金、设备、人力等，融资、建造、运营均由社会资本方负责。相应的，合作期内的电厂盈利也归社会资本方所有。项目为社会资本方设计了较高的内部收益率，当合作期满时，社会资本方将电厂无偿移交给中方。

中方为项目提供了一份电力购买合约。沙角 B 电厂总装机容量 70 万千瓦，由两台 35 万千瓦发电机组成。电力购买合约约定电厂每台机组每年最低购电量为 18 亿千瓦时，电厂每年最低购电量 36 亿千瓦时，相当于机组日均满负荷运行 14 小时以上。最低购电量内电价每度人民币 5.74 分加港元 20.5 分，超过最低购电量电价每度人民币 3 分加港元 11 分。如果购电量达不到最低购电量，欠发电量每度赔偿人民币 2 分加港元 20 分。按合同规定的固定汇率人民币 0.28 元兑 1 港元，相当于售电收益一半用人民币支付，一半用港元支付。人民币收入部分用以支付煤炭的购买成本和以人民币形式发生的项目经营费用，外汇收入部分用以偿还项目外汇贷款和汇出社会资本方利润。中方提供的电力购买合约排除了项目的主要市场风险。

中方还为项目提供了一份煤炭供应合约。中方负责按沙角到岸价每吨人民币 90 元为电厂提供发电所需全部煤炭。这份煤炭供应合约排除了项目主要生产成本超支的风险。

中方虽然提供了电力购买合约和煤炭供应合约，使电厂每发一度电就可以获得一个固定的利润，并且为这两个合约提供了保险，但是中方并不承担项目能否建成的风险，项目的建设和运营风险仍然在社会资本方。

项目的建设采用"交钥匙"承包合同方式。设备供应商是在中方参与下，按货比三家，择优选购的原则确定的，比预计的建设费用节约了 3 亿港元。如果提前完工，承包商可以获得奖励。

合作期内，由社会资本方负责电厂的运行。社会资本方首先和由英美两国联合组成的电力服务公司 EPS 签订了为期四年的电厂管理合同，从电厂开始修建到建成运行前两年。EPS 把英国和中国香港的电厂管理模式运用到沙角 B 电厂，搭建起管理结构和规章制度，并协助社会资本方招聘、培训中国员工。EPS 退出后，社会资本方将电厂承包给广东省电力局。在移交前一年，社会资本方将电厂交由中方管理，为顺利移交打下基础。

项目合作期为期 10 年，在合作期后 3 年，电厂发电量达不到合同规定的最低购电量，差额电量达 34.12 亿千瓦时，经双方协商，广东省人民政府批准，采取延长合作期 18 个月的方式赔偿社会资本方损失。1999 年 9 月 7 日，电厂正式移交中方，BOT 合作结束。

2019 年 11 月 13 日，运行了 32 年的沙角 B 电厂完成了它的历史使命，正式全面关停。32 年中，沙角 B 电厂累计发电量近 1218 亿千瓦时，累计供电量超过 1118 亿千瓦时。沙角 B 电厂开创了国内以 BOT 模式建设大型基础设施项目的成功先河，见证了国家改革开放的成功，为广东电网的安全稳定和广东省的经济腾飞作出了重要贡献。[①]

21.1.3　融资方案

沙角 B 电厂的融资方案具有典型的项目融资特征——有限追索，资金来源包括股本资金、项目贷款两种形式，如表 21 - 1 所示。

---

① 中央财经大学政信研究院．中国 PPP 行业发展报告（2020）［M］．北京：社会科学文献出版社．

表 21 - 1　　　　　　　　沙角 B 电厂 BOT 项目融资方案

股本资金	股本资金	3850 万美元（3 亿港元）
项目贷款	中方人民币贷款	10910 万美元（3.48 亿元人民币）
	固定利率日元出口信贷	26140 万美元（4.96 兆亿日元）
	欧洲日元贷款	5560 万美元（105.61 亿日元）
	港币贷款	7500 万美元（5.86 亿港元）
资金合计		53960 万美元

资料来源：曹特朝. BOT 融资研究——以沙角 B 场为例［D］. 广州：暨南大学，2006.

　　项目社会资本方负责项目的融资、建设和运营，而项目公司作为一个合作企业并不完全由社会资本方控制，因此项目有关合同直接与项目社会资本方订立，而不是项目公司。项目资金主要由社会资本方筹措。由于项目采用了日本三菱公司的设备，因此获得了日本进出口银行的出口信贷，日本进出口银行以此促进本国产品出口。这笔资金不仅用来购买三菱公司的设备，更是项目外汇资金的一个重要来源。

　　BOT 项目融资是以项目为主体的融资。项目融资依赖于项目的现金流和资产而不是项目公司的资信。贷款银行具有有限追索权，可以将项目经营收益作为还款来源和担保物，还可以要求项目实体以外的第三方提供担保。如果项目失败，贷款银行有权向主办单位追偿，包括设备供应商、建设承包商、设施用户等，但仅以按有关协议所承担的义务为限。贷款银行有权向第三方担保人追索，同样仅以各自提供的担保金额为限。

　　BOT 项目融资主要由项目公司进行，但在很大程度上依赖于政府的特许经营权、特定的税收政策和外汇政策，并以这些作为融资的重要信用支持。

21.1.4　风险分担

　　沙角 B 电厂项目通过众多担保协议将项目风险分配到相关各方。首先是电力购买协议和煤炭供应协议，将电厂的主要市场风险和主要生产成本超支风险分配到中方。广东省国际信托投资公司为这两份协议提供了担保。

项目贷款的担保方式,按融资表从上至下分别是:广东省电力工业总公司是中方的担保单位,在合作兴建沙角 B 电厂的合同上签字盖章。如果中方不能按合同还本付息,则由担保单位以支付沙角 B 电厂电费的方式归还贷款本息。一个由多家银行组成的国际贷款银团,为项目提供了一定数量的欧洲日元贷款和港币贷款,这个国际贷款银团向日本进出口银行的固定利率日元出口信贷提供一个项目风险担保。中方为社会资本方提供的电力购买协议和煤炭供应协议以及广东省国际信托投资公司为这两份协议提供的担保一并转让给国际贷款银团作为信用保证。这样所有项目贷款获得了担保。

项目融资中有大量日元和港元贷款,而我国当时实行固定汇率,汇率风险可以看成是一种政策风险,因此中方承担了汇率风险。中方承诺按固定汇率 1 元人民币兑日元 91.3 元,0.28 元人民币兑港元 1 元,将人民币兑换成日元和港元。随着人民币对外币贬值,这一条款增加了中方成本。

项目社会资本方向日本进出口银行贷款购买日本三菱公司的设备,在此基础上,项目社会资本方与日本三菱公司等设备供应商及工程承包财团达成了一个固定价格的"交钥匙"合同,担保银行为其提供履约担保。"交钥匙"合同和履约担保共同构成了项目的完工担保,项目完工风险由项目社会资本方转移到设备供应商及工程承包财团。

广东省政府为项目出具了支持函,所有项目相关合同都要经过广东省政府批准才能生效。虽然支持函并不具备法律约束力,但可作为一种意向性担保,在项目融资安排中具有相当的分量,可以降低融资成本。沙角 B 电厂项目也因此具有一定的特许经营性质。

中国人民保险公司为项目安排了保险。项目保险是电站项目融资中不可缺少的组成部分,这种保险通常包括对出现资产损害、机械设备故障、项目不能按期投产情况的保险。

21.1.5 经验总结

BOT 项目的实施过程可以分为准备阶段、实施阶段和移交阶段。准备阶段的工作主要有选定项目,公开招标确定项目承办人,项目承办人选择合作者，确定融资方案和风险分担，成立项目公司。项目公司与建设、运营各方签订相应合同，随后，项目转入实施阶段。移交过程包括资产评估、债务清偿、利润分红等过程。BOT 项目的重点是在准备阶段做好项目融资和风险分配工作，沙角 B 电厂的成功之处在于将风险分配给了最适合承担的一方。沙角 B 电厂项目也存在一定不足，如在准备阶段没有对移交事宜做出详细规定，为日后移交埋下隐患，好在经过双方协商，电厂顺利移交。此外，社会资本方的回报率偏高，沙角 B 电厂上网电价比同期省属火电厂高 61.7%，利润是省属火电厂的近 10 倍。

21.2 山东省菏泽市牡丹区沙土镇 20MW 太阳能发电暨高效农业综合生产项目投融资案例[①]

21.2.1 项目简介

山东省菏泽市牡丹区沙土镇 20MW 太阳能发电暨高效农业综合生产项目由社会资本方发起，采用 BOO（Build – Own – Operate，即建设—拥有—经营）模式建造。项目计划总投资 1.9 亿元，占地面积约 600 亩。该项目为光伏发电，依托高效农业项目，通过土地流转，在不改变土地属性的前提下，地上种植农作物，在其上方建设光伏电站，实现土地资源的立体综合利用。电站总装机容量 20MW，采用分区发电，集中并网方案，年上网电量 2121 万千瓦时。牡丹区地处黄淮平原，日照较为充足，具有发展光伏发电的优势。建设该项目可以提高可再生能源在当地能源结构中的比例，提高土地资源的综合利用率。

21.2.2 运作模式

牡丹区人民政府授权牡丹区沙土镇人民政府为该项目的实施机构，中标

---

① 资料来源：财政部政府和社会资本合作中心．山东省菏泽市牡丹区沙土镇 20MW 太阳能发电暨高效农业综合生产项目．

社会资本方为菏泽市无量光伏发电有限公司。项目公司应由中标社会资本方出资设立，后经双方协商，菏泽市无量光伏发电有限公司直接作为该项目的项目公司。合作期结束后项目主要资产光伏发电板不具有回收价值，政府不对项目资产进行回收，没有移交环节，因而项目采用的是 BOO 模式。

项目用地通过土地流转的方式获得，沙土镇政府协助项目公司进行土地流转，土地流转费用由项目公司承担，每亩土地每年租赁费用 1500 元。项目不改变土地权属，仍为原土地所有者所有。项目用地原用途为耕地，不能改变其用途，因此在建设光伏电站时要加装地桩，在光伏电站下方仍要种植农作物。

项目的回报机制为使用者付费，收入来源包括两部分，一是电费收入，二是农作物收入。发电量按理论发电量计算并随时间的推移逐年递减，上网电价按国家发改委规定的全国光伏电站标杆上网电价确定。项目合作期 30 年，前 20 年含增值税平均上网电价为 0.98 元/千瓦时，不含增值税平均上网电价为 0.84 元/千瓦时。后 9 年采用山东电网脱硫标杆上网电价，含增值税平均上网电价为 0.44 元/千瓦时，不含增值税平均上网电价为 0.38 元/千瓦时。项目 2016 年开工建设，2019 年 12 月 31 日正式实现并网发电，当年发电量预测 2330 万千瓦时，至 2036 年年发电量预测 2032 万千瓦时，至 2045 年年发电量预测 1891 万千瓦时。项目合作期前 20 年年均含税电费收入约 1800 万元，后 9 年年均含税电费收入约 740 万元。

项目原计划在光伏电站下方种植油用牡丹，达产后每亩年均收入 4500 元。但油用牡丹生长受周边环境影响较大，种植后无法正常生长，后改为粮食作物小麦，经济效益尚可。

项目合作期内，政府方除了协助项目公司进行土地流转，还对项目的安全运营有监管责任。因中标社会资本方原因导致项目合同终止或无法发电的，政府方有权接管项目设施的运行。在接管前政府方与中标社会资本方要签订接管协议，明确接管方的权利义务。项目被接管后，中标社会资本方不再承担违约责任。

菏泽江天联合会计师事务所分别在 2020 年和 2021 年，对项目公司菏泽市无量光伏发电有限公司和项目实施机构菏泽市牡丹区沙土镇人民政府，针对该项目进行了建设期绩效评估和运营期绩效评估。合同约定项目年均上网电量 2121 万千瓦时，评估年份实际上网电量 2200 万千瓦时，达到了合同约定的发电量。项目各方面运转良好，主要问题是项目资金到位不足，项目资产价值约 7000 万元，且并未发生融资。

21.2.3 融资方案

项目融资方案经过多次调整，在准备阶段的项目实施方案中，项目计划投资 2.1 亿元，其中 25% 的资金是项目资本金，完全由中标社会资本方提供，中标社会资本方还要以债务融资的形式向项目注资 5740 万元，占项目总投资的 27%，其余 48% 的资金由中标社会资本方或项目公司向 PPP 发展基金或金融机构贷款解决。正式签订的合同更改为项目总投资 1.9 亿元，项目公司与中标社会资本方不再做区分，注册资本 1.15 亿元，完全由中标社会资本方出资，其余资金仍由中标社会资本方筹措。在该项目中，政府方完全不用出资。实际操作过程中，虽然项目资金到位不足，但是没有影响项目发电量。

21.2.4 风险分担

项目风险的分配原则包括最优化风险分配原则、风险和收益对等原则、可承担性原则、动态性原则、可操作性原则、全面性原则。目的是将风险分配给最富有经验、最擅长管理风险、风险控制成本最低且有能力承担风险的一方，设立必要的弹性条款和动态调整机制以应对风险的变化和新增风险的出现。具体而言，项目由中标社会资本方投资建设，合作期内收益归中标社会资本方所有，项目的主要风险由中标社会资本方承担。法律法规风险、财税政策风险、许可审批风险、项目征收风险由政府方承担。不可抗力风险、自然环境风险、公众利益风险、合作权利分配不当风险由政府方和中标社会资本方共同承担。

该项目的履约保障体系由三个相互衔接的保函组成。第一个是投资保证保函，在递交项目投资建议书时同时提交。保证内容是项目投资建议书内容的履行，合同签署及建设期履约保函的提交等。第二个是建设期履约保函，保证内容为建设义务的履行，运营维护保函的提交和其他违约赔偿义务的担保。第三个是运营维护保函，保证内容为整个运营期义务的履行。履约保函格式应为见索即付的银行保函或其他形式的担保，如资产抵押、质押等。

项目的主要风险有光伏发电设备故障风险，持续用地风险等。对于光伏发电站不能正常运转的情况，由于政府方没有进行投资，因而对政府财政没有影响，同时政府方有权利接管光伏电站，可以妥善善后。项目持续用地风险由项目公司承担。政府方协助项目公司解决用地问题，若小部分土地不能继续租用，政府方在项目附近协调增加相应土地。

21.2.5 经验总结

该项目是灵活利用土地发展光伏产业的例子，政府与社会资本方发挥各自优势促成了该项目实施，政府帮助社会资本方进行土地流转，社会资本方独家进行投资。对社会资本方而言找到了经营光伏发电站的地点，对于政府而言风险可控，改善了当地能源结构且增加了政府税源。与一般的招商引资不同，光伏发电站属于能源基础设施，具有特许经营性质且政府对其安全运行负有一定责任，采用 PPP 模式中的 BOO 模式符合其行业特征。

21.3　福建省泉州市泉港区新能源公交车和充电站设施 PPP 项目案例[①]

21.3.1　项目简介

为改善福建省泉州市泉港区公交条件，更新老化公交车辆，集中经营加

---

① 资料来源：财政部政府和社会资本合作中心. 福建省泉州市泉港区新能源公交车和充电站设施 PPP 项目。

强管理，泉州市泉港区政府启动了新能源公交车和充电站设施 PPP 项目。项目总投资 7800 万元，建设内容包括采购 120 辆新能源公交车，建设 1 座 2400KVA 级的新能源汽车集中式充电站。项目公司购置新能源公交车后交由泉港区大众公交公司运营，根据车辆运行质量分期向项目公司支付车辆费用。充电站建在泉港区大众公交公司内，包括 30 个充电桩，优先满足新能源公交车充电需求，同时鼓励对外开展充电增值服务。项目公司负责充电站的建设运营并收取相应服务费。项目合作期 10 年，建设期 6 个月，运营期 9 年 6 个月。合作期结束后，充电站无偿移交给政府或其指定单位。

21.3.2　运作模式

泉港区交通运输局是项目的实施机构，负责对项目整体进行管理，包括对项目进行监督检查，划拨可用性服务费。泉港区大众公交有限公司是政府出资代表，也是与项目公司频繁进行对接的机构。经过招投标程序，福建纳川管材科技股份有限公司成为中标社会资本方。泉港区大众公交公司与中标社会资本方共同成立项目公司，由项目公司进行项目的投融资、建设运营和移交。

项目公司成立后，由项目公司与项目实施机构泉港区交通运输局签署《PPP 项目合同》。该项目的服务内容包括两部分，总投资 7800 万元，其中购置新能源公交车预算不超过 6600 万元，建设充电站不超过 1200 万元。

项目公司购置新能源公交车，交由泉港区大众公交公司运营，这部分的回报机制称为可用性服务费。可用性服务费是指项目公司提供新能源公交车所应得的收入，包括新能源公交车的购置成本和合理利润。每期的可用性服务费计算方式是在等额本息还款公式基础上进行绩效考核系数调整。支付次数为 8 次，从进入运营期起每 12 个月支付一次。购买新能源公交车实际总投资额等于购车发票金额减去省级财政购置补贴一次性到位的金额。年合理利润率由招投标决定，不得高于 6%。

可用性服务费资金来源包括中央财政新能源公交车运营补贴，每辆车每年 6 万元，120 辆车 8 年共计 5760 万元；省级财政新能源公交车购置补贴，每辆车 10 万元，120 辆车共计 1200 万元；其余可用性服务费由泉港区财政预算支付。泉港区交通运输局牵头组建考评小组，对项目公司提供的新能源公交车质量和充电服务进行年度考核。根据考核结果向区财政局申请该项目的可用性服务费，财政局确认后拨付给区交通局，区交通局支付给区大众公交公司，再由区大众公交公司支付给项目公司。

中标新能源公交车购车总成本 6169.8 万元，减去省级财政购置补贴 1200 万元，实际总投资额 4969.8 万元。中标年合理利润率 6%，分 8 年等额支付本息，假设每次考核都达标，泉港区交通运输局每年向项目公司支付可用性服务费 800.32 万元。其中中央财政已支付运营补贴 720 万元，因此项目给区级财政造成的压力较小。如果项目公司购买的车辆不符合财政补贴有关要求，造成的损失由项目公司承担。

在项目合作期内，项目公司享有充电站所有权、使用权和收益权，回报机制为使用者付费，包括公交车充电服务费和社会车辆充电服务费。公交车充电服务费等于实际用电量乘以每度电服务费，每度电服务费由社会资本竞争确定，不得高于 0.8 元/千瓦时，中标服务费 0.6 元/千瓦时。按每辆公交车每年行驶 3 万千米，每千米消耗 0.8 度电计算，充电站公交车充电服务费每年收入 172.8 万元。假设充电站部分初始投资 1200 万元，中标社会资本方运营 10 年，内部收益率为 7%。

社会车辆充电服务费由项目公司自行确定，不参与投标报价。新能源公交车充电电费由泉港区大众公交公司支付，社会车辆充电电费由项目公司向泉港区大众公交公司支付。

项目合作期满时，项目公司将充电站无偿移交给政府或其指定单位。移交时充电站资产不应设有担保，在最后一次考核中评分应达到 80 分以上。在项目合作期满 6 个月前，政府和项目公司还要对移交事项进行详细规划，达成协议。

21.3.3　融资方案

政府出资人代表不参与购置新能源公交车的投资，不承担风险，也不参与分配利润。对于建设充电站部分，由政府出资人代表和中标社会资本提供不少于投资总额 30% 的项目资本金（即 360 万元），政府出资人代表和中标社会资本方对项目资本金的出资比例为 2 : 1。项目资本金以外的资金由中标社会资本方筹措，中标社会资本方在充电站部分总筹资比例达到 80%，因而规定政府出资人和中标社会资本在项目公司的股权占比分别为 20% 和 80%。

项目公司股东会由政府出资人和中标社会资本方共同构成，除一些重大事项外，按股权比例进行表决。也就是说，政府出资人对项目公司的重大事项具有一票否决权，日常事务由中标社会资本方进行决策。充电站运营利润由政府出资人代表和中标社会资本方按照股权比例进行分配。

对于项目资本金以外资金，中标社会资本方可以通过银行贷款或其他融资方式解决，融资过程中所需要的融资担保由中标社会资本方自行负责并承担相应费用。该项目固定资产可以为该项目的融资提供担保，但是不能为其他项目融资提供担保。这样的限制符合 PPP 项目的规范，保证财政预算硬约束，保证项目资产的安全性。

21.3.4　风险分担

风险分担的原则是覆盖项目完整周期，按照风险和收益对等的原则进行分担，给各方承担的风险设定上限。项目的设计、融资、建设、运营、移交风险由中标社会资本方承担，由政府原因导致的风险除外。本级政府原因导致的风险由政府承担，上级政府原因导致的风险视作一种不可抗力风险由政府和中标社会资本方共同承担。特别的，运维过程中劳动力、材料成本增加风险、通货膨胀风险、充电设施使用率变化风险由政府和中标社会资本方共同承担。

新能源公交车的质量风险由项目公司承担。新能源公交车的购置费用以可用性服务费的形式支付，分 8 次支付，区交通运输局每年都有权利对新能源公交车的质量进行考核，倒逼中标社会资本方选择质量过关的车辆。

充电站的建设质量风险也由项目公司承担，履约保障体系由三个相互衔接的保函组成。建设期履约保函由中标社会资本方提供，担保项目资金到位，新能源公交车辆按期购置，充电站按期完工，运营维护保函按时提交。建设期履约保函提交时间为中标后 30 日内，退还时间为竣工验收且项目公司递交运营维护保函后，保函金额 100 万元。运营维护保函由项目公司提供，担保内容为项目运营维护质量达标，移交保函按时提交。运营维护保函提交时间为项目进入正式运营后，退还时间为项目公司递交移交维修保函后，保函金额 50 万元。移交维修保函担保内容为项目设施不存在隐蔽性缺陷，不需要恢复性大修，提交时间为项目合作期满前，退还时间为移交后正常运行 12 个月，保函金额 50 万元。保函由中标社会资本方联系的商业银行出具，受益人是区交通运输局。

21.3.5 经验总结

该项目运作非常规范，每一环节都做了详尽的安排，并且给出了支撑依据。通过 PPP 模式加强了垄断领域的竞争性，并且给项目全周期提供了一个持续的激励机制。使社会资本参与到新能源公交车的购置与充电基础设施的建设与运营中，保障了新能源公交车的质量，提高了充电基础设施的运营效率。项目整体内部收益率在 6% ~7% 之间，既可以吸引社会资本，又不至于使社会资本获取暴利，通过招投标过程达到了以最低的长期经济成本持续提供优质服务的目的。

21.4 成都自来水六厂 BOT 项目投融资案例①

21.4.1 案例背景

21.4.1.1 项目建设背景

四川省成都市的城市供水主要由地表水和地下水构成，基本各占一半。

---

① 根据朝柽. 成都自来水六厂 BT BOT 融资方式的研究 [D]. 成都：电子科技大学，2006；孙晓玲. 试论 BOT 项目在我国的运作及对策——成都自来水六厂 BOT 项目案例分析 [D]. 成都：西南财经大学，2000；刘志宏. 浅谈成都市自来水六厂 BT BOT 项目的成功运作经验 [J]. 经济师，2004 (3)：287 – 288；刘绍泉，谢新生. 成都自来水六厂 BOT 项目实践 [J]. 四川水利，2004 (02)：33 – 37 等整理。

20世纪90年代，随着经济的发展及城市人口的增加，成都市区的面积大大扩展，城市供水的缺口越来越大，1996年最高日的水消耗量为125万立方米，超出当时所有各水厂每天的供给水量之和20万立方米。同时，当地已有供水厂的水处理能力有限，水一厂系1946年投建的老水厂，由于水源以及城市发展规划道路征地等原因已趋于自行淘汰；水二厂、水五厂因规划的原因将被住宅所包围，水源、水质都将受到严重威胁，不宜作进一步扩大供水规模的规划。

随着城市化进程的加快和城市地下水资源污染的日益严重，成都市对安全饮用水的需求与日俱增，由于水处理能力不足，成都缺水状况日益严峻，尤其是遇到雨季带来原水水质变化时，水厂很难保证水处理的质量和供水能力。市中心大部分地区和城东南由于水压偏低导致供水不足，一些地区的输水管道已经铺设完毕，但却无水可输。兴建新的自来水厂成为当务之急，成都市自来水有限责任公司就提出了兴建自来水六厂B厂的建议，但由于投资基础设施项目耗资巨大，而当时成都市急需开发的各类项目较多，财政比较困难，找不出其他较为合适的融资方式和渠道，该项目迟迟未能建设。

21.4.1.2 BOT试点项目

BOT融资方式的提出及其在发达国家和发展中国家的众多实践给成都市自来水六厂B厂项目带来了一线生机。1994年，中国政府开始研究BOT方式。1994年5月和11月，国家计委分别与世界银行、亚洲开发银行联合召开了两次吸引外国投资我国基础设施的国际研讨会，并组织了有关人员对印度、泰国、菲律宾、澳大利亚、英国、挪威、奥地利、匈牙利等国家和中国香港地区就吸引私人资本建设运营基础设施，特别是BOT投资方式的政策导向、操作方式、管理办法、经验教训等问题进行了考察。

成都市计委在1996年向成都市政府提议以BOT方式建设自来水六厂B厂，同年成都市政府向四川省计划委员会申请采用BOT方式建设该水厂。此后，成都自来水六厂B厂40万立方米/日项目作为三个外资BOT试点项目之一，于1997年由国家计委相续向境外投资者推荐，开启了该项目采用BOT

方式融资建设的探索之路。成都市自来水六厂 BOT 项目的成功经验值得总结和借鉴，孙晓岭（2000）和韩桠（2006）针对该项目给出了他们各自对该项目融资方案的相关分析。

21.4.1.3　项目主要参与方

成都水厂 BOT 项目的主要参与方包括东道国政府、发起人（股东）、项目公司、贷款人、代理行和承包商等。

（1）东道国政府。成都市人民政府授予项目公司对成都水厂 BOT 项目的投资、建设、经营、维护权，并在政府特许期内拥有该项目的所有权和经营权，特许期满后将项目全部移交给成都市政府。

（2）发起人（股东）。法国水务集团（CGE）和日本丸红株式会社（Marubeni Corporation），出资 3200 万美元，约占总投资的 30%，法国和日本按 6∶4 注资。

（3）项目公司。项目公司以外商独资责任有限公司形式由发起人根据股东协议的条款在中国成都注册成立，60% 的股权由 CGE 持有，40% 的股权由丸红持有。

（4）贷款人。亚洲开发银行（以下简称亚行）和欧洲投资银行（以下简称欧行）。

（5）代理行。法国里昂信贷银行作为亚行附属贷款及欧行保证贷款代理行，中国建设银行成都市分行作为境内抵押代理行。

（6）承包商。项目由法国水务集团的三个主要技术子公司——西宝集团、欧提维公司及萨德水利公司组成一个总承包团，它以固定总价、定期交钥匙的形式订立建设合同。

21.4.2　项目投融资分析

21.4.2.1　招标程序和融资结构

自 1997 年 1 月 6 日成都水厂 BOT 项目在国家计委正式立项后，即进入紧

张的招标准备阶段。截至当年 8 月份融资结束、特许权协议正式签订，整个
过程均是按国际惯例进行运作。具体招标过程如图 21 - 1 所示。

图 21 - 1　成都水厂 BOT 项目招标程序

资料来源：孙晓岭．试论 BOT 项目在我国的运作及对策——成都市自来水六厂 BOT 项目案例分
析［D］．成都：西南财经大学，2000.

由图 21 - 1 可知，1998 年 8 月 10 日该项目融资结束，正式签订了特许权
协议。目前，项目公司已完成运营并移交成都市政府。项目的具体融资结构
如图 21 - 2 所示，出资方出资比例如表 21 - 2 所示。

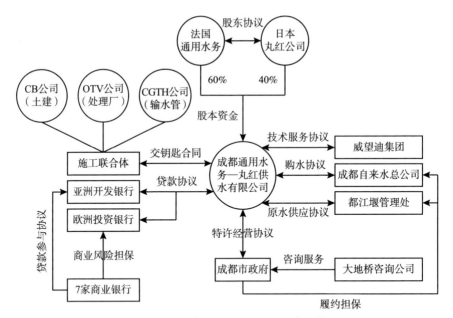

图 21 - 2　成都水厂 BOT 项目融资结构

资料来源：韩桠．成都市自来水六厂 BT BOT 融资方式的研究［D］．成都：电子科技大学，
2006.

表 21 - 2	成都水厂 BOT 项目融资结构	
总投资	1.065 亿美元	
资金来源	股本投入（30%）	
	法国水务	1920 万美元
	日本丸红	1280 万美元
	贷款（70%）	
	亚行主贷款	2650 万美元
	亚行附属贷款	2150 万美元
	欧行平行贷款	2650 万美元
	总金额	1.065 亿美元

　　资料来源：孙晓岭. 试论 BOT 项目在我国的运作及对策——成都市自来水六厂 BOT 项目案例分析 [D]. 成都：西南财经大学，2000.

21.4.2.2　融资方案设计

　　（1）通过竞争招标方式选择投资人。成都水厂 BOT 项目通过国际通行的竞争招标方式选择境外投资人，做到了政策公开、招标程序公开、《特许权协议》内容公开、评标标准公开、谈判进程公开等，改变了以往采用谈判方式选择投资人的做法，减少了作弊和腐败的可能性。该项目的实践表明，国际竞争性招标具有高效、经济、公平的特点。

　　成都水厂 BOT 项目公司控股方法国威望迪水务在中国业务迅速发展，表明当初市场化选择该项目投标联营体是较为成功的——威望迪水务自 1997 年在天津拥有第一个水务项目后，已相继在成都、北京、上海、深圳、珠海等多个城市拥有了 70 多个水务项目，成为中国最大的跨地区的水务专业集团。

　　（2）建立有效的约束机制。根据成都水厂 BOT 项目不同的运作阶段，招标文件对项目约束问题进行了规范。项目各阶段的保函安排一环紧扣一环，对投资人形成了有效的约束机制，保证了项目的顺利实施。

　　在项目投标阶段，投标人必须向成都市政府提交 500 万美元的投标保函以保证投标人遵守招标规则，履行投标承诺。当投标人随意撤回标书或拒绝签订正式合同，或由于投标人自身原因无法最终实现融资交割而导致项目流标的情况下，成都市政府有权提取投标保函以弥补其因此遭受的损失（如政府的前期项目开发费用等）。

在项目建设阶段，中标人必须提交1300万美元的履约保函，以保证项目公司在建设期履行《特许权协议》项下的义务。中标人提交履约保函的同时解除投标保函。

在项目运营阶段，项目公司必须再提交500万美元维护保函，以保证项目公司在项目运营阶段履行其运营维护义务。维护保函有效期至项目移交日后12个月，项目公司提交维护保函的同时解除履约保函。

（3）设计水价竞标模式。成都水厂BOT项目招标文件规定，水价水平及走势占评标总分的60%，融资、技术及法律等方面占评标总分的40%，在技术、法律、商务、融资等方面满足招标文件的情况下，让投标人就水价进行竞争。在评标阶段时，主要看投标人的价格高低，谁的价格低，谁就能获得高分，从而改变了以往在其他利用外资项目中采用固定回报率的做法。如果外资加强管理，降低成本，则可获得比预期更高的回报率，否则会达不到预期回报率，从而较好地体现了谁投资、谁受益、谁承担风险的原则。各投标公司（联合体）的总投资及水价比较详见表21 - 3。

表21 - 3　　　　　成都水厂 BOT 项目投标人总投资及水价对比

序号	投标公司	总投资 （亿元人民币）	水价（元/吨） 第1～16年
1	威立雅联合体	8. 37	0. 88 ～ 1. 51
2	马来西亚乔治肯特联合体	10. 48	1. 35 ～ 1. 65
3	法国苏伊士里昂水务集团	12. 62	1. 48 ～ 3. 19
4	日本三菱株式会社	10. 30	1. 66 ～ 3. 18
5	挪威克瓦纳投标联合体	13. 86	1. 49 ～ 4. 08

数据来源：成都自来水六厂 B 厂相关文件。

由于招标带来的激烈竞争大大降低了产品价格，使最终用户受益，也减轻了政府的财政负担。同时，投资人为降低项目的建设投资和运营管理成本，会采用最优化的工艺设计和运营维护方案，这样可以提高国内技术和管理水平。例如，一般水厂的自用水率在 8% 以内，而成都水厂 BOT 项目为 3.5% 以内，项目公司的自用水率越少，则其运营水价的成本越低。

（4）充分重视贷款人的权益。成都水厂 BOT 项目总投资的 70% 为境外贷款，因此，项目的融资问题是该项目取得最终成功的关键。为了降低融资难度，保证融资的顺利进行，成都市政府非常重视贷款人的权利。

在招标阶段，成都市政府提醒投标人注意融资问题的重要性，并要求投标书须获得贷款人出具的支持函件，这就促使贷款人提前介入该项目。

在评标阶段，成都市政府十分重视融资方案的可行性和贷款人的意见。

在谈判阶段，中外双方都充分认识到了贷款人的重要性，不仅邀请贷款人直接参与整个项目的谈判，而且对已达成的协议或重要条款也反复征求了贷款人的意见，以争取贷款人的支持。在《特许权协议》中，成都市政府还注意保护贷款人的利益，并使贷款人成为仲裁协议的签署方，这样项目融资能够较为顺利地完成，为整个项目的成功奠定了基础。

（5）取得亚洲开发银行和欧洲投资银行的贷款支持。在促进私营部门参与中国的供水项目方面，亚行发挥了先导作用。1996 年 10 月，100 多名高层政府官员、银行家和民营投资者参加了一个由亚行发起的学术研讨会，该会的议题是讨论私营部门参加 BOT 工程。紧随这次会议，亚行批准了一项技术援助项目，帮助中国政府准备第一个采取公开招标的 BOT 供水项目，其目的在于通过招标和协商流程方面提供帮助，建设 BOT 项目涉及政府部门的能力。该技术援助项目还制作了标准项目文件，可在今后中国的 BOT 供水项目中使用。成都自来水六厂 B 厂即为这次技术援助的成果。此外，亚行还大量介入了成都水厂 BOT 项目的订立、开发以及前期筹备工作，如项目文件的起草、环境影响评估研究和私营部门参与的投标程序。作为著名的国际金融机构，亚洲开发银行对成都水厂 BOT 项目的支持是该项目融资取得成功的一个重要条件。

在成都水厂 BOT 项目的激烈招标竞争中胜出的法国威望迪水务集团与日本丸红株式会社组成的联合体，在招标过程中获得了多家金融机构的支持函件：除亚行外，分别还有法国里昂信贷银行、捷能银行和德意志摩根建富确认可接受随标书提交的项目协议。另外，日本进出口银行、国际金融公司也表达了支持威望迪联合体投标成都水厂BOT项目的意愿。

法国里昂信贷银行作为威望迪集团的财务顾问和融资牵头银行，于投标后协助发起人处理有关成都水厂BOT项目融资方案的所有问题，且作为承销人负责项目融资的执行。法国里昂信贷银行凭借其良好的国际信贷资信，以中国改革开放基础设施建设的巨大市场为吸引，成功获得了亚洲开发银行提供的2650万美元的直接贷款和2150万美元的补充贷款，以及欧洲投资银行提供的2650万美元直接贷款，这三笔贷款占成都水厂BOT项目总投资的70%。

（6）争取政府的强力支持。政府支持是国内外BOT项目取得成功的关键因素，特别是在我国当时没有专门的BOT立法的情况下，BOT融资方式需在当时的法律、政策框架下进行构筑，政府的态度及其对项目实施过程中的支持程度直接影响项目的成败。

成都水厂BOT项目从早期开发阶段到进入商业运行一直得到了中央和成都市各相关部门的密切关注和支持，国家计委、国家外汇管理局分别为项目出具了支持函，国家计委还对成都水厂BOT项目的具体实施进行了跟踪，直接参与了项目的决策和具体指导，并承担了其他相关部门的协调工作。同时，成都市政府还成立了BOT项目领导小组，负责领导和推动项目的实施。成都市政府对该项目高度重视，增强了投资人的信心，为项目的成功奠定了基础。在项目建设过程中也遇到了众多的现实问题，如果没有成都市政府坚定的BOT发展路线，用共赢的思路和积极的态度去解决问题，可能就不会有今天良好运营的成都水厂BOT项目。

（7）规范项目融资方式和合理的风险分担。成都水厂BOT项目采用了项目融资方式筹措资金，在项目融资过程中，严格遵守了有关国际法规，国内金融机构和非金融机构没有提供任何形式的融资担保，政府为项目出具的支持函也没有改变项目融资的性质。由于项目融资对项目以外的资产和收入无追索权，贷款的偿还依赖项目的现金流，贷款人的利益通过项目结构、融资结构和风险分担等措施得以保障。

成都水厂BOT项目债务部分占总投资的70%，共有5家银行为项目提供了联合融资，由多家银行组成的银团融资有利于降低融资资本。风险的合理划分对项目各参与方的利益进行了恰当的分配，对项目的成功具有重大意义。

21.4.3 社会效应

21.4.3.1 解决资金短缺问题，优化外资结构

根据我国经济建设的具体情况，有选择地开发一些基础设施项目，鼓励和引导外商采用 BOT 方式进行投资建设，将有助于解决资金短缺的问题，扩大投资需求，带动区域经济发展，调整在我国的外商投资产业分布结构，使利用外资在国家宏观调控和政策导向下更加健康地发展。成都水厂 BOT 项目自 1993 年就进行了筹建规划，但由于资金短缺，该计划一直被束之高阁，直至 1997 年成为第一个由中央政府批准立项的城市供水 BOT 试点项目，该项目从计划逐步发展到实施阶段。成都自来水六厂 B 厂采用 BOT 融资方式，对成都乃至西部利用外资加快经济发展是一种全新的尝试，对该项目在技术上、财务上的可行性研究也强化了项目决策者的信心，可以吸引世界一流的水处理企业和国际财团加盟西部的基础设施投资建设，拓宽资金来源，提高外资在基础产业中所占比重，优化外商投资结构。

21.4.3.2 提高西部基础设施建设的技术和管理水平

成都水厂 BOT 项目在项目选址、原水供应、工艺设计等方面都具有较大的优越性，设计、建设和运营效率较高，为项目的成功提供了基础条件，并且使用户可以得到较高质量的服务。全厂管理及生产人员仅 50 人，向成都市区约 300 万人口提供日均 40 万吨水，实现了水厂的高效运营，这在国际处于领先地位。由此可见，外资的进入有利于改变中国基础设施管理水平和效率低下的状况，有助于实现基础设施建设中的技术跨越，推动这类项目在技术和管理方面与国际接轨。

21.4.3.3　分散政府在基础设施建设中的投资压力与风险

基础设施投资额巨大，回收期长，受各种复杂因素影响以及成都地方财力的限制，由政府独立承担基础设施建设的投资和运营，将使政府承受巨额投资的压力和全部风险。通过 BOT 方式，选择国际私人资本参与，既可以缓解基础设施建设投资的资金供给缺口，又可以使风险得以分散。对于完工风险，可以由项目公司承担。项目公司通过选择信誉良好、经验丰富的工程承包商，适当减少由于承包商技术能力弱或经验不足而导致的风险；对于经营风险，采用 BOT 投资方式，经营风险通过工程承包商、设备供应商和经营与维护合同中建立的制衡关系得以分担；对于通货膨胀以及其他各种风险，往往由政府与项目公司根据最佳承受原则进行分担，也就是说，谁最有能力，就由谁承担，在一定程度上减轻了政府承担的风险。

21.4.4　风险分担分析

21.4.4.1　生产风险中的原水供应风险

由成都市政府承担。特许权协议中明文规定：如果原水供应不足以使项目公司履行其提供规定数量的净水及按照成都自来水公司的调度指令供应净水的义务，此原水量不足以被视为不可抗力事件；如果原水量不足不是由于自然不可抗力事件所导致，成都市自来水总公司应支付实际供应的净水量的运营水费、原水费和额外不可抗力付款。

21.4.4.2　市场风险中的净水销售风险

按照购水协议，由成都市政府、市自来水总公司承担。其中，成都市政府是首要义务人，即保证在特许经营期内按协议确定的购水价和生产能力所确定的数量，从项目公司购买净化水。

21.4.4.3　金融风险

主要包括汇率风险、利率风险、外币不可支付风险及通货膨胀。汇率风险在建设期由承建方承担，在完工后由项目公司、贷款方和政府承担；利率风险主要由贷款方和项目公司承担；外币短缺风险由项目公司承担，外汇汇出风险主要由政府、项目公司和贷款人承担；通货膨胀风险主要由项目公司承担。

21.4.4.4 法律变更风险

该风险由成都市政府承担。

21.4.4.5 信用风险

合同签订各方都有信用风险，需寻找一稳定方作为合同担保人，并在合同中确定一些具体的违约处罚条例。

21.4.4.6 不可抗力风险

在成都水六厂 BOT 项目中，项目公司自费购买和保持运营期内的保险，以保障其因自然不可抗力事件导致的损毁及其引起的利益损失。如果在运营期内，由于非自然不可抗力事件使项目公司无法履行提供或使成都市自来水总公司获得规定数量及标准质量的净水的义务，则成都市自来水总公司应支付实际供应的净水量的运营水费、原水费和额外不可抗力付款。

21.5　天津市于桥水库 TOT 项目投融资案例[①]

21.5.1　项目背景

于桥水库地处天津市蓟州区（原来为蓟县）城东，承担引滦入津工程中

---

① 资料来源于财政部政府和社会资本合作中心：《天津市于桥水库 TOT 项目实施方案》《天津市于桥水库 TOT 项目招标文件》《天津市于桥水库 TOT 项目 PPP 项目合同》。

从潘家口水库输水到天津市区的任务。前期，该项目由天津市政府投资建设，已经建成了防洪、排涝、灌溉、供水、发电等工程，形成了存量资产。于桥水库库区面积193万亩，引入私人资本前由于桥水库管理中心负责运行管理。随着社会经济的快速发展，特别是受到潘家口、大黑汀水库过度的网箱养鱼以及于桥水库生态系统平衡破坏等因素的影响，于桥水库水体富营养化程度不断恶化，主要表现为水体氮磷含量升高。从2006年开始水库库区水草基本上每年大面积爆发，自2016年起水质更是逐渐下降，只能阶段性向城市供水，影响城市供水稳定。虽然通过短期政府采购服务委托第三方负责水资源保护工作，但由于服务期限短，且缺乏有效的激励约束机制，委托方对水草打捞、杂草清理等工作的及时响应性不足，导致水质波动性较大，无法确保库区水质长期稳定达标。

为推动解决以上问题，鼓励吸引社会资本参与水利工程项目运营，提供长期稳定的运营服务，天津市采用PPP模式中的TOT模式实施天津市于桥水库项目，将适宜由社会资本运营的水资源保护工作（包括水草打捞处置、杂草清理、封闭管理、库区保洁及沟道、沟口湿地、巡视路、截污沟管理维护等）纳入TOT合作范围，由天津市水务局作为实施机构，论证该项目采用PPP模式的可行性，主要出于两个考虑：一是通过市场竞争的方式引入优质社会资本提高于桥水库运营效率，在服从于桥水库防洪、输水安全调度的前提下，负责该项目投资、运营等的全生命周期管理，保障供水安全、提升水质质量及维持供水稳定；二是盘活于桥水库优质存量资产，有效利用存量资产经营权转让对价，加强水利建设投入，加快补齐城市基础设施和公共服务短板，形成良性投资循环。

天津市发展改革委和市水务局、蓟州区政府、市财政局等单位共同实施于桥水库TOT项目，通过公开招标方式，择优选取融资、运营等综合能力较强的社会资本，转让于桥水库特许经营权，既降低财务费用、运营成本，又有效提高公共服务质量和运营效率。盘活于桥水库经营权的资金，用于后续生态环境保护项目建设，把"绿水青山就是金山银山"的理念落实落细。

在项目实施过程中，天津市发展改革委主动进位、深入谋划，积极向国家开发银行沟通争取，确保项目顺利进入财政部 PPP 项目库，同时争取贷款优惠支持，在外部融资环境较紧的情况下，有效撬动多家银行机构共同参与项目融资。最终，于桥水库 TOT 项目获得国家开发银行牵头组建银团提供贷款 100 亿元，探索出一条生态环境保护和绿水青山建设可复制、可推广的融资路径，也为蓟州区继续做好重点区域、重点项目开发，为大力推进生态、环保、文旅、康养项目提供了有力支持。

21.5.2 项目简介

天津首个以水库经营权为标的物的政府和社会资本合作项目——于桥水库 TOT 项目于 2021 年正式落地。该项目成功纳入财政部 PPP 项目库，获得百亿元贷款支持，实施后将有效盘活存量生态资产，提升水质及维持供水稳定，发挥社会资本优势，实现生态和社会效益双赢。

天津市人民政府授权天津市水务局作为实施机构。中标方为天津市蓟州城镇基础设施建设投资有限公司和天津市津水建筑工程有限公司共同出资的天津市渔阳水利管理有限公司，两位发起人按照 95：5 的比例向项目公司出资，天津市蓟州城镇基础设施建设投资有限公司占 95%，天津市津水建筑工程有限公司占 5%，作为项目公司的注册资本。该项目的存量资产经营权转让价款为 1250193.62 万元，项目资本金初步确定为 250193.62 万元，在符合相关法律法规且金融机构允许的情况下，项目资本金可适当降低或增加。该项目存量资产经营权转让价款和资本金之间的差额，由天津市渔阳水利管理有限公司采用金融机构贷款等方式解决。

该项目采用 TOT 运作方式，项目运营期为 25 年。在项目合作期限内，天津市水务局授予项目公司经营权，项目公司在合作期内负责项目的投融资、运营、维护。项目公司通过获得向下游售水的收入以及政府支付的可行性缺口补助，以实现该项目的投资运营合理回报。合作期届满后，项目公司应当按照《PPP 项目合同》的约定，将该项目存量资产经营权无偿移交给天津市政府或市政府指定机构。

21.5.3 项目采用 PPP 模式运作的必要性

21.5.3.1 增加基础设施及公共服务供给

该项目存量资产经营权转让价款较大，通过盘活存量资产，转让资产经营权，可以一次性获得存量资产经营权转让价款，加强水利建设投入，加快补齐城市基础设施和公共服务短板。同时，通过引入社会资本，在合作期内政府分期支付运营补贴，有利于平滑财政支付资金压力。

21.5.3.2 降低全生命周期成本，提高公共服务效率

PPP 模式提倡"让专业的人做专业的事"，于桥水库 TOT 项目运营管理的专业化要求较高，更适合引入专业化的社会资本来负责项目的运营维护。同时，在风险最优分配的激励约束机制下，社会资本也有足够动力，在保障服务质量的前提下切实降低项目全生命周期的成本，提高自身收益水平。

21.5.3.3 有利于转变政府职能

PPP 模式要求政府在与社会资本合作中"既不越位也不失位"，一方面要遵循市场原则和契约精神，切实履行义务、承担相应风险；另一方面在加强项目规划、筛选和评估的同时，通过建立和落实基于绩效的考核机制，加强对社会资本的监管，切实保障公共产品和公共服务的质量得到改善，实现物有所值。

21.5.3.4 有利于改善于桥水库水质

一方面，通过 TOT 运作方式政府方一次性获得存量资产经营权转让价款，除加强于桥水库内部水质改善工作（如清淤工程、前置库治理、水生植物调控等）的投入外，可同步开展于桥水库周边治理工程，并与上游合作开展入库河流治理相关工作，实现污染源从点到面的系统治理，进一步解决现有水质问题。

另一方面，水草打捞、封闭管理、杂草清理等水资源保护工作的有效性、及时性对水质影响极大，此前主要通过政府采购服务的方式委托第三方运营，但由于服务期限短，且缺乏有效的激励约束机制，对水草打捞、杂草清理等工作的及时响应性不足，水质波动性较大，无法确保库区水质长期稳定达标。采用 TOT 模式引入优质社会资本，可通过全生命周期的持续运营管理，及时维护水库水质，并通过绩效考核的方式实现激励约束，达到保障供水安全系数、提升水质质量及维持供水稳定的目标。

21.5.4 项目风险分析

21.5.4.1 政府方承担的风险

（1）法律政策变更风险。法律法规政策变更、信贷政策调整、宏观经济政策变化、地方政府监管体系不完善，以及现行审批监管程序无法适应 PPP 模式等情况，导致项目资产被征用、发生额外费用甚至项目提前终止的风险。

（2）协调风险。该项目的资产为存量资产，涉及存量资产评估、存量资产经营权转让等事项，需相互配合的政府部门较多，可能存在部门之间由于协调配合不足，沟通协调不到位，导致所需的批复、证明、说明等文件无法及时出具，影响项目顺利实施推进。

（3）存量资产经营权转让风险。政府将资产经营权转让给项目公司前，双方应对相关资产进行盘点、性能测试，资产清点过程中如发现既有设施设备严重老旧破损或存在较大故障，政府方需投入高额费用进行维修维护或更新重置的风险。

（4）政府方履约风险。政府方不按照合同约定的行为所带来的风险，如未按《PPP 项目合同》的约定支付可行性缺口补助等。

21.5.4.2 社会资本方承担的风险

（1）融资到位风险。融资到位风险是指项目融资资金供应不足或者不及时，导致项目公司无法按时向政府支付存量资产经营权转让价款，甚至项目因此被迫终止的风险。于桥水库项目的融资比例较大，当融资资金不能及时到位时，会导致项目无法正常进行。

（2）运营风险。该项目可能存在运营管理不到位、运营维护成本超支、运营收入不足、服务质量不达标、环境保护不达标而导致的运营风险。

（3）移交风险。该项目可能存在项目公司在移交前，未按照要求对项目资产进行恢复性大修，导致无法达到移交标准或存在隐蔽性缺陷等风险。

（4）社会资本方履约风险。社会资本方不按照合同约定的行为所带来的风险，如未履行投标文件承诺、项目运营服务质量未达标、保函/保证金未及时提交、未履行补充融资责任等。

21.5.4.3　政府和社会资本合理共担的风险

（1）可供水量风险。于桥水库项目平水年和枯水年的可供水量相差较大，且引滦衰减。新增南水北调东线供水等因素也会对该项目可供水量造成一定影响，可能存在现阶段预测的可供水量与未来实际可供水量存在一定偏差的风险。

（2）融资成本变动风险。该项目在合作期内，可能存在融资利率变动较大，导致项目公司融资成本与目前预期相差较大，进而影响项目公司还本付息，鉴于货款市场报价利率（LPR）的变动均不受双方控制，该部分风险由双方共同承担。

（3）转让争议风险。该项目存在转让存量资产经营权后，设施设备出现比较严重的问题，如果要满足使用的要求，产生相应的维修维护费用，而这笔费用经营权受让方希望经营权出让方负担，双方就此产生争议。

（4）通货膨胀风险。项目合作期较长，合作期内可能发生通胀导致项目公司运营维护成本升高的风险。

（5）不可抗力风险。不可抗力风险指发生不可抗力事件（如台风、地震、洪水、罢工、骚乱等）影响到项目的执行风险。参考《财政部关于印发政府和社会资本合作模式操作指南（试行）的通知》，双方按50%的比例各自承担由于不可抗力对其造成的损失。

21.6 怀柔区城带村和民俗旅游村污水治理工程投融资案例[①]

21.6.1 项目背景

北京市《进一步加快推进污水治理和再生水利用工作三年行动方案（2016 年 7 月至 2019 年 6 月）》提出：到 2019 年底新城污水处理率要达到 93%，重要水源地村庄和民俗旅游村基本实现污水处理设施全覆盖；在农村地区要通过"城带村""镇带村""联村"和"单村"四种方式加强污水收集和处理能力。怀柔区位于北京市东北部，距北京城区约 50 千米，是北京市的生态屏障和主要饮用水的采水及补给地。怀柔区《进一步加快污水处理和再生水利用三年行动方案（2016 年 7 月至 2019 年 6 月）》提出：实现重点地区污水收集处理，到 2019 年底，新城地区污水处理率达到 93%，全区污水处理率达到 84%。为实现目标，怀柔区启动了一系列农村治污工程，平原地区城（镇）带村污水支户管网工程和民俗旅游村污水治理工程即是完成上述目标的工程措施[②]。

新城片区工程为修建桥梓镇、北房镇、庙城镇、杨宋镇、怀北镇、雁栖镇和怀柔镇平原地区 7 个乡镇污水干线（已实施）的污水支线、户线和化粪池等农村污水收集配套设施，解决农村污水收集的"最后一公里"问题，建成后可实现村庄污水收集全覆盖的目标。民俗旅游村污水治理工程为在红螺镇村等 14 个民俗旅游村内修建污水管道、化粪池、污水处理站等设施，解决目前村内污水直排入河，造成区域环境水质污染的情况。

----

① 资料来源：财政部 PPP 网站. 怀柔污水 PPP 项目实施方案.
② 数据主要来源于 PPP 网站《怀柔污水 ppp 项目实施方案》。

21.6.2 项目简介

怀柔区城带村和民俗旅游村污水治理工程新建 50 个村污水收集处理设施，包括平原地区城带村污水支户管网工程以及民俗旅游村污水治理工程两部分。该项目总投资估算为 5.99 亿元，其中政府出资 1.81 亿元，社会资本出资 4.18 亿元。

中标方项目公司为北京怀柔北排水环境技术发展有限公司，共有三位股东出资建立，分别为北京北排环境工程有限公司、北京城市排水集团有限责任公司和北京市怀柔国有资产经营有限公司，按照 2:88:10 的比例向项目公司出资，其中政府资本占 10%，社会资本占 90%。政府出资分为股权出资及建设奖励资金两部分，股权出资 866.34 万元，其余为拆迁占地补偿和建设奖励资金。项目合作期暂定为 20 年，其中建设期 2 年，运营期 18 年，项目设施所有权归怀柔区政府所有，项目公司拥有项目设施的使用权。具体的项目投资及股权结构图如图 21-3 所示。

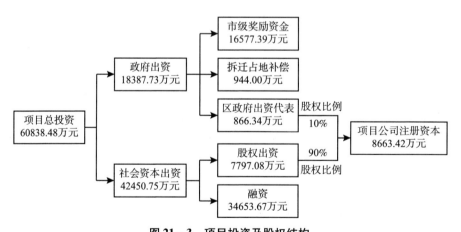

图 21-3 项目投资及股权结构

资料来源：根据财政部 PPP 网站，怀柔污水 PPP 项目实施方案绘制。

21.6.3 风险分析

该项目核心风险的分配框架和分配机制如下。

（1）投资控制、融资、建设、运营维护等商业风险主要由项目公司承担。（2）土地流转、地上物改移等产生的社会稳定风险，主要由政府方承担。（3）设计及施工过程中的居民协调风险，主要由项目公司承担。（4）前期手续审批风险、不可抗力风险等由政府和项目公司合理共担。（5）对于政策和法律风险，分为两类：一是政府方可控的法律变更和政策变更引起的损失和成本增加，应由政府方承担。如政府对运营管理要求提高，会导致项目公司必须投入改造费用或增加运行成本，增加的一次性投资和运行费用由政府承担，由项目公司负责实施。二是超出政府方可控范围的法律变更及政策变化风险。如由国家或上级政府统一颁行的法律等法律、法规和政策风险，由双方共同承担。

21.7 北京地铁四号线 PPP 项目投融资案例[①]

21.7.1 项目背景

北京地铁四号线是国内第一条引入外资采取 PPP 模式建设并取得了成功的地铁线路，为我国基础设施投融资模式创新提供了具有探索性的经验[②]。北京地铁四号线正线全长约 28.2 千米，是纵贯首都南北的地下交通大动脉，穿越四个城区，项目总投资 153 亿元人民币。项目筹建于 21 世纪初，当时北

---

① 武树礼. 城市轨道交通建设引入 PPP 模式研究——以北京地铁四号线为例 [J]. 新视野，2014（6）：47-51；中国财政学会公私合作（PPP）研究专业委员会课题组，贾康，孙洁. 北京：地铁四号线 PPP 项目案例分析 [J]. 经济研究参考，2014（13）：56-61.
② 武树礼. 城市轨道交通建设引入 PPP 模式研究——以北京地铁四号线为例 [J]. 新视野，2014（6）：47-51.

京地铁存在着对政府投资、补贴依赖性大，运营水平有待提高，监管需要进一步加强等一系列问题（赵欣，2008）。同时，北京市在探索基础设施新的融资模式方面相关的法律、政策、制度条件不断完善，特许经营运作的客观条件已经基本具备，地铁项目市场化运作的各方面条件已经逐步成熟，为北京地铁四号线项目采取 PPP 模式提供了必要性和可行性条件。

北京地铁四号线项目全部建设内容划分为 A、B 两部分：A 部分主要是征地拆迁和车站、洞体及轨道铺设等土建工程，投资额约为 107 亿元，占项目总投资的 70%；B 部分主要是车辆、自动售检票系统、通信、电梯、控制设备、供电设施等机电设备的购置和安装，投资额约为 46 亿元，占项目总投资的 30%。[①]

21.7.2　项目融资结构

北京地铁四号线项目建设期为 2005 年至 2009 年，特许经营期为运营日起 30 年，项目总投资约 153 亿元人民币。2004 年，通过编制招商文件，组织、参与了 4 次大型推介会，进行国际招商。香港地铁公司、西门子、新加坡地铁公司等 10 余家公司表达了投资意向。考虑到轨道交通行业特点、社会投资者投资能力和城市轨道交通运营经验和能力，锁定了"西门子—中铁建联合体"和"香港地铁—首创联合体"两家。通过与两家联合体的多轮竞争性谈判，经北京市政府有关部门同意，最终"港铁—首创集团联合体"凭借良好的资信、雄厚的资金实力、丰富的运营经验、先进的管理理念等因素被选定为 PPP 模式中的社会投资者。[②]

市政府授权主管部门与特许公司签署《特许协议》，授予特许公司四号线项目投资、建设和运营的特许经营权。根据协议，北京地铁四号线项目由北京市政府和特许经营公司按照 7∶3 的比例进行投资。针对项目建设内容 A、B 两部分，A 部分由北京地铁四号线投资有限责任公司代表北京市政府筹资建设并拥有产权；B 部分由特许经营公司来负责完成。特许经营公司由三

① 赵欣. PPP 项目融资模式的应用与实践——以北京地铁四号线融资为例［J］. 辽宁经济，2008（7）：28－29.
② 王灏. "PPP"开创北京地铁投融资模式先河［J］. 中国科技投资，2009（12）：63－65.

方组成，包括：（1）香港地铁有限公司，是香港特区政府控股的上市公司。（2）北京首都创业集团有限公司，是直属北京市的大型国有企业。（3）北京基础设施投资有限公司，是北京市国资委出资设立的国有独资有限责任公司。特许经营公司注册资本 15 亿元人民币，其中，香港地铁有限公司和北京首创集团有限公司各出资 7.35 亿元，各占注册资本的 49%；北京市基础设施投资有限公司出资 0.3 亿元，占注册资本的 2%。其余 31 亿元采用无追索权银行贷款，占 B 部分投资的 2/3。地铁四号线建成后，特许经营公司通过与北京地铁四号线公司签订《资产租赁协议》取得 A 部分资产的使用权。特许经营公司负责地铁四号线的运营管理、全部设施（包括 A 和 B 两部分）的维护和除洞体外的资产更新，以及站内的商业经营，通过地铁票款收入及站内商业经营收入回收投资。特许经营期满后，特许经营公司将 B 部分项目设施无偿移交给北京市政府，将 A 部分项目设施归还给四号线公司。①

北京地铁四号线融资结构如图 21-4 所示。

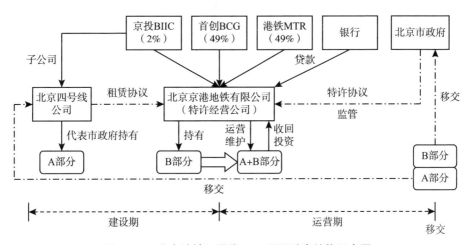

图 21-4　北京地铁四号线 PPP 项目融资结构示意图

资料来源：中国财政学会公私合作（PPP）研究专业委员会课题组，贾康，孙洁．北京地铁四号线 PPP 项目案例分析［J］．经济研究参考，2014（13）：56-61.

① 赵欣．PPP 项目融资模式的应用与实践——以北京地铁四号线融资为例［J］．辽宁经济，2008（7）：28-29.

21.7.3 项目风险管理机制设定

21.7.3.1 投资比例的确定

北京地铁四号线创造性地被划分为公益性部分和可经营性部分，分别进行投资建设。公益性，即 A 部分，从经济责任上来讲，须由政府来承担。而对于可经营性，即 B 部分，可以由国有企业或社会资本来承担。通过对世界各城市轨道交通运营成本、客流和票价结构的分析研究和对相关数据统计的分析，建立了轨道交通项目寿命期现金流量模型。以经营期30年、回报率10%为假设条件，发现新建地铁项目30年财务净现值的总额，约占项目总投资的30%，另外70%投资不具市场价值，应作为公益性投资。这就是北京地铁四号线 A 部分和 B 部分的基础比例关系应为 7:3 的设计依据。

在轨道交通建设过程中，前期工作、征地拆迁、洞体等土建投资和建设，约占总投资的70%，剩下包括车辆、信号、自动售检票系统等机电设备的投资和建设，约占总投资的30%。根据基础比例关系，A 部分对应征地拆迁、洞体等建设和投资；B 部分对应车辆、信号、自动售检票系统等机电设备的投资和建设。因此，北京地铁四号线的 PPP 模式包括前补偿模式和后补偿模式两类，前补偿模式又称建设期补偿模式，也就是政府在建设期一次性承担 A 部分投资以及还本付息的对应经济责任，社会资本承担 B 部分的投资任务。项目建成后，A 部分以一定价格租给 B 部分，赋予 B 部分一定期限特许经营权，票款和多种经营收入由 B 部分优先获得，以此构成一种盈利模式。

21.7.3.2 票价调节机制

特许协议中约定北京地铁四号线运营票价由政府进行定价管理，采取计程票价制。在30年的特许经营期内，北京市政府有权根据相关法律法规制定四号线的运营票价政策，并且可以根据具体的社会经济情况对票价予以适时调整。由于实行政府定价管理，实际票价存在与市场定价相背离的情况，不能完全反映运行成本及合理收益。因此，项目以测算票价为基础，建立了项目运营公司实际票价收入的调整机制，约定相应的票价差额补偿和收益分享机制。若实际运营中地铁票价收入水平表现不及预算票价收入水平，则差额部分将由市政府对项目运营公司进行全额补偿。但相反，若实际运营地铁票价收入水平高于最初预算票价收入水平，则超出部分的70%票价收入将由项目公司返还给市政府。

2014年12月28日之前，政府为给市民提供福利，出台了低票价政策，将四号线的单程票价定为2元。政府对实际票价和合理票价之间的差额进行补贴，每年补贴7亿元左右。①

21.7.3.3 客流分担机制

对于北京地铁四号线项目运营公司来说票款收入是其实现盈利的主要收入来源，但由于票价采用政府定价管理，运营公司无权根据市场情况调节地铁票价，因此客流量就成为影响项目收益的主要因素。客流量直观上受特许公司服务质量、地铁运营效率的影响，但同时也受政府综合城市规划（如规划新的道路和地铁线路建设）、公交车等其他公共交通工具的竞争等因素的影响，因此需要建立一种客流风险的分担机制（郭仲俊，2020）。

特许协议中约定四号线项目的客流风险分担机制为：若由于非经营性原因导致连续3年地铁实际客流量均未达到预测客流量的80%，则项目运营公司可以提出补偿申请，或者选择放弃项目，由北京市政府按市场公允价值回购B部分资产，但项目公司要承担前3年的亏损；如果实际客流量超过预测客流量，当超出预测客流量在10%以内时，政府分享超出部分票价收入的50%；当超出预测客流量在10%以上时，政府将分享超出部分票价收入的60%。

21.7.3.4 租金调整机制

在地铁四号线项目落成后，特许经营公司根据签订的《资产租赁协议》

---

① 国家发展改革委发布政府和社会资本合作（PPP）典型案例. 案例1：北京地铁4号线项目[J]. 中国工程咨询，2015（9）：23－26.

735

从北京地铁四号线公司租赁取得 A 部分资产的使用权。政府对 A 部分资产的租金政策实行了浮动租金制，将项目划分为运营初期和成熟期，分别视情况确定租金水平，以协调京港地铁公司的风险和收益。

在项目初期，四号线公司对项目公司 A 部分资产租金予以免收或者象征性收取部分租金，以加快项目进度；项目成熟期，租金的水平随客流量浮动，若实际的客流超过预算客流一定比例，四号线公司将适当提高租金以收回成本，并且消除项目公司的超额利润；反之，若客流比预测客流更少且差额达到一定比例时，则可以适当减免租金，增强项目公司抵御风险的能力。

21.7.3.5　社会资本退出机制

特许经营协议对社会资本的退出情况及相应处置也进行了约定。协议规定四号线公司或京港地铁一方发生严重违约时，另一方有权提出终止协议。若由于四号线公司发生严重违约致使特许经营协议终止的，则四号线公司将用合理价格收购 B 部分项目资产，并给予京港地铁相应补偿；若由于项目公司自身经营不善或是违约致使协议终止的，市政府将介入折价收购甚至无偿接管 B 部分的项目资产。若由于非经营因素、不可抗力或出于公共利益而终止协议的，政府同样将用合理的价格收购 B 部分资产并给予相应补偿。

21.7.3.6　提供优惠政策

政府主动为四号线项目争取各种优惠政策，以确保项目能够取得足够的合理收益。在税收方面，项目公司是外商投资企业（社会资本方港铁公司为港资企业），可以免交 3% 的地方所得税，同时市政府帮助项目公司向国家税务总局争取生产性外商投资企业所得税优惠政策。此外，政府特别研制了相关政策，发布了《北京市人民政府办公厅关于给予地铁 4 号线等轨道交通项目政策性优惠有关问题的通知》，特许经营公司可以享受其中适用的优惠政策。

21.7.4　项目实施情况分析

北京地铁四号线项目 A 部分洞体土建工程于 2004 年 8 月开工建设，最终地铁 4 号线于 2009 年 9 月 28 日开始试运营，开通当天即实现全线自动驾驶模式并达到最小发车间隔三分钟的运营水平，是国内第一条刚正式通车就能达到发车间隔 3 分钟的地铁线路。并在开通后一年零七个月内，两次缩小运行间隔至目前的 2 分 15 秒，早高峰最小发车间隔甚至达到 1 分 43 秒，发车间隔在北京地铁网为最短。

截至 2009 年 10 月 28 日，北京地铁四号线运营一个月来，首月内共运送旅客近 1600 万人次，累计正点率 99.4%，日均客运量达到 52.8 万人次，最大日客流量为 80 万人次。

四号线在开通的第一年运送乘客 2.3 亿人次，日均客流从开通初期的 54.1 万人次稳步上升至 2010 年 9 月的 75.1 万人次。2010 年底大兴线全线开通并与 4 号线贯通运营。

2011 年两条线路的总乘客量合计为 3.774 亿人次，而每日平均乘客量则超过了 100 万人次。2015 年上半年的总乘客量达 2.032 亿人次，周日平均乘客量则超过了 118 万人次，线路开通至今均达到了协议的预测客流量。

该 PPP 项目吸引的 46 亿元社会资金承担了 30% 的项目投资，节约了政府的财政支出。而且在长达 30 年的特许经营期内，京港地铁公司将承担预计 32 亿元的设备更新改造费。另外，依据协议京港地铁需每年给政府交纳租金 4250 万元，节省财政支出达 100 亿元，是一个运行比较成功的 PPP 项目。

21.7.5　项目融资特色分析

21.7.5.1　重视前期研究，规范运作

轨道交通等基础设施的投融资是一项极其复杂的系统工程，需要综合运

用金融、财务和法律等方面的知识。该项目在没有成熟经验的情况下，组建了由专业的融资顾问、财务顾问、技术顾问、客流调查顾问、法律顾问等组成的顾问团队①，广泛地分析国内外融资案例，经过一年多的前期研究，形成了项目实施方案，并在各方共同努力和协作下，规范运作和实施，最终实现项目的成功运作。

21.7.5.2　开创我国轨道交通建设 PPP 融资模式的先河，缓解了财政资金压力

如何筹集建设资金是制约轨道交通发展的首要障碍，而对于地铁这类很少盈利的项目来说，减少政府投入就是成功的关键。根据测算，京港地铁负责地铁四号线约30%的投资，引进了建设资金近 50 亿元，这就意味着政府的投入大大节省。同时，在运营期内，京港地铁还要负责线路、设备设施的所有维修维护和更新改造工作，需投入资金接近 100 亿元。北京地铁四号线 PPP 融资项目的运作，确定了项目研究内容、项目结构和核心问题，完成了股权结构、客流风险分担、结算票价体系、建设和运营服务标准等具体操作层面的创新设计，成为 PPP 融资模式的一个样本。

21.7.5.3　引入竞争，提高地铁营运的管理水平，转化政府职能，实现政企分开

北京地铁四号线通过引入有实力和经验的国际投资人，引进了国际先进的地铁建设、管理理念和现代化经营理念，提高了地铁行业的建设效率和运营服务水平。同时，京港地铁的出现也在北京市地铁行业内形成了鲶鱼效应，激活了地铁原有的体制，达到了改革的目的。项目也通过特许经营协议等法律文件的制定和签署，明确了政府、投资者和特许经营公司在四号线项目投资、建设、运营各环节中的权利和义务，有利于政府职能的改变，实现政企分开，促进地铁行业投资、建设和运营步入市场化、规范化、法制化的轨道，推进公用事业市场化进程，为其进一步深化改革提供契机。

---

① 中国财政学会公私合作（PPP）研究专业委员会课题组，贾康，孙洁. 北京地铁四号线 PPP 项目案例分析 [J]. 经济研究参考，2014（13）：56 – 61.

21.8 国家体育场 PPP 项目投融资案例

21.8.1 项目背景

国家体育场是 2008 年北京奥运会主场馆，也就是社会上形象称呼的"鸟巢"。"鸟巢"位于奥林匹克公园中心区的南部，占地 21 公顷，建筑面积为 25.8 万平方米，是我国首个运用 PPP 模式并由社会资本投资建设和运营的大型体育场馆项目[①]。

项目于 2003 年 12 月开工建设，2008 年 6 月 28 日正式竣工。"鸟巢"是具有国际先进水平的大型多功能体育场，可容纳观众 80000 人，可承担特殊重大比赛（如世界田径锦标赛、世界杯足球赛等）、各类常规赛事（如亚运会、洲际综合性比赛、全国运动会等）以及非竞赛项目（如文艺演出、团体活动、商业展示会等）[②]。国家体育场鸟瞰图如图 21-5 所示。

图 21-5 国家体育场鸟瞰图

---

① 孟千. 国家体育场 PPP 模式运作实践分析 [J]. 招标采购管理, 2017 (5): 46-48.
② 吴亚平. "鸟巢" PPP 模式失败原因探析 [J]. 中国投资, 2016 (11): 83-85.

为降低项目的融资成本和运营成本，提高运营效率，北京市政府引进市场化机制，采用公开招标方式选择项目法人合作方（即采用 PPP 模式）建设国家体育馆项目。经过评审，最终中信联合体作为中标人与代表北京市政府的北京市国有资产公司签订了合作经营合同，共同组建项目公司，负责 PPP 项目的融资、投资、建设、运营和移交等全面工作。

然而国家体育场项目的 PPP 模式并没有完成运营和移交阶段，2009 年 8 月 29 日，北京市政府与中信联合体签订了《关于进一步加强国家体育场运营维护管理协议》，对项目公司进行了股份制公司改造：北京市政府（授权的投资机构）持有的 58% 股份改为公司股权，主导"鸟巢"的经营管理工作并承担相应责任。中信联合体成员持有其余 42% 的股权，放弃 30 年特许经营权，改为获得永久股东身份。国家体育场有限责任公司董事长、总经理等公司高层由北京市国资委派任。这标志着"鸟巢"变成了一个典型意义的规范运作的中外合资经营公司，而非严格意义上的 PPP 项目（公司）。

21.8.2　项目融资模式

21.8.2.1　融资结构

"鸟巢"面向全球开展的社会资本方（项目法人）公开招标曾经引起了全世界的广泛关注，30 多个国内外投资者或联合体购买了标书，但实际参与投标的联合体只有 3 家（且均为内资企业牵头）[1]。最终中信集团公司等 4 家国内外企业组成的中信联合体中标。项目特许经营期 30 年（奥运会赛后）。项目总投资中，中信联合体出资 42%，北京市国有资产经营公司代表市政府出资 58%。双方以中外合资经营方式组建项目公司——国家体育场有限责任公司，负责"鸟巢"的投资、融资、建设和运营管理等全生命周期的工作，公司注册资本金 10.43 亿元人民币，占项目总投资的 1/3。中信联合体的投

---

① 吴亚平．"鸟巢" PPP 模式失败原因探析 [J]. 中国投资，2016（11）：83 – 85.

资中，中信集团出资占 65%，北京城建集团占 30%，美国金州公司占 5%。而中信集团的投资又分为内资和外资两部分，其中内资占 90%，外资占 10%,[①] 如图 21 - 6 所示。

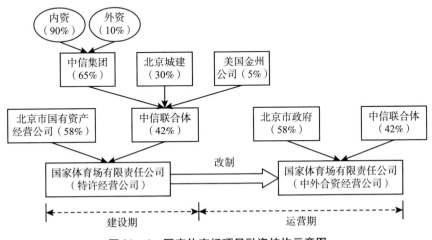

图 21 - 6　国家体育场项目融资结构示意图

资料来源：吴亚平．"鸟巢" PPP 模式失败原因探析［J］．中国投资，2016（11）：83 - 85；孟千．国家体育场 PPP 模式运作实践分析［J］．招标采购管理，2017（5）：46 - 48；李婧雅．北京奥运场馆投融资模式的类型探究［D］．北京：首都体育学院，2012．

21.8.2.2　投融资政策支持

考虑到大型体育场馆项目投资建设成本高，投资风险相对较大，为增强"鸟巢"项目对社会资本的吸引力，帮助社会资本获得合理的投资回报，北京市政府从投资、土地、税收和市场等多方面给予投融资政策支持。

（1）土地政策。"鸟巢"享受的土地政策非常优厚，土地一级开发费用仅为 1040 元/平方米，相当于相邻地段土地市场出让价的 10% 左右。

（2）投资政策。按照相关协议，北京市政府占总投资 58% 的出资实际上成为对项目的投资补助（不要求投资回报，市政府授权的出资人代表不参与项目运营管理工作）。项目公司的法人代表也由中信集团派出。

---

① 吴亚平．"鸟巢" PPP 模式失败原因探析［J］．中国投资，2016（11）：83 - 85．

（3）税收政策。PPP项目公司注册为中外合资经营企业，可以享受外商投资企业的所得税税收优惠政策。

（4）排他性政策。特许经营期内，北京市政府承诺限制在市区北部新建或扩建已有体育场馆。如果确需建设新的体育场，则市政府与项目公司协商，并按照特许权协议对项目公司进行补偿。

（5）市场和收入支持政策。北京市发展和改革委员会牵头协调市相关部门帮助中信联合体（项目公司）获取利益。

（6）市政配套政策。北京市政府负责提供与"鸟巢"施工场地相连的必要配套基础设施，主要包括供水、供电、道路等。

（7）其他。在奥运会和测试赛期间，奥组委支付体育场使用费用，市政府承担专门用于奥运会开闭幕式但赛后不再使用的特殊装置的所有费用。

21.8.3 "鸟巢"PPP模式变更的主要原因

21.8.3.1 社会资本方运营专业性不足

作为社会资本方的中信联合体不能算是专业化的大型体育场运营商，中信联合体各成员均不具备大型体育场馆专业化的运营管理经验。相对而言，中信联合体成员的主要优势在于融资和工程建设而非大型体育场馆的经营管理。这是"鸟巢"PPP模式无法成功运营的最根本原因，很大程度上也是"鸟巢"产生其他问题的根源。由于大型体育场馆项目的运营管理经验，社会资本方在投标时和中标后很可能不能充分识别大型体育场在建设和运营全生命周期中的各种潜在风险和制约因素，并在此基础上建立有效的风险分担机制。

21.8.3.2 项目建设方案没有充分考虑大型体育场后期的商业运营要求

"鸟巢"中标的社会资本方及其组建的项目公司没有获得项目设计主导权，在接手项目管理权后很可能没有从更好地开展商业运营的需要出发进行优化设计。实际上，由于缺乏专业化的大型体育场馆运营管理经验，社会资本方恐怕也难以真正做好优化设计方案，更别说进行管理创新和商业模式创新了。

从国际类似大型体育场馆 PPP 项目的成功经验看，大型体育场馆特别需要通过综合性、多样化的商业运营来获利，而不是仅仅依靠办比赛卖门票获得收入。

21.8.3.3　项目建设过程中出现了重大设计变更

例如，减少停车位，从原定的 2000 个减少到 1000 个，直接导致看比赛或参加商业活动的人数受影响，并进一步影响其他商业零售收入。又如，取消建设可闭合顶盖，投资建设成本是降低了，但导致后期的商业活动受限，使得项目的门票、广告等各类经营性收入包括商业零售都受到了较大影响，从项目全生命周期看，这似乎是"得不偿失"。另外，北京市政府在项目开工后决定取消建设可闭合顶盖，这意味着设计荷载的降低，也一定程度上导致项目的基础工程和梁柱等工程的投资浪费。

21.8.3.4　政府对"鸟巢"商业运营的限制

从"鸟巢"作为国家体育场的定位和形象出发，北京市政府要求减少体育场内配套商业设施，影响了项目经营收入，对"鸟巢"冠名权和座椅广告经营实施一定的限制，也制约了项目经营收入。这些问题从表面上看确实都是"问题"，但站在北京市政府角度看，这些限制商业运营的要求似乎也是正当的甚至是难免的。问题的根本在于，作为社会资本方的中信联合体在 PPP 项目投标以及特许经营协议谈判时对这些潜在"问题"及其背后隐藏的各种风险的把握程度不足，没能把这些问题在特许经营协议谈判时作为潜在风险，事先建立有效的风险分担机制并在项目特许经营协议中明确提出来，要求北京市政府对"鸟巢"商业运营进行各种限制造成的经营收入减少时给予项目公司适当经济补偿或延长特许经营期①。

---

① 吴亚平．"鸟巢" PPP 模式失败原因探析［J］．中国投资，2016（11）：83 - 85.

21.8.4 "鸟巢" PPP 模式的启示

21.8.4.1 PPP 模式的选择至关重要

国家体育场选用的是 BOT 模式。该模式下，项目公司与设计联合体是"一锤子买卖"的关系，因而项目公司在获取设计方案的知识产权时遇到了较大的阻碍，同时设计变更和优化也遭到了阻碍和索赔。因此，针对这种政府支持的大型公共服务项目，可以考虑使用 DBOT 模式。在确定设计方案后，将提供设计方案的公司纳入项目公司当中，或将设计方案的价值折算成股份，将设计方与项目公司的一次性买卖关系延长为特许经营期内的长期合作关系。这样双方共处在一个项目公司内，方便对设计方案进行更好的修正和调整，也避免了确定设计方案后谈判被动的局面。

21.8.4.2 充分考虑建设成本与后期收益的均衡

可闭合顶盖设计的取消造成了一系列不良后果，而取消该设计的初衷是"节俭办奥运"。该项措施节约了 6 亿元资金，减少了 3400 吨钢材的使用，确实显著降低了国家体育场的建设成本，但却忽略了该措施对体育场竣工后运营的影响，造成体育场难以盈利，项目公司不能长久运营。因此，项目建设过程中成本与未来收益的均衡就显得格外重要。如果降低成本是以牺牲项目的未来收益为代价，那便是舍本逐末。

21.8.4.3 社会效益与经济效益之间的权衡

国家体育场在建设运营过程中由于政府的主导地位和作为主奥运场馆的目的，使得整个项目过于偏重社会效益，而牺牲了社会资本方较多的经济效益。由于对体育场内及周围商业性设施的限制，体育场仅能依靠举办活动和销售门票等方式作为收入来源。而国家体育场作为一种国家象征和北京的标志性建筑，门票定价过高将引起社会公众的不满，定价过低又难以维持体育场基本的日常维护开销。据统计，国家体育场一年的维护费用约为 5000 万元。在该情况下，社会资本的投资很难收回，预期收益也不明朗，最后导致社会资本的退出①。

21.8.4.4 权责对等，共担风险，处理好政府和社会资本之间的关系

政府和社会资本的合作是在平等协商、依法合规的前提下展开的。PPP的实质是将市场机制引入公共服务领域，利用社会资本的活力推动公共服务事业的发展。PPP项目是政府和社会资本之间的合作，在具体的建设、运营等环节，应遵守权责对等的原则，按照市场规律办事，遵循"利益共享、风险共担"的原则，明确政府和社会资本方享有的权利、肩负的责任和义务，通过合同条款约束双方的行为。

21.8.4.5 强化社会资本方运营经验和专业性

专业化是PPP模式赖以成功的重要前提，也是对社会资本准入的一条基本要求。通过PPP模式引入专业化的社会资本方是国家推广运用PPP模式的重要政策导向。基础设施和公共服务领域引入PPP模式，不仅要满足政府的融资需要，更要满足政府的融智（智力，社会资本的技术、人才和经营优势）和融制（管理制度，社会资本方的公司治理和管理制度优势）的需要。这点不仅要求大量处于研究策划阶段的PPP项目实施机构高度重视，即使是成功"落地"和进入正常运营阶段的PPP项目也同样要反思。一个成功"落地"的PPP项目并不必然意味着全生命周期的成功。客观地说，基础设施和公共服务项目相对制造业项目而言，风险是比较小的，但不意味着政府不需要有经验的专业化的社会资本方参与，更不意味着社会资本方不需要了解行业、技术和管理等专业知识。如果社会资本方本身不专业，不具备行业、技术、管理等方面的优势，缺乏相关行业领域投资建设和运营同类项目的经验，对优化设计方案等高度依赖专业经验的事项可能"想都想不到"，对投资建设和运营维护成本的控制缺乏有效手段，对项目各种潜在风险难以有效识别并据此建立有效的风险分担机制，对提高项目的运营效率很难保障，对项目

---

① 孟千. 国家体育场PPP模式运作实践分析［J］. 招标采购管理，2017（5）：46-48.

合理的投资回报就更加难以保障。也许"鸟巢"的 PPP 模式满足了政府的融资需要，也满足了工程建设和融资的需要，但显然其融智和融制的目标没有达成。

21.9 北京 2022 年冬季奥林匹克运动会国家速滑馆 PPP 项目案例①

21.9.1 项目背景

国家速滑馆又称为"冰丝带"，位于北京市朝阳区近奥林匹克公园林萃路 2 号，是 2022 年北京冬奥会北京主赛区标志性场馆、唯一新建的冰上竞赛场馆。

国家速滑馆用于冰球、冰壶、大道速滑项目，是一个综合性场馆。冬奥会结束之后，国家速滑馆将 365 天不间断经营，成为一个类似水立方、鸟巢这样的社会服务功能和企业运营兼备的运动健身场馆，既为运动员提供训练场地，也满足北京市民冬季运动的需求。

2022 年北京冬奥会赛后，国家速滑馆将成为国际滑联卓越中心，常年举办各种冰上赛事，广泛开展群众冰雪运动，成为北京市民参与体育冰上运动的多功能场馆，打造成为集"体育赛事、群众健身、文化休闲、展览展示、社会公益"五位一体的多功能冰上中心。

21.9.2 项目融资模式

国家速滑馆采用 PPP 项目进行建设，由北京市政府（以下简称市政府）授权市重大项目办作为国家速滑馆 PPP 项目实施机构，负责组织该项目 PPP 工作推进与落实。具体采用 BOT 的运作方式，由社会资本负责项目投资、建

---

① 资料来源：财政部政府和社会资本合作中心，北京 2022 年冬季奥林匹克运动会国家速滑馆 PPP 项目。

设和运营，合作期限届满无偿移交政府。项目合作期限设定为30年，其中建设期约3年（2017～2019年），奥运服务期约2年（2020～2022年），赛后运营期约25年（2022～2046年）。

2018年2月，成立项目公司北京国家速滑馆经营有限责任公司，注册资本77673.2万元，项目公司由政府资本方北京市国有资产经营有限责任公司和社会资本方（北京首都开发股份有限公司、北京城建集团有限责任公司、北京住总集团有限责任公司、华体集团有限责任公司）共同组成，出资比例分别为49%、16.83%、16.83%、16.32%和1.02%。如图21－7所示。

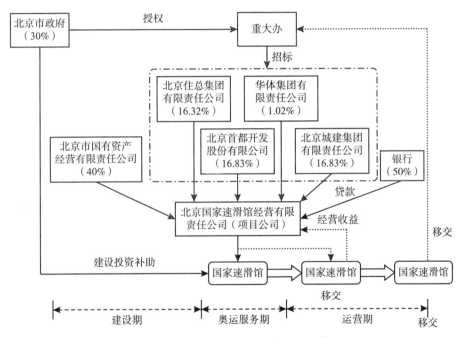

图21－7 国家速滑馆项目融资结构示意图

资料来源：根据财政部政府和社会资本合作中心北京2022年冬季奥林匹克运动会国家速滑馆PPP项目绘制。

国家速滑馆融资模式约定如下。

（1）土地获取。PPP合作范围为国家速滑馆、停车场及红线范围内相关配套设施（包括市政设施、绿化和景观工程）。项目土地相关费用不纳入PPP

合作范围（项目用地划拨至市国资公司，相关补偿费用由市国资公司承担）。

（2）政府方。市政府授权市重大办作为该项目的实施机构，授权市国资公司作为政府出资人代表。市重大办作为招标人，制定社会资本方准入条件和选择标准，通过公开招标的方式择优选择社会资本方。

（3）项目公司职责。中选的社会资本方与市国资公司联合出资成立项目公司，市重大办代表市政府与项目公司签订《PPP合同》。在合作期内，项目公司负责国家速滑馆的投资、建设和运营，独立承担相关的法律责任和义务。合作期内项目资产所有权归属市国资公司所有，项目公司仅拥有项目设施的特许经营权。

（4）建设内容。建设期间内，由政府方主导设计方案，项目公司按政府方要求完成具体建设任务，政府方构建协调机制、对建设全过程进行监管，确保项目工期、质量满足奥运赛事的需求。

（5）奥运服务期责任。在奥运服务期间，项目设施归政府方使用，项目公司应对测试赛以及政府方使用场地期间提供必要的服务保障，相应成本由市政府协调相关部门解决。

（6）运营期责权。冬奥会赛后运营期，项目公司在政府授权范围内对国家速滑馆、停车设施通过改造、自主经营实现投资回报。

合作期内，市国资公司在项目公司中按照《中华人民共和国公司法》约定的原则行使股东权利，代市政府行使涉及重大公共安全和公共利益事项的一票否决权。

（7）移交条件。合作期限届满，项目公司应将符合要求并处于良好运营状态的项目资产无偿移交给政府或政府指定机构。

（8）项目回报机制。根据国内外大型体育场馆经营经验，并结合该项目初步财务测算结果的具体情况，该项目市场化经营收益难以完全覆盖全部的投资建设成本和运营成本，因此，需要政府方给予一定的补助，以保障社会资本方的合理回报。

基于节俭办奥原则，为减轻政府总体支出压力，建议采取政府建设期投资补助、赛后运营不补助的方式，项目公司通过对场馆多种经营收益平衡剩余投资并获得合理回报，这种补助方式也有利于鼓励充分竞争，减轻政府投资补助压力。

（9）项目投融资限制与资金监管。北京市政府及市重大办对于项目公司投融资行为行使监管职能，项目公司与金融机构、关联企业之间的贷款、借款协议，以及项目公司提供与该项目相关的权益担保，须事先获得项目实施机构批准。原则上，项目公司不得以任何原因对外提供担保。如有特殊情况，项目公司须报经项目实施机构批准，并将担保文件交由项目实施机构备案。项目公司应就项目建设资金设立专项账户，由项目实施机构和项目公司共同管理，保证各渠道筹集的建设资金实现专款专用。项目实施机构对专项账户的资金使用情况拥有监管权力，可建立定期、不定期及关键时间节点的账户检查制度。

21.9.3 项目风险分析

21.9.3.1 风险分担原则

该项目风险分担应遵循以下三项原则。

（1）最优风险分担原则。在受制于法律约束和公共利益考虑的前提下，风险应分配给能够以最小成本（对政府而言）、最有效管理它的一方承担，并且给予风险承担方选择如何处理和最小化该风险的权利。

（2）风险收益对等原则。既关注社会资本对于风险管理成本和风险损失的承担，又尊重其获得与承担风险相匹配的收益水平的权利。

（3）风险可控原则。应按项目参与方的财务实力、技术能力、管理能力等因素设定风险损失承担上限，不能由任何一方单独承担超过其承受能力的风险，以保证双方合作关系的长期持续稳定。一般情况下，政策、法律、项目审批风险由政府承担，项目融资、投资、建设、运营管理风险由社会投资方承担，不可抗力风险由双方共同承担。

21.9.3.2 风险因素

（1）项目投资控制风险。由于该项目采用"一会三函"的方式推进，招标工作启动时难以达到一般工程建设项目的设计深度，难以形成相对准确的项目投资控制目标，缺少准确的投资控制清单，加大了投资控制风险。

（2）设计及变更风险。建设期出现重大设计变更，对项目工期造成重大影响。

（3）赛后运营方案风险。设计时未充分预留赛后改造条件，导致赛后运营改造难度、成本增加甚至不可行；赛后改造、经营活动的开展因行政审批受限，导致项目公司难以开展合理经营。

（4）社会资本方能力不足。由于项目公司经营管理能力的不足，导致项目运营情况不佳，财务状况恶化，影响项目持续履行。

21.9.3.3　风险分配方案

风险分配作为风险管理的核心贯穿项目的整个合同期，为在政府与社会资本之间更合理地分配风险，基于上述的风险分配原则及风险识别情况，提出适用于该项目的风险分配方案如下。

（1）国家速滑馆及其附属设施的投融资、建设、运营及经营收益等风险主要由项目公司承担。（2）设计、行政审批风险主要由政府方承担。（3）对于政策和法律风险，分为两类：一是政府方可控的法律和政策变更引起的损失和成本增加，由政府方承担；二是超出政府方可控范围的法律变更及政策变化风险（如由国家或上级政府统一颁行的法律、法规和政策风险），由双方共同承担。（4）不可抗力风险和工程地质问题造成的风险由政府和项目公司合理共担。

21.9.3.4　项目融资特色分析

（1）项目采用PPP模式运作的必要性。第一，落实奥运赛事要求。兑现申奥承诺，落实政府要求根据历届奥运会的经验，引入社会资本方参与奥运场馆的设计、建设和运营，有利于提高场馆的建设效率，提高赛后运营水平。2022年北京冬季奥运会的申奥文件中，北京市提出要采用PPP的方式引入社会资本方，参与场馆的建设和运营。因此，该项目采用PPP模式实施，既是对国内外奥运场馆建设运营经验的吸收采纳，也是对申奥文件的切实响应和认真落实。

2017 年 7 月，北京市重大项目建设指挥部办公室巡视员戴孟东表示："冬奥会场馆要坚持市场化、社会化方向，采取政府和社会资本合作（PPP）的模式建设，以减轻政府资金压力，积极推动民间资本发展。"通过发挥社会资本方在投融资、建设、运营管理等方面的综合和专业化优势，促进场馆赛后有效利用，带动冰上运动产业发展。

第二，风险优化分配、利益共享。PPP 模式提倡"让专业的人做专业的事"。国家速滑馆项目建设施工技术较为复杂，运维、管理专业化要求较高，政府通过引入专业性强、实力雄厚的社会资本，把技术风险、完工风险、建造风险、运营风险等商业风险有效转移给更有能力承担的社会资本方，有效缓解传统模式中政府承担全部风险的压力。同时，在风险优化分配的激励约束机制下，社会资本将有足够动力，统筹考虑项目的建设质量和后续运营维护成本之间的平衡，在保障服务质量的前提下，切实降低项目全生命周期的成本，提高自身收益水平，实现公共效益产出和项目经济效益产出的双赢。

第三，引入竞争，推进改革。党的十八届三中全会明确指出，转变政府职能是深化行政体制改革的核心，解决好政府、市场、社会的关系，使得市场在资源配置中起决定性作用。通过充分引入市场竞争，有利于提高体育场馆设施建设与运营的总体效率，积累经验，加快公共服务设施的市场化进程；PPP 模式下对政府的要求与国家转变政府职能宏观导向的要求是一致的，是落实政府职能转变的一个重要抓手和有效途径。

（2）项目采用 PPP 模式运作的可行性。第一，政策环境较为成熟。为推广 PPP 模式，国家陆续出台了一系列政策、规章。国家速滑馆项目是为举办冬奥会而实施的公共服务项目，属于 PPP 相关政策大力鼓励的典型项目类别。在 2014 年 10 月发布的《国务院关于加快发展体育产业促进体育消费的若干意见》中，明确提出积极培育多元市场主体，吸引社会资本参与，鼓励社会资本进入体育产业领域，推广运用政府和社会资本合作等多种模式，吸引社会资本参与体育产业发展。此外，国家及北京市在 PPP 项目的方案咨询、社会资本方选择、运营管理、投融资、回报安排等各环节已经出台较为完善的政策体系，能有力地指导项目规范有序实施。

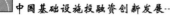

第二，实践经验较为丰富。目前世界各地有较多体育场馆类 PPP 项目案例，北京市在 2008 年的第 29 届夏季奥林匹克运动会的配套体育场馆中，已经探索了引入社会资本参与体育场馆项目实施的路径，能为该项目的成功实施提供参考和借鉴。

国家速滑馆项目通过采取 PPP 模式，可以充分发挥社会资本在投资、建设和运营等方面的能力，有利于激发社会资本方的创新精神，降低项目全生命周期的成本，提高财政资金使用效率，并在奥运会赛后改造运营方面拓宽经营空间，减轻政府对于场馆后期运营的补贴压力。

第三，融资环境较为良好。北京市资本市场比较发达，资金融通较为容易，与政府传统投资模式相比，减轻了政府在建设期的资金压力，同时社会资本方具备更加灵活、多样化的融资手段，能进一步降低资金成本，提高国家速滑馆项目的财务可行性。

第四，对社会资本方的吸引力较强。国家速滑馆项目具有重大的政治和社会影响力，能够产生潜在的商业价值，市场参与投资、建设、运营的意愿较为强烈。此外，拟采用"投资—施工一体化"的建设模式，社会资本方可以通过整合投资、建设、运营全过程的利润空间实现合理投资回报；同时，政府在建设期承担了一定的出资义务，进一步增加了项目的财务可行性。

21.10　湖南省湘西州凤凰县智慧城市建设 PPP 项目案例[①]

21.10.1　项目背景

为切实加快信息化建设，提升全县各级各部门的信息化水平，凤凰县经县委政府同意后并授权，2017 年 11 月由凤凰县科技和工业信息化局签订《凤凰县智慧城市建设 PPP 项目合同》。

---

① 资料来源：财政部政府和社会资本合作中心，湖南省湘西州凤凰县智慧城市建设 PPP 项目。

该项目采用整体打包，分期推进的方式实施。项目分三期进行，其中一期建设投资约 3.18 亿元，建设期 1 年，建设内容包括云数据中心工程、大数据平台工程、地理信息共享平台工程、市民服务门户工程、智慧政务工程、智慧交通工程、智慧旅游工程、智慧教育工程共 8 项内容。二期、三期建设工程将根据需求陆续开展，规划建设内容如下：（1）二期工程（8 项）：政府服务热线平台工程、城市运行管理中心工程、智慧应急工程、平安城市工程、智慧生态工程、智慧林业工程、智慧城管工程、智慧食药监工程；（2）三期工程（8 项）：智慧诚信工程、智慧医疗工程、智慧社区工程、市民一卡通工程、电子商务工程、智慧农业工程、智慧康养工程、智慧园区工程。

凤凰县智慧城市建设 PPP 项目于 2019 年 5 月 8 日开始实施，到 2021 年年底，项目共完成建设 19 个子工程，分别为云数据中心工程、城市运行管理中心工程、智慧诚信工程、地理信息共享平台工程、智慧农业工程、智慧政务工程、智慧党务村务政府绩效考核工程、智慧交通工程、平安城市工程、智慧城管工程、智慧综治工程、智慧生态工程、智慧教育工程、智慧社区工程、智慧旅游工程、大数据平台工程、数据共享交换平台工程、智慧应急工程、市民门户工程。投建项目分别于 2021 年 1 月 28 日、2021 年 12 月 25 日完成验收并移交政府使用单位。项目目前处于运营运维期，运行情况良好。

21.10.2　项目融资模式

凤凰县智慧城市建设项目采取 PPP 模式中的复合模式推进，即"BOT ＋ BOOT"模式。具体如下：一期中政府政务功能部分如云数据中心、大数据平台、地理信息共享平台、市民服务门户、智慧政务，拟采用 BOT 模式实施，一期中市场需求部分如智慧旅游、智慧教育、智慧交通，拟采用 BOOT 模式实施；二期、三期等后续建设内容的运作模式同上考虑。就该项目而言，凤凰县人民政府授权凤凰县经济和信息化局作为项目实施机构，并指定凤凰县展凤投资有限责任公司作为政府出资代表，与中标的北京中电兴发科技有限公司共同出资组建项目公司凤凰智慧城市管理运营有限责任公司，项目公司注册资本金10000万元，其中社会资本方出资80%，政府出资20%，由项目公司负责该项目投融资、建设、维护管理以及设备设施和系统更新升级等工作。项目合作期内，凤凰县人民政府授予项目公司对该项目的特许经营权。合作期满，项目公司的特许经营权被收回。项目融资结构如图21-8所示。

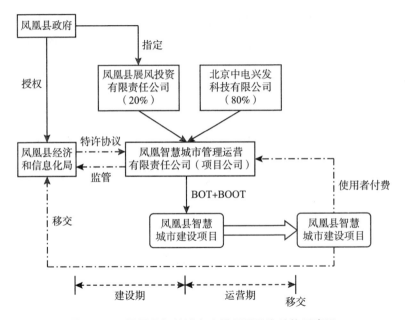

图21-8　凤凰县智慧城市建设项目融资结构示意图

资料来源：根据财政部政府和社会资本合作中心湖南省湘西州凤凰县智慧城市建设 PPP 项目绘制。

21.10.2.1　项目投融资结构

该项目资本金比例（项目前期投资占比）暂定为30%，即34292.93万元。其余70%（80500万元）为债务资金，由项目公司在建设期3年内根据建设资金需求通过银行贷款等方式取得。政府及其授权机构不为该项目融资提供任何形式的担保或反担保，但可以协助项目公司在合法合规范围内获取贷款。此外，该项目严格禁止出现给予固定回报、政府回购、明股实债等不符合 PPP 精神的行为。

21.10.2.2 资产权属

该项目资产为凤凰县智慧城市建设 PPP 项目所建设的全部内容，主要包括：基础资源、政务服务、城市管理、民生普惠、产业引领 5 个部分和 24 个子项，以及项目运营期内因更新重置或升级改造投资形成的项目资产。在项目合作期内，项目公司自主研发、建设形成的信息化基础设施、系统等有形资产归项目公司拥有。项目合作期内产生的数据信息、资料等无形资产均属于凤凰县人民政府，其中政府披露或共享的数据可授权项目公司使用，数据泄密风险及责任由项目公司承担。政府披露或共享的数据应在合作期满后，无偿移交给凤凰县人民政府或其指定机构。

21.10.2.3 回报机制

（1）项目收益回报。该项目拟采用"使用者付费"模式，即最终消费者直接付费购买公共产品和服务，项目公司直接从最终用户处收取费用，以回收项目的建设运营成本并获取合理收益。凤凰县智慧城市项目中，项目公司通过运营智慧旅游、智慧停车、智慧医疗、智慧社区、电子商务等多个子项，向个人、商家、企业以及职能部门等收取服务费用，从而获得经营收入。经测算，该项目经营收入可以完全覆盖项目全生命周期的建设运营成本及合理收益。

（2）股东回报机制。政府股东和社会资本股东按照双方约定的股权比例（2∶8）分配项目公司利润。

（3）超额利润分配机制。该项目采用的回报机制为使用者付费，不需要政府提供额外补助。同时，为防止项目公司获得超出合理预期的超额利润，该项目设置超额利润分配机制。即当项目公司获得的项目投资净利润率超过政府和中标社会资本约定的项目投资净利润率时，政府将与项目公司对超额利润进行分成（具体以 PPP 项目合同约定为准）。

21.10.3　项目风险分析

21.10.3.1　风险分配基本原则

根据财政部《关于印发政府和社会资本合作模式操作指南（试行）的通知》，项目的风险分配遵循以下原则。

（1）风险分配优化原则。承担风险的一方应该对该风险具有控制力，由该方承担风险最有效率。（2）风险收益对等原则。承担风险的一方对于控制该风险有更大的经济利益或动机。（3）风险可控原则。承担风险的一方能够有效控制该风险，如果风险最终发生，承担风险的一方不应将由此产生的费用和损失转移给合同相对方。

21.10.3.2　风险分配机制

该项目从融资风险、市场风险、建设风险、运营风险、财务风险、政治风险、法律风险以及不可抗力风险这些方面对项目风险进行分配，并提出相应的风险应对措施。具体而言，融资、市场、建设、运营、财务等风险主要由社会资本承担，政治风险主要由政府承担，法律、不可抗力风险由政府和社会资本共同承担。

21.10.4　项目融资特色分析

21.10.4.1　实现凤凰县信息化建设有效整合

虽然凤凰县各行业和部门均有内部系统和数据资源，但整体上缺乏整合各方资源数据共享的平台，各信息系统间标准不统一、接口不统一，且未形成信息资源共享的理念。从而导致信息化建设内容重复多，建设成本大，资源未得到充分利用。采用 PPP 模式，由政府通过遴选优质社会资本共同组建项目公司，授权项目公司对该项目所涵盖的内容进行统一建设、运营及维护管理，可有效规避"信息孤岛"现象，在降低城市运行成本的同时，大幅增加城市整体承载能力。

21.10.4.2　提升凤凰县信息化服务质量

与传统建设模式相比，PPP 模式有其独特优势。对社会资本而言，要通过激烈的竞争，凭借自身较强的资金实力、融资实力以及丰富的信息化运营管理经验，方可参与该项目建设，且其与政府方共同组建的项目公司将统筹项目的建设、运营及维护等各环节，出于自身利益的考虑，为降低后期项目运营维护成本，项目公司必然会保障项目高效高质完成。就政府方而言，则可在项目全生命周期内通过建立绩效考核机制，加强对社会资本（项目公司）的监管，而无需再自主承担项目建设或运营等工作，将更加关注公共产品及服务本身的质量。

21.10.4.3　有效缓解凤凰县智慧城市建设的财政压力

智慧城市建设是个极为庞大复杂的工程，融资问题是智慧城市推进过程中面临的最大挑战之一。若采用传统模式实施该项目，由政府投资建设运营，一方面难以支撑智慧城市行业的快速发展，另一方面不仅不能缓解地方财政压力，反而还会增加政府债务。而采取 PPP 模式，政府通过一定比例的出资以吸引社会资本更多的资金进入，既可有效地解决智慧城市建设面临的融资难题，又可缓解地方债务压力，从而加快推动凤凰县整体经济建设进程。

21.10.4.4　探索智慧城市建设新模式

该项目投融资阶段邀请同领域区域内行业拔尖企业、高等院校、科研所等优质资源组成智囊团参与项目调研及设计，并花费大量时间实地走访政府职能部门、行业企业、商铺店家、城市居民等业务领域，参考借鉴其他城市的先进经验与做法，努力探索服务场景，形成最优解决方案，适合凤凰县的新型智慧城市新模式。

21.11 长江三峡工程投资管理案例①

21.11.1 项目背景

长江三峡水利枢纽工程（以下简称三峡工程），是中国长江中上游段建设的大型水利工程项目，是跨世纪的发展国民经济战略性工程。分布在中国重庆市到湖北省宜昌市的长江干流上，大坝位于三峡西陵峡内的宜昌市夷陵区三斗坪，并和其下游不远的葛洲坝水电站形成梯级调度电站。它是世界上规模最大的水电站，也是中国有史以来建设的最大型的工程项目。

三峡工程最早可追溯到1919年，由孙中山先生提出的在长江三峡河段建水坝工程的设想，直到1992年全国人民代表大会表决通过，历时70多年，完成了调查勘测、科学试验、规划设计研究和可行性论证，最终完成了项目的立法程序，这是三峡工程的第一个阶段，即项目的前期决策管理阶段。1993年到2009年是长江三峡工程的实施阶段，总工期为17年，分三个阶段进行。第一阶段（1993~1997年）为施工准备及一期导流工程施工阶段，以实现右岸导流明渠过流通航与大江截流为目标；第二阶段（1998~2003年）为二期导流及主体工程施工阶段，以拦河坝初期蓄水、永久船闸通航、左岸地面厂房首批机组投产为目标；第三阶段（2004~2009年）为三期导流、明渠厂坝完建、右岸地面厂房机组全部投产及三峡工程竣工为目标。

三峡工程在工程规模、科学技术和综合利用效益等许多方面都堪为世界级工程的前列。它不仅为中国带来巨大的经济效益，还将为世界水利水电技术和有关科技的发展作出有益的贡献。建设三峡工程是中国实施跨世纪经济发展战略的一个宏大工程，其发电、防洪和航运等巨大综合效益，对建设长

---

① 资料来源：陆佑楣. 工程建设管理的实践——以三峡工程为例［J］. 中国工程科学，2008，10（12）：17－23；张宝声. 三峡工程建设管理模式与投资控制方法［J］. 水力发电，2000（6）：12－14，23.

江经济带，加快中国经济发展的步伐，提高中国的综合国力有着十分重大的战略意义。

考虑到三峡工程规模巨大，资金需要量大，项目的资金筹措方案和投资控制是工程顺利建设的必要条件，因此本案例将着重阐述三峡工程在资金筹集模式上的探索和投资控制与管理的做法。

21.11.2 项目资金筹措

三峡工程所需投资 900.9 亿元（按 1993 年 5 月末不变价），其中：枢纽工程 500.9 亿元，库区移民工程 400 亿元。一期工程（大江截流前）约需 195 亿元；二期工程（首批机组开始发电）需 347 亿元；三期工程（全部机组投入运行）约需 350 亿元；库区移民的收尾项目约需 69 亿元。若考虑物价、利息变动等因素的动态投资为 2039 亿元。

21.11.2.1 三峡工程资金筹措问题的特点

（1）总投资庞大，但一期投资相对较少。虽然三峡工程总资金需要量巨大、但是第一批机组投入发电前的 11 年施工间的资金需要量并不高，只要解决了一期建设阶段的资金筹措问题，后续项目建设投资和贷款可使用一期建成的发电机组产生的发电收入。

（2）工程建设受益地区范围广，涉及的部门多，关系错综复杂。工程集资方案需要妥善处理中央与地方、发电与其他综合利用部门间的责、权、利等多方面关系。

（3）工程建设过程中受到财税金融制度改革对资金筹措的政策性影响较大。

（4）项目具有综合利用效益，建成后项目功能可进行投资和运营模式创新。工程资金筹措方案需考虑综合利用水利工程的特点，根据国家现行投资政策及新的投资格局进行研究。

21.11.2.2 三峡工程资金组成

（1）三峡建设基金。国家从全国销售电量每度电征收 4~7 厘钱建立三峡建设基金，作为国家对三峡工程建设投入的资本金，约占工程总投资的 40%。

（2）发电收益的投入。三峡总公司自身发电收益，包括已经建成的葛洲坝电站（年发电量 $150 \times 108 \sim 160 \times 108 KW \times h$）及三峡电站自 2003~2009 年建设期的发电收益，也投入三峡工程建设，约占工程总投资的 20%。

（3）银行贷款。由国家开发银行的长期贷款、国有商业银行的短期贷款、发行企业债券以及利用进口设备的出口信贷等组成，约占总投资需求的 40% 左右。

为了管好三峡工程建设资金，减轻利息负担，降低融资成本，三峡总公司经国家批准成立了财务公司，负责筹资融资。为了控制资金使用，除投资控制外的各项经常性费用，三峡总公司实行全面财务预算管理。

21.11.3 投资控制

21.11.3.1 改革概算编制模式

三峡枢纽工程的概算投资改变了传统上设计单位编制，有关政府部门审批、调整的概算模式，而改由国际上通行的由专家组编制和审核的办法。客观准确地确定了三峡枢纽工程的静态投资额，从而为后期的投资控制和管理工作设定了科学、合理的控制目标。

21.11.3.2 实行"静态控制、动态管理"

静态投资概算是国家批准的 900.9 亿元，17 年工期中每年物价指数都是变化的，要按照当年的物价指数与 1993 年的价格相比进行价差调整。建设资金中有近 40% 的资金来自银行贷款、发行企业债券等，17 年建设期的利率也是浮动的，每年应支付利息和到期本金，这三部分之和为动态投资。

每年需要预测未来的资金需求，实行动态管理。用静态概算控制工程的投资，优化工程管理，降低成本和移民的各种费用；用动态的价差支付和多种融资措施降低融资成本，形成了"静态控制、动态管理"的模式。1994 年预测到 2009 年工程竣工时总投资为 2039 亿元，通过 10 余年的工程实践，到 2009 年全部竣工时，工程总投资可控制在 1800 亿元以内，完全在国家批准的概算内[①]。

21.11.3.3　强化技术经济分析

针对我国工程设计中长期以来一直存在着技术与经济结合不够紧密的问题，统筹三峡枢纽工程的技术与经济关系，通过优化设计，实现了工程技术、质量与经济、投资成本的有机结合，从而从源头上有效地控制了工程的技术风险并降低了投资成本。

21.11.3.4　实行价差管理

三峡工程的主体工程合同周期较长，大部分合同实行价差调整，每年给承包商补偿，合理地解决了承包商不必要的亏损。由三峡总公司委托中介机构对全国建材、器材、各类商品、人工费等价格进行分析，提出影响三峡工程的环比和基比价差率，提出书面报告，报请国务院三峡建委会同国家发改委和中介机构的专家评审核定。每年核定上一年的价差比率，三峡总公司按承包商投标及合同当年的报价补偿其差额。调动了三峡总公司对价差投资管理和投资控制的积极性。

21.11.3.5　实行分项目设"笼子"控制概算

在国家批准的初步设计概算的总量控制基础上，通过技术设计的调整编制业主执行概算。根据分项招标合同价，编制分项合同的实施控制价，只有在发生重大设计变更才动用概算中的基本预备费。每年都要进行概算执行和控制分析，做到分项和整体的概算控制。

---

① 陆佑楣. 工程建设管理的实践——以三峡工程为例 [J]. 中国工程科学, 2008, 10 (12): 17 – 23.

21.11.3.6　充分利用多种融资工具

在降低融资成本方面，1998 年，三峡总公司分别与建设银行、工商银行和交通银行签订了总额为 110 亿元的 3 年期贷款协议，通过滚动使用、借新还旧、蓄短为长，不仅增加了工程建设资金调度的灵活性，也大大降低了融资成本①。在发行债券融资方面，自 1996 年至 2005 年，三峡工程共发行了 6 期、8 个品种的企业债券，2006 年 5 月发行了总额 30 亿元的无担保三峡债券。降低了融资成本，每年降低建设期利息支出约 3 亿多元。

21.11.3.7　提高综合利用效益节约成本

针对三峡工程兼具社会效益、环境效益和经济效益等综合效益的特点，在确保三峡枢纽工程质量的基础上，以发挥工程综合效益为中心，通过统筹和正确处理工程建设实施中的质量、进度、投资造价、安全和功能等多目标之间的关系，达到实现工程综合效益最大化的目的。尤其是，三峡枢纽工程通过促进水电机组早投产、早发电、早收益，大大提高了工程综合效益。

21.11.3.8　强化工程风险控制

引入工程保险机制，通过实施业主控制的工程保险，有效转移了部分工程风险。三峡总公司对建设工程投保建筑工程一切险、安装工程一切险并附加第三者责任险；根据建设管理特点，对业主施工设备投保设备综合险，对业主供材投保运输险；为保障施工人员的利益，强制要求各施工单位对三峡工地的雇员投保雇主责任险。

---

① 张宝声. 三峡工程建设管理模式与投资控制方法 [J]. 水力发电，2000（06）：12－14＋23.

第 22 章

案例集 II

22.1 北京大兴国际机场项目案例[①]

22.1.1 项目简介

北京大兴国际机场定位为"大型国际枢纽机场",位于北京市大兴区榆垡镇、礼贤镇和河北省廊坊市广阳区之间,直线距天安门约 46 公里、距雄安新区 55 公里、距北京城市副中心约 54 公里、距首都机场约 67 公里、距廊坊市约 26 公里。北京大兴国际机场本着可持续发展的原则,采用滚动发展、分期建设的模式。目前按 2025 年旅客吞吐量 7200 万人次、货邮吞吐量 200 万吨、飞机起降量 62 万架次的目标设计。建设有"三纵一横"4 条跑道、建筑面积 70 万平方米航站楼等设施,用地面积 27 平方公里。远期年旅客吞吐量 1 亿人次以上,年货邮吞吐量 400 万吨,飞机起降 88 万架次,规划用地面积 45 平方公里。

---

① 根据高世清. 北京新机场 PPP 招商模式研究与实践 [J]. 民航管理, 2017 (10): 27 - 32; 刘畅. 大型民用机场融资模式研究 [D]. 北京: 北京交通大学, 2021; 北京首都机场股份公开披露信息等资料整理。

22.1.2 项目投资和建设过程

2012 年 3 月，民航局、北京市、河北省联合上报《北京新机场预可行性报告》至国务院、中央军委；12 月 20 日，国务院、中央军委正式批复项目建议书。

2013 年 2 月 26 日，北京新机场建设领导小组成立；7 月，民航局、北京市、河北省与指挥部联合建立北京新机场三方建设协调联席会议机制。

2014 年 7 月 24 日，国务院常务会议通过北京新机场可行性研究报告；9 月 4 日，习近平总书记主持中共中央政治局常委会会议，审议通过北京新机场可行性研究报告；12 月 15 日，国家发展和改革委员会批复同意建设北京新机场项目；12 月 26 日，北京新机场正式开工建设。

2015 年 5 月 23 日，民航局、北京市、河北省联合评审通过北京新机场总体规划方案；9 月 26 日，航站楼核心区开工建设，航站区建设全面启动。

2019 年 9 月 25 日，北京大兴国际机场正式通航，中共中央总书记、国家主席、中央军委主席习近平出席机场通航仪式。

22.1.3 项目建设主体和建设内容

根据《国家发展改革委关于北京新机场工程可行性研究报告的批复》明确，以首都机场集团公司为建设主体。建设内容包括：

机场工程：首都机场集团公司作为机场工程的项目法人。机场工程总投资 799.8 亿元，资本金占总投资的 50%，其中，民航局安排民航发展基金 180 亿元，首都机场集团公司安排自有资金 60 亿元，积极吸引社会资本参与，不足部分由国家发改委和财政部按同比例安排中央预算内投资和国有资本经营预算资金解决，资本金以外投资由首都机场集团公司通过银行贷款等多元化渠道融资解决。

供油工程：供油工程机场场区内项目投资 22 亿元，资本金按 35% 的比例安排，由首都机场集团公司和中国航空油料集团公司组建的合资公司安排自有资金投入，资本金以外投资由该合资公司利用银行贷款解决。

22.1.4 项目融资方案

22.1.4.1 机场工程融资方案

（1）政府投资。鉴于机场建设属于公共基础设施建设，政府投资在机场建设融资中占主导地位，具体包括以下几个类别。

第一，民航发展基金。根据发改委的可研批复，民航局安排民航发展基金180亿元，作为北京新机场项目资本金。在北京新机场建设过程中，民航发展基金成为政府投资中最大的单项来源。

第二，国有资本经营预算和中央预算内投资。由于新机场建设意义重大，进度不容影响，经过积极争取，国家发改委和财政部同意对于400亿元项目资本金，除民航发展基金180亿元以及机场集团自有资金60亿元以外，剩余的160亿元以中央预算内投资和国有资本经营预算予以全额解决。

第三，专项建设基金。经过积极申请，用于北京新机场项目的专项建设基金为30亿元，以用于补充60亿元项目法人资本金缺口，真正投入项目建设的法人自有资金只需30亿元，大大减轻了首都机场集团公司的经营压力和筹资压力。专项建设基金创设于2015年8月，旨在解决重大项目资本金不足的问题，由中央财政按照专项建设债券利率的90%给予贴息，因此资金成本远低于市场平均融资成本。

（2）建设单位自有资金。除以上资金外，项目资本金400亿元中不足部分由项目建设单位首都机场集团以自有资金方式提供。

（3）银团贷款。根据可研批复，北京新机场工程总投资799.8亿元，50%的资本金以外投资由首都机场集团公司通过银行贷款等多元化渠道融资解决。考虑到北京新机场项目总投资规模大，建设周期长，资金需求量大，同时为规避单一贷款行因政策性风险而带来的融资风险，并参照国内大型基础设施建设项目贷款的通常做法，采用银团贷款的方式融资，在有效保证项目资金需求的同时，也可提高金融机构的服务水平。由中国农业银行担任牵头行、代理行，交通银行、中国工商银行、中国建设银行、中国银行、国家开发银行、中国邮政储蓄银行以及首都机场集团财务公司7家为银团成员，为机场工程提供贷款。

22.1.4.2 供油工程融资方案

民航局在《关于报送北京新机场工程可行性研究报告的函》当中，明确了新机场供油工程的项目法人为首都机场集团与中国航空油料集团（以下简称"中航油集团"）成立的合资公司，相关收益由机场集团和航油集团共享。项目投资额为22亿元（其中，航油投资约为21.3亿元，地油投资约为0.7亿元）。

首都机场集团与中航油集团签订了《北京新机场航油、地油工程合资建设及经营框架协议》。框架协议要点为：针对北京新机场的航油业务和地油业务（车辆加油站相关业务）分别设立合资公司作为建设工程项目法人，出资主体由双方各自指定；首都机场集团在航油合资公司持股20%，在地油合资公司持股49%。

通过筹建以上两家合资公司，既有效减少了首都机场集团公司在供油工程项目中的融资压力，又获得了未来在供油项目上的经营收益，并且推动了新机场供油工程与机场主体工程同步设计、同步建设，同步投产。

2.1.4.3 通过社会化招商，引入社会资本

2014年12月15日，国家发改委下发《关于北京新机场工程可行性研究报告的批复》，指出：对于具备良好经营前景的配套设施项目，如旅客过夜用房、综合交通中心、旅客服务设施及临空高指向性办公用房项目等，可研批复未将其纳入新机场约800亿元总投资范围内。发改委明确批复要引入社会资本投资建设，项目不再配比国家资本金。

首都机场集团于2014年设立了北京新机场社会化招商办公室，专门负责制订各项目的招商方案并组织实施，并协助投资者参与规划设计、建设管理等环节。

在北京新机场适宜吸引社会资本投融资的项目如表22-1所示，也大致

可以分为以下三类：

第一类，是具有良好经营前景的配套设施，如机场停车设施、旅客过夜用房设施、综合交通中心配套旅客服务设施、临空高指向性企业业务用房及地下空间开发项目。

第二类，具有一定盈利能力和稳定现金流的新能源应用及市政基础设施，如地源热泵、光伏发电、充电设施以及公共通信系统等设施。

第三类，提升大型国际枢纽综合保障能力、有利于航空产业聚集的项目。这类项目依赖外部技术和市场，属于机场业务在行业内部和外部的延伸与拓展，如第三方机务维修设施、货运物流设施、航食设施、航班离港控制系统等。

表 22 - 1　　　　　　　　　　北京新机场招商项目清单

序号	招商项目类型	建设规模
1	停车楼	25 万平方米
2	综合服务楼	13 万平方米
3	旅客过夜用房	21 万平方米
4	综合交通中心旅客服务设施	9 万平方米
5	临空高指向性企业业务用房	5 万平方米
6	地下空间开发项目	约 10 万平方米
7	飞机维修设施	—
8	公共通信系统	—
9	航班离港控制系统	—
10	新能源车充电设施	—
11	光伏、地源热泵等可再生能源项目	—

资料来源：高世清. 北京新机场 PPP 招商模式研究与实践［J］. 民航管理，2017（10）：27 - 32.

（1）经营权转让招商模式。2016 年，首都机场集团在北京新机场开展了停车楼和综合服务楼两个项目的招商工作。项目采用经营权转让合作模式，社会资本发挥投资人和运营商的职能。

经过招商程序，首钢基金联合体和华润置地联合体分别获得了停车楼和综合服务楼的经营权。两个项目不仅在建设期将吸引社会资本投资约12亿元，在运营期还将持续为新机场贡献可观的经营收入。

此外，两个项目社会资本方虽然都是国有企业，但均为在相关领域比较优秀、市场化程度较高的企业，首都机场集团与上述两个社会资本方分别组建合资公司也实现了机制创新。

（2）BOT招商模式。北京新机场离港系统建设时，适逢民航局出台鼓励PPP建设模式，为离港系统招商指引了方向。提出投资人"带案设计，带资建设，特许经营"PPP模式建设思路，新机场创新离港系统建设运营模式，通过公开招商引入社会投资人，实现投资、建设、运营一体化模式，为全国机场离港系统BOT建设模式首例。

经过招商程序，中航信获得了新机场离港系统经营权。按照概算测算预计节约新机场投资1.5亿元，降低机场投资成本，相应减少部分财务成本，由于机场不用承担运维和建设成本，经营权费收入为机场纯收益。机场收益相比传统建设模式显著提高。另外，由于投资人更加专业，离港系统从建设到运维均由投资人负责，将有效降低投资和运维成本，并提高系统运营效益。

22.1.5　案例总结

22.1.5.1　政府投资和市场化融资相结合的融资方案

机场作为公共基础设施，建设投资规模大，盈利能力普遍偏弱，很难完全进行市场化融资，因此机场建设融资结构一般以政府投资为主，市场化融资为有益补充。以北京新机场为例，800亿元投资中，仅有60亿元为企业自筹资金，其中，还包括依靠国家政策获得的低息专项建设基金30亿元，这30亿元实际上也属于政府给予利息补贴后的低息贷款。大兴国际机场的融资方案中，政府投资作为权益融资的主要来源，银行贷款作为债务融资的主要来源，北京新机场建设的800亿元投资中，400亿元的资本金绝大部分为政府投资。为规避单一贷款行因政策性风险而带来的融资风险，北京新机场建设采用银团贷款的方式融资，在有效保证项目资金需求的同时，也可提高金融机构的服务水平。同时，也探索使用准 PPP 模式，扩大新机场建设项目市场化融资规模。

22.1.5.2　根据项目设施特点选择建设和融资方案

一般而言，机场建设中项目设施可以分为以下四类：分别是Ⅰ类设施（不可经营、不可拆分的设施）、Ⅱ类设施（不可经营、可拆分的设施）、Ⅲ类设施（可经营、不可拆分的设施）、Ⅳ类设施（可经营、可拆分的设施），以上四类设施具有不同的建设和经营特点，在机场建设中可以根据项目设施类型设计不同融资和建设方案。

在大兴国际机场建设中，对于Ⅰ类设施（不可经营、不可拆分的设施）主要由机场集团进行投资、建设、运行管理。Ⅱ类设施（不可经营、可拆分的设施），如货运综合配套设施。该设施由于涉及与海关、检疫等联检单位的长期联系与合作，由首都机场集团所属专业化子公司进行运营管理。Ⅲ类设施（可经营、不可拆分的设施），如北京新机场综合服务楼项目，是枢纽设施内的商业服务设施及部分物业，机场集团采用法人为主投资建设，专业化公司辅助建设，并由机场集团向专业化公司出售经营权。Ⅳ类设施（可经营、可拆分的设施），如北京新机场停车楼项目，由社会投资者开发，或作为收益性资源捆绑到主体设施中，由社会投资者投资开发，再委托专业化管理。

22.1.5.3　吸引社会资本参与机场建设

吸引社会资本参与机场建设，不仅能创新机场的投融资体制，改变传统的"资本金＋银行贷款"投融资模式，还能减轻建设资金缺口，推动经营管理模式转型，充分发挥社会资本的力量，提升未来经营表现，实现机场可持续发展的需要。在选取社会资本合作的项目和实施招商时，需要综合考虑工期、质量、市场前景等各方面因素，确定适宜的招商项目；并根据不同项目特点，因地制宜制定招商模式。

22.2　上海洋山深水港项目案例①

22.2.1　项目简介

洋山深水港是世界最大的海岛型深水人工港，港区位于浙江嵊泗崎岖列岛以北，距上海市南汇芦潮港东南约 30 千米的大海里，由大、小洋山等十几个岛屿组成，平均水深 15 米，是距上海最近的天然深水港址。

上海洋山深水港是上海打造国际航运中心的核心工程。由小洋山岛域、东海大桥、洋山保税港区组成，于 2005 年 12 月 10 日开港，在业务上属于上海港港区，行政区划属于浙江省舟山市的嵊泗县。洋山深水港区是世界上唯一建在外海岛屿上的离岸式集装箱码头，东海大桥是中国第一座真正意义上的跨海大桥。洋山港港区规划总面积超过 25 平方千米，包括东、西、南、北四个港区，按一次规划、分期实施的原则，自 2002 年至 2020 年分四期建设。2017 年底，上海洋山深水港四期码头开港试运行，已经成为全球单体规模最大全自动码头。2021 年，洋山港集装箱吞吐量超 2280 万标箱，刷新历史纪录。

22.2.2　项目论证和建设过程

洋山港项目论证十分审慎，从 1995 年到 2002 年，费时 7 年，凝聚了各方面专家的智慧。

1992 年 10 月，党的十四大提出把上海建成"一个龙头、三个中心"的重大战略。决策后，中央领导多次提出要加快上海国际航运中心建设。

---

① 杨建勇，宗蓓华. 洋山深水港建设的投融资体制研究 [J]. 上海海军大学学报，2002（4）：15 - 19；张国宝. 我所经历的洋山港建设的论证和决策 [J]. 中国经济周刊，2015，12（24）：34 - 36；滕天平. 洋山深水港的项目融资模式探讨 [D]. 上海：华东理工大学，2011.

1995 年 8 月、9 月，上海市委、市政府主要领导多次就上海国际航运中心深水枢纽港港址进行调研和实地考察。

1996 年 9 月，根据国务院要求，上海委托十多家中央在沪及上海市的科研、设计、勘查单位，对港址进行论证，开始了艰苦的前期工作。

1998 年底，编制完成了洋山深水港区总体布局规划和一期工程预可行性研究报告及相应的专题报告会，全面加快了洋山的前期论证工作。

1999 年 3 月、5 月，中国国际工程咨询公司两次在北京组织召开洋山深水港区港址论证会。会上，上海市向中央有关部门正式提出建设洋山深水港。

1999 年 8 月，国家计委组织国内权威专家分宏观经济和技术经济两个方面对洋山深水港项目进行了审查。

2001 年 2 月，国务院批准洋山深水港区一期工程项目建议书。

2001 年 2 月 12 日，国务院召开总理办公会议，确定了洋山开发工程。

2001 年 3 月 10 日，国家计委正式批准立项，在洋山建立上海国际航运中心。

2001 年 3 月 17 日，国家计委对洋山深水港区建设一期工程立项。

2002 年 3 月，国家正式批准了洋山深水港区建设的工程可行性报告，国家计委正式下达批复意见。

2002 年 4 月，洋山深水港区一期工程投资、建设主体相继挂牌成立。

2002 年 6 月 26 日，洋山深水港工程正式开工建设，深水港一期工程在东海大桥打下第一根桩。

2005 年 5 月 25 日，32.5 千米的东海大桥实现贯通。

2005 年 12 月 10 日，洋山深水港区一期工程竣工并开港投用。

2006 年 12 月 10 日，洋山深水港区二期工程竣工并开港投用。

2007 年 12 月 10 日，洋山深水港区三期工程第一阶段竣工并开港投用。

2008 年 12 月 10 日，洋山深水港区三期工程第二阶段竣工并开港投用。

2017 年底，上海洋山深水港四期码头开港试运行。

22.2.3 项目投资建设主体和建设内容

根据上海市政府的决定，上海同盛投资（集团）公司成为洋山港的投资主体，项目具体的建设由同盛集团下设三个全资子公司：同盛大桥公司、同盛港口公司、同盛物流公司，分别负责东海大桥、洋山港港口以及物流园区配套的建设。

上海同盛投资（集团）公司与深水港工程建设指挥部于 2002 年 4 月 1 日同时在沪成立。前者注册资金 50 亿元，由三家公司出资：上海国际集团有限公司（以下简称国际集团）占 52% 股份、上海港务局（上海国际港务（集团）公司前身）占 40% 股份、上海国资经营有限公司（以下简称上海国资公司）占 8% 股份，如图 22 - 1 所示。

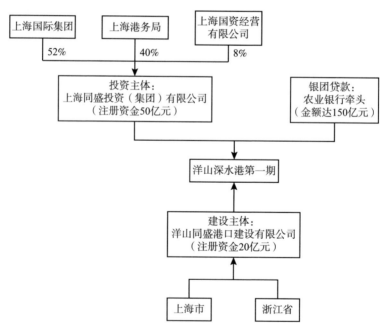

图 22 - 1 洋山港一期投融资

资料来源：根据相关资料整理绘制。

洋山港港区规划总面积超过 25 平方千米，包括东、西、南、北四个港区，按一次规划、分期实施的原则，自 2002 年至 2012 年分三期实施，工程总投资超过 700 亿元，其中 2/3 为填海工程投资，装卸集装箱的桥吊机械等投资 200 多亿元。到 2012 年，洋山港拥有 30 个深水泊位，年吞吐能力达 1500 万标箱，可使上海港的吞吐能力增加 1 倍。

东港区为能源作业港区，分二期建设。一期工程包括液化天然气（LNG）接收站和海底输气干线，建设规模为每年进口 300 万吨 LNG，每年可向上海市区供应约 40 亿立方米 LNG。成为国际一流水平的清洁能源供应基地，与西气东输、东海天然气形成多气源供应局面，共同保障上海的能源安全。东港区还是远东最大的成品油中转基地，规划建设 1900 米长的油品码头作业区，这是一座国家战略储备油库，共分三期建设，一期工程是成品油库和生产生活设施区，2009 年 3 月投入使用，可储成品油 42 万立方米；远期工程完成后可储存成品油 270 万立方米，将用中小型油轮转运至上海等地。

南港区以大洋山本岛为中心，西至双连山、大山塘一带，东至马鞍山。将作为洋山港 2020 年以后的规划发展预留岸线。

北港区、西港区为集装箱装卸区，是洋山港的核心区域。规划深水岸线 10 千米，可布置大小泊位 30 多个，可以装卸世界最大的超巴拿马型集装箱货轮和巨型油轮，全部建成后年吞吐能力可达 1300 万标箱以上，约占上海港集装箱总吞吐量的 30%，单独计算可跻身世界第五大集装箱港。北港区以小洋山本岛为中心，西至小乌龟岛、东至沈家湾岛，平均水深 15 米，岸线全长 5.6 千米，分为三期建设。

洋山深水港第一期工程分为三个独立的项目单元。其中包括：（1）能够接纳第 6 代国际集装箱船舶的 5 个深水泊位；（2）连接洋山深水港港区与陆域地区的跨海大桥；（3）陆域港城配套设施。总投资预计为 143 亿元人民币，其中港区工程 72 亿元（包括航道工程和辅助配套工程）、东海大桥工程 71.1 亿元。

22.2.4　项目融资、建设和运营

22.2.4.1　项目的融资和建设

在洋山深水港项目建设中上海同盛投资（集团）有限公司是投资主体；洋山同盛港口建设有限公司是港区建设一期工程项目的建设主体，是由上海市与浙江省共同出资组建的国有资产经营实体，注册资本为 20 亿元人民币。

一期工程项目所需要的建设资金主要通过银行贷款的方式进行筹集。一期工程建设主体——洋山同盛港口建设有限公司、上海同盛大桥建设有限公司与中国建设银行上海分行、国家开发银行上海分行、中国工商银行上海分行、中国银行上海分行、上海浦东发展银行组成的银团签订了贷款合同。在此基础上，洋山港深水港工程投资主体——上海同盛投资（集团）有限公司又与上述 5 家银行以及中国农业银行上海分行、交通银行上海分行、上海银行、中国光大银行上海分行、中信实业银行上海分行组成的银团签订了银企合作协议。

22.2.4.2　项目运营

项目的运作、运营港口的运营应当由专业运营商实现，洋山深水港港口运营由上港集团负责。2005 年 6 月，上港集团子公司上海盛东国际集装箱码头有限公司收购了洋山深水港区一期工程。2011 年 4 月，通过非公开发行 A 股完成了对洋山二期、三期码头资产的收购。2017 年 12 月，与上海同盛投资（集团）有限公司签署协议，受托经营管理洋山深水港区四期码头。

（1）收购洋山深水港区一期工程。洋山港一期建设完成后，同盛集团出售了洋山港一期港口码头经营权（即上海盛东集装箱码头公司 51% 的控股权），转让港口的管理权，实现港口的商业化运作。物流园区的建设通过园区土地批租滚动开发来实现，东海大桥由于建成后不收费，其运营不能依靠市场解决。

由上港集箱投资的盛东公司，在设立后收购、投资正在建设中的洋山港

一期港口工程。盛东的注册资本为 50 亿元，上港集箱与港务集团将分别以现金出资 25.5 亿元与 24.5 亿元。前者的出资额中 15 亿元以 2005 年度 A 股增发募集资金解决，其余部分以银行贷款或其他方式解决。洋山港一期港口工程概算总投资 61.24 亿元。盛东公司的注册资本与总投资间的差额由盛东自筹解决。

（2）收购洋山二期、三期码头资产。2010 年 10 月，上港集团发布公告：向上海同盛投资（集团）有限公司（以下简称同盛集团）非公开发行约 17.64 亿股 A 股股票，以收购其持有的洋山二期、三期码头两公司 100% 股权。本次发行拟购买的是同盛集团旗下的上海同盛洋西港口资产管理有限公司（以下简称洋西公司）100% 股权和上海同盛洋东港口资产管理有限公司（以下简称洋东公司）100% 股权，而洋西公司、洋东公司分别拥有洋山二期、三期码头资产。以 2010 年 9 月 30 日为基准日，上述两家公司的净资产评估价值分别为 55.66 亿元和 23.56 亿元。在此基础上，交易双方确认目标资产的交易价格为洋西公司与洋东公司净资产评估值之和，即 79.22 亿元。

2011 年 4 月，上港集团通过非公开发行 A 股完成了对洋山二期、三期码头资产的收购。

（3）受托经营洋山深水港区四期码头。2017 年 12 月，与上海同盛投资（集团）有限公司签署协议，受托经营管理洋山深水港区四期码头。

22.2.5 案例总结

22.2.5.1 地方政府遵循市场原则，利用地方国有资本组建投资平台公司，实现项目建设的现实选择

上海地方国有资产超过 6000 亿元，还有更为庞大的国有土地储备，通过组建投资平台公司，适度归集国有资产和各类政府资源，将资产变成资本输出，转移到基础设施领域。项目建设虽然没有完全市场化运作，而是通过子公司完成的，但以市场化的手段建设，母公司投资监管，控制建设费用，提高效益以强化建设主体的作用。建设过程还需要外部的大量协作，如洋山港

下面有唯一的通向上海的城市天然气管线，要迁移涉及多个部门，该管线在不到一年时间就重修改道完成，政府背景的同盛降低工程中大量的协调成本，这也是洋山港模式不同于国外模式的地方。①

22.2.5.2　洋山港港口的运营与建设分开

项目初期建设投资风险大，市场化程度低，由政府及控股的投资公司承担；项目运营管理市场化程度高，建成后政府将港口经营权变现退出，运营交给市场。政府和市场两者合理分担项目不同阶段的风险，资产转让的收入实现了同盛和其股东的商业价值，实现了"多赢"。洋山港基础设施建设模式相对于刚刚起步的引入社会资本的投融资操作模式，有其优越性，是在现有条件下尽力使基础设施建设商业化的尝试。在市场主体缺乏、建设主体协调能力不足时由国有主体投资、建设运营引入市场机制，是重大基础设施建设中值得借鉴的地方。②

22.2.5.3　政府的战略考虑是重大基础设施项目开发的重要保证

在洋山深水港项目论证和决策中，遇到两个难题。一是如何将洋山港的集装箱送往上海的陆域，需要建设一座长达30千米以上的跨海大桥，由谁投资及建成后是否收费是当时需要决策的重要问题。上海市政府拍板，由上海市全额承担建设东海大桥的费用。经过东海大桥的集装箱不收过桥费，桥梁的建设费用由综合效益来还。这些都是很有战略眼光的决策。另一个问题是洋山港行政隶属浙江省，周边海域由浙江分管，在船舶进入洋山港海域时需要领航，会收取一定的费用，今后由上海港务局还是由浙江的港务部门领航？由谁来收费？从对管理顺利考虑，洋山港应该隶属上海港，不能隶属于两个行政部门，处理不好会给今后的运行造成很大的麻烦。经过中央协调，浙江省同意将洋山港的管辖权归上海管理，行政隶属关系不变。浙江省表现了大局观念，同时上海市也做出姿态，所有领航费的收入归浙江省，并且原岛上的居民搬迁由居民自由选择。愿意迁往上海落户的由上海市负责安置。项目

①②　刘谨，陈基义. 国内基础设施建设的新模式——上海洋山港建设模式探析［J］. 建筑经济，2008（2）：39－41.

中遇到的难题得到了合理的解决。这些涉及项目成败的重要问题如果没有政府部门的战略考虑和协调，单靠市场是无法实现的。

22.3 杭徽高速项目案例①

22.3.1 项目简介

杭徽高速公路（浙江段）是国家高速公路网 G56 杭瑞高速的重要组成部分，也是浙江省公路网规划"两纵两横十八连三绕三通道"中的一连。项目公路是连接黄山和杭州两大著名旅游胜地的交通要道，也是连接皖、浙、闽、赣的主干道之一，为安徽南部、杭州西部连接沿海、沿江经济带增加了一条便捷通道，对于促进项目公路沿线及西部地区与经济发达的沿海、沿江地区的经济社会交流和资源共享具有重要意义。

杭徽高速公路 2006 年 12 月全线建成通车，建成后较大地改善了杭州西部县市交通状况，实现杭州"县县通高速"的目标，促进杭州西部旅游的开发利用，推进杭州西部县市经济的快速发展，达到了预期目标。建成后杭州到黄山的行车时间由原来六个小时缩短至两个半小时，将浙江、安徽两地紧密联系，实现了产业转移，实现了资源互补，彼此扩展了产业空间，从而形成一个统一的具有竞争力的区域市场。沿线地区经济发展状况良好、旅游资源丰富，优良的地理位置对项目公路车流量和通行费收入形成了良好保障。

22.3.2 项目建设内容和建设单位

杭徽高速公路（浙江段）主线全长 122 千米，起自杭州留下与杭州绕城相接，终点位于浙皖两省交界昱岭关，与安徽黄山市至昱岭关高速公路相接。

---

① 根据《浙商证券沪杭甬杭徽高速封闭式基础设施证券投资基金招募说明书》等公开信息披露文件整理。

其中杭徽高速公路昌化至昱岭关段（K85＋606～K122＋286）于2004年12月底建成通车；留下至昌化段（K0＋000～K85＋606）于2006年12月26日建成通车，其中K42＋300～K85＋606的43千米为2001年通车的一级公路改建而成。全线采用四车道高速公路技术标准设计，共有桥梁182座29156延米，涵洞408座，隧道7座（14洞）5374单洞延米，设收费站13处，龙岗、临安服务区各1对，监控指挥中心1处，以及其他安全、养护、供电、照明、通信等设施。

杭徽高速公路（浙江段）的不同路段在开发建设期由不同业主单位开发建设。根据2004年12月25日申报的《浙江省公路、水运工程交工验收备案表》，杭徽高速公路昌化至昱岭关段（以下简称昌昱段）建设业主单位为浙江临安高速公路有限公司（以下简称临安高速公司）。根据2007年1月26日申报，并经杭州市交通局备案的《浙江省公路、水运工程交工验收备案表》，杭徽高速公路汪家埠至昌化段（以下简称汪昌段）建设业主单位为临安杭徽高速公路有限公司（以下简称临安杭徽公司）。根据2006年12月22日申报，并经浙江省交通厅备案的《浙江省公路、水运工程交工验收备案表》，杭徽高速公路留下至汪家埠段（以下简称留汪段）建设业主单位为浙江杭州杭徽高速公路有限公司（以下简称杭州杭徽公司）。

具体建设情况如表22－2所示。

表22－2　　　　　　　　　杭徽高速公路（浙江段）建设情况

资产名称	杭徽高速昌昱段	杭徽高速汪昌段	杭徽高速留汪段
建设单位	临安高速公司	临安杭徽公司	杭州杭徽公司
里程（千米）	36.54	67.41	18.30
起止地点	昌化至昱岭关段	汪家埠至昌化段	留下至汪家埠段
建设时间	2002年9月～2004年12月	2003年12月～2006年12月	2004年9月～2006年12月
总投资（万元）	98718.10	285690.01	143071.14
特许经营期	2004年12月26日～2029年12月25日，共25年	2006年12月26日～2031年12月25日，共25年	2006年12月26日～2031年12月25日，共25年

资料来源：根据《浙商证券沪杭甬杭徽高速封闭式基础设施证券投资基金招募说明书》相关内容整理。

为实现杭徽高速公路的统一经营、统一管理，提升高速公路营运服务水平和运营效率，临安高速公司、临安杭徽公司和杭州杭徽公司 2008 年 12 月 5 日签署《公司合并协议》，合并新设成立浙江杭徽高速公路有限公司，杭徽公司股东为浙江省交通投资集团有限公司（以下简称浙江交通）、临安市交通投资有限公司（以下简称临安交通）、杭州市交通集团有限公司（以下简称杭州交通）、杭州余杭交通投资有限公司（以下简称余杭交通）。合并后的公司股权关系如图 22 - 2 所示。

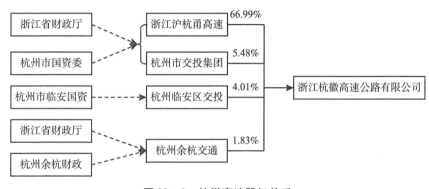

图 22 - 2 杭徽高速股权关系

资料来源：根据《浙商证券泸杭甬杭徽高速封闭式基础设施证券投资基金招募说明书》相关内容整理。

22.3.3 项目运营状况

杭徽高速公路（浙江段）是连接黄山和杭州两大著名旅游胜地的交通要道，也是连接皖、浙、闽、赣的主干道之一，沿线地区经济发展状况良好、旅游资源丰富，优良的地理位置对项目公路车流量和通行费收入形成了良好保障。

根据项目公路 2015 年至 2020 年的数据，项目公路的交通量以客车为主，约占 85% 以上，其中客车一型占 82.1%。除此之外就是货车一型和货车五型。项目公路客车交通量的增长比较稳定，从 2015 年至 2019 年客车断面加权平均日交通量增长维持在 9.3% 至 10.5%，2020 年因受新冠肺炎疫情影响，客车断面加权平均日交通量增长为 5.2%，从 2015 年至 2019 年客车复合年均增长 8.7%；货车交通量增长除了因 2016 年 G60 江西段施工结束回流和 2016 年底杭新景高速二期开通，2016 年和 2017 年货车断面加权平均日交通量增长分别是 -14.4% 和 3.7%，除此之外增长都在 10% 以上。自 2015 年至 2020 年，项目公路的出入口交通量稳步增长，复合年均增长率为 13.7%。根据项目公司历史数据，总体而言，项目公路的收费收入也在保持增长。

根据项目公司信息，项目公路运营状况稳定且良好。2018～2020 年，杭徽公司营业收入分别为 53609.17 万元、58642.12 万元和 45673.67 万元，其中高速公路收费收入分别为 52910.10 万元、58165.05 万元和 45187.74 万元；净利润分别为 14699.66 万元、9217.51 万元和 586.42 万元。2020 年高速公路收费收入和净利润下降系受新冠肺炎疫情影响高速公路暂停收费。

22.3.4 浙商证券沪杭甬杭徽高速封闭式基础设施证券投资基金的设立

2020 年 5 月，中国证监会、国家发展改革委联合发布《关于推进基础设施领域不动产投资信托基金（REITs）试点相关工作的通知》，标志着中国境内基础设施领域公募 REITs 试点正式起步。

2021 年 5 月 17 日，证监会核准 9 只基础设施证券投资基金的注册批复，在完成询价后，5 月 31 日向公众投资者发售，6 月 21 日正式上市交易。浙商证券沪杭甬杭徽高速 REITs（以下简称基金）就是其中之一。杭徽高速 REITs 的底层资产是杭徽高速公路浙江段及其相关构筑物资产组的收费权，即杭徽高速浙江段的所有路产、建筑物以及收费权作为本次资产证券化的底层资产。该段路产包括三段，分别为昌昱段、汪昌段和留汪段，合计 122.25 千米。

基金通过基础设施资产支持证券与项目公司特殊目的载体穿透取得基础设施项目的所有权。基金的整体架构如图 22-3 所示。

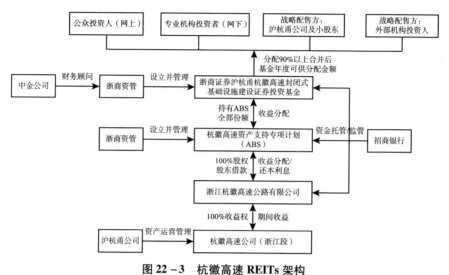

图22-3 杭徽高速REITs架构

资料来源：根据《浙商证券沪甬杭徽高速封闭式基础设施证券投资基金招募说明书》相关内容整理。

基金的基金管理人及资产支持证券管理人为浙江浙商证券资产管理有限公司，基金的托管人为招商银行股份有限公司，资产支持证券托管人为招商银行股份有限公司杭州分行。基金管理人聘请浙江沪杭甬高速公路股份有限公司为运营管理机构，提供运营管理服务。因沪杭甬公司为项目公司现控股股东及基金成立后的运营管理机构，基金管理人为沪杭甬公司的下属控股公司，构成关联关系，聘请中国国际金融股份有限公司为独立财务顾问，出具财务顾问报告。上述基础设施基金的整体架构符合中国证监会2020年8月6日颁布并实施的《公开募集基础设施证券投资基金指引（试行）》的规定。

基础设施基金设立后，项目公司与基金管理人、沪杭甬公司签署《杭徽高速基础设施项目运营管理服务协议》。根据拟签署的协议，由沪杭甬公司提供与本基础设施项目相关的运营、养护、安全生产、资产、财务、人力及合同与诉讼方面的管理服务。沪杭甬公司将设立专门分支机构受托管理杭徽项目，杭徽公司将运营杭徽高速公路（浙江段）所需要的人员剥离至沪杭甬分支机构，由沪杭甬杭黄管理处进行日常运营。

通行费征收方面，由杭徽公司依法收取标的公路车辆通行费、服务设施运营收入并受运营管理机构监督；在养护方面，由运营管理机构制定养护规划、计划并经基金管理人审查批准后组织实施，杭徽公司向运营管理机构支付运营成本和服务报酬；在资产管理方面，由运营管理机构维护与管理运营相应的路产、路权以及项目公司所持有的土地等其他各项财产及财产权利。

根据基金募集说明书，沪杭甬公司拟将通过基金募集资金用于甬金高速金华段拓宽工程和临金高速公路临安至建德段工程。甬金高速金华段全长约71.8千米，拓宽工程将现有四车道拓宽为双向八车道，甬金高速金华段拓宽工程已列入浙江省推进高水平交通强省基础设施建设三年行动（2020～2022年）。临金高速公路临安至建德段工程经临安、桐庐、建德三个县（市），路线全长约87.03千米，为双向四车道高速公路。

22.3.5　案例总结

长期以来，我国高速公路项目建设的融资方式主要以银行贷款、发行债券等债务融资方式为主，资本金比例较低，资产负债率偏高，以债务融资为主的融资模式可持续性不强。我国境内收费高速公路作为基础设施资产的重要组成部分，存量资产规模大，现金流相对稳定，运营周期长，可以作为REITs的底层资产。高速公路投资运营企业也可以通过基础设施REITs盘活资产，改善融资结构。主要优势体现在以下几个方面。

22.3.5.1　资产盘活，推动行业高质量持续发展

收费高速公路存量资产规模大，现金流稳定，运营周期长，是REITs较为理想的基础资产，但其原有融资模式限制了投资规模的扩大。基础设施REITs可以通过资本市场募集资金，投资已有收费高速公路股权，并通过运营高速公路资产获得稳定收益。原高速公路投资运营机构通过出售股权盘活资产，回收的资金可以投资新项目建设或者已有项目的更新改造，推动行业的高质量可持续发展。

22.3.5.2　现金流稳定，契合REITs要求

收费高速公路现金流比较稳定，回收周期较长，契合REITs指引要求的

底层资产项目运营时间原则上不低于 3 年（对已能够实现长期稳定收益的项目，可适当减少运营期限要求），产生持续稳定的现金流入，提供良好的投资回报，拥有可持续的投资能力和巨大的增长潜力，且现金流来源需要合理化、多元化，以经常性市场化业务为主，不依赖其他方面补贴或其他偶然所得收入。

22.3.5.3　降低债务负担，优化企业资本结构

高速公路属于重资产行业，原有以债务融资为主的融资模式使高速公路投资运营企业普遍存在资产负债率偏高的问题。基础设施 REITs 坚持权益导向，通过"权利＋可变回报"条款设计实现高速公路项目的负债出表，能够降低企业资产负债率，缓解企业负债压力，优化企业资本结构。

22.3.5.4　管理模式变革，引领行业发展

传统的基础设施"谁投资、谁收益、谁持有"的模式将随着 REITs 的推广应用发生变化。一方面，具有良好高速公路行业运营管理能力的企业可以通过参与基础设施 REITs，转变原有高速公路的运营管理模式，提升运营效率，引领行业发展。另一方面，基础设施 REITs 的信息披露要求，也将促进高速公路运营企业不断完善管理机制，提升精细化管理水平。

22.4　京沪高铁项目案例[①]

22.4.1　项目简介

京沪高速铁路，简称京沪高铁，又名京沪客运专线，是一条连接北京市与上海市的高速铁路，是 2016 年修订的《中长期铁路网规划》中"八纵八

---

① 根据《京沪高铁股份有限公司首次公开发行股票招股说明书》等公开信息披露文件整理。

横"高速铁路主通道之一。京沪高速铁路于 2008 年 4 月 18 日正式开工；2011 年 6 月 30 日，全线正式通车，初期运营速度 300 千米/小时。京沪高速铁路由北京南站至上海虹桥站，全长 1318 千米，项目总投资达 2209 亿元。

京沪高速铁路采用世界一流的高铁技术建设，全线采用动车组列车运行，设计目标时速为 350 千米/小时，设计区间最小列车追踪间隔为 3 分钟。京沪高速铁路纵贯北京、天津、上海三大直辖市和河北、山东、安徽、江苏四省，全线共设 24 个车站，由北向南分别为：北京南站、廊坊站、天津西站、天津南站、沧州西站、德州东站、济南西站、泰安站、曲阜东站、滕州东站、枣庄站、徐州东站、宿州东站、蚌埠南站、定远站、滁州站、南京南站、镇江南站、丹阳北站、常州北站、无锡东站、苏州北站、昆山南站和上海虹桥站。其中，北京南、天津西、济南西、南京南及上海虹桥站等均为重要的交通枢纽站。

作为国家战略性重大交通工程和"八纵八横"高速铁路主通道的组成部分，京沪高速铁路的开通运营，对于完善我国综合交通运输体系，从根本上缓解京沪间旅客运输紧张局面，加快"京津冀"和"长三角"两大经济区及沿线人流、物流、信息流、资金流的流动，促进区域经济社会协调发展，改善沿线人民群众的出行条件，具有重要意义。

22.4.2 项目建设过程

京沪高速铁路的研究和论证工作，自 1990 年开始，历时十几年。

1990 年 12 月，原中华人民共和国铁道部完成《京沪高速铁路线路方案构想报告》。

1994 年，中国国家科委、中国国家计委、中国国家经贸委、中国国家体改委和中华人民共和国铁道部课题组完成了《京沪高速铁路重大技术经济问题前期研究报告》的深化研究。同年 12 月，中国国务院批准开展京沪高速铁路预可行性研究。

1996 年 4 月，中华人民共和国铁道部完成《京沪高速铁路预可行性研究报告（送审稿）》。

1997 年 4 月，中华人民共和国铁道部完成《京沪高速铁路预可行性研究报告补充研究报告》，并据此上报了项目建议书。

2000 年 1 月，中华人民共和国铁道部配合中咨公司完成并上报中国国家计委《关于高速轮轨与高速磁悬浮比较的论证报告》。

2001 年，中国国家计委和中华人民共和国国土资源部联合颁发《关于预留京沪高速铁路建设用地的通知》，要求沿线地方政府预留京沪高速铁路建设用地。

2003 年 9 月，中咨公司召开了京沪高速铁路建设论证会，评估了京沪高速铁路建设的必要性、轮轨方案和磁浮方案的比选，认为高速轮轨技术是必然选择。

2006 年 2 月 22 日，国务院第 126 次常务会议批准京沪高速铁路立项。

2007 年 10 月 22 日，国务院决定成立京沪高速铁路建设领导小组；同年 12 月 10 日，京沪高速铁路建设领导小组第一次会议召开；同年 12 月 27 日，京沪高速铁路股份有限公司创立。

2008 年 4 月 18 日，京沪高速铁路开工典礼举行，国务院总理温家宝出席，京沪高速铁路全线开工。

2009 年 6 月 30 日，京沪高铁全线路基施工完成。

2010 年 1 月 14 日，京沪高铁进入轨道板铺设阶段；同年 11 月 15 日，京沪高铁全线铺轨完成；同年 12 月 3 日，京沪高铁枣庄至蚌埠间的先导段联调联试和综合试验中，由原中国南车集团研制的"和谐号"380A 新一代高速动车组在上午 11 时 28 分最高时速达到 486.1 千米，刷新世界铁路运营试验最高速度；同年 12 月 6 日，京沪高铁主力车型 CRH380A 动车组一比一实体模型亮相。

2011 年 5 月 11 日，京沪高铁全线开始为期一个月的空载试运行；同年 6 月 7 日，京沪高铁全线开始满图试运营；同年 6 月 16 日，京沪高铁全面载客从上海虹桥—北京南站试跑，为通车做准备；同年 6 月 30 日，京沪高铁举行首发仪式，国务院总理温家宝出席并乘坐首发列车；同年 7 月 1 日，京沪高铁正式开通运营。

2013 年 2 月 25 日，京沪高速铁路工程通过国家验收。

截至 2021 年 6 月 30 日，京沪高速铁路开通运营 10 周年，累计发送旅客13.5 亿人次。

22.4.3　项目投资和建设主体

2006 年 3 月 7 日，国家发改委向铁道部作出《国家发展改革委关于新建京沪高速铁路项目建议书的批复》，同意新建京沪高速铁路，并同意组建京沪高速铁路有限责任公司，专门负责项目的建设和运营。2007 年 9 月 12 日，国家发改委向铁道部印发经国务院批准的《国家发展改革委关于审批新建京沪高速铁路可行性研究报告的请示》，明确先由目前已确定的出资方共同组建京沪高速铁路有限责任公司或股份有限公司，专门负责京沪高速铁路项目的建设和运营。

2007 年 12 月 27 日，中国铁投、平安资管、社保基金、上海申铁、江苏交通、京投公司、津投公司、南京铁投、山东高速、河北建投、安徽投资十一家发起人共同签署《发起人协议》，以发起设立方式设立京沪高铁公司。同日，全体发起人签署《公司章程》并召开创立大会。2008 年 1 月 9 日，京沪高铁公司经中华人民共和国国家工商行政管理总局登记设立。

22.4.4　项目融资渠道

22.4.4.1　项目建设融资方案

（1）权益融资。京沪高速铁路股份有限公司注册资本金为 1150 亿元，其中，中国铁投（中国铁路建设投资公司）代表铁道部出资 647.07 亿元，持有 56.27% 的股份；平安资管（平安资产管理有限公司）、社保基金（全国社会保障基金理事会）各持有 13.91% 和 8.70% 的股份，其余股份由沿线政府以地折价入股持有。2010 年 2 月 10 日，京沪高速铁路股份有限公司 4.54% 的股权在北京产权交易所挂牌转让，转让价格为 60 亿元，转让方为铁道部所属的中国铁投。中银投资以 60.00 亿元受让中国铁投持有的京沪高铁公司 5217391304 股股份，折合每股价格 1.15 元。此后京沪高铁的主要股东的股权结构如表 22 - 3 所示。

表22 – 3	京沪高铁项目主要股东	
序号	股东	持有比例（%）
1	中国铁投	51.73
2	平安资管	13.91
3	社保基金	8.70
4	上海申铁	6.56
5	中银投资	4.54
6	江苏交通	3.80
7	京投公司	3.33
8	天津铁投	2.75
9	南京铁投	1.90
10	山东铁投	1.61
11	河北建投	0.59
12	安徽投资	0.56

资料来源：根据《京沪高铁股份有限公司首次公开发行股票招股说明书》内容整理。

（2）债务融资。按照资本金占总投资50%的比例，京沪高速铁路项目所需筹集的债务资金总量比较大。在项目建设过程中，京沪公司始终坚持债务融资的基本原则：一是品种多样。在条件允许的情况下，拓展债务融资的渠道，采用多种金融产品相结合的形式，采取多种债务融资手段筹集公司所需债务资金。二是结构合理。根据公司债务资金需求的特点，优化公司债务结构，控制资金风险。三是长短结合。考虑安排还款时间长短不同的债务融资方式，合理安排公司未来的还本付息。四是成本节约。利用不同债务融资手段的优势，优先使用成本较低的债务资金，起到降低融资成本的目的。五是引入竞争。引入多家银行相互竞争，降低成本和获得债务资金的优质服务。六是保证建设。统筹安排各种债务融资方式，确保建设过程中的资金需求。①

---

① 李建国．中国高速铁路建设融资问题研究——以京沪高速铁路为例［D］．成都：西南交通大学，2011．

主要债务融资来源包括以下几点。

第一，银行借款。京沪高铁公司在债务融资方面以银行借款为主，如截至 2011 年 8 月底，京沪公司使用债务性资金 523 亿元，其中银行借款为 350 亿元（长期借款 325 亿元，短期借款 25 亿元），借款资金主要来源于建设银行、工商银行、开发银行、农业银行和交通银行。

第二，铁道部统借统还债务性资金。铁道部统借统还债务性资金是指当时铁道部用资信和规模优势筹集的上述各种债务性资金，一般低于同期银行贷款利率。京沪高铁公司积极向铁道部申请使用统借统还资金，如截至 2011 年 8 月底，京沪公司共使用 143 亿元的统借统还资金，利率也相对于商业银行资金有较大的优惠。

第三，其他债务融资工具的使用。2011 年，我国贯彻执行稳健的货币政策，央行采取控制贷款额度、进行窗口指导、上调存款准备金率以及严格存贷比和核心资本充足率等措施，各银行的信贷投放能力普遍受到约束，特别是银监会要求各商业银行严格执行铁道部大客户集中度的规定，铁路建设项目极难从银行借到资金。在此背景下，京沪高铁公司根据金融市场的形势，积极使用信托贷款等多种金融产品，满足建设资金的需求。

22.4.4.2 进入资本市场

2019 年 10 月 25 日，证监会披露关于京沪高速铁路股份有限公司首次公开发行股票并上市，接受京沪高铁 IPO 申请材料。公开资料显示，京沪高铁在 10 月 22 日向证监会递交上市材料，并于 23 日获得证监会的受理通知。11 月 14 日，国铁集团控股的京沪高速铁路股份有限公司申请首次公开发行股票并在上海证券交易所主板上市，获得中国证券监督管理委员会发行审核委员会会议审核通过。此次 IPO 计划发行不超过 62.86 亿股，占发行后总股本的比例不超过 12.8%，预计总募资金额达到 306.74 亿元，发行后公司总股本为 491.06 亿股。

2020 年 1 月 16 日上午，京沪高速铁路股份有限公司在上海证券交易所主板挂牌上市，股票名称为"京沪高铁"，代码为 601816，每股发行价为 4.88 元，累计发行 62.86 亿股，占总股本的 12.8%。这标志着"中国高铁第

"一股"成功登陆 A 股，铁路股份制改造取得重要进展。

22.4.5 案例总结

根据铁道部确定的"政府主导、多元化投资、市场化运作"的投融资总体思路，走市场化融资途径，积极吸纳社会资本、企业法人资本和国外投资，构建了多元投资主体，拓展多种投资渠道，满足项目建设资金需要。2020 年正式登陆 A 股市场，走向负债加资本运营的资本化市场运作模式。具体体现在以下几点。

一是为了保证京沪高速铁路项目的建设和运营朝着健康、良好的方向发展，保证政府对该项目正确的引导和控制，成立的公司将由铁道部明确的出资者代表——中国铁路建设投资公司控股。

二是充分发挥国家和地方政府的重要作用，按照"谁受益，谁投资"原则，吸引沿线地方政府参与到建设投资中来。为加快项目建设进程，铁道部与沿线省（市）就合作建设京沪高速铁路有关事宜进行了谈判，各省（市）政府已充分认识到京沪高速铁路在可持续发展中的重要作用和铁路发展对地方带来的经济效益、社会效益，尽快开工建设京沪高速铁路的积极性很高，地方政府作为直接投资者，在创造良好铁路建设环境方面也起到很大的作用。沿线北京市、天津市、河北省、山东省、安徽省、江苏省、南京市、上海市同意与铁道部合作建设京沪高速铁路工程，承担区域内发生的征地拆迁费用，并作为资本金入股。

三是考虑多渠道、多形式筹资方式，确保建设资金来源的可靠性与经济性。结合我国的实际情况和京沪高速铁路项目的特点，项目建设应充分吸纳各类资金。高速铁路项目权益资金的特征表现为资金需要量很大、投资收益适中并且比较稳定、投资回收慢等几个主要特征，根据选择符合项目权益资金特性的社会投资资金进行市场筛选，[①] 平安资产管理有限责任公司代表的保险资金和全国社会保障基金理事会最终作为发起人参与到项目中，后期又

---

① 李建国. 中国高速铁路建设融资问题研究——以京沪高速铁路为例 ［D］. 成都：西南交通大学，2011.

吸引中银投资入股。

在债务融资方面，京沪高铁通过拓展债务融资的渠道，采用多种金融产品相结合的形式，采取政策性银行、商业银行等多种债务融资手段筹集公司所需债务资金。

四是上市对优化公司自身资产结构，拓宽高铁建设融资渠道，吸引资本资金，提升铁路资产证券比例，推动铁路市场化改革具有重要意义。京沪高铁上市也将促进高铁企业混改和资本运作的规范化和透明化，进一步实现铁路事业在管理模式和市场机制转变的多层创新，并为社会资金退出提供了通道。

22.5　广州市第四资源热力电厂垃圾焚烧发电项目案例[①]

22.5.1　项目简介

广州市是中国的特大城市，改革开放 40 多年来，国民经济迅猛发展，城区规模不断扩大，城市基础设施建设取得了巨大进步，开展了大规模的城市环境综合整治，城市环境面貌发生巨大变化，城市形象得到显著提升，人居环境持续改善。围绕全面建设国家中心城市的目标和"率先转型升级、建设幸福广州"的核心任务，广州市在优化发展环境方面仍有许多工作要做，其中市容环境卫生是促进创业环境和生活环境优化发展的重点之一。

根据《广州市环境卫生总体规划（2010～2020）》等规划设想，广州市将在充分论证规划的科学性、合理性的基础上，逐步形成"城乡统筹、焚烧为主、综合处理、可持续化"的生活垃圾收运处理系统，加强和加快城市生

---

① 根据《2014 年广州市第四资源热力电厂垃圾焚烧发电项目收益债券募集说明书》等公开信息披露文件整理。

活垃圾的终端处理设施的建设，并规划在多个片区建设多座垃圾焚烧发电厂（资源热力电厂），广州市第四资源热力电厂垃圾焚烧发电项目即为其中之一。

广州市第四资源热力电厂（原番禺区生活垃圾焚烧发电厂），建设地址位于南沙区大岗镇大岗装备基地内，项目占地面积 94386 平方米，建设规模为日均焚烧处理城市生活垃圾 2000 吨，年处理城市生活垃圾 73 万吨。

项目拟采用炉排炉焚烧发电工艺处理城市生活垃圾，选用三炉两机方案，即设置 3 台处理量为 750 吨/日机械式炉排炉及 3 台蒸发量为 63.29 吨/时、过热器出口温度为 400℃、压力为 4.0MPa 的余热锅炉，配套 2 台 25MW 凝汽式汽轮发电机组，同时配套 3 套烟气净化系统以及污水处理系统、灰渣处理系统等环保工程，相关的电气系统、仪表与自动化控制系统、给排水系统、消防、空调与通风系统等公用工程和其他辅助设施，以及厂外取水工程、高速路连接线工程等。

22.5.2　项目投资和融资

22.5.2.1　项目投资和建设

广州市发展和改革委员会于 2014 年 4 月 11 日出具《广州市发展改革委关于广州市第四资源热力电厂可行性研究报告的复函》，除此以外项目得到广州市环境保护局、广州市规划局、广州市国土资源和房屋管理局等其他相关部门的项目建设所需批复。

项目实施主体为广州环投南沙环保能源有限公司（以下简称南沙环保）。南沙环保成立于 2009 年 6 月，是依照公司法设立的一人有限责任公司，负责广州市第四资源热力电厂项目投资、建设及运营服务。

南沙环保为法人独资企业，其全部股权由广州环保投资集团有限公司持有。广州环保投资集团有限公司是广州市政府为解决城市生活垃圾问题，全力推进广州市大型生活垃圾处理设施的投资、建设和运营工作而组建的国有大型企业，致力于城市固体废弃物处理设施的投资、建设、运营维护等公共性、环保性业务，以及城市固体废弃物处理技术的研发、专业设备制造和销售工作，在广州市城镇生活垃圾处理领域处于重要地位。

项目总投资 134987 万元，施工周期为两年，计划在 2016 年 6 月建成投产。项目中的土建工程以主厂房为主；安装工程以垃圾焚烧锅炉安装工程量最大，工期最长，为整个项目的工程重点。

22.5.2.2　项目融资来源

本项目于 2014 年采用项目收益债券这一创新债券品种为项目建设筹集资金。2014 年 11 月，由国家发改委审批通过的我国首只项目收益债，即广州市第四资源热力电厂垃圾焚烧发电项目收益债券"14 穗热电债"成功发行，募集资金 8 亿元，发行期限 10 年，票面年利率为 6.38%，募集资金全部用于广州市第四资源热力电厂投资建设。经联合资信评估有限公司综合评定，本债券信用级别为 AA 级。

债券每年付息一次，分次还本。从第 3 个计息年度开始偿还本金，第 3、4、5、6、7、8、9、10 个计息年度末分别按本期债券发行总额的 7.5%、10%、10%、12.5%、15%、15%、15%、15% 的比例偿还本金。

22.5.2.3　项目偿债资金来源

债券的偿债资金来源主要来自项目的运营收入。广州市第四资源热力电厂项目的运营收入主要有垃圾处理费收入、发电收入、金属回收收入、即征即退增值税等。

垃圾处理费收入方面，项目实施主体已取得《关于供应南沙区城市生活垃圾的函》《番禺区城市管理局关于提供供应城市生活垃圾意向函请示的批复》，南沙、番禺两个服务区内垃圾供应量将保证焚烧厂满负荷运行。同时，广州环保投资集团分别与南沙区人民政府和番禺区城市管理局签订协议，明确了运营期首年垃圾处理费暂定价以发改部门关于本项目的可研报告为依据，暂定为 173 元/吨，最终垃圾处理费由物价部门审核批准，审核批准前按本项目可研报告的垃圾处理费单价支付，审核批准后垃圾处理费多退少补，垃圾处理费调价机制按物价部门批准后的标准执行。最后，项目实施主体已与广州环保投资集团签署了《广州市第四资源热力电厂项目运营服务协议》，明确了广州环保投资集团收到垃圾供应方支付的垃圾处理费后，应在 15 个自然日内，将相关款项汇入项目实施主体指定的银行账户。

发电收入方面，根据《中华人民共和国可再生能源法》，电网企业应当与依法取得行政许可或者报送备案的可再生能源发电企业签订并网协议，全额收购其电网覆盖范围内可再生能源并网发电项目的上网电量，并为可再生能源发电提供上网服务。同时，根据《国家发展改革委关于完善垃圾焚烧发电价格政策的通知》，每吨生活垃圾折算上网电量暂定为 280 千瓦时，并执行全国统一垃圾发电标杆电价每千瓦时 0.65 元（含税），其余上网电量执行当地同类燃煤发电机组上网电价。

金属回收收入方面，金属回收量按垃圾重量的 0.1% 计算，金属价格为 1000 元/吨。在正式运营前，项目实施主体将和废旧金属回收公司签订协议，保证金属回收收入。

即征即退增值税方面，根据《财政部、国家税务总局关于资源综合利用及其他产品增值税政策的通知》，城市垃圾发电收入实行增值税即征即退。在电厂正式运营后，项目实施主体将积极申请《资源综合利用认证书》，并向税务部门申请增值税即征即退，实现年补贴收入 1930 万元。

22.5.2.4　偿债的保障措施

本期债券募集资金投向良好，预期将产生稳定的收益，对本息的偿付具有较强的保障。在债券存续期内，项目实施主体（南沙环保）通过以下偿债保障措施确保本期债券本息的按时、足额偿付。

（1）募投项目的良好收益是本期债券本息偿付的基础。本期债券发行规模为人民币 8 亿元，发行期限为 10 年期，将全部用于广州市第四资源热力电厂项目建设。项目总投资为 13.5 亿元。项目收入来源主要为垃圾处理费收入、发电收入、金属回收收入、即征即退增值税，其中垃圾处理费将由广州市番禺区城市管理局和广州市南沙区城市管理局支付，发电收入将由广州供电局有限公司支付，各项收入均有相关协议或政策文件保障。根据《广州市第四资源热力电厂（原番禺区生活垃圾焚烧发电厂）可行性研究报告》测算，广州市第四资源热力电厂项目投资财务内部收益率（税后）为8.1%，投资回收期（税后）为12.79年。整体上，项目盈利能力良好，投资资金回收有保障，是本期债券本息偿付的基础。

（2）专项账户的设立明确了项目资金流转的机制，为债券的还本付息提供了制度保障。项目实施主体与账户及资金监管人签订了《账户及资金监管协议》和《账户及资金监管协议之补充协议》，并在账户及资金监管人处开立募集资金使用专户、项目收入归集专户和偿债资金专户，明确了本期债券的募集资金使用用途和还款安排。募集资金使用专户是用于接收募集资金的专项账户，账户资金专项用于广州市第四资源热力电厂项目，保障了募集资金专款专用；项目收入归集专户是用于接收项目运营期间收入的专项账户，按照约定向偿债资金专户中划转当年应付本息金额，当偿债资金专户中的余额足以支付当年利息的情况下，项目收入归集专户中的资金可由项目实施主体自由支配；偿债资金专户为用于偿还本期债券本息的专项账户，资金来源由项目收入归集专户划转资金、第一差额补偿人补足资金以及第二差额补偿人补足资金构成，偿债资金专户中的资金只能用于本期债券的还本付息，不得用作其他用途。上述专户的设立明确了项目资金流转的机制，为本期债券的还本付息提供了制度保障。

（3）差额补偿人为债券的本息偿还提供了进一步的保障。债券由广州环保投资集团作为第一差额补偿人，广日集团作为第二差额补偿人，项目实施主体、广州环保投资集团及广日集团对本期债券的偿还承担连带责任。根据《账户及资金监管协议》《账户及资金监管协议之补充协议》《差额补偿协议》，当偿债资金专户中的余额不足以支付当年应付本金及利息时，中信银行股份有限公司广州分行有义务依次通知第一差额补偿人、第二差额补偿人及时将差额补足。广州环保投资集团、广日集团作为本期债券的差额补偿人，承担差额补偿责任，负责补足本期债券首年的利息及债券剩余存续期内偿债资金专户中应付本息与账户余额的差额部分。差额补偿人的设置为本期债券本息偿还提供了进一步的保障。

22.5.3 案例分析

22.5.3.1 本项目发行的债券是我国首支项目收益债，具有重要的标志性意义

项目收益债券顾名思义是指与项目明确挂钩，募集资金主要用于特定项目的投资与建设，债券的本息偿还资金完全或基本来源于项目建成后运营的收益。项目收益债是国家发改委贯彻国务院有关加强地方政府性债务管理的精神，发挥项目管理职能优势，利用社会资本进行基本建设的新的债券品种，目的在于改变当前地方政府过于倚重平台公司负债融资的格局，并有效降低财政和金融风险。本项目发行了我国首支项目收益债券，意味着项目收益债这一新的债券品种开始破冰，具有标志性意义。

22.5.3.2 本项目发行的项目收益债券在风险防范方面具有创新

此次发行的项目收益债券在风险防范方面有所创新，最关键的是保证项目及其收益封闭运行。广州环保投资集团有限公司为本次发行成立了特殊目的公司（南沙环保），专门负责项目筹建、管理和封闭运行。首要偿债来源是募投项目的运营收入，与项目实施主体有一层隔离。项目产生的垃圾处理费和发电上网费，进入项目公司开立的专项账户，与广州环保投资集团其他的经营收支实现资产分割和破产隔离，优先保证偿付债券本息，并聘请中信银行广州分行对专户进行全程监管。

22.5.3.3 项目收益债券在融资期限上更有竞争力

债券发行利率与当时的银行贷款基准利率基本相当。但银行项目贷无法比拟的是，该债券发行周期10年，而银行项目贷一般在5年左右。考虑到募投项目施工期2年，运营期是第3年开始，因此本期项目收益债设计为10年期固定利率，附设本金提前偿还条款，从第3个计息年度开始偿还本金，运营收入产生的时点和规模与债券还本付息的进度较为匹配。

22.6 潍坊市寒亭区停车场建设项目案例[①]

22.6.1 项目简介

近年来，随着潍坊市城市经济的快速增长，汽车进家庭的步伐加快，城市机动车发展迅猛，截至2014年底，潍坊市机动车保有量为2871964辆，为全省第一。随着私家汽车数量的不断增多，人们的旅游方式和消费方式发生很大变化，停车供求矛盾日益尖锐，停车难的问题日益凸显。寒亭区停车场建设项目的实施，可以有效缓解当地停车难问题。

寒亭区停车场建设项目包括三处停车场，分别为高铁潍坊北站停车场、杨家埠民俗艺术风景区停车场和柳毅山文化生态旅游景区停车场，建设地点分别位于寒亭区新溥街以南，潍县北路以西；寒亭区通亭街以南，渤海路以西；寒亭区红新村以南，朱里二村以西。项目总占地面积60405平方米，其中高铁潍坊北站停车场占地面积23488平方米，杨家埠民俗艺术风景区停车场占地面积18237平方米，柳毅山文化生态旅游景区停车场占地面积18680平方米。项目的实施主体为潍坊公信国有资产经营有限公司，是潍坊市寒亭区一家从事城市基础设施投资、融资、建设和运营为一体的城投公司。

22.6.2 项目投资和建设

寒亭区停车场建设项目2015年7月29日经潍坊市寒亭区发展和改革局《关于潍坊公信国有资产经营有限公司寒亭区停车场建设项目可行性研究报

---

① 根据《2016年潍坊市寒亭区停车场建设项目收益专项债券募集说明书》等相关公开信息披露文件整理。

告的批复》，对可行性研究报告进行批复。

寒亭区停车场建设项目计划总投资 60000 万元，具体情况如下。

（1）高铁潍坊北站停车场项目建设总投资 23606.86 万元，其中，工程费用 18662.00 万元，设备购臵费 67.00 万元，工程建设其他费用 1169.90 万元，预备费用 1189.90 万元，建设期利息 2518.06 万元。

（2）杨家埠民俗艺术风景区停车场项目建设总投资 18185.99 万元，其中，工程费用 14359.00 万元，设备购臵费 67.00 万元，工程建设其他费用 904.35 万元，预备费用 915.80 万元，建设期利息 1939.84 万元。

（3）柳毅山文化生态旅游景区停车场项目建设总投资 18207.15 万元，其中，工程费用 14367.00 万元，设备购臵费 66.00 万元，工程建设其他费用 915.15 万元，预备费用 916.90 万元，建设期利息 1942.10 万元。

根据项目规划情况，项目计算期为 22 年，其中建设期 2 年，经营期 20 年，于 2015 年 12 月开工建设，2017 年 11 月完工。

22.6.3 项目融资方案

22.6.3.1 融资来源

潍坊公信国有资产经营有限公司通过发行 "2016 年寒亭区停车场建设项目项目收益专项债券"（以下简称 16 寒亭停车项目债）为 2016 年寒亭区停车场建设项目筹集资金。债券发行额度为人民币 4 亿元，期限为 10 年，债券票面利率为 5%。债券每年付息一次，年度付息款项自付息日起不另计利息。从第 3 个计息年度开始偿还本金，第 3、4、5、6、7、8、9、10 个计息年度末分别按本期债券发行总额的 9%、10%、11%、12%、13%、14%、15%、16% 的比例偿还本金，债券交易结构如图 22 – 4 所示。

经鹏元资信评估有限公司综合评定，发行人潍坊公信国有资产经营有限公司的主体信用级别为 AA –，16 寒亭停车项目债的债券信用级别为 AAA。

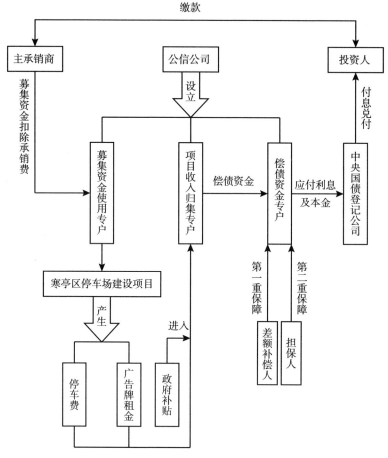

图 22 - 4　债券的交易结构

资料来源：根据《2016 年寒亭区停车场建设项目项目收益专项债券募集说明书》中内容绘制。

22.6.3.2　偿债资金来源

本项目预期收入主要包括项目的运营收入和政府补贴，项目预期收入是偿债第一资金来源。

（1）项目运营收入。第一，停车费收入。本项目含三个停车场，分别为高铁潍坊北站停车场、杨家埠民俗艺术风景区停车场和柳毅山文化生态旅游景区停车场，上述三处停车场停车位按平均4元/小时计算。三处停车场预计年停车费收入总计4590.2万元。第二，广告费收入。本项目在上述三处停车场同时设置广告牌，可获得广告牌收入。本项目广告费预计年收入为1340万元。

（2）财政补贴。根据潍坊市寒亭区人民政府《潍坊市寒亭区人民政府关于为潍坊公信国有资产经营有限公司实施寒亭区停车场建设项目提供支持的报告》和潍坊市寒亭区人大常委会《寒亭区人大常委会关于印发区十七届人大常委会第三十一次会议所作决定的通知》，以及潍坊市寒亭区财政局相关文件要求，潍坊市寒亭区人民政府将于2018～2037年每年给予公信公司5000万元财政补贴，用于寒亭区停车场项目建设及运营。

山东国润会计师事务所有限公司出具了《潍坊公信国有资产经营有限公司寒亭区停车场建设项目盈利预测报告书》，经项目收益分析，在债券存续期内的每个计息年度，扣除拟发行债券本身产生的利息，项目各年收入扣除运营成本和各项税金后的净现金流，能够完全覆盖债券当年还本付息资金规模。

22.6.3.3　信用增级措施

（1）差额补偿。潍坊滨城投资开发有限公司为本期债券的差额补偿人，当本期债券存续期内每期偿债资金专户内账户余额在当期还本付息日前20个工作日不足以支付本期债券当期本息时，滨城公司在5个工作日内补足偿债资金专户余额与应付本期债券本息的差额部分。

潍坊滨城投资开发有限公司系经寒亭区人民政府批准，由寒亭区国有资产运营中心投资的有限责任公司，隶属于寒亭区人民政府。差额补偿人、实际控制人为寒亭区国有资产运营中心，考虑到寒亭区经济和财政实力不断增强，在建项目的未来回购保障了滨城公司的收入。鹏元资信评估有限公司给予滨城公司的长期信用等级为AA－，评级展望稳定。

（2）担保。债券由中合中小企业融资担保股份有限公司提供全额无条件不可撤销的连带责任保证担保。中合中小企业融资担保股份有限公司于2012年7月19日在国家工商行政管理总局注册设立。公司注册资本为717640万元人民币，是中外合资的跨区域融资担保机构，也是目前国内注册资本最大的担保机构。

中合担保为本期债券向债券持有人出具了担保函。担保人在该担保函中承诺，对本期债券的到期兑付提供全额无条件不可撤销的连带责任保证担保。在本期债券存续期及本期债券到期之日起两年内，如发行人不能按期兑付债券本金及到期利息，担保人保证将债券本金及利息、违约金、损害赔偿金、实现债权的费用和其他应支付的费用，划入债券登记托管机构或主承销商指定的账户。

（3）资产抵质押。项目实施主体将于募投项目竣工验收并办理权利凭证后 10 个工作日内，将项目建设、运营所形成的资产或收益权按照法律法规规定可以抵押或质押的部分，足额向债权代理人办理抵质押手续。

22.6.3.4　账户资金监管

发行人潍坊公信国有资产经营有限公司聘请潍坊农村商业银行股份有限公司寒亭支行作为本期债券的监管银行，聘请中泰证券股份有限公司作为本期债券的债权代理人，三方签订了《2016 年寒亭区停车场建设项目项目收益专项债券账户及资金监管协议》，对本期债券资金账户的监管方式进行了约定。发行人在潍坊农商行开设募集资金使用专户、项目收入归集专户和偿债资金专户，潍坊农商行对上述三个账户进行监管。

募集资金使用专户专门用于本期债券募集资金的接收、储存及划转，不得用作其他用途。

项目收入归集专户是用于接收募投项目运营期间收入的专项账户，项目运营期间所有收入必须全部进入项目收入归集专户。

偿债资金专户专门用于本期债券偿债准备金的接收、存储及划转，包括但不限于从项目收入归集专户中划转的资金、偿债准备金以及发行人或差额补偿人划入的其他资金。除偿还债券本息外，偿债资金专户资金不得用作其他用途。

22.6.4　案例分析

22.6.4.1　项目收益机制是发行项目收益专项债券融资的基础

"2016 年寒亭区停车场建设项目项目收益专项债券"募集资金 4 亿元，全部用于寒亭区停车场建设项目。项目的实施对于解决停车难问题、提供就业机会、促进地区旅游业发展和经济发展具有重要意义。寒亭区停车场建设项目的收入在项目经营期每年可达 5930.2 万元，其中停车费收入每年 4590.2 万元，广告费收入每年 1340 万元，上述项目收益是发行项目收益专项债券的基础。

22.6.4.2　政府对于项目的大力支持为债券发行提供了强力保障

根据《潍坊市寒亭区人民政府关于授予寒亭区停车场建设项目相关收费权的通知》，寒亭区人民政府授予公信公司行使募投项目的收费权，并制定了相应的收费期限和收费标准。为保障本项目的顺利建设和正常运营，当地政府对于本项目的大力支持为债券融资提供了强力保障。

22.6.4.3　偿债保证机制的建立为投资者提供了多重安全保障

本项目的项目收益专项债券设置了差额补偿机制，潍坊滨城投资开发有限公司是债券的差额补偿人。项目及其收益的所有权，项目的所有直接收益和可确认的间接收益将根据有关账户协议和账户监管要求，在债券本息范围内全部用于债券偿债。发行人将于募投项目竣工验收并办理权利凭证后 10 个工作日内，将项目建设、运营所形成的资产或收益权按照法律法规规定可以抵押或质押的部分，向债权代理人办理抵质押手续，为本期债券投资者利益提供必要保障。债券的担保人中合担保为本期债券向债券持有人出具了担保函。除此以外，监管银行对债券募集资金的使用情况进行监管，为债券的偿付提供充分支持。

22.7　衡枣高速项目案例

22.7.1　项目简介

衡枣高速是国家公路交通重点规划建设的"五纵七横"国道主干线 12 条线路之一湖南衡阳至昆明高速公路湖南段,东西走向,是我国"九五"跨"十五"期间的重点建设项目。衡枣高速起点位于湖南省衡阳市,终点位于广西壮族自治区枣木铺,主线全长 186.07 千米,连接线长 35.82 千米,包括沿线公路工程、桥梁、涵洞、交叉工程、交通安全设施、管理设施、绿化工程、设备和经营权等资产。沿线设一个管理处、两个服务区、13 个收费站。

湖南地处我国的中南部,既是东部沿海发达地区与西部地区的结合部,又是长江经济带与沿海开发区的过渡段,衡枣高速是湖南与广东、广西"内引外联"的重要通道。

22.7.2　项目投资和建设

"九五"期间,国家和湖南省委、省政府酝酿在衡阳至永州修建一条高速公路,即国家重点规划建设的"五纵七横"国道主干线之一的衡阳至昆明高速公路湖南段,也是湖南省东西方向三条公路主骨架之一的衡阳至永州枣木铺高速公路。

1994 年 10 月,湖南省交通勘察设计院,对衡枣高速公路预可行性研究报告进行修改并完成重新编制。

1998 年初,湖南省交通勘察设计院对衡枣高速公路预可行性研究报告进行修改并完成重新编制。11 月,衡枣高速公路工程可行性研究报告完成编制。

1999 年初，交通部同意衡枣高速公路推荐中线方案。10 月，衡枣高速公路初步设计文件完成编制。

2000 年 7 月 4 日，交通部下发《关于衡阳至昆明国道主干线湖南至枣木铺公路初步设计的批复》，通过了衡枣高速公路设计方案。

衡枣高速于 2000 年 12 月正式动工兴建，2003 年 12 月 26 日正式通车运营。项目总投资 51.25 亿元。

22.7.3　项目融资方案

22.7.3.1　项目建设阶段融资

湖南省高速公路建设开发总公司（以下简称湘高速）作为衡枣高速的建设主体，负责项目的融资。湘高速由湖南省交通厅持有公司 100% 的股权，是湖南省主要的高速公路建设、运营和管理企业。国家开发银行为衡枣高速建设提供了主要融资支持，根据 2001 年 4 月 15 日湘高速与国家开发银行签订的《国家开发银行人民币资金贷款质押合同》，湘高速以衡枣高速公路收费权作质押向国开行贷款 31 亿元。

22.7.3.2　通过资产证券化进行再融资

衡枣高速为政府还贷类公路。根据《湖南省人民政府办公厅关于衡昆高速公路衡枣段设站收取机动车辆通行费有关问题的批复》，衡枣高速收费期限自 2003 年 12 月 26 日至 2033 年 12 月 25 日。截至 2014 年 12 月 31 日，衡枣高速公路剩余收益期为 19 年。包括衡枣高速在内的湖南省高速公路收费，通过建立统一的高速公路收费系统，在省内路网实行联网收费、统一管理、按实结算的收费制度。根据湖南省人民政府的相关文件，湖南省高速公路对载客类和载货类车辆按照不同标准收费。衡枣高速开通以来年均交通量增长率达 9% 以上，交通量增长水平较为迅猛。随着湖南及周边省份高速公路通车里程的增加，高速公路的成网效应将逐步显现，路段车流量也将继续稳步增长。饱和的日均车流量为衡枣高速稳定的现金流收入提供了坚实的基础。

专项计划设立前，湘高速与国家开发银行签署《提前还款协议书》，协商提前偿还前述贷款。专项计划正式设立前，国家开发银行向湘高速提供的前述贷款得到完全清偿，且湘高速及国家开发银行将解除该等贷款所附带的质押权，并与中国人民银行征信信息系统及相关机关办理解除质押权的登记。根据《衡枣高速公路车辆通行费收益权资产支持专项计划质押合同》，专项计划成立后湘高速以衡枣高速收费权向专项计划设立质押权，并在中国人民银行征信信息系统进行质押登记。

2015 年 2 月 13 日，衡枣高速公路车辆通行费收益权资产支持专项计划设立。专项计划项下资产支持证券目标发行规模为 33 亿元，存续期限为 10 年，自专项计划设立之日起至第 10 年的对应日止。专项计划项下资产支持证券共分 10 个优先档和 1 个次级档。分别为优先档 01、优先档 02、优先档 03、优先档 04、优先档 05、优先档 06、优先档 07、优先档 08、优先档 09、优先档 10 和次级档，目标发行规模分别为 2.7 亿元、3.2 亿元、3.7 亿元、2 亿元、2.6 亿元、2.5 亿元、2.9 亿元、3.5 亿元、4.1 亿元、4.8 亿元和 1 亿元。

交易结构如图 22-5 所示，交易结构的部分主要参与人为：原始权益人为湖南省高速公路建设开发总公司（湘高速）；计划管理人为申万宏源证券有限公司；托管人为中国工商银行股份有限公司湖南省分行；评级机构为联合信用评级有限责任公司。由项目的原始权益人湘高速将衡枣高速公路未来十年的通行费收益权作为基础资产转让给申万宏源证券。申万宏源证券作为计划管理人设立专项计划，将发售资产支持证券的收入按交易对价支付基础资产的购买价款，并管理基础资产未来的现金流量，将所产生的现金流量按照资产支持证券持有人持有的证券收益率及期限支付本金和利息。信用评级机构对资产支持证券进行信用评级，并进行信用增级，发布评级报告。申万宏源证券、兴业银行作为计划管理人与托管银行对衡枣高速公路资产证券化项目的收益、偿付等行为进行管理、监督等；在证券偿付日按约定向投资者偿付本息，当证券全部偿付完毕，若基础资产产生的现金流存在剩余，将剩余现金流返还原始权益人，整个资产证券化交易过程结束。

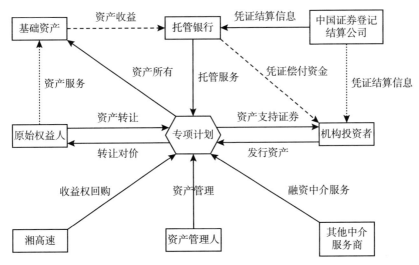

图 22 – 5 专项计划交易结构

资料来源：根据《衡枣高速公路车辆通行费收益权资产支撑专项计划——计划说明书》内容绘制。

22.7.4 案例分析

22.7.4.1 高速公路比较适合资产证券化融资的基础资产

高速公路进行资产证券化具备较高可操作性，优势较明显。高速公路资产证券化以其收费权为资产支撑，其现金流较为稳定，且可在历史数据基础上对未来收入进行预测。就高速公路本身而言，由于其对车辆征收的通行费具备一定刚性特征，其收费水平在一定时期内变动幅度较小，因此现金流是持续的。高速公路企业拥有收集统计车流量、收费标准、收费数额等方面数据的能力，现金流历史记录可查可比，预测未来收益具备可行性。无论是政府财政支持抑或是银行贷款，均是基于高速公路建设及运营成本所需资金量大的现实。政府投入通常无法完全满足其需求，银行贷款则成本较高，除利率外还需托管、服务、承销等相关费用，相对来说资产证券化利率比同期银行贷款利率低，且资金可一次性到位。大多数的高速公路投资回报周期长，而银行贷款等方式融资期限较短，因此难以满足其资金需求，资产证券化相对来说更适合高速公路融资。

22.7.4.2 资产证券化融资取得了较好的效果

湖南高速公路公司（湘高速）通过发行"衡枣高速公路车辆通行费收益权资产支持专项计划"，为公司融资提供了新的渠道，一定程度上解决了公司建设资金短缺，来源渠道单一，以及资金期限错配的问题。在高速公路建设业务不断增长的同时，其资金缺口也越来越大，通过车辆通行费收益权证券化运作，为建设、运营筹措所需资金。资金问题是高速公路投资面临的共同现实，公司需不断开拓新的融资渠道，为后续发展提供资金保障。资产证券化降低其融资成本，补充了融资渠道。由于业务扩张，湖南高速公路公司所背负的银行贷款较为沉重。基础设施建设周期较长，而银行信贷的期限通常较短，因此银行贷款无法完全满足其需求。资产证券化融资期限与资金灵活性较高，公司可以根据自身情况进行安排与规划。

22.7.4.3 信用增级是高速公路资产证券化项目成功的关键

在资产证券化的过程中，对资产支持证券的信用增级是资产证券化项目成功的关键。衡枣高速公路资产证券化项目在信用增级方面以现金流分层技术设计优先档和次级档资产支持证券，同时出具差额支付承诺函、设立准备金制度及加速清偿触发机制，共同提高了资产支持证券的信用级别，将资产支持证券的信用级别提高到 AAA 级，也是衡枣高速公路资产证券化项目成功发行的关键环节。

22.8　山西省数字政府基础设施建设项目案例[①]

22.8.1　项目简介

党中央、国务院高度重视数字中国建设工作，提出要建设网络强国、数

---

① 根据中国地方政府债券信息公开平台 2020 年山西省数字政府基础设施建设专项债券信息披露文件整理。

字中国、智慧社会，推动互联网、大数据、人工智能与实体经济深度融合，发展数字经济、共享经济。

党的十九届四中全会明确提出，推进数字政府建设，加强数据有序共享。山西省委、省政府深入贯彻落实党中央、国务院部署，在广泛调研、深入思考的基础上，提出了"一朵云、一张网、一平台、一系统、一城墙"政务信息化建设的思路和要求，在此基础上提出把数字政府建设作为政务信息化的重中之重和主攻方向。

为深入贯彻落实党中央、国务院关于加快数字中国建设的决策部署，加快推进山西省数字政府建设，进一步提升政府治理体系和治理能力现代化水平，山西省数字政府基础设施建设项目应运而生。

22.8.2 项目投资和融资

22.8.2.1 项目投资和建设计划

2020年9月28日，取得了山西省行政审批服务管理局《关于山西省数字政府基础设施建设项目可行性研究报告的批复》。根据项目建设规模，计划总体建设工期为3年，2020年9月底开工，2023年9月底完工，其中电子政务外网升级改造、公共能力支撑平台预计建设周期为36个月，建设过程中分阶段交付使用。视联网、区块链支撑平台、大数据展示中心、领导驾驶舱升级改造、政府采购信息化平台预计建设周期为12个月。

山西省数字政府基础设施建设项目主管部门为山西省行政审批服务管理局，具体实施主体为山西云时代技术有限公司。山西云时代技术有限公司成立于2017年8月，作为山西数字产业龙头企业，肩负数字政府建设和数字产业发展的重任，一直致力于为数字山西建设和全省高质量转型发展增添新动能，在数字政府建设、数字治理方面不断积累优势，山西省数字政府基础设施建设项目正是云时代公司聚焦"六新"突破，蹚出高质量转型发展新路的具体举措，与以5G网络、数据中心为代表的新基建发展高度契合。

山西省数字政府基础设施建设项目估算总投资为78468万元，其中工程费用 70580.4 万元，工程建设其他费用 4151 万元，预备费 3736.6 万元。

22.8.2.2 项目融资方案

山西省数字政府基础设施建设项目预计总估算为 78468 万元，资金来源包括两点。

（1）项目资本金 15368 万元，占总投资的 19.59%，由山西云时代技术有限公司自有资金解决，目前资金已全部到位。（2）资金缺口为 63100 万元，通过发行"2020 年山西省数字政府基础设施建设专项债券"解决，占总投资的 80.41%，期限为 15 年期，利率 3.88%，每半年支付一次利息，到期后一次性偿还本金和最后半年利息。

22.8.2.3 项目运营模式

山西省数字政府基础设施建设项目主要为政府服务平台类项目，项目收入主要为政务网络运营收入、平台建设收入、领导驾驶舱和政府采购信息化平台等收入。

（1）政务网络运营收入。通过完善山西省电子政务外网数据业务平台，实现省、市、县、街道、乡镇、村的全覆盖；并采用视联网通信协议技术，在电子政务外网上组建成新一代电子政务网络，支持全省视频业务的汇聚、交换、共享。通过运营每年可以产生经济收入。

（2）平台建设收入。通过建设公共能力支撑平台、区块链支撑平台、大数据展示中心等平台建设，由平台支撑各应用系统快速形成服务能力，逐步形成数字政府、智慧行业等板块的服务目录，通过对申报项目进行模块拆分，预计纳入可复用模块经费占比 18.8%，根据每年国家级和省级政务信息化、智慧行业建设资金测算，运营期 2021~2023 年分别按 18.8% 的 50%、80%、100% 能力提供服务，2024~2035 年按 100% 能力提供服务。通过平台建设服务每年可以产生经济收入。

（3）领导驾驶舱服务收入。按照山西省驾驶舱系统统一规划原则，深化十三大领域板块和十大支撑系统，完善智能展示功能，充实与第三方平台接口。实现跨层级、跨地域、跨系统、跨部门、跨业务的协同管理和服务。通过运营每年可以产生经济收入。

（4）政府采购信息化平台服务收入。通过建设政府采购信息化平台，实现集财政监管、电子交易、风险预警、诚信评价、数据分析于一体的"一站式"政府采购服务平台，实现政府采购从预算、计划、执行、合同、支付的闭环管理。通过运营每年可以产生经济收入。

22.8.2.4 项目资金平衡

根据测算，山西省数字政府基础设施建设实施完成后，预计实现的项目收益可与融资本息实现平衡。项目单位保证项目形成政府采购付费的政务网络建设收入、平台建设收入等，优先用于专项债券的本息偿付，若项目收益实现不足时，山西云时代技术有限公司将充分调动公司自有资金，以及变现各类资产筹集资金或通过银行贷款、资本市场融资等手段融入外部资金用于偿还债券本息。

22.8.3　案例分析

22.8.3.1 数字政府基础设施建设项目对推动政府数字化转型具有重要意义

山西省数字政府基础设施建设项目以"六新"突破引领大数据发展，借力国家新基建，加快布局以数字基建为核心的新基建，更好地服务当地经济转型发展。通过该项目的建设，可助力政府部门开展信息技术的应用，为跨部门信息资源整合与基础信息共享提供可信的环境，消除信息共享和流程互通障碍，充分满足政务部门履行社会管理和公共管理职能中对信息资源的需求，提高政务部门行政效率，提升对企业和社会公众的政务服务水平。

22.8.3.2 地方政府专项债券为该项目的建设提供了有力的支持

地方政府专项债券是为有一定收益的公益性项目发行，是以公益性项目对应的政府性基金收入或专项收入作为还本付息资金来源的政府债券。相对于市场化融资工具，地方政府专项债券具有期限长、利率低、规模大等优势，为地方政府具有收益的公益性基础设施项目提供了有力的融资支持，成为地方政府基础设施项目建设中的重要金融工具。

22.8.3.3 建立收益机制是项目使用地方政府专项债券的基础

地方政府专项债券是项目收益与融资自求平衡的债券，因此建立项目的收益机制是项目使用地方政府专项债券的基础。山西省数字政府基础设施建设项目主要为政府服务平台类项目，项目收入主要为政务网络运营收入、平台建设收入、领导驾驶舱和政府采购信息化平台等收入，以上收益机制的建立也是山西省数字政府基础设施建设项目专项债券发行的关键。

22.9 安徽省合肥市十五里河污水处理厂项目案例[①]

22.9.1 项目简介

安徽省合肥市十五里河污水处理厂项目位于合肥市包河区天津路与黄河路交叉口东南角，设计总规模30万吨/日，占地面积约18.8万平方米，其中一期项目设计规模为5万吨/日；二期项目设计规模为5万吨/日；三期项目设计规模为10万吨/日；四期项目设计规模为10万吨/日。出水水质执行《巢湖流域城镇污水处理厂和工业行业主要水污染物排放限值》（DB34/2710 – 2016），尾水排入十五里河。

十五里河污水厂一期工程建设规模为5万吨/日，采用"微曝氧化沟生物处理 + 微絮凝过滤深度处理"工艺，用地面积约5.19万平方米。根据财务审计结果，厂区工程投资为12295.97万元，一期工程开工时间为2008年9月，竣工时间为2009年12月并投入运营。

----

① 根据富国首创水务封闭式基础设施证券投资基金招募说明书及相关信息披露文件整理。

十五里河污水厂二期工程建设规模为 5 万吨/日，采用 MSBR 工艺，投资约 9861.33 万元（二期工程各部分合同价格之和），用地面积约 3.05 万平方米，二期工程开工时间为 2013 年 6 月，竣工时间为 2014 年 4 月，于 2014 年 9 月 30 日通过环保验收，2014 年 10 月投入运营。

三期工程建设规模为 10 万吨/日，采用"多段 A2O + 高效沉淀池 + 反硝化深床滤池 + 消毒"工艺，投资约 25448.14 万元（三期工程各部分合同价格之和，不含调试费用）。用地面积约 4.48 万平方米，开工时间为 2015 年 9 月，于 2017 年 9 月 30 日通过环保验收，并投入运营。

四期工程建设规模为 10 万吨/日，选址于十五里河污水厂厂区东侧和南侧，现状厂区至山东路和石家庄路之间地块，占地面积约 5.93 万平方米，采用"预处理 + A2O + 深度处理"工艺，可研估算投资约 38758.26 万元。工程开工时间为 2019 年 3 月，竣工时间为 2020 年 7 月。

22.9.2　项目投资和融资

22.9.2.1　政府平台公司融资建造

十五里河污水处理厂一期、二期、三期工程均由合肥市建设投资控股（集团）有限公司（以下简称市建投集团）出资建设，产权属于市建投集团。

22.9.2.2　TOT + BOT 模式引入社会资本

2017 年，根据国家相关政策，合肥市人民政府决定采用 PPP 模式实施十五里河污水处理厂项目，项目实施包括存量一、二、三期工程转让和新建四期工程，结合项目实际情况，采用了 TOT + BOT 方式实施。项目实施方案中具体步骤如下（如图 22 - 6 所示）。

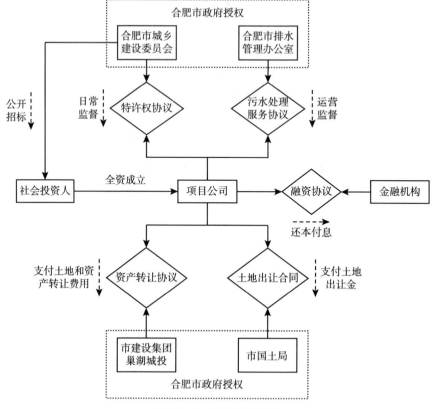

图 22 - 6   项目实施结构

资料来源：根据《富国首创水务封闭式基础设施证券投资基金招募说明书》内容绘制。

（1）合肥市城乡建委作为项目实施机构，通过公开招标方式选择项目投资人。十五里河污水厂一、二、三期存量资产（含土地）经资产评估后，纳入招标范围，经公开招标后，按现状转让移交至项目公司。一、二、三期存量资产（含土地）转让以及四期新增土地使用权出让以定价方式（存量资产（含土地）以资产所有方经评估后确定的转让价、新增土地使用权出让按市土委会批准的土地出让方案定价纳入招标）与本项目社会投资人招标合并进行，招标标的为污水处理服务费单价。

（2）社会投资人在合肥市成立全资子公司（项目公司），向项目公司注入资本金，以项目公司为主体向金融机构完成债务融资。

（3）市建设集团、巢湖城投与项目公司签署《资产转让协议》，将污水厂一、二、三期存量资产及相应土地使用权转让至项目公司。

（4）市国土局与项目公司签署《土地出让合同》，将四期工程新增建设用地出让给项目公司，项目公司按照合同约定缴纳土地出让金，获得新增建设用地的土地使用权。

（5）市城乡建委与项目公司签署《特许权协议》，授予项目公司设计、投融资、建设四期工程，并负责污水厂（包括一、二、三、四期）整体运营维护的权利。特许经营期内，市城乡建委根据《特许权协议》对项目公司建设过程进行监管，并按照协议约定代表政府完成相关协调和协助工作。

（6）市排管办与项目公司签署《污水处理服务协议》，根据服务协议的约定对项目公司提供的污水处理服务质量进行监管，并向项目公司支付污水处理服务费。

（7）项目公司在特许经营期内提供污水处理服务，通过收取污水处理服务费收回投资及成本，并获得合理回报。

（8）特许经营期满结束后，项目公司将污水厂全部设施及相关的技术资料、合同等完好、无偿地移交给市城乡建委或政府指定机构。

合肥市发改委于 2017 年 11 月 23 日出具《合肥市发展改革委关于十五里河污水处理厂 PPP 项目实施方案的复函》，评审同意该项目实施方案。项目总投资 10.73 亿元，合作期限 29 年，回报机制为政府付费。

2018 年 2 月，通过公开招标方式选择社会资本方。2018 年 8 月，经公开招标，确定中标社会资本为北京首创环保集团有限公司（原北京首创股份有限公司），中标水价为 1.26 元/立方米。

2018 年 9 月 30 日，合肥市城建局与合肥首创（首创股份的全资子公司）共同签署《特许权协议》，明确合肥市城建局经合肥市人民政府授权批准，授予合肥首创在特许经营期内享有独家权利以勘察、设计、投融资和建设合肥项目四期工程，运营管理和维护合肥项目设施，提供污水处理服务并获得污水处理服务费的权利。

其中一至三期为 TOT 模式承接存量水厂项目。2018 年 9 月 30 日，合肥市建设投资控股（集团）有限公司与合肥首创签署《合肥市十五里河污水处理厂 PPP 项目资产转让协议》后，双方将一至三期项目资产的全部权利和权益转让至合肥首创，转让对价为 62131.08 万元，由合肥首创于 2018 年 11 月 9 日开展运营维护。合肥项目四期为 BOT 模式的新建项目，由合肥首创投资建设。首创股份通过全资持股合肥首创而享有合肥项目完全的特许经营权。合肥项目主要收入来源为根据《特许权协议》《合肥市十五里河污水处理厂 PPP 项目污水处理服务协议》《十五里河污水处理厂中水泵站运营管理服务协议》收取的污水处理服务费及中水处理服务费。

十五里河污水处理厂四期项目于 2019 年 3 月开工建设，2020 年 1 月 18 日四期项目通过环保验收，同年 7 月 3 日完成竣工验收，7 月 31 日完成竣工备案并正式转入商业运营。目前该厂运行良好，出水水质稳定达标，2021 年累计处理污水 8869.65 万立方米，日均处理污水 24.3 万立方米。

22.9.2.3 作为底层资产，通过发行 REITs 进入资本市场

2021 年 5 月 14 日，我国首批 9 只基础设施公募 REITs 项目获沪深交易所审核通过；5 月 17 日，首批公募 REITs 正式获批；2021 年 6 月公开上市，标志着基础设施公募 REITs 正式落地。

首批 9 家公募 REITs 中，富国首创水务封闭式基础设施证券投资基金（以下简称富国首创水务 REIT）是唯一一家以水务处理基础设施为基础资产的产品。

十五里河污水厂作为底层资产的富国首创水务 REIT 采用"公募基金 + 基础设施资产支持证券"的产品结构，基金管理人（富国基金管理有限公司，以下简称富国基金）承担主动管理职责，外部管理机构（亦是本基金的原始权益人北京首创股份有限公司，以下简称首创股份）受托承担资产运营管理职责，专项计划管理人（富国资产管理（上海）有限公司，以下简称富国资产，富国基金旗下全资子公司）负责对基础设施资产支持专项计划的经营（如图 22 – 7 所示）。

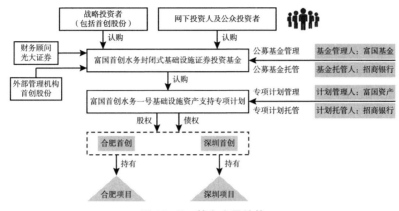

图 22 - 7 基金交易结构

资料来源：根据《富国首创水务封闭式基础设施证券投资基金招募说明书》内容绘制。

基金的底层资产包括深圳项目和合肥项目。其中合肥项目即为采用 TOT（一至三期）和 BOT（四期）模式的十五里河污水厂 PPP 项目，由首创股份独资设立的合肥首创负责投资建设。

富国首创水务 REIT 募集期间净认购金额为 18.5 亿元，此次募集资金扣除必要运营费用后，剩余资金全部投入标的项目，一部分以股东借款形式偿还项目公司的金融负债，一部分收购项目公司 100% 股权。

首创股份通过本次基础设施 REITs 发行盘活资产，实现的回收资金将全部以资本金形式用于深圳、安徽等地共 9 个城镇水务、水环境综合治理等环保产业项目投资。

22.9.3　案例分析

22.9.3.1　TOT + BOT 模式引入社会资本，加快城市基础设施的完善

合肥市十五里河污水处理厂一、二、三期资产原属于合肥市建投集团，投资额约 5 亿元，通过 TOT 模式转让给社会资本方。通过项目实施，可以盘活合肥市城市基础设施存量资产，形成良性投资循环，偿还合肥市基础设施建设形成的存量债务，减轻地方政府债务负担。项目实施还有利于拓宽资金

来源，更好地吸引民间资本进入基础设施领域，丰富民营企业投资方式，开辟城市基础设施建设新的融资渠道，加快城市基础设施的完善。通过采用PPP模式，明确项目建设标准、运营绩效考核要求和服务费支付等合作条件，社会资本基于绩效导向和利益驱动，将通过先进的技术和科学的管理提高项目质量和效率，降低运营成本。

22.9.3.2 通过 REITs 进入资本市场，盘活存量资产

2021 年，以合肥市十五里河污水处理厂等（十五里河资产 9.29 亿元 + 深圳首创 9.17 亿元）作为底层资产的富国首创水务 REIT（封闭式基础设施证券投资基金）面向公众投资者发售，募集资金 18.5 亿元，是全国首批 9 只公募REITs 中唯一以污水处理设施为底层资产的产品。十五里河污水处理厂 PPP 项目资产通过 REITs 在资本市场交易，使企业和运营情况更透明，提高了运营效率和质量，体现了合肥市产业投资价值、政府信用和创新发展能力，营造良好的营商环境，形成典型示范案例。富国基金联合首创股份首发的水务类公募REITs 为城市基础设施建设提供了资金，而水务基础资产现金流稳定、抗周期性强的基本特征，又为投资者提供了更为丰富的投资工具。对于我国而言，基础设施公募 REITs 虽处于起步阶段，但对有效盘活存量资产、拓展权益融资渠道、优化资源配置具有重要意义，有助于增强资本市场服务实体经济的质效。

22.10　社会基础设施项目案例[①]

22.10.1　浙江省丽水市青田县第二人民医院迁建项目

22.10.1.1　项目概况

青田县第二人民医院是温溪镇全镇唯一的一家集医疗、教学、预防保健

---

　① 根据中国地方政府债券信息公开平台相关地方政府专项债项目信息披露文件整理。

为一体的综合性二级甲等医院，成立于1953年，医院总建筑面积9378平方米，现有医务人员156人，核定床位100张，实际开放床位60张，医院担负着温溪镇及周边地区10余万人的医疗保健、公共卫生和急救工作任务。随着温溪镇经济社会发展，辖区常住人口进一步集聚和增加，辖区基本医疗服务需求市场还将进一步扩大，受场地、交通等硬件条件限制，医疗设施、人员发展严重滞后于温溪镇建成区及人口发展速度，已无法满足区域居民的基本医疗卫生需求。

为破解当前温溪镇医疗卫生资源缺乏短板，满足辖区群众基本医疗和卫生保健服务需求及青田县第二人民医院进一步发展需求，本项目建设势在必行。

项目用地面积19470平方米，总建筑面积为42859平方米，地上建筑面积34313平方米，地下建筑面积8546平方米。拟建床位数300张，按二级甲等综合医院标准建设。主要建筑包括门诊医技综合楼、住院楼、食堂、设备用房等，估算总投资25990万元。项目实施单位为青田县第二人民医院。

22.10.1.2 项目投资和融资

（1）项目投资和建设计划。丽水市青田县发展和改革局2020年对青田县第二人民医院迁建项目作出批复，同意项目建设规模和内容、建设地点和用地、估算投资和资金来源等内容。本项目概算总投资25990万元，其中，建安投资23034万元，建设项目其他费2323万元，预备费633万元。项目于2020年11月开工，建设期26个月。

（2）项目融资方案。根据青田县第二人民医院迁建项目可行性研究报告，结合项目进展情况，确定项目投资与资金使用情况。本项目概算25990万元，其中，项目资本金10990万元，由财政预算安排10990万元，占比42.28%；发行地方政府专项债券15000万元，占比57.72%，债券期限15年。

（3）项目运营模式。本项目投入运行（2023年）后，收入主要为住院收入和门诊收入。

根据浙江省物价局、浙江省卫生厅联合制定的《浙江省医疗服务价格手册（暂行）》，以及浙江省物价局、浙江省卫生厅关于医疗服务价格的文件规定，和青田县第二人民医院 2020 年医疗服务量情况，对项目建成后以下运营收入进行了测算。

第一，住院收入。依据目前丽水市各县医院现有每人次住院收费情况，考虑拟建项目服务对象、位置范围、收费标准及费用上涨等实际因素，对医院建成后的住院收入进行了预测。

第二，门急诊收入。结合区域青田县人民医院及中医院实际情况，对医院建成后的门急诊收入进行了测算。

本项目建成投入运营后，其运营成本及费用主要是药品进价成本和工资及福利费用、办公费用、水电动力费用、医院经费（业务、公务、科研等）、修理费用、财务成本及折旧摊销等费用。

（4）项目资金平衡。经过测算，本项目可用于偿还融资本息的项目收益 52246 万元。

根据项目的资金来源方案，本项目通过分三期发行专项债券 15000 万元为本项目筹集资金，债券期限 15 年，年利率 3.75% 或 4%，对应本项目融资到期本息总计 23812.5 万元。

项目收益对融资本息的覆盖倍数为 2.194，项目自身产生的收益能够偿还全部融资本息。

22.10.2　深圳市龙华区职业技术学校项目

22.10.2.1　项目概况

《深圳市龙华区国民经济和社会发展第十四个五年规划和二〇三五年远景目标纲要》提出高标准建设龙华区职业技术学校，合作共建若干与龙华产业相匹配的职业教育项目和训练基地，打造一批高水平、专业化、产教融合的职教园区，打造产教融合示范城区。推动普职融合发展，建立普通高中和中职学校课程互选、资源互通、教师互任、学生互转、实训基地共享的融通机制。项目将有效满足公众对职业教育的需求，推动龙华区教育事业的发展。

龙华区职业技术学校项目位于观澜街道观光路与新城大道交汇处北侧，

新建一所 40 班、2000 学位的职业技术学校。项目用地面积 23196.5 平方米,总建筑面积 56193.93 平方米。主要建设内容有:新建教学楼 3 座、综合楼 1 座、教职工宿舍 1 座、学生宿舍 1 座及地下室等。

深圳市龙华职业技术学校的建设,将进一步改善龙华区职业教育资源短缺现状,解决龙华区内初中毕业生职业教育入学需求,促进校企合作、产学研结合,以此弥补龙华职业教育空白,推动并解决本地产业发展职业人才缺乏、职业教育与产业发展脱节的问题,提高职业教育服务制造业发展能力。

22.10.2.2　项目投资和融资

(1)项目投资和建设计划。根据 2020 年 1 月 23 日《龙华区发展和改革局关于批复龙华区职业技术学校项目总概算的通知》,龙华区职业技术学校项目于 2020 年 9 月 6 日开工,于 2022 年 9 月建成并投入使用。

(2)项目融资方案。项目采用发行"财政资金 + 项目专项债券"的方式来进行融资,项目财政资金为 25236 万元,占总投资比例 79.02%,通过发行专项债券 6700 万元筹集建设所需其余投资。专项债券期限为 10 年,债券利率为 3.13%。

(3)项目运营模式。为保障本项目还本付息,拟在还本付息年份内,安排项目对应学杂费收入、住宿费收入、生均拨款收入作为债券还本付息的主要来源。项目收益预估如下。

第一,学杂费收入。参照深圳市《关于调整我市中小学收费标准全面实行"一费制"的通知》以及主管单位提供的相关资料,本测算参照区一级职业高中一般专业的普通生学杂费 2392 元/每生每年度的标准对学杂费进行估算。

第二,住宿费收入。参照深圳市《关于调整我市中小学收费标准全面实行"一费制"的通知》以及主管单位提供的相关资料,对住宿费进行大致的估算。暂按人均住宿费 900 元/年进行测算。

第三,生均运行拨款收入。根据深圳市财政委员会深圳市教育局《关于印发深圳市市本级公办中等职业学校生均运行拨款标准的通知(试行)》,深圳市公办中等职业学校生均运行拨款标准为每生每年 1.7 万元。

由于本项目为新建项目且为龙华区第一所职业技术学校,对项目运营成本主要参考同类型其他项目进行预估。项目运营成本主要包括公用经费定额、水电费、工会经费在内的基本支出，以及学生类费用、资产、后勤类费用以及其他费用在内的项目支出。

（4）项目资金平衡。根据测算，项目预计债券本金资金覆盖率可达到5.29倍，债券本息资金覆盖率可达到4.43倍。

项目运营收益下降20%的情况下，债券本息资金覆盖率为3.51，债券本息资金覆盖倍数为3.41，能通过压力测试；项目运营成本上升20%的情况下，债券本息资金覆盖率为4.38，债券本息资金覆盖倍数为4.28，能通过压力测试；债券发行利率上浮20%时，债券本息资金覆盖率为4.28，债券本息资金覆盖倍数为4.17，项目收益仍然可以覆盖债券还本付息，因而项目具备一定的抗风险能力。

22.10.3　案 例 分 析

22.10.3.1　社会事业项目是地方政府专项债支持重要领域

自2015年我国开始发行地方政府专项债券以来，发债额度快速增长，在拉动投资、促进经济发展方面发挥了巨大的促进作用，已成为地方政府融资的重要渠道之一。专项债主要聚焦党中央、国务院确定的重点领域，以充分发挥投资效能、促进有效投资为主要目标。如2019年，国家明确了2020年专项债重点用于交通基础设施、能源项目、农林水利、生态环保项目、民生服务、冷链物流设施、市政和产业园区基础设施七大领域，同时根据投资需求进行适当的投向优化。2021年，专项债投向领域增加了国家重大战略项目和保障性安居工程两项重点领域。本部分选择浙江省丽水市青田县第二人民医院迁建项目、深圳市龙华区职业技术学校项目均为地方政府在国家确定重点领域内选择的社会事业项目，对惠民生、补短板具有重要意义。

22.10.3.2　地方政府专项债具有融资优势

本部分所选取的两个项目发行的地方政府专项债券的期限分别为15年和

10 年，利率分别为 3.75% 和 3.13%，反映出地方政府专项债的优势，即期限长、资金成本低。从全国债券发行期限来看，地方政府专项债发行平均期限 2020 年为 14.6 年，2021 年为 14.2 年，约为 2018 年发行期限的 2.3 倍，保持较长期限水平，显著长于银行贷款的期限。从债券发行利率来看，专项债和一般债务都保持较低的利率水平，具有逐年小幅度下降趋势，2019 年、2020 年及 2021 年地方政府专项债债券发行利率分别为 3.43%、3.44% 及 3.41%，远低于市场贷款利率水平。以上优势，使得专项债成为地方政府基础设施项目建设中的重要融资来源。

22.10.3.3　项目需要实现融资与收益自平衡

地方政府专项债以能够产生一定收益的公益性项目为基础，以未来收益能够偿还债券本息为前提，要求融资与收益自平衡。浙江省丽水市青田县第二人民医院迁建项目、深圳市龙华区职业技术学校项目均有可持续的项目收益，能够实现融资与收益自平衡，这也是项目能够使用地方政府专项债的前提。在实际执行过程中，部分项目现金流为"人造"，不能真实反映项目的实际收入成本情况，最终给地方政府债务偿还留下隐患，未来需要进一步加强和完善。

附录

附录一：《企业投资项目核准和备案管理条例》

第一条　为了规范政府对企业投资项目的核准和备案行为，加快转变政府的投资管理职能，落实企业投资自主权，制定本条例。

第二条　本条例所称企业投资项目（以下简称项目），是指企业在中国境内投资建设的固定资产投资项目。

第三条　对关系国家安全、涉及全国重大生产力布局、战略性资源开发和重大公共利益等项目，实行核准管理。具体项目范围以及核准机关、核准权限依照政府核准的投资项目目录执行。政府核准的投资项目目录由国务院投资主管部门会同国务院有关部门提出，报国务院批准后实施，并适时调整。国务院另有规定的，依照其规定。

对前款规定以外的项目，实行备案管理。除国务院另有规定的，实行备案管理的项目按照属地原则备案，备案机关及其权限由省、自治区、直辖市和计划单列市人民政府规定。

第四条　除涉及国家秘密的项目外，项目核准、备案通过国家建立的项目在线监管平台（以下简称在线平台）办理。

核准机关、备案机关以及其他有关部门统一使用在线平台生成的项目代码办理相关手续。

国务院投资主管部门会同有关部门制定在线平台管理办法。

第五条　核准机关、备案机关应当通过在线平台列明与项目有关的产业政策，公开项目核准的办理流程、办理时限等，并为企业提供相关咨询服务。

第六条　企业办理项目核准手续，应当向核准机关提交项目申请书；由国务院核准的项目，向国务院投资主管部门提交项目申请书。项目申请书应当包括下列内容：

（一）企业基本情况；

（二）项目情况，包括项目名称、建设地点、建设规模、建设内容等；

（三）项目资源利用情况分析以及对生态环境的影响分析；

（四）项目对经济和社会的影响分析。

企业应当对项目申请书内容的真实性负责。

法律、行政法规规定办理相关手续作为项目核准前置条件的，企业应当提交已经办理相关手续的证明文件。

第七条　项目申请书由企业自主组织编制，任何单位和个人不得强制企业委托中介服务机构编制项目申请书。

核准机关应当制定并公布项目申请书示范文本，明确项目申请书编制要求。

第八条　由国务院有关部门核准的项目，企业可以通过项目所在地省、自治区、直辖市和计划单列市人民政府有关部门（以下称地方人民政府有关部门）转送项目申请书，地方人民政府有关部门应当自收到项目申请书之日起5个工作日内转送核准机关。

由国务院核准的项目，企业通过地方人民政府有关部门转送项目申请书的，地方人民政府有关部门应当在前款规定的期限内将项目申请书转送国务院投资主管部门，由国务院投资主管部门审核后报国务院核准。

第九条　核准机关应当从下列方面对项目进行审查：

（一）是否危害经济安全、社会安全、生态安全等国家安全；

（二）是否符合相关发展建设规划、技术标准和产业政策；

（三）是否合理开发并有效利用资源；

（四）是否对重大公共利益产生不利影响。

项目涉及有关部门或者项目所在地地方人民政府职责的，核准机关应当书面征求其意见，被征求意见单位应当及时书面回复。

核准机关委托中介服务机构对项目进行评估的，应当明确评估重点；除项目情况复杂的，评估时限不得超过30个工作日。评估费用由核准机关承担。

第十条　核准机关应当自受理申请之日起 20 个工作日内，作出是否予以核准的决定；项目情况复杂或者需要征求有关单位意见的，经本机关主要负责人批准，可以延长核准期限，但延长的期限不得超过 40 个工作日。核准机关委托中介服务机构对项目进行评估的，评估时间不计入核准期限。

核准机关对项目予以核准的，应当向企业出具核准文件；不予核准的，应当书面通知企业并说明理由。由国务院核准的项目，由国务院投资主管部门根据国务院的决定向企业出具核准文件或者不予核准的书面通知。

第十一条　企业拟变更已核准项目的建设地点，或者拟对建设规模、建设内容等作较大变更的，应当向核准机关提出变更申请。核准机关应当自受理申请之日起 20 个工作日内，作出是否同意变更的书面决定。

第十二条　项目自核准机关作出予以核准决定或者同意变更决定之日起 2 年内未开工建设，需要延期开工建设的，企业应当在 2 年期限届满的 30 个工作日前，向核准机关申请延期开工建设。核准机关应当自受理申请之日起 20 个工作日内，作出是否同意延期开工建设的决定。开工建设只能延期一次，期限最长不得超过 1 年。国家对项目延期开工建设另有规定的，依照其规定。

第十三条　实行备案管理的项目，企业应当在开工建设前通过在线平台将下列信息告知备案机关：

（一）企业基本情况；

（二）项目名称、建设地点、建设规模、建设内容；

（三）项目总投资额；

（四）项目符合产业政策的声明。

企业应当对备案项目信息的真实性负责。

备案机关收到本条第一款规定的全部信息即为备案；企业告知的信息不齐全的，备案机关应当指导企业补正。

企业需要备案证明的，可以要求备案机关出具或者通过在线平台自行打印。

第十四条　已备案项目信息发生较大变更的，企业应当及时告知备案机关。

第十五条　备案机关发现已备案项目属于产业政策禁止投资建设或者实行核准管理的，应当及时告知企业予以纠正或者依法办理核准手续，并通知有关部门。

第十六条　核准机关、备案机关以及依法对项目负有监督管理职责的其他有关部门应当加强事中事后监管，按照谁审批谁监管、谁主管谁监管的原则，落实监管责任，采取在线监测、现场核查等方式，加强对项目实施的监督检查。

企业应当通过在线平台如实报送项目开工建设、建设进度、竣工的基本信息。

第十七条　核准机关、备案机关以及依法对项目负有监督管理职责的其他有关部门应当建立项目信息共享机制，通过在线平台实现信息共享。

企业在项目核准、备案以及项目实施中的违法行为及其处理信息，通过国家社会信用信息平台向社会公示。

第十八条　实行核准管理的项目，企业未依照本条例规定办理核准手续开工建设或者未按照核准的建设地点、建设规模、建设内容等进行建设的，由核准机关责令停止建设或者责令停产，对企业处项目总投资额1‰以上5‰以下的罚款；对直接负责的主管人员和其他直接责任人员处2万元以上5万元以下的罚款，属于国家工作人员的，依法给予处分。

以欺骗、贿赂等不正当手段取得项目核准文件，尚未开工建设的，由核准机关撤销核准文件，处项目总投资额1‰以上5‰以下的罚款；已经开工建设的，依照前款规定予以处罚；构成犯罪的，依法追究刑事责任。

第十九条　实行备案管理的项目，企业未依照本条例规定将项目信息或者已备案项目的信息变更情况告知备案机关，或者向备案机关提供虚假信息的，由备案机关责令限期改正；逾期不改正的，处2万元以上5万元以下的罚款。

第二十条　企业投资建设产业政策禁止投资建设项目的，由县级以上人民政府投资主管部门责令停止建设或者责令停产并恢复原状，对企业处项目总投资额5‰以上10‰以下的罚款；对直接负责的主管人员和其他直接责任人员处 5 万元以上 10 万元以下的罚款，属于国家工作人员的，依法给予处分。法律、行政法规另有规定的，依照其规定。

第二十一条　核准机关、备案机关及其工作人员在项目核准、备案工作中玩忽职守、滥用职权、徇私舞弊的，对负有责任的领导人员和直接责任人员依法给予处分；构成犯罪的，依法追究刑事责任。

第二十二条　事业单位、社会团体等非企业组织在中国境内投资建设的固定资产投资项目适用本条例，但通过预算安排的固定资产投资项目除外。

第二十三条　国防科技工业企业在中国境内投资建设的固定资产投资项目核准和备案管理办法，由国务院国防科技工业管理部门根据本条例的原则另行制定。

第二十四条　本条例自 2017 年 2 月 1 日起施行。

附录二：《政府投资条例》

第一章　总　　则

第一条　为了充分发挥政府投资作用，提高政府投资效益，规范政府投资行为，激发社会投资活力，制定本条例。

第二条　本条例所称政府投资，是指在中国境内使用预算安排的资金进行固定资产投资建设活动，包括新建、扩建、改建、技术改造等。

第三条　政府投资资金应当投向市场不能有效配置资源的社会公益服务、公共基础设施、农业农村、生态环境保护、重大科技进步、社会管理、国家安全等公共领域的项目，以非经营性项目为主。

国家完善有关政策措施，发挥政府投资资金的引导和带动作用，鼓励社会资金投向前款规定的领域。

国家建立政府投资范围定期评估调整机制，不断优化政府投资方向和结构。

第四条　政府投资应当遵循科学决策、规范管理、注重绩效、公开透明的原则。

第五条　政府投资应当与经济社会发展水平和财政收支状况相适应。

国家加强对政府投资资金的预算约束。政府及其有关部门不得违法违规举借债务筹措政府投资资金。

第六条　政府投资资金按项目安排，以直接投资方式为主；对确需支持的经营性项目，主要采取资本金注入方式，也可以适当采取投资补助、贷款贴息等方式。

安排政府投资资金，应当符合推进中央与地方财政事权和支出责任划分改革的有关要求，并平等对待各类投资主体，不得设置歧视性条件。

国家通过建立项目库等方式，加强对使用政府投资资金项目的储备。

第七条　国务院投资主管部门依照本条例和国务院的规定，履行政府投资综合管理职责。国务院其他有关部门依照本条例和国务院规定的职责分工，履行相应的政府投资管理职责。

县级以上地方人民政府投资主管部门和其他有关部门依照本条例和本级人民政府规定的职责分工，履行相应的政府投资管理职责。

第二章　政府投资决策

第八条　县级以上人民政府应当根据国民经济和社会发展规划、中期财政规划和国家宏观调控政策，结合财政收支状况，统筹安排使用政府投资资金的项目，规范使用各类政府投资资金。

第九条　政府采取直接投资方式、资本金注入方式投资的项目（以下统称政府投资项目），项目单位应当编制项目建议书、可行性研究报告、初步设计，按照政府投资管理权限和规定的程序，报投资主管部门或者其他有关部门审批。

项目单位应当加强政府投资项目的前期工作，保证前期工作的深度达到规定的要求，并对项目建议书、可行性研究报告、初步设计以及依法应当附具的其他文件的真实性负责。

第十条　除涉及国家秘密的项目外，投资主管部门和其他有关部门应当通过投资项目在线审批监管平台（以下简称在线平台），使用在线平台生成的项目代码办理政府投资项目审批手续。

投资主管部门和其他有关部门应当通过在线平台列明与政府投资有关的规划、产业政策等，公开政府投资项目审批的办理流程、办理时限等，并为项目单位提供相关咨询服务。

第十一条　投资主管部门或者其他有关部门应当根据国民经济和社会发展规划、相关领域专项规划、产业政策等，从下列方面对政府投资项目进行审查，作出是否批准的决定：

（一）项目建议书提出的项目建设的必要性；

（二）可行性研究报告分析的项目的技术经济可行性、社会效益以及项目资金等主要建设条件的落实情况；

（三）初步设计及其提出的投资概算是否符合可行性研究报告批复以及国家有关标准和规范的要求；

（四）依照法律、行政法规和国家有关规定应当审查的其他事项。

投资主管部门或者其他有关部门对政府投资项目不予批准的，应当书面通知项目单位并说明理由。

对经济社会发展、社会公众利益有重大影响或者投资规模较大的政府投资项目，投资主管部门或者其他有关部门应当在中介服务机构评估、公众参与、专家评议、风险评估的基础上作出是否批准的决定。

第十二条　经投资主管部门或者其他有关部门核定的投资概算是控制政府投资项目总投资的依据。

初步设计提出的投资概算超过经批准的可行性研究报告提出的投资估算10%的，项目单位应当向投资主管部门或者其他有关部门报告，投资主管部门或者其他有关部门可以要求项目单位重新报送可行性研究报告。

第十三条　对下列政府投资项目，可以按照国家有关规定简化需要报批的文件和审批程序：

（一）相关规划中已经明确的项目；

（二）部分扩建、改建项目；

（三）建设内容单一、投资规模较小、技术方案简单的项目；

（四）为应对自然灾害、事故灾难、公共卫生事件、社会安全事件等突发事件需要紧急建设的项目。

前款第三项所列项目的具体范围，由国务院投资主管部门会同国务院其他有关部门规定。

第十四条　采取投资补助、贷款贴息等方式安排政府投资资金的，项目单位应当按照国家有关规定办理手续。

第三章　政府投资年度计划

第十五条　国务院投资主管部门对其负责安排的政府投资编制政府投资

年度计划，国务院其他有关部门对其负责安排的本行业、本领域的政府投资编制政府投资年度计划。

县级以上地方人民政府有关部门按照本级人民政府的规定，编制政府投资年度计划。

第十六条　政府投资年度计划应当明确项目名称、建设内容及规模、建设工期、项目总投资、年度投资额及资金来源等事项。

第十七条　列入政府投资年度计划的项目应当符合下列条件：

（一）采取直接投资方式、资本金注入方式的，可行性研究报告已经批准或者投资概算已经核定；

（二）采取投资补助、贷款贴息等方式的，已经按照国家有关规定办理手续；

（三）县级以上人民政府有关部门规定的其他条件。

第十八条　政府投资年度计划应当和本级预算相衔接。

第十九条　财政部门应当根据经批准的预算，按照法律、行政法规和国库管理的有关规定，及时、足额办理政府投资资金拨付。

第四章　政府投资项目实施

第二十条　政府投资项目开工建设，应当符合本条例和有关法律、行政法规规定的建设条件；不符合规定的建设条件的，不得开工建设。

国务院规定应当审批开工报告的重大政府投资项目，按照规定办理开工报告审批手续后方可开工建设。

第二十一条　政府投资项目应当按照投资主管部门或者其他有关部门批准的建设地点、建设规模和建设内容实施；拟变更建设地点或者拟对建设规模、建设内容等作较大变更的，应当按照规定的程序报原审批部门审批。

第二十二条　政府投资项目所需资金应当按照国家有关规定确保落实到位。

政府投资项目不得由施工单位垫资建设。

第二十三条　政府投资项目建设投资原则上不得超过经核定的投资概算。因国家政策调整、价格上涨、地质条件发生重大变化等原因确需增加投资概算的，项目单位应当提出调整方案及资金来源，按照规定的程序报原初步设计审批部门或者投资概算核定部门核定；涉及预算调整的，依照有关预算的法律、行政法规和国家有关规定办理。

第二十四条　政府投资项目应当按照国家有关规定合理确定并严格执行建设工期，任何单位和个人不得非法干预。

第二十五条　政府投资项目建成后，应当按照国家有关规定进行竣工验收，并在竣工验收合格后及时办理竣工财务决算。

政府投资项目结余的财政资金，应当按照国家有关规定缴回国库。

第二十六条　投资主管部门或者其他有关部门应当按照国家有关规定选择有代表性的已建成政府投资项目，委托中介服务机构对所选项目进行后评价。后评价应当根据项目建成后的实际效果，对项目审批和实施进行全面评价并提出明确意见。

第五章　监　督　管　理

第二十七条　投资主管部门和依法对政府投资项目负有监督管理职责的其他部门应当采取在线监测、现场核查等方式，加强对政府投资项目实施情况的监督检查。

项目单位应当通过在线平台如实报送政府投资项目开工建设、建设进度、竣工的基本信息。

第二十八条　投资主管部门和依法对政府投资项目负有监督管理职责的其他部门应当建立政府投资项目信息共享机制，通过在线平台实现信息共享。

第二十九条　项目单位应当按照国家有关规定加强政府投资项目档案管理，将项目审批和实施过程中的有关文件、资料存档备查。

第三十条　政府投资年度计划、政府投资项目审批和实施以及监督检查的信息应当依法公开。

第三十一条　政府投资项目的绩效管理、建设工程质量管理、安全生产管理等事项，依照有关法律、行政法规和国家有关规定执行。

第六章　法　律　责　任

第三十二条　有下列情形之一的，责令改正，对负有责任的领导人员和直接责任人员依法给予处分：

（一）超越审批权限审批政府投资项目；

（二）对不符合规定的政府投资项目予以批准；

（三）未按照规定核定或者调整政府投资项目的投资概算；

（四）为不符合规定的项目安排投资补助、贷款贴息等政府投资资金；

（五）履行政府投资管理职责中其他玩忽职守、滥用职权、徇私舞弊的情形。

第三十三条　有下列情形之一的，依照有关预算的法律、行政法规和国家有关规定追究法律责任：

（一）政府及其有关部门违法违规举借债务筹措政府投资资金；

（二）未按照规定及时、足额办理政府投资资金拨付；

（三）转移、侵占、挪用政府投资资金。

第三十四条　项目单位有下列情形之一的，责令改正，根据具体情况，暂停、停止拨付资金或者收回已拨付的资金，暂停或者停止建设活动，对负有责任的领导人员和直接责任人员依法给予处分：

（一）未经批准或者不符合规定的建设条件开工建设政府投资项目；

（二）弄虚作假骗取政府投资项目审批或者投资补助、贷款贴息等政府投资资金；

（三）未经批准变更政府投资项目的建设地点或者对建设规模、建设内容等作较大变更；

（四）擅自增加投资概算；

（五）要求施工单位对政府投资项目垫资建设；

（六）无正当理由不实施或者不按照建设工期实施已批准的政府投资项目。

第三十五条　项目单位未按照规定将政府投资项目审批和实施过程中的有关文件、资料存档备查，或者转移、隐匿、篡改、毁弃项目有关文件、资料的，责令改正，对负有责任的领导人员和直接责任人员依法给予处分。

第三十六条　违反本条例规定，构成犯罪的，依法追究刑事责任。

第七章　附　　则

第三十七条　国防科技工业领域政府投资的管理办法，由国务院国防科技工业管理部门根据本条例规定的原则另行制定。

第三十八条　中国人民解放军和中国人民武装警察部队的固定资产投资管理，按照中央军事委员会的规定执行。

第三十九条　本条例自 2019 年 7 月 1 日起施行。

参 考 文 献

[1] 安薪竹. 基础设施"走出去"面向高质量发展 [EB/OL]. (2019 -
07 - 04）. http：//www. chinatoday. com. cn/zw2018/bktg/201907/t20190704 _
800172743. html.

[2] 北京大学光华管理学院. 报告｜解决基建企业权益融资难题的 RE-
ITs 思路 [EB/OL]. (2021 - 07 - 22）. https：//www. gsm. pku. edu. cn/cnold/
info/1327/23467. htm.

[3] 北京圣华安咨询有限公司. 基础设施全过程工程咨询操作指南
[M]. 北京：中国电力出版社，2020.

[4] 边叶，刘哲奇. PPP 产业基金运作模式浅析 [J]. 当代经济，2016
(11)：14 - 15.

[5] 财政部. PPP 物有所值评价指引（试行）[EB/OL]. (2015 - 12 -
29). http：//www. ccgp. gov. cn/ppp/zcfg/201601/t20160106_6428967. htm.

[6] 财政部. 关于规范金融企业对地方政府和国有企业投融资行为有关
问题的通知 [EB/OL]. (2018 - 03 - 28). http：//www. gov. cn/zhengce/
zhengceku/2018 - 12/31/content_5439339. htm.

[7] 财政部. 关于规范政府和社会资本合作（PPP）综合信息平台项
目库管理的通知 [EB/OL]. (2017 - 11 - 16). http：//www. gov. cn/xinwen/
2017 - 11/16/content_5240219. htm.

[8] 财政部. 关于加强政府投资基金管理提高财政出资效益的通知
[EB/OL]. (2020 - 02 - 12). http：//www. gov. cn/zhengce/zhengceku/2020 -
02/24/content_5482573. htm.

[9] 财政部. 关于印发地方政府债券发行管理办法的通知 [EB/OL].

（2020 - 12 - 09）. http：//gks. mof. gov. cn/ztztz/guozaiguanli/difangzheng-
fuzhaiquan/202012/t20201217_3635347. htm.

［10］财政部. 关于印发政府和社会资本合作模式操作指南（试行）
［EB/OL］.（2014 - 11 - 29）. http：//www. gov. cn/zhengce/2016 - 05/25/con-
tent_5076561. htm.

［11］财政部. 关于印发《政府投资基金暂行管理办法》的通知［EB/
OL］.（2015 - 11 - 11）. http：//www. mof. gov. cn/zhengwuxinxi/zhengcefabu/
201602/t20160206_1681173. htm.

［12］财政部. 政府和社会资本合作项目财政承受能力论证指引［EB/
OL］.（2015 - 04 - 03）. http：//www. gov. cn/zhengce/2016 - 05/25/content_
5076571. htm.

［13］财政部，中国人民银行，中国证监监督管理委员会. 关于规范开
展政府和社会资本合作项目资产证券化有关事宜的通知［EB/OL］.（2017 -
06 - 07）. http：//jrs. mof. gov. cn/zhengcefabu/201706/t20170619_2626363. htm.

［14］车志晖，张沛. 城市空间结构发展绩效的模糊综合评价——以包
头中心城市为例［J］. 现代城市研究，2012，27（6）：50 - 54，58.

［15］陈霞. 美国基础设施融资机制对我国新基建的启示［J］. 中国财
政，2021（9）：20 - 22.

［16］陈晓博. 全面加强基础设施建设［EB/OL］.（2022 - 05 - 17）.
http：//ipaper. ce. cn/pc/content/202205/17/content_254128. html.

［17］陈治国，杜金华，李成友，等. 中国城市基础设施投资效率及其
对居民满意度评价的影响——基于 CGSS 数据的实证研究［J］. 南京财经大学
学报，2019（1）：58 - 68.

［18］程昱，李帅. 创新引领价值 ——详解公募基础设施 REITs［EB/
OL］.（2020 - 12 - 17）. https：//mp. weixin. qq. com/s/h - xj6T3NyCQpdqH
P5xgaYQ.

［19］程悦. 我国基础设施产业投资基金发展模式研究［D］. 成都：西
南财经大学，2007.

［20］程哲、季闯. 中国 PPP 发展历程及特征分析（1984 - 2017）［R］.

北京：明树数据，2017.

[21] 程子腾，王亮，邓海龙．基于 EOD 理念的未来社区开发模式初探 [J]．中国经贸导刊（中），2021（3）：164-165.

[22] 崔成．日本的基础设施建设及启示 [J]．中国经贸导刊，2012（22）：26-28.

[23] 党正军．浅析工程建设 EPC 总承包及其优缺点 [J]．经济师，2019（8）：285-287.

[24] 德勤．基础设施 REITs 对基建行业影响分析报告 [EB/OL]．（2022-01-06）．https：//www2. deloitte. com/cn/zh/pages/energy-and-resources/articles/analysis-report-impact-infrastructure-reits-oninfrastructure-industry. html.

[25] 邓明．中国城市交通基础设施与就业密度的关系——内生关系与空间溢出效应 [J]．经济管理，2014，36（1）：163-174.

[26] 狄家宁．构建以数据为生产要素的"一带一路"国际合作模式研究 [D]．北京：北京邮电大学，2021.

[27] 董琦．房企 TOD 项目开发模式及难点分析 [J]．房地产世界，2021（5）：1-3.

[28] 杜奇睿，程都．中国企业境外"投建营一体化"模式的主要风险及对策研究 [J]．宏观经济研究，2020（10）：32-41.

[29] 范伟亚．BIM 技术在建筑工程项目全生命周期中的应用探索与实践 [J]．砖瓦，2022（5）：71-74，79.

[30] 冯维江．日本"高质量基础设施"何解 [J]．当代金融家，2015（10）：110-111.

[31] 付丽娜，陈晓红，冷智花．基于超效率 DEA 模型的城市群生态效率研究——以长株潭"3+5"城市群为例 [J]．中国人口·资源与环境，2013，23（4）：169-175.

[32] 傅志寰．交通强国战略研究：第 1 卷 [M]．北京：人民交通出版社股份有限公司，2019.

[33] 高妮娜．安康城市空间扩展及其绩效研究 [D]．西安：西安建筑

科技大学，2013.

[34] 高喆. 美国基础设施状况和重建计划 [J]. 世界地理研究，2020，29 (4)：669-674.

[35] 宫立强. 产业投资基金对电力公司绩效影响机制研究 [D]. 济南：山东大学，2021.

[36] 顾剑华，磨玉峰. 政府公共支出及其最优规模实证分析 [J]. 商业时代，2008 (29)：57-58.

[37] 官华. 区域地方政府间的非对称关系研究——以粤港政府合作为例 [J]. 福建论坛 (人文社会科学版)，2011 (12)：42-46.

[38] 管晓晴. PPP+EPC 模式下项目风险分担研究 [D]. 郑州：郑州大学，2019.

[39] 桂黄宝. 我国高技术产业创新效率及其影响因素空间计量分析 [J]. 经济地理，2014，34 (6)：100-107.

[40] 郭婧宇. 棕地生态修复 [J]. 建筑技术开发，2021，48 (17)：148-150.

[41] 郭仲俊. PPP 项目风险分担研究 [D]. 南昌：江西师范大学，2019.

[42] 国家发改委. 关于印发《政府出资产业投资基金管理暂行办法》的通知 [EB/OL]. (2016-12-30). https：//www.ndrc.gov.cn/xxgk/zcfb/ghxwj/202006/t20200616_1231357_ext.html.

[43] 国家发展改革委.《"十四五"新型城镇化实施方案》系列专家解读之一丨更加注重高质量发展 推动城镇化行稳致远 [EB/OL]. (2022-07-13). https：//baijiahao.baidu.com/s?id=1738184598154021869&wfr=spider&for=pc.

[44] 国家发展改革委. 中国证监会关于推进传统基础设施领域政府和社会资本合作 (PPP) 项目资产证券化相关工作的通知 [EB/OL]. (2016-12-21). http：//www.jinan.gov.cn/attach/-1/1804161919363562779.pdf.

[45] 国家发展改革委.【70 周年】扎实推动基础设施高质量发展 [EB/OL]. (2019-08-13). https：//mp.weixin.qq.com/s/5bia6luYPWjh7JpU9ZDT5Q.

［46］国家发展和改革委员会．政府出资产业投资基金管理暂行办法
［EB/OL］．（2016 - 12 - 30）．https：//www. ndrc. gov. cn/xxgk/zcfb/ghxwj/
202006/P020200616534029012811. pdf.

［47］国家发展和改革委员会综合运输研究所．我国交通基础设施高质
量发展战略研究［R］．北京：国家发展和改革委员会综合运输研究所，2021.

［48］国家统计局．中国统计年鉴 2021［M］．北京：中国统计出版社，
2021.

［49］国务院办公厅．关于保持基础设施领域补短板力度的指导意见
［EB/OL］．（2018 - 10 - 11）．http：//www. gov. cn/zhengce/content/2018 - 10/
31/content_5336177. htm.

［50］国务院办公厅．关于在公共服务领域推广政府和社会资本合作模
式指导意见的通知［EB/OL］．（2015 - 05 - 19）．http：//www. gov. cn/zhengce/
content/2015 - 05/22/content_9797. htm.

［51］国务院．关于促进创业投资持续健康发展的若干意见［EB/OL］.
（2016 - 09 - 20）．http：//www. gov. cn/zhengce/content/2016 - 09/20/content_
5109936. htm.

［52］国务院．关于转发《国务院国资委以管资本为主推进职能转变方
案》的通知［EB/OL］．（2017 - 04 - 01）．http：//www. gov. cn/zhengce/con-
tent/2017 - 05/10/content_5192390. htm.

［53］国务院．国务院办公厅关于加快融资租赁业发展的指导意见［EB/
OL］．（2015 - 09 - 07）．http：//www. gov. cn/zhengce/content/2015 - 09/07/
content_10144. htm.

［54］国务院．国务院关于调整部分行业固定资产投资项目资本金比例
的通知［EB/OL］．（2004 - 04 - 26）．http：//www. gov. cn/gongbao/content/
2004/content_62809. htm.

［55］国务院．国务院关于调整固定资产投资项目资本金比例的通知
［EB/OL］．（2009 - 05 - 25）．http：//www. scio. gov. cn/32344/32345/32347/
33367/xgzc33373/Document/1447586/1447586. htm.

［56］国务院．国务院关于调整和完善固定资产投资项目资本金制度的

通知［EB/OL］.（2015 – 09 – 09）. http：//www. gov. cn/zhengce/content/2015 – 09/14/content_10161. htm.

［57］国务院. 国务院关于固定资产投资项目试行资本金制度的通知［EB/OL］.（1996 – 08 – 23）. https：//www. mee. gov. cn/ywgz/kjycw/tzyjszd/tzyjbnljs/201811/t20181129_675672. shtml.

［58］国务院. 国务院关于加强固定资产投资项目资本金管理的通知［EB/OL］.（2019 – 11 – 27）. http：//www. gov. cn/zhengce/content/2019 – 11/27/content_5456170. htm.

［59］国务院. 政府投资条例［EB/OL］.（2019 – 05 – 05）. http：//www. gov. cn/zhengce/content/2019 – 05/05/content_5388798. htm.

［60］国资委. 关于加强中央企业 PPP 业务风险管控的通知［EB/OL］.（2017 – 11 – 17）. http：//otccc. com/listing/lawsshow. php?id = 683.

［61］韩杰. 浅析 EPC 总承包模式的项目管理要点［J］. 项目管理技术，2014，12（1）：20 – 24.

［62］韩桠. 成都市自来水六厂 B 厂 BOT 融资方式的研究［D］. 成都：电子科技大学，2006.

［63］郝凤霞，刘子涵. "一带一路"国内沿线区域基础设施投资效率及其经济效益——基于软、硬基础设施的视角［J］. 工业技术经济，2019，38（8）：10 – 19.

［64］何兴. PPP 项目的风险分担机制研究［D］. 广州：暨南大学，2016.

［65］胡鞍钢. 中国迈向2050：全面建成社会主义现代化强国［EB/OL］.（2017 – 10 – 27）. http：//m. cssn. cn/sylmx/sylmxtt/201710/t20171027_3684077. shtml?ivk_sa = 1024320u.

［66］胡敏. 高质量发展要有高质量考评［EB/OL］.（2018 – 01 – 28）. https：//lib. cet. com. cn/paper/szb_con/496818. html.

［67］胡玉梅. 地方政府债务对企业融资的影响：基于"基建挤入效应"和"信贷挤出效应"的视角［J］. 江海学刊，2019（5）：86 – 92.

［68］纪彦军. 城市基础设施应用 PPP + EPC 模式研究［J］. 重庆建筑，

2017, 16 (1): 36 - 37.

[69] 姜早龙, 陈书杰, 易武. PPP + EPC 项目 "超业主" 监理模式研究 [J]. 建筑经济, 2021, 42 (11): 51 - 55.

[70] 蒋修宝. 项目资本金制度解读 [EB/OL]. (2021 - 09 - 09). https://mp. weixin. qq. com/s/EXsHxldvOUFTunazzrZyng.

[71] 康丽丽. 我国基础设施投资效率时空特征分析 [J]. 技术经济与管理研究, 2019 (6): 25 - 29.

[72] 孔锋. 透视气候变化对我国交通基础设施影响及其应对策略 [C]//中国环境科学学会 2021 年科学技术年会论文集 (三), 2021.

[73] 蓝海涛. 积极推广以工代赈方式大力拓宽农村就业渠道——《关于在农业农村基础设施建设领域积极推广以工代赈方式的意见》政策解读 [J]. 中国经贸导刊, 2021 (1): 44 - 45.

[74] 雷英杰. 专访上海电气环保集团投资经理莫龙庭 EOD 模式将引领环保产业未来的发展与变革 [J]. 环境经济, 2021 (9): 32 - 35.

[75] 李波. 2021 年资产证券化发展报告 [J]. 债券, 2022 (2): 57 - 64.

[76] 李海刚. 数字新基建、空间溢出与经济高质量发展 [J]. 经济问题探索, 2022 (6): 28 - 39.

[77] 李竞一. EOD 的答案——"守、破、立" 的博弈 [J]. 新理财 (政府理财), 2021 (10): 25 - 29.

[78] 李军鹏. 面向基本现代化的数字政府建设方略 [J]. 改革, 2020 (12): 16 - 27.

[79] 李开孟. 日本高质量基础设施合作伙伴关系计划的政策导向及应对措施 [EB/OL]. (2020 - 08 - 12). https://www. ciecc. com. cn/art/2020/8/12/art_2218_61912. html.

[80] 李明. 浅谈投建营一体化 [J]. 国际工程与劳务, 2019 (9): 83 - 84.

[81] 李冉. 从《中国交通发展综合报告 (2019)》洞察中国交通的高质量发展 [J]. 人民交通, 2019 (12): 14 - 16.

［82］李森，张水波．EPC 工程总承包全过程管理［M］．北京：中国建筑工业出版社，2020.

［83］李树睿，张鹏．TOD＋PPP 模式对普通国省道公路建设投融资的启示和借鉴［J］．交通世界，2019（12）：6－8.

［84］李万祥．加快转变政府投资管理职能落实企业投资自主权［N］．经济日报，2016－12－15（002）.

［85］李献国，董杨．基础设施投资规模与经济增长——基于 1993－2014 年东、中、西部省级面板数据分析［J］．宏观经济研究，2017（8）：86－93.

［86］李学东．PPP＋EPC 模式下传统施工企业的变革［J］．施工企业管理，2019（1）：100－102.

［87］李迅雷．基建狂魔为何不能让日本经济再度腾飞［EB/OL］．(2022－06－25). https：//mp. weixin. qq. com/s/9VIx9qMOlMuF Ze29jrV8Iw.

［88］李永福．EPC 工程总承包全过程管理［M］．北京：中国电力出版社，2019.

［89］李忠富，李玉龙．基于 DEA 方法的我国基础设施投资绩效评价：2003～2007 年实证分析［J］．系统管理学报，2009，18（3）：309－315.

［90］林传清，林旭，贾宇．核电工程总承包模式下系统移交接产管理的实践与探索［J］．企业管理，2016（S2）：108－109.

［91］刘洪宇，高文胜．日本对中亚国家的"高质量基础设施"援助及其对华启示［J］．新疆社会科学，2022（1）：79－90，147.

［92］刘键．政府投融资管理［M］．北京：中国金融出版社，2022.

［93］刘江宁．实行高水平对外开放（新知新觉）［EB/OL］.(2022－03－24). http：//opinion. people. com. cn/n1/2022/0324/c1003－32382573. html.

［94］刘军．开发区精准招商的十个基本逻辑——以山西转型综合改革示范区信创产业为例［J］．三晋基层治理，2021（3）：98－102.

［95］刘立峰．城镇基础设施投资规模与结构［J］．宏观经济管理，2013（10）：49－50.

［96］刘胜男．基础设施投资对我国经济增长的作用分析［D］．昆明：

云南财经大学，2022.

[97] 刘世坚. PPP 模式在中国的发展及实践 [EB/OL]. (2014-06-17). http://www.junhe.com/legal-updates/263.

[98] 刘小军，张坤. 高质量发展背景下我国交通基础设施供给绩效评价 [J]. 天津商业大学学报，2021，41 (5)：47-53.

[99] 刘志东，宋斌. 投资学 [M]. 北京：高等教育出版社，2019。

[100] 龙海波. 以"全球发展倡议"引领可持续发展 [J]. 中国发展观察，2021 (Z3)：80-81.

[101] 陆江源. 结构演进、诱致失灵与效率补偿 [J]. 经济研究，2018，53 (9)：4-19.

[102] 陆松. EPC+PPP 模式下工程建设企业面临的风险及其防范 [J]. 企业改革与管理，2018 (18)：40-41.

[103] 陆佑楣. 工程建设管理的实践——以三峡工程为例 [J]. 中国工程科学，2008，10 (12)：17-23.

[104] 逯元堂，王佳宁，赵云皓，等. 生态环境保护工程实施管理模式与财政资金使用优化 [J]. 环境保护，2018，46 (23)：37-40.

[105] 逯元堂，赵云皓，辛璐，等. 生态环境导向的开发 (EOD) 模式实施要义与实践探析 [J]. 环境保护，2021，49 (14)：30-33.

[106] 罗能生. 交通基础设施建设有助于改善城乡收入公平吗？——基于省级空间面板数据的实证检验 [J]. 产业经济研究，2016 (4)：100-110.

[107] 罗舒曼. 公平正义视角下城市公共服务设施规划实施评估研究 [D]. 济南：山东建筑大学，2017.

[108] 罗园. 我国 TOD 项目融资存在的问题及对策研究 [J]. 铁道经济研究，2022 (3)：43-46.

[109] 马拴友. 政府规模与经济增长：兼论中国财政的最优规模 [J]. 世界经济，2000 (11)：59-64.

[110] 马晓河. 新时代高质量增长需要新动能 [J]. 决策，2018 (6)：38.

[111] 马学礼. 日本基础设施海外输出战略及其与"一带一路"对接研

究 ［J］. 日本问题研究，2019，33（2）：72 – 80.

［112］蒙英华，裴瑱. 基础设施对服务出口品质的影响研究 ［J］. 世界经济研究，2013（12）：32 – 38，85.

［113］尼尔·S. 格里格. PPP 与基础设施融资 ［M］. 北京：机械工业出版社，2017.

［114］倪喆，赵广义，杨祖贤，等. PPP + EPC 模式风险分配综述 ［J］. 价值工程，2019，38（29）：288 – 291.

［115］2015 年资产证券化发展报告 ［J］. 债券，2016，43（1）：43 – 49.

［116］宁旭冬. 日本公共基础设施及其管理启示 ［J］. 改革与战略，2015，31（6）：170 – 172.

［117］潘雅茹，罗良文. 基础设施投资结构变迁与经济高质量发展 ［C］. 中国改革开放再出发：后小康社会中国经济高质量可持续发展——第十四届中华发展经济学年会会议论文摘要集，2020：63.

［118］潘增. 地方政府融资平台公司的公共基础设施项目融资模式创新 ［D］. 杭州：浙江大学，2020.

［119］彭扬，赵白执南. 央行：政策性开发性金融工具主投三类项目 ［N］. 中国证券报，2022 – 07 – 02（A01）.

［120］齐晨昊，郑淑娟，刘桐君. 政府投资项目与 PPP 项目的关系探讨 ［J］. 建筑经济，2020，41（S2）：110 – 112.

［121］齐锦蓉. 片区开发与 ABO 模式商业逻辑分析 ［J］. 中国总会计师，2021（11）：32 – 36.

［122］乔俊杰. 我国 EPC 总承包模式发展历程及困境与对策 ［J］. 中国招标，2021（10）：52 – 56.

［123］邱大灿. 大型工程投融资模式决策研究——港珠澳大桥投融资决策思考 ［J］. 建筑经济，2011（3）：28 – 31.

［124］全国人民代表大会. 中华人民共和国公司法 ［EB/OL］.（2018 – 10 – 26）. http：//www. npc. gov. cn/npc/c12435/201811/68a85058b4c843d1a938420a77da14b4. shtml.

［125］全国人民代表大会. 中华人民共和国合伙企业法 ［EB/OL］.

（2006 – 08 – 27）. http：//www. npc. gov. cn/npc/c198/200608/5df0406ff8be45 87905e6004ec6fb9e4. shtml.

［126］全国造价工程师职业资格考试培训教材编审委员会. 建设工程造价管理［M］. 北京：中国计划出版社，2019.

［127］全球基础设施中心（GIH），牛津经济研究院. 全球基础设施展望［R］. 北京：对外经济贸易大学出版社，2017.

［128］任保平. 新时代我国高质量发展评判体系的构建及其转型路径［J］. 陕西师范大学学报（哲学社会科学版），2018，47（3）：105 – 113.

［129］任保平. 新时代中国高质量发展的判断标准、决定因素与实现途径［J］. 改革，2018（4）：5 – 16.

［130］任志宽. 美国近年来推进新基建发展的布局及启示［J］. 广东科技，2020，29（9）：29 – 32.

［131］任志涛，郭林林，张赛，等. "两标并一标"背景下 PPP + EPC 项目社会资本的适格性研究［J］. 天津城建大学学报，2019，25（1）：71 – 75.

［132］阮征. PPP 模式下产业投资基金运作机制的中日对比研究［D］. 重庆：重庆大学，2016.

［133］上海证券交易所，深圳证券交易所. 基础设施类资产支持证券挂牌条件确认指南［EB/OL］. （2018 – 06 – 08）. https：//www. amac. org. cn/businessservices _ 2025/smzgjsmzqhyw/zczqhyw/zczqh _ zcfg/asbzlgz/202008/P02020 1014684009682784. pdf.

［134］上海证券交易所，深圳证券交易所. 基础设施类资产支持证券信息披露指南［EB/OL］. （2018 – 06 – 08）. http：//www. szse. cn/lawrules/rule/allrules/bussiness/t20180608_565158. html.

［135］沈铭辉. 全球基础设施投资与合作研究——以 G20 国家为例［J］. 国际经济合作，2016（6）：13 – 20.

［136］沈体雁. 推进国家城市治理基础设施建设［J］. 中国信息界，2021（6）：45 – 48.

［137］盛丹，包群，王永进. 基础设施对中国企业出口行为的影响：

"集约边际"还是"扩展边际"[J]. 世界经济, 2011, 34 (1): 17 - 36.

[138] 师博. 技术积累、空间溢出与人口迁移 [J]. 中国人口·资源与环境, 2019, 29 (2): 156 - 165.

[139] 世界银行.《1994 年世界发展报告——为发展提供基础设施》[R]. 毛晓威, 译. 北京: 中国财政经济出版社, 1994.

[140] 苏兰. 可持续及韧性基础设施标准助力高质量发展 [EB/OL]. (2020 - 12 - 03). http://www. ce. cn/cysc/zljd/bz/202012/03/t20201203_36077330. shtml.

[141] 苏晓晖. 全球发展倡议: 向全世界开放的公共产品 [EB/OL]. (2022 - 01 - 22). http://cn. chinadiplomacy. org. cn/2022 - 01/22/content_78005461. shtml.

[142] 孙梦敏. 安徽省城市公共基础设施的社会效益分析 [J]. 新西部, 2018 (18): 50 - 58.

[143] 孙晓岭. 试论 BOT 项目在我国的运作及对策——成都市自来水六厂 BOT 项目案例分析 [D]. 重庆: 西南财经大学, 2000.

[144] 孙玉梅. 工程项目融资 [M]. 成都: 西南交通大学出版社, 2016.

[145] 孙钰, 黄慧霞, 姚鹏. 模糊环境下的城市公共基础设施投资评价研究 [J]. 中国人口·资源与环境, 2016, 26 (8): 142 - 147.

[146] 孙钰, 王坤岩, 姚晓东. 基于 DEA 交叉效率模型的城市公共基础设施经济效益评价 [J]. 中国软科学, 2015 (1): 172 - 183.

[147] 唐欢. "PPP + EPC"模式下高速公路特许经营期决策问题的研究 [D]. 长沙: 长沙理工大学, 2017.

[148] 唐新华. 新型基础设施在国家治理现代化建设中的功能研究 [J]. 中国科学院院刊, 2021, 36 (1): 79 - 85.

[149] 唐子来, 顾姝. 上海市中心城区公共绿地分布的社会绩效评价: 从地域公平到社会公平 [J]. 城市规划学刊, 2015 (2): 48 - 56.

[150] 王晨. PPP + EPC 模式下基础设施项目风险评价研究 [D]. 武汉: 中南财经政法大学, 2019.

[151] 王国伟. 《政府投资条例》八方面规范政府投资 [J]. 中国招标, 2019 (45): 20-21.

[152] 王灏. "PPP" 开创北京地铁投融资模式先河 [J]. 中国科技投资, 2009 (12): 63-65.

[153] 王露薇. 城市基础设施项目 EPC 模式招标风险管理措施 [J]. 中华建设, 2021 (5): 38-39.

[154] 王娜. 德国新能源汽车充电基础设施政策及相关启示 [J]. 汽车与配件, 2021 (23): 38-42.

[155] 王胜万. 加快水利基础设施建设助推新阶段水利高质量发展 [J]. 水利发展研究, 2021, 21 (7): 19-22.

[156] 王天义. EOD 为绿色 PPP 赋能 [J]. 项目管理评论, 2021 (3): 34-37.

[157] 王夏晖. 基础设施建设如何实现"绿色化" [EB/OL]. (2020-12-23). https: //china. huanqiu. com/article/41DfCTUbOxR.

[158] 王亚男. 自贡市政协协商重要基础设施建设项目 [N]. 四川政协报, 2009-08-08 (001).

[159] 王贻芳. 发展国家重大科技基础设施 引领国际科技创新 [J]. 管理世界, 2020, 36 (5): 172-188, 17.

[160] 王勇, 何太洪. PPP+EPC+项目打捆模式在高速公路投资中的应用研究 [J]. 公路, 2018, 63 (4): 195-199.

[161] 王志芳. 英、美、德绿色基础设施规划案例对于中国的借鉴意义 [J]. 南方建筑, 2019 (3): 9-15.

[162] 王子婧, 李笑豫, 李孝林, 等. 生态环境导向的城市发展理念理论研究应用综述 [J]. 项目管理技术, 2021, 19 (9): 67-72.

[163] 吴超, 刘伯西. 我国基础设施建设融资渠道问题研究 [J]. 环渤海经济瞭望, 2011 (3): 38-42.

[164] 吴建忠, 詹圣泽, 陈继. PPP 融资与运营模式创新研究——以荔榕高速 "PPP+EPC+运营期政府补贴" 模式为例 [J]. 工业技术经济, 2018, 37 (1): 49-56.

[165] 吴亚平. 创新重大工程项目投融资模式 [J]. 中国投资（中英文），2022（Z4）：92 - 93.

[166] 吴一冬，朱容男. 欠发达地区国企平台信用评级提升之道 [EB/OL].（2022 - 09 - 16）. https：//mp. weixin. qq. com/s/xH6UcZlLzvZExpTWF03sQg.

[167] 吴玉珊，韩江涛. 建设项目全过程工程咨询理论与实务 [M]. 北京：中国建筑工业出版社，2018.

[168] 吴玉珊，韩江涛，龙奋杰，等. 建设项目全过程工程咨询理论与实务 [M]. 北京：中国建筑工业出版社，2018.

[169] 武彩霞，高存红，杨薇. 基于 EOD 理念的矿山修复模式应用——以某矿山生态修复项目为例 [J]. 中国工程咨询，2022（1）：96 - 100.

[170] 武树礼. 城市轨道交通建设引入 PPP 模式研究——以北京地铁四号线为例 [J]. 新视野，2014（6）：47 - 51.

[171] 习近平主持召开中央财经委员会第十一次会议 [EB/OL].（2022 - 04 - 26）. http：//politics. people. com. cn/n1/2022/0426/c1024 - 32409535. html.

[172] 向爱兵. 把握基础设施高质量发展着力点 [N]. 经济日报，2020 - 04 - 16.

[173] 向爱兵. "十四五" 我国交通基础设施发展思路与路径 [J]. 交通运输研究，2022，8（1）：59 - 66.

[174] 向爱兵. 推动我国基础设施高质量发展 [J]. 宏观经济管理，2020（8）：13 - 20.

[175] 肖光睿，李飞，等. 2021 年中国 PPP 市场年报 [R]. 北京：明树数据，2022.

[176] 辛璐，赵云皓，卢静，等. 生态导向开发（EOD）模式内涵特征初探 [C]//中国环境科学学会. 2020 中国环境科学学会科学技术年会论文集（第一卷），2020：4.

[177] 新华社. 十九大报告解读：用三大变革推动中国经济 "高质量发展" [EB/OL].（2017 - 10 - 22）. http：//www. cac. gov. cn/2017 - 10/22/c_1121838550. htm.

［178］徐成彬．深化投融资体制改革的十大变革［J］．中国工程咨询，2018（3）：24－31．

［179］徐征．加快建设绿色化基础设施助力生态文明建设［EB/OL］．（2021－08－17）．http：//zfcxjsj. tl. gov. cn/hyzx/jzgl/lshjz/202108/t20210817_1525389. html.

［180］许祥．PPP 模式下城市轨道交通项目投资结构选择研究［D］．南京：东南大学，2018．

［181］许振威．高质量发展是实现可持续发展的根本途径［EB/OL］．（2019－05－23）．https：//www. imsilkroad. com/news/p/373484. html.

［182］薛松，赵静静，杨涛．知识共享、绿色创新与基础设施可持续发展协同关系研究［J］．资源与产业，2023，25（1）：109－121．

［183］闫宪春．基础设施全过程工程咨询操作指南［M］．北京：中国电力出版社，2021．

［184］严晓慧．"PPP＋EPC"模式下采购管理提升分析［J］．交通企业管理，2017，32（5）：38－39．

［185］颜鹏飞，王兵．技术效率、技术进步与生产率增长：基于 DEA 的实证分析［J］．经济研究，2004（12）：55－65．

［186］杨瑾．三大政策性基础设施基金全部成立［EB/OL］．（2022－09－11）．https：//mp. weixin. qq. com/s/z0tj－KMBdFbeT9H_dWPIoA.

［187］杨阳腾．深圳试点基础设施高质量发展［N］．经济日报，2022－01－15（006）．

［188］姚帅．解析日本"高质量基础设施"援助［J］．世界知识，2019（14）：39，42－43．

［189］叶生贵，王胜凯，翁信启．武汉江夏区"清水入江"PPP＋EPC 模式案例分析［J］．中国勘察设计，2017（11）：96－98．

［190］叶文虎．论可持续发展的衡量与指标体系［J］．世界环境，1996（1）：7－10．

［191］银监会．固定资产贷款管理暂行办法［EB/OL］．（2009－07－23）．http：//www. gov. cn/gzdt/2009－07/27/content_1376352. htm.

［192］银监会．金融机构信贷资产证券化试点监督管理办法［EB/OL］．（2005 - 11 - 07）．http：//www. cbirc. gov. cn/cn/view/pages/ItemDetail. html? docId = 1159&itemId = 928&generaltype = 0.

［193］银监会．中国银监会关于信托公司开展项目融资业务涉及项目资本金有关问题的通知［EB/OL］．（2009 - 09 - 03）．http：//www. cbirc. gov. cn/cn/view/pages/govermentDetail. html? docId = 276796&itemId = 876&generaltype = 1.

［194］尹贻林．《"新基建"新工程咨询服务导论：模式与案例》［M］．北京：中国建筑工业出版社，2020.

［195］尤荻．欧盟跨境能源基础设施治理组织结构与机制［J］．中外能源，2021，26（1）：15 - 21.

［196］余燕．中国与"一带一路"沿线国家粮食合作潜力与制约因素研究［D］．郑州：河南农业大学，2021.

［197］袁立．投建营一体化战略［J］．施工企业管理，2021（11）：112 - 116.

［198］占松林．生态环保项目EOD运作模式研究［J］．中国工程咨询，2021（2）：70 - 74.

［199］占征杰．EPC总承包项目绩效评价模型构建研究［J］．建筑经济，2020，41（11）：34 - 37.

［200］张安妮，徐可源．美国REITs市场及基础设施REITs概览［EB/OL］．（2020 - 07 - 21）．https：//mp. weixin. qq. com/s/xKbH3Mu4C72UGdPbUm92ZQ.

［201］张宝声．三峡工程建设管理模式与投资控制方法［J］．水力发电，2000（6）：12 - 14，23.

［202］张超．数字创新生态系统：理论构建与未来研究［J］．科研管理，2021，42（3）：1 - 11.

［203］张朝元．传统和新型基础设施投融资创新实务［M］．北京：中国金融出版社，2020.

［204］张驰．基础设施建设助力共同富裕：中国的经验［J］．中央社会主义学院学报，2021（6）：82 - 92.

［205］张光南，周华仙，陈广汉. 中国基础设施投资的最优规模与最优次序——基于1996－2008年各省市地区面板数据分析［J］. 经济评论，2011（4）：23－30.

［206］张海伟，孙国娟. 制度质量、基础设施与中国农产品出口——基于"一带一路"沿线国家实证分析［J］. 中国农业大学学报，2022，27（8）：313－324.

［207］张健华. 我国商业银行效率研究的 DEA 方法及1997－2001年效率的实证分析［J］. 金融研究，2003（3）：11－25.

［208］张军，吴桂英，张吉鹏. 中国省际物质资本存量估算：1952—2000［J］. 经济研究，2004（10）：35－44.

［209］张立群. 经济发展转向高质量阶段是划时代的变化［EB/OL］.（2017－10－20）. http：//www. people. com. cn/n1/2017/1020/c32306－29599391. html.

［210］张明源. 基建投资可以缩小区域经济增长差距吗——基于人口流动视角的分析［J］. 山西财经大学学报，2021，43（6）：1－14.

［211］张琦. 用好政策性开发性金融工具［N］. 经济日报，2022－09－23.

［212］张琼斯. 人民银行：政策性开发性金融工具将重点投向三类项目［N］. 上海证券报，2022－07－02.

［213］张群. 基础设施投资对经济增长作用分析［J］. 现代经济信息，2012（24）：11.

［214］张然. 四川基础设施产业投资基金运行机制研究［D］. 成都：西南财经大学，2016.

［215］张鑫鑫. 中国基础设施产业投资基金运作及其支撑环境研究［D］. 杭州：浙江大学，2009.

［216］章建华. 全面构建现代能源体系 推动新时代能源高质量发展［J］. 中国石油和化工，2022（6）：8－13.

［217］赵扶扬. 宏观调控、地方政府与中国经济发展模式转型：土地供给的视角［J］. 经济研究，2021，56（7）：4－23.

［218］赵廷辰．美国应如何推进基础设施建设［J］．国际金融，2021（6）：15－18.

［219］赵欣．PPP项目融资模式的应用与实践——以北京地铁四号线融资为例［J］．辽宁经济，2008（7）：28－29.

［220］赵展慧．稳投资 政策再加力［N］．人民日报，2022－09－10（002）.

［221］赵周杰．PPP＋EPC模式的实现路径及相关思考［J］．中国工程咨询，2018（2）：78－82.

［222］中共中央办公厅，国务院办公厅．关于做好地方政府专项债券发行及项目配套融资工作的通知［EB/OL］.（2019－06－10）. http：//www. gov. cn/zhengce/2019－06/10/content_5398949. htm.

［223］中共中央，国务院．关于深化投融资体制改革的意见［EB/OL］.（2016－07－05）. http：//www. gov. cn/zhengce/2016－07/18/content_5092501. htm.

［224］中国人民银行．信贷资产证券化试点管理办法［EB/OL］.（2005－04－20）. http：//www. scio. gov. cn/32344/32345/32347/32833/xgzc32839/Document/1433991/1433991. htm.

［225］中国人民银行，中国银行业监督管理委员会，财政部．关于进一步扩大信贷资产证券化试点有关事项的通知［EB/OL］.（2012－05－17）. http：//www. pbc. gov. cn/tiaofasi/144941/3581332/3586995/index. html.

［226］中国铁建股份有限公司法律合规部．基础设施建设项目投融资业务法律风险梳理及合规操作指引［M］．北京：法律出版社，2021.

［227］中国银行保险监督管理委员会．资产支持计划业务管理暂行办法［EB/OL］.（2015－08－25）. http：//www. cbirc. gov. cn/cn/view/pages/ItemDetail. html?docId＝366171&itemId＝915&generaltype＝0.

［228］中国银行国际金融研究所全球经济金融研究课题组．基础设施建设：全球经济增长新动力——中国银行全球经济金融展望报告（2017年第二季度）［J］．国际金融，2017（4）：19－27.

［229］中国银行间市场交易商协会．银行间债券市场非金融企业资产支

持票据指引［EB/OL］.（2012 – 08 – 03）. http：//www. nafmii. org. cn/xhdt/ 201208/t20120803_196885. html.

［230］中国证监会，国家发展改革委. 关于推进基础设施领域不动产投资信托基金（REITs）试点相关工作的通知［EB/OL］.（2020 – 04 – 24）. http：//www. gov. cn/zhengce/zhengceku/2020 – 05/03/content_5508587. htm.

［231］中国证券监督管理委员会. 证券公司及基金管理公司子公司资产证券化业务管理规定［EB/OL］.（2014 – 11 – 19）. http：//www. csrc. gov. cn/ csrc/c101802/c1045426/content. shtml.

［232］中国证券投资基金业协会. 政府和社会资本合作（PPP）项目资产证券化业务尽职调查工作细则［EB/OL］.（2019 – 06 – 24）. https：// www. amac. org. cn/governmentrules/czxgf/zlgz/zlgz ＿ zcgl/zlgz ＿ zcgl ＿ zczqhyw/ 202003/t20200312_7683. html.

［233］中华人民共和国国民经济和社会发展第十四个五年规划和2035年远景目标纲要［EB/OL］.（2021 – 03 – 13）. http：//www. gov. cn/xinwen/ 2021 – 03/13/content_5592681. htm？ ivk_sa = 1023197a.

［234］中华人民共和国国务院新闻办公室. 为人民谋幸福：新中国人权事业发展70年［N］. 人民日报，2019 – 09 – 23（014）.

［235］中金研究院. 碳中和经济学［M］. 北京：中信出版集团，2021.

［236］中联基金. 基础设施REITs 2022年半年报解析［EB/OL］.（2022 – 09 – 06）. https：//mp. weixin. qq. com/s/fn2ACZIHlx3SIH1au4IP7Q.

［237］钟言. 建设现代化基础设施体系［J］. 中国工运，2021（6）：71.

［238］钟正生，饶晓辉. 我国存在最优政府规模曲线吗［J］. 财贸研究，2006（6）：44 – 48.

［239］周蕾，黄玲，兰德卿，等. 基础设施投建营一体化理论与实务［M］. 北京：化学工业出版社，2021.

［240］周婷. 性别平等对营商环境的影响研究——基于跨国数据的实证分析［J］. 复旦学报（社会科学版），2021，63（3）：186 – 196.

［241］周伟铎. 共建绿色基础设施，共享安全韧性长三角［EB/OL］.（2020 – 09 – 30）. https：//theory. gmw. cn/2020 – 09/30/content_34237615. htm.

［242］周志浩．我国城市基础设施投资效率评价研究［D］．天津：天津大学，2018．

［243］朱莲红．PPP＋EPC 模式下高速公路施工阶段成本控制研究［D］．武汉：武汉工程大学，2018．

［244］朱容男．PPP 项目物有所值评价研究——以江苏省某轻轨项目为例［EB/OL］．(2016 – 08 – 19)．https：//zhuanlan．zhihu．com/p/22738452．

［245］祝培甜．欧盟城市绿色基础设施简述及对我国的启示［J］．国土资源情报，2021（10）：34 – 38．

［246］訾妍，谢强，钟炜．BIM 技术在建筑运维管理中的应用研究［J］．智能建筑与智慧城市，2022（6）：12 – 14．

［247］邹宇．中国基础设施投资与经济发展效率研究［D］．重庆：西南财经大学，2021．

［248］Agenor Pierre Richard，Moreno Dodson Blanca．Public Infrastructure and Growth：New Channels and Policy Implications［M］．Washington：World Bank Publications，2006．

［249］Charnes A．，Cooper W．W．，Rhodes E．．Measuring the Efficiency of Decision Making Units［J］．European Journal of Operational Research，1978，2（6）：429 – 444．

［250］David Alan Aschauer．Do States Optimize? Public Capital and Economic Growth［J］．The Annals of Regional Science，2000，34（3）：343 – 363．

［251］Davies Antony．Human Development and the Optimal Size of Government［J］．Journal of Socio – Economics，2008，38（2）：326 – 330．

［252］Georgios Karras．On the Optimal Government Size in Europe：Theory and Empirical Evidence［J］．The Manchester School，1997，65（3）：280 – 294．

［253］Jayadipta Ghosh，Jamie E．Padgett，Mauricio Sánchez – Silva．Seismic Damage Accumulation in Highway Bridges in Earthquake – Prone Regions［J］．Earthquake Spectra，2015，31（1）：115 – 135．

［254］Jochimsen R．Theorie der Infrastruktur，Grundlagen der marktwirtschaftlichen Entwicklung [M]. Tübingen: Mohr, 1996.

[255] Malmquist Sten. Index Numbers and Indifference Surfaces [J]. Trabajos de Estadistica, 1953, 4 (2): 209 - 242.

[256] NIST. Community Resilience Planning Guide for Buildings and Infrastructure Systems: Volume I and Volume II [R]. Washington, D. C.: NIST Special Publication 1190, 2015.

[257] Robert J. Barro. Government Spending in a Simple Model of Endogeneous Growth [J]. Journal of Political Economy, 1990, 98 (5): Part 2.

[258] Thompson Earl A., Arrow Kenneth J., Kurz Mordecai. Public Investment, the Rate of Return, and Optimal Fiscal Policy [J]. Econometrica, 1972, 40 (6): 250 - 251.

[259] UNEP. International Good Practice Principles for Sustainable Infrastructure [R], 2021.

[260] United Nations Global Compact. Corporate Net Zero Pathway [R], 2021.

[261] Zohal Hessami. The Size and Composition of Government Spending in Europe and Its Impact on Well - Being [J]. Kyklos, 2010, 63 (3): 346 - 382.